小学館外国語辞典編集部 編

英語便利辞典

Handy
Factbook
of English

小学館

shogakukan

はしがき

　私たちの生活において，英語は以前にもまして重要な位置を占めてきていますが，特に近年のインターネットの急速な普及に従って，今や世界語ともいうべき英語の比重は劇的なまでに増してきました．それと同時に英語学習をめぐる環境も一時代前とはまさに隔世の感があります．英語が必要とされる局面や様相もまたいっそう多様で複雑になってきました．

　そうした動きに対して，従来の英和辞典や和英辞典とは別のかたちの情報辞典の類の必要性がますます高まってきています．

　本書はこのような多様化した時代のニーズに応えるために編まれた，新しい英語環境の時代における情報辞典と言えましょう．各種の専門辞典は，これまでもジャンルごとに用意されてきてはいますが，頻度の高い必要事項を簡便なかたちで一冊に収めていっそうの利便性を図る，という点にこの辞典の意義を置きました．またそれが本書の最も大きなねらいでもあります．

　英語という言語の理解に欠かせない文化背景については，その諸相を幅広くとりあげるよう心がけましたが，その際個々の事項の全体像を一目で通覧できるよう，できるだけ一覧表の形で提示するように努めました．

　もちろん英語を用いる際に必須の句読法や，手紙の書き方，語彙，文法，発音やリスニングの要点など，基本的なおさえるべき知識ももれなく網羅しています．

　一方で，年々進化しつつあるデジタル時代に対応するため，電子辞書・CD-ROM版辞書案内，Eメール用語，インターネット・ケータイ用語，コーパスの利用法，サイト紹介などには特に意を用い，最新の情報を用意しました．

　本書は以下の6部構成で成り立っています．

第1部　英語の文化背景を知る

　世界の人名・地名のほかに，大きく英語圏の社会・制度に関わる事項，サブカルチャーを含めた生活文化に関わる事項，ことばに関わる事項を収めました．

第2部　話す力・書く力をつける
　会話表現や手紙の書き方，句読法，数の表現などの基本的事項のほかに，特にEメール関係の項目に重点を置きました．また今後，個人による利用の拡大が予想される英語コーパスに関する解説も用意しました．

第3部　語彙力を広げる
　派生語の構成要素をなす語根や接頭辞・接尾辞などの一覧，和製英語・借用英語などの項目を設けました．また英語の歴史関係の記述にも配慮しました．

第4部　文法事項を整理する
　文法項目のうち，大切なものを重点的にとりあげ，基本事項は表でまとめました．特に動詞・助動詞と比較表現の解説に力点を置きました．

第5部　発音の要点をおさえる
　リスニングにおける音声現象の理解は，発音・アクセントやスピーキングにも関わるので，そうした現象の要点を詳しく解説しました．

第6部　英語学習に役立てる
　デジタル時代の新しい学習環境を視野に入れ，電子媒体関係の情報やサイト紹介を充実させました．

　必要に応じて以上の諸項目を適宜役立てていただくことはもちろん，さまざまな興味深いデータ一覧などによって，知る楽しさを味わっていただければ幸いです．本書によって読者の皆さんの英語の世界がいっそう広がることを願ってやみません．
　なお本書の成立には終始，長野格先生の多大なお力添えをいただきました．記してここに深甚なる謝意を表します．
　また本書は別記の先行辞書にも多くを負っています．各執筆者の方々に改めて感謝いたします．

2005年10月

小学館外国語辞典編集部

執筆者・校閲者（敬称略, あいうえお順）

池田善明
磐崎弘貞
岩澤勝彦
大森良子
城戸保男
桜井陽子
杉山晋輔
関根紳太郎
田口孝夫
竹田正明
舘野純子
豊田　暁
長野　格
中畑　繁
中道嘉彦
野口博一
浜野　実
Rodric G. Hammond

本書が一部引用・再編集した辞書類（いずれも小社版）

『プログレッシブ和英中辞典』
『ユースプログレッシブ英和辞典』
『ラーナーズプログレッシブ英和辞典』
『ワードパル和英辞典』
『プライム英和・和英辞典』
『海外インターネット活用事典』
『和英・英和タイトル情報辞典』
『Progressive English Grammar』

目　次

1	はしがき
3	執筆者・校閲者

第1部　英語の文化背景を知る

16	世界の人名
45	聖書・神話の神々
49	ファーストネームの愛称・通称
51	世界の国一覧
60	世界の地名
106	米国の州名一覧
109	米国のプロスポーツ・チーム一覧
	大リーグ
	全米プロフットボールリーグ
	全米プロバスケットボール協会
113	主な映画のタイトル
130	アカデミー作品賞一覧
133	グラミー賞―歴代主要4部門受賞一覧
140	ピューリッツア賞受賞作品一覧
	フィクション (Fiction)
	ノンフィクション (Nonfiction)
	伝記・自伝 (Biography・Autobiography)
149	エドガー賞 [MWA賞] 受賞作品一覧
151	ブッカー賞受賞作品一覧
152	主なことわざ・格言
167	花ことば
174	誕生石・誕生花
175	色彩ことば
176	数についての象徴表現
177	動物についての象徴表現
178	(黄道) 十二宮 Signs of the Zodiac
180	日本の統治機構
181	アメリカ合衆国の統治機構
182	歴代アメリカ大統領一覧

184	会社役職名
	日本の会社の役職
	米国の会社の役職
	英国の会社の役職
186	米英の教育
	米英の教育制度 (Education System)
	Grade Point Average, GPA (成績評価点平均)
	アイヴィーリーグ Ivy League
	米国の大学入学のための試験
	試験に関する用語
188	聖職者階位表
	キリスト教聖職者階位 (hierarchy)
189	米国の法定休日
190	英国の法定休日
191	日本の国民の祝日
191	結婚記念日
192	自衛隊, アメリカ・イギリス軍隊階級表
194	米英の主な新聞・雑誌・放送
	米国の主な新聞
	英国の主な新聞
	日本の主な英字新聞
	その他
	米国の主な雑誌
	英国の主な雑誌
	米国の主なテレビ
	英国の主なテレビ
	米国の主なラジオ
	英国の主なラジオ
205	日本国憲法 (前文)
207	アメリカ合衆国憲法 (前文)
207	アメリカ独立宣言
214	主な英語圏の国歌
	アメリカ合衆国国歌
	イギリス国歌

	カナダ国歌
	オーストラリア国歌
	ニュージーランド国歌
	アイルランド国歌
227	マザー・グース
	Baa, baa, black sheep
	Dance to your daddy
	Hey diddle, diddle
	Humpty Dumpty sat on a wall
	Jack and Jill
	Little Bo-peep has lost her sheep
	Ladybird, ladybird
	London Bridge is broken down
	Mary had a little lamb
	Mary, Mary, quite contrary
	Monday's child is fair of face
	Old King Cole
	Oranges and lemons
	Pussy cat, pussy cat
	Ring-a-ring o'roses
	See-saw, Margery Daw
	Sing a song of sixpence
	Ten little Injuns went out to dine
	This little pig went to market
	Three blind mice, see how they run!
	Twinkle, twinkle, little star
	What are little boys made of?
	Who killed Cock Robin?
250	早口ことば
253	ウェーザーローレ (天気の民間伝承)
254	聖書の英語
	旧約聖書 (The Old Testament)
	In the beginning God created the heavens and the earth
	To dust you shall return

The Ten Commandments (十戒)

Eye for eye, tooth for tooth

How are the mighty fallen

O Ab'salom, my son, my son!

The price of wisdom is above pearls

The Lord is my shepherd

By the waters of Babylon

Vanity of vanities

There is nothing new under the sun

For everything there is a season

How lonely sit the city

Immediately the fingers of a man's hand appeared

新約聖書 (The New Testament)

The voice of one crying in the wilderness

Man shall not live by bread alone

Blessed are the poor in spirit

You are the salt of the earth

If any one strikes you on the right cheek, turn to him the other also

Love your enemies

Do not let your left hand know what your right hand is doing

Our Father who art in heaven

No man can serve two masters

Do not be anxious about your life

Do not be anxious about tomorrow

Judge not

Do not throw your pearls before swine

Ask, and it will be given you

Whatever you wish that men would do to you, do so to them

Enter by the narrow gate

New wine is put into fresh wineskins

You shall love your neighbor as yourself

It is easier for a camel to go through the eye of a needle
Few are chosen
To Caesar the things that are Caesar's
All who take the sword will perish by the sword
Why hast thou forsaken me?
They know not what they do
In the beginning was the Word
Let him who is without sin among you be the first to throw a stone at her
The truth will make you free
Unless a grain of wheat falls into the earth and dies
Vengeance is mine
Whatever a man sows, that he will also reap
He who does not love does not know God

273 アメージング・グレース (Amazing Grace)
276 ボディ・ランゲージ
    米英の数の数え方

第2部 話す力・書く力をつける

282 場面別・感情別会話表現
    あいさつするとき
    紹介するとき
    あいづちを打つとき
    質問するとき
    病気・けがのとき
    買い物をするとき
    食事をするとき
    道を聞くとき, 教えるとき
    電話をするとき
    喜　び
    悲しみ・同情
    驚　き
    後　悔
    怒り・非難・苦情

　　　　　ほめる
　　　　　感　謝
　　　　　謝　罪
　　　　　意思表示
　　　　　承諾・断り
　　　　　いろいろな気持ち
311　英語の句読法
　　　　　終止符 period, (《英》)full stop 〔.〕
　　　　　セミコロン semicolon 〔;〕
　　　　　コロン colon 〔:〕
　　　　　コンマ comma 〔,〕
　　　　　疑問符 question mark 〔?〕
　　　　　感嘆符 exclamation mark 〔!〕
　　　　　ダッシュ dash 〔—〕
　　　　　ハイフン hyphen 〔-〕
　　　　　アポストロフィ apostrophe 〔'〕
　　　　　引用符 quotation marks, (《英》)inverted commas 〔" "〕
　　　　　　(ダブル引用符), 〔' '〕(シングル引用符)
　　　　　丸かっこ parentheses, (《英》)round brackets 〔( )〕
　　　　　角かっこ (square) brackets 〔[ ]〕
　　　　　斜線 virgule, slash 〔/〕
　　　　　大文字 capital letter
　　　　　イタリック体 italics
327　英文手紙の書き方
　　　　　手紙の一般的な形式
　　　　　手紙の各部分の構成
　　　　　封筒の上書き
　　　　　英文手紙文例集
336　ビジネスレターの表現
　　　　　簡潔な表現
　　　　　肯定的な表現
339　差別を避ける表現 (PC表現)
341　英文履歴書の書き方
344　英文電子メールの書き方

メールの種類とその一般的な形式
注意点
メールでよく使われる略語や顔文字

350　宛名と敬辞・結辞の付け方

356　生活の中の数の表現
年月日
年　号
時　刻
電話番号
日本の住所表示
温　度
整数・序数・小数・分数の読み方
基本的な数式

359　度量衡換算表
長さ (linear measure)
面積 (square measure)
体積 (cubic measure)
重さ (avoirdupois weight or mass)
容積 (capacity measure)
数字を示す接頭語
倍数を表す語

362　日本の年中行事
お正月 Oshogatsu (January 1— 7)
節分 Setsubun (February 3 or 4)
雛祭り Hinamatsuri (March 3)
彼岸 Higan (Mid-March & Mid-September)
こどもの日 Kodomo-no-hi (May 5)
七夕 Tanabata (July 7)
盆 Bon (Mid-July or Mid-August)
月見 Tsukimi (Mid-September)
七五三 Shichi-go-san (November 15)
大晦日 Omisoka (December 31)

369　日本から海外への電話のかけ方
369　海外から日本への電話のかけ方

371	主な航空会社略称
373	主な空港略号
374	世界時差地図
376	主なインターネット・携帯電話用語
386	主な電子メール略語
392	知って得するドメイン情報
399	ファイルの種類がすぐに分かる拡張子一覧
400	国際版・顔文字 (smiley) 一覧
402	英語コーパスの利用法
	コーパスとは
	主な英語コーパスの種類
	コーパスでできること
	主な検索ソフト
	参考文献
	[参考] 記号の読み方

第3部 語彙力を広げる

408	主な語根
420	主な接頭辞・接尾辞
	接頭辞
	接尾辞
425	音象徴 (音と意味の結びつき)
432	基本単語イラスト図解
442	主なアルファベット略語
450	注意すべきカタカナ語・和製英語
454	日本語から借用された英語
456	英語の歴史
458	英語が話される国
460	日本における英語関係史
462	英語の語源
	ケルト語・ラテン語・北欧語からの流入 (5―11世紀)
	主にフランス語からの流入 (11―16世紀)
	各国語からの流入 (ルネサンス期以降, 16世紀―)
464	米英語の比較:単語の違い

470	米英語の比較：綴りの違い
473	単数と複数で意味の異なる名詞
474	動物の鳴き声

第4部　文法事項を整理する

478	文法の要点
	文型のまとめ
	時制のまとめ
	主な動詞の種類
	主な助動詞
	「動詞＋動作動詞」の表現
	関係詞の種類
	仮定法のまとめ
	主な比較表現
	丁寧表現
	主な否定表現
497	形容詞・副詞の比較変化
498	名詞の複数形の作り方
499	不規則動詞変化表

第5部　発音の要点をおさえる

508	母音・子音の整理
	母音の記号
	子音の記号
514	アクセントの見分け方
	語尾で判断する場合
	語頭で判断する場合
	語根で判断する場合
	品詞の継承で判断する場合
	その他の規則
517	リスニングの要点
	アクセントとリズム
	聞こえなくなる音
	イントネーション

　　　　　区別しにくい音
　　　　　つながる音
　　　　　短縮形の音
　　　　　アメリカ英語とイギリス英語

第6部　英語学習に役立てる

526　主な英語関連辞書案内
　　　　　英和辞典
　　　　　和英辞典
　　　　　英英辞典
　　　　　語法辞典
　　　　　文法辞典
　　　　　ビジネス英語辞典
　　　　　類義語辞典（シソーラス）
　　　　　語源辞典
　　　　　イディオム・句動詞辞典
　　　　　連語（コロケーション）辞典
　　　　　時事英語辞典
　　　　　俗語辞典
　　　　　略語辞典
　　　　　スタイルブック
　　　　　専門分野英語辞典
　　　　　実務関連英語辞典
　　　　　図解辞典
　　　　　生活情報関連英語辞典
　　　　　発音・引用・特殊辞典
　　　　　CD-ROM版英語辞典
　　　　　電子辞書
541　主な英語資格試験
543　アメリカおよび英語圏のサイト
　　　　　検索エンジン
　　　　　政治・経済（公共機関を含む）
　　　　　大　学
　　　　　テレビ

- ラジオ
- 新　聞
- 雑　誌
- 観光・旅行
- 歴史・文化
- 芸術（公共機関を含む）
- 芸能・エンターテイメント
- スポーツ
- 自然科学（雑誌, 公共機関を含む）
- 医療・健康
- コンピュータ
- ショッピング
- 子　供
- 英語学習（Business English・留学）
- 英語学習（Grammar & Writing・教育）
- 英語学習（Listening）
- 英語学習（Reading）
- 英語学習（Vocabulary）
- 辞典・事典・電子図書館

555　日本のサイト
- 公共機関
- 新　聞
- 英語学習（教育・講座）
- 英語学習（翻訳・通訳）
- 英語学習（留学・就職）
- 英語学習（試験）
- 英語学習（Grammar & Writing）
- 英語学習（Listening）
- 英語学習（Reading）
- 英語学習（Speaking）
- 英語学習（Vocabulary）
- 辞典・事典

559　和文索引
567　英文索引

第1部

英語の文化背景を知る

- 世界の人名
- 世界の国一覧
- 世界の地名
- 米国の州名一覧
- 主な映画のタイトル
- アカデミー作品賞一覧
- 主なことわざ・格言
- 花ことば
- 誕生石・誕生花
- 日本の統治機構
- アメリカ合衆国の統治機構
- 歴代アメリカ大統領一覧
- 日本の国民の祝日
- 米英の主な新聞・雑誌・放送
- アメリカ独立宣言
- 主な英語圏の国歌
- マザー・グース
- 聖書の英語
- ボディ・ランゲージ
- ほか

文化背景 / 話す力・書く力 / 語彙力 / 文法 / 発音 / 英語学習

世界の人名

原則として原音に近いカタカナ表記としましたが，日本語として慣用のあるものはそれで示しました．但し，中国の人名は日本語読みを見出しとし，スラッシュ（／）の次にウェード式綴りも併記しました．なお，英語表記中のイタリックは愛称，通称，冠称などを示します．

米＝アメリカ合衆国，英＝イギリス，仏＝フランス，独＝ドイツ，伊＝イタリア

ア

アークライト Arkwright, Richard（1732－92）（英）；発明家，事業家

アーノルド Arnold, Matthew（1822－88）（英）；詩人，評論家

アービング Irving, Washington（1783－1859）（米）；作家，歴史家

アームストロング ①Armstrong, Louis; *Satchmo*（1900－71）（米）；ジャズトランペット奏者　②Armstrong, Neil A.（1930－）（米）；宇宙飛行士；人類初の月面着陸

アーロン Aaron, *Hank*（1934－）（米）；野球選手

アイスキュロス Aeschylus（525－456 B.C.）（古代ギリシャ）；悲劇作家

アイゼンハワー Eisenhower, Dwight D.; *Ike*（1890－1969）（米）；軍人，第34代大統領

アインシュタイン Einstein, Albert（1879－1955）（独生まれ，米）；理論物理学者

アウグスティヌス（*Saint*）Augustine（354－430）；教父，哲学者

アウグストゥス Augustus（Caesar）（63 B.C.－14 A.D.）（古代ローマ）；皇帝

アウン・サン・スー・チー Aung San Suu Kyi（1945－）（ミャンマー）；民主化運動指導者

アクィナス（*Saint*）Thomas Aquinas（1225?－74）（伊）；神学者，哲学者

アシモフ Asimov, Isaac（1920－92）（ロシア生まれ，米）；作家

アショカ Aśoka; Açoka（?－232? B.C.）（古代インド）；マウリア王朝マガダの王

アダムズ ①Adams, Samuel（1722－1803）（米）；独立戦争指導者　②Adams, John（1735－1826）（米）；第2代大統領　③Adams, John Quincy（1767－1848）（米）；第6代大統領

アップダイク Updike, John（1932－）（米）；作家

アナン Annan, Kofi Atta（1938－）（ガーナ）；国連事務総長

アベラール Abelard, Peter（1079－1142）（仏）；神学者，哲学者

アポリネール Apollinaire, Guillaume（1880－1918）（ポーランド生まれ，仏）；詩人

アムンゼン Amundsen, Roald（1872－1928）（ノルウェー）；南極探検家

アラゴン Aragon, Louis（1897－1982）（仏）；詩人，作家

アラファト Arafat, Yasir（1929－2004）（パレスチナ）；PLO（パレスチナ解放機構）議長

アリ Ali, Muhammad（1942－）（米）；ボクサー

アリストテレス Aristotle（384－322 B.C.）（古代ギリシャ）；哲学者

アリストファネス Aristophanes (448?－380? B.C.)(古代ギリシャ); 喜劇作家

アルキメデス Archimedes (287?－212 B.C.)(古代ギリシャ); 数学者, 物理学者

アルトー Artaud, Antonin (1896－1948)(仏); 劇作家, 俳優, 監督, 文学理論家

アレキサンダー ①Alexander (*the Great*)(356－323 B.C.); マケドニア王, 大帝国創建者 ②Alexander Nevsky (1220?－63); ロシア大公, 将軍

アレン Allen, Woody (1935－)(米); 映画監督・俳優, 作家

アロヨ Macapagal-Arroyo, Gloria (1947－)(フィリピン); 第14代大統領

アングル Ingres, Jean Auguste Dominique (1780－1867)(仏); 画家

アンデルセン Andersen, Hans Christian(1805－75)(デンマーク); 童話作家

アンドレーエフ Andreyev, Leonid (1871－1919)(ロシア); 作家

アンネ・フランク Anne Frank (1929－45)(独); 日記作者, 強制収容所の犠牲者

アンペール Ampère, André Marie (1775－1836)(仏); 物理学者

イ

イーストウッド Eastwood, Clint (1930－)(米); 映画監督・俳優

イェーツ Yeats, William Butler (1865－1939)(アイルランド); 詩人, 劇作家

イエス Jesus; Christ; Jesus Christ(6? B.C.－30? A.D.); キリスト教の創始者

イェスペルセン Jespersen, Otto (1860－1943)(デンマーク); 言語学者

イシャーウッド Isherwood, Christopher (1904－86)(英生まれ, 米); 作家

イソップ Aesop (620?－560? B.C.)(古代ギリシャ); 寓話作家

イプセン Ibsen, Henrik (1828－1906)(ノルウェー); 劇作家

イヨネスコ Ionesco, Eugène (1912－94)(ルーマニア生まれ, 仏); 劇作家

ウ

ウィトゲンシュタイン Wittgenstein, Ludwig (1889－1951)(オーストリア生まれ, 英); 哲学者

ウィリアムズ Williams, Tennessee (1911－83)(米); 劇作家

ウィルソン ①Wilson, Woodrow (1856－1924)(米); 第28代大統領 ②Wilson, Edmund (1895－1972)(米); 作家, 批評家 ③Wilson, Harold (1916－95)(英); 首相

ウー・タント U Thant (1909－74)(ビルマ); 国連事務総長

ウェイン ①Wayne, John (1907－79)(米); 映画俳優 ②Wain, John (1925－94)(英); 小説家, 詩人, 批評家

ウェーバー ①Weber, Carl Maria von (1786－1826)(独); 作曲家 ②Weber, Max (1864－1920)(独); 社会学者, 経済学者

ウェブスター ①Webster, John (1580?－1625?)(英); 劇作家 ②Webster, Noah (1758－1843)(米); 辞書編集者 ③Webster, Jean (1876－1916)(米); 作家

ウェリントン (*the Duke of*) Wellington (1769－1852)(アイルランド生まれ, 英); 軍人, 首相

ウェルギリウス Vergil [Virgil] (70－19 B.C.)(古代ローマ); 詩人

ウェルズ ①Wells, Herbert George

(1866−1946)(英);SF作家 ②Welles, Orson(1915−85)(米);映画俳優・監督

ウォー Waugh, Evelyn(1903−66)(英);作家

ウォーホール Warhol, Andy(1930?−87)(米);画家,映画製作者

ウォーレン Warren, Robert Penn(1905−89)(米);作家

ウォルポール ①Walpole, Robert(1676−1745)(英);政治家 ②Walpole, Horace(1717−97)(英);著述家

ウッズ Woods, Eldrick Tiger(1975−)(米);ゴルファー

ウルフ ①Woolf, Virginia(1882−1941)(英);作家 ②Wolfe, Thomas(1900−38)(米);作家

ウルブリヒト Ulbricht, Walter(1893−1973)(独);旧東独共産党指導者

エ

エイゼンシュタイン Eisenstein, Sergei(1898−1948)(ロシア);映画監督

エウリピデス Euripides(485頃−406頃B.C.)(古代ギリシャ);詩人

エーコ Eco, Umbelto(1932−)(伊);小説家,記号論学者

エジソン Edison, Thomas Alva(1847−1931)(米);発明家

エックハルト Eckhart [Eckehart] Johannes; *Meister* Eckhart(1260?−1327?)(独);神学者

エッフェル Eiffel, Alexandre Gustave(1832−1923)(仏);技術者

エバンス Evans, Bill(1929−1980)(米);ジャズピアニスト

エフトゥシェンコ Yevtushenko, Yevgeny(1933−)(ロシア);詩人

エマーソン Emerson, Ralph Waldo(1803−82)(米);思想家,詩人

エラスムス Erasmus, Desiderius(1466?−1536)(オランダ);人文学者,神学者

エリオット ①Eliot, George(1819−80)(英);作家 ②Eliot, T. S.(1888−1965)(米生まれ,英);詩人

エリザベス ①(*Queen*)Elizabeth I(1533−1603);英国女王 ②(*Queen*)Elizabeth II(1926−);英国女王

エリツィン Yeltsin, Boris Nikolayevich(1931−)(ロシア);ロシア連邦初代大統領

エリントン Ellington, *Duke*(1899−1974)(米);ジャズピアニスト・作曲家

エルンスト Ernst, Max(1891−1976)(独生まれ,仏・米);画家

エレンブルク Ehrenburg, Ilya(1891−1967)(ロシア);作家

エンゲルス Engels, Friedrich(1820−95)(独);社会主義者

蓋世凱<ruby>えんせいがい</ruby> Yuan Shikai/Yüan Shih-k'ai(1859−1916)(中国);軍人,政治家

エンデ Ende, Michael(1929−95)(独);児童文学作家

オ

王義之<ruby>おうぎし</ruby> Wang Xizhi/Wang Hsi-chih(307?−365?)(中国);書家

王陽明<ruby>おうようめい</ruby> Wang Yangming/Wang Yang-ming(1472−1528)(中国);思想家

オーウェル Orwell, George(1903−50)(英);作家

オーエン Owen, Wilfred(1893−1918)(英);詩人

オースティン Austen, Jane(1775−1817)(英);作家

オーツ Oates, Joyce Carol(1938−)(米);作家

- **オーデン** Auden, W.H.（1907－73）（英生まれ, 米）；詩人
- **オー・ヘンリー** O. Henry（1862－1910）（米）；作家
- **オーマンディ** Ormandy, Eugene（1899－1985）（ハンガリー生まれ, 米）；指揮者
- **オールコット** Alcott, Louisa May（1832－88）（米）；作家
- **オコンナー** ①O'Connor, Frank（1903－66）（アイルランド）；作家　②O'Connor, Flannery（1925－64）（米）；作家
- **オズボーン** Osborne, John James（1929－94）（英）；劇作家
- **オッフェンバック** Offenbach, Jacques（1819－80）（仏）；作曲家
- **オッペンハイマー** Oppenheimer, Robert（1904－67）（米）；物理学者
- **オニール** O'Neill, Eugene（1888－1953）（米）；劇作家
- **オリビエ** Olivier,（Sir）Laurence（1907－89）（英）；舞台俳優, 演出家
- **オルテガ・イ・ガセット** Ortega y Gasset, José（1883－1955）（スペイン）；哲学者
- **オロスコ** Orozco José Clemente（1883－1949）（メキシコ）；画家

カ

- **ガーシュイン** ①Gershwin, Ira（1896－1983）（米）；作詞家　②Gershwin, George（1898－1937）（米）；作曲家
- **カーソン** Carson, Rachel（1907－64）（米）；海洋生物学者
- **カーター** Carter, James Earl, Jr.［*Jimmy*］（1924－）（米）；第39代大統領
- **ガードナー** Gardner, Erle Stanley（1889－1970）（米）；推理作家, 弁護士
- **カートライト** Cartwright, Edmund（1743－1823）（英）；発明家
- **カーネギー** Carnegie, Andrew（1835－1919）（スコットランド生まれ, 米）；実業家, 慈善家
- **ガーフィールド** Garfield, James Abram（1831－81）（米）；第20代大統領
- **カーライル** Carlyle, Thomas（1795－1881）（スコットランド）；歴史学者
- **ガーランド** Garland, Judy（1922－69）（米）；映画女優, 歌手
- **ガウス** Gauss, Karl Friedrich（1777－1855）（独）；数学者
- **カウツキー** Kautsky, Karl Johann（1854－1938）（独）；社会民主主義者
- **ガウディ** Gaudi i Cornet, Antonio（1852－1926）（スペイン）；建築家, デザイナー
- **ガガーリン** Gagarin, Yuri（1934－68）（ロシア）；宇宙飛行士；人類初の宇宙飛行
- **郭沫若**（かくまつじゃく）Guo Moruo/Kuo Mo-jo（1892－1978）（中国）；歴史家, 文学者, 政治家
- **カザノバ** Casanova, Giovanni Jacopo（1725－98）（伊）；山師, 作家
- **カザルス** Casals, Pablo（1876－1973）（スペイン）；チェロ奏者
- **カザン** Kazan, Elia（1909－2003）（トルコ生まれ, 米）；映画監督, 作家
- **カストロ** Castro, Fidel（1927－）（キューバ）；革命家, 首相
- **カダフィー** Qaddafi, Muammaral（1942－）（リビア）；政治家
- **カフカ** Kafka, Franz（1883－1924）（オーストリア）；作家
- **カポーティ** Capote, Truman（1924－84）（米）；作家
- **カポネ** Capone, Al（1899－1947）（米）；ギャングの首領
- **ガマ** Gama, Vasco da（1469?－1524）（ポルトガル）；航海者

カミュ Camus, Albert (1913－60) (仏); 作家

カメハメハ (*King*) Kamehameha (Ⅰ); Kamehameha *the Great* (1758?－1819); ハワイ諸島の王

カラス Callas, Maria (1923－77) (米生まれ, ギリシャ); ソプラノ歌手

カラヴァッジョ Caravaggio; 本名 Michelangelo Merisi (1573－1610) (伊); 画家

カラヤン Karajan, Herbert von (1908－89) (オーストリア); 指揮者

ガリ Boutros-Ghari, Boutros (1922－) (エジプト); 政治学者, 元国連事務総長

ガリバルディ Garibaldi, Giuseppe (1807－82) (伊); 軍人

ガリレオ Galileo Galilei (1564－1642) (伊); 天文学者, 物理学者

カルーソー Caruso, Enrico (1873－1921) (伊); テノール歌手

カルダン Cardin, Pierre (1922－) (仏); 服飾デザイナー

カルチェ・ブレッソン Cartier-Bresson, Henri (1908－2004) (仏); 写真家

カルネ Carné, Marcel (1909?－96) (仏); 映画監督

ガルニェリ Guarneri; Guarnieri; Guarnerius (17－18世紀) (伊); バイオリン製作者の一家

カルバン[**カルビン**] Calvin, John (1509－64) (仏生まれ, スイス); 宗教改革者

ガルブレイス Galbraith, John Kenneth (1908－) (カナダ生まれ, 米); 経済学者

ガルボ Garbo, Greta (1905－90) (スウェーデン); 映画女優

ガロア Galois, Évariste (1811－32) (仏); 数学者

ガンサー Gunther, John (1901－70) (米); ジャーナリスト, 作家

ガンジー ①Gandhi, Mohandas Karamchand; *Mahatma* Gandhi (1869－1948) (インド); 独立運動指導者 ②Gandhi, Indira (1917－84) (インド); 首相 ③Gandhi, Rajiv (1944－91) (インド); 首相

カンディンスキー Kandinski, Vasili (1866－1944) (ロシア); 画家

カント Kant, Immanuel (1724－1804) (独); 哲学者

韓非子ひ Han Feizi/Han Fei-tzu (?－233 B.C.) (中国); 思想家

キ

キー Key, Francis Scott (1779－1843) (米); 弁護士, 米国国歌作詞者

キーツ Keats, John (1795－1821) (英); 詩人

キートン Keaton, Buster (1895－1966) (米); 喜劇俳優

キーン Kean, Edmund (1787－1833) (英); 俳優

ギッシング Gissing, George Robert (1857－1903) (英); 作家

キッシンジャー Kissinger, Henry (1923－) (独生まれ, 米); 政治学者, 外交官

キップリング Kipling, Rudyard (1865－1936) (英); 作家, 詩人

ギネス Guinness, (*Sir*) Alec (1914－2000) (英); 俳優

ギボン Gibbon, Edward (1737－94) (英); 歴史家

キム・イルソン〈**金日成**〉 Kim Il Sung; Kim Il-sŏng (1912－94) (北朝鮮); 国家主席

キム・ジハ〈**金芝河**〉 Kim Ji Ha; Kim Chi-ha (1941－) (韓国); 詩人

キム・ジョンイル〈**金正日**〉 Kim Jong Il; Kim Jong-il (1942－) (北朝鮮); 朝鮮

労働党中央委員会総書記
キム・デジュン〈金大中〉Kim Dae Jung; Kim Dae-jung (1926-) (韓国); 政治家, 第15代大統領
キャザー Cather, Willa (1873-1947) (米); 作家
ギャスケル Gaskell, Elizabeth (1810-65) (英); 作家
キャパ Capa, Robert (1913-54) (米); 写真家
ギャバン Gabin, Jean (1904-76) (仏); 映画俳優
ギャラップ Gallup, George (1901-84) (米); 世論調査会社設立者
キャロル Carroll, Lewis (1832-98) (英); 童話作家
キューブリック Kubrick, Stanley (1928-99) (米); 映画監督
キュビエ Cuvier, Georges (1769-1832) (仏); 博物学者
キュリー ①Curie, Pierre (1859-1906) (仏); 物理学者, 化学者; ②の夫 ②Curie, Marie (1867-1934) (ポーランド生まれ, 仏); 物理学者, 化学者
キリコ Chirico, Giorgio de (1888-1978) (伊); 画家
キルケゴール Kierkegaard, Søren (1813-55) (デンマーク); 哲学者, 神学者
キング ①King, B. B.(1925-) (米); ブルース歌手 ②King, Martin Luther, Jr. (1929-68) (米); 牧師, 黒人運動指導者 ③King, Stephen (1942-) (米); ホラー作家
ギンズバーグ Ginsberg, Allen (1926-97) (米); 詩人
キンゼー Kinsey, Alfred (1894-1956) (米); 動物学者, 社会学者

クィーン Queen, Ellery (米); 推理作家; Frederic Dannay (1905-82) と従兄 Manfred B. Lee (1905-71) の筆名
グーテンベルグ Gutenberg, Johann [Johannes] (1400?-68) (独); 印刷術発明者
クーパー Cooper, Gary (1901-61) (米); 映画俳優
クーベルタン Coubertin, Pierre de (1863-1937) (仏); 近代オリンピックの創始者
グールド Gould, Glenn (Herbert) (1932-82) (カナダ); ピアニスト
クールベ Courbet, Gustave (1819-77) (仏); 画家
クストー Cousteau, Jacques Yves (1910-97) (仏); 海洋探検家
クック Cook, James; *Captain* Cook (1728-79) (英); 航海者
グッドマン Goodman, Benny (1909-86) (米); ジャズクラリネット奏者
クライスラー ①Kreisler, Fritz (1875-1962) (オーストリア生まれ, 米); バイオリニスト ②Chrysler, Walter Percy (1875-1940) (米); 自動車事業家
グラス Grass, Gunter (1927-) (独); 小説家, 劇作家
グラッドストン Gladstone, William (1809-98) (英); 首相
グラント ①Grant, Ulysses (1822-85) (米); 南北戦争の北軍将軍, 第18代大統領 ②Grant, Cary (1904-86) (米); 映画俳優
グリーグ Grieg, Edvard (1843-1907) (ノルウェー); 作曲家
グリーン Greene, Graham (1904-91) (英); 小説家
クリスティ Christie, Agatha (1891-1976) (英); 推理作家
クリック Crick, Francis Hary Compton

■ 世界の人名　ケ

（1916－）（英）；生物学者
クリフト　Clift, Montgomery（1920－66）（米）；映画俳優
グリム兄弟　（独）；言語学者, 童話研究家　① Grimm, Jacob（1785－1863）　② Grimm, Wilhelm（1786－1859）
クリムト　Klimt, Gustave（1862－1918）（オーストリア）；画家
クリントン　①Clinton, William Jefferson [*Bill*]（1946－）（米）；第42代大統領　②Clinton, Hillary Rodham（1947－）（米）；政治家；①の妻
クルップ　Krupp（20世紀）（独）；製鋼事業の一家
グレイ　Gray, Thomas（1716－71）（英）；詩人
クレー　Klee, Paul（1879－1940）（スイス）；画家
クレール　Clair, René（1898－1981）（仏）；映画監督
クレオパトラ　Cleopatra（69－30B.C.）（古代エジプト）；エジプトの女王
グレコ　El Greco（1541－1614）（ギリシャ生まれ, スペイン）；画家
クレンペラー　Klemperer, Otto（1885－1973）（独）；指揮者
クローデル　Claudel, Paul（1868－1955）（仏）；詩人, 劇作家, 外交官
クローニン　Cronin, A.J.（1896－1981）（英）；医者, 作家
クロスビー　Crosby, Bing（1904－77）（米）；歌手, 俳優
グロチウス　Grotius, Hugo（1583－1645）（オランダ）；国際法学の祖
クロフォード　Crawford, Joan（1908－77）（米）；映画女優
クロポトキン　Kropotkin, Pyotr（1842－1921）（ロシア）；地理学者, 無政府主義者
グロムイコ　Gromyko, Andrei（1909－89）（ロシア）；外交官, 政治家
クロムウェル　Cromwell, Oliver（1599－1658）（英）；政治家, 清教徒革命指導者

ケ

ゲイツ　Gates, William H. [*Bill*]（1955－）（米）；実業家, マイクロソフト社会長
ケインズ　Keynes, John Maynard（1883－1946）（英）；経済学者
ゲーテ　Goethe, Johann Wolfgang von（1749－1832）（独）；詩人, 作家
ゲーブル　Gable, Clark（1901－60）（米）；映画俳優
ゲーリッグ　Gehrig, Lou（1903－41）（米）；野球選手
ゲーリング　Goring [Goering], Hermann（1893－1946）（独）；軍人, ナチ指導者
ケストラー　Koestler, Arthur（1905－83）（ハンガリー生まれ, 英）；作家
ケネー　Quenay, François（1694－1774）（仏）；経済学者
ケネディ　Kennedy, John Fitzgerald [*Jack*]；*JFK*（1917－63）（米）；第35代大統領
ゲバラ　Guevara, Che（1928－67）（アルゼンチン生まれ, キューバ）；キューバの革命家
ケプラー　Kepler, Johannes（1571－1630）（独）；天文学者
ケラー　Keller, Helen（1880－1968）（米）；著述家, 社会運動家
ケリー　Kelly, Grace；*Princess* Grace（1929－83）（米生まれ, モナコ）；女優, モナコ王妃
ケレンスキー　Kerensky, Aleksandr（1881－1970）（ロシア）；政治家
玄奘（げんじょう）　Xuanzang/Hsuan=tsang（600?－664）（中国）；僧

コ

孔子 Confucius (551 – 479 B.C.)（中国）；思想家

江沢民こうたくみん Jiang Zemin (1926 –)（中国）；政治家, 前国家主席

ゴーギャン Gauguin, Paul (1848 – 1903)（仏）；画家

ゴーゴリ Gogol, Niklai Vasilievich (1809 – 52)（ロシア）；作家, 劇作家

ゴーディマー Gordimer, Nadine (1923 –)（南アフリカ）；作家

コール ①Cole, Nat King (1919 – 65)（米）；ジャズ歌手 ②Kohl, Helmut (1930 –)（独）；政治家, 元首相

ゴールズワージー Galsworthy, John (1867 – 1933)（英）；作家, 劇作家

ゴールディング Golding, William Gerald (1911 – 93)（英）；作家

コールドウェル ①Caldwell, Taylor (1900 – 85)（英生まれ, 米）；作家 ②Caldwell, Erskine (1903 – 87)（米）；小説家

コールリッジ Coleridge, Samuel Taylor (1772 – 1834)（英）；詩人, 批評家

胡錦涛こきんとう Hu Jintao (1942 –)（中国）；国家主席

コクトー Cocteau, Jean (1889 – 1963)（仏）；詩人, 作家

コダーイ Kodály, Zoltán (1882 – 1967)（ハンガリー）；作曲家

ゴダール Godard, Jean Luc (1930 –)（仏）；映画監督

コッホ Koch, Robert (1843 – 1910)（独）；細菌学者, 医学者

ゴッホ⇨**バン・ゴッホ**

コッポラ Coppola, Francis (1939 –)（米）；映画監督・製作者

胡適こてき Hu Shi/Hu Shih (1891 – 1962)（中国）；文学者, 思想家

コペルニクス Copernicus, Nicolaus (1473 – 1543)（ポーランド）；天文学者

ゴヤ Goya (y Lucientes), Francisco José de (1746 – 1828)（スペイン）；画家

胡耀邦こようほう Hu Yaobang/Hu Yao-pang (1915 – 89)（中国）；国家主席

コルトレーン Coltrane, John (1926 – 67)（米）；ジャズサックス奏者

コルネーユ Corneille, Pierre (1606 – 84)（仏）；劇作家

ゴルバチョフ Gorbachev, Mikhail S. (1931 –)（ロシア）；政治家, 旧ソ連の大統領

コレット Colette, Sidonie-Gabrielle (1873 – 1954)（仏）；作家

コロー Corot, Jean Baptiste Camille (1796 – 1875)（仏）；画家

コロンブス Columbus, Christopher (1451? – 1506)（伊）；航海者

ゴンクール兄弟（仏）；作家 ①Goncourt, Edmond Louis Antoine Huot de (1822 – 96) ②Goncourt, Jules Alfred Huot de (1830 – 70)

コンスタブル Constable, John (1776 – 1837)（英）；画家

コント Comte, Auguste (1798 – 1857)（仏）；哲学者

コンラッド Conrad, Joseph (1857 – 1924)（英）；作家

サ

サガン Sagan, Françoise (1935 – 2004)（仏）；作家

サキ Saki (1870 – 1916)（スコットランド）；作家

サスーン Sassoon, Siegfried (1886 – 1967)（英）；詩人

サダト Sadat, Anwar (el-) (1918 – 81)（エジプト）；大統領

■ 世界の人名　シ

サッカレー Thackeray, William Makepeace（1811－63）（英）；作家

サッチャー Thatcher, Margaret（1925－ ）（英）；政治家, 元首相

サッフォー Sappho（610－580 B.C.頃活躍）（古代ギリシャ）；詩人

サティ Satie, Erik（1866－1925）（仏）；作曲家

サド *the Marquis* de Sade（1740－1814）（仏）；作家

サハロフ Sakharov, Andrei（1921－89）（ロシア）；原子物理学者, 反体制活動家

ザビエル（*Saint*）Francis Xavier（1506－52）（スペイン）；宣教師

サミュエルソン Samuelson, Paul（1915－ ）（米）；経済学者

ザメンホフ Zamenhof, Lazarus Ludvick（1859－1917）（ポーランド）；言語学者

サリンジャー Salinger, J.D.（1919－ ）（米）；作家

サルトル Sartre, Jean Paul（1905－80）（仏）；哲学者, 作家

サロート Sarraute, Nathalie（1900－99）（仏）；作家

サローヤン Saroyan, William（1908－81）（米）；作家

サンゴール Senghor, Léopold Sédar（1906－ ）（セネガル）；詩人, 初代大統領

サンサーンス Saint-Saens, Camille（1835－1921）（仏）；作曲家

サンタヤナ Santayana, George（1863－1952）（スペイン生まれ, 米）；哲学者, 詩人

サン・テグジュペリ Saint-Exupéry, Antoine de（1900－44）（仏）；作家, 飛行家

サンド Sand, George（1804－76）（仏）；作家

サンドバーグ Sandburg, Carl（1878－1967）（米）；詩人, 作家

サン・ローラン Saint-Laurent, Yves（1936－ ）（仏）；服飾デザイナー

シアヌーク Sihanouk, Norodom（1922－ ）（カンボジア）；政治家, 国王

シーザー〈カエサル〉Caesar, Julius（100－40 B.C.）（古代ローマ）；政治家

ジード Gide, André（1869－1951）（仏）；作家

シートン Seton, Ernest Thompson（1860－1946）（英生まれ, 米）；自然科学者, 動物物語作家

シーボルト Siebold, Philipp Franz von（1796－1866）（独）；医学者, 博物学者

シーレ Schiele, Egon（1890－1918）（オーストリア）；画家

シェークスピア Shakespeare, William（1564－1616）（英）；劇作家, 詩人

ジェームズ ①James, William（1842－1910）（米）；哲学者, 心理学者　②James, Henry（1843－1916）（米生まれ, 英）；作家

シェーンベルク Schönberg, Arnold（1874－1951）（オーストリア生まれ, 米）；作曲家

ジェファーソン Jefferson, Thomas（1743－1826）（米）；第3代大統領；独立宣言起草

ジェフリーズ Jefferies, John Richard（1848－87）（英）；ナチュラリスト, 小説家

シェリー ①Shelley, Percy Bysshe（1792－1822）（英）；詩人　②Shelley, Mary Wollstonecraft（1797－1851）（英）；作家

シェリング Schelling, Friedrich Wilhelm Joseph von（1775－1854）

シ　世界の人名

(独)；哲学者

ジェロニモ Geronimo（1829－1909）（米）；アパッチ族の首長

シェンキェビッチ Sienkiewicz, Henryk（1846－1916）(ポーランド)；作家

シケイロス Siqueiros, David Alfaro（1896－1974）(メキシコ)；画家

始皇帝 Shi Huangdi/Shih Huangti（259－210 B.C.）(中国)；秦の皇帝

ジスカール・デスタン Giscard d'Estaing, Valéry（1926－）(仏)；元大統領

シナトラ Sinatra, Frank（1915－98）(米)；歌手, 映画俳優

司馬遷 Sima Qian/Ssu-ma Ch'ien（前漢時代）(中国)；歴史家

ジバンシー Givenchy, Hubert（1927－）(仏)；服飾デザイナー

シベリウス Sibelius, Jean（1865－1957）(フィンランド)；作曲家

シムノン Simenon, Georges（1903－89）(ベルギー生まれ, 仏)；推理作家

シモン Simon, Claude（1913－）(仏)；作家

シモンズ Symons, Arthur（1865－1945）(英)；詩人, 批評家

シャーン Shahn, Ben（1898－1969）(ロシア生まれ, 米)；画家

釈迦⇨**仏陀**

ジャガー Jagger, Mick（1943－）(英)；ロック歌手

シャガール Chagall, Marc（1887－1985）(ロシア生まれ, 仏)；画家

ジャクソン ①Jackson, Andrew（1767－1845）(米)；第7代大統領　②Jackson, Mahalia（1911－72）(米)；ゴスペル歌手

シャトーブリアン Chateaubriand, François René de（1768－1848）(仏)；文学者, 政治家

シャネル Chanel, Gabrielle [*Coco*]（1883－1971）(仏)；服飾デザイナー

ジャンヌ・ダルク *Saint* Joan of Arc；(仏) Jeanne d'Arc（1412?－31）(仏)；愛国者, 聖女

シャンポリオン Champollion, Jean François（1730－1832）(仏)；エジプト学者

周恩来 Zhou Enlai/Chou En-lai（1898－1976）(中国)；政治家, 首相

シューベルト Shubert, Franz（1797－1828）(オーストリア)；作曲家

シューマン Schumann, Robert（1810－56）(独)；作曲家

朱子〈**朱熹**〉Zhu Xi/Chu Hsi（1130－1200）(中国)；思想家

シュトラウス ①Strauss, Johann（1804－49）(オーストリア)；作曲家　②Strauss, Johann（*Waltz King*）（1825－99）(オーストリア)；作曲家；①の子　③Strauss, Richard（1864－1949）(独)；作曲家

シュバイツァー Schweitzer, Albert（1875－1965）(仏)；神学者, 哲学者, 医者, 音楽家

シュバリエ Chevalier, Maurice（1888－1972）(仏)；歌手, 映画俳優

シュペングラー Spengler, Oswald（1880－1936）(独)；哲学者

シュミット Schmidt, Helmut（1918－）(独)；政治家, 元首相

シュムペーター Schumpeter, Joseph（1883－1950）(チェコ生まれ, 米)；経済学者

朱鎔基（しゅようき）Zhu Rongji（1928－）(中国)；政治家, 首相

シュリーマン Schliemann, Heinrich（1822－90）(独)；考古学者

シュルツ Schulz, Charles（1922－2000）(米)；漫画家

シュレーダー Schröder, Gerhart（1944－）(独)；政治家, 首相

■ 世界の人名　ス

シュレーディンガー Schrödinger, Erwin (1887 − 1961) (オーストリア)；物理学者

シュレジンガー ①Schlesinger, Arthur (1888 − 1965) (米)；歴史学者　②Schlesinger, Arthur, Jr. (1917 −) (米)；歴史学者, 評論家

シュワルツコップ Schwarzkopf, Elisabeth (1915 −) (独)；ソプラノ歌手

ジョイス Joyce, James (1882 − 1941) (アイルランド)；作家

蒋介石 Chiang Kai-shek (1887 − 1975) (中国)；軍人, 政治家, 国民政府総統

ショー Shaw, George Bernard (1856 − 1950) (アイルランド生まれ, 英)；劇作家

ジョーダン Jordan, Michael [*Magic*] (1959 −) (米)；元バスケットボール選手

ショーペンハウエル Schopenhauer, Arthur (1788 − 1860) (独)；哲学者

ショーロホフ Sholokhov, Mikhail (1905 − 84) (ロシア)；作家

ショスタコービッチ Shostakovich, Dimitri (1906 − 75) (ロシア)；作曲家, ピアニスト

ジョットー（ジオット） Giotto, di Bondone (1266頃 − 1337) (伊)；画家, 建築家

ショパン Chopin, Frédéric (1810 − 49) (ポーランド生まれ, 仏)；作曲家

ジョリオ・キュリー ①Joliot-Curie, Irène (1897 − 1956) (仏)；物理学者　②Joliot-Curie, Frédéric (1900 − 58) (仏)；物理学者

ジョンソン ①Jonson, Ben (1573 − 1637) (英)；劇作家　②Johnson, Samuel；*Dr.* Johnson (1709 − 84) (英)；文学者　③Johnson, Andrew (1808 − 75) (米)；第17代大統領　④Johnson, Lyndon Baines；*LBJ* (1908 − 73) (米)；第36代大統領

シラー Schiller, Friedrich von (1759 − 1805) (独)；詩人, 劇作家

シラク Chirac, Jacques (1932 −) (仏)；大統領

シラノ・ド・ベルジュラック Cyrano de Bergerac, Savinien de (1619? − 55) (仏)；作家, 軍人, 決闘の名手

シリトー Sillitoe, Alan (1928 −) (英)；作家, 詩人

ジロドゥー Giraudoux, Jean (1882 − 1944) (仏)；劇作家, 作家

ジンギスカン〈成吉思汗〉 Genghis Khan (1162? − 1227)；モンゴル帝国の皇帝

シング Synge, John (1871 − 1909) (アイルランド)；劇作家, 詩人

シンクレア Sinclair, Upton (1878 − 1968) (米)；作家, 社会改革運動家

ス

スウィフト Swift, Jonathan (1667 − 1745) (アイルランド生まれ, 英)；作家

スウィンバーン Swinburne, Algernon (1837 − 1909) (英)；詩人, 批評家

スウェーデンボリ Swedenborg, Emanuel (1688 − 1772) (スウェーデン)；哲学者, 神秘主義者

スーザ Sousa, John Philip (1854 − 1932) (米)；指揮者, 作曲家

スクリャービン Skryabin, Aleksandr Nikolaevich (1872 − 1915) (ロシア)；作曲家, ピアニスト

スコット ①Scott, (*Sir*) Walter (1771 − 1832) (スコットランド)；詩人, 作家　②Scott, Robert Falcon (1868 − 1912) (英)；南極探検家

スターリン Stalin, Joseph (1879 − 1953) (ロシア)；政治家

スタール *Madame* de Staël (1766 – 1817) (仏) ; 文学者

スターン Sterne, Laurence (1713 – 68) (英) ; 作家

スタイン Stein, Gertrude (1874 – 1946) (米) ; 詩人, 作家, 劇作家

スタインベック Steinbeck, John (1902 – 68) (米) ; 作家

スタニスラフスキー Stanislavsky, Konstantin (1863 – 1938) (ロシア) ; 演出家, 俳優

スタンダール Stendhal (1783 – 1842) (仏) ; 作家

スティーブンス Stevens, Wallace (1879 – 1955) (米) ; 詩人

スティーブンソン ①Stephenson, George (1781 – 1848) (英) ; 発明家 ②Stevenson, Robert Louis (1850 – 94) (スコットランド) ; 詩人, 作家

ストウ Stowe, Harriet Elizabeth Beecher (1811 – 96) (米) ; 作家

ストコフスキー Stokowski, Leopold (1882 – 1977) (英生まれ, 米) ; 指揮者

ストライザンド Streisand, Barbra (1942 –) (米) ; 歌手, 映画女優

ストラディバリ Stradivari, Antonio ; Stradivarius, Antonius (1644 – 1737) (伊) ; バイオリン製作者

ストラビンスキー Stravinsky, Igor (1882 – 1971) (ロシア生まれ, 米) ; 作曲家

ストリンドベリ Strindberg, August (1849 – 1912) (スウェーデン) ; 劇作家, 作家

ストレイチー Strachey, Lytton (1880 – 1932) (英) ; 伝記作家, 批評家

スノー ①Snow, Edgar Parks (1905 – 72) (米) ; ジャーナリスト ②Snow, Charles Percy (1905 – 80) (英) ; 作家, 物理学者

スピルバーグ Spielberg, Steven (1947 –) (米) ; 映画監督

スピノザ Spinoza, Benedict[Baruch] (1632 – 77) (オランダ) ; 哲学者, 神学者

スペンサー ①Spenser, Edmund (1552 – 99) (英) ; 詩人 ②Spencer, Herbert (1820 – 1903) (英) ; 哲学者

スペンダー Spender, Stephen (1909 – 95) (英) ; 詩人, 批評家

スポック Spock, Benjamin (1903 – 98) (米) ; 小児科医, 教育者

スミス Smith, Adam (1723 – 90) (スコットランド) ; 経済学者

スメタナ Smetana, Bedřich (1824 – 84) (チェコ) ; 作曲家

スワンソン Swanson, Gloria (1899 – 1983) (米) ; 映画女優

セ

西太后 (*Empress*) Cixi/Tz'u-hsi ; *the Dowager Empress* (▶ 英語で慈禧太后 Cixi として知られている) (1835 – 1908) (中国) ; 清の太后

セゴビア Segovia, Andrés (1894 – 1987) (スペイン) ; ギタリスト

セザンヌ Cézanne, Paul (1839 – 1906) (仏) ; 画家

セリーヌ Céline, Louis Ferdinand (1894 – 1961) (仏) ; 作家

セル Szell, George (1897 – 1970) (ハンガリー生まれ, 米) ; 指揮者

ゼルキン Serkin, Rudolf (1903 – 91) (オーストリア生まれ, 米) ; ピアニスト

セルバンテス Cervantes (Saavedra), Miguel de (1547 – 1616) (スペイン) ; 作家

ソ

荘子 Zhuangzi/Chuang-tzu (戦国時代)

■ 世界の人名　タ・チ

(中国）；思想家

曹雪芹〈そうせつきん〉 Cao Xueqin/Ts'ao Hsüeh-ch'in（1716－63）(中国)；作家

ソーンダイク Thorndike, Edward Lee（1874－1949）(米)；教育心理学者, 辞書編集者

ソクラテス Socrates（470?－399 B.C.）(古代ギリシャ)；哲学者

ソシュール Saussure, Ferdinand de（1857－1913）(スイス)；言語学者

ソフォクレス Sophocles（496/497－406 B.C.）(古代ギリシャ)；悲劇詩人

ゾラ Zola, Emile（1840－1902）(仏)；作家

ソルジェニーツィン Solzhenitsyn, Aleksandr（1918－）(ロシア)；作家

ゾロアスター Zoroaster（628?－551? B.C.）(ペルシア)；宗教家

ソロー Thoreau, Henry David（1817－62）(米)；思想家, 随筆家

孫子 Sunzi/Sun-tzu（春秋時代）(中国)；兵法家

ソンタグ Sontag, Susan（1933－2004）(米)；作家, 批評家

孫文〈孫逸仙〉 Sun Yat-sen（1866－1925）(中国)；政治家

タ

ダーウィン Darwin, Charles（1809－82）(英)；博物学者, 進化論者

ターナー ①Turner, Joseph Mallord William（1775－1831）(英)；画家 ②Turner, Nat（1800－31）(米)；黒人奴隷指導者

ダイアナ妃 *Princess* Diana；Spencer, *Lady* Diana（Frances）（1961－97）(英)；元チャールズ皇太子妃

タウト Taut, Bruno（1880－1938）(独)；建築家

タキトゥス Tacitus, Cornelius（55?－118?）(古代ローマ)；歴史家

タゴール Tagore, Rabindranath（1861－1941）(インド)；詩人

ダヌンツィオ D'Annunzio, Gabriele（1863－1938）(伊)；詩人, 小説家

ダビッド David, Jacques Louis（1748－1825）(仏)；画家

ダ・ビンチ⇨レオナルド

タマヨ Tamayo, Rufino（1899－1991）(メキシコ)；画家

ダヤン Dayan, Moshe（1915－81）(イスラエル)；軍事指導者

ダライ・ラマ14世 Dalai Lama XIV（1935－）(チベット)；チベット仏教の教主

ダリ Dali, Salvador（1904－89）(スペイン)；画家

ダレル Durrell, Lawrence（1912－90）(英)；作家

ダン Donne, John（1572－1631）(英)；詩人, 牧師

ダンカン Duncan, Isadora（1878－1927）(米)；舞踊家

ダンテ Dante Alighieri（1265－1321）(伊)；詩人

ダントン Danton, Georges Jacques（1759－94）(仏)；革命政治家

チ

チェーホフ Chekhov, Anton（1860－1904）(ロシア)；劇作家

チェスタトン Chesterton G.K.（1874－1936）(英)；作家

チェンバレン Chamberlain, Neville（1869－1940）(英)；首相

チトー Tito（1892－1980）(旧ユーゴスラビア)；大統領

チャーチル Churchill,（*Sir*）Winston（1874－1965）(英)；政治家, 首相

チャールズ Charles, Ray（1930－2004）

(米);ソウル歌手,ピアニスト
チャールズ皇太子 *Prince* Charles (Philip Arthur George);*Prince of Wales*(1948－)(英);イギリス皇太子
チャイコフスキー Tchaikovsky, Pyotr Ilych(1840－93)(ロシア);作曲家
チャウシェスク Ceauşescu, Nicolae(1918－89)(ルーマニア);政治家,大統領
チャップマン Chapman, George(1559－1634)(英);劇作家,詩人
チャップリン [*Sir*] Chaplin, Charles [*Charlie*](1889－1977)(英);映画監督・俳優
チャペック Čapek, Karel(1890－1938)(チェコ);作家
チャンドラー Chandler, Raymond(1888－1959)(米);推理作家
チョーサー Chaucer, Geoffrey(1340?－1400)(英);詩人
チョムスキー Chomsky, Noam(1928－)(米);言語学者
陳水扁 Chen Shui-bian(1951－);台湾総統
陳独秀 Chen Duxiu/Ch'en Tu-hsiu(1882－1940)(中国);思想家

ツ

ツウィングリ Zwingli, Ulrich [Huldreich](1484－1531)(スイス);宗教改革者
ツェッペリン Zeppelin, Ferdinand von(1838－1917)(独);飛行船発明者
ツキディデス Thucydides(471－400 B.C.)(古代ギリシャ);歴史家
ツバイク Zweig, Stefan(1881－1942)(オーストリア);作家
ツルゲーネフ Turgenev, Ivan(1818－83)(ロシア);作家

テ

ディーゼル Diesel, Rudolf(1858－1913)(独);発明家
ディートリッヒ Dietrich, Marlene(1901?－92)(独生まれ,米);映画女優
ディーン Dean, James(1931－55)(米);映画俳優
ディオール Dior, Christian(1905－57)(仏);服飾デザイナー
ディキンソン Dickinson, Emily(1830－86)(米);詩人
ディケンズ Dickens, Charles(1812－70)(英);作家
ディズニー Disney, Walt(1901－66)(米);漫画家,映画製作者
ディズレーリ Disraeli, Benjamin(1804－81)(英);政治家,首相
ティツィアーノ Tiziano, Vecellio(1488/90－1576)(伊);画家
ディドロ Diderot, Denis(1713－84)(仏);思想家,百科全書編集者
ディマジオ DiMaggio, Joe(1914－99)(米);野球選手
ディラン Dylan, Bob;本名Robert Zimmerman(1941－)(米);フォーク・ロック歌手
ティントレット Tintoretto;本名Jacopo Robusti(1518－94)(伊);画家
テーヌ Taine, Hippolyte Adolphe(1828－93)(仏);批評家
デービー Davy, (*Sir*) Humphry(1778－1829)(英);化学者
デービス ①Davis, Bette(1908－89)(米);映画女優　②Davis, Sammy, Jr.(1925－90)(米);歌手,映画俳優　③Davis, Miles(1926－91)(米);ジャズトランペット奏者
テーラー Taylor, Elizabeth(1932－)(英生まれ,米);映画女優
デカルト Descartes, René(1596－16

■ 世界の人名　ト

50)(仏);哲学者, 数学者
デ・シーカ De Sica, Vittorio (1902 − 74)(伊);映画監督
テニソン Tennyson, Alfred ; Alfred *Lord* Tennyson (1809 − 92)(英);詩人
デフォー Defoe, Daniel (1660 − 1731)(英);作家
デューイ Dewey, John (1859 − 1952)(米);教育学者, 哲学者
デューラー Dürer, Albrecht (1471 − 1528)(独);画家
デュナン Dunant, Jean Henri (1828 − 1910)(スイス);赤十字創設者
デュマ ①Dumas, Alexandre ; *Dumas peré* (1802 − 70)(仏);作家　② Dumas, Alexandre ; *Duma fils* (1824 − 95)(仏);作家, ①の子
デ・ラ・レンタ de la Renta, Oscar (1934?−)(ドミニカ共和国生まれ, 米);服飾デザイナー

ト

ドイル Doyle, Arthur Conan (1859 − 1930)(英);探偵作家
トインビー Toynbee, Arnold (1889 − 1975)(英);歴史家
トウェイン Twain, Mark (1835 − 1910)(米);作家
鄧小平(とうしょうへい) Deng Xiaoping/Teng Hsiao-p'ing (1904 − 97)(中国);政治家
ドーデ Daudet, Alphonse (1840 − 97)(仏);作家
トールキン Tolkien, John R. R. (1892 − 1973)(英);ファンタジー作家
ドガ Degas, Edgar (1834 − 1917)(仏);画家
ド・ゴール De Gaulle, Charles (1890 − 1970)(仏);軍人, 大統領

トスカニーニ Toscanini, Arturo (1867 − 1957)(伊);指揮者
ドストエフスキー Dostoevsky, Fyodor Mikhailovich (1821 − 81)(ロシア);作家
ドス・パソス Dos Passos, John (1896 − 1970)(米);作家
ドナテロ Donatello (1386?− 1466)(伊);彫刻家
ドビュッシー Debussy, Claude (1862 − 1918)(仏);作曲家
ドプチェク Dubček, Alexander (1921 − 92)(チェコ);政治家
杜甫 Du Fu/Tu Fu (712 − 770)(中国);詩人
ドボルザーク Dvořák, Antonín (1841 − 1904)(チェコ);作曲家
トマス Thomas, Dylan (1914 − 53)(ウェールズ);詩人
ドミンゴ Domingo, Placido (1941 −)(スペイン);テノール歌手
トムソン ① Thomson, James (1700 − 48)(英);詩人　②Thompson, Benjamin (*Count* Rumford) (1753 − 1814)(英生まれ, 米);物理学者　③ Thomson, James (B.V.) (1834 − 82)(英);詩人　④Thomson, (*Sir*) Joseph John (1856 − 1940)(英);物理学者　⑤Thompson, Francis (1859 − 1907)(英);詩人　⑥Thomson, *Sir* George Paget (1892 − 1975)(英);物理学者　⑦Thomson, Roy Herbert (*1st Baron Thomson of Fleet*) (1894 − 1970)(カナダ生まれ, 英);新聞王
ドライサー Dreiser, Theodore (1871 − 1945)(米);作家
ドライデン Dryden, John (1631 − 1700)(英);詩人
ドラクロワ Delacroix, Eugène (1798 − 1863)(仏);画家

トリュフォー Truffaut, François (1932－84)(仏); 映画監督
トルーマン Truman, Harry S. (1884－1972)(米); 第33代大統領
トルストイ Tolstoy, Leo (1828－1910)(ロシア); 作家
ドレフュス Dreyfus, Alfred (1859－1935)(仏); 軍人
トレベリアン ①Trevelyan, George Otto (1838－1926)(英); 歴史家, 政治家 ②Trevelyan, George Macaulay (1876－1962)(英); 歴史家
トロツキー Trotsky, Leon (1879－1940)(ロシア); 革命家, 政治家

ナ

ナイチンゲール Nightingale, Florence (1820－1910)(英); 看護婦
ナセル Nasser, Gamal Abdel (1918－70)(エジプト); 大統領
ナッシュ Nash, Ogden (1902－71)(米); 詩人
ナボコフ Nabokov, Vladimir (1899－1977)(ロシア生まれ, 米); 作家
ナポレオン ①Napoléon (I); Napoléon Bonaparte (1769－1821)(仏); 軍人, 皇帝 ②Napoléon III; Louis-Napoléon (1808－73)(仏); 政治家, 皇帝
ナンセン Nansen, Fridtjof (1861－1930)(ノルウェー); 北極探検家

ニ

ニーチェ Nietzsche, Friedrich Wilhelm (1844－1900)(独); 哲学者
ニールセン Nielsen, Carl (1865－1931)(デンマーク); 作曲家
ニクソン Nixon, Richard Milhous (1913－94)(米); 第37代大統領
ニクラウス Nicklaus, Jack (1940－)(米); ゴルファー
ニジンスキー Nijinsky, Vaslav (1890－1950)(ロシア); バレエダンサー
ニュートン Newton, (*Sir*) Isaac (1642－1727)(英); 物理学者, 数学者
ニン Nin, Anais (1903－77)(仏生まれ, 米); 作家

ヌ

ヌレーエフ Nureyev, Rudolf (1938－93)(ロシア生まれ, 英); バレエダンサー

ネ

ネーダー Nader, Ralph (1934－)(米); 市民運動家
ネール Nehru, Jawaharlal (1889－1964)(インド); 首相
ネルーダ Neruda, Pablo (1904－73)(チリ); 詩人
ネルソン Nelson, Horatio; *Lord* Nelson (1758－1805)(英); 海軍提督
ネロ Nero (37－68)(古代ローマ); 皇帝で暴君

ノ

ノエルベーカー Noel-Baker, Philip John (1889－1982)(英); 平和運動家
ノーベル Nobel, Alfred (1833－96)(スウェーデン); 化学者, 発明家, 事業家, 慈善家
ノーマン Norman, Jessye (1945－)(米); ソプラノ歌手
ノストラダムス Nostradamus (1503－66)(仏); 医者, 占星術師
ノ・ムヒョン 〈廬武鉉〉 Roh Moo Hyun (1946－)(韓国); 大統領

■ 世界の人名　ハ

ハ

パーカー Parker, Charlie (1920 – 55) (米); ジャズサックス奏者

パーキンソン Parkinson, C. Northcote (1909 – 93) (英); 経済学者

バーグマン Bergman, Ingrid (1917 – 82) (スウェーデン生まれ, 米); 映画女優

バージェス Burgess, Anthony (1917 – 93) (英); 作家

ハースト Hearst, William Randolph (1863 – 1951) (米); 新聞発行者

ハーディ Hardy, Thomas (1840 – 1928) (英); 作家, 詩人

バード Byrd, Richard E. (1888 – 1957) (米); 飛行家, 探検家

バーナード Barnard, Christian (1922 – 2001) (南アフリカ); 心臓外科医

バーバー Barber, Samuel (1910 – 81) (米); 作曲家

ハーベー Harvey, William (1578 – 1657) (英); 生理学者, 医者

パーマー Palmer, Arnold (1929 –) (米); ゴルファー

ハーン 〈小泉八雲〉 Hearn, Lafcadio (1850 – 1904) (ギリシャ生まれ, 日本); 作家

バーンズ Burns, Robert (1759 – 96) (スコットランド); 詩人

バーンスタイン Bernstein, Leonard (1918 – 90) (米); 指揮者, 作曲家

ハイゼンベルク Heisenberg, Werner (1901 – 76) (独); 物理学者

ハイデッガー Heidegger, Martin (1889 – 1976) (独); 哲学者

ハイドン Haydn, Joseph (1732 – 1809) (オーストリア); 作曲家

ハイネ Heine, Heinrich (1797 – 1856) (独); 詩人

ハイフェッツ Heifetz, Jascha (1901 – 87) (ロシア生まれ, 米); バイオリニスト

バイロン Byron, George Gordon (1788 – 1824) (英); 詩人

ハウプトマン Hauptmann, Gerhart (1862 – 1946) (独); 作家

パウンド Pound, Ezra (1855 – 1972) (米); 詩人

バエズ Baez, Joan (1941 –) (米); フォーク歌手

パガニーニ Paganini, Niccolò (1782 – 1840) (伊); 作曲家, バイオリニスト

巴金ばきん Ba Jin/Pa Chin (1904 – 2005) (中国); 作家

バクーニン Bakunin, Mikhail (1814 – 76) (ロシア); 無政府主義革命家

白居易 〈白楽天〉 Bo [Bai] Juyi/Po [Pai] Chü-i (772 – 846) (中国); 詩人

ハクスリー ①Huxley, Thomas (1825 – 95) (英); 生物学者　②Huxley, Julian (1887 – 1975) (英); 生物学者　③Huxley, Aldous (1894 – 1963) (英); 作家

バシュラール Bachelard, Gaston (1884 – 1962) (仏); 哲学者

パス Paz, Octavio (1914 – 98) (メキシコ); 詩人, 批評家

パスカル Pascal, Blaise (1623 – 62) (仏); 数学者, 哲学者

ハスキル Haskil, Clara (1895 – 1960) (ルーマニア生まれ, スイス); ピアニスト

パスツール Pasteur, Louis (1822 – 95) (仏); 細菌学者

パステルナーク Pasternak, Boris (1890 – 1960) (ロシア); 作家, 詩人

ハチャトリアン Khachaturian, Aram (1903 – 78) (ロシア); 作曲家

バック Buck, Pearl (1892 – 1973) (米); 作家

バックハウス Backhaus, Wilhelm (18

84－1969)（独生まれ, スイス）；ピアニスト
バッハ Bach, Johann Sebastian (1685－1750)（独）；作曲家
パデレフスキー Paderewski, Ignace Jan (1860－1941)（ポーランド）；ピアニスト, 政治家
ハドソン ①Hudson, Henry (?－1611)（英）；航海家 ②Hudson, William Henry (1841－1922)（アルゼンチン生まれ, 英）；ナチュラリスト, 小説家
バトラー Butler, Samuel (1835－1902)（英）；作家
バニヤン Bunyan, John (1628－88)（英）；説教師, 作家
パバロッティ Pavarotti, Luciano (1935－)（伊）；テノール歌手
パブロフ Pavlov, Ivan (1849－1936)（ロシア）；生理学者
パブロワ Pavlova, Anna (1885－1931)（ロシア）；バレリーナ
ハマースタイン Hammerstein, Oscar (1895－1960)（米）；作詞家
ハメット Hammett, Dashiell (1894－1961)（米）；推理作家
ハリス Harris, Townsend (1804－78)（米）；外交官
ハリソン Harrison, Rex (1908－90)（英）；映画俳優
バルザック Balzac, Honoré de (1799－1850)（仏）；作家
バルト Barthes, Roland (1915－80)（仏）；批評家
バルドー Bardot, Brigitte (1934－)（仏）；映画女優
バルトーク Bartók, Béla (1881－1945)（ハンガリー）；作曲家
バルビュス Barbusse, Henri (1873－1935)（仏）；作家
ハレー Halley, Edmund (1656－1742)（英）；天文学者
バレリー Valéry, Paul (1871－1945)（仏）；詩人
バレンチノ Valentino, Rudolph (1895－1926)（伊生まれ, 米）；映画俳優
バロー Barrault, Jean-Louis (1910－94)（仏）；俳優, 演出家
バン・ゴッホ Van Gogh, Vincent (1853－90)（オランダ）；画家
バン・ダイク Van Dyck[Vandyke], Anthony (1599－1641)（フランドル）；画家

ヒ

ピアジェ Piaget, Jean (1896－1980)（スイス）；心理学者
ビアス Bierce, Ambrose (1842－1914?)（米）；作家
ビアズリー Beardsley, Aubrey (1872－98)（英）；画家
ピアフ Piaf, Edith (1915－63)（仏）；シャンソン歌手
ヒース Heath, Edward (1916－)（英）；政治家
ビートルズ the Beatles (1961結成－70解散)（英）；ロックグループ
ピープス Pepys, Samuel (1633－1703)（英）；日記作者
ピカール ①Piccard, Auguste (1884－1962)（スイス）；物理学者 ②Piccard, Jean Félix (1884－1963)（スイス生まれ, 米）；化学者, 航空工学者
ピカソ Picasso, Pablo (1881－1973)（スペイン）；画家, 彫刻家
ビクトリア女王 *Queen* Victoria (1819－1901)（英）；イギリス女王
ビスコンティ Visconti, Luchino (1906－76)（伊）；映画監督, 演出家
ビスマルク Bismarck, Otto von (1815－98)（独）；政治家

■ 世界の人名　フ

ビゼー Bizet, Georges（1838－75）（仏）；作曲家

ピタゴラス Pythagoras（580?－500? B.C.）（古代ギリシャ）；哲学者, 数学者

ヒックス Hicks, John Richard（1904－89）（英）；経済学者

ヒッチコック Hitchcock, Alfred（1899－1980）（英）；映画監督

ピット ①Pitt, William；*the Elder Pitt*（1708－78）（英）；政治家　②Pitt, William；*the Younger Pitt*（1759－1806）（英）；政治家

ヒトラー Hitler, Adolf（1889－1945）（独）；ナチス総統

ビバルディ Vivaldi, Antonio（1675?－1741）（伊）；作曲家

ヒポクラテス Hippocrates（460－377 B.C.）（古代ギリシャ）；医学者

ヒムラー Himmler, Heinrich（1900－45）（独）；軍人

ヒメネス Jiménez, Juan Ramón（1881－1958）（スペイン）；詩人

ヒューズ ①Hughes, Thomas（1822－96）（英）；作家　②Hughes, Langston（1902－67）（米）；詩人　③Hughes, Howard（1905－76）（米）；実業家, 映画製作者, 飛行家　④Hughes, Ted（1930－98）（英）；詩人

ヒューストン Huston, John（1906－87）（米）；映画監督

ヒューム Hume, David（1711－76）（スコットランド）；哲学者

ピュリッツァー Pulitzer, Joseph（1847－1911）（ハンガリー生まれ, 米）；新聞経営者

ビヨン Villon, François（1431－1463?）（仏）；詩人

ヒラリー Hillary, (*Sir*) Edmund（1919－　）（ニュージーランド）；登山家, 探検家

ヒルトン ①Hilton, Conrad（1887－1979）（米）；ホテル事業家　②Hilton, James（1900－54）（英）；小説家

フ

ファーブル Fabre, Jean Henri（1823－1915）（仏）；昆虫学者

フィールディング Fielding, Henry（1707－54）（英）；小説家

フィッツジェラルド ①Fitzgerald, F. Scott（1896－1940）（米）；作家　②Fitzgerald, Ella（1918－96）（米）；ジャズシンガー

フィヒテ Fichte, Johann Gottlieb（1762－1814）（独）；哲学者

フーコー Foucault, Michel（1926－84）（仏）；哲学者

プーシキン Pushkin, Aleksandr（1799－1837）（ロシア）；作家, 詩人

ブース Booth, William（1829－1912）（英）；救世軍創設者

プーチン Putin, Vladimir（1952－　）（ロシア）；第2代大統領

フーバー ①Hoover, Herbert（1874－1964）（米）；第31代大統領　②Hoover, J. Edgar（1895－1972）（米）；FBI長官

ブーバー Buber, Martin（1878－1965）（オーストリア生まれ, イスラエル）；哲学者, 神学者

フーリエ Fourier, Jean Baptiste Joseph（1768－1830）（仏）；数学者

フェアバンクス Fairbanks, Douglas（1883－1939）（米）；映画俳優

フェリーニ Fellini, Federico（1920－93）（伊）；映画監督

フェルマ Fermat, Pierre de（1601－65）（仏）；数学者

フェルミ Fermi, Enrico（1901－54）（伊生まれ, 米）；原子物理学者

フェルメール Vermeer, Jan（1632－

フォイエルバッハ Feuerbach, Ludwig Andreas (1804−72)(独);哲学者
フォークナー Faulkner, William(1897−1962)(米);作家
フォースター Forster, E.M. (1879−1970)(英);作家
フォード ①Ford, John (1586−1639)(英);作家 ②Ford, Henry (1863−1947)(米);実業家;自動車王 ③Ford, John (1895−1973)(米);映画監督 ④Ford, Gerald R. (1913−)(米);第38代大統領
フォーレ Fauré, Gabriel-Urbain (1845−1924)(仏);作曲家, オルガニスト
フォスター Foster, Stephen (1826−64)(米);作詞作曲家
フォンダ ①Fonda, Henry (1905−82)(米);映画俳優 ②Fonda, Jane (1937−)(米);映画女優;①の子
フォンティーン Fonteyn,(*Dame*) Margot (1919−91)(英);バレリーナ
溥儀 Puyi/P'u-i (,Henry) (1906−67)(中国);清の皇帝, 満州国皇帝
フセイン Hussein, Saddam (1937−)(イラク);前大統領
フッガー Fugger, Johannes (1348−1409)(独);銀行家
ブッシュ ①Bush, George (1924−)(米);第41代大統領 ②Bush, George W. (1946−)(米);第43代大統領;①の子
仏陀 (the) Buddha ; Gautama Buddha ; 〔釈迦〕Sākyamuni (563?−483? B.C.)(インド);仏教の開祖
プッチーニ Puccini, Giacomo (1858−1924)(伊);オペラ作曲家
プトレマイオス Ptolemy (不明)(古代ギリシャ);天文学・数学・地理学者
ブニュエル Buñuel, Luis (1900−83)(スペイン);映画監督

ブハーリン Bukharin, Nikolai (1888−1938)(ロシア);ボルシェビキ理論指導者
ブラームス Brahms, Johannes (1833−97)(独);作曲家
フラ・アンジェリコ Fra Angelico (1387−1455)(伊);画家
ブラウニング ①Browning, Elizabeth Barrett (1806−61)(英);詩人;②の妻 ②Browning, Robert (1812−89)(英);詩人
ブラック Braque, Georges (1882−1963)(仏);画家
ブラッドベリ Bradbury, Ray Douglas (1920−)(米);SF作家
プラトン Plato (427?−347? B.C.)(古代ギリシャ);哲学者
ブラマンク Vlaminck, Maurice de (1876−1958)(仏);画家
フランク Franck, César (1822−90)(ベルギー生まれ, 仏);作曲家
プランク Planck, Max (1858−1947)(独);物理学者
フランクリン Franklin, Benjamin (1706−90)(米);政治家, 科学者
フランコ Franco, Francisco ; *El Caudillo* (1892−1975)(スペイン);総統
フランス France, Anatole (1844−1924)(仏);作家
ブランデン Blunden, Edmund Charles (1896−1974)(英);詩人
ブラント Brandt, Willy (1913−92)(独);政治家, 首相
ブランド Brando, Marlon (1924−)(米);映画俳優
プリーストリー ①Priestley, Joseph (1733−1804)(英生まれ, 米);化学者, 牧師 ②Priestley, J.B. (1894−1984)(英);作家
フリードマン Friedman, Milton (1912

■ 世界の人名　へ

ー)（米）；経済学者
ブリューゲル Brueghel, Pieter (*the Elder*) (1525?－69)（フランドル）；画家
ブルース Bruce, Lenny (1926－66)（米）；コメディアン
ブルースト Proust, Marcel (1871－1922)（仏）；作家
ブルームフィールド Bloomfield, Leonard (1887－1949)（米）；言語学者
ブルクハルト Burckhardt, Jakob (1818－97)（スイス）；歴史家
フルシチョフ Khrushchev, Nikita (1894－1971)（ロシア）；政治家
プルターク Plutarch (46?－120?)（古代ギリシャ）；伝記作家
ブルックナー Bruckner, Anton (1824－96)（オーストリア）；作曲家
フルトベングラー Furtwängler, Wilhelm (1886－1954)（独）；指揮者
ブルトン Breton, André (1896－1966)（仏）；詩人, 思想家
フルブライト Fulbright, William (1905－95)（米）；政治家
ブレア Blair, Tony (1953－)（英）；政治家, 首相
ブレイク Blake, William (1757－1827)（英）；詩人, 画家
ブレジネフ Brezhnev, Leonid (1906－82)（ロシア）；政治家, 書記長
プレスリー Presley, Elvis (1935－77)（米）；ロック歌手
ブレッソン Bresson, Robert (1901－99)（仏）；映画監督
ブレヒト Brecht, Bertolt (1898－1956)（独）；劇作家
フレミング Fleming, Alexander (1881－1955)（英）；医学者, 細菌学者
フロイト Freud, Sigmund (1856－1939)（オーストリア）；精神医学者

プロコフィエフ Prokofiev, Sergei (1891－1953)（ロシア）；作曲家
フロスト Frost, Robert (1874－1963)（米）；詩人
ブロッホ Bloch, Ernest (1880－1959)（スイス生まれ, 米）；作曲家
フロベール Flaubert, Gustave (1821－80)（仏）；作家
フロム Fromm, Erich (1900－80)（独生まれ, 米）；心理学者
ブロンテ ①Brontë, Charlotte (1816－55)（英）；作家　②Brontë, Emily (1818－48)（英）；作家；①の妹
ブンゼン Bunsen, Robert Wilhelm (1811－99)（独）；化学者

へ

ヘイエルダール Heyerdahl, Thor (1914－)（ノルウェー）；人類学者
ベイシー Basie, Count (1904－84)（米）；ジャズピアニスト, 作曲家
ペイター Pater, Walter (1839－94)（英）；随筆家, 批評家
ヘイリー Haley, Alex (1921－92)（米）；作家
ペイン Paine, Thomas (1737－1809)（英生まれ, 米）；政論家, 文筆家
ベーカー Baker, Josephine (1906－75)（米生まれ, 仏）；歌手, ダンサー
ヘーゲル Hegel, Georg Wilhelm Friedrich (1770－1831)（独）；哲学者
ベーコン Bacon, Francis (1561－1626)（英）；哲学者, 政治家
ベートーベン Beethoven, Ludwig van (1770－1827)（独）；作曲家
ベーム Böhm, Karl (1894－1981)（オーストリア）；指揮者
ベギン Begin, Menachem (1913－92)（ポーランド生まれ, イスラエル）；首相
ベケット Beckett, Samuel (1906－89)

（アイルランド）；劇作家

ヘシオドス Hesiod（700 B.C.頃）（古代ギリシャ）；詩人

ペスタロッチ Pestalozzi, Johann Heinrich（1746－1827）（スイス）；教育学者

ベスプッチ Vespucci, Amerigo（1454－1512）（伊）；航海探検家

ペック Peck, Gregory（1916－2002）（米）；映画俳優

ヘッセ Hesse, Hermann（1877－1962）（独生まれ，スイス）；作家

ヘップバーン ①Hepburn, Katharine（1909－2003）（米）；映画女優　②Hepburn, Audrey（1929－93）（ベルギー生まれ，米）；映画女優

ヘディン Hedin, Sven Anders（1865－1952）（スウェーデン）；探検家

ペトラルカ Petrarch（1304－74）（伊）；詩人

ベネット Bennett, Arnold（1867－1931）（英）；作家，劇作家

ベネディクト Benedict, Ruth（1887－1948）（米）；文化人類学者

ヘミングウェイ Hemingway, Ernest（1899－1961）（米）；作家

ベラスケス Velázquez, Diego Rodríguez de Silvay（1559－1660）（スペイン）；画家

ペリー Perry, Matthew Calbraith（1794－1858）（米）；海軍提督

ベル ①Bell, Alexander Graham（1847－1922）（スコットランド生まれ，米）；電話発明者　②Böll, Heinrich（1917－85）（独）；作家

ベルイマン Bergman, Ingmar（1918－）（スウェーデン）；映画監督

ベルクソン Bergson, Henri Louis（1859－1941）（仏）；哲学者

ヘルダーリン Holderlin, Friedrich（1770－1843）（独）；詩人

ベルディ Verdi, Giuseppe（1813－1901）（伊）；オペラ作曲家

ベルナール Bernhardt, Sarah（1844－1923）（仏）；舞台女優

ベルヌ Verne, Jules（1828－1905）（仏）；空想科学小説家

ヘルマン Hellman, Lillian（1905－84）（米）；劇作家，作家

ベルリオーズ Berlioz, Hector（1803－69）（仏）；作曲家

ベルレーヌ Verlaine, Paul（1844－96）（仏）；詩人

ペレ Pelé, Edson Arantes do Nascimento（1940－）（ブラジル）；サッカー選手

ペロー Perrault, Charles（1628－1703）（仏）；詩人，童話作家

ベロー Bellow, Saul（1915－）（カナダ生まれ，米）；作家

ヘロドトス Herodotus（484?－425? B.C.）（古代ギリシャ）；歴史家

ペロン Perón, Juan Domingo（1895－1974）（アルゼンチン）；大統領

ペン ①Penn, William（1644－1718）（英）；アメリカ植民地開拓者　②Penn, Arthur（1922－）（米）；映画監督

ベンサム Bentham, Jeremy（1748－1832）（英）；哲学者，法学者

ヘンデル Handel, George Frederick（1685－1759）（独生まれ，英）；作曲家

ヘンドリックス Hendrix, Jimi（1942－70）（米）；ロックギタリスト

ホ

ホイジンガ Huizinga, Johan（1872－1945）（オランダ）；歴史家

ホイットマン Whitman, Walt（1819－92）（米）；詩人

ポー Poe, Edgar Allan（1809－49）

■ 世界の人名　マ

ボーア　Bohr, Niels (1885－1962)(デンマーク);物理学者
ボーエン　Bowen, Elizabeth (1899－1973)(英);作家
ホーキング　Hawking, Stephen William (1942－)(英);理論物理学者
ホーソン　Hawthorne, Nathaniel (1804－64)(米);作家
ポーター　①Porter, Katherine Anne (1890－1980)(米);作家　②Porter, Cole (1892?－1964)(米);作曲家
ホー・チ・ミン　Ho Chi Minh (1890－1969)(ベトナム);大統領
ボードレール　Baudelaire, Charles (1821－67)(仏);詩人
ホープ　Hope, Bob (1903－2003)(英生まれ、米);喜劇俳優
ポープ　Pope, Alexander(1688－1744)(英);詩人
ボーボワール　Beauvoir, Simone de (1908－86)(仏);作家, 批評家
ボールドウィン　Baldwin, James (1924－87)(米);作家
ポーロ　Polo, Marco (1254－1324)(伊);旅行家
ボーン　Vaughan, Sarah (1924－90)(米);ジャズ歌手
ボガート　Bogart, Humphrey ; *Bogey* (1899－1957)(米);映画俳優
墨子　Mozi/Mo-tzu (460?－380?B.C.)(中国);思想家
ボッカチオ　Boccaccio, Giovanni (1313－75)(伊);詩人
ポッター　Potter, Beatrix (1866－1943)(英);絵本作家
ボッティチェリ　Botticelli, Sandro (1444?－1510)(伊);画家
ホフマン　Hoffmann, Ernst Theodor Amadeus (1776－1822)(独);作家, 作曲家, 挿し絵画家

ホフマンスタール　Hofmannsthal, Hugo von (1874－1929)(オーストリア);詩人, 劇作家
ホメイニ　Khomeini, Ayatollah Ruhollah (1900－89)(イラン);イスラム教指導者
ホメロス[ホーマー]　Homer (前9～8世紀頃)(古代ギリシャ);詩人
ホリデー　Holiday, Billie (1915－59)(米);ジャズ歌手
ボルテール　Voltaire (1694－1778)(仏);思想家, 作家
ボルヘス　Borges, Jorge Luis (1899－1986)(アルゼンチン);作家, 詩人
ボロディン　Borodin, Aleksandr (1833－87)(ロシア);作曲家
ホロビッツ　Horowitz, Vladimir (1904－89)(ロシア生まれ, 米);ピアニスト
ホワイト　White, Gilbert (1720－93)(英);牧師, 博物学者
ホワイトヘッド　Whitehead, Alfred North (1861－1947)(英);哲学者, 数学者
ポワチエ　Poitier, Sidney (1927－)(米);映画俳優
ポンピドー　Pompidou, Georges (1911－74)(仏);政治家, 首相, 大統領

マ

マーシャル　Marshall, George (1880－1959)(米);軍人, 外交官
マードック　Murdoch, Iris (1919－99)(アイルランド生まれ, 英);作家
マーラー　Mahler, Gustav (1860－1911)(オーストリア);作曲家, 指揮者
マーリー　Marley, Bob (1945－81)(ジャマイカ);レゲエ歌手
マーロー　Marlowe, Christopher (1564－93)(英);劇作家
マキャベリ　Machiavelli, Niccolò (1469

−1527)(伊);思想家
マクドナルド MacDonald, Ramsay (1866−1937)(スコットランド);政治家
マグリット Magritte, René (François Chislain)(1898−1967)(仏);画家
マクルーハン McLuhan, Marshall (1911−81)(カナダ);社会科学者
マコーレー Macaulay, Thomas Babington (1800−59)(英);歴史家, 作家, 政治家
マザー・テレサ Mother Teresa (1910−97)(アルバニア生まれ, インド);修道女
マストロヤンニ Mastroianni, Marcello (1923−96)(伊);映画俳優
マゼラン Magellan, Ferdinand (1480?−1521)(ポルトガル);航海家
マッカーサー MacArthur, Douglas (1880−1964)(米);軍人
マッカーシー ①McCarthy, Joseph R. (1909−57)(米);政治家 ②McCarthy, Mary (1912−89)(米);作家
マッカートニー McCartney, Paul (1942−)(英);ロックミュージシャン
マッカラーズ McCullers, Carson (1917−67)(米);作家
マッキンレー McKinley, William (1843−1901)(米);第25代大統領
マッハ Mach, Ernst (1838−1916)(オーストリア);物理学者, 哲学者
マティス Matisse, Henri (1869−1954) (仏);画家, 彫刻家
マドンナ Madonna Louise Ciccone (1958−)(米);歌手, 女優
マニ Manes;Mani (216?−276?)(ペルシア);マニ教の開祖
マネ Manet, Édouard (1832−83)(仏);画家
マホメット[ムハンマド] Mohammed, Muhammad (570?−632)(アラビア);イスラム教の開祖
マヤコフスキー Mayakovski, Vladimir (1893−1930)(ロシア);詩人, 劇作家
マラマッド Malamud, Bernard (1914−86)(米);作家
マラルメ Mallarmé, Stéphane (1842−98)(仏);詩人
マリア・テレサ Maria Theresa (1717−80);オーストリア大公妃, ハンガリー・ボヘミア女王
マリー・アントワネット Marie Antoinette (1755−93)(仏);ルイ16世の妃
マリノフスキー Malinowski, Bronislaw Kasper (1884−1942)(ポーランド生まれ, 英のち米);文化人類学者
マルクス ①Marx, Karl (1818−83) (独);思想家 ②Marx, Groucho (1895−1977)(米);喜劇俳優
マルケス García Marchez, Gabriel (1928−)(コロンビア);作家
マルコーニ Marconi, Guglielmo (1874−1937)(伊);物理学者
マルコス Marcos, Ferdinand Edralin (1917−89)(フィリピン);大統領
マルコム Malcolm X (1925−65)(米);黒人運動家
マルサス Malthus, Thomas (1766−1834)(英);経済学者
マルタン・デュ・ガール Martin du Gard, Roger (1881−1958)(仏);作家
マルロー Malraux, André (1901−76) (仏);作家, 思想家, 政治家
マン Mann, Thomas (1875−1955) (独);作家
マンスフィールド Mansfield, Katherine (1888−1923)(ニュージーランド生まれ, 英);作家
マンデラ Mandela, Nelson (1918−) (南アフリカ);政治家, 元大統領

ミ

ミード Mead, Margaret (1901－78) (米);文化人類学者

ミケランジェロ Michelangelo (Buonarroti) (1475－1564) (伊);画家, 彫刻家, 建築家, 詩人

ミッチェナー Michener, James (1907－97) (米);作家

ミッチェル Mitchell, Margaret (1900－49) (米);作家

ミッテラン Mitterand, François Maurice Marie (1916－96) (仏);政治家, 大統領

ミラー ①Miller, Henry (1891－1980) (米);作家 ②Miller, Glenn (1909－44) (米);トロンボーン奏者, バンドリーダー ③Miller, Arthur (1915－2005) (米);劇作家

ミラボー (*the Comte de*) Mirabeau (1749－91) (仏);政治家

ミル Mill, John Stuart (1806－73) (英);哲学者, 経済学者

ミルトン Milton, John (1608－74) (英);詩人

ミルン Milne, A.A. (1882－1956) (英);詩人, 作家, 児童文学者

ミレー Millet, Jean François (1814－75) (仏);画家

ミロ Miró, Joan (1893－1983) (スペイン);画家, 彫刻家

ム

ムーア Moore, Henry (1898－1986) (英);彫刻家

ムソルグスキー Mussorgsky [Moussorgsky], Modest (1839－81) (ロシア);作曲家

ムッソリーニ Mussolini, Benito (1883－1945) (伊);ファシスト党総統

ムバラク Mubarak, (Muhammad) Hosni (1928－) (エジプト);大統領

ムンク Munch, Edvard (1863－1944) (ノルウェー);画家, 版画家

メ

メイア Meir, Golda (1898－1978) (ロシア生まれ, イスラエル);政治家, 首相

メイラー Mailer, Norman (1923－) (米);作家

メーテルリンク Maeterlinck, Maurice (1862－1949) (ベルギー);詩人, 作家

メッテルニヒ Metternich, (*Prince*) Klemens von (1773－1859) (オーストリア);政治家

メニューヒン Menuhin, (*Sir*) Yehudi (1916－99) (米生まれ, 英);バイオリン奏者

メルビル Melville, Herman (1819－91) (米);作家

メルロ・ポンティ Merleau-Ponty, Maurice (1908－61) (仏);哲学者

メンデル Mendel, Gregor (1822－84) (オーストリア);遺伝学者, 聖職者

メンデルスゾーン Mendelssohn, Felix (1809－47) (独);作曲家

メンデレーエフ Mendeleyev, Dimitri (1834－1907) (ロシア);化学者

モ

モア More, (*Saint/Sir*) Thomas (1478－1535) (英);政治家, 人文学者

孟子 Mengzi/Meng-tzu; Mencius (371?－289? B.C.) (中国);思想家

毛沢東 Mao Zedong/Mao Tse-tung (1893－1976) (中国);共産党指導者, 国家主席

モーガン Morgan, Thomas Hunt (1866－1945) (米);遺伝学者

モース[モールス] Morse, Samuel F.B. (1791－1872)(米);発明家, 画家

モーツァルト Mozart, Wolfgang Amadeus (1756－91)(オーストリア);作曲家

モーパッサン Maupassant, Guy de (1850－93)(仏);作家

モーム Maugham, Somerset (1874－1965)(英);作家

モーリャック Mauriac, François (1885－1970)(仏);作家

モーロア Maurois, André (1885－1967)(仏);批評家, 作家

モジリアニ Modigliani, Amedeo (1884－1920)(伊);画家

モネ Monet, Claude (1840－1926)(仏);画家

モラビア Moravia, Alberto (1907－91)(伊);作家

モリエール Molière (1622－73)(仏);劇作家

モンゴメリー ①Montgomery, Lucy Maud (1874－1942)(カナダ);小説家 ②Montgomery, Bernard Law (1887－1976)(アイルランド生まれ, 英);軍人

モンタン Montand, Yves (1921－91)(仏);歌手, 映画俳優

モンテーニュ Montaigne, Michel Eyquem de (1533－92)(仏);思想家

モンテスキュー (*Baron de*) Montesquieu (1689－1755)(仏);思想家

モンドリアン Mondrian, Piet (1872－1944)(オランダ);画家

モンロー ①Monroe, James (1758－1831)(米);第5代大統領 ②Monroe, Marilyn (1926－62)(米);映画女優

ヤ・ユ・ヨ

ヤスパース Jaspers, Karl (1883－1969)(独);哲学者

ユークリッド Euclid (300 B.C.頃)(古代ギリシャ);数学者

ユーゴー Hugo, Victor (1802－85)(仏);作家

ユトリロ Utrillo, Maurice (1883－1955)(仏);画家

ユング Jung, Carl (1875－1961)(スイス);心理学者, 精神医学者

楊貴妃(ようきひ) Yang Guifei/Yang Kuifei (719－756)(中国);玄宗の愛妃

ヨハネ・パウロ2世 John Paul Ⅱ (1920－2005)(ポーランド生まれ, バチカン);教皇

ラ

ライト ①Wright, Wilbur (1867－1912)(米);飛行機製作者 ②Wright, Frank Lloyd (1869－1959)(米);建築家 ③Wright, Orville (1871－1948)(米);飛行機製作者;①の弟

ライプニッツ Leibnitz [Leibniz], Gottfried Wilhelm von (1646－1716)(独);哲学者, 数学者

ラカン Lacan, Jacques (1901－81)(仏);精神科医, 哲学者

ラザフォード Rutherford, Ernst (1871－1937)(英);物理学者

ラシーヌ Racine, Jean Baptiste (1639－99)(仏);劇作家

ラスキ Laski, Harold Joseph (1893－1950)(英);政治学者

ラスキン Ruskin, John (1819－1900)(英);批評家

ラスプーチン Rasputin, Grigori (1871?－1916)(ロシア);僧

ラッセル Russell, Bertrand (1872－1970)(英);哲学者, 数学者, 平和運動家

ラビン Rabin, Yitzhak (1922－95)(イスラエル);政治家, 首相

■ 世界の人名　リ・ル

ラファイエット　the *Marquis* de Lafayette（1757－1834）（仏）；革命指導者, 軍人, 政治家

ラファエロ　Raphael（1483－1520）（伊）；画家

ラフォンテーヌ　La Fontaine, Jean de（1621－95）（仏）；寓話作家

ラフマニノフ　Rachmaninoff, Sergei（1873－1943）（ロシア）；作曲家, ピアニスト

ラブレー　Rabelais, François（1494?－1553）（仏）；作家

ラベル　Ravel, Maurice Joseph（1875－1937）（仏）；作曲家

ラボアジエ　Lavoisier, Antoine（1743－94）（仏）；化学者

ラム　Lamb, Charles；*Elia*（1775－1834）（英）；随筆家

ランケ　Ranke, Leopold von（1795－1886）（独）；歴史家

ランボー　Rimbaud, Arthur（1854－91）（仏）；詩人

リ

リー　①Lee, Robert E.（1807－70）（米）；南北戦争時の南部の総司令官　②Leigh, Vivien（1913－67）（英）；映画女優　③Lee, Bruce（1940－73）（ホンコン）；映画俳優

リード　Reed, *Sir* Carol（1906－76）（英）；映画監督

リープクネヒト　Liebknecht, Karl（1871－1919）（独）；ドイツ共産党指導者

李鴻章（リこうしょう）　Li Hongzhang /Li Hung-chang（1823－1901）（中国）；政治家

リスト　Liszt, Franz（1811－86）（ハンガリー）；作曲家, ピアニスト

リチャードソン　Richardson, Samuel（1689－1761）（英）；作家

李白　Li Bo/Li Po；Li Bai/Li Pai（701－762）（中国）；詩人

リヒター　Richter, Karl（1926－81）（独）；オルガン奏者, 指揮者

リヒテル　Richter, Sviatoslav（1914－97）（ロシア）；ピアニスト

リビングストン　Livingstone, David（1813－73）（スコットランド）；アフリカ探検家, 宣教師

リベラ　①Ribera, José de（Jusepe de Ribera）（1591－1652）（スペイン）；画家, 版画家　②Rivera, Diego（1886－1975）（メキシコ）；画家

リムスキーコルサコフ　Rimsky-Korsakov, Nikolai（1844－1908）（ロシア）；作曲家

リルケ　Rilke, Rainer Maria（1875－1926）（独, オーストリア）；詩人

リンカーン　Lincoln, Abraham（1809－65）（米）；第16代大統領

林則徐（りんそくじょ）　Lin Zexu/Lin Tse-hsü（1785－1850）（中国）；政治家

リンドバーグ　Lindbergh, Charles（1902－74）（米）；飛行家

リンネ　Linnaeus, Carolus（1707－78）（スウェーデン）；生物学者

ル

ルイ14世　Louis XIV（1638－1715）（仏）；フランス王, 「太陽王」

ルイス　Lewis, Sinclair（1885－1951）（米）；作家

ルーカス　Lucas, George（1944－）（米）；映画製作者・監督

ルース　Ruth, Babe（1895－1948）（米）；野球選手

ルーズベルト　①Roosevelt, Theodore（1858－1919）（米）；第26代大統領　②Roosevelt, Franklin Delano；*FDR*（1882－1945）（米）；第32代大統領　③Roosevelt, Eleanor（1884－1962）

(米）；作家, 外交官；②の妻

ルーベンス Rubens, Peter Paul (1577－1640)（フランドル）；画家

ルオー Rouault, Georges (1871－1958)（仏）；画家

ル・カレ Le Carré, John (1931－)（英）；スパイ小説家

ルクセンブルク Luxemburg, Rosa (1870－1919)（独）；ドイツ共産党指導者

ル・コルビュジエ Le Corbusier (1887－1965)（スイス生まれ, 仏）；建築家, 画家

ルソー ①Rousseau, Jean Jacques (1712－78)（スイス生まれ, 仏）；思想家　②Rousseau, Henri (1844－1910)（仏）；画家

ルター Luther, Martin (1483－1546)（独）；宗教改革者

ルドン Redon, Odilon (1840－1916)（仏）；画家

ルノワール ①Renoir, Pierre Auguste (1841－1919)（仏）；画家　②Renoir, Jean (1894－1979)（仏）；映画監督；①の子

ルビンシュタイン ①Rubinstein, Anton Gregor (1829－94)（ロシア）；作曲家, ピアニスト　②Rubinstein, Arthur [Artur](1886－82)（ポーランド生まれ, 米）；ピアニスト

レ

レイ Ray, Man (1890－1976)（米）；写真家, 芸術家

レーガン Reagan, Ronald (1911－2004)（米）；俳優, 第40代大統領

レーニン Lenin, V.I. [N.] (1870－1924)（ロシア）；革命家, 思想家

レールモントフ Lermontov, Mikhail (1814－41)（ロシア）；作家

レオナルド Leonardo da Vinci (1452－1519)（伊）；画家, 彫刻家, 建築家, 科学者

レセップス Lesseps, Ferdinand de (1805－94)（仏）；スエズ運河建設者

レノン Lennon, John (1940－80)（英）；ロックミュージシャン

レビ-ストロース Lévi-Strauss, Claude Gustave(1908－)（仏）；文化人類学者

レマルク Remarque, Erich Maria (1898－1970)（独生まれ, 米）；作家

レントゲン Roentgen [Röntgen], Wilhelm Konrad (1845－1923)（独）；物理学者

レンブラント Rembrandt van Rijn [Ryn](1606－69)（オランダ）；画家

ロ

ロイド・ジョージ Lloyd George, David (1863－1945)（英）；政治家, 首相

老子 Laozi/Lao-tzu (春秋時代)（中国）；思想家

老舎 Lao She/Lao She (1898－1966)（中国）；作家

ローウェル ①Lowell, James Russell (1819－91)（米）；詩人, 批評家　②Lowell, Robert (1917－77)（米）；詩人

ロートレック Toulouse-Lautrec, Henri de (1864－1901)（仏）；画家

ロートン Laughton, Charles (1899－1962)（英生まれ, 米）；映画俳優

ローランサン Laurencin, Marie (1885－1956)（仏）；画家

ローレン Loren, Sophia (1934－)（伊）；映画女優

ローレンス ①Lawrence, D.H. (1885－1930)（英）；作家　②Lawrence, T.E.；*Lawrence of Arabia* (1888－1935)（英）；軍人, 作家

ローレンツ Lorenz, Konrad (1903－89)（オーストリア生まれ, 独）；比較行動学者

ロジャーズ Rodgers, Richard (1902－

■ 世界の人名　ワ

79)(米);作曲家

魯迅ろじん Lu Xun/Lu Hsün (1881－1936)(中国);作家

ロジンスキー Rodzinski, Artur (1894－1958)(ユーゴスラビア生まれ,米);指揮者

ロスタン Rostand, Edmond (1868－1918)(仏);劇作家,詩人

ロスチャイルド Rothschild (独,英,仏);銀行家の一家

ロストロポービッチ Rostropovich, Mstislav (1927－)(ロシア生まれ,米);チェロ奏者,指揮者

ロセッテイ ①Rossetti, Dante Gabriel (1828－82)(英);詩人,画家　②Rossetti, Christina Georgina (1830－94)(英);詩人

ロダン Rodin, Auguste (1840－1917)(仏);彫刻家

ロック Locke, John (1632－1704)(英);哲学者

ロックフェラー Rockefeller, John D. (1839－1937)(米);実業家,慈善家,「石油王」

ロッシーニ Rossini, Gioacchino (1792－1868)(伊);オペラ作曲家

ロビンソン Robinson, Jackie (1919－72)(米);野球選手

ロブグリエ Robbe-Grillet, Alain (1922－)(仏);作家

ロベスピエール Robespierre, Maximilien de (1758－94)(仏);革命家,政治家

ロマン Romains, Jules (1885－1972)(仏);作家

ロラン Rolland, Romain (1866－1944)(仏);作家

ロルカ García Lorca, Federico (1899－1936)(スペイン);詩人,劇作家

ロングフェロー Longfellow, Henry Wadsworth (1807－82)(米);詩人

ロンメル Rommel, Erwin (1891－1944)(独);軍人

ワ

ワーグナー Wagner, Richard (1813－83)(独);作曲家

ワーズワース Wordsworth, William (1770－1850)(英);詩人

ワイエス Wyeth, Andrew (1917－)(米);画家

ワイダ Wajda, Andrzej (1926－)(ポーランド);映画監督,舞台演出家

ワイラー Wyler, William (1902－81)(米);映画監督

ワイルダー ①Wilder, Laura Ingalls (1867－1957)(米);作家　②Wilder, Thornton (1897－1975)(米);作家　③Wilder, Billy (1906－2002)(米);映画監督

ワイルド Wilde, Oscar (1854－1900)(アイルランド生まれ,英);劇作家,詩人

ワシントン ①Washington, George (1732－99)(米);初代大統領　②Washington, Booker T. (1856－1915)(米);教育家

ワッセルマン Wassermann, August von (1866－1925)(独);細菌学者

ワット Watt, James (1736－1819)(スコットランド);発明家

ワトー Watteau, Jean Antoine (1684－1721)(仏);画家

ワトソン Watson, James Dewey (1928－)(米);生物学者

ワルター Walter, Bruno (1876－1962)(独生まれ,米);指揮者

ワレサ Walesa, Lech (1943－)(ポーランド);「連帯」指導者,元大統領

ワレンシュタイン Wallenstein, Albrecht Eusebius Wenzel von (1583－1634)(オーストリア);軍人

聖書・神話の神々

ギ神＝ギリシャ神話, ロ神＝ローマ神話, 北神＝北欧神話

アース神族 Aesir（北神）；オーディオンを最高神とする一大神族

アイアス Ajax（ギ神）；トロイ戦争の英雄

アエネアス Aeneas（ギ神）；トロイ戦争の英雄

アガメムノン Agamemnon（ギ神）；ミケーネの王

アキレス Achilles（ギ神）；トロイ戦争におけるギリシャ最強の英雄

アクタイオン Actaeon（ギ神）；カドモス王の娘アウトノエの子

アスクレピオス Aesculapius（ギ神）；医術の神

アダム Adam（聖書）；神が創った最初の人間

アタランテ Atalanta（ギ神）；アルカディアのイアソスとクリメネとの娘

アドニス Adonis（ギ神）；アフロディテに愛された美青年

アテネ Athene（ギ神）；知恵・学芸・戦争の女神

アトラス Atlas（ギ神）；巨人族の一人で天を支えている神

アトレウス Atreus（ギ神）；アガメムノンの父

アブラハム Abraham（聖書）；イスラエルの族長の一人

アフロディテ Aphrodite（ギ神）；美と愛の女神, ローマ神話ではウェヌス

アベル Abel（聖書）；アダムとイブの子, カインの弟

アポロン Apollo（ギ神）；光・技芸の神

アマゾン the Amazons（ギ神）；勇猛な女人族

アモル（ロ神）⇨**エロス, クピド**

アルケスティス Alcestis（ギ神）；フェライ王アドメトスの妻

アルテミス Artemis（ギ神）；自然・狩猟・処女性の女神, ローマ神話ではディアナ

アレス Ares（ギ神）；軍神, ローマ神話ではマールス

アンティゴネ Antigone（ギ神）；オイディプス王の娘

イアソン Jason（ギ神）；イオルコスの王アイソンの息子, アルゴ号の冒険の中心人物

イエス・キリスト Jesus Christ（聖書）

イオ Io（ギ神）；アルゴスの王イナコスの娘

イサク Isaac（聖書）；アブラハムの子

イザヤ Isaiah; Isaias（聖書）；前8世紀の予言者

イドゥン Idun（北神）；青春の女神；ブラギの妻；不老不死のリンゴを管理

イブ Eve（聖書）；アダムの妻, 人類の始祖の女性

イフィゲネイア Iphigenia（ギ神）；アガメムノンの娘

ウェヌス Venus（ロ神）⇨**アフロディテ**

ウリッセス Ulysses（ロ神）⇨**オデュッセウス**

ウル Ull（北神）；男神；すぐれた射手

ウルカヌス Vulcan（ロ神）⇨**ヘファイストス**

エイギル Aegir（北神）；海神；巨人族

エウロペ Europa（ギ神）；ティロスの王アゲノルの娘

エゼキエル Ezekiel; Ezechiel（聖書）；

■ 聖書・神話の神々

前6世紀の予言者

エリニュス the Euries; the Erinyes (ギ神); 復讐の女神たち, アレクト, ティシフォネ, メガイラの三女神, ローマ神話ではフリアエ

エレミヤ Jeremiah; Jeremias (聖書); 前7世紀の予言者

エロス Eros (ギ神); 愛の神, ローマ名はクピド, アモル

エンディミオン Endymion (ギ神); ゼウスの息子または孫, 美しい羊飼いの青年

オイディプス Oedipus (ギ神); テーベの王ライオスと后イオカステの息子

オーディン Odin (北神); アース神族の最高神; 詩歌, 戦争, 死の神

オデュッセウス Odysseus (ギ神); イタケの王でトロイ戦争の英雄, ローマ神話はウリッセス

オルフェウス Orpheus (ギ神); 竪琴を得意とする歌の名手

オリオン Orion (ギ神); ポセイドンの息子でボイオティア出身の巨人

オレステス Orestes (ギ神); アガメムノンとクリタイメストラの息子

カイン Cain (聖書); アダムとイブの子, アベルの兄

カドモス Cadmus (ギ神); フェニキアの王アゲノルの息子

ガニメデス Ganymede (ギ神); ゼウスに愛された美少年

ガルム Garm (北神); 猟犬; 神々の最後の戦いでチュールと相討ちになる

クピド Cupid (ロ神) ⇨ **エロス**

グリッド Grid (北神); 女巨人; ビーダルの母

ゲフィオン Gefion (北神); 豊饒の女神

ゲルズ Gerda (北神); 女巨人; フレイの妻

ケレス Ceres (ロ神) ⇨ **デメテル**

サムソン Samson (聖書); イスラエルの士師の一人

サロメ Salome (聖書); ユダヤ王ヘロデアンティパスの後妻ヘロティアデの娘

シアチ Jhjazi (北神); 巨人; スカジの父; イドゥンと不老不死のリンゴを強奪するが結局神々に殺される

シジフォス Sisyphus (ギ神); エフィラ (コリントス)の町の建設者

シフ Sif (北神); トールの妻; 美しい金髪をもつ

ジュピター Jupiter (ロ神) ⇨ **ゼウス**

スカジ Skadi (北神); 巨人シアチの娘; ニョルドの妻

スフィンクス the Sphinx (ギ神); 人間の顔とライオンの体をした翼の生えた怪物

スレイプニル Sleipnir (北神); オーディンの駿馬

セイレン the Sirens (ギ神); 上半身は人間の女で下半身は鳥の怪物

ゼウス Zeus (ギ神); 神々と人間を支配する最高の神, ローマ神話ではユピテル, ジュピター

ソロモン Solomon (聖書); イスラエル王国第3代の王

ダイダロス Daedalus (ギ神); アテネ出身の名工

ダビデ David (聖書); イスラエル王国第2代の王

ダフネ Daphne (ギ神); 川の神の娘; アポロンに追い回され月桂樹に化した

チュール Jyr (北神); 戦争の神; オーディンの子

ディアナ Diana (ロ神) ⇨ **アルテミス**

ディオニソス Dionysus (ギ神); 酒の神, 別名バッコス

デウカリオン Deucalion (ギ神); プロメテウスの息子, ギリシャ人の祖先

テセウス Theseus (ギ神); アテネの代表的な英雄

デメテル Demeter (ギ神); クロノスと

レアの娘, 大地の母神, ローマ神話ではケレス

トール Thor (北神); オーディンに次ぐ神; 雷, 雨, 農業の神; オーディンの子

ナルキッソス Narcissus (ギ神); 自分の姿に恋した美青年

ニオベ Niobe (ギ神); タンタロスの娘

ニヨルド Njord (北神); 風, 航海, 繁栄の神; フレイとフレイヤの父; バン神族

ネプチューヌス Neptune (ロ神)⇨**ポセイドン**

ネメシス Nemesis (ギ神); 神々が人間の思い上がりに対して抱く怒りと, その結果人間に下す罰を神格化した女神

ノア Noah (聖書); アダムの子セツの10代目の子孫

バーリ Vali (北神); オーディンと女巨人リンドの子

パイドラ Phaedra (ギ神); クレタ王ミノスの娘, 英雄テセウスの妻

バッコス Bacchus (ロ神)⇨**ディオニソス**

パリス Paris (ギ神); トロイの王プリアモスとその妻ヘカベの子

パルカイ the Fates (ロ神)⇨**モイライ**

バルチューレ Valkyrie, Walkyrie (北神); オーディンに仕える美しい乙女 (の一人)

バルドル Balder (北神); 光の神; オーディンとフリッグの子

パン Pan (ギ神); 牧神, 下半身は山羊で上半身は角の生えた人間の姿をしている

バン神族 Vanir (北神); アース神族と対立するが後に同盟

ヒアキントス Hyacinthus (ギ神); アミクラスの子でアポロンに愛された美少年

ビーダル Vidar (北神); オーディンとグリッドの子; 神々の最後の戦いで狼フェンリルを殺す

ピラト Pontius Pilate (聖書); ユデア・サマリアのローマ総督

ピロメラ Philomela (ギ神); アテネの王パンディオンの娘

フェンリル Fenrir (北神); 狼; ロキと女巨人アングルボダとの間に生まれる

ブラギ Braji (北神); 詩歌の神; オーディンの子で, イドゥンの夫; 知恵と雄弁で知られる

フリアエ the Furies (ロ神)⇨**エリニエス**

フリッグ Frigg (北神); アース神族の最高位の女神; オーディンの妻; バルドルの母

プルートーン Pluto (ギ神); 冥界を支配する神

フレイ Frey (北神); 平和, 繁栄, 豊饒の神; バン神族; ニヨルドの息子

フレイヤ Freya, Freyja (北神); 美と愛の女神; バン神族; ニヨルドの娘

プロメテウス Prometheus (ギ神); 巨人族のイアペトスの息子, 人間に火を与えた

ヘイムダル Heimdall (北神); 神々の番人を務める神

ヘーニル Hoenir (北神); アース神族; バン神族に人質として出される

ヘカベ Hecuba (ギ神); トロイの王プリアモスの后

ヘズ Hod (北神); 盲目の神

ペネロペイア Penelope (ギ神); 英雄オデュッセウスの貞淑な妻

ヘファイストス Hephaestus (ギ神); 鍛冶の神, ローマ神話ではウルカヌス

ヘラ Hera (ギ神); クロノスとレアの娘, ゼウスの后で最大の女神, 女性の結婚生活や育児の女神, ローマ神話ではユノ

ヘラクレス Hercules (ギ神); ゼウスがアンフィトリオンの妻に生ませた息子, 武勇に優れた英雄

■ 聖書・神話の神々

ヘル Hel (北神); 死の女神; ロキと女巨人アングルボダの娘

ペルセウス Perseus (ギ神); ゼウスがダナエに生ませた息子, 英雄

ペルセフォネ Persephone (ギ神); ゼウスとデメテルの娘, ハデスの妻

ヘルメス Hermes (ギ神); ゼウスとマイアの息子, 商業と富の神, ローマ神話ではメルクリウス

ヘレネ Helen (of Troy) (ギ神); トロイ戦争の原因となった美女

ヘロデ Herod (聖書); ユダヤの王

ポセイドン Poseidon (ギ神); 海を主とする水の世界を支配する神

ポリフェモス Polyphemus (ギ神); 一つ目の巨人族キクロペスの一人

マールス Mars (ロ神) ⇨ **アレス**

マリア ①Mary; the Virgin Mary (聖書); イエス・キリストの母 ②Mary Magdalene (聖書); イエスに従う聖女

ミーミル Mimir (北神); アース神族; 賢者; バン神族に殺される

ミノタウロス the Minotaur (ギ神); 牛に恋したクレタの王妃ファシパエから生まれた怪物, 人間の体に牛の頭を持つ

ムーサ the Muses (ギ神); 学芸の女神, ゼウスの娘たちとされる

メデイア Medea (ギ神); コルキスの王女

メルクリウス Mercury (ロ神) ⇨ **ヘルメス**

モイライ the Fates; the Moirai (ギ神); 運命の女神たち; ラケシス, クロト, アトロポスの三姉妹, ゼウスの娘たちとも言われる, ローマ神話ではパルカイ

モーセ Moses (聖書); イスラエルの民の宗教的・政治的指導者

ヤコブ Jacob (聖書); イサクとリベカの子, イスラエル民族の祖

ユノ Juno (ロ神) ⇨ **ヘラ**

ユピテル Jupiter (ロ神) ⇨ **ゼウス**

ユミル Yumir (北神); 霜の巨人; ボルの息子たちに殺される; その死体から天地が創造された

ヨセフ Joseph (聖書); ヤコブの第11子

ヨナ Jonah (聖書); 小予言者の一人

ヨハネ ①〔洗礼者ヨハネ〕 John the Baptist (聖書); イエス・キリストの先駆者 ②John (the Apostle) (聖書); イエス・キリストの使徒

ラオコーン Laocoön (ギ神); トロイのアポロンの神官

レダ Leda (ギ神); アイトリア王テステイオスの娘

レムス Remus (ロ神); ロムルスの双子の兄弟

ロキ Loki (北神); 災いの神; 巨人族の生まれだが, オーディンの義兄弟とされる; 悪知恵にたける

ロムルス Romulus (ロ神); 双子の兄弟レムスとともにローマの伝統的な建設者

ファーストネームの愛称・通称

日常の会話において，親しい間柄や友人どうしでは，相手をファーストネームで呼び，その場合も愛称や通称を用いることがしばしばあります．

男性名

◆本 名	◆愛 称
Abraham	Abe
Adam	Edie
Albert	Al; Bert
Alexander	Alec(k)
Alfred	Al(f); Fred
Andrew	Andy
Anthony	Tony
Arthur	Art; Artie
Augustus	Gus
Bartholomew	Bart
Benedict	Bennet
Benjamin	Ben; Benny
Bernard	Berney; Bernie
Charles	Charlie; Charley; Chuck
Clifford	Cliff
Daniel	Dan
David	Dave; Davie; Davy
Den(n)is	Den; Denny
Donald	Don
Douglas	Doug
Edward	Eddie; Eddy; Ted
Ernest	Ernie
Francis	Frank; Frankie
Frederick	Fred; Freddy
George	Georgie; Geordie
Gregory	Greg
Henry	Harry; Hal
Isaac	Ike
James	Jim; Jimmy
Jeremiah	Jerry
Jesse	Jessie; Jess
John	Johnny
Jonathan	Jon
Joseph	Jo; Joe
Joshua	Josh
Julius	Julian
Kenneth	Ken
Lawrence	Larry
Lewis	Lew; Louie
Louis	Lou
Matthew	Matt; Mattie; Matty
Michael	Mike; Mick; Mick(e)y
Nicholas	Nick
Patrick	Paddy; Pat
Peter	Pete
Phil(l)ip	Phil
Randolph	Randy
Raymond	Ray
Richard	Dick; Rich
Robert	Bob; Bobbie; Bobby
Rodney	Rod; Roddy
Roger	Dodge; Hodge
Ronald	Ron; Ronny
Samuel	Sammy; Sam
Solomon	Sol
Stephen	Steve
Thomas	Tom; Tommy
Timothy	Tim
Tobias	Toby
Victor	Vic
Vincent	Vin; Vince
Walter	Wat
William	Bill; Billy
Zachary	Zack; Zac

■ ファーストネームの愛称・通称

女性名

◆本 名	◆愛 称
Agnes	Aggie
Alexandra	Alec(k)
Alice	Allie; Ellie
Amanda	Mandy
Ann	Annie
Anna[e]	Annie
Antoinette	Nettie
Antonia	Nettie
Arabella	Bell; Bella
Barbara	Bab; Barb; Barbie
Bertha	Bertie
Caroline	Carol
Catherine	Cathy; Kate
Cecilia	Cissy
Charlotte	Lottie
Christine	Chris; Christie
Clara	Clare
Constance	Connie
Cynthia	Cindy
Deborah	Debbie; Debby
Dorothy	Dolly; Dora
Eleanor; Elinor	Ella; Ellen; Nora(h)
Elizabeth	Beth; Betty
Emily	Em; Emmy
Emma	Emmie
Erica	Rikki; Rikkie
Florence	Flossie
Frances	Fannie; Fanny
Grace	Gracie
Harriet	Hatty
Helen	Lena; Nell; Nelly
Isabella	Isa; Bella
Jacqueline	Jackie
Jane	Janet; Jennie; Jenny

◆本 名	◆愛 称
Jennifer	Jen; Jenny
Jessica	Jessie; Jess
Josephine	Jo
Judith	Judy; Jody
Julia	Juliet
Juliana	Jill; Gill
Katherine	Kathy; Kate
Katrina	Kat
Kimberly	Kim
Madeline	Maddie; Maddy
Margaret	Meg; Madge; Maggie
Martha	Mart
Mary	Molly; Polly
Matilda	Matty; Tilda
Mildred	Mil; Millie; Milly
Pamela	Pam
Patricia	Pat; Patty
Rebecca	Becky
Roberta	Bobbie
Rosemary	Rosie; Rose
Sarah	Sally
Shirley	Sherry; Shirl
Sophia	Sophie; Sophy
Stephanie	Stephie; Steph
Susan(na)	Sue; Susie
Sy[i]lvia	Silvie
Teretha	Tess; Tessa
Theodora	Dora; Theo
Theresa	Terry; Tess
Victoria	Vickie; Vicky
Virginia	Ginger; Ginnie; Virgie
Vivian	Vivi
Wendy	Wen; Wendel
Wilma	Willy

世界の国一覧

2005年3月1日現在，国として日本が承認している数190と日本を含めた合計191か国の一覧表．（出典：財団法人世界の動き社『世界の国一覧表2005年版』）

◆国　名	◆英語による名称	◆主要言語	◆首　都	◆通貨単位
●アジア（46か国）				
アゼルバイジャン共和国	Republic of Azerbaijan	アゼルバイジャン語,ロシア語	バクー	マナト
アフガニスタン・イスラム共和国	Islamic Republic of Afghanistan	パシュトゥー語,ダリー語	カブール	アフガニー
アラブ首長国連邦	United Arab Emirates	アラビア語	アブダビ	ディルハム
アルメニア共和国	Republic of Armenia	アルメニア語,ロシア語	エレバン	ドラム
イエメン共和国	Republic of Yemen	アラビア語	サヌア	イエメン・リアル
イスラエル国	State of Israel	ヘブライ語,アラビア語	エルサレム(注1)	新シェケル
イラク共和国	Republic of Iraq	アラビア語	バグダッド	イラク・ディナール
イラン・イスラム共和国	Islamic Republic of Iran	ペルシャ語	テヘラン	リアル
インド	India	ヒンディー語,英語,ほか憲法公認語17	デリー	ルピー
インドネシア共和国	Republic of Indonesia	インドネシア語	ジャカルタ	ルピア
ウズベキスタン共和国	Republic of Uzbekistan	ウズベク語,ロシア語	タシケント	スム
オマーン国	Sultanate of Oman	アラビア語	マスカット	オマーン・リアル
カザフスタン共和国	Republic of Kazakhstan	カザフ語,ロシア語	アスタナ	テンゲ
カタール国	State of Qatar	アラビア語	ドーハ	カタール・リアル
カンボジア王国	Kingdom of Cambodia	カンボジア語	プノンペン	リエル
(北朝鮮＝朝鮮民主主義人民共和国)(注2)	(North Korea＝Democratic People's Republic of Korea)	朝鮮語	(ピョンヤン[平壌])	ウォン

文化背景

■ 世界の国一覧

文化背景

◆国 名	◆英語による名称	◆主要言語	◆首 都	◆通貨単位
キプロス共和国	Republic of Cyprus	ギリシャ語, トルコ語, 英語	ニコシア	キプロス・ポンド
キルギス共和国	Kyrgyz Republic	キルギス語, ロシア語	ビシュケク	ソム
クウェート国	State of Kuwait	アラビア語	クウェート	クウェート・ディナール
グルジア	Georgia	グルジア語, ロシア語	トビリシ	ラリ
サウジアラビア王国	Kingdom of Saudi Arabia	アラビア語	リヤド	サウジ・リアル
シリア・アラブ共和国	Syrian Arab Republic	アラビア語	ダマスカス	シリア・ポンド
シンガポール共和国	Republic of Singapor	マレー語, 英語, 中国語, タミール語	なし(都市国家)	シンガポール・ドル
スリランカ民主社会主義共和国	Democratic Socialist Republic of Sri Lanka	シンハラ語, タミール語, 英語	スリジャヤワルダナプラコッテ	スリランカ・ルピー
タイ王国	Kingdom of Thailand	タイ語	バンコク	バーツ
大韓民国(韓国)	Republic of Korea	韓国語	ソウル	ウォン
タジキスタン共和国	Republic of Tajikistan	タジク語, ロシア語	ドゥシャンベ	ソモニ
中華人民共和国(中国)	People's Republic of China	中国語	ペキン(北京)	元
トルクメニスタン	Turkmenistan	トルクメン語, ロシア語	アシガバット	マナト
トルコ共和国	Republic of Turkey	トルコ語	アンカラ	トルコ・リラ
日本国	Japan	日本語	東京	円
ネパール王国	Kingdom of Nepal	ネパール語	カトマンズ	ネパール・ルピー
バーレーン王国	Kingdom of Bahrain	アラビア語	マナーマ	バーレーン・ディナール
パキスタン・イスラム共和国	Islamic Republic of Pakistan	ウルドゥ語, 英語	イスラマバード	パキスタン・ルピー
バングラデシュ人民共和国	People's Republic of Bangladesh	ベンガル語	ダッカ	タカ
東ティモール民主共和国	The Democratic Republic of Timor-Leste	テトゥン語, ポルトガル語, インドネシア語	ディリ	米ドル
フィリピン共和国	Republic of the Philippines	フィリピノ語, 英語	マニラ	ペソ
ブータン王国	Kingdom of Bhutan	ゾンカ語	ティンプー	ニュルタム

世界の国一覧 ■

◆国　名	◆英語による名称	◆主要言語	◆首　都	◆通貨単位
ブルネイ・ダルサラーム国	Brunei Darussalam	マレー語, 英語	バンダルスリブガワン	ブルネイ・ドル
ベトナム社会主義共和国	Socialist Republic of Viet Nam	ベトナム語	ハノイ	ドン
マレーシア	Malaysia	マレー語, 英語	クアラルンプール	リンギ
ミャンマー連邦	Union of Myanmar	ミャンマー語	ヤンゴン	チャット
モルディブ共和国	Republic of Maldives	ディベヒ語	マレ	ルフィア
モンゴル国	Mongolia	モンゴル語	ウランバートル	トグログ
ヨルダン・ハシミテ王国	Hashemite Kingdom of Jordan	アラビア語	アンマン	ヨルダン・ディナール
ラオス人民民主共和国	Lao People's Democratic Republic	ラオス語	ビエンチャン	キープ
レバノン共和国	Republic of Lebanon	アラビア語, 英語, 仏語	ベイルート	レバノン・ポンド

注1：国際的には未承認．／注2：日本は国家として未承認．

●大洋州（14か国）

◆国　名	◆英語による名称	◆主要言語	◆首　都	◆通貨単位
オーストラリア連邦	Commonwealth of Australia	英語	キャンベラ	オーストラリア・ドル
キリバス共和国	Republic of Kiribati	キリバス語, 英語	タラワ	オーストラリア・ドル
サモア独立国	Independent State of Samoa	サモア語, 英語	アピア	サモア・タラ
ソロモン諸島	Solomon Islands	ピジン語, 英語	ホニアラ	ソロモン・ドル
ツバル	Tuvalu	ツバル語, 英語	フナフティ	オーストラリア・ドル
トンガ王国	Kingdom of Tonga	トンガ語, 英語	ヌクアロファ	パ・アンガ
ナウル共和国	Republic of Nauru	ナウル語, 英語	ヤレン	オーストラリア・ドル
ニュージーランド	New Zealand	英語	ウェリントン	ニュージーランド・ドル
バヌアツ共和国	Republic of Vanuatu	ビスラマ語, 英語, 仏語	ポートビラ	バツ
パプアニューギニア	Papua New Guinea	ピジン語, 英語, モツ語	ポートモレスビー	キナ
パラオ共和国	Republic of Palau	パラオ語, 英語	コロール	米ドル
フィジー諸島共和国	Republic of the Fiji Islands	フィジー語, ヒンディー語, 英語	スバ	フィジー・ドル

文化背景

■ 世界の国一覧

◆国　名	◆英語による名称	◆主要言語	◆首　都	◆通貨単位
マーシャル諸島共和国	Republic of the Marshall Islands	マーシャル語, 英語	マジュロ	米ドル
ミクロネシア連邦	Federated States of Micronesia	英語, ヤップ語, チューク語, ポナペ語, コスラエ語	パリキール	米ドル

●北アメリカ（23か国）

◆国　名	◆英語による名称	◆主要言語	◆首　都	◆通貨単位
アメリカ合衆国（米国）	United States of America	英語	ワシントン	米ドル
アンティグア・バーブーダ	Antigua and Barbuda	英語	セントジョンズ	ECドル[注3]
エルサルバドル共和国	Republic of El Salvador	スペイン語	サンサルバドル	米ドル（コロン）
カナダ	Canada	英語, 仏語	オタワ	カナダ・ドル
キューバ共和国	Republic of Cuba	スペイン語	ハバナ	ペソ
グアテマラ共和国	Republic of Guatemala	スペイン語	グアテマラシティ	ケツァル
グレナダ	Grenada	英語	セントジョージズ	ECドル
コスタリカ共和国	Republic of Costa Rica	スペイン語	サンホセ	コロン
ジャマイカ	Jamaica	英語	キングストン	ジャマイカ・ドル
セントクリストファー・ネービス	Saint Christopher and Nevis	英語	バセテール	ECドル
セントビンセント・グレナディーン諸島	Saint Vincent and the Grenadines	英語	キングスタウン	ECドル
セントルシア	Saint Lucia	英語	カストリーズ	ECドル
ドミニカ共和国	Dominican Republic	スペイン語	サントドミンゴ	ペソ
ドミニカ国	Commonwealth of Dominica	英語	ロゾー	ECドル
トリニダード・トバゴ共和国	Republic of Trinidad and Tobago	英語	ポートオブスペイン	トリニダード・トバゴ・ドル
ニカラグア共和国	Republic of Nicaragua	スペイン語	マナグア	コルドバ・オロ
ハイチ共和国	Republic of Haiti	仏語, クレオール語	ポルトープランス	グールド
パナマ共和国	Republic of Panama	スペイン語	パナマシティー	バルボア
バハマ国	Commonwealth of The Bahamas	英語	ナッソー	バハマ・ドル

世界の国一覧

◆国　名	◆英語による名称	◆主要言語	◆首　都	◆通貨単位
バルバドス	Barbados	英語	ブリッジタウン	バルバドス・ドル
ベリーズ	Belize	英語, スペイン語	ベルモパン	ベリーズ・ドル
ホンジュラス共和国	Republic of Honduras	スペイン語	テグシガルパ	レンピラ
メキシコ合衆国	United Mexican States	スペイン語	メキシコシティ	ヌエボ・ペソ

注3：東カリブドル．

●南アメリカ（12か国）

◆国　名	◆英語による名称	◆主要言語	◆首　都	◆通貨単位
アルゼンチン共和国	Argentine Republic	スペイン語	ブエノスアイレス	ペソ
ウルグアイ東方共和国	Oriental Republic of Uruguay	スペイン語	モンテビデオ	ペソ
エクアドル共和国	Republic of Ecuador	スペイン語	キト	米ドル（スクレ）
ガイアナ協同共和国	Co-operative Republic of Guyana	英語	ジョージタウン	ガイアナ・ドル
コロンビア共和国	Republic of Colombia	スペイン語	ボゴタ	ペソ
スリナム共和国	Republic of Suriname	オランダ語,スリナム語,英語(ヒンディー語,インドネシア語,中国語)	パラマリボ	スリナム・ドル
チリ共和国	Republic of Chile	スペイン語	サンティアゴ	ペソ
パラグアイ共和国	Republic of Paraguay	スペイン語, グアラニー語	アスンシオン	グアラニー
ブラジル連邦共和国	Federative Republic of Brazil	ポルトガル語	ブラジリア	レアル
ベネズエラ・ボリバル共和国	Bolivarian Republic of Venezuela	スペイン語	カラカス	ボリバル
ペルー共和国	Republic of Peru	スペイン語, ケチュア語,アイマラ語	リマ	ヌエボ・ソル
ボリビア共和国	Republic of Bolivia	スペイン語, ケチュア語,アイマラ語	ラパス	ボリビアーノ

●ヨーロッパ（43か国）

◆国　名	◆英語による名称	◆主要言語	◆首　都	◆通貨単位
（欧州連合〔EU〕）（25か国）	(European Union)	英語,独語,仏語等20か国語が公用語	―	ユーロ(注4)
アイスランド共和国	Republic of Iceland	アイスランド語	レイキャビク	アイスランド・クローネ

文化背景

■ 世界の国一覧

◆国　名	◆英語による名称	◆主要言語	◆首　都	◆通貨単位
アイルランド	Ireland	英語, アイルランド語	ダブリン	ユーロ
アルバニア共和国	Republic of Albania	アルバニア語	ティラナ	レク
アンドラ公国	Principality of Andorra	カタルニア語, 仏語, スペイン語	アンドララベラ	ユーロ
イタリア共和国	Republic of Italy	イタリア語	ローマ	ユーロ
ウクライナ	Ukraine	ウクライナ語, ロシア語	キエフ	グリブニャ
エストニア共和国	Republic of Estonia	エストニア語	タリン	クローン
オーストリア共和国	Republic of Austria	独語	ウィーン	ユーロ
オランダ王国	Kingdom of the Netherlands	オランダ語	アムステルダム	ユーロ
ギリシャ共和国	Hellenic Republic	ギリシャ語	アテネ	ユーロ
グレートブリテン・北アイルランド連合王国(英国)	United Kingdom of Great Britain and Northern Ireland	英語	ロンドン	英ポンド
クロアチア共和国	Republic of Croatia	クロアチア語	ザグレブ	クーナ
サンマリノ共和国	Republic of San Marino	イタリア語	サンマリノ	ユーロ
スイス連邦	Swiss Confederation	独語, 仏語, イタリア語, ロマンシュ語	ベルン	スイス・フラン
スウェーデン王国	Kingdom of Sweden	スウェーデン語	ストックホルム	スウェーデン・クローナ
スペイン	Spain	スペイン語	マドリード	ユーロ
スロバキア共和国	Slovak Republic	スロバキア語	ブラチスラバ	コルナ
スロベニア共和国	Republic of Slovenia	スロベニア語	リュブリャナ	トラル
セルビア・モンテネグロ	Serbia and Montenegro	セルビア語	ベオグラード	ディナール(モンテネグロはユーロ)
チェコ共和国	Czech Republic	チェコ語	プラハ	コルナ
デンマーク王国	Kingdom of Denmark	デンマーク語	コペンハーゲン	デンマーク・クローネ
ドイツ連邦共和国	Federal Republic of Germany	独語	ベルリン	ユーロ
ノルウェー王国	Kingdom of Norway	ノルウェー語	オスロ	ノルウェー・クローネ
バチカン市国	State of the City of Vatican	ラテン語, 仏語, イタリア語	なし(都市国家の一種)	ユーロ
ハンガリー共和国	Republic of Hungary	ハンガリー語	ブダペスト	フォリント
フィンランド共和国	Republic of Finland	フィンランド語, スウェーデン語	ヘルシンキ	ユーロ

世界の国一覧

◆国　名	◆英語による名称	◆主要言語	◆首　都	◆通貨単位
フランス共和国	French Republic	フランス語	パリ	ユーロ
ブルガリア共和国	Republic of Bulgaria	ブルガリア語	ソフィア	レフ
ベラルーシ共和国	Republic of Belarus	ベラルーシ語, ロシア語	ミンスク	ベラルーシ・ルーブル
ベルギー王国	Kingdom of Belgium	仏語, オランダ語, 独語	ブリュッセル	ユーロ
ポーランド共和国	Republic of Poland	ポーランド語	ワルシャワ	ズウォティ
ボスニア・ヘルツェゴビナ	Bosnia and Herzegovina	ボスニア語, セルビア語, クロアチア語	サラエボ	コンベルティビルナ・マルカ
ポルトガル共和国	Portuguese Republic	ポルトガル語	リスボン	ユーロ
マケドニア旧ユーゴスラビア共和国	The Former Yugoslav Republic of Macedonia	マケドニア語	スコピエ	デナル
マルタ共和国	Republic of Malta	マルタ語, 英語	バレッタ	マルタ・リラ
モナコ公国	Principality of Monaco	仏語	モナコ	ユーロ
モルドバ共和国	Republic of Moldova	モルドバ語	キシニョフ	レイ
ラトビア共和国	Republic of Latvia	ラトビア語	リガ	ラッツ
リトアニア共和国	Republic of Lithuania	リトアニア語	ビリニュス	リタス
リヒテンシュタイン公国	Principality of Liechtenstein	独語	ファドゥーツ	スイス・フラン
ルーマニア	Romania	ルーマニア語	ブカレスト	レイ
ルクセンブルク大公国	Grand Duchy of Luxembourg	ルクセンブルク語, 仏語, 独語	ルクセンブルク	ユーロ
ロシア連邦	Russian Federation	ロシア語, ほかに各民族語	モスクワ	ルーブル

注4：ユーロに加盟していない国もある．

● アフリカ（53か国）

アルジェリア民主人民共和国	People's Democratic Republic of Algeria	アラビア語, 仏語	アルジェ	アルジェリア・ディナール
アンゴラ共和国	Republic of Angola	ポルトガル語	ルアンダ	クワンザ
ウガンダ共和国	Republic of Uganda	英語, スワヒリ語, ルガンダ語	カンパラ	ウガンダ・シリング
エジプト・アラブ共和国	Arab Republic of Egypt	アラビア語	カイロ	エジプト・ポンド
エチオピア連邦民主共和国	Federal Democratic Republic of Ethiopia	アムハラ語, 英語	アディスアベバ	ブル
エリトリア国	State of Eritrea	ティグリニャ語, アラビア語, 諸民族語	アスマラ	ナクファ
ガーナ共和国	Republic of Ghana	英語, アカン語	アクラ	セディ

文化背景

■ 世界の国一覧

◆国　名	◆英語による名称	◆主要言語	◆首　都	◆通貨単位
カーボベルデ共和国	Republic of Cape Verde	ポルトガル語	プライア	カーボベルデ・エスクード
ガボン共和国	Gabonese Republic	仏語	リーブルビル	CFAフラン(注5)
カメルーン共和国	Republic of Cameroon	仏語, 英語	ヤウンデ	CFAフラン
ガンビア共和国	Republic of The Gambia	英語, マンディンゴ語	バンジュール	ダラシ
ギニア共和国	Republic of Guinea	仏語	コナクリ	ギニア・フラン
ギニアビサウ共和国	Republic of Guinea-Bissau	ポルトガル語	ビサウ	CFAフラン
ケニア共和国	Republic of Kenya	英語, スワヒリ語	ナイロビ	ケニア・シリング
コートジボワール共和国	Republic of Côte d'Ivoire	仏語	ヤムスクロ	CFAフラン
コモロ連合	Union of Comoros	仏語, アラビア語, コモロ語	モロニ	コモロ・フラン
コンゴ共和国	Republic of Congo	仏語	ブラザビル	CFAフラン
コンゴ民主共和国	Democratic Republic of the Congo	仏語, キコンゴ語, リンガラ語	キンシャサ	コンゴ・フラン
サントメ・プリンシペ民主共和国	Democratic Republic of Sao Tome and Principe	ポルトガル語	サントメ	ドブラ
ザンビア共和国	Republic of Zambia	英語, ベンバ語	ルサカ	クワチャ
シエラレオネ共和国	Republic of Sierra Leone	英語, メンデ語	フリータウン	レオネ
ジブチ共和国	Republic of Djibouti	アラビア語, 仏語	ジブチ	ジブチ・フラン
ジンバブエ共和国	Republic of Zimbabwe	英語, ショナ語, ウンデベレ語	ハラレ	シンバブエ・ドル
スーダン共和国	The Republic of the Sudan	アラビア語, 英語	ハルツーム	スーダン・ディナール
スワジランド王国	Kingdom of Swaziland	英語, シスワティ語	ムババーネ	リランゲーニ
セーシェル共和国	Republic of Seychelles	英語, 仏語, クレオール語	ビクトリア	セーシェル・ルピー
赤道ギニア共和国	Republic of Equatorial Guinea	スペイン語, 仏語, ブビ語	マラボ	CFAフラン
セネガル共和国	Republic of Senegal	仏語, ウオロフ語	ダカール	CFAフラン
ソマリア民主共和国(注6)	Somali Democratic Republic	ソマリ語, 英語, イタリア語, アラビア語	モガディシオ	ソマリア・シリング

世界の国一覧

◆国 名	◆英語による名称	◆主要言語	◆首 都	◆通貨単位
大リビア・アラブ社会主義人民ジャマーヒリーヤ国	Great Socialist People's Libyan Arab Jamahiriya	アラビア語	トリポリ	リビア・ディナール
タンザニア連合共和国	United Republic of Tanzania	スワヒリ語, 英語	ダルエスサラーム	タンザニア・シリング
チャド共和国	Republic of Chad	仏語, アラビア語	ウンジャメナ	CFAフラン
中央アフリカ共和国	Central African Republic	サンゴ語, 仏語	バンギ	CFAフラン
チュニジア共和国	Republic of Tunisia	アラビア語, 仏語	チュニス	チュニジア・ディナール
トーゴ共和国	Republic of Togo	仏語	ロメ	CFAフラン
ナイジェリア連邦共和国	Federal Republic of Nigeria	英語, ハウサ語, ヨルバ語, イボ語	アブジャ	ナイラ
ナミビア共和国	Republic of Namibia	英語, アフリカーンス語	ウィントフック	ナミビア・ドル
ニジェール共和国	Republic of Niger	仏語, ハウサ語	ニアメ	CFAフラン
ブルキナファソ	Burkina Faso	仏語	ワガドゥグー	CFAフラン
ブルンジ共和国	Republic of Burundi	仏語, キルンジ語	ブジュンブラ	ブルンジ・フラン
ベナン共和国	Republic of Benin	仏語	ポルトノボ	CFAフラン
ボツワナ共和国	Republic of Botswana	英語, セツワナ語	ハボローネ	プラ
マダガスカル共和国	Republic of Madagascar	マダガスカル語, 仏語	アンタナナリボ	マダガスカル・フラン
マラウイ共和国	Republic of Malawi	英語, チェワ語	リロングウェ	クワチャ
マリ共和国	Republic of Mali	仏語, バンバラ語	バマコ	CFAフラン
南アフリカ共和国	Republic of South Africa	英語, アフリカーンス語, ズールー語, コサ語	プレトリア	ランド
モーリシャス共和国	Republic of Mauritius	英語, 仏語, クレオール語	ポートルイス	モーリシャス・ルピー
モーリタニア・イスラム共和国	Islamic Republic of Mauritania	アラビア語, 仏語	ヌアクショット	ウギア
モザンビーク共和国	Republic of Mozambique	ポルトガル語	マプト	メティカル
モロッコ王国	Kingdom of Morocco	アラビア語, 仏語	ラバト	ディルハム
リベリア共和国	Republic of Liberia	英語	モンロビア	リベリア・ドル
ルワンダ共和国	Republic of Rwanda	仏語, 英語, キニヤルワンダ語	キガリ	ルワンダ・フラン
レソト王国	Kingdom of Lesotho	英語, ソト語	マセル	ロチ

注5：アフリカ金融共同プラン．／注6：1991年までの旧称．したがって首都も［旧］首都になる．

■ 世界の地名　ア

世界の地名

　原則として原音に近いカタカナ表記としましたが，日本語として慣用のあるものはそれで示しました．中国，韓国，北朝鮮の地名の日本語読みは空見出しとしました．また一部，今でも用いられている表記は《旧》として示しました．

　米＝アメリカ合衆国，英＝イギリス，仏＝フランス，独＝ドイツ，伊＝イタリア，加＝カナダ，豪＝オーストラリア，印＝インド，露＝ロシア，㊇＝米語用法，㊇＝英語用法，《口》＝口語

ア

アーガイル（英）〔旧州〕Argyll
アーカンソー州（米）Arkansas《略 Ark., AR》‖アーカンソー州人 an Arkansan
アーマー州（英）Armagh
アーマダバード（印）〔都市〕Ahmadabad
アーリントン（米）〔都市〕Arlington
アイオワ州（米）Iowa《略 Ia., Io., IA》‖アイオワ州人 an Iowan
アイスランド（大西洋北部）Iceland；〔公式国名：アイスランド共和国〕the Republic of Iceland
アイセル湖（オランダ）the IJsselmeer, the Ijsselmeer, Lake Ijssel；〔旧名：ゾイデル海〕the Zuider Zee
アイダホ州（米）Idaho《略 Id., Ida., ID》‖アイダホ州人 an Idahoan
アイボリーコースト（アフリカ西部）⇨**コートジボアール**
アイルランド（西欧）〔公式国名〕Ireland；〔別名：エール〕Eire
アウグスブルク（独）〔都市〕Augsburg
アウシュビッツ（ポーランド）⇨**オシベンチム**
青ナイル川（エチオピア・スーダン）the Blue Nile
アカバ湾（サウジアラビア・シナイ半島間）the Gulf of Aqaba
アカプルコ（メキシコ）〔都市〕Acapulco
アクラ（ガーナ）〔首都〕Accra
アグラ（印）〔都市〕Agra
アクロン（米）〔都市〕Akron
アコンカグア山（アルゼンチン）(Mount) Aconcagua
アジア〔アジア州〕Asia
アシガバード（トルクメニスタン）〔首都〕Ashgabat
アジスアベバ（エチオピア）〔首都〕Addis Ababa
アスタナ（カザフスタン）〔首都〕Astana
アスマラ（エリトリア）〔首都〕Asmara
アスンシオン（パラグアイ）〔首都〕Asunción
アゼルバイジャン（西アジア）Azerbaijan, Azerbaidzhan；〔公式国名：アゼルバイジャン共和国〕the Azerbaijan Republic ◇アゼルバイジャンの Azerbaijan ‖アゼルバイジャン人 an Azerbaijan(i)
アゾフ海（ウクライナ）the Sea of Azov
アゾレス諸島（大西洋北部）the Azores
アッサム州（印）Assam
アッツ島（米）Attu
アディロンダック山地（米）the Adirondack Mountains; the Adirondacks
アテネ（ギリシャ）〔首都〕Athens

アデレード（豪）〔都市〕Adelaide
アデン ①〔都市〕（イエメン共和国）Aden　②〔湾〕（アラビア半島・ソマリア間）the Gulf of Aden
アトラス山脈（アフリカ北部）the Atlas (Mountains)
アトランタ（米）〔都市〕Atlanta
アドリア海（地中海）the Adriatic (Sea)
アナポリス（米）〔都市〕Annapolis
アバダン（イラン）〔都市〕Abadan
アバディーン（英，米）〔都市〕Aberdeen
アパラチア山脈（米）the Appalachian Mountains; the Appalachians
アピア（サモア）〔首都〕Apia
アビジャン（コートジボアール）〔旧首都〕Abidjan
アビニョン（仏）〔都市〕Avignon
アファール・イサー（アフリカ東部）〔旧公式名：フランス領アファール・イサー〕the French Territory of the Afars and the Issas⇨**ジブチ**
アフガニスタン（西南アジア）Afghanistan；〔公式国名：アフガニスタン・イスラム国〕the Islamic State of Afghanistan
アブジャ（ナイジェリア）〔首都〕Abuja
アブダビ ①〔構成国〕（アラブ首長国連邦）Abu Dhabi　②①の〔首都〕Abu Dhabi
アフリカ〔アフリカ州〕Africa
アペニン山脈（伊）the Apennines
アマゾン川（ブラジル）米the Amazon (River)；英the (River) Amazon
アムール川（中国・ウクライナ国境）米the Amur (River)；英the (River) Amur⇨**ヘイロン川**
アムステルダム（オランダ）〔首都〕Amsterdam
アメリカ ①〔アメリカ州〕America；〔北米・中米・南米〕the Americas　②〔国〕the United States; the U.S.; the U.S.A.; America（▶中南米ではAmericaは「アメリカ州」という意味になる）；〔公式国名：アメリカ合衆国〕the United States of America
アメリカ領サモア（南太平洋）American Samoa
アメリカ領バージン諸島（西インド諸島）the Virgin Islands of the United States
アモイ〈廈門〉（中国）〔都市〕Amoy⇨**シアメン**
アラスカ（米）①〔州〕Alaska《略 Alas., AK》∥アラスカ州人 an Alaskan　②〔山脈〕the Alaska Range　③〔湾〕the Gulf of Alaska
アラバマ州（米）Alabama《略 Ala., AL》∥アラバマ州人 an Alabamian / an Alabaman
アラビア ①〔海〕（インド洋）the Arabian Sea　②〔地域〕（西南アジア）Arabia　③〔半島〕（西南アジア）the Arabian Peninsula
アラブ首長国連邦（アラビア半島）〔公式国名〕the United Arab Emirates
アラル海（西アジア）the Aral Sea
アリススプリングズ（豪）〔都市〕Alice Springs
アリゾナ州（米）Arizona《略 Ariz., AZ》∥アリゾナ州人 an Arizonan
アリューシャン列島（米）the Aleutian Islands; the Aleutians
アルザス（仏）〔地域〕Alsace
アルジェ（アルジェリア）〔首都〕Algiers
アルジェリア（アフリカ北部）Algeria；〔公式国名：アルジェリア民主人民共和国〕the Democratic People's Republic of Algeria
アルスター（英）〔地域〕Ulster⇨**北アイルランド**

■ 世界の地名　イ

アルゼンチン (南米) Argentina;〔公式国名: アルゼンチン共和国〕the Argentine Republic

アルタイ山脈 (中央アジア) the Altai Mountains

アルバカーキ (米)〔都市〕Albuquerque

アルバータ州 (加) Alberta

アルバニア (南東欧) Albania;〔公式国名: アルバニア共和国〕the Republic of Albania

アルハンゲリスク (露)〔都市〕Arkhangelsk; Archangel

アルプス山脈 (ヨーロッパ中南部) the Alps

アルメニア (西アジア) Armenia;〔公式国名: アルメニア共和国〕the Republic of Armenia ◇アルメニアの Armenian ‖アルメニア人 an Armenian

アルル (仏)〔都市〕Arles

アレキサンドリア (エジプト, 米)〔都市〕Alexandria

アレクサンドロフスクサハリンスキー (露)〔都市〕Aleksandrovsk-Sakhalinski

アンカラ (トルコ)〔首都〕Ankara

アンカレジ (アラスカ)〔都市〕Anchorage

あんき(安徽)省 (中国)⇨アンホイ省

アンコール (カンボジア)〔遺跡〕Angkor

アンゴラ (アフリカ南西部) Angola;〔公式国名: アンゴラ共和国〕the Republic of Angola

あんざん(鞍山) (中国)⇨アンシャン

アンシャン〈鞍山〉(中国)〔都市〕Anshan

アンタナナリボ (マダガスカル)〔首都〕Antananarivo

アンダルシア (スペイン)〔地域〕Andalusia

アンチグア島 (アンチグア・バーブーダ) Antigua ◇アンチグア島の Antiguan ‖アンチグア島人 an Antiguan

アンチグア・バーブーダ (西インド諸島)〔公式国名〕Antigua and Barbuda⇨アンチグア島, バーブーダ島

アンデス山脈 (南米) the Andes

あんとう(安東) (中国)⇨タントン〈丹東〉

アントウェルペン⇨アントワープ

アントファガスタ (チリ)〔都市〕Antofagasta

アンドラ (西欧)〔正式国名: アンドラ公国〕the Principality of Andorra

アンドララベリャ (アンドラ)〔首都〕Andorra la Vella

アンドラプラデシュ州 (印) Andhra Pradesh

アントリム州 (英) Antrim

アントワープ (ベルギー)〔都市〕Antwerp; Antwerpen

アントン〈安東〉(中国)⇨タントン〈丹東〉

アンナプルナ連峰 (ネパール) Annapurna; the Annapurna Massif

アンベルス (ベルギー)〔都市〕Anvers; Antwerp

アンホイ〈安徽〉省 (中国) Anhui《旧 Anhwei》

アンマン (ヨルダン)〔首都〕Amman

イ

イースター島 (太平洋南東部) Easter Island

イーストサセックス州 (英) East Sussex

イエナ (独)〔都市〕Jena

イエメン (アラビア半島) ①〔地域〕Yemen ◇イエメンの Yemeni ‖イエ

メン人 a Yemeni ②〔国〕Yemen;〔公式国名：イエメン共和国〕the Republic of Yemen
イエローストーン（米）〔川〕the Yellowstone River;〔国立公園〕Yellowstone (National Park)
イェンアン〈延安〉（中国）Yan'an 《旧 Yenan》
イオニア（地中海）①〔地域〕Ionia ②〔海〕the Ionian Sea ③〔諸島〕the Ionian Islands
イギリス（西欧）①〔国〕the United Kingdom, the U.K.;〔公式国名：グレートブリテンおよび北部アイルランド連合王国〕the United Kingdom of Great Britain and Northern Ireland ②〔イングランド〕England ③〔グレートブリテン〕Great Britain ④〔諸島〕the British Isles ⑤〔海峡〕the English Channel; the Channel
イギリス領インド洋地域 the British Indian Ocean Territory
イギリス領バージン諸島（西インド諸島）the British Virgin Islands
イギリス領ホンジュラス（中米）⇨**ベリーズ**
いすい〈渭水〉（中国）⇨**ウェイ川**
イスタンブール（トルコ）〔都市〕Istanbul;〔旧名：コンスタンチノープル〕Constantinople
イスパニョラ島（西インド諸島）Hispaniola
イスファハン（イラン）〔都市〕Isfahan; Esfahan
イスマイリア（エジプト）〔都市〕Ismailia
イズミル（トルコ）Izmir;〔旧名：スミルナ〕Smyrna
イスラエル（地中海東岸）Israel;〔公式国名：イスラエル国〕the State of Israel

イスラマバード（パキスタン）〔首都〕Islamabad
イタリア（西欧）Italy;〔公式国名：イタリア共和国〕the Republic of Italy
イツルフ島（千島）Iturup⇨**エトロフ島**
イベリア半島（西欧）the Iberian Peninsula
イラク（西南アジア）Iraq;〔公式国名：イラク共和国〕the Republic of Iraq
イラワジ川（ミャンマー）［米］the Irrawaddy (River);［英］the (River) Irrawaddy
イラン（西南アジア）Iran;〔公式国名：イラン・イスラム共和国〕the Islamic Republic of Iran
イリノイ州（米）Illinois《略 Ill., IL》∥イリノイ州人 an Illinoi(s)an / an Illinoisian
イルクーツク（露）〔都市〕Irkutsk
イングランド（英）〔地域〕England ◇イングランドの English ∥イングランド人〔男〕an Englishman /〔女〕an Englishwoman /〔総称〕the English
インスブルック（オーストリア）〔都市〕Innsbruck
インターラーケン（スイス）〔都市〕Interlaken
インダス川（パキスタン）［米］the Indus (River);［英］the (River) Indus
インチョン〈仁川〉（韓国）〔都市〕Inch'ŏn
インディアナ州（米）Indiana《略 Ind., IN》∥インディアナ州人 a Hoosier
インディアナポリス（米）〔都市〕Indianapolis
インド ①〔国〕（アジア大陸中南部）〔公式国名〕India ②〔洋〕the Indian Ocean
インドール（印）〔都市〕Indore
インドシナ半島（東南アジア）Indochina
インドネシア（東南アジア）Indonesia;

■ 世界の地名　ウ

〔公式国名：インドネシア共和国〕the Republic of Indonesia
インバーネス（英）〔州〕Inverness(shire)；〔都市〕Inverness
インパール（印）〔都市〕Imphal

ウ

ウィーン（オーストリア）〔首都〕Vienna
ウィスコンシン州（米）Wisconsin《略 Wis., Wisc., WI》‖ウィスコンシン州人 a Wisconsinite
ウィスラ川（ポーランド）㊊the Vistula (River)；㊇the (River) Vistula
ウィチタ（米）〔都市〕Wichita
ウィニペグ（加）〔都市〕Winnipeg
ウィリアムズバーグ（米）〔都市〕Williamsburg
ウィルトシャー州（英）Wiltshire
ウィルミントン（米）〔都市〕Wilmington
ウィンザー（英）〔都市〕Windsor
ウィンチェスター（英）〔都市〕Winchester
ウィントフック（ナミビア）〔首都〕Windhoek
ウィンブルドン（英）〔地区〕Wimbledon
ウーシー〈無錫〉（中国）〔都市〕Wuxi
ウースター（英）〔都市〕Worcester
ウースターシャー州（英）Worcestershire
ウータイ〈五台〉山（中国）the Wutai
ウーチャン〈武昌〉（中国）〔都市〕Wuchang
ウーハン〈武漢〉（中国）〔都市〕Wuhan
ウーフー〈蕪湖〉（中国）〔都市〕Wuhu
ウェイ川〈渭水〉（中国）㊊the Wei (River)；㊇the (River) Wei

ウェーク島（太平洋中西部）Wake Island
ウェーザー川（独）㊊the Weser (River)；㊇the (River) Weser
ウェールズ（英）〔地域〕Wales ◇ウェールズの Welsh ‖ウェールズ人〔男〕a Welshman /〔女〕a Welshwoman /〔総称〕the Welsh
ウェスタンアイルス州（英）the Western Isles
ウェスタンオーストラリア州（豪）Western Australia
ウェストグラモーガン州（英）West Glamorgan
ウェストサセックス州（英）West Sussex
ウェストバージニア州（米）West Virginia《略 W. Va., WV》‖ウェストバージニア州人 a West Virginian
ウェストミッドランズ州（英）West Midlands
ウェストミンスター（英・ロンドン）〔地区〕Westminster
ウェストヨークシャー州（英）West Yorkshire
ウェリントン（ニュージーランド）〔首都〕Wellington
ウォータールー（ベルギー）〔戦跡〕Waterloo
ウォリス・フテュナ諸島（南西太平洋）⇨ワリス・フテュナ諸島
ウォリックシャー州（英）Warwickshire
ウォンサン〈元山〉（北朝鮮）〔都市〕Wǒnsan
ウガンダ（アフリカ中東部）Uganda；〔公式国名：ウガンダ共和国〕the Republic of Uganda
ウクライナ（東欧）〔地域〕(the) Ukraine；〔公式国名：ウクライナ共和国〕the Republic of Ukraine ◇ウクライナの Ukrainian ‖ウクライナ人 a

Ukrainian
ウジュンパンダン（インドネシア）〔都市〕Ujung Pandang;〔旧名：マカッサル〕Makassar, Makasar, Macassar
ウズベキスタン共和国（西アジア）Uzbekistan;〔公式国名：ウズベキスタン共和国〕the Republic of Uzbekistan ◇ウズベックの Uzbek ‖ウズベック人 an Uzbek
ウスリー川（露）㊆ the Ussuri (River);㊇the (River) Ussuri
内モンゴル〈蒙古〉（中国）〔地域〕Inner Mongolia; Nei Mongol;〔公式名：内モンゴル自治区〕the Inner Mongolia Autonomous Region
ウッタルプラデシュ州（印）Uttar Pradesh
うつりょう(鬱陵)島（韓国）⇨**ウルルン島**
ウプサラ（スウェーデン）〔都市〕Uppsala
ウラジオストク（露）〔都市〕Vladivostok
ウラル（露・カザフスタン）①〔山脈〕the Ural Mountains; the Urals ②〔川〕㊆ the Ural (River);㊇the (River) Ural
ウランバートル（モンゴル）〔首都〕Ulan Bator
ウルグアイ（南米）Uruguay;〔公式国名：ウルグアイ東方共和国〕the Oriental Republic of Uruguay
ウルサン〈蔚山〉（韓国）〔都市〕Ulsan
ウルップ〈得撫〉島（千島）Urup; Ostrov
ウルムチ〈烏魯木斉〉（中国）〔都市〕Urumqi; Urumchi
ウルルン〈鬱陵〉**島**（韓国）Ullŭng (Island); Ullŭngdo
ウロンゴング（豪）〔都市〕Wollongong
うんこう(雲崗)（中国）⇨**ユンカン**
うんなん(雲南)省（中国）⇨**ユンナン省**

エ

エーア湖（豪）Lake Eyre
エーゲ海（地中海）the Aegean (Sea)
エーボン州（英）Avon
エール（西欧）⇨**アイルランド**
エクアドル（南米）Ecuador;〔公式国名：エクアドル共和国〕the Republic of Ecuador
エジプト（アフリカ北部）Egypt;〔公式国名：エジプト・アラブ共和国〕the Arab Republic of Egypt
エジンバラ（英）〔都市〕Edinburgh
エストニア（東欧）Estonia;〔公式国名：エストニア共和国〕the Republic of Estonia ◇エストニアのEstonian ‖エストニア人 an Estonian
エスピリツサント島（バヌアツ）Espiritu Santo
エスファハン（イラン）⇨**イスファハン**
エセックス州（英）Essex
エチオピア（アフリカ北東部）Ethiopia;〔公式国名：エチオピア連邦民主共和国〕Federal Democratic Republic of Ethiopia
エッセン（独）〔都市〕Essen
エドモントン（加）〔都市〕Edmonton
エトロフ〈択捉〉**島**（千島）Etorofu
エニウェトク環礁（太平洋中西部）Eniwetok Atoll
エニスキラン（英）〔都市〕Enniskillen
エニセイ川（露）㊆the Yenisey [Yenisei, Enisei] (River);㊇the (River) Yenisey
エベレスト山（ネパール）(Mount) Everest
エムス川（独）㊆the Ems (River);㊇the(River) Ems
エリー湖（米・加）Lake Erie

■ 世界の地名　オ

エリザベスビル（コンゴ民主共和国）⇨**ルブンバシ**
エリトリア（アフリカ北東部）Eritrea;〔公式国名：エリトリア国〕the State of Eritrea
エルサルバドル（中米）El Salvador;〔公式国名：エルサルバドル共和国〕the Republic of El Salvador
エルサレム（イスラエル）〔首都〕Jerusalem
エルパソ（米）〔都市〕El Paso
エルバ島（地中海）Elba
エルベ川（独）［米］the Elbe (River);［英］the (River) Elbe
エレバン（アルメニア）〔首都〕Yerevan
えんあん〈延安〉（中国）⇨**イェンアン**
沿海州（露）〔地域〕the Maritime Territory; Primorski Krai; Primorye

オ

オアハカ（メキシコ）〔都市〕Oaxaca
オアフ島（米）Oahu
黄金海岸（アフリカ大西洋岸）⇨**ガーナ**
おうりょくこう〈鴨緑江〉（北朝鮮・中国国境）⇨**ヤールー川**
オーガスタ（米）〔都市〕Augusta
オークニー（英）①〔州〕Orkney ② the Orkney Islands; the Orkneys
オークランド ①（ニュージーランド）〔都市〕Auckland ②（米）〔都市〕Oakland
オースチン（米）〔都市〕Austin
オーストラリア（太平洋西南部）〔公式国名：オーストラリア連邦〕the Commonwealth of Australia
オーストリア（ヨーロッパ中部）Austria;〔公式国名：オーストリア共和国〕the Republic of Austria
オートボルタ（アフリカ西部）⇨**ブルキナファソ**
オーマ（英）〔都市〕Omagh
オーメイ〈峨眉〉山（中国）(Mount) Emei
オーランド（米）〔都市〕Orlando
オールバニー（米, 豪）〔都市〕Albany
オクスフォード（英）〔都市〕Oxford
オクスフォードシャー州（英）Oxfordshire
オクラホマシティ（米）〔都市〕Oklahoma City
オクラホマ州（米）Oklahoma《略 Okla., OK》‖オクラホマ州人 an Oklahoman
オシベンチム（ポーランド）〔都市〕Oświęcim;〔旧名：アウシュビッツ〕Auschwitz
オスロ（ノルウェー）〔首都〕Oslo
オセアニア⇨**大洋州**
オタワ（加）〔首都〕Ottawa
オデッサ（ウクライナ）〔都市〕Odessa
オハイオ（米）①〔州〕Ohio《略 O., OH》‖オハイオ州人 an Ohioan ②〔川〕the Ohio River
オビ川（露）［米］the Ob (River);［英］the (River) Ob
オホーツク海（露）the Sea of Okhotsk
オマーン（アラビア半島）Oman;〔公式国名：オマーン国〕the Sultanate of Oman
オマハ（米）〔都市〕Omaha
オムスク（露）〔都市〕Omsk
オランダ（西欧）the Netherlands, Holland;〔公式国名：オランダ王国〕the Kingdom of the Netherlands
オランダ領アンチル（西インド諸島）the Netherlands Antilles
オランダ領ギアナ（南米）⇨**スリナム**
オリサバ山（メキシコ）(Mount) Orizaba
オリッサ州（印）Orissa
オリノコ川（ベネズエラ）［米］the Orinoco (River);［英］the (River) Orinoco

オリンピア（米, ギリシャ）〔都市〕Olympia
オリンピック半島（米）the Olympic Peninsula
オルレアン（仏）〔都市〕Orléans
オレゴン州（米）Oregon《略Oreg., Oreg., OR》‖オレゴン州人 an Oregonian
オンタリオ ①〔湖〕(加・米) Lake Ontario ②〔州〕(加) Ontario

カ

カーソンシティ（米）〔都市〕Carson City
カーディガン（英）〔都市〕Cardigan; 〔湾〕Cardigan Bay
カーディフ（英）〔都市〕Cardiff
ガーナ（アフリカ西部）Ghana;〔公式国名：ガーナ共和国〕the Republic of Ghana;〔旧名：黄金海岸〕the Gold Coast
カーペンタリア湾（豪）the Gulf of Carpentaria
カーボベルデ（アフリカ大陸西岸沖）Cape Verde;〔公式国名：カーボベルデ共和国〕the Republic of Cape Verde
ガイアナ（南米）Guyana;〔公式国名：ガイアナ協同共和国〕the Cooperative Republic of Guyana
カイエンヌ（仏領ギアナ）〔都市〕Cayenne
海岸山脈（米）the Coast Range
カイコス諸島（西インド諸島）the Caicos Islands⇨**タークス・カイコス諸島**
かいしゅう(海州)（北朝鮮）⇨**ヘーチュ**
かいじょう(開城)（北朝鮮）⇨**ケーソン**
かいなん(海南)（中国）⇨**ハイナン**
カイフォン〈開封〉（中国）Kaifeng
かいほう(開封)（中国）⇨**カイフォン**
カイマン諸島（カリブ海北西部）⇨**ケイマン諸島**
カイロ（エジプト）〔首都〕Cairo
カウアイ島（米）Kauai
カオシュン〈高雄〉（台湾）〔都市〕Kaohsiung; Gaoxiong
カオルン〈九竜〉（香港）〔都市〕Kowloon; Jiulong
ガザ（中近東地中海沿岸）〔都市〕Gaza; 〔地帯〕the Gaza Strip
カザフスタン共和国（西アジア）Kazakhstan;〔公式国名：カザフスタン共和国〕the Republic of Kazakhstan ◇カザフの Kazakh‖カザフ人 a Kazakh
カサブランカ（モロッコ）〔都市〕Casablanca
カジス（スペイン）〔都市〕Cádiz
カシミール（印・パキスタン）〔地域〕Kashmir
カスケード山脈（米）the Cascade Range; the Cascades
カストリーズ（セントルシア）〔首都〕Castries
カスピ海（西アジア）the Caspian (Sea)
カタール（アラビア半島）Qatar;〔公式国名：カタール国〕the State of Qatar
ガダルカナル島（太平洋南西部）Guadalcanal
カタロニア（スペイン）〔地域〕Catalonia
カトマンズ（ネパール）〔首都〕Katmandu; Kathmandu
カナダ（北米）〔公式国名〕Canada
カナリア諸島（大西洋北アフリカ沖）the Canary Islands; the Canaries
かなん(河南)省（中国）⇨**ホーナン省**
がび(峨眉)山（中国）⇨**オーメイ山**
カブール（アフガニスタン）〔首都〕Kabul

■ 世界の地名　カ

カフカズ山脈 (西アジア) the Caucasus (Mountains)
かほく(河北)省 (中国) ⇨ ホーペイ省
ガボローネ (ボツワナ)〔首都〕Gaborone
ガボン (アフリカ中部) Gabon;〔公式国名：ガボン共和国〕the Gabonese Republic
カムチャツカ半島 (露) Kamchatka
カメルーン (アフリカ中部) Cameroon, Cameroun;〔公式国名：カメルーン共和国〕the Republic of Cameroon
かもん(厦門) (中国) ⇨ アモイ, シアメン
カラカス (ベネズエラ)〔首都〕Caracas
カラコルム山脈 (パキスタン・印・中国) the Karakoram Range; the Karakorams
カラチ (パキスタン)〔都市〕Karachi
ガラパゴス諸島 (太平洋中東部) the Galapagos (Islands)
カラハリ砂漠 (アフリカ南部) the Kalahari (Desert)
からふと(樺太) (露) ⇨ サハリン
カリカット (印)〔都市〕Calicut;〔別名：コジコーデ〕Kozhikode
カリフォルニア ① (米)〔州〕California《略 Cal., Calif., CA》‖カリフォルニア州人 a Californian　② (メキシコ)〔地域・半島〕Baja California; Lower California;〔湾〕the Gulf of California
カリブ海 (大西洋中西部) the Caribbean (Sea)
カルカソンヌ (仏)〔都市〕Carcassonne
カルカッタ (印)〔都市〕Calcutta
カルガリー (加)〔都市〕Calgary
カルタヘーナ (コロンビア, スペイン)〔都市〕Cartagena
カルチェラタン (仏・パリ)〔地区〕the Latin Quarter
カルナタカ州 (印) Karnataka
カルパチア山脈 (東欧) the Carpathian Mountains; the Carpathians
ガルベストン (米)〔都市〕Galveston
カレー (仏)〔都市〕Calais
カロリン諸島 (太平洋中西部) the Caroline Islands; the Carolines
ガロンヌ川 (仏) 米the Garonne (River); 英the (River) Garonne
カン (仏)〔都市〕Caen
カンウォン〈江原〉道 (韓国, 北朝鮮) Kangwon (Province); Kangwondo
かんきょう(咸鏡)南道 (北朝鮮) ⇨ ハムギョン南道
かんきょう(咸鏡)北道 (北朝鮮) ⇨ ハムギョン北道
かんこう(咸興) (北朝鮮) ⇨ ハムフン
かんこう(漢口) (中国) ⇨ ハンコウ
かんこう(漢江) (韓国) ⇨ ハン川
韓国 (東アジア) ⇨ 大韓民国
カンザスシティ (米)〔都市〕Kansas City
カンザス州 (米) Kansas《略 Kans., Kan., KS》‖カンザス州人 a Kansan
ガンジス川 (印) 米the Ganges (River); 英the (River) Ganges
かんしゅく(甘粛)省 (中国) ⇨ カンスー省
カンスー〈甘粛〉省 (中国) Gansu《旧 Kansu》
ガンダーラ (アフガニスタン・パキスタン)〔地域〕Gandhara
カンダハール (アフガニスタン)〔都市〕Kandahar
カンタベリー (英)〔都市〕Canterbury
カンチェンジュンガ山 (ネパール) (Mount) Kanchenjunga
カンデー (スリランカ)〔都市〕Kandy
カントン〈広東〉(中国) ⇨ コアントン省, コアンチョウ〈広州〉
カンヌ (仏)〔都市〕Cannes
カンバーランド川 (米) the Cumberland (River)
カンパラ (ウガンダ)〔首都〕Kampala

ガンビア（アフリカ西部）(the) Gambia;〔公式国名：ガンビア共和国〕the Republic of the Gambia
カンピナス（ブラジル）〔都市〕Campinas
カンプール（印）〔都市〕Kanpur
カンブリア州（英）Cumbria
カンペチェ（メキシコ）〔都市, 州〕Campeche;〔湾〕the Bay of Campeche
カンボジア（インドシナ半島）〔公式国名：カンボジア王国〕the Kingdom of Cambodia
かんよう(咸陽)（中国）⇨シエンヤン

キ

ギアナ（南米）〔地域〕Guiana ◇ギアナの Guianan ‖ギアナ人 a Guianan⇨ガイアナ, スリナム, フランス領ギアナ
キーウェスト（米）〔都市〕Key West
ギーザ（エジプト）〔都市〕Giza
キール（独）〔都市〕Kiel;〔運河〕the Kiel Canal
キールン〈基隆〉（台湾）〔都市〕Keelung; Jilong
キーロフ（露）〔都市〕Kirov
キエフ（ウクライナ）〔首都〕Kiev
キガリ（ルワンダ）〔首都〕Kigali
キシニョフ（モルドバ）〔首都〕Chişinău; Kishinev
きしゅう(貴州)省（中国）⇨コイチョウ省
北アイルランド（英）〔地域〕Northern Ireland;〔別名：アルスター〕Ulster
北アメリカ〔北アメリカ州〕North America
北イエメン（アラビア半島）⇨イエメン②
北朝鮮（東アジア）⇨朝鮮民主主義人民共和国
北ローデシア（アフリカ中南部）⇨ザンビア
きつりん(吉林)省（中国）⇨チーリン省
キト（エクアドル）〔首都〕Quito
ギニア（アフリカ西部）①〔国〕Guinea;〔公式国名：ギニア共和国〕the Republic of Guinea⇨ギニアビサオ, 赤道ギニア　②〔湾〕the Gulf of Guinea
ギニアビサオ（アフリカ西部）Guinea-Bissau;〔公式国名：ギニアビサオ共和国〕the Republic of Guinea-Bissau
キプロス（地中海）Cyprus;〔公式国名：キプロス共和国〕the Republic of Cyprus
きぼうほう(喜望峰)（南アフリカ）the Cape of Good Hope
キムポ〈金浦〉（韓国・ソウル）〔地区〕Kimp'o
キャッツキル山脈（米）the Catskill Mountains; the Catskills
キャンベラ（豪）〔首都〕Canberra
きゅうこう(九江)（中国）⇨チウチアン
キューバ（西インド諸島）Cuba;〔公式国名：キューバ共和国〕the Republic of Cuba
きゅうりゅう(九龍)（香港）⇨カオルン
きよう(貴陽)（中国）⇨コイヤン
キョンギ〈京畿〉道（韓国）Kyŏnggi (Province); Kyŏnggido
キョンサン〈慶尚〉南道（韓国）South Kyŏngsang (Province); Kyŏngsangnamdo
キョンサン〈慶尚〉北道（韓国）North Kyŏngsang (Province); Kyŏngsangpukto
キョンチュ〈慶州〉（韓国）〔都市〕Kyongju
キラウエア山（ハワイ）Kilauea
ギリシャ（南東欧）Greece;〔公式国名：ギリシャ共和国〕the Hellenic Republic
キリバス（太平洋中西部）Kiribati;〔公

■ 世界の地名　ク

式国名：キリバス共和国〕the Republic of Kiribati
キリマンジャロ山 (タンザニア) (Mount) Kilimanjaro
キルギスタン (西アジア) Kyrgyz, Kyrgyzstan;〔公式国名：キルギス共和国〕the Kyrgyz Republic　◇キルギスの Kirghiz ‖キルギス人 a Kirghiz
キルデア (アイルランド)〔州・都市〕Kildare
キングスタウン (セントビンセントおよびグレナディーン諸島)〔首都〕Kingstown
キングストン (ジャマイカ)〔首都〕Kingston
キンシャサ (コンゴ民主共和国)〔首都〕Kinshasa
きんぽ(金浦)(韓国)⇨キムポ
きんもん(金門)島 (中国南東岸沖)⇨チンメン島

ク

グアダラハラ (メキシコ, スペイン)〔都市〕Guadalajara
グアテマラ (中米) Guatemala;〔公式国名：グアテマラ共和国〕the Republic of Guatemala
グアテマラシティ (グアテマラ)〔都市〕Guatemala City
グアドループ島 (西インド諸島) Guadeloupe
グアム (太平洋中西部)〔島〕Guam
クアラルンプール (マレーシア)〔首都〕Kuala Lumpur
クイーンズタウン (ニュージーランド)〔都市〕Queenstown
クイーンズランド州 (豪) Queensland
グウィネズ州 (英) Gwynedd
クウェート (アラビア半島) ①〔国〕Kuwait;〔公式国名：クウェート国〕the State of Kuwait　②〔首都〕Kuwait; Al Kuwait
グウェント州 (英) Gwent
クーリル諸島 (太平洋北部) the Kuril(e) Islands, the Kuril(e)s;〔別名：千島列島〕the Chishima Islands
グジャラート州 (印) Gujarat
クスコ (ペルー)〔都市〕Cuzco
グダニスク (ポーランド)〔都市〕Gdańsk;〔旧名：ダンチヒ〕Danzig
クック ①(ニュージーランド)〔海峡〕the Cook Strait;〔諸島〕the Cook Islands, the Southern Cook Islands;〔山〕Mount Cook　②(米)〔入江〕the Cook Inlet
クナシリ〈国後〉島 (千島) Kunashiri⇨クナシル島
クナシル島 (千島) Kunashir⇨クナシリ島
クノッソス (ギリシャ)〔遺跡地〕Knossos
グラース (仏)〔都市〕Grasse
グラーツ (オーストリア)〔都市〕Graz
クライストチャーチ (ニュージーランド)〔都市〕Christchurch
クライド湾 (英) the Firth of Clyde
グラスゴー (英)〔都市〕Glasgow ‖グラスゴー人 a Glaswegian
クラスノヤルスク (露)〔都市〕Krasnoyarsk
グラナダ (スペイン)〔都市〕Granada
グラモーガン(シャー) (英)〔旧州〕Glamorgan(shire)
グランドキャニオン (米)〔渓谷〕the Grand Canyon
グランピアン (英)〔山地〕the Grampians;〔州〕Grampian
クリーブランド ①(英)〔州〕Cleveland ②(米)〔都市〕Cleveland
クリーリスク (千島・エトロフ島)〔都市〕Kurilsk

グリーンズボロ（米）〔都市〕Greensboro
グリーンランド（北極）〔島〕Greenland
クリスマス島（インド洋東部）Christmas Island
グリニッジ（英）〔地区〕Greenwich
クリミア半島（ウクライナ）Crimea; the Crimean Peninsula
クルウィド州（英）Clwyd
グルジア（西アジア）Georgia;〔公式国名：グルジア共和国〕the Republic of Georgia ◇グルジアの Georgian ‖グルジア人 a Georgian
グルノーブル（仏）〔都市〕Grenoble
グレートサンデー砂漠（豪）the Great Sandy Desert
グレートスレーブ湖（加）Great Slave Lake
グレートソルト湖（米）the Great Salt Lake
グレートプレーンズ（北米）〔平原〕the Great Plains
グレートベア湖（加）Great Bear Lake
グレートベースン（米）〔盆地〕the Great Basin
クレタ島（ギリシャ）Crete
グレナダ（西インド諸島）〔公式国名〕Grenada
グレナディーン諸島（西インド諸島）the Grenadines⇨**セントビンセントおよびグレナディーン諸島**
クレルモンフェラン（仏）〔都市〕Clermont-Ferrand
クロアチア（南東欧）Croatia;〔公式国名：クロアチア共和国〕the Republic of Croatia
グロスター（英）〔都市〕Gloucester
グロスターシャー州（英）Gloucestershire
クロンダイク（加）①〔地域〕the Klondike ②〔川〕the Klondike (River)
クワンチュ〈**光州**〉（韓国）〔都市〕Kwangju
クンサン〈**群山**〉（韓国）〔都市〕Kunsan
ぐんざん(**群山**)（韓国）⇨**クンサン**
クンミン〈**昆明**〉（中国）〔都市〕Kunming
クンルン〈**崑崙**〉**山脈**（中国）the Kunlun

ケ

ケイカス諸島（西インド諸島）the Caicos Islands⇨**タークス・カイコス諸島**
けいき(**京畿**)**道**（韓国）⇨**キョンギ道**
けいざん(**恵山**)（北朝鮮）⇨**ヘーサン**
けいざんちん(**恵山鎮**)（北朝鮮）⇨**ヘーサン**〈**恵山**〉
けいしゅう(**慶州**)（韓国）⇨**キョンチュ**
けいしょう(**慶尚**)**南道**（韓国）⇨**キョンサン南道**
けいしょう(**慶尚**)**北道**（韓国）⇨**キョンサン北道**
けいとくちん(**景徳鎮**)（中国）⇨**チントーチェン**
ケイマン諸島（カリブ海北西部）the Cayman Islands
けいりん(**桂林**)（中国）⇨**コイリン**
ケーソン〈**開城**〉（北朝鮮）〔都市〕Kaesŏng
ケーツー(K2)（カシミール）〔山〕(Mount) K2;〔別名：ゴドウィンオースデン〕(Mount) Godwin Austen
ケープカナベラル（米）〔岬〕Cape Canaveral;〔旧名：ケープケネディ〕Cape Kennedy
ケープケネディ（米）⇨**ケープカナベラル**
ケープタウン（南アフリカ）〔都市〕

■ 世界の地名 コ

Cape Town
ゲーリ (米) 〔都市〕 Gary
ケソンシティ (フィリピン) 〔都市〕 Quezon City
ゲティスバーグ (米) 〔都市〕 Gettysburg
ゲッチンゲン (独) 〔都市〕 Göttingen
ケニア (アフリカ東部) Kenya;〔公式国名:ケニア共和国〕the Republic of Kenya
ケベック州 (加) Quebec
ケララ州 (印) Kerala
ケリー州 (アイルランド) Kerry
ケルン (独) 〔都市〕 Cologne
ケンジントン (英・ロンドン) 〔地区〕 Kensington
ケンタッキー州 (米) Kentucky《略 Ky., Ken., KY》‖ケンタッキー州人 a Kentuckian
ケント州 (英) Kent
ケンブリッジ (英, 米) 〔都市〕 Cambridge
ケンブリッジシャー州 (英) Cambridgeshire

コ

ゴア (印) 〔都市〕 Goa
コアンシーチョアンツー〈広西壮族〉自治区 (中国) Guangxi Zhuang《旧 Kwangsi Chuang》;〔公式名〕the Guangxi Zhuang Autonomous Region
コアンチョウ〈広州〉(中国) 〔都市〕 Guangzhou;〔旧名:カントン(広東)〕Canton
コアントン〈広東〉省 (中国) Guangdong《旧Kwangtung》
コイチョウ〈貴州〉省 (中国) Guizhou《旧Kweichow》
コイヤン〈貴陽〉(中国) Guiyang
コイリン〈桂林〉(中国) Guilin

黄河 (中国) the Yellow River; the Huang He
黄海 (中国・朝鮮半島間) 〔海〕 the Yellow Sea
紅海 (アフリカ・アラブ半島間) 〔海〕 the Red Sea
こうかい(黄海)南道 (北朝鮮)⇨ホアンヘ南道
こうかい(黄海)北道 (北朝鮮)⇨ホアンヘ北道
こうげん(江原)道 (韓国, 北朝鮮)⇨カンウォン道
こうしゅう(広州)(中国)⇨コアンチョウ
こうしゅう(光州)(韓国)⇨クワンチュ
こうしゅう(杭州)(中国)⇨ハンチョウ
こうせい(江西)省 (中国)⇨チアンシー省
こうせいそうぞく(広西壮族)自治区 (中国)⇨コアンシーチョアンツー自治区
こうそ(江蘇)省 (中国)⇨チアンスー省
ごうひ(合肥)(中国)⇨ホーフェイ
コーカサス山脈 (西アジア)⇨カフカズ山脈
コーク (アイルランド) 〔都市〕 Cork
コートジボアール (アフリカ西部) the Ivory Coast;〔公式国名:コートジボアール共和国〕the Republic of Côte d'Ivoire
コートダジュール (仏) 〔海岸〕 the Côte d'Azur
コーパスクリスティ (米) 〔都市〕 Corpus Christi
ゴーリキー (露) 〔都市〕 Gorki; Gorky
ゴールドコースト (アフリカ西部)⇨ガーナ
こくりゅうこう(黒竜江)(中国・ロシア国境)⇨ヘイロン川, アムール川
こくりゅうこう(黒竜江)省 (中国)⇨ヘイロンチアン省
ココス諸島 (インド洋東部) the Cocos Islands
コジコーデ (印) 〔都市〕 Kozhikode;

〔別名：カリカット〕Calicut
コスタリカ（中米）Costa Rica;〔公式国名：コスタリカ共和国〕the Republic of Costa Rica
コソボ（旧ユーゴスラビア）〔自治州〕Kosovo
ごだい(五台)山（中国）⇨**ウータイ山**
コタキナバル（マレーシア）〔都市〕Kota Kinabalu;〔旧名：ジェスルトン〕Jesselton
黒海（ヨーロッパ・アジア間）〔海〕the Black Sea
コッド岬（米）Cape Cod
ゴドウィンオーステン山（カシミール）⇨**ケーツー**
コナクリ（ギニア）〔首都〕Conakry; Konakry
こなん(湖南)省（中国）⇨**フーナン省**
コニャック（仏）〔都市〕Cognac
コネチカット州（米）Connecticut《略 Conn., Ct., CT》‖コネチカット州人 a Nutmegger
コパカバーナ（ブラジル）〔海岸〕Copacabana
ゴビ砂漠（モンゴル高原）the Gobi (Desert)
コベントリ（英）〔都市〕Coventry
コペンハーゲン（デンマーク）〔首都〕Copenhagen
こほく(湖北)省（中国）⇨**フーペイ省**
コモ湖（伊）Lake Como
コモロ（マダガスカル島・アフリカ大陸間）①〔国〕(the) Comoros;〔公式国名：コモロイスラム連邦共和国〕the Federal Islamic Republic of the Comoros　②〔諸島〕the Comoro Islands; the Comoros
ゴラン高原（シリア）the Golan Heights
コルシカ島（仏）Corsica
コルス島（仏）⇨**コルシカ島**
コルドバ（スペイン, アルゼンチン, コロンビア, メキシコ）〔都市〕Córdoba
コロール（パラオ）〔首都〕Koror
コロラド（米）①〔州〕Colorado《略 Col., Colo., CO》‖コロラド州人 a Coloradan　②〔川〕the Colorado (River)
コロンバス（米）〔都市〕Columbus
コロンビア①（南米）〔国〕Colombia;〔公式国名：コロンビア共和国〕the Republic of Colombia　②（米）〔川〕the Columbia (River);〔都市〕Columbia;〔特別区〕the District of Columbia
コロンボ（スリランカ）〔旧首都〕Colombo
コンウォール州（英）Cornwall
コンゴ（アフリカ西部）①〔公式国名：コンゴ共和国〕the Republic of the Congo　②〔国〕旧ザイール;〔公式国名：コンゴ民主共和国〕the Democratic Republic of the Congo　③〔川〕米the Congo (River); 英the (River) Congo
コンコード（米）〔都市〕Concord
コンスタンス湖（独・オーストリア・スイス国境）⇨**ボーデン湖**
コンスタンチノープル（トルコ）⇨**イスタンブール**
こんめい(昆明)（中国）⇨**クンミン**
こんろん(崑崙)山脈（中国）⇨**クンルン山脈**

サ

ザール①〔川〕（独・仏）米the Saar (River); 英the (River) Saar　②〔地域〕（独）Saarland; (the) Saar
ザールブリュッケン（独）〔都市〕Saarbrücken
ザイール（アフリカ中央部）Zaire;〔旧国名：ザイール共和国〕the Republic of

文化背景

サ　世界の地名

■ 世界の地名　サ

Zaire ⇨ **コンゴ**②
サイゴン (ベトナム) ⇨ **ホーチミン市**
さいしゅう(済州)道 (韓国) ⇨ **チェチュ道**
さいなん(済南)(中国) ⇨ **チーナン**
サイパン島 (マリアナ諸島) Saipan
サウサンプトン (英) 〔都市〕 Southampton
サウジアラビア (アラビア半島) Saudi Arabia; 〔公式国名：サウジアラビア王国〕the Kingdom of Saudi Arabia
サウスカロライナ州 (米) South Carolina 《略 S.C., SC》‖サウスカロライナ州人 a South Carolinian
サウスグラモーガン州 (英) South Glamorgan
サウスダコタ州 (米) South Dakota 《略 S. Dak., S.D., SD》‖サウスダコタ州人 a South Dakotan
サウスヨークシャー州 (英) South Yorkshire
サクラメント (米) ①〔市〕Sacramento ②〔川〕the Sacramento (River)
ザグレブ (クロアチア) 〔首都〕 Zagreb
サザーランド (英) 〔旧州〕 Sutherland
サスカチュワン州 (加) Saskatchewan
サセックス (英) 〔地域〕 Sussex
サナア (イエメン共和国) 〔首都〕 San'a; Sanaa
サバナ (米) 〔都市〕 Savannah
サハラ砂漠 (アフリカ北部) the Sahara (Desert)
サハリン (露) 〔島〕 Sakhalin
サフォーク州 (英) Suffolk
サマーセット州 (英) Somerset
サマルカンド (ウズベキスタン) 〔都市〕 Samarkand
サモア (南太平洋) Samoa; 〔公式国名：サモア独立国〕the Independent State of Samoa
サモア諸島 (南太平洋) Samoa; the Samoa Islands ◇サモアの Samoan

‖サモア人 a Samoan ⇨ **アメリカ領サモア**
サラエボ (ボスニア・ヘルツェゴビナ) 〔首都〕 Sarajevo
サラゴーサ (スペイン) 〔都市〕 Zaragoza
サラワク州 (マレーシア) Sarawak
サリー州 (英) Surrey
サルジニア島 (伊) Sardinia
ザルツブルク (オーストリア) 〔都市〕 Salzburg
サレルノ (伊) 〔都市〕 Salerno
サロップ州 (英) ⇨ **シュロップシャー州**
サンアントニオ ①〔都市〕(米) San Antonio ②〔岬〕(アルゼンチン) Cape San Antonio
サンクトペテルブルク (露) 〔都市〕 Saint Petersburg
サンゴ海 (豪) the Coral Sea
サンサルバドル (エルサルバドル) 〔首都〕 San Salvador
ザンジバル (タンザニア) 〔都市〕 Zanzibar; 〔島〕(the Island of) Zanzibar
さんせい(山西)省 (中国) ⇨ **シャンシー省**
サンセバスチャン (スペイン) 〔都市〕 San Sebastián
サンタイサベル (赤道ギニア) ⇨ **マラボ**
サンタカタリナ島 (米) (Santa) Catalina
サンダカン (マレーシア) 〔都市〕 Sandakan
サンタクルス (カナリア諸島) 〔都市〕 Santa Cruz; 〔正式名：サンタクルス・デ・テネリフェ〕Santa Cruz de Tenerife
サンタバーバラ (米) 〔都市〕 Santa Barbara
サンタフェ (米, アルゼンチン) 〔都市〕 Santa Fe
サンチアゴ (チリ) 〔首都〕 Santiago
サンディエゴ (米) 〔都市〕 San Diego

さんとう(山東)(中国)⇨**シャントン**
サントス(ブラジル)〔都市〕Santos
サントドミンゴ(ドミニカ共和国)〔首都〕Santo Domingo
サントメ(サントメ・プリンシペ)〔首都〕São Tomé
サントメ・プリンシペ(アフリカ南西部) São Tomé and Príncipe;〔公式国名：サントメ・プリンシペ民主共和国〕the Democratic Republic of São Tomé and Príncipe
サントロペ(仏)〔都市〕Saint-Tropez
サンパウロ(ブラジル)〔都市〕São Paulo
ザンビア(アフリカ中南部) Zambia;〔公式国名：ザンビア共和国〕the Republic of Zambia
サンピエール島・ミクロン島(大西洋北西部) Saint Pierre and Miquelon
サンフランシスコ(米) ①〔都市〕San Francisco　②〔湾〕San Francisco Bay
ザンベジ川(モザンビーグ) 米the Zambezi (River); 英the (River) Zambezi
サンホアキン川(米) the San Joaquin (River)
サンボアンガ(フィリピン)〔都市〕Zamboanga
サンホセ(コスタリカ)〔首都〕San José
サンホゼ(米)〔都市〕San Jose
サンマリノ(西欧) ①〔国〕San Marino;〔公式国名：サンマリノ共和国〕the Republic of San Marino　②①の〔首都〕San Marino
サンモリッツ(スイス)〔都市〕Saint Moritz
サンルイスポトシ(メキシコ)〔都市〕San Luís Potosí
サンレモ(伊)〔都市〕San Remo

シ

シアトル(米)〔都市〕Seattle
シアメン〈廈門〉(中国) Xilamen;〔アモイ〕Amoy
シーアン〈西安〉(中国)〔都市〕Xi'an《旧Sian》
シー川〈西江〉(中国) the West River; 米the Xi (River); 英the (River) Xi
シーチヤチョアン〈石家荘〉(中国)〔都市〕Shijiazhuang
シーニン〈西寧〉(中国) Xining
シーラーズ(イラン)〔都市〕Shiraz
シウダドトルヒヨ(ドミニカ共和国) ⇨**サントドミンゴ**
シエーナ(伊)〔都市〕Siena
ジェームズタウン(米)〔都市〕Jamestown
ジェッダ(サウジアラビア)〔都市〕Jedda; Jidda
シェットランド(英) ①〔州〕Shetland;〔旧名〕Zetland　②〔諸島〕the Shetland Islands; the Shetlands
シェナンドー川(米) the Shenandoah (River)
ジェノバ(伊)〔都市〕Genoa
ジェファーソンシティ(米)〔都市〕Jefferson City
シェフィールド(英)〔都市〕Sheffield
シエラネバダ山脈(米, スペイン) the Sierra Nevada (Mountains); the Sierras (▶ 米国のみ)
シエラマドレ山脈(メキシコ) the Sierra Madre (Mountains); the Sierra Madres
シエラレオネ(アフリカ西部) Sierra Leone;〔公式国名：シエラレオネ共和国〕the Republic of Sierra Leone
シェルブール(仏)〔都市〕Cherbourg
シェンシー〈陝西〉省(中国) Shanxi, Shaanxi《旧Shensi》

■ 世界の地名　シ

シェンチェン〈深圳〉(中国)〔経済特別区〕Shenzhen
シェンヤン〈瀋陽〉(中国) Shenyang;〔旧名：ムクデン〕Mukden;〔旧名：奉天〕Fengtian
シエンヤン〈咸陽〉(中国) Xianyang
死海 (ヨルダン・イスラエル) the Dead Sea
シカゴ (米)〔都市〕Chicago
じこう(慈江)道 (北朝鮮)⇨**チャガン道**
シシリー島 (伊) Sicily
しせん(四川) (中国)⇨**スーチョワン**
シチリア島 (伊) Sicily
シッキム州 (印) Sikkim
ジッダ (サウジアラビア)〔都市〕Jidda; Jedda
シドニー (豪)〔都市〕Sydney
シナイ半島 (エジプト) the Sinai (Peninsula)
ジフェド州 (英) Dyfed
ジブチ (アフリカ東部)①〔国〕Djibouti;〔公式国名：ジブチ共和国〕the Republic of Djibouti;〔旧名：アファル・イサー〕Afars and Issas　②①の〔首都〕Djibouti
ジブラルタル (イベリア半島南端) Gibraltar;〔海峡〕the Strait(s) of Gibraltar
シベリア (露)〔地域〕Siberia
シムシル島 (千島) Simushir
ジャージー島 (チャネル諸島) Jersey
シャーロット (米)〔都市〕Charlotte
シャイアン (米)〔都市〕Cheyenne
ジャイプール (印)〔都市〕Jaipur
シャオシン〈紹興〉(中国)〔都市〕Shaoxing
ジャカルタ (インドネシア)〔首都〕Jakarta
ジャクソン (米)〔都市〕Jackson
ジャクソンビル (米)〔都市〕Jacksonville
ジャマイカ (西インド諸島)〔公式国名〕Jamaica
シャム (東南アジア)〔旧国名〕Siam⇨**タイ**;〔湾〕⇨**タイランド湾**
ジャム・カシミール州 (印・パキスタン) Jammu and Kashmir
ジャムシェドプール (印)〔都市〕Jamshedpur
シャモニー (仏)〔都市〕Chamonix
シャルトル (仏)〔都市〕Chartres
ジャワ島 (インドネシア) Java
シャンシー〈山西〉省 (中国) Shanxi《旧Shansi》
シャントウ〈汕頭〉(中国)⇨**スワトウ**
シャントン〈山東〉(中国) ①〔省〕Shandong《旧Shantung》　②〔半島〕the Shandong《旧Shantung》Peninsula
シャンパーニュ (仏)〔地域〕Champagne
シャンハイ〈上海〉(中国)〔都市〕Shanghai
シュイチョウ〈徐州〉(中国)〔都市〕Xuzhou《旧Suchow》
じゅうけい(重慶) (中国)⇨**チョンチン**
しゅうこうてん(周口店) (中国)⇨**チョウコウティエン**
しゅうねい(集寧) (中国)⇨**チーニン**
しゅおつ(朱乙) (北朝鮮)⇨**チュウル**
しゅこう(珠江) (中国)⇨**チュー川**
シュツットガルト (独)〔都市〕Stuttgart
ジュネーブ (スイス)〔都市〕Geneva
ジュノー (米)〔都市〕Juneau
ジュラ山脈 (仏) the Jura Mountains; the Juras
シュロップシャー州 (英) Shropshire;〔別名：サロップ州〕Salop
ジュンガリア盆地 (中国) Dzungaria; Junggar

しゅんせん(春川)(韓国)⇨チュンチョン
小アンチル諸島(西インド諸島) the Lesser Antilles
しょうかこう(松花江)(中国)⇨ソンホア川, スンガリ川
しょうこう(紹興)(中国)⇨シャオシン
しょうこうあんれい(小興安嶺)山脈(中国)⇨小シンアンリン山脈
小シンアンリン〈興安嶺〉山脈(中国) the Lesser [Little] Xing'anling Mountains; the Xiaoxing'anling
小スンダ列島(インドネシア) the Lesser Sunda Islands; the Lesser Sundas
ジョージア州(米) Georgia《略 Ga., GA》‖ジョージア州人 a Georgian
ジョージタウン ①(ガイアナ)〔首都〕Georgetown ②(マレーシア)⇨ペナン ③(米)〔都市〕
ジョクヤカルタ(インドネシア)〔都市〕Jogjakarta
じょしゅう(徐州)(中国)⇨シュイチョウ
ジョホールバール(マレーシア)〔都市〕Johor Bahru; Johore Bahru
ジョンストン島(太平洋北部) Johnston Island
シラキューズ(米)〔都市〕Syracuse
シリア(西南アジア) Syria;〔公式国名：シリア・アラブ共和国〕the Syrian Arab Republic
シリー諸島(英) the Scilly Isles; the Scillies
シレジア(ポーランド)〔地域〕Silesia
白ナイル川(スーダン) the White Nile
シンイチュ〈新義州〉(北朝鮮)〔都市〕Sinǔiju
シンガポール(マレー半島) ①〔国〕Singapore;〔公式国名：シンガポール共和国〕the Republic of Singapore ②①の〔首都〕Singapore
しんぎしゅう(新義州)(北朝鮮)⇨シンイチュ
しんきょう(新疆)ウイグル自治区(中国)⇨シンチアンウイグル自治区
シンシナチ(米)〔都市〕Cincinnati
しんじゅわん(真珠湾)(ハワイ)〔湾〕Pearl Harbor
しんせん(深圳)(中国)⇨シェンチェン
じんせん(仁川)(韓国)⇨インチョン
シンチアン〈新疆〉ウイグル自治区(中国) Xinjiang《旧Sinkiang》;〔公式名〕the Xinjiang-Uygur《旧Sinkiang-Uighur》Autonomous Region
シンチル〈新知〉島(千島)⇨シムシル島
ジンバブエ(アフリカ南部) Zimbabwe;〔公式国名：ジンバブエ共和国〕the Republic of Zimbabwe
しんよう(瀋陽)(中国)⇨シェンヤン
しんれい(秦嶺)山脈(中国)⇨チンリン山脈

ス

すいげん(水原)(韓国)⇨スーウォン
スイス(西欧) Switzerland;〔公式国名：スイス連邦〕the Swiss Confederation
すいほう(水豊)(北朝鮮)⇨スープン
スーウォン〈水原〉(韓国)〔都市〕Suwǒn
スウェーデン(北欧) Sweden;〔公式国名：スウェーデン王国〕the Kingdom of Sweden
スウォンジー(英)〔都市〕Swansea
スーセントメリー(加, 米)〔都市〕Sault Sainte Marie
スーダン(アフリカ北部) (the) Sudan;〔公式国名：スーダン共和国〕the Republic of the Sudan
スーチョウ〈蘇州〉(中国) Suzhou《旧Soochow》
スーチョワン〈四川〉(中国) ①〔省〕

■ 世界の地名　ス

Sichuan《旧Szechwan》 ②〔盆地〕the Sichuan Basin; the Red Basin of Sichuan

スープン〈水豊〉(北朝鮮) ①〔都市〕Sup'ung　②〔湖〕the Sup'ung Reservoir

スエズ (エジプト) ①〔運河〕the Suez Canal　②〔都市〕Suez　③〔地峡〕the Isthmus of Suez　④〔湾〕the Gulf of Suez

スカンジナビア (北欧) ①〔地域〕Scandinavia　◇スカンジナビアの Scandinavian ‖スカンジナビア人 a Scandinavian　②〔半島〕the Scandinavian Peninsula

スクレ (ボリビア) 〔首都〕Sucre

スコットランド (英) Scotland　◇スコットランドの Scottish; Scots ‖スコットランド人 a Scot /〔男〕a Scotsman /〔女〕a Scotswoman /〔総称〕the Scots

スコピエ (マケドニア) 〔首都〕Skopje

スターリングラード (旧ソ連)⇨ボルゴグラード

スタッフォードシャー州 (英) Staffordshire

スタンリー (アフリカ中央部) 〔山〕(Mount) Stanley;〔滝〕Stanley Falls

ストークオントレント (英) 〔都市〕Stoke-on-Trent

ストックホルム (スウェーデン) 〔首都〕Stockholm

ストラスクライド州 (英) Strathclyde

ストラスブール (仏) 〔都市〕Strasbourg

ストラトフォードオンエーボン (英) 〔都市〕Stratford-on-Avon

スバ (フィジー) 〔首都〕Suva

スバールバル諸島 (北極海) Svalbard

スプリト (クロアチア) 〔都市〕Split

スプリングフィールド (米) 〔都市〕Springfield

スペイン (西欧) 〔公式国名〕Spain

スペリオル湖 (米・加) Lake Superior

スマトラ島 (インドネシア) Sumatra

スミルナ (トルコ)⇨イズミル

スラウェシ島 (インドネシア) Sulawesi;〔別名: セレベス島〕Celebes

スラバヤ (インドネシア) 〔都市〕Surabaya

スリジャヤワルダナプラコッテ (スリランカ) 〔首都〕Sri Jayawardanapura Kotte

スリナガル (カシミール) 〔都市〕Srinagar

スリナム (南米) Surinam(e);〔公式国名: スリナム共和国〕the Republic of Suriname;〔旧名: オランダ領ギアナ〕Dutch Guiana

スリランカ (インド洋) Sri Lanka;〔公式国名: スリランカ民主社会主義共和国〕the Democratic Socialist Republic of Sri Lanka;〔旧名: セイロン〕Ceylon

スロバキア (東欧) Slovakia;〔公式国名: スロバキア共和国〕the Slovak Republic　◇スロバキアの Slovak(ian) ‖スロバキア人 a Slovak

スロベニア (東欧) Slovenia;〔公式国名: スロベニア共和国〕the Republic of Slovenia

スワート (パキスタン) Swat

スワジランド (アフリカ南部) Swaziland;〔公式国名: スワジランド王国〕the Kingdom of Swaziland

スワトウ〈汕頭〉(中国) Swatow; Shantou

スワニー川 (米) the Suwannee River

スンガリ川 (中国) 米the Sungari (River);英the (River) Sungari⇨ソンホア川

スンダ (インドネシア) 〔海峡〕the

Sunda Strait;〔列島〕the Sunda Isles, the Sundas

セ

せいあん(西安)(中国)⇨**シーアン**
せいこう(西江)(中国)⇨**シー川**
セイシェル(インド洋西部) Seychelles, the Seychelles;〔公式国名:セイシェル共和国〕the Republic of Seychelles
せいしゅう(清州)(韓国)⇨**チョンチュ**
せいと(成都)(中国)⇨**チョントゥー**
せいとう(青島)(中国)⇨**チンタオ**
せいねい(西寧)(中国)⇨**シーニン**
セイラム(米)〔都市〕Salem
セイロン(インド洋)⇨**スリランカ**
セーヌ川(仏) the (River) Seine
セーベルナヤゼムリャ群島(露) Severnaya Zemlya
赤道ギニア(アフリカ中西部) Equatorial Guinea;〔公式国名:赤道ギニア共和国〕the Republic of Equatorial Guinea
せっかそう(石家荘)(中国)⇨**シーチヤチョアン**
せっこう(浙江)省(中国)⇨**チョーチアン省**
セネガル(アフリカ西部) Senegal;〔公式国名:セネガル共和国〕the Republic of Senegal
セバストポリ(ウクライナ)〔都市〕Sevastopol
セビリア(スペイン)〔都市〕Seville
セブ島(フィリピン) Cebu
セミパラチンスク(カザフスタン)〔都市〕Semipalatinsk
セルビア(南東欧) Serbia
セレベス島(インドネシア) Celebes;〔別名:スラウェシ島〕Sulawesi
ぜんしゅう(全州)(韓国)⇨**チョンチュ**
せんせい(陝西)省(中国)⇨**シェンシー省**
セントキッツ・ネイビス(西インド諸島) Saint Kitts-Nevis;〔公式国名:セントクリストファー・ネイビス〕Saint Christopher and Nevis
セントジョージズ(グレナダ)〔首都〕Saint George's
セントジョンズ ①(アンチグア・バーブーダ)〔首都〕Saint John(')s ②(加)〔都市〕Saint John's
セントビンセントおよびグレナディーン諸島(西インド諸島)〔公式国名〕Saint Vincent and the Grenadines
セントヘレナ島(大西洋南部) Saint Helena
セントヘレンズ山(米) Mount Saint Helens
セントポール(米)〔都市〕Saint Paul
セントラル州(英) Central
セントルイス(米)〔都市〕Saint Louis
セントルシア(西インド諸島)〔公式国名〕Saint Lucia
セントローレンス(加)〔川〕the Saint Lawrence River;〔水路〕the Saint Lawrence Seaway
ぜんら(全羅)南道(韓国)⇨**チョルラ南道**
ぜんら(全羅)北道(韓国)⇨**チョルラ北道**

ソ

象牙海岸(アフリカ西部)⇨**コートジボアール**
ソウル(韓国)〔首都〕Seoul
ソーチ(露)〔都市〕Sochi
ソーヌ川(仏) 米the Saône (River); 英the (River) Saône
ソーホー(英・ロンドン, 米・ニューヨーク)〔地区〕Soho
ソールズベリー(ジンバブエ)⇨**ハラーレ**
ソシエテ諸島(仏領ポリネシア) the Society Islands

■ 世界の地名　タ

そしゅう(蘇州)(中国)⇨スーチョウ
ソフィア（ブルガリア）〔首都〕Sofia
ソマリア（アフリカ東部）Somalia;〔公式国名：ソマリア民主共和国〕the Somali Democratic Republic
ソルトレークシティ（米）〔都市〕Salt Lake City
ソロモン諸島（太平洋南西部）the Solomons;〔公式国名〕the Solomon Islands
ソンホア川〈松花江〉(中国) 米the Songhua (River); 英the (River) Songhua⇨スンガリ川

タ

ダーウィン（豪）〔都市〕Darwin
タークー〈大沽〉(中国)〔都市〕Dagu
タークス・カイコス諸島（西インド諸島）the Turks and Caicos Islands
ダージリン（印）〔都市〕Darjeeling
ダーダネルス海峡（トルコ）the Dardanelles
ターパー〈大巴〉山脈（中国）the Daba Mountains
ダーバン（南アフリカ）〔都市〕Durban
ダービー（英）〔都市〕Derby
ダービーシャー州（英）Derbyshire
ターピエ〈大別〉山脈（中国）the Dabie Mountains
ターリエン〈大連〉(中国)〔都市〕Dalian
ダーリング川（豪）the Darling (River)
タイ（東南アジア）Thailand;〔公式国名：タイ王国〕the Kingdom of Thailand;〔旧名：シャム〕Siam
大韓民国（東アジア）〔公式国名〕the Republic of Korea ;〔略名〕South Korea
たいきゅう(大邱)(韓国)⇨テーク
たいげん(太原)(中国)⇨タイユアン
たいこ(太湖)(中国)⇨タイフー
たいこ(大沽)(中国)⇨タークー
だいこうあんれい(大興安嶺)山脈(中国)⇨大シンアンリン山脈
たいざん(泰山)(中国)⇨タイシャン
タイシェト（露）〔都市〕Taishet
タイシャン〈泰山〉(中国)〔山〕Tai Shan
大シンアンリン〈興安嶺〉山脈（中国）the Greater [Great] Xing'anling Mountains; the Daxing'anling
大スンダ列島（インドネシア）the Greater Sunda Islands; the Greater Sundas
大西洋 the Atlantic (Ocean)
たいちゅう(台中)(台湾)⇨タイチュン
タイチュン〈台中〉(台湾)〔都市〕Taichung; Taizhong
たいでん(大田)(韓国)⇨テーチョン
だいどうこう(大同江)(北朝鮮)⇨テートン川
タイナン〈台南〉(台湾)〔都市〕Tainan
たいは(大巴)山脈(中国)⇨ターパー山脈
たいはく(太白)山脈(朝鮮半島)⇨テーペク山脈
タイフー〈太湖〉(中国)〔湖〕Tai Hu
タイペイ〈台北〉(台湾)〔都市〕Taipei; Taibei
太平洋 the Pacific (Ocean)
だいべつ(大別)山脈(中国)⇨ターピエ山脈
たいほく(台北)(台湾)⇨タイペイ
タイユアン〈太原〉(中国)〔都市〕Taiyuan
大洋州〔オセアニア州〕Oceania
タイランド湾（タイ）the Gulf of Thailand
だいれん(大連)(中国)⇨ターリエン
タイワン〈台湾〉（東アジア）①〔島〕Taiwan　②〔海峡〕the Taiwan Strait
タインアンドウィア州（英）Tyne and

Wear
ダウラギリ山 (ネパール) (Mount) Dhaulagiri
ダウン州 (英) Down
ダウンパトリク (英)〔都市〕Downpatrick
ダオメー (アフリカ西部)⇨**ベナン**
ダカール (セネガル)〔首都〕Dakar
たかお(高雄) (台湾)⇨**カオシュン**
タクラマカン砂漠 (中国) the Takla Makan [Taklimakan] Desert
タコマ (米)〔都市〕Tacoma
タジキスタン共和国 (西アジア) Tajikistan〔公式国名:タジキスタン共和国〕the Republic of Tajikistan ◇タジクの Tajiki ‖タジク人 a Tadzhik
タシケント (ウズベキスタン)〔都市〕Tashkent
タスマニア島 (豪) Tasmania
ダッカ (バングラデシュ)〔首都〕Dacca
タナナリブ (マダガスカル)⇨**アンタナナリボ**
ダナン (ベトナム)〔都市〕Danang; Da Nang
ダニーデン (ニュージーランド)〔都市〕Dunedin
ダニューブ川 (ヨーロッパ)⇨**ドナウ川**
ダバオ (フィリピン)〔都市〕Davao
タヒチ島 (仏領ポリネシア) Tahiti
ダブリン (アイルランド)〔首都〕Dublin
タホ湖 (米) Lake Tahoe
ダマスカス (シリア)〔首都〕Damascus
タミールナドゥ州 (印) Tamil Nadu
ダラス (米)〔都市〕Dallas
タラハシー (米)〔都市〕Tallahassee
ダラム (英) ①〔州〕Durham ②〔都市〕Durham
タラワ (キリバス)〔首都〕Tarawa
タラント (伊)〔市〕Taranto;〔湾〕the Gulf of Taranto
タリム盆地 (中国) the Tarim Basin
タリン (エストニア)〔首都〕Tallinn; Talin
ダルース (米)〔都市〕Duluth
ダルエスサラーム (タンザニア)〔事実上の首都〕Dar es Salaam⇨**ドドマ**
タルサ (米)〔都市〕Tulsa
ダルムシュタット (独)〔都市〕Darmstadt
タンガニーカ (アフリカ東部) ①〔湖〕Lake Tanganyika ②〔旧国名〕⇨**タンザニア**
タンクー〈塘沽〉(中国)〔都市〕Tanggu
ダンケルク (仏)〔都市〕Dunkerque; Dunkirk
タンザニア (アフリカ東部) Tanzania;〔公式国名:タンザニア連合共和国〕the United Republic of Tanzania;〔旧名:タンガニーカ〕Tanganyika
タンジール (モロッコ)〔都市〕Tangier; Tangiers
タンショイ川〈淡水河〉(台湾) 米the Tanshui [Tamsui] (River); 英the (River) Tanshui
たんすい(淡水河) (台湾)⇨**タンショイ川**
ダンチヒ (ポーランド)⇨**グダニスク**
ダンディー (英)〔都市〕Dundee
たんとう(丹東) (中国)⇨**タントン**
タントン〈丹東〉(中国)〔都市〕Dandong
タンパ (米)〔都市〕Tampa
ダンフリースアンドギャロウェイ州 (英) Dumfries and Galloway
ダンマン (サウジアラビア)〔都市〕Damman

■ 世界の地名　チ

チ

チアムースー〈佳木斯〉(中国)〔都市〕Jiamusi
チアンシー〈江西〉省 (中国) Jiangxi《旧Kiangsi》
チアンスー〈江蘇〉省 (中国) Jiangsu《旧Kiangsu》
チーナン〈済南〉(中国)〔都市〕Jinan《旧Tsi-nan》
チーニン〈集寧〉(中国)〔都市〕Jining
チーリン〈吉林〉省 (中国) Jilin《旧Kirin》
チウチアン〈九江〉(中国) Jiujiang
チェコ(東欧)〔公式国名：チェコ共和国〕the Czech Republic
チェシャー州(英) Cheshire
チェスターフィールド諸島(英) the Chesterfield Islands
チェチュ〈済州〉道 (韓国) Cheju (Province); Chejudo
チェリャビンスク(露)〔都市〕Chelyabinsk
チェンチアン〈鎮江〉(中国)〔都市〕Zhenjiang
チェンマイ(タイ)〔都市〕Chiang Mai; Chiengmai
チグリス川(イラク) 米the Tigris (River); 英the (River) Tigris
千島列島(太平洋北部) the Chishima Islands;〔別名：クーリル諸島〕the Kuril(e) Islands, the Kuril(e)s
チタ(露)〔都市〕Chita
チチェスター(英)〔都市〕Chichester
チチカカ湖(ペルー・ボリビア) Lake Titicaca
チチハル〈斉斉哈爾〉(中国)〔都市〕Qiqihar; Qiqihaer《旧Tsitsihar》
地中海 the Mediterranean (Sea)
チッタゴン(バングラデシュ)〔都市〕Chittagong
チフアナ(メキシコ)〔都市〕Tijuana
チベット〈西蔵〉(中国)〔地域〕Tibet;〔公式名：西蔵自治区〕the Tibet [Xizang] Autonomous Region ◇チベットの Tibetan ‖チベット人 a Tibetan
チモール ①〔海〕(チモール島・豪間) the Timor Sea ②〔島〕(インドネシア) Timor
チャールストン(米)〔都市〕Charleston
チャオプラヤ川(タイ)⇨メナム川
チャガン〈慈江〉道 (北朝鮮) Chagang (Province); Chagangdo
チャタヌーガ(米)〔都市〕Chattanooga
チャド(アフリカ中部) ①〔国〕Chad;〔公式国名：チャド共和国〕the Republic of Chad ②〔湖〕Lake Chad
チャンシャー〈長沙〉(中国)〔都市〕Changsha
チャンチアコウ〈張家口〉(中国)〔都市〕Zhangjiakou;〔別名：カルガン〕Kalgan
チャンチュン〈長春〉(中国)〔都市〕Changchun
チャンチン〈長津〉湖 (北朝鮮) the Changjin Reservoir
チャンネル諸島(イギリス海峡) the Channel Islands
チャンパイ〈長白〉山脈 (中国・北朝鮮国境) the Changbai Mountains
チャンペク〈長白〉山脈 (中国・北朝鮮国境)⇨チャンパイ山脈
中央アフリカ共和国(アフリカ中央部)〔公式国名〕the Central African Republic
中華人民共和国(東アジア)〔公式国名〕the People's Republic of China
中華民国(東アジア) the Republic of China

チュー川〈珠江〉（中国）㊍the Zhu (River); ㊇the (River) Zhu; the Pearl River
中国（東アジア）China⇨**中華人民共和国**
ちゅうしゅう〈忠州〉（韓国）⇨**チュンチュ**
ちゅうせい〈忠清〉**南道**（韓国）⇨**チュンチョム南道**
ちゅうせい〈忠清〉**北道**（韓国）⇨**チュンチョム北道**
チューリヒ（スイス）〔都市〕Zürich
チュウル〈朱乙〉（北朝鮮）〔温泉〕Chuŏl
チュコト（露）〔管区〕Chukot;〔海〕the Chukchi Sea;〔山脈〕the Chukot Range;〔半島〕the Chukotski [Chukot] Peninsula
チュニジア（アフリカ北部）Tunisia;〔公式国名：チュニジア共和国〕the Republic of Tunisia
チュニス（チュニジア）〔首都〕Tunis
チュンカン〈中江〉（北朝鮮）〔都市〕Chunggang
チュンチュ〈忠州〉（韓国）〔都市〕Ch'ungju
チュンチョム〈忠清〉**南道**（韓国）South Ch'ungch'ŏng (Province); Ch'ungch'ŏngnamdo
チュンチョム〈忠清〉**北道**（韓国）North Ch'ungch'ŏng (Province); Ch'ungch'ŏngpukto
チュンチョン〈春川〉（韓国）〔都市〕Ch'unch'ŏn
ちょうかこう〈張家口〉（中国）⇨**チャンチアコウ**
長江（中国）〔川〕the Changjiang⇨**揚子江**
チョウコウティエン〈周口店〉（中国）〔遺跡地〕Zhoukoudian
ちょうさ〈長沙〉（中国）⇨**チャンシャー**
ちょうしゅん〈長春〉（中国）⇨**チャンチュン**
ちょうしん〈長津〉**湖**（北朝鮮）⇨**チャンチン湖**
朝鮮（東アジア）Korea⇨**大韓民国, 朝鮮民主主義人民共和国**
朝鮮民主主義人民共和国（東アジア）〔公式国名〕the Democratic People's Republic of Korea;〔略名〕North Korea
ちょうはく〈長白〉**山脈**（中国・北朝鮮国境）⇨**チャンパイ山脈**
チョーチアン〈浙江〉**省**（中国）Zhejiang《旧Chekiang》
チョモランマ（ヒマラヤ）〔山〕⇨**エベレスト山**
チョルラ〈全羅〉**南道**（韓国）South Chŏlla (Province); Chŏllanamdo
チョルラ〈全羅〉**北道**（韓国）North Chŏlla (Province); Chŏllapukto
チョンチュ〈全州〉（韓国）〔都市〕Chŏnju
チョンチュ〈清州〉（韓国）〔都市〕Ch'ŏngju
チョンチョウ〈鄭州〉（中国）〔都市〕Zhengzhou
チョンチン〈重慶〉（中国）〔都市〕Chongqing《旧Chungking》
チョントゥー〈成都〉（中国）〔都市〕Chengdu
チリ（南米）Chile;〔公式国名：チリ共和国〕the Republic of Chile
チロール（オーストリア・伊）〔地域〕the Tyrol; the Tirol
チワワ（メキシコ）〔都市〕Chihuahua
ちんかい〈鎮海〉（韓国）⇨**チンヘ**
ちんこう〈鎮江〉（中国）⇨**チェンチアン**
チンタオ〈青島〉（中国）〔都市〕Qingdao《旧Tsingtao》
チントーチェン〈景徳鎮〉（中国）Jingdezhen
チンナンポ〈鎮南浦〉（北朝鮮）⇨**ナンポ**

■ 世界の地名　ツ・テ

チンハイ〈**青海**〉(中国) ①〔湖〕Qinghai; Koko Nor　②〔省〕Qinghai《旧Tsingha》

チンブクツー (マリ) ⇨ **トンブクツー**

チンヘ〈**鎮海**〉(韓国)〔都市〕Chinhae

チンメン〈**金門**〉**島** (中国南東岸沖) Quemoy; Jinmen

チンリン〈**秦嶺**〉**山脈** (中国) the Qin Ling (Mountains)

ツ

ツアモツ諸島 (仏領ポリネシア) the Tuamotu Archipelago; the Tuamotus

ツーソン (米)〔都市〕Tucson

ツール (仏)〔都市〕Tours

ツールーズ (仏)〔都市〕Toulouse

ツーロン (仏)〔都市〕Toulon

ツェルマット (スイス)〔保養地〕Zermatt

ツバル (ポリネシア)〔公式国名〕Tuvalu;〔旧名：エリス諸島〕the Ellice Islands

ツルファン〈**吐魯番**〉(中国)〔地域〕Turfan, Turpan;〔盆地〕the Turfan [Turpan] Basin

テ

ティエンシャン〈**天山**〉**山脈** (中央アジア) the Tian Shan

ティエンタイ〈**天台**〉**山** (中国) (Mount) Tiantai

ティエンチン〈**天津**〉(中国)〔都市〕Tianjin《旧Tientsin》

ディエンビエンフー (ベトナム)〔都市〕Dienbienphu; Dien Bien Phu

テイサイド州 (英) Tayside

ていしゅう(**鄭州**)(中国)⇨ **チョンチョウ**

ディジョン (仏)〔都市〕Dijon

ティフアナ (メキシコ)〔都市〕Tijuana

ディフェド州 (英) Dyfed

ティミショアラ (ルーマニア)〔都市〕Timişoara

ティラナ (アルバニア)〔首都〕Tirane ; Tirana

ティンプー (ブータン)〔首都〕Thimbu

テーク〈**大邱**〉(韓国)〔都市〕Taegu

テーチョン〈**大田**〉(韓国)〔都市〕Taejŏn

デートナビーチ (米)〔都市〕Daytona Beach

デートン (米)〔都市〕Dayton

テートン川〈**大同江**〉(北朝鮮) 米the Taedong (River); 英the (River) Taedong

テーペク〈**太白**〉**山脈** (朝鮮半島) the Taebaek Mountains

デカン高原 (印) the Deccan Plateau

テキサス州 (米) Texas《略Tex., TX》‖テキサス州人 a Texan

テグシガルパ (ホンジュラス)〔首都〕Tegucigalpa

デトロイト (米)〔都市〕Detroit

テネシー州 (米) Tennessee《略Tenn., TN》‖テネシー州人 a Tennessean

テネリフェ島 (カナリア諸島) Tenerife

テヘラン (イラン)〔首都〕Tehran, Teheran

デボン(シャー)州 (英) Devon(shire)

テムズ川 (英) the Thames

デモイン (米)〔都市〕Des Moines

デュースブルク (独)〔都市〕Duisburg

テューリンゲン (独)〔地域〕Thüringen

テューレ (グリーンランド)〔集落〕Thule

デュッセルドルフ (独)〔都市〕Düsseldorf

デラウェア (米) ①〔州〕Delaware《略Del., DE》‖デラウェア州人 a Delawarean　②〔川〕the Delaware

(River)
デリー (印)〔都市〕Delhi
テルアビブ (イスラエル)〔都市〕Tel Aviv;〔公式名：テルアビブヤッファ〕Tel Aviv-Jaffa
デルフト (オランダ)〔都市〕Delft
てんざん(天山)山脈 (中央アジア)⇨ティエンシャン山脈
てんしん(天津) (中国)⇨ティエンチン
てんだい(天台)山 (中国)⇨ティエンタイ山
デンバー (米)〔都市〕Denver
デンマーク (北欧) Denmark;〔公式国名：デンマーク王国〕the Kingdom of Denmark

ト

ドイツ (ヨーロッパ) Germany;〔公式国名：ドイツ連邦共和国〕the Federal Republic of Germany
どうてい(洞庭)湖 (中国)⇨トンティン湖
ドゥシャンベ (タジキスタン)〔首都〕Dushanbe
トゥンホアン〈敦煌〉(中国) Dunhuang《旧Tunhuang》
トーゴ (アフリカ西部) Togo;〔公式国名：トーゴ共和国〕the Republic of Togo;〔旧名：トーゴランド〕Togoland
ドーセット州 (英) Dorset
ドーチェスター (英)〔都市〕Dorchester
ドーハ (カタール)〔首都〕Doha
ドーバー ①〔海峡〕(英・仏間) the Strait(s) of Dover ②〔都市〕(英, 米) Dover
ドービル (仏)〔都市〕Deauville
トケラウ諸島 (太平洋南部) the Tokelau Islands
ドナウ川 (ヨーロッパ) 米the Danube (River); 英the (River) Danube
ドドマ (タンザニア)〔首都〕Dodoma
ドニエプル川 (ベラルーシ・ウクライナ) 米the Dnieper (River); 英the (River) Dnieper
ドネツ川 (ウクライナ) 米the Donets (River); 英the (River) Donets
ドバイ (アラブ首長国連邦)〔構成国〕Dubai
トバゴ島 (トリニダード・トバゴ) Tobago ◇トバゴ島の Tobagonian ‖トバゴ島人 a Tobagonian
トピーカ (米)〔都市〕Topeka
トビリシ (グルジア)〔首都〕Tbilisi; Tiflis
トマン川〈豆満江〉(北朝鮮・中国・露国境) 米the Tumen (River); 英the (River) Tumen
とまんこう(豆満江) (北朝鮮・中国・露国境)⇨トマン川
ドミニカ (西インド諸島)⇨ドミニカ共和国, ドミニカ国
ドミニカ共和国 (西インド諸島)〔公式国名〕the Dominican Republic
ドミニカ国 (西インド諸島) Dominica;〔公式国名〕the Commonwealth of Dominica
トムスク (露)〔都市〕Tomsk
とよはら(豊原) (露)⇨ユジノサハリンスク
トラック諸島 (ミクロネシア連邦) the Truk Islands
トランシルバニア (ルーマニア) ①〔地域〕Transylvania ②〔山脈〕the Transylvanian Alps
トランスバール州 (南アフリカ)〔地域〕the Transvaal
トリエステ (伊・クロアチア)〔地域〕Trieste
トリニダード島 (トリニダード・トバゴ) Trinidad ◇トリニダード島の

■ 世界の地名　ナ

Trinidadian ‖トリニダード島人 a Trinidadian
トリニダード・トバゴ（西インド諸島）Trinidad and Tobago;〔公式国名：トリニダード・トバゴ共和国〕the Republic of Trinidad and Tobago⇨**トリニダード島, トバゴ島**
トリノ（伊）〔都市〕Turin
トリポリ ① （リビア）〔首都〕Tripoli ② （レバノン）〔都市〕Tripoli
トルキスタン（露, カザフスタン）〔地域〕Turkestan
トルクメニスタン共和国（西アジア）Turkmenistan〔公式国名：トルクメニスタン〕Turkmenistan
トルコ（西南アジア）Turkey;〔公式国名：トルコ共和国〕the Republic of Turkey
ドルトムント（独）〔都市〕Dortmund
トルファン（中国）⇨**ツルファン**
ドレーク海峡（南米・南極間）the Drake Passage
ドレスデン（独）〔都市〕Dresden
トレド（スペイン, 米）〔都市〕Toledo
トレントン（米）〔都市〕Trenton
トロント（加）〔都市〕Toronto
トロンヘイム（ノルウェー）〔都市〕Trondheim
トンガ（太平洋中南部）Tonga;〔公式国名：トンガ王国〕the Kingdom of Tonga
ドン川（露）⊛the Don (River);㊝the (River) Don
とんこう(敦煌)（中国）⇨**トゥンホアン**
トンティン〈洞庭〉**湖**（中国）Lake Dongting
トンブクツー（マリ）〔都市〕Timbuktu; Timbuctoo; Tombouctou

ナ

ナイジェリア（アフリカ西部）Nigeria;〔公式国名：ナイジェリア連邦共和国〕the Federal Republic of Nigeria
内蒙古（中国）⇨**内モンゴル**
ナイル川（アフリカ北部）⊛the Nile (River);㊝the (River) Nile
ナイロビ（ケニア）〔首都〕Nairobi
ナウル（太平洋西部）①〔国〕Nauru;〔公式国名：ナウル共和国〕the Republic of Nauru　② ①の〔首都〕Nauru
ナクトン川〈洛東江〉（韓国）⊛the Naktong〔北朝鮮で〕Raktong〕(River);㊝the (River) Naktong〔〔北朝鮮で〕Raktong〕
ナグプール（印）〔都市〕Nagpur
ナタル（ブラジル）〔都市〕Natal
ナチン〈羅津〉（北朝鮮）〔都市〕Rajin;〔韓国で〕Najin
ナッシュビル（米）〔都市〕Nashville
ナッソー（バハマ）〔首都〕Nassau
ナホトカ（露）〔都市〕Nakhodka
ナポリ（伊）〔都市〕Naples
ナミビア（アフリカ南部）Namibia;〔公式国名：ナミビア共和国〕the Republic of Namibia
南極海（南極）the Antarctic Ocean
ナンキン〈南京〉（中国）〔都市〕Nanjing《旧Nanking》
ナンシー（仏）〔都市〕Nancy
なんしょう(南昌)（中国）⇨**ナンチャン**
ナンチャン〈南昌〉（中国）〔都市〕Nanchang
ナント（仏）〔都市〕Nantes
ナンニン〈南寧〉（中国）〔都市〕Nanning
なんねい(南寧)（中国）⇨**ナンニン**
南氷洋（南極）the Antarctic Ocean
ナンポ〈南浦〉（北朝鮮）〔都市〕Namp'o

ニ

ニアサ湖 (マラウイ)⇨**マラウイ**②
ニアサランド (アフリカ南東部)⇨**マラウイ**①
ニアメ (ニジェール)〔首都〕Niamey
ニース (仏)〔都市〕Nice
ニーム (仏)〔都市〕Nîmes
ニウエ (太平洋南部) Niue
ニカラグア (中米) ①〔国〕Nicaragua;〔公式国名:ニカラグア共和国〕the Republic of Nicaragua ②〔湖〕Lake Nicaragua
ニコシア (キプロス)〔首都〕Nicosia
西イリアン (インドネシア)〔地域〕Irian Jaya
西インド諸島 (カリブ海) the West Indies
ニジェール (アフリカ中部) ①〔国〕Niger;〔公式国名:ニジェール共和国〕the Republic of Niger ②〔川〕 ⦅米⦆the Niger (River); ⦅英⦆the (River) Niger
西オーストラリア州 (豪) Western Australia
西ガッツ山脈 (印) the Western Ghats
西サハラ (アフリカ北西部)〔地域〕Western Sahara
西ベンガル州 (印) West Bengal
日本海 (東アジア) the Sea of Japan
ニューアーク (米)〔都市〕Newark
ニューイングランド (米)〔地域〕New England
ニューオーリンズ (米)〔都市〕New Orleans
ニューカッスル ①(英)〔都市〕Newcastle;〔公式名:ニューカッスルアポンタイン〕Newcastle upon Tyne ②(豪)〔都市〕Newcastle
ニューカレドニア (太平洋南西部) New Caledonia
ニューギニア島 (太平洋南西部) New Guinea⇨**西イリアン**, **パプアニューギニア**
ニューサウスウェールズ州 (豪) New South Wales
ニュージーランド (太平洋中南部)〔公式国名〕New Zealand
ニュージャージー州 (米) New Jersey《略 N.J., NJ》‖ニュージャージー州人 a (New) Jerseyite
ニューデリー (印)〔首都〕New Delhi
ニューハンプシャー州 (米) New Hampshire《略 N.H., NH》‖ニューハンプシャー州人 a New Hampshirite
ニューファンドランド州 (加) Newfoundland
ニューブランズウィック州 (加) New Brunswick
ニューヘブリデス (太平洋南西部)⇨**バヌアツ**
ニューヘブン (米)〔都市〕New Haven
ニューポート (米)〔都市〕Newport
ニューポートニューズ (米)〔都市〕Newport News
ニューメキシコ州 (米) New Mexico《略 N. Mex., N.M., NM》‖ニューメキシコ州人 a New Mexican
ニューヨーク (米) ①〔都市〕New York (City)‖ニューヨーク人 a New Yorker ②〔州〕New York (State)《略 N.Y., NY》‖ニューヨーク州人 a New Yorker
ニュルンベルク (独)〔都市〕Nuremberg
ニンシアホイツー〈寧夏回族〉**自治区** (中国) Ningxia Hui《旧Ninghsia Hui》;〔公式名〕the Ninxia Hui Autonomous Region
ニンポー〈寧波〉(中国)〔都市〕Ningbo《旧Ningpo》

ヌ

ヌアクショット (モーリタニア)〔首都〕Nouakchott
ヌクアロファ (トンガ)〔首都〕Nukualofa
ヌジャメナ (チャド)⇨ンジャメナ
ヌビア砂漠 (スーダン) the Nubian Desert

ネ

ねいかかいぞく(寧夏回族)自治区 (中国)⇨ニンシアホイツー自治区
ねいは(寧波) (中国)⇨ニンポー
ネイビス島 (セントクリストファー・ネイビス) Nevis
ネグロ川 (南米) the Río Negro
ネス湖 (英) Loch Ness
ネパール (ヒマラヤ) Nepal;〔公式国名:ネパール王国〕the Kingdom of Nepal
ネバダ州 (米) Nevada 《略 Nev., NV》‖ネバダ州人 a Nevadan
ネブラスカ州 (米) Nebraska 《略 Nebr., Neb.,NE》‖ネブラスカ州人 a Nebraskan

ノ

ノーサンバーランド州 (英) Northumberland
ノーサンプトン (英)〔都市〕Northampton
ノーサンプトンシャー州 (英) Northamptonshire
ノースカロライナ州 (米) North Carolina 《略 N. C., NC》‖ノースカロライナ州人 a North Carolinian
ノースダコタ州 (米) North Dakota 《略 N. Dak., N.D., ND》‖ノースダコタ州人 a North Dakotan
ノースヨークシャー州 (英) North Yorkshire
ノーフォーク ①〔都市〕(米) Norfolk ②〔州〕(英) Norfolk ③〔島〕(南太平洋) Norfolk Island
ノーム (米)〔都市〕Nome
ノーリッジ (英)〔都市〕Norwich
ノックスビル (米)〔都市〕Knoxville
ノッティンガム (英)〔都市〕Nottingham
ノッティンガムシャー州 (英) Nottinghamshire
ノバスコシア州 (加) Nova Scotia
ノボクズネツク (露)〔都市〕Novokuznetsk;〔旧名:スターリンスク〕Stalinsk
ノボシビルスキー諸島 (露) the New Siberian Islands
ノボシビルスク (露)〔都市〕Novosibirsk
ノルウェー (北欧) Norway;〔公式国名:ノルウェー王国〕the Kingdom of Norway
ノルマンディー (仏)〔地域〕Normandy

ハ

ハーグ (オランダ)〔都市〕the Hague
バークシャー州 (英) Berkshire
バークレー (米)〔都市〕Berkeley
バージニア州 (米) Virginia 《略 Va., VA》‖バージニア州人 a Virginian
バージン諸島 (西インド諸島) the Virgin Islands⇨アメリカ領バージン諸島, イギリス領バージン諸島
パース (豪, 英)〔都市〕Perth
バーゼル (スイス)〔都市〕Basel
バーデンバーデン (独)〔都市〕Baden-Baden
ハートフォード (米)〔都市〕Hartford

八 世界の地名

ハートフォードシャー州 (英) Hertfordshire
バーブーダ島 (アンチグア・バーブーダ) Barbuda ◇バーブーダ島の Barbudan
バーミューダ諸島 (大西洋北西部) Bermuda; the Bermudas
バーミンガム (英) 〔都市〕 Birmingham
バーミングハム (米) 〔都市〕 Birmingham
バーモント州 (米) Vermont 《略 Vt., VT》∥バーモント州人 a Vermonter
バール川 (南アフリカ) 米 the Vaal (River); 英 the (River) Vaal
バーレーン (アラビア半島) Bahrain; 〔公式国名：バーレーン国〕 the State of Bahrain
ハーロー(オンザヒル)(英) 〔都市〕 Harrow (on the Hill)
バイアブランカ (アルゼンチン) 〔都市〕 Bahía Blanca
バイカル湖 (露) Lake Baikal
パイクス山 (米) Pikes Peak
バイコヌール (露) 〔都市〕 Baikonur
ハイチ (西インド諸島) Haiti; 〔公式国名：ハイチ共和国〕 the Republic of Haiti
ハイデラバード (印, パキスタン) 〔都市〕 Hyderabad
ハイデルベルク (独) 〔都市〕 Heidelberg
ハイナン〈海南〉(中国) ①〔省〕 Hainan ②〔島〕 Hainan
ハイファ (イスラエル) 〔都市〕 Haifa
ハイフォン (ベトナム) 〔都市〕 Haiphong
バイユー (仏) 〔都市〕 Bayeux
ハイラル〈海拉爾〉(中国) 〔都市〕 Hailar; Hailaer
ハイランド州 (英) Highland
バイロイト (独) 〔都市〕 Bayreuth

パオトウ〈包頭〉(中国) 〔都市〕 Baotou
バギオ (フィリピン) 〔都市〕 Baguio
パキスタン (アジア大陸中南部) Pakistan; 〔公式国名：パキスタン・イスラム共和国〕 the Islamic Republic of Pakistan
バクー (アゼルバイジャン) 〔首都〕 Baku
はくかい(白海) (露) the White Sea
バグダッド (イラク) 〔首都〕 Baghdad
はくとうさん(白頭山) (北朝鮮)⇨ペクト山
白ロシア (東欧)⇨ベラルーシ
バサースト (ガンビア)⇨バンジュル
パサディナ (米) 〔都市〕 Pasadena
ばさん(馬山) (韓国)⇨マサン
バスク地方 (スペイン) the Basque Provinces
バストランド (アフリカ南部)⇨レソト
バスラ (イラク) 〔都市〕 Basra
バセテール (セントクリストファー・ネイビス) 〔首都〕 Basseterre
ばそ(馬祖)島 (中国南東岸沖)⇨マーツー島
バターン半島 (フィリピン) the Bataan Peninsula
パタゴニア (アルゼンチン) 〔地域〕 Patagonia
バタビア (インドネシア)⇨ジャカルタ
バチカン市国 (西欧) Vatican City; 〔公式国名〕 the State of the Vatican City
バッキンガムシャー州 (英) Buckinghamshire
バッファロー (米) 〔都市〕 Buffalo
ハドソン ①〔川〕 (米) the Hudson (River) ②〔湾〕 (加) Hudson Bay
パナマ (中米) ①〔運河〕 the Panama Canal ②〔国〕 Panama; 〔公式国名：パナマ共和国〕 the Republic of Panama ③②の〔首都〕 Panama

文化背景

■世界の地名　ハ

(City)　④〔地峡〕the Isthmus of Panama　⑤〔湾〕the Gulf of Panama
バナラス (印) ⇨ バラナシ
バヌアツ (太平洋南西部) Vanuatu;〔公式国名：バヌアツ共和国〕the Republic of Vanuatu
ハノイ (ベトナム)〔首都〕Hanoi
ハノーバー (独)〔都市〕Hannover
ハバナ (キューバ)〔首都〕Havana
バハマ (西インド諸島) the Bahamas;〔公式国名：バハマ国〕the Commonwealth of the Bahamas
ババリア (独)〔地域〕Bavaria
ハバロフスク (露)〔都市〕Khabarovsk
パプアニューギニア (太平洋南西部)〔公式国名〕Papua New Guinea
ハボローネ (ボツワナ)〔首都〕Gaborone
バマコ (マリ)〔首都〕Bamako
ハミ〈哈密〉(中国)〔都市〕Hami
パミール高原 (中央アジア) the Pamirs
ハミルトン (加, ニュージーランド)〔都市〕Hamilton
ハムギョン〈咸鏡〉南道 (北朝鮮) South Hamgyŏng (Province); Hamgyŏngnamdo
ハムギョン〈咸鏡〉北道 (北朝鮮) North Hamgyŏng (Province); Hamgyŏngpukto
ハムフン〈咸興〉(北朝鮮)〔都市〕Hamhŭng
はようこ(鄱陽湖) (中国) ⇨ **ポーヤン湖**
ハラーレ (ジンバブエ)〔首都〕Harare
パラオ (太平洋西部) the Palau Islands;〔公式国名：パラオ共和国〕the Republic of Palau
パラグアイ (南米) Paraguay;〔公式国名：パラグアイ共和国〕the Republic of Paraguay
バラナシ (印)〔都市〕Varanasi;〔旧名：ベナレス〕Benares;〔旧名：バナラス〕Banaras
パラマリボ (スリナム)〔首都〕Paramaribo
バランキーヤ (コロンビア)〔都市〕Barranquilla
パリ (仏)〔首都〕Paris
ハリウッド (米・ロサンゼルス)〔地区〕Hollywood
パリキール (ミクロネシア連邦)〔首都〕Palikir
ハリコフ (ウクライナ)〔都市〕Kharkov
ハリスバーグ (米)〔都市〕Harrisburg
バリ島 (インドネシア) Bali
ハリファックス (加, 英)〔都市〕Halifax
ハル (英)〔都市〕Hull;〔公式名：キングストンアポンハル〕Kingston upon Hull
バルカン半島 (東欧) the Balkan Peninsula; the Balkans
バルセロナ (スペイン)〔都市〕Barcelona
ハルツーム (スーダン)〔首都〕Khartoum, Khartum
バルト海 (北欧) the Baltic (Sea)
バルバドス (西インド諸島)〔公式国名〕Barbados
バルパライソ (チリ)〔都市〕Valparaíso
ハルピン〈哈爾浜〉(中国)〔都市〕Harbin; Haerbin
パルマ ①〔都市〕(伊) Parma　②〔都市〕(スペイン) Palma
ハレ (独)〔都市〕Halle
バレアーレス諸島 (スペイン) the Balearic Islands
パレスチナ (ヨルダン川の流域)〔地域〕Palestine ◇パレスチナの Palestinian ‖パレスチナ人 a Palestinian
バレッタ (マルタ)〔首都〕Valletta, Valetta
バレンシア (スペイン)〔地域, 都市〕

Valencia
バロー岬（米）Point Barrow
ハワイ（米）①〔州〕Hawaii《略Haw., HI》∥ハワイ州人 a Hawaiian　②〔諸島〕the Hawaiian Islands　③〔島〕Hawaii
ハンガリー（東欧）Hungary;〔公式国名：ハンガリー共和国〕the Republic of Hungary
ハン川〈漢江〉（韓国）米the Han (River);英the (River) Han
バンガロール（印）〔都市〕Bangalore
バンギ（中央アフリカ共和国）〔首都〕Bangui
バンクーバー（加）〔都市〕Vancouver
バングラデシュ（アジア大陸中南部）Bangladesh;〔公式国名：バングラデシュ人民共和国〕the People's Republic of Bangladesh
ハンコウ〈漢口〉（中国）〔旧都市名〕Hankou《旧Hankow》⇨ウーハン〈武漢〉
バンコク（タイ）〔首都〕Bangkok
パンジャブ（印・パキスタン）〔地域〕Punjab
バンジュル（ガンビア）〔首都〕Banjul
バンダルスリブガワン（ブルネイ）〔首都〕Bandar Seri Begawan
ハンチョウ〈杭州〉（中国）〔都市〕Hangzhou《旧Hangchow》
バンドン（インドネシア）〔都市〕Bandung
パンパ（アルゼンチン）〔平原〕the Pampas
ハンバーサイド州（英）Humberside
バンフ（加）〔保養地〕Banff
ハンプシャー州（英）Hampshire
ハンブルク（独）〔都市〕Hamburg
パンムンジョム〈板門店〉（朝鮮半島非武装地帯）P'anmunjŏm
はんもんてん(板門店)⇨パンムンジョム

ヒ

ビエンチャン（ラオス）〔首都〕Vientiane
東ガッツ山脈（印）the Eastern Ghats
東シナ海（中国東方海域）the East China Sea
東チモール（チモール島）〔地域〕East Timor
ビキニ環礁（マーシャル諸島）Bikini Atoll
ビクトリア①〔湖〕（タンザニア・ウガンダ）Lake Victoria;〔別名：ビクトリアニアンザ湖〕Lake Victoria Nyanza　②〔首都〕（セイシェル）Victoria　③〔都市〕（加）Victoria　④〔州〕（豪）Victoria　⑤〔滝〕（ザンビア・ジンバブエ国境）Victoria Falls
ピサ（伊）〔都市〕Pisa
ビサウ（ギニアビサウ）〔首都〕Bissau
ビシー（仏）〔都市〕Vichy
ビシケク（キルギス）〔首都〕Bishkek
ビスケー湾（仏・スペイン間）the Bay of Biscay
ビスマーク①〔諸島〕（パプアニューギニア）the Bismarck Archipelago　②〔都市〕（米）Bismark
ビスワ川（ポーランド）⇨ウィスラ川
ピッツバーグ（米）〔都市〕Pittsburgh
ピトケアン島（南太平洋）Pitcairn Island
ビハール州（印）Bihar
ビバリーヒルズ（米）〔都市〕Beverly Hills
ヒマチャールプラデシュ州（印）Himachal Pradesh
ヒマラヤ山脈（南アジア）the Himalayas
ピュージェット湾（米）Puget Sound
ヒューストン（米）〔都市〕Houston
ビュート（米）〔都市〕Butte
ヒューロン湖（米・加）Lake Huron
ひょうきょう(萍郷)（中国）⇨ピンシア

■ 世界の地名　フ

ン
ピョンアン〈平安〉**南道**（北朝鮮）South P'yŏngan (Province); P'yŏngannamdo
ピョンアン〈平安〉**北道**（北朝鮮）North P'yŏngan (Province); P'yŏnganpukto
ピョンヤン〈平壌〉（北朝鮮）〔首都〕P'yŏngyang
ビリニュス（リトアニア）〔首都〕Vilnius
ビルバオ（スペイン）〔都市〕Bilbao
ビルマ（東南アジア）⇨**ミャンマー**
ピレエフス（ギリシャ）〔都市〕Piraeus
ピレネー山脈（仏・スペイン国境）the Pyrenees
ヒロ（米）〔都市〕Hilo
ピンシアン〈萍郷〉（中国）〔都市〕Pingxiang
ヒンズークシ山脈（アフガニスタン）the Hindu Kush
ピントン〈屏東〉（台湾）〔都市〕P'ing-tung; Ping-dong

フ

ファーマナ州（英）Fermanagh
ファイフ州（英）Fife
ファイユーム（エジプト）〔都市〕El Faiyum
ファドーツ（リヒテンシュタイン）〔首都〕Vaduz
フィジー（太平洋中南部）①〔国〕Fiji；〔公式国名：フィジー諸島共和国〕the Republic of the Fiji Islands　②〔諸島〕the Fiji Islands
フィラデルフィア（米）〔都市〕Philadelphia
フィリピン（東南アジア）the Philippines;〔公式国名：フィリピン共和国〕the Republic of the Philippines
フィレンツェ（伊）〔都市〕Florence
フィンランド（北欧）①〔国名〕Finland;〔公式国名：フィンランド共和国〕the Republic of Finland　②〔湾〕the Gulf of Finland
ブーゲンビル島（パプアニューギニア）Bougainville
フーシュン〈撫順〉（中国）〔都市〕Fushun
ブータン（ヒマラヤ）〔公式国名：ブータン王国〕the Kingdom of Bhutan ◇ブータンの Bhutani ‖ ブータン人 a Bhutani
フーチエン〈福建〉省（中国）Fujian《旧 Fukien》
フーチョウ〈福州〉（中国）〔都市〕Fuzhou《旧 Foochow》
ブーチョン〈赴戦〉湖（北朝鮮）the Pujŏn Reservoir
フーナン〈湖南〉省（中国）Hunan
フーペイ〈湖北〉省（中国）Hubei《旧 Hupeh》
ブーローニュ（仏）①〔都市〕Boulogne　②〔森〕（パリ）the Bois de Boulogne
フェアバンクス（米）〔都市〕Fairbanks
フエゴ島（アルゼンチン・チリ）Tierra del Fuego
フェズ（モロッコ）〔都市〕Fez; Fes
フェニックス（米）〔都市〕Phoenix
ブエノスアイレス（アルゼンチン）〔首都〕Buenos Aires
フェララ（伊）〔都市〕Ferrara
プエルトリコ（西インド諸島）Puerto Rico;〔公式名〕the Commonwealth of Puerto Rico
フェロー諸島（太平洋北部）the Faeroes; the Faeroe Islands
フォークランド諸島（大西洋西南部）the Falkland Islands, the Falklands;〔別名：マルビナス諸島〕the (Islas)

Malvinas
フォース湾（英）the Firth of Forth
フォートワース（米）〔都市〕Fort Worth
フォールラミー（チャド）⇨**ンジャメナ**
フォンテンブロー（仏）〔都市〕Fontainebleau
ブカレスト（ルーマニア）〔首都〕Bucharest
ぶかん(武漢)（中国）⇨**ウーハン**
ふくしゅう(福州)（中国）⇨**フーチョウ**
ぶこ(蕪湖)（中国）⇨**ウーフー**
ふざん(釜山)（韓国）⇨**プサン**
プサン〈釜山〉（韓国）〔都市〕Pusan
ブザンソン（仏）〔都市〕Besançon
ぶじゅん(撫順)（中国）⇨**フーシュン**
ブジュンブラ（ブルンジ）〔首都〕Bujumbura
ぶしょう(武昌)（中国）⇨**ウーチャン**
ふせん(赴戦)湖（北朝鮮）⇨**プーチョン湖**
ブダペスト（ハンガリー）〔首都〕Budapest
ふっけん(福建)省（中国）⇨**フーチエン省**
フナフチ（ツバル）〔首都〕Funafuti
プノンペン（カンボジア）〔首都〕Phnom Penh
ブハラ（ウズベキスタン）〔都市〕Bukhara; Bokhara
フホホト〈呼和浩特〉（中国）〔都市〕Huhehot; Hohhot
プライア（カーボベルデ）〔首都〕Praia
フライブルク（独）〔都市〕Freiburg
ブラザビル（コンゴ共和国）〔首都〕Brazzaville
ブラジリア（ブラジル）〔首都〕Brasília
ブラジル（南米）Brazil;〔公式国名：ブラジル連邦共和国〕the Federative Republic of Brazil
ブラチスラバ（スロバキア）〔首都〕Bratislava
プラハ（チェコ）〔首都〕Prague
フランクフルト(アムマイン)（独）〔首都〕Frankfurt (am Main)
フランス（西欧）France;〔公式国名：フランス共和国〕the French Republic
フランス領アファール・イサー（アフリカ東部）⇨**ジブチ**
フランス領ギアナ（南米）French Guiana
フランス領ポリネシア（南太平洋）French Polynesia
フランドル（仏・ベルギー）〔地域〕Flanders
フリージア諸島（北海）the Frisian Islands; the Frisians
フリータウン（シエラレオネ）〔首都〕Freetown
ブリストル（英）〔都市〕Bristol
ブリスベーン（豪）〔都市〕Brisbane
ブリッジタウン（バルバドス）〔首都〕Bridgetown
ブリティッシュコロンビア州（加）British Columbia
プリマス（英）〔都市〕Plymouth
ブリュージュ（ベルギー）〔都市〕Bruges
ブリュッセル（ベルギー）〔首都〕Brussels
プリンスエドワードアイランド州（加）Prince Edward Island
ブルーマウンテン山脈（ジャマイカ）the Blue Mountains
ブルームフォンテーン（南アフリカ）〔都市〕Bloemfontein
ブルガリア（南東欧）Bulgaria;〔公式国名：ブルガリア共和国〕the Republic of Bulgaria
ブルキナファソ（アフリカ西部）〔公式国名〕Burkina Faso;〔旧名：オートボルタ〕Upper Volta
ブルゴーニュ（仏）〔地域〕Burgundy
ブルターニュ（仏）〔地域〕Brittany

■ 世界の地名　へ

ブルタバ川 (チェコ) 米the Vltava (River); 英the (River) Vltava; 〔別名：モルダウ川〕米the Moldau (River); 英the (River) Moldau

ブルックリン (米・ニューヨーク) 〔地区〕 Brooklyn

ブルネイ (東南アジア) Brunei; 〔公式国名：ブルネイ・ダルサラーム国〕 Negara Brunei Darussalam

ブルンジ (アフリカ東部) Burundi; 〔公式国名：ブルンジ共和国〕 the Republic of Burundi

フルンゼ (キルギスタン) 〔都市〕 Frunze

ブレーマーハーフェン (独) 〔都市〕 Bremerhaven

ブレーメン (独) 〔都市〕 Bremen

ブレスト (仏) 〔都市〕 Brest

フレズノ (米) 〔都市〕 Fresno

プレトリア (南アフリカ) 〔首都〕 Pretoria

ブレトンウッズ (米) 〔都市〕 Bretton Woods

フローレンス (伊) 〔都市〕 Florence

プロバンス (仏) 〔地域〕 Provence

プロビデンス (米) 〔都市〕 Providence

フロリダ州 (米) Florida 《略 Fla., FL》‖フロリダ州人 a Florid(i)an

ブロンクス (米・ニューヨーク) 〔地区〕 the Bronx

へ

へいあん(平安)南道 (北朝鮮)⇨ピョンアン南道

へいあん(平安)北道 (北朝鮮)⇨ピョンアン北道

へいじょう(平壌) (北朝鮮)⇨ピョンヤン

へいとう(屏東) (台湾)⇨ピントン

ベイルート (レバノン) 〔首都〕 Beirut

ヘイロン川〈黒竜江〉(中国・露国境) the Heilongjiang 《旧Heilungkiang》⇨アムール川

ヘイロンチアン〈黒竜江〉省 (中国) Heilongjiang 《旧Heilungkiang》

ベーザー川 (独)⇨ウェーザー川

ヘーサン〈恵山〉(北朝鮮) 〔都市〕 Hyesan

ヘーチュ〈海州〉(北朝鮮) 〔都市〕 Haeju

ベーリング海 (太平洋北方) the Bering Sea

ベオグラード (セルビア・モンテネグロ) 〔首都〕 Belgrade

ペキン〈北京〉(中国) 〔首都〕 Beijing 《旧Peking》

ペクト〈白頭〉山 (北朝鮮) (Mount) Paektu

ペシャワール (パキスタン) 〔都市〕 Peshawar

ベズビオ山 (伊) (Mount) Vesuvius

ベスレヘム (ヨルダン川西岸地区)⇨ベツレヘム

ベチュアナランド (アフリカ南部)⇨ボツワナ

ヘッセン州 (独) Hesse

ベッドフォードシャー州 (英) Bedfordshire

ベツレヘム (ヨルダン川西岸地区) 〔都市〕 Bethlehem

ベトナム (インドシナ半島) Viet Nam; 〔公式国名：ベトナム社会主義共和国〕 the Socialist Republic of Viet Nam

ベナレス (印)⇨バラナシ

ベナン (アフリカ西部) Benin; 〔公式国名：ベナン共和国〕 the Republic of Benin

ペナン (マレーシア) 〔都市〕 Penang; 〔旧名：ジョージタウン〕 George Town

ベニス (伊) 〔都市〕 Venice

ベニン (アフリカ西部) ①〔国〕⇨**ベナン** ②〔湾〕the Bight of Benin
ペニン山脈 (英) the Pennines; the Pennine Chain
ベネズエラ (南米) Venezuela;〔公式国名：ベネズエラ共和国〕the Republic of Venezuela
ベネチア (伊)〔都市〕Venice
ベネルクス (西欧)〔地域〕Benelux
ヘブリディーズ諸島 (英) the Hebrides
ヘラート (アフガニスタン)〔都市〕Herat
ベラウ (太平洋西部) Belau⇨**パラオ**
ベラクルス (メキシコ)〔都市〕Veracruz
ベラルーシ (東欧) Belarus;〔公式国名：ベラルーシ共和国〕the Republic of Belarus
ベリーズ (中米)〔公式国名〕Belize;〔旧名：イギリス領ホンジュラス〕British Honduras
ペルー (南米) Peru;〔公式国名：ペルー共和国〕the Republic of Peru
ベルガモ (伊)〔都市〕Bergamo
ベルギー (西欧) Belgium;〔公式国名：ベルギー王国〕the Kingdom of Belgium
ベルグラード (セルビア・モンテネグロ) ⇨**ベオグラード**
ベルゲン (ノルウェー)〔都市〕Bergen
ベルサイユ (仏)〔都市〕Versailles
ペルシア ①〔旧国名〕(西南アジア) Persia⇨**イラン** ②〔湾〕(アラビア半島・イラン間) the Persian Gulf
ヘルシンキ (フィンランド)〔首都〕Helsinki
ベルダン (仏)〔都市〕Verdun
ベルファースト (英)〔都市〕Belfast
ベルモパン (ベリーズ)〔首都〕Belmopan
ベルリン (独)〔首都〕Berlin ‖ベルリン人 a Berliner
ベルン (スイス)〔首都〕Bern
ヘレフォードアンドウースター州 (英) Hereford and Worcester
ベレン (ブラジル)〔都市〕Belém
ベロオリゾンテ (ブラジル)〔都市〕Belo Horizonte
ベロナ (伊)〔都市〕Verona
ペロポネソス半島 (ギリシャ) the Peloponnese; Peloponnisos
ベンガジ (リビア)〔都市〕Benghazi
ベンガル湾 (印・ミャンマー間) the Bay of Bengal
ペンシー〈本渓〉(中国)〔都市〕Benxi
ペンシルバニア州 (米) Pennsylvania 《略 Pa., Penn., Penna., PA》‖ペンシルバニア州人 a Pennsylvanian

ホ

ホアイ川〈淮河〉(中国) 米the Huai (River); 英the (River) Huai
ホアイナン〈淮南〉(中国)〔都市〕Huainan
ポアチエ (仏)〔都市〕Poitiers
ホアンヘ〈黄海〉南道 (北朝鮮) South Hwanghae (Province); Hwanghaenamdo
ホアンヘ〈黄海〉北道 (北朝鮮) North Hwanghae (Province); Hwanghaepukto
ボイジ (米)〔都市〕Boise
ホイットニー山 (米) Mount Whitney
ほうこ(澎湖)列島 (台湾海峡)⇨**ポンフー列島**
ほうてん(奉天)(中国)⇨**シェンヤン〈瀋陽〉**
ほうふ(蚌埠)(中国)⇨**ポンプー**
ポーイス州 (英) Powys
ポー川 (伊) 米the Po (River); 英the (River) Po

■ 世界の地名　ホ

- ボージョレー（仏）〔地域〕Beaujolais
- ボーダーズ州（英）Borders
- ホーチミン市（ベトナム）Ho Chi Minh City;〔旧名：サイゴン〕Saigon
- ポーツマス（米，英）〔都市〕Portsmouth
- ボーデン湖（独・オーストリア・スイス国境）Boden See;〔別名：コンスタンス湖〕Lake Constance
- ポートオブスペイン（トリニダード・トバゴ）〔首都〕Port of Spain; Port-of-Spain
- ポートサイド（エジプト）〔都市〕Port Said
- ポートビラ（バヌアツ）〔首都〕Port Vila; Vila
- ポートモレスビー（パプアニューギニア）〔首都〕Port Moresby
- ポートランド（米）〔都市〕Portland
- ポートルイス（モーリシャス）〔首都〕Port Louis
- ホーナン〈河南〉省（中国）Henan《旧Honan》
- ボーハイ〈渤海〉（中国）Bo Hai
- ポーハン〈浦項〉（韓国）〔都市〕P'ohang
- ホーフェイ〈合肥〉（中国）〔都市〕Hefei《旧Hofei》
- ボーフォート海（北極海）the Beaufort Sea
- ホーペイ〈河北〉省（中国）Hebei《旧Hopeh》
- ポーヤン〈鄱陽〉湖（中国）Lake Poyang
- ポーランド（東欧）Poland;〔公式国名：ポーランド共和国〕the Republic of Poland
- ほこう(浦項)（韓国）⇨ポーハン
- ボゴタ（コロンビア）〔首都〕Bogotá
- ボストン（米）〔都市〕Boston
- ポズナニ（ポーランド）〔都市〕Poznań
- ボスニア・ヘルツェゴビナ（南東欧）〔公式国名〕Bosnia and Herzegovina
- ボスニア湾（スウェーデン・フィンランド間）the Gulf of Bothnia
- ボスポラス海峡（トルコ）the Bosporus
- ボタニー湾（豪）Botany Bay
- 北海（北欧）the North Sea
- ぼっかい(渤海)（中国）⇨ボーハイ
- 北極海（北極）the Arctic Ocean
- ポツダム（独）〔都市〕Potsdam
- 北氷洋（北極）the Arctic Ocean
- ボツワナ（アフリカ南部）Botswana;〔公式国名：ボツワナ共和国〕the Republic of Botswana
- ポトマック川（米）the Potomac River
- ホニアラ（ソロモン諸島）〔首都〕Honiara
- ホノルル（ハワイ）〔都市〕Honolulu
- ホバート（豪）〔都市〕Hobart
- ボパール（印）〔都市〕Bhopal
- ボヘミア（チェコ）〔地域〕Bohemia
- ポポカテペトル山（メキシコ）(Mount) Popocatépetl
- ポリネシア（太平洋）〔地域〕Polynesia
- ボリビア（南米）Bolivia;〔公式国名：ボリビア共和国〕the Republic of Bolivia
- ボルガ川（露）米the Volga (River); 英the (River) Volga
- ボルゴグラード（露）〔都市〕Volgograd;〔旧名：スターリングラード〕Stalingrad
- ボルチモア（米）〔都市〕Baltimore
- ボルドー（仏）〔都市〕Bordeaux
- ポルトープランス（ハイチ）〔首都〕Port-au-Prince
- ポルトガル（西欧）Portugal;〔公式国名：ポルトガル共和国〕the Portuguese Republic
- ポルトノボ（ベナン）〔首都〕Porto-Novo
- ボルネオ島（東南アジア）Borneo

マ 世界の地名

ホルムズ海峡（イラン・アラビア半島間）the Strait of Hormuz
ホルムスク（露）〔都市〕Kholmsk
ボローニャ（伊）〔都市〕Bologna
ボロネジ（露）〔都市〕Voronezh
ボン（独）〔都市〕Bonn
ほんけい(本渓)(中国)⇨ペンシー
ホンコン〈香港〉（中国南部）〔都市〕Hong Kong
ホンジュラス（中米）Honduras；〔公式国名：ホンジュラス共和国〕the Republic of Honduras
ポンプー〈蚌埠〉（中国）〔都市〕Bengbu《旧Pengpu》
ポンフー〈澎湖〉列島（台湾海峡）the P'eng-hu［Penghu］Islands；the Pescadore Islands, the Pescadores
ボンベイ（印）〔都市〕Bombay《現Mumbai》
ポンペイ（伊）〔遺跡地〕Pompeii
ポンメルン（ポーランド・独）〔地域〕Pomerania

マ

マージーサイド州（英）Merseyside
マーシャル諸島（太平洋西部）the Marshall Islands; the Marshalls;〔公式国名：マーシャル諸島共和国〕the Republic of the Marshall Islands
マース川（オランダ・ベルギー・仏）⇨ミューズ川
マーツー〈馬祖〉島（中国南東岸沖）Matsu; Mazu
マーレー川（豪）the Murray River
マイアミ（米）〔都市〕Miami
マイセン（独）〔都市〕Meissen
マイソール（印）〔都市〕Mysore
マインツ（独）〔都市〕Mainz
マウイ島（米）Maui
マウナケア山（米）Mauna Kea

マウナロア山（米）Mauna Loa
まおか(真岡)(露)⇨ホルムスク
マカオ（中国南部）〔都市〕Macao
マカッサル（インドネシア）①〔都市〕⇨ウジュンパンダン　②〔海峡〕the Strait of Makassar［Makasar, Macassar］
マグダレナ川（コロンビア）米the Magdalena (River)；英the (River) Magdalena
マグデブルク（独）〔都市〕Magdeburg
マグニトゴルスク（露）〔都市〕Magnitogorsk
マケドニア（南東欧）Macedonia〔公式国名：マケドニア共和国〕the Republic of Macedonia
マサチューセッツ州（米）Massachusetts《略Mass., MA》‖マサチューセッツ州人　a Bay Stater
マサトラン（メキシコ）〔都市〕Mazatlán
マサン〈馬山〉（韓国）〔都市〕Masan
マジソン（米）〔都市〕Madison
マジュロ（マーシャル諸島）〔首都〕Majuro
マスカット（オマーン）〔首都〕Muscat
マスカット・オマーン（アラビア半島）⇨オマーン
マゼラン海峡（チリ・アルゼンチン）the Strait of Magellan
マセル（レソト）〔首都〕Maseru
マダガスカル（インド洋西部）Madagascar；〔公式国名：マダガスカル共和国〕the Republic of Madagascar
マチュピチュ（ペルー）〔遺跡〕Machu Picchu
マッキンリー山（米）Mount McKinley
マッケンジー川（加）the Mackenzie River
マッターホルン山（スイス）the

■ 世界の地名　ミ

Matterhorn
マットグロッソ（ブラジル）〔高原〕the Mato Grosso
マドラス（印）〔都市〕Madras
マドリード（スペイン）〔首都〕Madrid
マナーマ（バーレーン）〔首都〕Manama
マナオス（ブラジル）〔都市〕Manaus
マナグア（ニカラグア）〔首都〕Managua
マナスル山（ネパール）Mount Manaslu
マナマ（バーレーン）〔首都〕Manama
マニトバ州（加）Manitoba
マニラ（フィリピン）〔首都〕Manila
マヌカウ（ニュージーランド）〔都市〕Manukau
マハラシュトラ州（印）Maharashtra
マプート（モザンビーク）〔首都〕Maputo
マヨルカ島（スペイン）Majorca
マライ（東南アジア）①〔諸島〕the Malay Archipelago　②〔半島〕the Malay Peninsula; Malaya
マラウイ（アフリカ南東部）①〔国〕Malawi;〔公式国名：マラウイ共和国〕the Republic of Malawi;〔旧名：ニアサランド〕Nyasaland　②〔湖〕Lake Malawi;〔旧名：ニアサ湖〕Lake Nyasa
マラガ（スペイン）〔都市〕Málaga
マラカイボ（ベネズエラ）〔都市〕Maracaibo
マラケシュ（モロッコ）〔都市〕Marrakesh; Marrakech
マラッカ　①〔海峡〕（マレー半島・スマトラ島間）the Strait(s) of Malacca　②〔都市〕（マレーシア）Malacca; Melaka
マラボ（赤道ギニア）〔首都〕Malabo
マラヤ（東南アジア）〔旧名〕Malaya ⇨ マライ，マレーシア

マリ（アフリカ西部）Mali;〔公式国名：マリ共和国〕the Republic of Mali
マリアナ（太平洋西部）①〔海溝〕the Mariana Trench　②〔諸島〕the Mariana Islands; the Marianas
マルク諸島（インドネシア）the Moluccas; Maluku; the Spice Islands
マルセイユ（仏）〔都市〕Marseilles
マルタ（地中海中部）Malta;〔公式国名：マルタ共和国〕the Republic of Malta
マルチニーク島（西インド諸島）Martinique
マルビナス諸島（大西洋西南部）⇨ フォークランド諸島
マルマラ海（トルコ）the Sea of Marmara
マルメ（スウェーデン）〔都市〕Malmö
マレ（モルジブ）〔首都〕Male
マレー（東南アジア）⇨ **マライ，マレーシア**
マレーシア（東南アジア）〔公式国名〕Malaysia
マンダレー（ミャンマー）〔都市〕Mandalay
マンチェスター（英）〔都市〕Manchester ‖ マンチェスター人　a Mancunian
マン島（英）the Isle of Man
マンハイム（独）〔都市〕Mannheim
マンハッタン（米・ニューヨーク）Manhattan

ミ

ミード湖（米）Lake Mead
ミクロネシア（太平洋西部）①〔国〕Micronesia;〔公式名：ミクロネシア連邦〕the Federated States of Micronesia　②〔地域〕Micronesia
ミクロン島（大西洋北西部）Miquelon
ミケーネ（ギリシャ）〔遺跡地〕

Mycenae
ミコノス島 (ギリシャ) Mykonos
ミシガン (米) ①〔州〕Michigan 《略 Mich., MI》‖ミシガン州人 a Michigander ②〔湖〕Lake Michigan
ミシシッピ (米) ①〔州〕Mississippi 《略 Miss., MS》‖ミシシッピ州人 a Mississippian ②〔川〕the Mississippi (River)
ミズーリ (米) ①〔州〕Missouri 《略 Mo., MO》‖ミズーリ州人 a Missourian ②〔川〕the Missouri (River)
ミッドウェー諸島 (北太平洋中部) Midway; the Midway Islands
ミッドグラモーガン州 (英) Mid Glamorgan
ミッドランド (英) 〔地域〕the Midlands
ミドルズブラ (英) 〔都市〕Middlesbrough
ミナスジェライス州 (ブラジル) Minas Gerais
南アフリカ (アフリカ南部) South Africa; 〔公式国名：南アフリカ共和国〕the Republic of South Africa
南アメリカ 〔南アメリカ州〕South America
南シナ海 (中国南東海域) the South China Sea
ミネアポリス (米) 〔都市〕Minneapolis
ミネソタ州 (米) Minnesota 《略 Minn., MN》‖ミネソタ州人 a Minnesotan
ミャンマー (東南アジア) Myamar; 〔正式国名：ミャンマー連邦〕the Union of Myanmar; 〔旧名：ビルマ連邦社会主義共和国〕the Socialist Republic of the Union of Burma
ミューズ川 (仏・ベルギー・オランダ) 米the Meuse (River); 英the (River) Meuse; 〔別名：マース川〕米the Maas (River); 英the (River) Maas
ミュンヘン (独) 〔都市〕Munich
ミラノ (伊) 〔都市〕Milan
ミルウォーキー (米) 〔都市〕Milwaukee
ミロス島 (ギリシャ) Milos; Melos
ミンスク (ベラルーシ) 〔首都〕Minsk
ミンダナオ島 (フィリピン) Mindanao

ム

ムーズ川 (仏・ベルギー・オランダ) ⇨ミューズ川
むしゃく(無錫) (中国) ⇨ウーシー
ムサン 〈茂山〉(北朝鮮) Musan
ムババネ (スワジランド) 〔首都〕Mbabane
ムルタン (パキスタン) 〔都市〕Multan
ムルマンスク (露) 〔都市〕Murmansk

メ

メーン州 (米) Maine 《略 Me., ME》‖メーン州人 a Mainer
メキシコ (北米) ①〔国〕Mexico; 〔公式国名：メキシコ合衆国〕the United Mexican States ◇メキシコの Mexican ‖メキシコ人 a Mexican ②〔首都〕⇨メキシコシティ ③〔湾〕the Gulf of Mexico
メキシコシティ (メキシコ) 〔首都〕Mexico City
メコン川 (ベトナム) 米the Mekong (River); 英the (River) Mekong
メサビ山地 (米) the Mesabi Range
メジナ (サウジアラビア) 〔都市〕Medina
メソポタミア (西南アジア) 〔地域〕Mesopotamia
メッカ (サウジアラビア) 〔都市〕

■ 世界の地名　モ

Mecca
メッシーナ (伊) ①〔都市〕Messina ②〔海峡〕the Strait of Messina
メディナ (サウジアラビア)〔都市〕Medina
メデリン (コロンビア)〔都市〕Medellín
メナム川 (タイ) 米the Menam [Chao Phraya] (River); 英the (River) Menam [Chao Phraya]
メヒカリ (メキシコ)〔都市〕Méxicali
メラネシア (太平洋西部)〔地域〕Melanesia
メリーランド州 (米) Maryland 《略 Md., MD》‖メリーランド州人 a Marylander
メリダ (スペイン, ベネズエラ, メキシコ)〔都市〕Mérida
メルボルン (豪)〔都市〕Melbourne
メンドサ (アルゼンチン)〔都市〕Mendoza
メンフィス (エジプト, 米)〔都市〕Memphis

モ

もうこ(蒙古) (中央アジア) Mongolia⇨**内モンゴル, モンゴル**
モーゼル川 (仏・独) 米the Moselle (River); 英the (River) Moselle
モーリシャス (インド洋西部)〔公式国名: モーリシャス共和国〕the Republic of Mauritius
モーリタニア (アフリカ北西部) Mauritania;〔公式国名: モーリタニア・イスラム共和国〕the Islamic Republic of Mauritania
モカ (イエメン共和国)〔都市〕Mocha
モガディシュ (ソマリア)〔首都〕Mogadishu
モクポ〈木浦〉(韓国)〔都市〕Mokp'o

もくようとう(木曜島) (豪) Thursday Island
もさん(茂山) (北朝鮮)⇨**ムサン**
モザンビーク ①〔国〕(アフリカ南西部) Mozambique;〔公式国名: モザンビーク共和国〕the Republic of Mozambique ②〔海峡〕(アフリカ大陸・マダガスカル島間) the Mozambique Channel
モスクワ (露)〔首都〕Moscow
もっぽ(木浦) (韓国)⇨**モクポ**
モデナ (伊)〔都市〕Modena
モナコ (西欧) ①〔国〕Monaco;〔公式国名: モナコ公国〕the Principality of Monaco ②①の〔首都〕Monaco
モハーベ砂漠 (米) the Mojave [Mohave] (Desert)
モビール (米)〔都市〕Mobile
モヘンジョダロ (パキスタン)〔遺跡〕Mohenjo-Daro
モルジブ (インド洋中北部) Maldives; the Moldive Islands;〔公式国名: モルジブ共和国〕the Republic of Maldives
モルダウ川 (チェコ)⇨**ブルタバ川**
モルドバ (東欧) Moldova;〔公式国名: モルドバ共和国〕the Republic of Moldova
モルッカ諸島 (インドネシア)⇨**マルク諸島**
モロッコ (アフリカ北西部) Morocco;〔公式国名: モロッコ王国〕the Kingdom of Morocco
モロニ (コモロ)〔首都〕Moroni
モンゴル (中央アジア)〔公式国名: モンゴル国〕Mongolia
モンタナ州 (米) Montana 《略 Mont., MT》
モンテカルロ (モナコ)〔地区〕Monte Carlo
モンテネグロ (セルビア・モンテネグロ)〔地区〕Montenegro

モンテビデオ (ウルグアイ)〔首都〕Montevideo
モンテレー ①(米)〔都市〕Monterey ②(メキシコ)〔都市〕Monterrey
モンテローザ山 (スイス・伊) Monte Rosa
モントゴメリー (米)〔都市〕Montgomery
モントセラト (西インド諸島) Montserrat
モントリオール (加)〔都市〕Montreal
モンバサ (ケニア)〔都市〕Mombassa
モンパルナス (仏・パリ)〔地区〕Montparnasse
モンブラン山 (仏・伊) Mont Blanc
モンペリエ (仏)〔都市〕Montpellier
モンマルトル (仏・パリ)〔地区〕Montmartre
モンロビア (リベリア)〔首都〕Monrovia

ヤ

ヤールー川〈鴨緑江〉(北朝鮮・中国国境) 米the Yalu (River); 英the (River) Yalu
ヤウンデ (カメルーン)〔首都〕Yaoundé
ヤクーツク (露)〔都市〕Yakutsk
ヤップ島 (ミクロネシア連邦) Yap
ヤムスクロ (コートジボアール)〔首都〕Yamoussoukro
ヤルタ (ウクライナ)〔都市〕Yalta
ヤンガン〈両江〉道 (北朝鮮) Ryanggang (Province), Ryanggangdo;〔韓国で〕Yanggang (Province), Yanggangdo
ヤングズタウン (米)〔都市〕Youngstown
ヤンゴン (ミャンマー)〔首都〕Yangon;〔旧名:ラングーン〕Rangoon
ヤンマイエン島 (ノルウェー西方沖) Jan Mayen

ユ

ユーゴスラビア (南東欧) Yugoslavia;〔公式国名:セルビア・モンテネグロ〕Serbia and Montenegro
ユーコン川 (加・米) the Yukon (River)
ユーフラテス川 (イラク) 米 the Euphrates (River); 英the (River) Euphrates
ユエ (ベトナム)〔都市〕Hue
ユカタン (メキシコ) ①〔州〕Yucatán ②〔半島〕the Yucatán Peninsula
ユジノサハリンスク (露)〔都市〕Yuzhno-Sakhalinsk
ユタ州 (米) Utah《略Ut., UT》∥ユタ州人 a Utah(a)n
ユトランド半島 (デンマーク) Jutland
ユトレヒト (オランダ)〔都市〕Utrecht
ユンカン〈雲崗〉(中国)〔遺跡〕Yungang
ユングフラウ山 (スイス) the Jungfrau
ユンナン〈雲南〉省 (中国) Yunnan

ヨ

揚子江 (中国) 米the Yangzi《旧 Yangtze》(River); 英the (River) Yangzi⇨長江
ヨーク (英)〔都市〕York
ヨークシャー (英)〔地域〕Yorkshire
ヨーク岬半島 (豪) Cape York Peninsula
ヨース〈麗水〉(韓国)〔都市〕Yǒsu
ヨーロッパ〔ヨーロッパ州〕Europe
ヨセミテ (米)〔渓谷〕the Yosemite Valley;〔国立公園〕Yosemite National Park
ヨハネスバーグ (南アフリカ)〔都市〕Johannesburg

■ 世界の地名　ラ・リ

ヨルダン（西南アジア）①〔国〕Jordan;〔公式国名：ヨルダンハシミテ王国〕the Hashemite Kingdom of Jordan ②〔川〕 米 the Jordan (River); 英 the (River) Jordan

ラ

ラーン（英）〔都市〕Larne
ライデン（オランダ）〔都市〕Leiden
ライプチヒ（独）〔都市〕Leipzig
ライン川（独）米 the Rhine (River); 英 the (River) Rhine
ラオス（インドシナ半島）Laos;〔公式国名：ラオス人民民主共和国〕the Lao People's Democratic Republic
らくとうこう(洛東江)（韓国）⇨ナクトン川
ラクノウ（印）〔都市〕Lucknow
らくよう(洛陽)（中国）⇨ルオヤン
ラゴス（ナイジェリア）〔旧首都〕Lagos
ラサ〈拉薩〉（中国・チベット）〔都市〕Lhasa
ラジャスタン州（印）Rajasthan
らしん(羅津)（北朝鮮）⇨ナチン
ラスパルマス（スペイン）〔都市〕Las Palmas
ラスベガス（米）〔都市〕Las Vegas
ラッカジブ諸島（印）the Laccadive Islands; the Laccadives
ラッセン山（米）(Mount) Lassen
ラップランド（スカンジナビア半島）〔地域〕Lapland
ラトビア（東欧）Latvia;〔公式国名：ラトビア共和国〕the Republic of Latvia ◇ラトビアの Latvian ‖ラトビア人 a Latvian
ラバウル（パプアニューギニア）〔都市〕Rabaul
ラパス（ボリビア）〔旧首都〕La Paz⇨スクレ

ラバト（モロッコ）〔首都〕Rabat
ラプラタ川（アルゼンチン）米 the Río de la Plata; 英 the River Plate
ラブラドル（加）〔地域〕Labrador;〔半島〕the Labrador Peninsula
ラベンナ（伊）〔都市〕Ravenna
ラホール（パキスタン）〔都市〕Lahore
ラマンチャ（スペイン）〔地域〕La Mancha
ララミー（米）〔都市〕Laramie
ラワルピンジ（パキスタン）〔都市〕Rawalpindi
ランカシャー州（英）Lancashire
ラングーン⇨ヤンゴン
ラングドック（仏）〔地域〕Languedoc
らんしゅう(蘭州)（中国）⇨ランチョウ
ランシング（米）〔都市〕Lansing
ランス（仏）〔都市〕Reims; Rheims
ランチョウ〈蘭州〉（中国）〔都市〕Lanzhou
ランブイエ（仏）〔都市〕Rambouillet

リ

リアオ川〈遼河〉（中国）米 the Liao (River); 英 the (River) Liao
リアオトン〈遼東〉半島（中国）the Liaodong 《旧 Liaotung》 Peninsula
リアオニン〈遼寧〉省（中国）Liaoning
リーズ（英）〔都市〕Leeds
リーブルビル（ガボン）〔首都〕Libreville
リール（仏）〔都市〕Lille
リエージュ（ベルギー）〔都市〕Liège
リオグランデ川（米・メキシコ国境）the Rio Grande
リオデジャネイロ（ブラジル）〔都市〕Rio de Janeiro;《口》Rio
リガ（ラトビア）〔首都〕Riga
リスボン（ポルトガル）〔首都〕Lisbon
リッチモンド（米, 英）〔都市〕

Richmond
リトアニア（東欧）Lithuania;〔公式国名：リトアニア共和国〕the Republic of Lithuania ◇リトアニアの Lithuanian ‖リトアニア人 a Lithuanian
リトルロック（米）〔都市〕Little Rock
リバプール（英）〔都市〕Liverpool ‖リバプール人 a Liverpudlian
リビア（アフリカ北部）Libya;〔公式国名：社会主義人民リビア・アラブ国〕the Socialist People's Libyan Arab Jamahiriya
リビエラ（仏・伊）〔海岸〕the Riviera
リヒテンシュタイン（西欧）Liechtenstein;〔公式国名：リヒテンシュタイン公国〕the Principality of Liechtenstein
リベリア（アフリカ西部）Liberia;〔公式国名：リベリア共和国〕the Republic of Liberia
リボフ（ウクライナ）〔都市〕Lvov
リマ（ペルー）〔首都〕Lima
リモージュ（仏）〔都市〕Limoges
リヤド（サウジアラビア）〔首都〕Riyadh
リュイシュン〈**旅順**〉（中国）〔都市〕Lüshun
リューベック（独）〔都市〕Lübeck
りゅうもん（**龍門**）（中国）⇨**ロンメン**
リュブリャナ（スロベニア）〔首都〕Ljubljana
りょうが（**遼河**）（中国）⇨**リアオ川**
りょうこう（**両江**）**道**（北朝鮮）⇨**ヤンガン道**
りょうとう(**遼東**)**半島**（中国）⇨**リアオトン半島**
りょうねい(**遼寧**)**省**（中国）⇨**リアオニン省**
りょじゅん(**旅順**)⇨**リュイシュン**
リヨン（仏）〔都市〕Lyons

リロングウェ（マラウイ）〔首都〕Lilongwe
リンカーン（英，米）〔都市〕Lincoln
リンカーンシャー州（英）〔都市〕Lincolnshire
リンツ（オーストリア）〔都市〕Linz

ル

ルアーブル（仏）〔都市〕Le Havre
ルアン（仏）〔都市〕Rouen
ルアンダ（アンゴラ）〔首都〕Luanda
ルアンダウルンジ（アフリカ東部）〔旧名〕Ruanda-Urundi⇨**ルワンダ，ブルンジ**
ルイジアナ州（米）Louisiana《略La., LA》‖ルイジアナ州人 a Louisianian; a Louisianan
ルイスビル（米）〔都市〕Louisville
ルージ（ポーランド）〔都市〕Łódź
ルーシャン〈**盧山**〉（中国）〔山〕Mount Lu
ルーマニア（南東欧）Romania;〔旧名：ルーマニア社会主義共和国〕the Socialist Republic of Romania
ルール（独）①〔川〕米the Ruhr (River); 英the (River) Ruhr ②〔地域〕the Ruhr
ルオヤン〈**洛陽**〉（中国）〔都市〕Luoyang《旧Loyang》
ルクセンブルク（西欧）①〔国〕Luxembourg, Luxemburg;〔公式国名：ルクセンブルク大公国〕the Grand Duchy of Luxembourg ②①の〔首都〕Luxembourg, Luxemburg
ルクソール（エジプト）〔都市〕Luxor
ルサカ（ザンビア）〔首都〕Lusaka
ルソン島（フィリピン）Luzon
ルツェルン（スイス）〔都市〕Lucerne
ルブンバシ（コンゴ民主共和国）〔都市〕Lubumbashi

■ 世界の地名　レ・ロ

ルマン（仏）〔都市〕Le Mans
ルルド（仏）〔都市〕Lourdes
ルワンダ〔アフリカ東部〕Rwanda;〔公式国名：ルワンダ共和国〕the Republic of Rwanda

レ

レイキャビク（アイスランド）〔首都〕Reykjavík
れいすい(麓水)（韓国）⇨ヨース
レイテ（フィリピン）〔島〕Leyte;〔湾〕Leyte Gulf
レオポルドビル（コンゴ民主共和国）⇨キンシャサ
レオン（スペイン, ニカラグア, メキシコ）〔都市〕Leon
レキシントン（米）〔都市〕Lexington
レシフェ（ブラジル）〔都市〕Recife
レスターシャー州（英）Leicestershire
レソト（アフリカ南部）Lesotho;〔公式国名：レソト王国〕the Kingdom of Lesotho,〔旧名：バストランド〕Basutoland
レッド川（米）the Red River
レディング（英, 米）〔都市〕Reading
レナ川（露）米the Lena (River); 英the (River) Lena
レニングラード（旧ソ連）〔都市〕Leningrad⇨サンクトペテルブルク
レバノン（地中海東岸）Lebanon;〔公式国名：レバノン共和国〕the Republic of Lebanon
レマン湖（スイス・仏）Lake Léman
レユニオン（インド洋西部）Réunion
レンスター（アイルランド）〔地域〕Leinster
レンヌ（仏）〔都市〕Rennes

ロ

ロアール川（仏）米the Loire (River); 英the (River) Loire
ロアノーク（米）①〔川〕the Roanoke (River) ②〔島〕Roanoke Island
ローガン山（加）(Mount) Logan
ローザンヌ（スイス）〔都市〕Lausanne
ローデシア（アフリカ南部）⇨ジンバブエ
ロードアイランド州（米）Rhode Island《略 R.I., RI》‖ロードアイランド州人 a Rhode Islander
ロートリンゲン（仏）⇨ロレーヌ
ローヌ川（仏）米the Rhône (River); 英the (River) Rhône
ローマ（伊）〔首都〕Rome‖ローマ人 a Roman
ローリー（米）〔都市〕Raleigh
ロカルノ（スイス）〔都市〕Locarno
ロサリオ（アルゼンチン）〔都市〕Rosario
ろざん(廬山)（中国）⇨ルーシャン
ロサンゼルス（米）〔都市〕Los Angeles‖ロサンゼルス人 a Los Angeleno; an Angeleno
ロシア（ヨーロッパ・アジア）①〔地域〕Russia ◇ロシアの Russian‖ロシア人 a Russian ②〔国〕〔公式国名：ロシア連邦〕Russian Federation
ロジアン州（英）Lothian
ロス海（南極）the Ross Sea
ロスアラモス（米）〔都市〕Los Alamos
ロスコモン州（アイルランド）Roscommon
ロストフ（露）〔都市〕Rostov; Rostov-on-Don
ロゾー（ドミニカ国）〔首都〕Roseau
ロチェスター（米）〔都市〕Rochester
ロッキー山脈（米）the Rocky Mountains; the Rockies
ロッテルダム（オランダ）〔都市〕Rotterdam

ロプノール(中国)〔湖〕Lop Nor
ロメ(トーゴ)〔首都〕Lomé
ロレーヌ(仏)〔地域〕Lorraine
ロレンソマルケス(モザンビーク)⇨**マプート**
ロングアイランド(米)〔島〕Long Island
ロングビーチ(米)〔都市〕Long Beach
ロンドン(英)〔首都〕London ‖ロンドン人 a Londoner
ロンドンデリー(英)〔都市〕Londonderry
ロンバルジア州(伊)Lombardy
ロンメン〈龍門〉(中国)〔遺跡〕Longmen

ワ

ワーテルロー(ベルギー)〔戦跡地〕Waterloo
ワイオミング州(米)Wyoming《略 Wyo., Wy., WY》‖ワイオミング州人 a Wyomingite
わいが(淮河)(中国)⇨**ホアイ川**
ワイキキ海岸(米・ホノルル)Waikiki (Beach)
ワイト島(英)the Isle of Wight
わいなん(淮南)(中国)⇨**ホアイナン**
ワイマール(独)〔都市〕Weimar
ワガドゥグ(ブルキナファソ)〔首都〕Ouagadougou
ワシントン(米)①〔首都〕Washington(, D.C.) ②〔州〕the Washington (State)《略 Wash., WA》‖ワシントン州人 a Washingtonian
ワリス・フテュナ諸島(南西太平洋)Wallis and Futuna Islands
ワルシャワ(ポーランド)〔首都〕Warsaw

ン

ンジャメナ(チャド)〔首都〕N'Djamena;〔旧名：フォールラミー〕Fort-Lamy

■ 米国の州名一覧

米国の州名一覧

州の俗称が複数ある場合は，代表的なもの一つを取り上げました．なお手紙の宛名には，州名を略した形で，省略符号をつけないで書くことになっています．

◆州 名	◆俗 称	◆略号	◆州 都	◆州 花	◆州 鳥
Alabama (アラバマ)	Cotton State (綿花の州)	AL	Montgomery (モントゴメリー)	camellia (ツバキ)	yellowhammer (ハシボソキツツキ)
Alaska (アラスカ)	Last Frontier (最後のフロンティア)	AK	Juneau (ジュノー)	forget-me-not (ワスレナグサ)	willow ptarmigan (ヌマライチョウ)
Arizona (アリゾナ)	Grand Canyon State (グランドキャニオン州)	AZ	Phoenix (フェニックス)	saguaro cactus blossom (サグアロサボテンの花)	cactus wren (サボテンミソサザイ)
Arkansas (アーカンソー)	Land of Opportunity (チャンスのある地)	AR	Little Rock (リトルロック)	apple blossom (リンゴの花)	mockingbird (マネシツグミ)
California (カリフォルニア)	Golden State (黄金の州)	CA	Sacramento (サクラメント)	California poppy (ハナビシソウ)	California valley quail (カンムリウズラ)
Colorado (コロラド)	Centennial State (独立百周年記念州)	CO	Denver (デンバー)	Rocky Mountain columbine (ロッキーオダマキ)	lark bunting (カタジロクロシトド)
Connecticut (コネチカット)	Constitution State (憲法州)	CT	Hartford (ハートフォード)	mountain laurel (アメリカシャクナゲ)	robin (コマツグミ)
Delaware (デラウェア)	First State (第1番目の州)	DE	Dover (ドーバー)	peach blossom (モモの花)	blue hen chicken (ブルーヘンチキン)
Florida (フロリダ)	Sunshine State (日光の輝く州)	FL	Tallahassee (タラハシー)	orange blossom (オレンジの花)	mockingbird (マネシツグミ)
Georgia (ジョージア)	Empire State of the South (南部の帝国州)	GA	Atlanta (アトランタ)	Cherokee rose (ナニワイバラ)	brown thrasher (チャイロツグミモドキ)
Hawaii (ハワイ)	Aloha State (アロハ州)	HI	Honolulu (ホノルル)	hibiscus (ハイビスカス)	nene [Hawaiian goose] (ハワイガン)
Idaho (アイダホ)	Gem State (宝石州)	ID	Boise (ボイシ)	syringa (バイカウツギ)	mountain bluebird (ムジルリツグミ)

米国の州名一覧

◆州 名	◆俗 称	◆略号	◆州 都	◆州 花	◆州 鳥
Illinois(イリノイ)	Prairie State(大草原の州)	**IL**	Springfield(スプリングフィールド)	violet(スミレ)	cardinal(ショウジョウコウカンチョウ)
Indiana(インディアナ)	Hoosier State(武骨者の州)	**IN**	Indianapolis(インディアナポリス)	peony(ボタン)	cardinal(ショウジョウコウカンチョウ)
Iowa(アイオワ)	Hawkeye State(鷹の目州)	**IA**	Des Moines(デモイン)	wild rose(野バラ)	eastern goldfinch(オウゴンヒワ)
Kansas(カンザス)	Sunflower State(ヒマワリ州)	**KS**	Topeka(トピーカ)	sunflower(ヒマワリ)	western meadowlark(ニシマキバドリ)
Kentucky(ケンタッキー)	Bluegrass State(ブルーグラス州)	**KY**	Frankfort(フランクフォート)	goldenrod(アキノキリンソウ)	Kentucky cardinal(ケンタッキーショウジョウコウカンチョウ)
Louisiana(ルイジアナ)	Pelican State(ペリカン州)	**LA**	Baton Rouge(バトンルージュ)	magnolia(モクレン)	brown pelican(カッショクペリカン)
Maine(メイン)	Pine Tree State(松の木州)	**ME**	Augusta(オーガスタ)	white pine cone and tassel(ストローブマツの松かさと花)	chickadee(アメリカコガラ)
Maryland(メリーランド)	Free State(自由州)	**MD**	Annapolis(アナポリス)	black-eyed Susan(オオハンゴンソウ)	Baltimore oriole(ボルチモアムクドリモドキ)
Massachusetts(マサチューセッツ)	Bay State(湾の州)	**MA**	Boston(ボストン)	mayflower(イワナシ)	chickadee(アメリカコガラ)
Michigan(ミシガン)	Wolverine State(クズリ州)	**MI**	Lansing(ランシング)	apple blossom(リンゴの花)	robin(コマツグミ)
Minnesota(ミネソタ)	Gopher State(ホリネズミ州)	**MN**	St. Paul(セントポール)	pink and white lady's slipper(アツモリソウ)	common loon(ハシグロアビ)
Mississippi(ミシシッピ)	Magnolia State(モクレン州)	**MS**	Jackson(ジャクソン)	magnolia(モクレン)	mockingbird(マネシツグミ)
Missouri(ミズーリ)	Show Me State(証拠を大事にする州)	**MO**	Jefferson City(ジェファーソンシティ)	hawthorn(サンザシ)	bluebird(ルリツグミ)
Montana(モンタナ)	Treasure State(宝の州)	**MT**	Helena(ヘレナ)	bitterroot(レジシア)	western meadowlark(ニシマキバドリ)
Nebraska(ネブラスカ)	Cornhusker State(トウモロコシ皮むき人の州)	**NE**	Lincoln(リンカーン)	goldenrod(アキノキリンソウ)	western meadowlark(ニシマキバドリ)
Nevada(ネバダ)	Silver State(銀の州)	**NV**	Carson City(カーソンシティ)	sagebrush(ヤマヨモギ)	mountain bluebird(ムジルリツグミ)

■ 米国の州名一覧

◆州名	◆俗称	◆略号	◆州都	◆州花	◆州鳥
New Hampshire (ニューハンプシャー)	Granite State (花崗岩の州)	NH	Concord (コンコード)	lilac (ライラック)	purple finch (ムラサキマシコ)
New Jersey (ニュージャージー)	Garden State (庭園の州)	NJ	Trenton (トレントン)	violet (スミレ)	eastern goldfinch (オウゴンヒワ)
New Mexico (ニューメキシコ)	Land of Enchantment (魅惑の地)	NM	Santa Fe (サンタフェ)	yucca (ユッカ)	roadrunner (ミチバシリ)
New York (ニューヨーク)	Empire State (天下に誇る州)	NY	Albany (オルバニー)	rose (バラ)	bluebird (ルリツグミ)
North Carolina (ノースカロライナ)	Tar Heel State (タールがついたかかとの州)	NC	Raleigh (ローリー)	dogwood (ハナミズキ)	cardinal (ショウジョウコウカンチョウ)
North Dakota (ノースダコタ)	Sioux State (スー族の州)	ND	Bismarck (ビズマーク)	wild prairie rose (野生のツルバラ)	western meadowlark (ニシマキバドリ)
Ohio (オハイオ)	Buckeye State (トチノキ州)	OH	Columbus (コロンバス)	scarlet carnation (赤いカーネーション)	cardinal (ショウジョウコウカンチョウ)
Oklahoma (オクラホマ)	Sooner State (早い者勝ちの州)	OK	Oklahoma City (オクラホマシティ)	mistletoe (ヤドリギ)	scissor-tailed flycatcher (エンビタイランチョウ)
Oregon (オレゴン)	Beaver State (ビーバー州)	OR	Salem (セーラム)	Oregon grape (ヒイラギメギ)	western meadowlark (ニシマキバドリ)
Pennsylvania (ペンシルベニア)	Keystone State (かなめの州)	PA	Harrisburg (ハリスバーグ)	mountain laurel (アメリカシャクナゲ)	ruffed grouse (エリマキライチョウ)
Rhode Island (ロードアイランド)	Little Rhody State (かわいいローディー州)	RI	Providence (プロビデンス)	violet (スミレ)	Rhode Island red (ロードアイランドレッド) (鶏)
South Carolina (サウスカロライナ)	Palmetto State (ヤシの木州)	SC	Columbia (コロンビア)	Carolina yellow jessamine (カロライナジャスミン)	Carolina wren (チャバラミソサザイ)
South Dakota (サウスダコタ)	Coyote State (コヨーテ州)	SD	Pierre (ピア)	pasqueflower (セイヨウオキナグサ)	ring-necked pheasant (コウライキジ)
Tennessee (テネシー)	Volunteer State (志願兵の州)	TN	Nashville (ナッシュビル)	iris (アイリス)	mockingbird (マネシツグミ)
Texas (テキサス)	Lone Star State (一つ星の州)	TX	Austin (オースチン)	bluebonnet (ヤグルマギク)	mockingbird (マネシツグミ)

◆州名	◆俗称	◆略号	◆州都	◆州花	◆州鳥
Utah (ユタ)	Beehive State (ミツバチの巣箱の州)	UT	Salt Lake City (ソルトレイクシティ)	sego lily (チョウユリ)	sea gull (カモメ)
Vermont (バーモント)	Green Mountain State (緑の山の州)	VT	Montpelier (モントピーリア)	red clover (ムラサキツメクサ)	hermit thrush (チャイロコツグミ)
Virginia (バージニア)	Old Dominion State (旧領土の州)	VA	Richmond (リッチモンド)	dogwood (ハナミズキ)	cardinal (ショウジョウコウカンチョウ)
Washington (ワシントン)	Evergreen State (常緑の州)	WA	Olympia (オリンピア)	rhododendron (シャクナゲ)	willow goldfinch (オウゴンヒワ)
West Virginia (ウェストバージニア)	Mountain State (山の州)	WV	Charleston (チャールストン)	rhododendron (シャクナゲ)	cardinal (ショウジョウコウカンチョウ)
Wisconsin (ウィスコンシン)	Badger State (アナグマ州)	WI	Madison (マディソン)	wood violet (スミレ)	robin (コマツグミ)
Wyoming (ワイオミング)	Equality State (平等の州)	WY	Cheyenne (シャイアン)	Indian paintbrush (カステラソウ)	western meadowlark (ニシマキバドリ)

米国のプロスポーツ・チーム一覧

　米国の四大プロスポーツは, 以下に示した野球, アメリカン・フットボール, バスケットボールおよびアイスホッケー (ice hockey) を指し, アイスホッケーにもリーグ (全米ホッケー連盟 NHL [National Hockey League]) が組織されています.
　英国ではサッカー (soccerは英国ではfootballと呼ばれている), ラグビー (rugby), クリケット (cricket), ゴルフ(golf), テニス (tennis) などが盛んです.

大リーグ
Major League Baseball [MLB]

アメリカンリーグ American League [AL]

◆**東地区 East**

ボルティモア・オリオールズ	Baltimore Orioles
ボストン・レッドソックス	Boston Red Sox
ニューヨーク・ヤンキース	New York Yankees
タンパベイ・デビルレイズ	Tampa Bay Devil Rays

■ 米国のプロスポーツ・チーム一覧

トロント・ブルージェイズ	Toronto Blue Jays

◆中地区 Central

シカゴ・ホワイトソックス	Chicago White Sox
クリーブランド・インディアンズ	Cleveland Indians
デトロイト・タイガース	Detroit Tigers
カンザスシティ・ロイヤルズ	Kansas City Royals
ミネソタ・ツインズ	Minnesota Twins

◆西地区 West

アナハイム・エンゼルス	Anaheim Angels
オークランド・アスレチックス	Oakland Athletics
シアトル・マリナーズ	Seattle Mariners
テキサス・レンジャーズ	Texas Rangers

ナショナルリーグ National League [NL]

◆東地区 East

アトランタ・ブレーブス	Atlanta Braves
フロリダ・マーリンズ	Florida Marlins
モントリオール・エクスポズ	Montreal Expos
ニューヨーク・メッツ	New York Mets
フィラデルフィア・フィリーズ	Philadelphia Phillies

◆中地区 Central

シカゴ・カブス	Chicago Cubs
シンシナティ・レッズ	Cincinnati Reds
ヒューストン・アストロズ	Houston Astros
ミルウォーキー・ブリュワーズ	Milwaukee Brewers
ピッツバーグ・パイレーツ	Pittsburgh Pirates
セントルイス・カージナルス	St. Louis Cardinals

◆西地区 West

アリゾナ・ダイアモンドバックス	Arizona Diamondbacks
コロラド・ロッキーズ	Colorado Rockies
ロサンゼルス・ドジャース	Los Angeles Dodgers
サンディエゴ・パドレス	San Diego Padres
サンフランシスコ・ジャイアンツ	San Francisco Giants

全米プロフットボールリーグ
National Football League [NFL]

ナショナル・フットボール・カンファレンス
National Football Conference [NFC]

◆NFCイースト NFC East
 アリゾナ・カーディナルズ　　　　　　　Arizona Cardinals
 ダラス・カウボーイズ　　　　　　　　　Dallas Cowboys
 ニューヨーク・ジャイアンツ　　　　　　New York Giants
 フィラデルフィア・イーグルズ　　　　　Philadelphia Eagles
 ワシントン・レッドスキンズ　　　　　　Washington Redskins
◆NFCセントラル NFC Central
 シカゴ・ベアーズ　　　　　　　　　　　Chicago Bears
 デトロイト・ライオンズ　　　　　　　　Detroit Lions
 グリーンベイ・パッカーズ　　　　　　　Green Bay Packers
 ミネソタ・ヴァイキングス　　　　　　　Minnesota Vikings
 タンパベイ・バッカニアーズ　　　　　　Tampa Bay Buccaneers
◆NFCウエスト NFC West
 アトランタ・ファルコンズ　　　　　　　Atlanta Falcons
 カロライナ・パンサーズ　　　　　　　　Carolina Panthers
 ニューオーリンズ・セインツ　　　　　　New Orleans Saints
 サンフランシスコ・フォーティーナイナーズ　San Francisco 49ers
 セントルイス・ラムズ　　　　　　　　　St. Louis Rams

アメリカン・フットボール・カンファレンス
American Football Conference [AFC]
◆AFCイースト AFC East
 バッファロー・ビルズ　　　　　　　　　Buffalo Bills
 インディアナポリス・コルツ　　　　　　Indianapolis Colts
 マイアミ・ドルフィンズ　　　　　　　　Miami Dolphins
 ニューイングランド・ペイトリオッツ　　New England Patriots
 ニューヨーク・ジェッツ　　　　　　　　New York Jets
◆AFCセントラル AFC Central
 ボルティモア・レイブンズ　　　　　　　Baltimore Ravens
 シンシナティー・ベンガルズ　　　　　　Cincinnati Bengals
 クリーブランド・ブラウンズ　　　　　　Cleveland Browns
 ジャクソンビル・ジャガーズ　　　　　　Jacksonville Jaguars
 テネシー・タイタンズ　　　　　　　　　Tennessee Titans
 ピッツバーグ・スティーラーズ　　　　　Pittsburgh Steelers
◆AFCウエスト AFC West
 デンバー・ブロンコズ　　　　　　　　　Denver Broncos
 カンザスシティー・チーフス　　　　　　Kansas City Chiefs
 オークランド・レイダーズ　　　　　　　Oakland Raiders
 サンディエゴ・チャージャーズ　　　　　San Diego Chargers
 シアトル・シーホークス　　　　　　　　Seattle Seahawks

■ 米国のプロスポーツ・チーム一覧

全米プロバスケットボール協会
National Basketball Association [NBA]

イースターンカンファレンス Eastern Conference

◆ アトランティック Atlantic

ボストン・セルティックス	Boston Celtics
マイアミ・ヒート	Miami Heat
ニュージャージー・ネッツ	New Jersey Nets
ニューヨーク・ニックス	New York Knicks
オーランド・マジック	Orlando Magic
フィラデルフィア・セブンティシクサーズ	Philadelphia 76ers
ワシントン・ウィザーズ	Washington Wizards

◆ セントラル Central

アトランタ・ホークス	Atlanta Hawks
シャーロット・ホーネッツ	Charlotte Hornets
シカゴ・ブルズ	Chicago Bulls
クリーブランド・キャバリアーズ	Cleveland Cavaliers
デトロイト・ピストンズ	Detroit Pistons
インディアナ・ペイサーズ	Indiana Pacers
ミルウォーキー・バックス	Milwaukee Bucks
トロント・ラプターズ	Toronto Raptors

ウエスタンカンファレンス Western Conference

◆ ミッドウエスト Midwest

ダラス・マーベリックス	Dallas Mavericks
デンバー・ナゲッツ	Denver Nuggets
ヒューストン・ロケッツ	Houston Rockets
メンフィス・グリズリーズ	Memphis Grizzlies
ミネソタ・ティンバーウルブズ	Minnesota Timberwolves
サンアントニオ・スパーズ	San Antonio Spurs
ユタ・ジャズ	Utah Jazz

◆ パシフィック Pacific

ゴールデンステイト・ウォーリアーズ	Golden State Warriors
ロサンゼルス・クリッパーズ	Los Angeles Clippers
ロサンゼルス・レイカーズ	Los Angles Lakers
フェニックス・サンズ	Phoenix Suns
ポートランド・トレイルブレイザーズ	Portland Trail Blazers
サクラメント・キングス	Sacramento Kings
シアトル・スーパーソニックス	Seattle Supersonics

文化背景

主な映画のタイトル

欧米の映画を中心に,邦題,英題,英語以外の題名の場合は原題(原題がそのまま使われているものについては英題を省略.仏=フランス語,独=ドイツ語,伊=イタリア語,西=スペイン語,露=ロシア語,印=インド語圏),制作年(制作年の後に国名がない場合はすべてアメリカ映画.英=イギリス,仏=フランス,独=ドイツ,伊=イタリア,西=スペイン,印=インド,豪=オーストラリア,加=カナダ,露=ロシア)の順に示しました.

ア行

アイアン・ホース The Iron Horse (1924)
哀愁 Waterloo Bridge (1940)
愛情物語 The Eddy Duchin Story (1956)
愛人／ラマン L'amant (1992 仏/英)
アイズ・ワイド・シャット Eyes Wide Shut (1999)
愛と哀しみの果て Out of Africa (1985)
愛と青春の旅立ち An Officer and a Gentleman (1982)
愛と追憶の日々 Terms of Endearment (1983)
愛の嵐 The Night Porter [(伊) Il portiere di notte] (1973 伊)
愛の狩人 Carnal Knowledge (1971)
愛は静けさの中に Children of a Lesser God (1986)
逢いびき Brief Encounter (1945 英)
赤い河 Red River (1948)
赤い靴 The Red Shoes (1948 英)
赤い砂漠 Red Desert [(伊) Il deserto rosso] (1964 伊/仏)
赤い風車 Moulin Rouge (1952 英)
赤い風船 The Red Balloon [(仏) Le ballon rouge] (1956 仏)
赤ちゃん教育 Bringing up Baby (1938)
アギーレ・神の怒り Aguirre: The Wrath of God [(独) Aguirre, der Zorn Gottes] (1973 西独)
秋のソナタ Autumn Sönata [(スウェーデン) Höstsonaten] (1978 スウェーデン)
悪魔が夜来る The Devil's Envoys [(仏) Les visiteurs du soir] (1942 仏)
悪魔のような女 Diabolique [(仏) Les diaboliques] (1955 仏)
明日に向って撃て! Butch Cassidy and the Sundance Kid (1969)
アスファルト・ジャングル The Asphalt Jungle (1950)
アタラント号 L'Atalante (1934 仏)
熱いトタン屋根の猫 Cat on a Hot Tin Roof (1958)
アニー・ホール Annie Hall (1977)
アパートの鍵貸します The Apartment (1960)
アバウト・シュミット About Schmidt (2002)
乱暴者(あばれもの) The Wild One (1953)
アフリカの女王 The African Queen (1951 米/英)
アポロンの地獄 Oedipus Rex [(伊) Edipo re] (1967 伊)
甘い生活 The Sweet Life [(伊) La dolce vita] (1960 伊/仏)
アマデウス Amadeus (1984)

■ 主な映画のタイトル　ア行

雨に唄えば Singin' in the Rain (1952)
雨のしのび逢い Moderato Cantabile (1960 仏)
アメリカ アメリカ America America (1963)
アメリカの影 Shadows (1961)
アメリカの夜 Day for Night [(仏)La nuit Américaine] (1973 仏)
アメリカン・グラフィティ American Graffiti (1973)
アメリカン・ビューティー American Beauty (1999)
荒馬と女 The Misfits (1961)
嵐が丘 Wuthering Heights (1939)
アラバマ物語 To Kill a Mockingbird (1962)
アラビアのロレンス Lawrence of Arabia (1962 英)
荒武者キートン Our Hospitality (1923)
アラモ The Alamo (1960)
アラン Man of Aran (1934 英)
アリスの恋 Alice Doesn't Live Here Anymore (1974)
アリスのレストラン Alice's Restaurant (1969)
ある愛の詩 Love Story (1970)
アルゴ探検隊の大冒険 Jason and the Argorauts (1963 英)
アルジェの戦い The Battle of Algiers [(伊)La battaglia di Algeri] (1966 伊/アルジェリア)
或る夜の出来事 It Happened One Night (1934)
暗黒街 Underworld (1927)
暗黒街の顔役 Scarface, the Shame of a Nation (1932)
暗黒街の弾痕 You Only Live Once (1937)
暗殺の森 The Conformist [(伊)Il conformista] (1970 仏/伊)
アンタッチャブル the Untouchables (1987)
アンダルシアの犬 Un Chien Andalou (1928 仏)
アントニオ・ダス・モルテス Antônio das Mortes [(ポルトガル)Antonio das Mortes] (1969 ブラジル)
アンドレイ・ルブリョフ Andrei Rublyov (1969 ソ連)
アンナと王様 Anna and the King (1999)
イージー・ライダー Easy Rider (1969)
イースター・パレード Easter Parade (1948)
E.T. E.T. The Extra-Terrestrial (1982)
怒りの葡萄 The Grapes of Wrath (1940)
居酒屋 Gervaise (1956 仏)
イタリア式離婚狂想曲 Divorce—Italian Style [(伊)Divorzio all'italiana] (1962 伊)
いつか晴れた日に Sense and Sensibility (1995 英/米)
五つの銅貨 The Five Pennies (1959)
偽りの花園 The Little Foxes (1941)
いとこ同志 The Cousins [(仏)Les cousins] (1959 仏)
愛しのシバよ帰れ Come Back, Little Sheba (1952)
田舎司祭の日記 The Diary of a Country Priest [(仏)Le journal d'un curé de campagne] (1950 仏)
田舎の日曜日 A Sunday in the Country [(仏)Un dimanche à la campagne] (1984 仏)
If もしも… If… (1968 英)
イヴの総て All about Eve (1950)
いまを生きる Dead Poets Society (1989)
イル・ポスティーノ The Postman [(伊)Il postino] (1995 伊)
イレイザーヘッド Eraserhead (1976)

ア行　主な映画のタイトル

- イワン雷帝　Ivan, the Terrible〔(露)Ivan Grozny〕(1944 ソ連)
- イングリッシュ・ペイシェント　The English Patient (1996)
- インディ・ジョーンズ／最後の聖戦　Indiana Jones and the Last Crusade (1989)
- インドへの道　A Passage to India (1984 英)
- イントレランス　Intolerance (1916)
- ウィンチェスター銃'73　Winchester '73 (1950)
- ウエスト・サイド物語　West Side Story (1961)
- ヴェラクルス　Vera Cruz (1954)
- 動く標的　Harper (1966)
- 失われた週末　The Lost Weekend (1945)
- 歌え！ロレッタ・愛のために　Coal Miner's Daughter (1980)
- ウッドストック／愛と平和と音楽の三日間　Woodstock: Three Days of Peace, Music and Love (1970)
- 海の牙　The Damned〔(仏)Les maudits〕(1948 仏)
- 海辺のポーリーヌ　Pauline at the Beach〔(仏)Pauline à la plage〕(1983)
- 裏窓　Rear Window (1954)
- 麗しのサブリナ　Sabrina (1954)
- 噂の二人　The Children's Hour (1961)
- 運命の饗宴　Tales of Manhattan (1942)
- 栄光への脱出　Exodus (1960)
- エイリアン　Alien (1979)
- 駅馬車　Stagecoach (1939)
- エクソシスト　The Exorcist (1973)
- エデンの東　East of Eden (1954)
- エビータ　Evita (1996)
- エマニエル夫人　Emmanuelle (1974 仏)
- M　M (1931 独)
- エリザベス　Elizabeth (1998 英)
- エリン・ブロコビッチ　Erin Brockovich (2000)
- L.A.コンフィデンシャル　L.A. Confidential (1997)
- エレファントマン　The Elephant Man (1980 英)
- お熱いのがお好き　Some Like It Hot (1959)
- 黄金　The Treasure of the Sierra Madre (1948)
- 黄金狂時代　The Gold Rush (1925)
- 黄金時代　L'âge d'or (1930 仏)
- 黄金の腕　The Man with the Golden Arm (1955)
- 王様と私　The King and I (1956)
- 大いなる幻影　Grand Illusion〔(仏)La grande illusion〕(1937 仏)
- 大いなる西部　The Big Country (1958)
- 狼たちの午後　Dog Day Afternoon (1975)
- 狼は天使の匂い　And Hope to Die (1972 米/仏)
- OK牧場の決闘　Gunfight at the O.K. Corral (1957)
- オーケストラの少女　One Hundred Men and a Girl (1937)
- オール・ザ・キングズメン　All the King's Men (1949)
- オール・ザット・ジャズ　All That Jazz (1979)
- オズの魔法使　The Wizard of Oz (1939)
- 落ちた偶像　The Fallen Idol (1949 英)
- 男と女　A Man and a Woman〔(仏)Un homme et une femme〕(1966 仏)
- 男の敵　The Informer (1935)
- 大人は判ってくれない　The Four Hundred Blows〔(仏)Les quatres cents coups〕(1959 仏)
- 踊る大紐育(ニューヨーク)　On the Town (1949)
- オペラ・ハット　Mr. Deeds Goes to Town (1936)

■ 主な映画のタイトル　カ行

汚名　Notorious（1946）
オリエント急行殺人事件　Murder on the Orient Express（1974 英）
オリバー！　Oliver!（1968 英）
オルフェ　Orpheus［(仏)Orphée］（1950 仏）
俺たちに明日はない　Bonnie and Clyde（1967）
愚かなる妻　Foolish Wives（1922）
女だけの都　Carnival in Flanders［(仏)La kermesse héroïque］（1935 仏）
女と男のいる舗道　My Life to Live［(仏)Vivre sa vie］（1962 仏）
女と男の名誉　Prizzi's Honor（1985）

カ行

ガープの世界　The World According to Garp（1982）
海外特派員　Foreign Correspondent（1940）
会議は踊る　The Congress Dances［(独)Der Kongreβ tanzt］（1931 独）
戒厳令　State of Siege［(仏)Etat de siège］（1972 米/仏）
外人部隊　The Great Game［(仏)Le grand jeu］（1933 仏）
凱旋門　Arch of Triumph（1948）
鏡　Zerkalo（1975 ソ連）
革命前夜　Before the Revolution［(伊)Prima della rivoluzione］（1964）
かくも長き不在　The Long Absence［(仏)Une aussi longue absence］（1960 仏/伊）
影の軍隊　L'armée des ombres（1969 仏）
影なき殺人　Boomerang（1947）
影なき狙撃者　The Manchurian Candidate（1962）
カサブランカ　Casablanca（1942）
華氏451　Fahrenheit 451（1966 英）
ガス燈　Gaslight（1944）
風と共に去りぬ　Gone with the Wind（1939）
家族日誌　Family Diary［(伊)Cronaca familiare］（1962 伊）
家族の肖像　Conversation Piece［(伊)Gruppo di famiglia in un interno］（1974 伊/仏）
カッコーの巣の上で　One Flew over the Cuckoo's Nest（1975）
喝采　Applause（1929）
喝采　The Country Girl（1954）
勝手にしやがれ　Breathless［(仏)A bout de souffle］（1959 仏）
カビリアの夜　Nights of Cabiria［(伊)Le notti di Cabiria］（1957 伊）
仮面の米国　I Am a Fugitive From a Chain Gang（1932）
カリガリ博士　The Cabinet of Dr. Caligari［(独)Das Cabinet des Dr. Caligari］（1920 独）
河　The River（1951）
眼下の敵　The Enemy Below（1957）
ガンジー　Gandhi（1982 英/印）
カンバセーション／盗聴　The Conversation（1974）
キートン将軍　The General（1926）
キー・ラーゴ　Key Largo（1948）
黄色いリボン　She Wore a Yellow Ribbon（1949）
機械じかけのピアノのための未完成の戯曲　An Unfinished Piece for a Mechanical Piano［(露)Nekonchennaya pesa dlya mekhanicheskogo pianino］（1977 ソ連）
帰郷　Coming Home（1978）
木靴の樹　The Tree of Wooden Clogs［(伊)L'albero degli zoccoli］（1979 伊）
危険な情事　Fatal Attraction（1987）
危険な年　The Year of Living

Dangerously (1982 豪)
奇跡 The Word [(デンマーク)Ordet] (1955 デンマーク)
奇跡の丘 The Gospel According to St. Matthew [(伊)Il vangèlo secondo Matteo] (1964 伊/仏)
奇跡の人 The Miracle Worker (1962)
北ホテル Hôtel du nord (1938 仏)
気狂いピエロ Pierrot le fou (1965 仏/伊)
キッスで殺せ Kiss Me Deadly (1955)
キッド The Kid (1921)
昨日・今日・明日 Yesterday, Today and Tomorrow [(伊)Ieri, oggi, domani] (1963 伊/仏)
キャット・ピープル Cat People (1942)
キャバレー Cabaret (1972)
キャリー Carrie (1976)
吸血鬼ドラキュラ Horror of Dracula (1958 英)
吸血鬼ノスフェラトゥ Nosferatu, the Vampire [(独)Nosferatu—Eine Symphonie des Grauens] (1922 独)
恐怖の逢びき Death of a Cyclist [(西)Muerte de un ciclista] (1955 西/伊)
恐怖の報酬 The Wages of Fear [(仏)Le salaire de la peur] (1953 仏/伊)
極北の怪異／ナヌーク Nanook of the North (1922)
巨星ジーグフェルド The Great Ziegfeld (1936)
去年の夏突然に Suddenly Last Summer (1958)
去年マリエンバードで Last Year at Marienbad [(仏)L'année dernière à Marienbad] (1961 仏/伊)
霧の波止場 Port of Shadows [(仏)Le quai des brumes] (1938 仏)
キリング・フィールド The Killing Field (1984 英)
ギルダ Gilda (1946)

キル・ビル Kill Bill: Vol.1 (2003)
疑惑の影 Shadow of a Doubt (1943)
キング・コング King Kong (1933)
禁じられた遊び Forbidden Games [(仏)Jeux interdits] (1952 仏)
禁断の惑星 Forbidden Planet (1956)
孔雀夫人 Dodsworth (1936)
クジラの島の少女 Whale Rider (2002 ニュージーランド/独)
グッド・ウィル・ハンティング／旅立ち Good Will Hunting (1997)
グッドフェローズ Goodfellas (1990)
グッドモーニング・バビロン！ Good Morning Babylon (1987 伊/仏/米)
グッバイガール The Goodbye Girl (1977)
靴みがき Shoeshine [(伊)Sciuscià] (1946 伊)
蜘蛛女のキス Kiss of the Spider Woman [(西)El beso de la mujer arana] (1985 米/ブラジル)
クライング・ゲーム The Crying Game (1992 英)
暗くなるまで待って Wait until Dark (1967)
グラディエーター Gladiator (2000)
グランド・ホテル Grand Hotel (1932)
グリード Greed (1924)
グリーンマイル The Green Mile (1999)
クレイマー, クレイマー Kramer versus Kramer (1979)
クレオパトラ Cleopatra (1934/1963)
グレン・ミラー物語 The Glenn Miller Story (1954)
黒いオルフェ Black Orpheus (1959 仏/伊/ブラジル)
黒い瞳 Dark Eyes [(伊)Oci ciornie] (1987 伊)
黒水仙 Black Narcissus (1947 英)
グロリア Gloria (1980)

■ 主な映画のタイトル　サ行

群衆　The Crowd（1928）
刑事ジョン・ブック／目撃者　Witness（1985）
ケイン号の反乱　The Caine Mutiny（1954）
ゲームの規則　The Rules of the Game［（仏）La règle du jeu］（1939 仏）
激突！　Duel（1971）
結婚哲学　The Marriage Circle（1924）
月世界旅行　A trip to the Moon［（仏）Le voyage dans la lune］（1902 仏）
ゲッタウェイ　The Getaway（1972）
現金（げんなま）に体を張れ　The Killing（1956）
現金に手を出すな　Honour among Thieves［（仏）Touchez pas au Grisbi］（1954 仏/伊）
恋　The Go-between（1971 英）
恋する女たち　Women in Love（1969 英）
恋におちたシェイクスピア　Shakespeare in Love（1998）
小犬をつれた貴婦人　The Lady with the Dog［（露）Dama s sobachkoi］（1960 ソ連）
恋の手ほどき　Gigi（1958）
恋人たち　The Lovers［（仏）Les amants］（1959 仏）
恋人たちの予感　When Harry Met Sally（1989）
好奇心　Murmur of the Heart［（仏）Le souffle au cœur］（1971 仏/伊）
攻撃　Attack!（1956）
格子なき牢獄　Prison without Bars［（仏）Prison sans barreaux］（1937 仏）
洪水の前　Before the Deluge［（仏）Avant le déluge］（1954 仏/伊）
荒野の決闘　My Darling Clementine（1946）
荒野の七人　The Magnificent Seven（1960）
荒野の用心棒　A Fistful of Dollars［（伊）Per un pugno di dollari］（1964 伊/西）
ゴースト／ニューヨークの幻　Ghost（1990）
氷の微笑　Basic Instinct（1992）
コールガール　Klute（1971）
コールド マウンテン　Cold Mountain（2003）
5月の7日間　Seven Days in May（1964）
告白　The Confession［（仏）L'aveu］（1970 仏/伊）
告発の行方　The Accused（1988）
小熊物語　The Bear［（仏）L'ours］（1989 仏）
国民の創生　The Birth of a Nation（1915）
黒蘭の女　Jezebel（1938）
地上（ここ）より永遠（とわ）に　From Here to Eternity（1953）
腰抜け二挺拳銃　The Paleface（1952）
ゴスフォード・パーク　Gosford Park（2001）
ゴッドファーザー　The Godfather（1972）
孤独の報酬　This Sporting Life（1963）
コレクター　The Collector（1965）
殺しのドレス　Dressed to Kill（1980）
殺しの分け前／ポイント・ブランク　Point Blank（1967）

サ行

13デイズ　Thirteen days（2000）
再会の時　The Big Chill（1983）
サイコ　Psycho（1960）
最後の人　The Last Man［（独）Der letzte Mann］（1924 独）
最前線物語　The Big Red One（1980）
サウンド・オブ・ミュージック　The

Sound of Music (1965)
サクリファイス The Sacrifice [(スウェーデン) Offret Sacriticatio] (1986 仏/スウェーデン)
叫びとささやき Cries and Whispers [(スウェーデン) Viskningar och rop] (1972 スウェーデン)
ザ・コネクション The Connection (1962)
さすらい The Cry [(伊) Il grido] (1957 伊/米)
サタデー・ナイト・フィーバー Saturday Night Fever (1977)
裁かるゝジャンヌ The Passion of Joan of Arc [(仏) La passion de Jeanne d'Arc] (1928 仏)
ザ・バンド／ラスト・ワルツ The Last Waltz (1978)
サブウェイ Subway (1984 仏)
ザ・ブルード／怒りのメタファー The Brood (1979 加)
さらば友よ Farewell Friend [(仏) Adieu, l'ami] (1968 仏)
猿の惑星 Planet of the Apes (1968)
三十九夜 The Thirty-Nine Steps (1935 英)
34丁目の奇蹟 Miracle on 34th Street (1947)
サンセット大通り Sunset Boulevard (1950)
三人の妻への手紙 A Letter to Three Wives (1948)
三文オペラ The Threepenny Opera [(独) Die Dreigroschenoper] (1931 独/米)
サンライズ Sunrise: A Song of Two Humans (1927)
サン・ロレンツオの夜 Le motte di San Lorenzo (1982 伊)
幸福（しあわせ） Happiness [(仏) Le bonheur] (1965 仏)

シービスケット Seabiscuit (2003)
シー・ホーク The Sea Hawk (1940)
JFK JFK (1991)
シェーン Shane (1953)
ジェニイの家 Jenny (1936 仏)
シェルブールの雨傘 The Umbrellas of Cherbourg [(仏) Les parapluies de Cherbourg] (1964 仏/西独)
シカゴ Chicago (2002)
死刑台のエレベーター Frantic [(仏) Ascenseur pour l'échafaud] (1957 仏)
地獄に堕ちた勇者ども The Damned [(伊) La caduta degli dei] (1969 西独/伊)
地獄の黙示録 Apocalypse Now (1979)
史上最大の作戦 The Longest Day (1962)
シシリーの黒い霧 Salvatore Giuliano (1962 伊)
静かなる男 The Quiet Man (1952)
7月4日に生まれて Born on the Fourth of July (1989)
七年目の浮気 The Seven-Year Itch (1955)
シックス・センス The Sixth Sense (1999)
自転車泥棒 The Bicycle Thief [(伊) Ladri di biciclette] (1948 伊)
シベリヤ物語 The Legend of the Siberian Land [(露) Skazanie o zemle sibirskoi] (1948 ソ連)
市民ケーン Citizen Kane (1941)
シャイアン Cheyenne Autumn (1964)
ジャイアンツ Giant (1956)
シャイニング The Shining (1980)
シャイン Shine (1995 豪)
ジャッカルの日 The Day of the Jackal (1973 英/仏)
ジャズ・シンガー The Jazz Singer (1927)

■ 主な映画のタイトル　サ行

邪魔者は殺(け)せ　Odd Man Out (1947 英)
シャレード　Charade (1964)
シャンドライの恋　Besieged (1998 伊)
十字砲火　Crossfire (1947)
獣人　La bête humaine (1938 仏)
終着駅　Indiscretion of an American Wife [(伊)Stazione termini] (1953 米/伊)
17歳のカルテ　Girl, Interrupted (1999)
十二人の怒れる男　Twelve Angry Men (1957)
自由を我等に　Freedom for Us [(仏)A nous la liberté] (1931 仏)
十戒　The Ten Commandments (1923/1956)
宿命　He Who Must Die [(仏)Celui qui doit mourir] (1957 仏/伊)
ジュリア　Julia (1977)
情事　The Adventure [(伊)L'avventura] (1959 伊/仏)
ショーシャンクの空に　Shawshank Redemption (1994)
ジョーズ　Jaws (1975)
処女の泉　The Virgin Spring [(スウェーデン)Jungfrukällan] (1960 スウェーデン)
商船テナシチー　Le paquebot Tenacity (1934 仏)
情熱の狂想曲　Young Man with a Horn (1950)
少年の町　Boys Town (1938)
情婦　Witness for the Prosecution (1957)
情婦マノン　Manon (1949 仏)
ジョルスン物語　The Jolson Story (1946)
白雪姫　Snow White and the Seven Dwarfs (1937)
知りすぎていた男　The Man Who Knew Too Much (1956)
白い恐怖　Spellbound (1945)
白いドレスの女　Body Heat (1981)
紳士協定　Gentleman's Agreement (1947)
紳士は金髪(ブロンド)がお好き　Gentlemen Prefer Blondes (1953)
人生案内　A Pass to Life [(露)Putyovka v zhizn] (1931 ソ連)
人生は四十二から　Ruggles of Red Gap (1935)
シンドラーのリスト　Schindler's List (1993)
深夜の告白　Double Indemnity (1944)
シン・レッド・ライン　The Thin Red Line (1998)
推定無罪　Presumed Innocent (1990)
スケアクロウ　Scarecrow (1973)
頭上の敵機　Twelve O'clock High (1949)
スター・ウォーズ　Star Wars (1977)
スタア誕生　A Star Is Born (1954)
スタンド・バイ・ミー　Stand by Me (1986)
スティング　The Sting (1973)
ストレイト・ストーリー　The Straight Story (1999)
ストレンジャー・ザン・パラダイス　Stranger than Paradise (1984 米/西独)
素直な悪女　And God Created Woman [(仏)Et...Dieu créa la femme] (1956 仏)
スパイ・ゲーム　Spy Game (2001)
スパイダーマン　Spider-Man (2002)
素晴らしき哉,人生！　It's a Wonderful Life (1946)
スパルタカス　Spartacus (1960)
スピード　Speed (1994)
スペース カウボーイ　Space Cowboys (2000)
スミス都へ行く　Mr. Smith Goes to

Washington (1939)
聖衣 The Robe (1953)
成功の甘き香り Sweet Smell of Success (1957)
青春群像 I vitelloni (1953 伊/仏)
青春の抗議 Dangerous (1936)
聖処女 The Song of Bernadette (1943)
西部開拓史 How the West Was Won (1963)
制服の処女 Girls in Uniforms [(独) Mädchen in Uniform] (1931 独)
西部戦線異状なし All Quiet on the Western Front (1930)
西部の男 The Westerner (1940)
セックスと嘘とビデオテープ Sex, Lies and Videotape (1989)
Z Z (1969 アルジェリア/仏)
セブン Seven (1995)
セブン・イヤーズ・イン・チベット Seven Years in Tibet (1997)
007/ゴールドフィンガー Goldfinger (1964 英)
007/ドクター・ノオ Dr. No (1962 英)
007/ロシアより愛をこめて From Russia with Love (1963 英)
戦火のかなた Paisan [(伊)Paisà] (1946 伊)
戦艦バウンティ号の叛乱 Mutiny on the Bounty (1935)
戦艦ポチョムキン The Battleship Potemkin 「(露)Bronenosets "Potyomkin"」(1925 ソ連)
戦場にかける橋 The Bridge on the River Kwai (1957)
戦場のピアニスト The Pianist (2002 ポーランド/仏/英/独)
戦争と貞操 The Cranes Are Flying [(露)Letyat zhuravli] (1957 ソ連)
戦争と平和 War and Peace [(露)Voina i mir] (1966 ソ連)
戦争は終わった The War Is Over [(仏) La guerre est finie] (1966 仏/スウェーデン)
セント・エルモス・ファイアー St. Elmo's Fire (1985)
草原の輝き Splendor in the Grass (1961)
操行ゼロ Zero for Conduct [(仏)Zero de conduite] (1933 仏)
捜索者 The Searchers (1956)
卒業 The Graduate (1967)
その男ゾルバ Zorba the Greek (1964 米/ギリシャ)
ソフィーの選択 Sophie's Choice (1982)

タ行

ターザンの復讐 Tarzan and His Mate (1943)
ダーティハリー Dirty Harry (1971)
ターミネーター The Terminator (1984)
大運河 Sait-on jamais (1956 仏/伊)
大河のうた The Unvanquished [(印) Aparajito] (1956 印)
大砂塵 Johnny Guitar (1954)
第三の男 The Third Man (1949 英)
第十七捕虜収容所 Stalag 17 (1953)
大樹のうた The World of Apu [(印) Apur Sansar] (1959 印)
大脱走 The Great Escape (1963)
タイタニック Titanic (1997)
大地 Earth [(露)Zemlya] (1930 ソ連)
大地 The Good Earth (1937)
大地のうた Song of the Road [(印) Pather Panchali] (1955 印)
隊長ブーリバ Taras Bulba (1962)
大統領の陰謀 All the President's Men (1976)
第七天国 7th Heaven (1927)
第七の封印 The Seventh Seal [(スウェーデン)Det sjunde inseglet] (1956 ス

■ 主な映画のタイトル　夕行

ウェーデン)
ダイ・ハード　Die Hard (1988)
ダイヤルMを廻せ！　Dial M for Murder (1954)
太陽がいっぱい　Purple Noon [(仏) Plein soleil] (1960 仏/伊)
太陽はひとりぼっち　The Eclipse [(伊) L'eclisse] (1962 伊)
大理石の男　Man of Marble [(ポーランド) Czlowiek z marmuru] (1979 ポーランド)
誰がために鐘は鳴る　For Whom the Bell Tolls (1943)
タクシー・ドライバー　Taxi Driver (1976)
打撃王　The Pride of the Yankees (1942)
黄昏　On Golden Pond (1981)
脱出　Deliverance (1972)
旅芸人の記録　The Travelling Players [(ギリシャ) O thiassos] (1975 ギリシャ)
旅路　Separate Tables (1958)
魂のジュリエッタ　Juliet of the Spirits [(伊) Giulietta degli spiriti] (1965 仏/伊)
タワーリング・インフェルノ　The Towering Inferno (1974)
断崖　Suspicion (1941)
ダンス・ウィズ・ウルブズ　Dance with Wolves (1990)
探偵物語　Detective Story (1951)
小さな恋のメロディ　Melody (1971 英)
誓い　Gallipoli (1981 豪)
地下水道　They Loved Life [(ポーランド) Kanal] (1957 ポーランド)
地下鉄のザジ　Zazie [(仏) Zazie dans le métro] (1961 仏)
地上最大のショウ　The Greatest Show on Earth (1952)
父帰る　The Return [(露) Vozvrashcheniye] (2003 露)
父の祈りを　In the Name of Father (1993)
父／パードレ・パドローネ　Padre Padrone (1977 伊)
血と砂　Blood and Sand (1922)
地の果てを行く　Escape from Yesterday [(仏) La Bandera] (1935 仏)
チャイナ・シンドローム　The China Syndrome (1979)
チャイナタウン　Chinatown (1974)
チャップリンの殺人狂時代　Monsieur Verdoux (1947)
チャップリンの独裁者　The Great Dictator (1940)
チャンピオン　Champion (1949)
長距離ランナーの孤独　The Loneliness of the Long Distance Runner (1962 英)
散り行く花　Broken Blossoms (1919)
沈黙　The Silence [(スウェーデン) Tystnaden] (1963 スウェーデン)
沈黙の世界　The Silent World [(仏) Le monde du silence] (1956 仏)
追憶　The Way We Were (1973)
追想　Anastasia (1956)
追想のかなた　The Assault (1986 オランダ)
月の輝く夜に　Moonstruck (1987)
つばさ　Wings (1927)
翼よ！あれが巴里の灯だ　The Spirit of St. Louis (1957)
罪と罰　Crime and Punishment [(仏) Crime et châtiment] (1935 仏)
ディア・ハンター　The Deer Hunter (1978)
ディーバ　Diva (1981 仏)
ティファニーで朝食を　Breakfast at Tiffany's (1961)
テオレマ　Theorem [(伊) Teorèma] (1969 伊)

手錠のままの脱獄 The Defiant Ones （1958）
テス Tess（1979 仏/英）
鉄道員 The Railroad Man［(伊)Il ferroviere］（1956 伊）
デッド・ゾーン The Dead Zone（1983）
デッドマン・ウォーキング Dead Man Walking（1996）
鉄の男 Man of Iron（1981 ポーランド）
鉄路の白薔薇 La roue（1922 仏）
鉄路の闘い The Battle of the Rails［(仏)La bataille du rail］（1945 仏）
天国の門 Heaven's Gate（1980）
天井桟敷の人々 The Children Paradise［(仏)Les enfants du paradis］（1945 仏）
ドイツ零年 Germany Year Zero［(伊)Germania anno zero］（1948 伊）
トゥームレイダー Tomb Raider（2001）
トゥルーマン・ショー The Truman Show（1998）
遠い夜明け Cry Freedom（1987 英）
ドクトル・ジバゴ Doctor Zhivago（1965）
ドクトル・マブゼ Dr. Mabuse, the Gambler［(独)Dr. Mabuse, der Spieler］（1922 独）
時計じかけのオレンジ A Clockwork Orange（1971 英）
年上の女(ひと) Room at the Top（1959 英）
突撃 Paths of Glory（1957）
特攻大作戦 The Dirty Dozen（1967）
突然炎のごとく Jules and Jim［(仏)Jules et Jim］（1962 仏）
トッツィー Tootsie（1982）
トップガン Top Gun（1986）
トップ・ハット Top Hat（1935）
トパーズ Topaz（1969）
トプカピ Topkapi（1964）
トム・ジョーンズの華麗な冒険 Tom Jones（1963）
友だちのうちはどこ？ Where Is the Friend's Home?［(ペルシャ)Khaneye doust kodajast?］（1987 イラン）
友だちの恋人 Boyfriends and Girlfriends［(仏)L'ami de mon amie］（1988 仏）
土曜の夜と日曜の朝 Saturday Night and Sunday Morning（1960 英）
ドライヴィング・ミス・デイジー Driving Miss Daisy（1989）
鳥 The Birds（1963）
トロイアの女 The Trojan Women（1971）
泥棒成金 To Catch a Thief（1955）
どん底 The Lower Depths［(仏)Les bas-fonds］（1936 仏）

ナ行

ナイアガラ Niagara（1953）
長い灰色の線 The Long Gray Line（1954）
眺めのいい部屋 A Room with a View（1986 英）
渚にて On the Beach（1959）
嘆きのテレーズ The Adulterers［(仏)Thérèse Raquin］（1953 仏/伊）
嘆きの天使 The Blue Angel［(独)Der blaue Engel］（1930 独）
ナチュラル The Natural（1984）
ナチュラル・ボーン・キラーズ Natural Born Killers（1994）
ナッシュビル Nashville（1975）
夏の嵐 The Wanton Countess［(伊)Senso］（1954 伊）
夏の夜は三たび微笑む Smiles of a Summer Night［(スウェーデン)Sommarnattens leende］（1955 スウェーデン）

■ 主な映画のタイトル　ハ行

何がジェーンに起こったか？ Whatever Happened to Baby Jane? (1962)
ナバロンの要塞 The Guns of Navarone (1961 米/英)
ナポリの饗宴 Napolitan Carousel [(伊) Carosello napoletano] (1954 伊)
ナポレオン Napoléon vu par Abel Gance (1927 仏)
にがい米 Bitter Rice [(伊) Riso amaro] (1950 伊)
肉体の悪魔 Devil in the Flesh [(仏) Le diable au corps] (1946 仏)
虹を摑(つか)む男 The Secret Life of Walter Mitty (1947)
二十四時間の情事 Hiroshima, mon amour (1959 日/仏)
2001年宇宙の旅 2001: A Space Odyssey (1968 米/英)
尼僧物語 The Nun's Story (1959)
尼僧ヨアンナ Mother Joan of the Angels [(ポーランド) Matka Joanna od aniołów] (1961 ポーランド)
日曜はダメよ Never on Sunday (1960 ギリシャ)
日曜日にはネズミを殺せ Behold a Pale Horse (1964)
ニノチカ Ninotchka (1939)
2ペンスの希望 Two Pennyworth of Hope [(伊) Due soldi di speranza] (1952 伊)
ニュー・シネマ・パラダイス Cinema Paradiso [(伊) Nuovo cinema paradiso] (1990 仏/伊)
紐育(ニューヨーク)の波止場 The Docks of New York (1928)
ニュールンベルグ裁判 Judgment at Nuremberg (1961)
にんじん Poil de carotte (1932 仏)
ネットワーク Network (1976)
野いちご Wild Strawberries [(スウェーデン) Smultronstället] (1957 スウェーデン)
ノーマ・レイ Norma Rae (1979)
ノスタルジア Nostalgia (1984 ソ連/伊)
野のユリ Lilies of the Field (1963)

ハ行

バージニア・ウルフなんかこわくない Who's Afraid of Virginia Woolf? (1967)
バーディ Birdy (1984)
バード Bird (1988)
灰とダイヤモンド Ashes and Diamond [(ポーランド) Popiól i diament] (1958 ポーランド)
博士の異常な愛情 Dr. Strangelove or How I learned to Stop Worrying and Love the Bomb (1964 英)
白鯨 Moby-Dick (1956 英)
バグダッドの盗賊 The Thief of Bagdad (1940 英)
白熱 White Heat (1949)
激しい季節 Estate violenta (1959 伊)
パサジェルカ The Passenger (1970 ポーランド)
ハスラー The Hustler (1961)
バターフィールド8 Butterfield 8 (1960)
裸の町 The Naked City (1948)
裸足の伯爵夫人 The Barefoot Contessa (1954)
ハタリ！ Hatari! (1961)
八月の鯨 The Wales of August (1987)
八十日間世界一周 Around the World in Eighty Days (1956)
8½ 8½ [(伊) Otto e mezzo] (1963)
バック・トゥ・ザ・フューチャー Back to the Future (1985)
ハッド Hud (1963)
バットマン Batman (1989)
パットン大戦車軍団 Patton (1970)

ハ行　主な映画のタイトル

果てなき船路　The Long Voyage Home（1940）
鳩の翼　The Wings of the Dove（1997 英）
波止場　On the Waterfront（1954）
花嫁の父　Father of the Bride（1950）
母　Mother［(露)Mat］（1926 ソ連）
パパは、出張中！　When Father Was Away on Business（1985 ユーゴスラヴィア）
バベットの晩餐会　Babette's Feast［(デンマーク)Babette's Gøstebud］（1987 デンマーク）
ハムレット　Hamlet（1948 英）
バラの刺青　The Rose Tattoo（1955）
薔薇の名前　The Name of the Rose（1986）
パリ, テキサス　Paris, Texas（1984 仏/西独）
ハリーとトント　Harry and Tonto（1974）
ハリーの災難　The Trouble with Harry（1955）
ハリー・ポッターと賢者の石　Harry Potter and the Philosopher's Stone（2001）
巴里（パリ）祭　Quatorze Juillet（1933 仏）
巴里のアメリカ人　An American in Paris（1951）
巴里の屋根の下　Under the Roofs of Paris［(仏)Sous les toits de Paris］（1930 仏）
パリは燃えているか　Is Paris Burning?［(仏)Paris brûle-t-il?］（1966 米/仏）
バルカン超特急　The Lady Vanishes（1938 英）
バルタザールどこへ行く　Balthazar［(仏)Au hazard, Balthazar］（1964 仏/スウェーデン）
パルプ・フィクション　Pulp Fiction（1994）
ハワーズ・エンド　Howards End（1992 英）
犯罪王リコ　Little Caesar（1931）
犯罪都市　The Front Page（1931）
ハンナとその姉妹　Hannah and Her Sisters（1986）
反撥　Repulsion（1965 英）
ピアニストを撃て　Shoot the Piano Player［(仏)Tirez sur le pianiste］（1960 仏）
ピアノ・レッスン　The Piano（1993 ニュージーランド）
引き裂かれたカーテン　Torn Curtain（1966）
ピクニック　Picnic（1955）
美女と野獣　Beauty and the Beast［(仏)La Belle et la Bête］（1946 仏）
ヒズ・ガール・フライデー　His Girl Friday（1940）
左ききの拳銃　The Left-Handed Gun（1958）
羊たちの沈黙　The Silence of the Lambs（1991）
必死の逃亡者　The Desperate Hours（1955）
ひとりぼっちの青春　They Shoot Horses, Don't They?（1969）
陽のあたる場所　A Place in the Sun（1951）
日の名残り　The Remains of the Day（1993）
ヒマラヤ杉に降る雪　Snow Falling on Cedars（1999）
ビューティフル・マインド　A Beautiful Mind（2001）
評決　The Verdict（1982）
ビリディアナ　Viridiana（1961 メキシコ/西）
昼顔　Belle de jour（1967 仏/伊）
昼下りの情事　Love in the Afternoon（1957）
ピロスマニ　Pirosmani（1972 グルジヤ）
ファーゴ　Fargo（1996）

■ 主な映画のタイトル　ハ行

ファイト・クラブ　Fight Club (1999)
ファイブ・イージー・ピーセス　Five Easy Pieces (1970)
ファニーとアレクサンデル　Fanny and Alexander [(スウェーデン)Fanny och Alexander] (1982 仏/西独/スウェーデン)
ファミリー・プロット　Family Plot (1976)
ファンタジア　Fantasia (1940)
フィールド・オブ・ドリームス　Field of dreams (1989)
フィツカラルド　Fitzcarraldo (1982 西独)
フィッシャー・キング　The Fisher King (1991)
フィラデルフィア　Philadelphia (1993)
フィラデルフィア物語　The Philadelphia Story (1940)
フェリーニのアマルコルド　Federico Fellini Amarcord [(伊)Amarcord] (1974 伊/仏)
フォレスト・ガンプ/一期一会　Forrest Gump (1994)
ふたりの女　Two Women [(伊)La ciociara] (1961 伊/仏)
ふたりのベロニカ　The Double Life of Veronique [(仏)La double vie de Véronique] (1991 仏/ポーランド)
普通の人々　Ordinary People (1980)
舞踏会の手帖　Un carnet de bal (1937 仏)
冬のライオン　The Lion in Winter (1968 英)
プラーグの大学生　The Student of Prague [(独)Der Student von Prag] (1926 独)
プライベート・ライアン　Saving Private Ryan (1998)
フラッシュダンス　Flashdance (1983)
ブラッドシンプル　Blood Simple (1985)
プラトーン　Platoon (1986)
フランケンシュタイン　Frankenstein (1931)
ブリキの太鼓　The Tin Drum [(独)Die Blechtrommel] (1979 西独/仏/ポーランド)
プリティ・ウーマン　Pretty Woman (1990)
ブルーハワイ　Blue Hawaii (1961)
ブルグ劇場　Burgtheater (1936 独)
ブルックリン横丁　A Tree Grows in Brooklyn (1945)
フルメタル・ジャケット　Full Metal Jacket (1987 英)
プレイス・イン・ザ・ハート　Place in the Heart (1984)
ブレイブハート　Braveheart (1995)
ブレードランナー　Blade Runner (1982)
フレンジー　Frenzy (1971 英)
フレンチ・コネクション　The French Connection (1971)
フロント・ページ　The Front Page (1974)
ペーパー・チェイス　The Paper Chase (1973)
ペーパー・ムーン　Paper Moon (1973)
ヴェラ・ドレイク　Vera Drake (2004 英)
ヴェロニカ・ゲリン　Veronica Guerin (2003)
ヘカテ　Hecate (1982 仏/スイス)
ヘッドライト　Des gens sans importance (1955 仏)
ベティ・ブルー　愛と激情の日々 37.2℃　Le Matin (1986 仏)
ベニー・グッドマン物語　The Benny Goodman Story (1955)
ベニスに死す　Death in Venice [(伊)Morte a Venezia] (1971 伊/仏)
蛇の穴　The Snake Pit (1948)
ベン・ハー　Ben-Hur (1959)
ヘンリー五世　Henry V (1945 英)
ヘンリー八世の私生活　The Private life

of Henry VIII（1933 英）
ボーイ・ミーツ・ガール　Boy Meets Girl（1985 仏）
砲艦サンパブロ　The Sand Pebbles（1966）
望郷　Pepe le Moko［(仏)Pépé le Moko］（1937 仏）
冒険者たち　Les aventuriers（1967 仏）
暴力教室　The Blackboard Jungle（1955）
暴力脱獄　Cool Hand Luke（1967）
ボウリング・フォー・コロンバイン　Bowling for Columbine（2002 加/米）
ボギー！俺も男だ　Play It Again, Sam（1968）
ぼくの伯父さん　My Uncle［(仏)Mon oncle］（1953 仏/伊）
僕の村は戦場だった　Ivanovo Detstvo（1962 ソ連）
北北西に進路を取れ　North by Northwest（1959）
慕情　Love Is a Many Splendored Thing（1955）
ポセイドン・アドベンチャー　The Poseidon Adventure（1972）
炎の人ゴッホ　Lust for Life（1956）
炎のランナー　Chariots of Fire（1981 英）
ホフマン物語　The Tales of Hoffmann（1951 英）
幌馬車　The Covered Wagon（1923）
ポンヌフの恋人　Lovers on the Bridge［(仏)Les amants du Pont-Neuf］（1991 仏）

マ行

マーティ　Marty（1955）
マーニー／赤い恐怖　Marnie（1964）
マイ・ビューティフル・ランドレット　My Beautiful Laundrette（1985 英）
マイ・フェア・レディ　My Fair Lady（1964）
マグノリア　Magnolia（1999）
マダムと泥棒　The Ladykillers（1955 英）
間違えられた男　The Wrong Man（1957）
街の灯　City Lights（1931）
マッシュ　M★A★S★H（1970）
マッドマックス　Mad Max（1979 豪）
マディソン郡の橋　The Bridges of Madison County（1995）
マトリックス　The Matrix（1999）
マトリックス レボリューションズ　The Matrix Revolutions（2003）
真夏の夜のジャズ　Jazz on a Summer's Day（1959）
招かれざる客　Guess Who's Coming to Dinner（1967）
真昼の決闘　High Noon（1952）
真夜中のカーボーイ　Midnight Cowboy（1969）
マリア・ブラウンの結婚　The Marriage of Maria Braun［(独)Die Ehe der Maria Braun］（1978 西独）
マルクス兄弟／オペラは踊る　Night at the Opera（1935）
マルコヴィッチの穴　Being John Malkovich（1999）
マルコムX　Malcolm X（1992）
マルタの鷹　The Maltese Falcon（1941）
マルホランド・ドライブ　Mulholland Drive（2001）
マンハッタン　Manhattan（1979）
未完成交響楽　Leise flehen meine Lieder（1933 独/オーストリア）
ミクロの決死圏　Fantastic Voyage（1966）
ミザリー　Misery（1990）
みじかくも美しく燃え　Elvira Madigan（1969 スウェーデン）
ミシシッピー・バーニング　Mississippi Burning（1988）
見知らぬ乗客　Strangers on a Train

■ 主な映画のタイトル　ヤ・ラ・ワ行

(1951)
ミスタア・ロバーツ　Mister Roberts (1955)
水の中のナイフ　Knife in the Water (1962 ポーランド)
ミス・ブロディの青春　The Prime of Miss Jean Brodie (1969 英)
道　The Road [(伊)La strada] (1954 伊)
路(みち)　Yol (1981 トルコ)
未知との遭遇　Close Encounters of the Third Kind (1977)
三つ数えろ　The Big Sleep (1946)
ミッドナイト・エクスプレス　Midnight Express (1978 英)
ミッドナイト・ラン　Midnight Run (1988)
蜜の味　A Taste of Honey (1961 英)
ミツバチのささやき　The Spirit of the Beehive [(西)El espíritu de la colmena] (1976 西)
緑の光線　Summer [(仏)Le rayon vert] (1986 仏)
南太平洋　South Pacific (1958)
ミニヴァー夫人　Mrs. Miniver (1942)
ミネソタの娘　The Farmer's Daughter (1947)
ミモザ館　Pension Mimosas (1934 仏)
未来世紀ブラジル　Brazil (1985 英)
ミラノの奇蹟　Miracle in Milan [(伊)Miracolo a Milano] (1951 伊)
ミリオンダラー・ベイビー　Million Dollar Baby (2004)
民衆の敵　The Public Enemy (1931)
民族の祭典／美の祭典　Olympia Ⅰ Fest der Völker, Ⅱ Fest der Schönheit (1938 独)
ムーラン・ルージュ　Moulin Rouge (2001)
無防備都市　Rome, Open City [(伊)Roma, città aperta] (1945 伊)
めぐりあう時間たち　The Hours (2002)

召使　The Servant (1963 英)
メトロポリス　Metropolis (1926 独)
めまい　Vertigo (1958)
メメント　Memento (2000)
メリー・ポピンズ　Mary Poppins (1964)
燃えよドラゴン　Enter the Dragon (1973)
モーリス　Maurice (1987 英)
モダン・タイムス　Modern Times (1936)
モナリザ・スマイル　Mona Lisa Smile (2003)
モロッコ　Morocco (1930)

ヤ・ラ・ワ行

約束の土地　Ziemia obiecana (1974 ポーランド)
やぶにらみの暴君　Mr. Wonderbird [(仏)La bergère et le ramoneur] (1953 仏)
山猫　The Leopard [(伊)Il gattopardo] (1963 伊/仏)
山の焚火　Hohenfeuer (1985 スイス)
柔らかい肌　The Soft Skin [(仏)La peau douce] (1964 仏)
ヤンキー・ドゥードゥル・ダンディ　Yankee Doodle Dandy (1942)
ユー・ガット・メール　You've Got Mail (1998)
友情ある説得　Friendly Persuasion (1956)
遊星よりの物体X　The Thing (1951)
夕陽のガンマン　For a Few Dollars More [(伊)Per qualche dollaro in più] (1967 伊/西)
郵便配達は二度ベルを鳴らす　Ossessione (1942 伊)
Uボート　The Boat [(独)Das Boot] (1981 西独)
許されざる者　Unforgiven (1992)

ヤ・ラ・ワ行　主な映画のタイトル

揺れる大地　La terra trema（1947 伊）
ヨーク軍曹　Sergeant York（1941）
欲望という名の電車　A Streetcar Named Desire（1951）
汚れた顔の天使　Angels with Dirty Faces（1938）
汚れた血　Bad Blood［(仏)Mauvais sang］（1987 仏）
夜と霧　Night and Fog［(仏)Nuit et brouillard］（1955 仏）
夜の大捜査線　In the Heat of the Night（1967）
四十二番街　42nd Street（1933）
ライアンの娘　Ryan's Daughter（1970）
ライトスタッフ　The Right Stuff（1983）
ライムライト　Limelight（1952）
ラインの監視　Watch on the Rhine（1943）
ラストエンペラー　The Last Emperor（1987）
ラストサムライ　The Last Samurai（2003）
ラスト・ショー　The Last Picture Show（1971）
ラストタンゴ・イン・パリ　Last Tango in Paris［(伊)Ultimo tango a Parigi］（1973 伊/仏）
リア王　King Lear［(露)Korol Lir］（1971 ソ連）
リービング・ラスベガス　Leaving Las Vegas（1995）
リオ・ブラボー　Rio Bravo（1959）
リバティ・バランスを射った男　The Man Who Shot Liberty Valance（1962）
掠奪（りゃくだつ）された七人の花嫁　Seven Brides for Seven Brothers（1954）
理由なき反抗　Rebel without a Cause（1955）
緑園の天使　National Velvet（1944）
旅情　Summertime（1955 英）
リリー・マルレーン　Lili Marleen（1981 西独）
輪舞　La ronde（1950 仏）
類猿人ターザン　Tarzan, the Ape Man（1932）
ルードウィヒ／神々の黄昏　Ludwig（1972 伊/西独/仏）
冷血　In Cold Blood（1967）
令嬢ジュリー　Miss Julie［(スウェーデン)Fröken Julie］（1951 スウェーデン）
レイジング・ブル　Raging Bull（1980）
レイダース／失われたアーク(聖櫃)　Raiders of the Lost Ark（1981）
レインマン　Rain Man（1988）
歴史は女で作られる　Lola Montès（1955 仏/西独）
レザボア・ドッグス　Reservoir Dogs（1992）
抵抗（レジスタンス）／死刑囚の手記より　A Man Escaped［(仏)Un condamné à mort s'est échappé］（1957 仏）
レッズ　Reds（1981）
レベッカ　Rebecca（1940）
恋愛小説家　As Good As It Gets（1997）
恋愛適齢期　Something's Gotta Give（2003）
ロイドの人気者　The Freshman（1925）
老人と海　The Old Man and the Sea（1958）
ローズ　The Rose（1979）
ローズマリーの赤ちゃん　Rosemary's Baby（1968）
ロード・オブ・ザ・リング　The Lord of the Rings ; The Fellowship of the Ring（2001）
ローマの休日　Roman Holiday（1953）
ロッキー　Rocky（1976）
ロッキー・ホラー・ショー　The Rocky Horror Picture Show（1975）
ロビンとマリアン　Robin and Marian

文化背景

■ アカデミー作品賞一覧

(1976)
ロベレ将軍　General Della Rover［(伊)Il generale della Rovere］(1959 伊/仏)
ロボコップ　Robocop (1987)
ロミオとジュリエット　Romeo and Juliet (1968 英/伊)
ロリータ　Lolita (1962 英)
ワーキング・ガール　Working Girl (1988)
ワイルド・アット・ハート　Wild at Heart (1990)
ワイルドバンチ　The Wild Bunch (1969)
わが命つきるとも　A Man for All Seasons (1966 英)
若草の頃　Meet Me in St. Louis (1944)
若草物語　Little Women (1933)
わが青春のフロレンス　Metello (1970 伊)
わが谷は緑なりき　How Green Was My Valley (1941)
我輩はカモである　Duck Soup (1933)
我が道を往く　Going My Way (1944)
若者のすべて　Rocco and His Brothers［(伊)Rocco e i suoi fratelli］(1960 伊/仏)
我が家の楽園　You Can't Take It with You (1938)
惑星ソラリス　Solaris［(露)Solyaris］(1972 ソ連)
忘れじの面影　Letter from an Unknown Woman (1948)
忘れられた人々　The Young and the Damned［(西)Los olvidados］(1950 メキシコ)
私は告白する　I Confess (1953)
私は死にたくない　I Want to Live! (1958)
わらの犬　Straw Dogs (1971 英)
我は海の子　Captains Courageous (1937)
我等の生涯の最良の年　The Best Years of Our Lives (1946)
我等の仲間　They Were Five［(仏)La belle équipe］(1936 仏)
ワンス・アポン・ア・タイム・イン・アメリカ　Once upon a Time in America (1984)
ワンダとダイヤと優しい奴ら　A Fish Called Wanda (1988)

アカデミー作品賞一覧

映画芸術科学アカデミーによって，前年度にアメリカで新たに公開された映画に与えられる権威ある賞．作品賞のほか，男優・女優・監督・外国優秀映画など計24部門があり，受賞者に贈られる彫像にちなみオスカー賞とも呼ばれます．

◆受賞年度	◆邦　題	◆原　題
第1回(1927～1928年)	つばさ	Wings
第2回(1928～1929年)	ブロードウェイ・メロディ	The Broadway Melody
第3回(1929～1930年)	西部戦線異状なし	All Quiet on the Western Front
第4回(1930～1931年)	シマロン	Cimarron
第5回(1931～1932年)	グランド・ホテル	Grand Hotel

アカデミー作品賞一覧

◆受賞年度	◆邦 題	◆原 題
第6回(1932〜1933年)	大英帝国行進曲(カヴァルケイド)	Cavalcade
第7回(1934年度)	或る夜の出来事	It Happened One Night
第8回(1935年度)	南海征服(戦艦バウンティ号の叛乱)	Mutiny on the Bounty
第9回(1936年度)	巨星ジークフェルド	The Great Ziegfeld
第10回(1937年度)	ゾラの生涯	The Life of Emile Zola
第11回(1938年度)	我が家の楽園	You Can't Take It with You
第12回(1939年度)	風と共に去りぬ	Gone with the Wind
第13回(1940年度)	レベッカ	Rebecca
第14回(1941年度)	わが谷は緑なりき	How Green Was My Valley
第15回(1942年度)	ミニヴァー夫人	Mrs. Miniver
第16回(1943年度)	カサブランカ	Casablanca
第17回(1944年度)	我が道を往く	Going My Way
第18回(1945年度)	失われた週末	The Lost Weekend
第19回(1946年度)	我等の生涯の最良の年	The Best Years of Our Lives
第20回(1947年度)	紳士協定	Gentleman's Agreement
第21回(1948年度)	ハムレット	Hamlet
第22回(1949年度)	オール・ザ・キングズメン	All the King's Men
第23回(1950年度)	イヴの総て	All about Eve
第24回(1951年度)	巴里のアメリカ人	An American in Paris
第25回(1952年度)	地上最大のショウ	The Greatest Show on Earth
第26回(1953年度)	地上より永遠に	From Here to Eternity
第27回(1954年度)	波止場	On the Waterfront
第28回(1955年度)	マーティ	Marty
第29回(1956年度)	80日間世界一周	Around the World in Eighty Days
第30回(1957年度)	戦場にかける橋	The Bridge on the River Kwai
第31回(1958年度)	恋の手ほどき	Gigi
第32回(1959年度)	ベン・ハー	Ben-Hur
第33回(1960年度)	アパートの鍵貸します	The Apartment
第34回(1961年度)	ウエスト・サイド物語	West Side Story
第35回(1962年度)	アラビアのロレンス	Lawrence of Arabia
第36回(1963年度)	トム・ジョーンズの華麗な冒険	Tom Jones
第37回(1964年度)	マイ・フェア・レディ	My Fair Lady
第38回(1965年度)	サウンド・オブ・ミュージック	The Sound of Music
第39回(1966年度)	わが命つきるとも	A Man for All Seasons

文化背景

■ アカデミー作品賞一覧

◆受賞年度	◆邦 題	◆原 題
第40回(1967年度)	夜の大捜査線	In the Heat of the Night
第41回(1968年度)	オリバー！	Oliver!
第42回(1969年度)	真夜中のカーボーイ	Midnight Cowboy
第43回(1970年度)	パットン大戦車軍団	Patton
第44回(1971年度)	フレンチ・コネクション	The French Connection
第45回(1972年度)	ゴッドファーザー	The Godfather
第46回(1973年度)	スティング	The Sting
第47回(1974年度)	ゴッドファーザー PartⅡ	The Godfather Part Ⅱ
第48回(1975年度)	カッコーの巣の上で	One Flew over the Cuckoo's Nest
第49回(1976年度)	ロッキー	Rocky
第50回(1977年度)	アニー・ホール	Annie Hall
第51回(1978年度)	ディア・ハンター	The Deer Hunter
第52回(1979年度)	クレイマー，クレイマー	Kramer, Kramer
第53回(1980年度)	普通の人々	Ordinary People
第54回(1981年度)	炎のランナー	Chariots of Fire
第55回(1982年度)	ガンジー	Gandhi
第56回(1983年度)	愛と追憶の日々	Terms of Endearment
第57回(1984年度)	アマデウス	Amadeus
第58回(1985年度)	愛と哀しみの果て	Out of Africa
第59回(1986年度)	プラトーン	Platoon
第60回(1987年度)	ラスト・エンペラー	The Last Emperor
第61回(1988年度)	レインマン	Rain Man
第62回(1989年度)	ドライビング・ミス・デイジー	Driving Miss Daisy
第63回(1990年度)	ダンス・ウィズ・ウルブス	Dances with Wolves
第64回(1991年度)	羊たちの沈黙	The Silence of the Lambs
第65回(1992年度)	許されざる者	Unforgiven
第66回(1993年度)	シンドラーのリスト	Shindler's List
第67回(1994年度)	フォレスト・ガンプ／一期一会	Forrest Gump
第68回(1995年度)	ブレイブハート	Braveheart
第69回(1996年度)	イングリッシュ・ペイシェント	The English Patient
第70回(1997年度)	タイタニック	Titanic
第71回(1998年度)	恋に落ちたシェイクスピア	Shakespeare in Love
第72回(1999年度)	アメリカン・ビューティー	American Beauty
第73回(2000年度)	グラディエーター	Gradiator
第74回(2001年度)	ビューティフル・マインド	A Beautiful Mind
第75回(2002年度)	シカゴ	Chicago
第76回(2003年度)	ロード・オブ・ザ・リング／王の帰還	The Lord of the Rings: The Return of the King
第77回(2004年度)	ミリオンダラー・ベイビー	Million Dollar Baby

グラミー賞─歴代主要4部門受賞一覧

全米レコーディング芸術科学アカデミーによって,毎年アメリカで発表されたレコードに与えられる賞で,約60部門があります.映画のアカデミー賞と比肩される権威ある賞.

・最優秀レコード賞 (Record of the Year):最も優秀な録音に授与.アーティストをはじめ,プロデューサー・エンジニア・ミキサーなどレコーディングに携わった人すべてが対象.
・最優秀アルバム賞 (Album of the Year):最も優秀なアルバムに授与.アーティストをはじめ,プロデューサー・エンジニア・ミキサーなどレコーディングに携わった人すべてが対象.
・最優秀楽曲賞 (Song of the Year):最も優れた楽曲に授与.アーティストではなく,作詞・作曲したソングライターが対象.
・最優秀新人賞 (Best New Artist):最も優秀な新人アーティストが対象.

但し,以下の一覧のうち,「最優秀レコード賞」「最優秀アルバム賞」の作品名の後にはアーティスト名を掲げ,「最優秀楽曲賞」にはソングライター名を掲げました.

第1回(1958年)
- 最優秀レコード　Nel Blu Dipinto Di Blu (Volare) (**Domenico Modugno**)
- 最優秀アルバム　The Music From Peter Gunn [ピーター・ガン] (**Henry Mancini**)
- 最優秀楽曲　　　Nel Blu Dipinto Di Blu (Volare) (**Domenico Modugno**)

第2回(1959年)
- 最優秀レコード　Mack The Knife (**Bobby Darin**)
- 最優秀アルバム　Come Dance With Me (**Frank Sinatra**)
- 最優秀楽曲　　　The Battle Of New Orleans [ニューオルリーンズの戦い] (**Jimmy Driftwood**)
- 最優秀新人　　　**Bobby Darin**

第3回(1960年)
- 最優秀レコード　Theme From A Summer Place [夏の日の恋] (**Percy Faith**)
- 最優秀アルバム　Button-Down Mind Of Bob Newhart (**Bob Newhart**)
- 最優秀楽曲　　　Theme From Exodus [栄光への脱出] (**Ernest Gold**)
- 最優秀新人　　　**Bob Newhart**

第4回(1961年)
- 最優秀レコード　Moon River (**Henry Mancini**)
- 最優秀アルバム　Judy At Carnegie Hall (**Judy Garland**)
- 最優秀楽曲　　　Moon River (**Henry Mancini & Johnny Mercer**)
- 最優秀新人　　　**Peter Nero**

■ グラミー賞―歴代主要4部門受賞一覧

第5回(1962年)
- 最優秀レコード　I Left My Heart In San Francisco [霧のサンフランシスコ] (**Tony Bennett**)
- 最優秀アルバム　The First Family (**Vaughn Meader**)
- 最優秀楽曲　What Kind Of Fool Am I [愚かな私] (**Anthony Newley & Leslie Bricusse**)
- 最優秀新人　**Robert Goulet**

第6回(1963年)
- 最優秀レコード　The Days Of Wine And Roses [酒とバラの日々] (**Henry Mancini**)
- 最優秀アルバム　The Barbra Streisand Album (**Barbra Streisand**)
- 最優秀楽曲　The Days Of Wine And Roses (**Henry Mancini & Johnny Mercer**)
- 最優秀新人　**The Swingle Singers**

第7回(1964年)
- 最優秀レコード　The Girl From Ipanema [イパネマの娘] (**Astrud Gilberto & Stan Getz**)
- 最優秀アルバム　Getz/Gilberto (**Stan Getz & Joao Gilberto**)
- 最優秀楽曲　Hello, Dolly! (**Jerry Herman**)
- 最優秀新人　**The Beatles**

第8回(1965年)
- 最優秀レコード　A Taste Of Honey (**Herb Alpert And The Tijuana Brass**)
- 最優秀アルバム　September Of My Years (**Frank Sinatra**)
- 最優秀楽曲　The Shadow Of Your Smile (Love Theme From "The Sandpiper") [いそしぎ] (**Johnny Mandel & Paul Francis Webster**)
- 最優秀新人　**Tom Jones**

第9回(1966年)
- 最優秀レコード　Strangers In The Night [夜のストレンジャー] (**Frank Sinatra**)
- 最優秀アルバム　Sinatra: A Man And His Music (**Frank Sinatra**)
- 最優秀楽曲　Michelle (**John Lennon & Paul McCartney**)
- 最優秀新人　(該当者なし)

第10回(1967年)
- 最優秀レコード　Up, Up And Away [ビートでジャンプ] (**5th Dimension**)
- 最優秀アルバム　Sgt. Pepper's Lonely Hearts Club Band (**The Beatles**)
- 最優秀楽曲　Up, Up And Away (**Jimmy L. Webb**)
- 最優秀新人　**Bobbie Gentry**

第11回(1968年)
- 最優秀レコード　Mrs. Robinson (**Simon & Garfunkel**)
- 最優秀アルバム　By The Time I Get To Phoenix [恋はフェニックス] (**Glen Campbell**)

グラミー賞―歴代主要4部門受賞一覧

最優秀楽曲	Little Green Apples [青い果実] (**Bobby Russell**)
最優秀新人	**Jose Feliciano**

第12回(1969年)
- 最優秀レコード　Aquarius/Let The Sunshine In [輝く星座] (**5th Dimension**)
- 最優秀アルバム　Blood, Sweat & Tears [血と汗と涙] (**Blood, Sweat & Tears**)
- 最優秀楽曲　　　Games People Play [孤独の影] (**Joe South**)
- 最優秀新人　　　**Crosby, Stills & Nash**

第13回(1970年)
- 最優秀レコード　Bridge Over Troubled Water [明日に架ける橋] (**Simon & Garfunkel**)
- 最優秀アルバム　Bridge Over Troubled Water (**Simon & Garfunkel**)
- 最優秀楽曲　　　Bridge Over Troubled Water (**Paul Simon**)
- 最優秀新人　　　**Carpenters**

第14回(1971年)
- 最優秀レコード　It's Too Late [心の炎も消え] (**Carole King**)
- 最優秀アルバム　Tapestry [つづれおり] (**Carole King**)
- 最優秀楽曲　　　You've Got A Friend [きみの友だち] (**Carole King**)
- 最優秀新人　　　**Carly Simon**

第15回(1972年)
- 最優秀レコード　The First Time Ever I Saw Your Face [愛は面影の中に] (**Roberta Flack**)
- 最優秀アルバム　The Concert For Bangla Desh [バングラ・デシュ] (**George Harrison, Ravi Shankar, Bob Dylan, Leon Russell, Ringo Starr, Billy Preston, Eric Clapton & Klaus Voormann**)
- 最優秀楽曲　　　The First Time Ever I Saw Your Face (**Ewan MacColl**)
- 最優秀新人　　　**America**

第16回(1973年)
- 最優秀レコード　Killing Me Softly With His Song [やさしく歌って] (**Roberta Flack**)
- 最優秀アルバム　Innervisions (**Stevie Wonder**)
- 最優秀楽曲　　　Killing Me Softly With His Song (**Charles Fox & Norman Gimbel**)
- 最優秀新人　　　**Bette Midler**

第17回(1974年)
- 最優秀レコード　I Honestly Love You [愛の告白] (**Olivia Newton-John**)
- 最優秀アルバム　Fulfillingness' First Finale [ファースト・フィナーレ] (**Stevie Wonder**)
- 最優秀楽曲　　　The Way We Were [追憶] (**Alan Bergman, Marilyn Bergman & Marvin Hamlisch**)
- 最優秀新人　　　**Marvin Hamlisch**

文化背景

■ グラミー賞—歴代主要4部門受賞一覧

第18回(1975年)
最優秀レコード　Love Will Keep Us Together [愛ある限り] (**Captain & Tennille**)
最優秀アルバム　Still Crazy After All These Years [時の流れに] (**Paul Simon**)
最優秀楽曲　　　Send In The Clowns [悲しみのクラウン] (**Stephen Sondheim**)
最優秀新人　　　**Natalie Cole**

第19回(1976年)
最優秀レコード　This Masquerade [マスカレード] (**George Benson**)
最優秀アルバム　Songs In The Key Of Life [キー・オブ・ライフ] (**Stevie Wonder**)
最優秀楽曲　　　I Write The Songs [歌の贈りもの] (**Bruce Johnston**)
最優秀新人　　　**Starland Vocal Band**

第20回(1977年)
最優秀レコード　Hotel California (**Eagles**)
最優秀アルバム　Rumours [噂] (**Fleetwood Mac**)
最優秀楽曲　　　You Light Up My Life [恋するデビー] (**Joe Brooks**)
　　　　　　　　Love Theme From A Star Is Born (Evergreen) [スター誕生の愛のテーマ] (**Barbra Streisand & Paul Williams**)
最優秀新人　　　**Debby Boone**

第21回(1978年)
最優秀レコード　Just The Way You Are [素顔のままで] (**Billy Joel**)
最優秀アルバム　Saturday Night Fever (**Bee Gees & Various Artists**)
最優秀楽曲　　　Just The Way You Are (**Billy Joel**)
最優秀新人　　　**A Taste Of Honey**

第22回(1979年)
最優秀レコード　What A Fool Believes (**The Doobie Brothers**)
最優秀アルバム　52nd Street [ニューヨーク52番街] (**Billy Joel**)
最優秀楽曲　　　What A Fool Believes (**Kenny Loggins & Michael McDonald**)
最優秀新人　　　**Rickie Lee Jones**

第23回(1980年)
最優秀レコード　Sailing (**Christopher Cross**)
最優秀アルバム　Christopher Cross [南から来た男] (**Christopher Cross**)
最優秀楽曲　　　Sailing (**Christopher Cross**)
最優秀新人　　　**Christopher Cross**

第24回(1981年)
最優秀レコード　Bette Davis Eyes [ベティ・デイビスの瞳] (**Kim Carnes**)
最優秀アルバム　Double Fantasy (**John Lennon & Yoko Ono**)
最優秀楽曲　　　Bette Davis Eyes (**Donna Weiss & Jackie DeShannon**)
最優秀新人　　　**Sheena Easton**

第25回(1982年)
最優秀レコード　Rosanna (**Toto**)

グラミー賞―歴代主要4部門受賞一覧 ■

最優秀アルバム	Toto IV [聖なる剣] (**Toto**)
最優秀楽曲	Always On My Mind (**Johnny Christopher, Mark James & Wayne Carson**)
最優秀新人	**Men At Work**

第26回(1983年)

最優秀レコード	Beat It [今夜はビート・イット] (**Michael Jackson**)
最優秀アルバム	Thriller (**Michael Jackson**)
最優秀楽曲	Every Breath You Take [見つめていたい] (**Sting**)
最優秀新人	**Culture Club**

第27回(1984年)

最優秀レコード	What's Love Got To Do With It [愛の魔力] (**Tina Turner**)
最優秀アルバム	Can't Slow Down [オール・ナイト・ロング] (**Lionel Richie**)
最優秀楽曲	What's Love Got To Do With It (**Graham Lyle & Terry Britten**)
最優秀新人	**Cyndi Lauper**

第28回(1985年)

最優秀レコード	We Are The World (**USA For Africa**)
最優秀アルバム	No Jacket Required [フィル・コリンズ III] (**Phil Collins**)
最優秀楽曲	We Are The World (**Michael Jackson & Lionel Richie**)
最優秀新人	**Sade**

第29回(1986年)

最優秀レコード	Higher Love (**Steve Winwood**)
最優秀アルバム	Graceland (**Paul Simon**)
最優秀楽曲	That's What Friends Are For [愛のハーモニー] (**Burt Bacharach & Carole Bayer Sager**)
最優秀新人	**Bruce Hornsby & The Range**

第30回(1987年)

最優秀レコード	Graceland (**Paul Simon**)
最優秀アルバム	The Joshua Tree (**U2**)
最優秀楽曲	Somewhere Out There [アメリカ物語] (**Barry Mann, Cynthia Weil & James Horner**)
最優秀新人	**Jody Watley**

第31回(1988年)

最優秀レコード	Don't Worry, Be Happy (**Bobby McFerrin**)
最優秀アルバム	Faith (**George Michael**)
最優秀楽曲	Don't Worry, Be Happy (**Bobby McFerrin**)
最優秀新人	**Tracy Chapman**

第32回(1989年)

最優秀レコード	Wind Beneath My Wings [愛は翼にのって] (**Bette Midler**)
最優秀アルバム	Nick Of Time (**Bonnie Raitt**)
最優秀楽曲	Wind Beneath My Wings (**Jeff Silbar & Larry Henley**)
最優秀新人	(該当者なし) Milli Vanilliが受賞したが、実は口パクで本人たち

文化背景

■ グラミー賞―歴代主要4部門受賞一覧

が歌っていないことが発覚したため,剥奪された.

第33回(1990年)
- 最優秀レコード　Another Day In Paradise (**Phil Collins**)
- 最優秀アルバム　Back On The Block (**Quincy Jones (& Various Artists)**)
- 最優秀楽曲　From A Distance [ディスタンス] (**Julie Gold**)
- 最優秀新人　**Mariah Carey**

第34回(1991年)
- 最優秀レコード　Unforgettable (**Natalie Cole (with Nat "King" Cole)**)
- 最優秀アルバム　Unforgettable (**Natalie Cole**)
- 最優秀楽曲　Unforgettable (**Irving Gordon**)
- 最優秀新人　**Marc Cohn**

第35回(1992年)
- 最優秀レコード　Tears In Heaven (**Eric Clapton**)
- 最優秀アルバム　Unplugged [アコースティック・クラプトン] (**Eric Clapton**)
- 最優秀楽曲　Tears In Heaven (**Eric Clapton & Will Jennings**)
- 最優秀新人　**Arrested Development**

第36回(1993年)
- 最優秀レコード　I Will Always Love You (**Whitney Houston**)
- 最優秀アルバム　The Bodyguard ― Original Soundtrack Album (**Whitney Houston**)
- 最優秀楽曲　A Whole New World (Aladdin's Theme) (**Alan Menken & Tim Rice**)
- 最優秀新人　**Toni Braxton**

第37回(1994年)
- 最優秀レコード　All I Wanna Do (**Sheryl Crow**)
- 最優秀アルバム　MTV Unplugged (**Tony Bennett**)
- 最優秀楽曲　Streets Of Philadelphia (**Bruce Springsteen**)
- 最優秀新人　**Sheryl Crow**

第38回(1995年)
- 最優秀レコード　Kiss From A Rose (**Seal**)
- 最優秀アルバム　Jagged Little Pill (**Alanis Morissette**)
- 最優秀楽曲　Kiss From A Rose (**Seal**)
- 最優秀新人　**Hootie & The Blowfish**

第39回(1996年)
- 最優秀レコード　Change The World (**Eric Clapton**)
- 最優秀アルバム　Falling Into You (**Celine Dion**)
- 最優秀楽曲　Change The World (**Gordon Kennedy, Tommy Sims & Wayne Kirkpatrick**)
- 最優秀新人　**LeAnn Rimes**

第40回(1997年)
- 最優秀レコード　Sunny Came Home (**Shawn Colvin**)

グラミー賞―歴代主要4部門受賞一覧

最優秀アルバム	Time Out Of Mind (**Bob Dylan**)
最優秀楽曲	Sunny Came Home (**John Leventhal & Shawn Colvin**)
最優秀新人	**Paula Cole**

第41回(1998年)
- 最優秀レコード　My Heart Will Go On (**Celine Dion**)
- 最優秀アルバム　The Miseducation Of Lauryn Hill [ミスエデュケーション] (**Lauryn Hill**)
- 最優秀楽曲　My Heart Will Go On (**James Horner & Will Jennings**)
- 最優秀新人　**Lauryn Hill**

第42回(1999年)
- 最優秀レコード　Smooth (**Santana featuring Rob Thomas**)
- 最優秀アルバム　Supernatural (**Santana**)
- 最優秀楽曲　Smooth (**Itaal Shur & Rob Thomas**)
- 最優秀新人　**Christina Aguilera**

第43回(2000年)
- 最優秀レコード　Beautiful Day (**U2**)
- 最優秀アルバム　Two Against Nature (**Steely Dan**)
- 最優秀楽曲　Beautiful Day (**U2**)
- 最優秀新人　**Shelby Lynne**

第44回(2001年)
- 最優秀レコード　Walk On (**U2**)
- 最優秀アルバム　O Brother, Where Art Thou?―Soundtrack [「オー・ブラザー！」オリジナル・サウンド・トラック] (**Various Artists**)
- 最優秀楽曲　Fallin' (**Alicia Keys**)
- 最優秀新人　**Alicia Keys**

第45回(2002年)
- 最優秀レコード　Don't Know Why (**Norah Jones**)
- 最優秀アルバム　Come Away With Me (**Norah Jones**)
- 最優秀楽曲　Don't Know Why (**Jesse Harris**)
- 最優秀新人　**Norah Jones**

第46回(2003年)
- 最優秀レコード　Clocks (**Coldplay**)
- 最優秀アルバム　Speakerboxxx /The Love Below (**OutKast**)
- 最優秀楽曲　Dance With My Father (**Richard Marx & Luther Vandross**)
- 最優秀新人　**Evanescence**

第47回(2004年)
- 最優秀レコード　Here We Go Again (**Ray Charles & Norah Jones**)
- 最優秀アルバム　Genius Loves Company [ジーニアス・ラヴ～永遠の愛] (**Ray Charles & Various Artists**)
- 最優秀楽曲　Daughters (**John Mayer**)
- 最優秀新人　**Maroon 5**

文化背景

■ ピューリッツア賞受賞作品一覧

ピューリッツア賞受賞作品一覧

アメリカで毎年, ジャーナリズム・文学・音楽の各分野における優れた業績に対して授与される最も伝統ある文化賞. アメリカのジャーナリスト, ジョーゼフ・ピューリッツア (Joseph Pulitzer, 1847―1911) の遺言によって創設され, コロンビア大学の委員会が選考にあたります. 以下は受賞14部門のうち, 文学系歴代受賞作品一覧です. ([　]内は翻訳書の邦題を示す)

●フィクション (Fiction)

◆年度	◆書　名	◆編著者
1917	No award	――
1918	His Family	Ernest Poole
1919	The Magnificent Ambersons [偉大なるアンバーソン家の人々]	Booth Tarkington
1920	No award	――
1921	The Age of Innocence [汚れなき時代]	Edith Wharton
1922	Alice Adams	Booth Tarkington
1923	One of Ours [孤独のアリス]	Willa Cather
1924	The Able McLaughlins	Margaret Wilson
1925	So Big [ソー・ビッグ]	Edna Ferber
1926	Arrowsmith [アロウスミスの生涯]	Sinclair Lewis
1927	Early Autumn	Louis Bromfield
1928	The Bridge of San Luis Rey [サン・ルイス・レイ橋]	Thornton Wilder
1929	Scarlet Sister Mary	Julia M. Peterkin
1930	Laughing Boy	Oliver La Farge
1931	Years of Grace	Margaret Ayer Barnes
1932	The Good Earth [大地]	Pearl S. Buck
1933	The Store	T. S. Stribling
1934	Lamb in His Bosom	Caroline Miller
1935	Now in November	Josephine Winslow Johnson
1936	Honey in the Horn	Harold L. Davis
1937	Gone with the Wind [風と共に去りぬ]	Margaret Mitchell
1938	The Late George Apley	John Phillips Marquand
1939	The Yearling [子鹿物語]	Marjorie Kinnan Rawlings
1940	The Grapes of Wrath [怒りの葡萄]	John Steinbeck
1941	No award	――

ピューリッツア賞受賞作品一覧

◆年度	◆書　名	◆編著者
1942	In This Our Life	Ellen Glasgow
1943	Dragon's Teeth［ラニー・バッド 第3部　エレミアの哀歌］	Upton Sinclair
1944	Journey in the Dark	Martin Flavin
1945	A Bell for Adano［アダノの鐘］	John Hersey
1946	No award	——
1947	All the King's Men［すべて王の臣］	Robert Penn Warren
1948	Tales of the South Pacific	James A. Michener
1949	Guard of Honor	James Gould Cozzens
1950	The Way West	Alfred Bertram Guthrie, Jr.
1951	The Town	Conrad Richter
1952	The Caine Mutiny［ケイン号の叛乱］	Herman Wouk
1953	The Old Man and the Sea［老人と海］	Ernest Hemingway
1954	No award	——
1955	A Fable［寓話］	William Faulkner
1956	Andersonville	MacKinlay Kantor
1957	No award	——
1958	A Death in the Family［家族のなかの死］	James Agee
1959	The Travels of Jaimie McPheeters［ジェイミーの冒険旅行］	Robert Lewis Taylor
1960	Advise and Consent［アメリカ政治の内幕］	Allen Drury
1961	To Kill a Mockingbird［アラバマ物語］	Harper Lee
1962	The Edge of Sadness	Edwin O'Connor
1963	The Reivers［自動車泥棒］	William Faulkner
1964	No award	——
1965	The Keepers of the House［ハウランド家の人びと］	Shirley Ann Grau
1966	The Collected Stories of Katherine Anne Porter［幻の馬, 幻の騎手］	Katherine Anne Porter
1967	The Fixer［修理屋］	Bernard Malamud
1968	The Confessions of Nat Turner［ナット・ターナーの告白］	William Styron
1969	House Made of Dawn	N. Scott Momaday
1970	Collected Stories	Jean Stafford
1971	No award	——
1972	Angle of Repose	Wallace Stegner
1973	The Optimist's Daughter［マッケルヴァ家の娘］	Eudora Welty
1974	No award	——

文化背景

■ ピューリッツア賞受賞作品一覧

◆年度	◆書　名	◆編著者
1975	The Killer Angels	Michael Shaara
1976	Humboldt's Gift［フンボルト氏の贈り物］	Saul Bellow
1977	No award	——
1978	Elbow Room	James Alan McPherson
1979	The Stories of John Cheever［橋の上の天使］	John Cheever
1980	The Executioner's Song［死刑執行人の歌―殺人者ゲイリー・ギルモアの物語］	Norman Mailer
1981	A Confederacy of Dunces	John Kennedy O'Toole
1982	Rabbit is Rich［金持になったウサギ］	John Updike
1983	The Color Purple［カラー・パープル］	Alice Walker
1984	Ironweed［黄昏に燃えて］	William Kennedy
1985	Foreign Affairs	Alison Lurie
1986	Lonesome Dove	Larry McMurtry
1987	A Summons to Memphis［メンフィスへ帰る］	Peter Hillsman Taylor
1988	Beloved［ビラヴド―愛されし者］	Toni Morrison
1989	Breathing Lessons［ブリージング・レッスン］	Anne Tyler
1990	The Mambo Kings Play Songs of Love: A Novel［マンボ・キングズ，愛のうたを歌う］	Oscar Hijuelos
1991	Rabbit at Rest［さようならウサギ］	John Updike
1992	A Thousand Acres［大農場］	Jane Smiley
1993	A Good Scent from a Strange Mountain: Stories［ふしぎな山からの香り］	Robert Olen Butler
1994	The Shipping News［シッピング・ニュース］	E. Annie Proulx
1995	The Stone Diaries［ストーン・ダイアリー］	Carol Shields
1996	Independence Day	Richard Ford
1997	Martin Dressler: The Tale of an American Dreamer［マーティン・ドレスラーの夢］	Steven Millhauser
1998	American Pastoral	Philip Roth
1999	The Hours［めぐりあう時間たち―三人のダロウェイ夫人］	Michael Cunningham
2000	Interpreter of Maladies: Stories［停電の夜に］	Jhumpa Lahiri

◆年度	◆書　名	◆編著者
2001	The Amazing Adventures of Kavalier and Clay: A Novel [カヴァリエ&クレイの驚くべき冒険]	Michael Chabon
2002	Empire Falls	Richard Russo
2003	Middlesex [ミドルセックス]	Jeffrey Eugenides
2004	The Known World	Edward P. Jones
2005	Gilead	Marilynne Robinson

●ノンフィクション (Nonfiction)

1962	The Making of the President 1960	Theodore H. White
1963	The Guns of August [八月の砲声]	Barbara W. Tuchman
1964	Anti-Intellectualism in American Life	Richard Hofstadter
1965	O Strange New World	Howard Mumford Jones
1966	Wandering Through Winter	Edwin Way Teale
1967	The Problem of Slavery in Western Culture	David Brion Davis
1968	Rousseau and Revolution, the tenth and final volume of The Story of Civilization	Will and Ariel Durant
1969	The Armies of the Night [夜の軍隊]	Norman Mailer
1970	Gandhi's Truth [ガンディーの真理]	Erik H. Erikson
1971	The Rising Sun [大日本帝国の興亡]	John Toland
1972	Stilwell and the American Experience in China, 1911－1945 [失敗したアメリカの中国政策―ビルマ戦線のスティルウェル将軍]	Barbara W. Tuchman
1973	Children of Crisis, Volumes Ⅱ and Ⅲ	Robert Coles
1974	The Denial of Death [死の拒絶]	Ernest Becker
1975	Pilgrim at Tinker Creek [ティンカー・クリークのほとりで]	Annie Dillard
1976	Why Survive ? Being Old in America [老後はなぜ悲劇なのか?―アメリカの老人たちの生活]	Robert N. Butler
1977	Beautiful Swimmers: Watermen, Crabs and the Chesapeake Bay	William W. Warner
1978	The Dragons of Eden [エデンの恐竜―知能の源流をたずねて]	Carl Sagan
1979	On Human Nature [人間の本性について]	Edward Osborne Wilson
1980	Gödel, Escher, Bach: an Eternal Golden Braid [ゲーデル, エッシャー, バッハ―あるいは	Douglas R. Hofstadter

■ ピューリッツア賞受賞作品一覧

◆年度	◆書 名	◆編著者
	不思議の環]	
1981	Fin-De Siecle Vienna: Politics and Culture [世紀末ウィーン]	Carl E. Schorske
1982	The Soul of a New Machine	Tracy Kidder
1983	Is There No Place on Earth for Me	Susan Sheeham
1984	The Social Transformation of American Medicine	Paul Starr
1985	The Good War: An Oral History of World War Ⅱ [よい戦争]	Studs Terkel
1986	Common Ground: A Turbulent Decade in the Lives of Three American Families	J. Anthony Lukas
1987	Arab and Jew: Wounded Spirits in a Promised Land [アラブ人とユダヤ人─「約束の地」はだれのものか]	David K. Shipler
1988	The Making of the Atomic Bomb [原子爆弾の誕生]	Richard Rhodes
1989	A Bright Shining Lie: John Paul Vann and America in Vietnam	Neil Sheehan
1990	And Their Children After Them	Dale Maharidge and Michael Williamson
1991	The Ants	Bet Holldobler and Edward O. Wilson
1992	The Prize: The Epic Quest for Oil, Money & Power [石油の世紀─支配者たちの興亡]	Daniel Yergin
1993	Lincoln at Gettysburg [リンカーンの三分間─ゲティズバーグ演説の謎]	Garry Wills
1994	Lenin's Tomb	David Remnick
1995	The Beak of the Finch [フィンチの嘴─ガラパゴスで起きている種の変貌]	Jonathan Weiner
1996	The Haunted Land: Facing Europe's Ghosts After Communism [過去と闘う国々─共産主義のトラウマをどう生きるか]	Tina Rosenberg
1997	Ashes to Ashes : America's Hundred-Year Cigarette War, the Public Health, and the Unabashed Triumph of Philip Morris	Richard Kluger
1998	Guns, Germs and Steel: The Fate of	Jared Diamond

◆年度	◆書　名	◆編著者
	Human Societies ［銃・病原菌・鉄―1万3000年にわたる人類史の謎］	
1999	Annals of the Former World	John McPhee
2000	Embracing Defeat: Japan in the Wake of World War II ［敗北を抱きしめて］	John W. Dower
2001	Hirohito and the Making of Modern Japan ［昭和天皇］	Herbert P. Bix
2002	Carry Me Home: Birmingham, Alabama, the Climactic Battle of the Civil Rights Revolution	Diane McWhorter
2003	A Problem from Hell: America and the Age of Genocide	Samantha Power
2004	Gulag: A History	Anne Applebaum
2005	Ghost Wars: The Secret History of The CIA, Afghanistan, and Bin Laden, From the Soviet	Steve Coll

●伝記・自伝 (Biography・Autobiography)

1917	Julia Ward Howe, 1819－1910	Laura E. Richards and Maude Howe Elliott
1918	Benjamin Franklin, Self-Revealed	William Cabell Bruce
1919	The Education of Henry Adams ［ヘンリー・アダムズの教育］	Henry Adams
1920	The Life of John Marshall, 4 vols.	Albert J. Beveridge
1921	The Americanization of Edward Bok ［大成の彼方―エドワード・ボック伝］	Edward Bok
1922	A Daughter of the Middle Border	Hamlin Garland
1923	The Life and Letters of Walter H. Page	Burton J. Hendrick
1924	From Immigrant to Inventor ［ミカエル・ピューピン自伝―ある発明家の生涯］	Michael Idvorsky Pupin
1925	Barrett Wendell and His Letters	M. A. Dewolfe Howe
1926	The Life of Sir William Osler, 2 vols.	Harvey Cushing
1927	Whitman: An Interpretation in Narrative	Emory Holloway
1928	The American Orchestra and Theodore Thomas, The Music Book Index	Charles Edward Russell
1929	The Training of an American: The Earlier Life and Letters of Walter H.	Burton J. Hendrick

■ ピューリッツア賞受賞作品一覧

◆年度	◆書　名	◆編著者
	Page, 1855－1913	
1930	The Raven: A Biography of Sam Houston	Marquis James
1931	Charles W. Eliot, President of Harvard University, 1869－1909	Henry James
1932	Theodore Roosevelt	Henry F. Pringle
1933	Grover Cleveland	Allan Nevins
1934	John Hay: Lincoln and the Civil War in the Diaries and Letters of John Hay	Tyler Dennett
1935	R. E. Lee: A Biography	Douglas Southall Freeman
1936	The Thought and Character of William James	Ralph Barton Perry
1937	Hamilton Fish: The Inner History of the Grant Administration	Allan Nevins
1938	Andrew Jackson, 2 vols.	Marquis James
1939	Benjamin Franklin	Carl Van Doren
1940	Woodrow Wilson, Life and Letters. Vols. VII and VIII	Ray Stannard Baker
1941	Jonathan Edward, 1703－1758: A Biography	Ola Elizabeth Winslow
1942	Crusader in Crinoline	Forrest Wilson
1943	Admiral of the Ocean Sea: A Life of Christopher Columbus	Samuel Eliot Morison
1944	The American Leonardo: The Life of Samuel F. B. Morse	Carleton Mabee
1945	George Bancroft: Brahmin Rebel	Russell Blaine Nye
1946	Son of the Wilderness	Linnie Marsh Wolfe
1947	The Autobiography of William Allen White [夢多き日の花形記者―腕白時代から主筆記者まで]	William Allen White
1948	Forgotten First Citizen: John Bigelow	Margaret Clapp
1949	Roosevelt and Hopkins [ルーズヴェルトとホプキンズ]	Robert E. Sherwood
1950	John Quincy Adams and the Foundations of American Foreign Policy	Samuel Flagg Bemis
1951	John C. Calhoun: American Portrait	Margaret Louise Coit
1952	Charles Evans Hughes	Merlo J. Pusey
1953	Edmund Pendleton 1721－1803: A Biography	David J. Mays
1954	The Spirit of St. Louis	Charles A. Lindbergh

ピューリッツア賞受賞作品一覧

◆年度	◆書　名	◆編著者
	[翼よ，あれがパリの灯だ]	
1955	The Taft Story	William S. White
1956	Benjamin Henry Latrobe	Talbot Faulkner Hamlin
1957	Profiles in Courage [勇気ある人々―良心と責任に生きた八人の政治家]	John Fitzgerald Kennedy
1958	George Washington: A Biography : Victory With the Help of France Volumes I-VI	Douglas Southall Freeman
1959	Woodrow Wilson, American Prophet	Arthur Walworth
1960	John Paul Jones: A Sailor's Biography	Samuel Eliot Morison
1961	Charles Sumner and the Coming of the Civil War	David Herbert Donald
1962	No Award	――
1963	Henry James, A Life	Leon Edel
1964	John Keats	Walter Jackson Bate
1965	Henry Adams, three volumes	Ernest Samuels
1966	A Thousand Days: John F. Kennedy in The White House	Arthur M. Schlesinger
1967	Mr. Clemens and Mark Twain: A Biography	Justin Kaplan
1968	Memoirs [ジョージ・F. ケナン回顧録―対ソ外交に生きて]	George Frost Kennan
1969	The Man From New York: John Quinn and His Friends	Benjamin Lawrence Reid
1970	Huey Long	Thomas Harry Williams
1971	Robert Frost: The Years of Triumph, 1915－1938	Lawrence Thompson
1972	Eleanor and Franklin	Joseph P. Lash
1973	Luce and His Empire	W. A. Swanberg
1974	O'Neill, Son and Artist	Louis Sheaffer
1975	The Power Broker: Robert Moses and the Fall of New York	Robert Caro
1976	Edith Wharton: A Biography	R. W. B. Lewis
1977	A Prince of Our Disorder: The Life of T.E. Lawrence	John E. Mack
1978	Samuel Johnson	Walter Jackson Bate
1979	Days of Sorrow and Pain: Leo Baeck and the Berlin Jews	Leonard Baker
1980	The Rise of Theodore Roosevelt	Edmund Morris

■ ピューリッツア賞受賞作品一覧

◆年度	◆書　名	◆編著者
1981	Peter the Great: His Life and World	Robert K. Massie
1982	Grant: A Biography	William S. McFeely
1983	Growing Up [グローイング・アップ]	Russell Baker
1984	Booker T. Washington: The Wizard of Tuskegee, 1901―1915	Louis R. Harlan
1985	The Life and Times of Cotton Mather	Kenneth Silverman
1986	Louise Bogan: A Portrait	Elizabeth Frank
1987	Bearing the Cross: Martin Luther King, Jr. and the Southern Christian Leadership Conference	David J. Garrow
1988	Look Homeward: A Life of Thomas Wolfe	David Herbert Donald
1989	Oscar Wilde	Richard Ellmann
1990	Machiavelli in Hell [地獄のマキアヴェッリ]	Sebastian de Grazia
1991	Jackson Pollock: An American Saga	Steven Naifeh and Gregory White Smith
1992	Fortunate Son: The Autobiography of Lewis B. Puller, Jr.	Lewis B. Puller, Jr.
1993	Truman	David McCullough
1994	W.E.B. Dubois : Biography of a Race, 1868―1919	David Levering Lewis
1995	Harriet Beecher Stowe: A Life	Joan D. Hedrick
1996	God: A Biography [God：神の伝記]	Jack Miles
1997	Angela's Ashes: A Memoir	Frank McCourt
1998	Personal History [キャサリン・グラハムわが人生]	Katharine Graham
1999	Lindbergh [リンドバーグ―空から来た男]	A. Scott Berg
2000	Vera, Mrs. Vladimir Nabokov	Stacy Schiff
2001	W.E.B. Du Bois: The Fight for Equality and The American Century, 1919―1963	David Levering Lewis
2002	John Adams	David McCullough
2003	Master of the Senate: The Years of Lyndon Johnson	Robert A. Caro
2004	Khrushchev: The Man and His Era [フルシチョフ]	William Taubman
2005	De Kooning: An American Master	Mark Stevens and Annalyn Swan

エドガー賞[MWA賞]受賞作品一覧

アメリカ・ミステリー作家協会 (Mystery Writers of America) が年間最優秀作品に授与するミステリー賞で, 作家の国籍は問いません. エドガー・アラン・ポー (Edgar Allan Poe) の像が贈られることから, MWA賞をエドガー賞ともいいます. ミステリー小説界の最高峰の賞. ([ ]内は翻訳書の邦題を示す)

◆年度	◆作 品 名	◆著 者
1954	Beat Not the Bones [死の月]	Charlotte Jay
1955	The Long Goodbye [長いお別れ]	Raymond Chandler
1956	Beast in View [狙った獣]	Margaret Millar
1957	A Dram of Poison [毒薬の小壜]	Charlotte Armstrong
1958	Room To Swing [ゆがめられた昨日]	Ed Lacy
1959	The Eighth Circle [第八の地獄]	Stanley Ellin
1960	The Hours Before Dawn [夜明け前の時]	Celia Fremlin
1961	Progress of a Crime [犯罪の進行]	Julian Symons
1962	Gideon's Fire [ギデオンと放火魔]	J. J. Marric
1963	Death and the Joyful Woman [死と陽気な女]	Peter Ellis
1964	The Light of Day [真昼の翳]	Eric Ambler
1965	The Spy Who Came in From the Cold [寒い国から帰ってきたスパイ]	John Le Carre
1966	The Quiller Memorandum [不死鳥を倒せ]	Adam Hall
1967	King of the Rainy Country [雨の国の王者]	Nicolas Freeling
1968	God Save the Mark [我輩はカモである]	Donald Westlake
1969	A Case of Need [緊急の場合は]	Michael Crichton
1970	Forfeit [罰金]	Dick Francis
1971	The Laughing Policeman [笑う警官]	Maj Sjowall
1972	The Day of the Jackal [ジャッカルの日]	Frederick Forsyth
1973	The Lingala Code [リンガラ・コード]	Warren Kiefer
1974	Dance Hall of the Dead [死者の舞踏場]	Tony Hillerman
1975	Peter's Pence [法王の身代金]	Jon Cleary
1976	Hopscotch [ホップスコッチ]	Brian Garfield
1977	Promised Land [約束の地]	Robert B. Parker
1978	Catch Me Kill Me [亡命詩人, 雨に消ゆ]	William Hallahan
1979	Eye of the Needle [針の眼]	Ken Follett
1980	The Rheingold Route [ラインゴルト特急の男]	Arthur Maling

■ エドガー賞[MWA賞]受賞作品一覧

◆年度	◆作 品 名	◆著　者
1981	Whip Hand [利腕]	Dick Francis
1982	Peregrine [キラーバード, 急襲]	William Bayer
1983	Billinsgate Shoal [ケープ・コッド危険水域]	Rick Boyer
1984	Labrava [ラブラバハ]	Elmore Leonard
1985	Briarpatch [女刑事の死]	Ross Thomas
1986	Suspect [容疑者]	L.R. Wright
1987	A Dark-adapted Eye [死との抱擁]	Barbara Vine
1988	Old Bones: A Gideon Oliver Mystery [古い骨]	Aaron J. Elkins
1989	Cold, Red Sunrise [ツンドラの殺意]	Stuart M. Kaminsky
1990	Black Cherry Blues [ブラック・チェリー・ブルース]	James Lee Burke
1991	New Orleans Mourning [ニューオーリンズの葬送]	Julie Smith
1992	A Dance At The Slaughterhouse [倒錯の舞踏]	Lawrence Block
1993	Bootlegger's Daughter [密造人の娘]	Margaret Maron
1994	The Sculptress [女彫刻家]	Minette Walters
1995	The Red Scream [処刑前夜]	Mary Willis Walker
1996	Come To Grief [敵手]	Dick Francis
1997	The Chatham School Affair [緋色の記憶]	Thomas H. Cook
1998	Cimarron Rose [シマロン・ローズ]	James Lee Burke
1999	Mr. White's Confession [記憶なき殺人]	Robert Clark
2000	Bones [骨]	Jan Burke
2001	The Bottoms [ボトムズ]	Joe R. Lansdale
2002	Silent Joe [サイレント・ジョー]	T. Jefferson Parker
2003	Winter and Night	S. J. Rozan
2004	Resurrection Men [甦る男]	Ian Rankin
2005	California Girl	T. Jefferson Parker

ブッカー賞受賞作品一覧

イギリスで最も権威のある文学賞で，イギリス連邦およびアイルランド共和国の国民によってその年に書かれた最も優秀な長編作品に授与されます．イギリスの多国籍企業ブッカー・マコンネル社が創設しましたが，2002年からは投資会社マン・グループがスポンサーに加わり，正式名称がマン・ブッカー賞になりました．([ ]内は翻訳書の邦題を示す)

◆年度	◆作 品 名	◆著 者
1969	Something to Answer for	P. H. Newby
1970	The Elected Member[選ばれし者]	Bernice Rubens
1971	In a Free State	V. S. Naipaul
1972	G[G]	John Berger
1973	The Siege of Krishnapur[セポイの反乱]	J. G. Farrell
1974	The Conservationist	Nadine Gordimer
	Holiday	Stanley Middleton
1975	Heat and Dust	Ruth Prawer Jhabvala
1976	Saville[サヴィルの青春]	David Storey
1977	Staying On	Paul Scott
1978	The Sea, The Sea[海よ，海]	Iris Murdoch
1979	Offshore[テムズ河の人々]	Penerope Fitzgerald
1980	Rites of Passa[通過儀礼]	William Golding
1981	Midnight's Children[真夜中の子供たち]	Salman Rushdie
1982	Shindler's Ark[シンドラーズ・リスト]	Thomas Keneally
1983	Life & Times of Michael K[マイケル・K]	J. M. Coetzee
1984	Hotel du Lac[秋のホテル]	Anita Brookner
1985	The Bone People	Keri Hulme
1986	The Old Devils	Kingsley Amis
1987	Moon Tiger[ムーンタイガー]	Penelope Lively
1988	Oscar and Lucinda[オスカーとルシンダ]	Peter Carey
1989	The Remains of the Day[日の名残り]	Kazuo Ishiguro
1990	Possession[抱擁]	A. S. Byatt
1991	The Famished Road[満たされぬ道]	Ben Okri
1992	The English Patient[イギリス人の患者]	Michael Ondaatje
	Sacred Hunger	Barry Unsworth
1993	Paddy Clarke Ha Ha Ha [パディ・クラーク　ハハハ]	Roddy Doyle
1994	How Late It Was, How Late	James Kelman
1995	The Ghost Road	Pat Barker

■ 主なことわざ・格言 あ行

◆年度	◆作品名	◆著者
1996	Last Orders[ラストオーダー]	Graham Swift
1997	The God of Small Things[小さきものたちの神]	Arundhati Roy
1998	Amsterdam[アムステルダム]	Ian McEwan
1999	Disgrace[恥辱]	J. M. Coetzee
2000	The Blind Assassin[昏き目の暗殺者]	Margaret Atwood
2001	True History of the Kelly Gang[ケリー・ギャングの真実の歴史]	Peter Carey
2002	Life of Pi: A Novel[パイの物語]	Yann Martel
2003	Vernon God Little	DBC Pierre
2004	The Line of Beauty	Alan Hollinghurst

主なことわざ・格言

ここで紹介するのは主な日本のことわざ・格言の英語訳です．ここであげた訳以外にもほかに訳がある場合があります．簡潔な表現のもつリズム感や，韻を踏んだり対句表現になったりしている点にも注意しましょう．

あ行

青は藍より出て藍より青し	The scholar may be better than the master.
悪事千里を走る	Bad news travels fast.
悪銭身につかず	Ill-gotten, ill-spent.
明日の百より今日の五十	A bird in the hand is worth two in the bush.
明日は我が身	I to-day, you to-morrow.
頭隠して尻隠さず	That's burying one's head in the sand like an ostrich.
あちら立てればこちらが立たず	It's hard to please all parties.
羹に懲りて膾を吹く	Once bitten, twice shy.
	A burnt child dreads the fire.
	A scalded cat fears cold water.
後の祭り	You come a day after the fair.
後は野となれ山となれ	After us the deluge.
あばたもえくぼ	If Jack's in love, he's no judge of Jill's beauty.
	Love hides ugliness.
	Love sees no faults.

あ行 主なことわざ・格言

虻(あぶ)蜂取らず	Lose not the substance for the shadow.
	He that hunts two hares loses both.
	Between two stools you fall to the ground.
雨降って地固まる	The falling out of lovers is a renewing of love.
過ちは人の常	To err is human, to forgive divine.
あらしの前の静けさ	The lull before the storm.
言うは易(やす)く行うは難(かた)し	Easier said than done.
	Who will bell the cat?
石の上にも三年	Perseverance wins out.
石橋をたたいて渡る	Look before you leap.
	Forewarned is forearmed.
医者の不養生	Physician, heal thyself.
衣食足りて礼節を知る	Well-fed, well-bred.
	Money makes a man.
急がば回れ	Make haste slowly.
	More haste, less speed.
	Haste makes waste.
一か八か	All or nothing.
	Do or die.
一病息災	All that shakes falls not.
一文惜しみの百失い	Penny wise, pound foolish.
一を聞いて十を知る	A word is enough to the wise.
	Half a word is enough to a wise man.
一挙両得	To kill two birds with one stone.
一刻(値)千金	Time is money.
一寸先はやみ	Here today and gone tomorrow.
	Today a man, tomorrow none.
一寸の光陰軽んずべからず	Nothing is more precious than time.
一寸の虫にも五分の魂	Even a worm will turn.
一石二鳥	To kill two birds with one stone.
犬も歩けば棒にあたる	A flying crow always catches something.
	Every dog has his day.
	You just never know what's going to happen.
井の中の蛙(かわず)大海を知らず	He that stays in the valley shall never get over the hill.
言わぬが花	Best left unsaid.
	Speech is silver, silence is golden.
因果応報	Such a life such a death.
	As a man sows, so he shall reap.
上には上がある	There's always someone who has more.
魚心あれば水心	Scratch my back and I'll scratch yours.

文化背景

■ 主なことわざ・格言 あ行

	It takes two to tango.
烏合(ごう)の衆	The mob has many heads but no brains.
氏(うじ)より育ち	Nurture passes nature.
	Birth is much but breeding is more.
うそも方便	The end justifies the means.
	A necessary lie is harmless.
	Sometimes you have to stretch the truth to fill the bill.
	Fibbing does the trick, sometimes.
馬の耳に念仏	It's like talking to the wind.
瓜(うり)の蔓(つる)に茄子(なすび)はならぬ	An eagle does not hatch a dove.
	An onion will not produce a rose.
	It runs in the blood.
うわさをすれば影	Talk of the devil and he is sure to appear.
えびで鯛(たい)を釣る	A small gift brings often a great reward.
	Throw a sprat to catch a whale.
縁は異なもの味なもの	Marriages are made in heaven.
	Marriage is a lottery.
負うた子に教えられて浅瀬を渡る	A lion may come to be beholden to a mouse.
	A mouse may help a lion.
	Chicken gives advice to hen.
大風呂敷を広げる	To talk big.
岡目八目(はちもく)	Lookers-on see most of the game.
	Standers-by see more than gamesters.
おごれる者は久しからず	Pride will have a fall.
	Pride goes before destruction.
鬼に金棒	That makes it double sure.
	The more Moors, the better victory.
鬼のいぬ間に洗濯	When the cat's away, the mice will play.
鬼の目にも涙	The devil is not so black as he is painted.
鬼も十八番茶も出花	Everything is good in its season.
	Every dog has his day.
帯に短したすきに長し	Too much for one and not enough for two.
	Too much spoils, too little is nothing.
おぼれる者はわらをもつかむ	A drowning man will catch [clutch] at a straw.
思い立ったが吉日	There is no time like the present.
	Never put off till tomorrow what may be done today.
思う念力岩をも通す	Where there's a will, there's a way.
親の光は七光	Parental fame is a magnifying glass for children.

親の欲目	The owl thinks her own bird fairest.
終わりよければすべてよし	All is well that ends well.
女心と秋の空	A woman's mind and winter wind change often.
女三人寄ればかしましい	Many women many words.
	Three women make a market.
恩を仇で返す	The axe goes to the wood where it borrowed its helve.
	A beggar pays a benefit with a louse.
	To bite the hand that feeds one.

か行

蛙の子は蛙	Children have the qualities of the parents.
	What is born of a cat will catch mice.
	As the old cock crows, so crows the young.
学問に王道なし	There's no royal road to learning.
佳人薄命	Whom the gods love die young.
	Beauty fades like a flower.
稼ぐに追いつく貧乏なし	Care and diligence bring luck.
勝ってかぶとの緒を締めよ	Don't halloo until you are out of the wood.
勝てば官軍, 負ければ賊軍	Might is right.
我田引水	Every miller draws water to his own mill.
	He feathers his own nest.
金が物を言う	Money talks.
	Money makes a man.
金の切れ目が縁の切れ目	When poverty comes in at the door, love flies out of the window.
	Love lasts as long as money endures.
	When you are down and out, nobody knows you.
金は天下の回り物	Money is round, and rolls away.
	Money is a great traveler in the world.
	Money will come and go.
壁に耳あり	Walls have ears.
果報は寝て待て	Everything comes to him who waits.
	The net of the sleeper catches fish.
亀の甲より年の功	Age and experience teach wisdom.
	Years know more than books.
	Years bring wisdom.
	Wisdom comes with age.

■ 主なことわざ・格言　か行

枯れ木も山の賑（にぎ）わい	A bad bush is better than the open field.
	A bad excuse is better than none.
	Better are small fish than an empty dish.
可愛い子には旅をさせよ	Spare the rod and spoil the child.
艱難（なん）なんじを玉にす	Adversity makes a man wise.
	No cross no crown.
木に縁（よ）りて魚を求む	Ask not pears of an elm tree.
	Look not for musk in a dog's kennel.
	Don't go to a goat for wool.
木を見て森を見ない	You can't see the forest for the trees.
九死に一生を得る	To have a hair's breadth escape.
窮すれば通ず	Necessity is the mother of invention.
	Discontent is the first step in progress.
窮鼠（きゅうそ）猫をかむ	Despair gives courage to a coward.
	A baited cat may grow as fierce as a lion.
	Even a worm will turn.
今日できることを明日に延ばすな	Never put off till tomorrow what you can do today.
器用貧乏	Versatility never pays.
	Good workmen are seldom rich.
漁夫の利	Two dogs fight for a bone and a third runs away with it.
勤勉は幸運の母	Diligence is the mother of good fortune.
	Industry is the parent of success.
空腹にまずいものなし	Hunger is the best sauce.
	Hunger makes hard bones sweet beans.
腐っても鯛（たい）	Virtue never grows old.
	An old eagle is better than a young crow.
口は禍（わざわい）のもと	Silence does seldom harm.
	Speech is silver, silence is golden.
	Birds entangled by their feet, men by their tongues.
苦は楽の種／苦なければ楽なし	No gains without pains.
	No sweet without sweat.
	You cannot make an omelet without breaking eggs.
苦しい時の神頼み	The danger past, and God forgotten.
	Some are atheists only in fair weather.
	Vows made in storms are forgotten in calms.
君子危うきに近寄らず	A wise man never courts danger.
君子は豹変（ひょう）す	A wise man changes his mind, a fool never.

鶏口(けいこう)となるも牛後(ぎゅうご)となるなかれ	Better be the head of a dog than the tail of a lion.
	Better be first in the village than second at Rome.
芸は身を助ける	Any skill is an advantage.
	Art and knowledge bring bread and honor.
下司(げす)の後知恵	Afterwit is fool's wit.
	Easy to be wise after the event.
けんか両成敗	In a quarrel both parties are to blame.
	There are faults on both sides.
恋は思案の外	Affection blinds reason.
	Love and knowledge live not together.
恋は盲目	Love is blind.
光陰矢のごとし	Time flies.
	Time has wings.
後悔先に立たず	Repentance comes too late.
	It is no use crying over spilt milk.
	What's done cannot be undone.
郷に入っては郷に従え	When in Rome, do as the Romans do.
	Every country has its law.
甲の薬は乙の毒	One man's meat is another man's poison.
弘法にも筆の誤り	Even Homer sometimes nods.
	Nobody is perfect.
弘法筆を選ばず	A bad workman always blames his tools.
紺屋(こうや)の白袴(しろばかま)	The cobbler's wife goes the worst shod.
	None more bare than the shoemaker's wife.
	The tailor ill-dressed, the shoe-maker ill-shoed.
虎穴に入らずんば虎子を得ず	Nothing ventured, nothing gained.
五十歩百歩	As good twenty as nineteen.
	The pot calls the kettle black.
	There is little difference between the two.
この父にしてこの子あり	Like father, like son.
転ばぬ先の杖	Look before you leap.
	Although the sun shines leave not your cloak at home.
	Prevention is better than cure.

さ行

歳月人を待たず	Time and tide wait for no man. / Time flies.
さいは投げられた	The die is cast.

■ 主なことわざ・格言　さ行

先んずれば人を制す	First come, first served.
酒は百薬の長	Good wine makes good blood.
猿も木から落ちる	Even Homer sometimes nods.
	Nobody is perfect.
	The best cart may overthrow.
去る者は日々に疎し	Out of sight, out of mind.
触らぬ神にたたりなし	Let sleeping dogs lie.
	Far from Jupiter, far from thunder.
山椒は小粒でもぴりりと辛い	Little head great wit.
	A little body often harbors a great soul.
三度目の正直	The third is a charm.
	The third time lucky.
	The third time pays for all.
三人寄れば文殊の知恵	Two heads are better than one.
	Two eyes can see more than one.
鹿を追うものは山を見ず	Some people cannot see the wood for the trees.
自業自得	As you make your bed, so you like on it.
	As you sow, so will reap.
地獄の沙汰も金次第	A golden key opens every door.
	Money makes the mare to go.
	Money talks.
事実は小説より奇なり	Truth is stranger than fiction.
親しき仲にも礼儀あり	Love your neighbor, yet pull not down your fence.
	Good fences make good neighbors.
失敗は成功のもと	Failure teaches success.
死人に口なし	Dead men tell no tales.
釈迦に説法	Don't teach fish to swim.
	Don't teach your grandmother to suck eggs.
蛇の道はへび	Set a thief to catch a thief.
	One devil knows another.
	The greatest deer-stealers make the best park keepers.
十人十色	So many men, so many minds.
	Every man has his humor.
朱に交われば赤くなる	He who touches pitch shall be defiled therewith.
上手の手から水が漏る	Even Homer sometimes nods.
小人閑居して不善をなす	Doing nothing is doing ill.
	By doing nothing we learn to do ill.

た行 主なことわざ・格言

少年老い易く学成り難し	Art is long, life is short.
知らぬが仏	Ignorance is bliss.
人事を尽くして天命を待つ	Use the means and God will give the blessing.
	Do the likeliest and God will do the best.
人生は短く, 芸の道 [芸術] は長い	Art is long, life is short.
好きこそ物の上手なれ	Who likes not his business, his business likes not him.
過ぎたるは及ばざるが如し	More than enough is too much.
	Too much spoils, too little does not satisfy.
雀百まで踊り忘れず	What is learned in the cradle is carried to the tomb.
すべての道はローマに通ず	All roads lead to Rome.
精神一到何事かならざらん	Where there is a will, there is a way.
急いては事をし損じる	Haste makes waste.
	More haste, less speed.
	Slow and steady wins the race.
背に腹はかえられぬ	Necessity has no law.
栴檀(せんだん)は双葉よりかんばし	It early pricks that will be a good thorn.
船頭多くして船山に登る	Too many cooks spoil the broth.
	The more cooks, the worse pottage.
善は急げ	The sooner, the better.
千里の道も一歩から	He who would climb the ladder must begin at the bottom.
	The longest journey begins with a single step.
備えあれば憂いなし	Save for a rainy day.
	Providing is preventing.

た行

大器晩成	Soon ripe, soon rotten.
	Rome was not built in a day.
	Who goes slowly goes far.
大山鳴動してねずみ一匹	Much bruit and little fruit.
	Great cry and little wool.
大事の前の小事	From small beginnings come great things.
	You must lose a fly to catch a trout.
大同小異	Six of one and half a dozen of the other.
大は小を兼ねる	The greater embraces the less.
高みの見物	To see it rain is better than to be in it.
多芸は無芸	Jack of all trades is master of none.

■ 主なことわざ・格言　た行

ただほど高い物はない	Nothing costs so much as what is given to us.
立つ鳥跡を濁さず	It is a foolish bird that fouls its own nest.
立板に水	To speak nine words at once.
蓼を食う虫も好き好き	There is no accounting for tastes.
	All meat pleases not all mouths.
	Every man as he loves.
	Tastes differ.
旅の恥はかき捨て	When you are out of town, you sometimes go overboard.
旅は道連れ世は情け	Good company on the road is the shortest cut.
	A merry companion is a wagon in the way.
	Good company makes short miles.
玉にきず	The best wine has its lee.
	A fly in the ointment.
玉磨かざれば光なし	A garden must be looked unto and dressed as the body.
便りのないのはよい便り	No news is good news.
短気は損気	Anger and haste hinder good counsel.
	Anger punishes itself.
血は水よりも濃い	Blood is thicker than water.
ちりも積もれば山となる	Many a little makes a mickle.
	Many drops make a shower.
月夜にちょうちん	To carry coals to Newcastle.*（*石炭の産地）
	To carry a lantern in midday.
角をためて牛を殺す	Better a snotty child than his nose wiped off.
	Burn not your house to fright the mouse away.
	Take not a musket to kill a butterfly.
鶴の一声	The king's word is more than another man's oath.
鉄は熱いうちに打て	Strike while the iron is hot.
	Make hay while the sun shines.
出るくいは打たれる	Tall trees catch much wind.
	Great winds blow on high hills.
	Envy is the companion of honor.
転石こけむさず	A rolling stone gathers no moss.
点滴石を穿つ	Constant dropping will wear the stone.
天は自ら助くる者を助く	Heaven helps those who help themselves.
天網恢恢疎にして漏らさず	Heaven's vengeance is slow but sure.
	Justice has long arms.
燈台下暗し	Go into the country, to hear what news in

な行 主なことわざ・格言

	town.
	Go abroad and you will hear news of home.
同病相憐れむ	Misery loves company.
	Misery makes strange bedfellows.
同類相集まる	Birds of a feather flock together.
遠くの親せきより近くの他人	A near friend is better than a far-dwelling kinsman.
時は金なり	Time is money.
毒をくらわば皿までも	In for a penny, in for a pound.
	As well be hanged for a sheep as a lamb.
毒をもって毒を制す	Set a thief to catch a thief.
	Like cures like.
	Meet evil with evil.
所変われば品変わる	So many countries, so many customs.
	Coats change with countries.
鳶が鷹を生む	Black hens lay white eggs.
	Black cows give white milk.
	Out of a white egg often comes a black chick.
捕らぬ狸の皮算用	Don't count your chickens before they are hatched.
	First catch your hare, then cook him.
	Never spend your money before you have it.
虎の威を借るきつね	An ass in a lion's skin.
虎は死して皮を留め，人は死して名を残す	Live well and live forever.
飛んで火に入る夏の虫	The fly flutters about the candle till last it gets burned.

な行

ない袖は振れぬ	If you squeeze a cork, you will get but little juice.
	You cannot get blood out of a stone.
長い物には巻かれろ	An ass must be tied where his master will have him.
泣きっ面に蜂	Misfortunes never come singly.
	It never rains but it pours.
	An unhappy man's cart is easy to tumble.
泣く子と地頭には勝てない	We must fall down before a fox in season.
	Needs must when the devil drives.
無くて七癖	Nobody is perfect.

■ 主なことわざ・格言　な行

	Every man has his faults.
情は人のためならず	Do good. That will do it for yourself.
	One good turn deserves another.
	He who gives to another bestows on himself.
七転び八起き	To go through fire and water.
	A man's walking is succession of fall.
	Never give up.
	Life is full of ups and downs.
生兵法は大けがのもと	A little learning is a dangerous thing.
習い性となる	Habit is a second nature.
	Custom is another nature.
習うより慣れよ	Practice makes perfect.
名を捨てて実を取る	More profit and less honor.
逃がした魚は大きい	Every fish that escapes appears greater than it is.
	The fish that got away is always the biggest.
憎まれっ子世にはばかる	Ill weeds grow apace.
	The devil's children have the devil's luck.
逃げるが勝ち	It's better to have wings than horns.
	One must draw back in order to leap better.
	To stoop to conquer.
二度あることは三度ある	Never twice without three times.
	History repeats itself.
	There is nothing new under the sun.
	Everything comes in threes.
二兎(と)を追う者は一兎をも得ず	He that hunts two hares loses both.
	Between two stools you fall to the ground.
糠(ぬか)に釘(くぎ)	To plow the sands.
	It's like beating the air.
盗人に追い銭	To throw good money after bad.
	To throw the helve after the hatchet.
盗人にも三分の理	Idle folks lack no excuses.
	Every man has his own reason.
	Give the devil his due.
盗人をみて[捕らえて]縄をなう	Have not thy cloak to make when it begins to rain.
	Don't dig a well to put out a house on fire.
	Too late to lock the stable when the horse has been stolen.
ぬれ手に粟(あわ)	To make money like hay.
	To make one's fortune at one stroke.

は行 主なことわざ・格言

文化背景

猫に鰹節 かつおぶし	Give not the wolf the sheep to keep.
	To set the wolf to keep the sheep.
	Send not a cat for lard.
猫に小判	Cast not pearls before swine.
寝た子を起こすな	Let sleeping dogs lie.
	Wake not a sleeping lion.
年貢の納め時	Every fox must pay his own skin to the flayer.
能ある鷹 たか は爪を隠す	Who knows most speaks least.
	Still waters run deep.
	Tell not all you know, all you have, or all you can do.
	An able person doesn't show off his skills.
残り物には福がある	Taking the last helping will bring you luck.
のど元過ぎれば熱さを忘れる	The danger past and God forgotten.
	Vows made in storms are forgotten in calms.
のれんに腕押し	It's like beating the air.
	He catches the wind with a net.

は行

馬鹿と鋏 はさみ は使いよう	Sticking goes not by strength, but by guiding of the gully.
	Whip and whirr never made good fur.
馬鹿につける薬はない	Fools never learn.
	Fools will be fools still.
馬鹿の一つ覚え	He that knows little often repeats it.
馬耳東風	It's like talking to the wind.
	To a blind horse a nod is as a wink.
	It is a bad preaching to deaf ears.
初めよければすべてよし	A good beginning makes a good ending.
早い者勝ち	First come, first served.
早起きは三文の得	The early bird catches the worm.
	The cow that's first up, gets the first of the dew.
	An hour in the morning is worth two in the evening.
腹がへってはいくさができぬ	An army marches on its stomach.
腹八分目に医者いらず	Feed by measure and defy the physician.
	Temperance is the best physic.
腹も身のうち	Much eat, much disease.
万事休す	To be at the end of one's rope.

■ 主なことわざ・格言　は行

光る[輝く]もの必ずしも金ならず	All is not gold that glitters.
	(= All that glitters is not gold.)
ひさしを貸して母屋を取られる	Give knaves an inch and they will take a yard.
	(= Give him an inch and he'll take a yard.)
必要は発明の母	Necessity is the mother of invention.
人の噂も75日	A wonder lasts but nine days.
人の口に戸はたてられぬ	Who can hold men's tongues?
	Anyone can start a rumor, but none can stop one.
	Who chatters to you, will chatter of you.
人の振り見て我が振り直せ	Learn wisdom by the follies of others.
	The fault of another is a good teacher.
	One man's fault is another man's lesson.
	Wise men learn by other men's mistakes.
人は見掛けによらぬもの	Appearances are deceitful [deceptive].
	Never judge by appearances.
	Don't judge a book by its cover.
人を呪わば穴二つ	Curses return upon the heads of those that curse.
	Curses, like chickens, come home to roost.
	He who digs a pit for others falls into it himself.
人を見たら泥棒と思え	Give not your right hand to every man.
	Don't trust anyone.
火のないところに煙は立たぬ	There is no smoke without fire.
	Make no fire, raise no smoke.
百聞は一見にしかず	Seeing is believing.
貧すれば鈍する	It's a hard task to be poor and legal.
	Poverty dulls the wit.
貧乏暇なし	Ever busy, ever bare.
笛吹けど踊らず	We have piped unto you and you have not danced.
覆水盆に返らず	It is no use crying over spilt milk.
不言実行	Actions speak louder than words.
豚に真珠	Don't cast your pearls before swine.
下手の考え休むに似たり	Mickle fails that fools think.
ペンは剣よりも強い	The pen is mightier than the sword.
坊主憎けりゃ袈裟まで憎い	Love me, love my dog.
吠える犬はかみつかぬ	Barking dogs seldom bite.
骨折り損のくたびれもうけ	Great pains but all in vain.

ま行

まいた種は自分で刈れ	As you sow, so shall you reap.
	As you make your bed, so you must lie in it.
まかぬ種は生えぬ	Harvest follows seedtime.
	Nothing comes of nothing.
負けるが勝ち	Sometimes the best gain is to lose.
	To stoop to conquer.
馬子にも衣装	Fine feathers make fine birds.
	Apparel makes the man.
まさかの友は真の友	A friend in need is a friend indeed.
待てば海路の日和あり	Everything comes to him who waits.
	It is a long lane that never turns.
身から出たさび	Self do, self have.
	The arrow shot upright falls on the shooter's head.
三つ子の魂百まで	The child is father of the man.
	The fox may grow grey but never good.
	What is learnt in the cradle lasts to the tomb.
無理が通れば道理引っ込む	Might is right.
	Where might is master, justice is servant.
目くそ鼻くそを笑う	The pot calls the kettle black.
	The devil rebukes sin.
目には目を, 歯には歯を	An eye for an eye, a tooth for a tooth.
目は口ほどに物を言う	The eyes have one language everywhere.
	The heart's letter is read in the eyes.
	The eyes are the window of the heart.
餅は餅屋	Every man knows his own business best.
物は言いようで角が立つ	A good tale ill told is marred in the telling.

や行

焼石に水	It's like a mere drop in the bucket.
安物買いの銭失い	Penny wise and pound foolish.
	Ill ware is never cheap.
柳に雪折れなし	Better bend than break.
	Oaks may fall when reeds stand the storm.
	A creaking door hangs long.
柳の下にいつもどじょうはいない	There are no birds of this year in last year's nests.
	A fox is not caught twice in the same snare.

■ 主なことわざ・格言　ら・わ行

薮をつついて蛇を出すな	Let sleeping dogs lie.
	Wake not a sleeping lion.
病は気から	Fancy may kill or cure.
	Care will kill a cat.
雄弁は銀, 沈黙は金	Speech is silver, silence is golden.
	If a word be worth a shilling, silence is worth two.
油断大敵	Danger is next neighbor to security.
	There is many a slip between cup and lip.
よく学びよく遊べ	All work and no play makes Jack a dull boy.
寄らば大樹の陰	Better be the tail of lions than the head of foxes.
	It is good sheltering under an old hedge.
	He that serves a good master shall have good wages.
弱り目にたたり目	Misfortunes never come singly.

ら行

来年のことを言うと鬼が笑う	Fools set far trysts.
楽あれば苦あり	No honey without gall.
	No pleasure without pain.
	No rose without a thorn.
良薬は口に苦し	Bitter pills may have blessed effects.
類は友を呼ぶ	Birds of a feather flock together.
歴史は繰り返す	History repeats itself.
ローマは一日にして成らず	Rome was not built in a day.
六十の手習い	It is never too late to learn.
論語読みの論語知らず	Astrology is true but the astrologers cannot find it.
	A mere scholar, a mere ass.
論より証拠	All the proof of the pudding is in the eating.
	Example is better than precept.

わ行

禍を転じて福となす	He that stumbles and falls not mends his pace.
	Make the best of a bad bargain.
渡る世間に鬼はない	The devil is not so black as he is painted.
笑う門には福来たる	Laugh and grow fat.

割れ鍋に綴とじ蓋ぶた	A merry heart lives long. Every Jack must have his Jill. There's someone for everyone. Such a cup, such a cover.

花ことば

古来, 花にはその姿から受ける印象やそれにまつわる神話や伝説がもとになってさまざまな象徴的意味が与えられ, それらは「花ことば」(The Language of Flowers) として伝承され, 主にヨーロッパで各種の「花ことば辞典」編纂の試みがなされてきました. 「花ことば」にはさまざまなヴァリアントがありますが, ここには主に以下の諸本を参考にしてまとめたものを掲げました.

"The Illuminated Language of Flowers" by Kate Greenaway (1978)/ "Tussie-Mussies: The Language of Flowers" by Geraldine Adamich Laufer (1993)/ "The Language of Flowers" by Marthe Seguin-Fontes (2001)

◆花 (英語名)	◆花 (日本名)	◆意味
Acacia	アカシア	friendship 友情
Acacia, pink	アカシア, ピンク	elegance 優雅
Acacia, yellow	アカシア, 黄	secret love 秘密の愛
Acorn	ドングリ	life and immortality 生命と不滅
Aloe	アロエ	grief 悲嘆, religious superstition 迷信
Amaranth	アマランス	immortality 不滅, unfading love 色あせぬ愛
Amaryllis	アマリリス	timidity 内気, pride 誇り
Anemone, garden	アネモネ	forsaken 見捨てられて
Angelica	アンゼリカ	inspiration ひらめき
Apple	リンゴ	temptation 誘惑
Apricot blossom	アンズの花	doubt 疑い
Arbor vitae	クロベ	Live for me. 私のために生きて, true friendship 真の友情
Aster	アスター	daintiness 優美, love
Azalea	ツツジ	temperance 節制
Bachelor button	クロアザミ	single blessedness 独身生活
Balm	セイヨウヤマハッカ	sympathy 同情
Balsam	ホウセンカ	Touch me not. 私に触れないで
Bay	月桂樹	glory 栄光

■ 花ことば

◆花 (英語名)	◆花 (日本名)	◆意 味
Beech tree	ブナ	prosperity 繁栄
Begonia	ベゴニア	dark thoughts 邪心
Bell flower	ホタルブクロ	gratitude 感謝
Belladonna	ベラドンナ	silence 沈黙
Bilberry	ヒメウスノキ	treachery 裏切り
Birch	カバノキ	meekness 柔和
Bittersweet	ヒヨドリジョウゴ	truth 真実
Bluebell	ブルーベル	constancy 節操
Borage	ルリジサ	bluntness 無愛想, courage 勇気
Broom	エニシダ	humility 謙遜, neatness 身だしなみ
Buttercup	キンポウゲ	riches 富, memory of childhood 幼年時代の思い出, childishness 子供っぽさ
Cabbage	キャベツ	profit 利益
Cactus	サボテン	endurance 持久力, warmth 温情
Calla	カラ	feminine modesty 乙女のしとやかさ, magnificent beauty 壮大な美
Camellia, pink	ツバキ, ピンク	admiration 賞讃
Camellia, red	ツバキ, 赤	repentance 後悔
Camellia, white	ツバキ, 白	perfected loveliness 非の打ちどころない愛らしさ
Carnation, pink	カーネーション, ピンク	I'll never forget you. あなたを決して忘れない
Carnation, red	カーネーション, 赤	admiration 賞讃, Alas my poor heart. ああ哀れなわが心よ
Carnation, white	カーネーション, 白	sweet and lovely 美しく愛らしい, pure love 純粋な愛
Catchfly	ムシトリナデシコ	snare 罠
Cattails	ガマ	peace and prosperity 平和と繁栄
Cedar	ヒマラヤ杉	strength 力強さ
Chamomile	カミツレ	energy in adversity 逆境における力
Cherry	サクラ	good education 良い教え
Chestnut tree	クリの木	Do me justice. 公平にせよ
Chrysanthemum, red	キク, 赤	I love. 私は愛する
Chrysanthemum, white	キク, 白	truth　真実
Chrysanthemum, yellow	キク, 黄	slighted love なおざりの愛
Cinquefoil	キジムシロ	maternal love 母の愛
Clematis	クレマチス	mental beauty 心の美
Clover, four-leaved	クローバー, 四つ葉	Be mine. 私のものになって
Clover, white	クローバー, 白	Think of me. 私のことを考えて
Cockscomb	ケイトウ	singularity 特異, foppery おしゃれ

花ことば

◆花 (英語名)	◆花 (日本名)	◆意 味
Columbine	オダマキ	folly 愚かさ
Columbine, purple	オダマキ, 紫	resolution 決心
Coreopsis	キンケイギク	always cheerful いつも快活
Corn	コムギ	riches 富
Cornflower	ヤグルマギク	delicacy 繊細, refinement 優雅
Cowslip	キバナノクリンザクラ	pensiveness 哀愁
Crocus, spring	クロッカス・スペシオサス	cheerfulness 快活, youthful gladness 青春の喜び
Crown imperial	ヨウラクユリ	power 力, majesty 威厳
Crowshill	フウロソウ	envy 妬み心
Cyclamen	シクラメン	diffidence 内気
Cypress	糸杉	despair 絶望, death 死
Daffodil	ラッパスイセン	unrequited love 片思い, regard 尊重
Dahlia	ダリア	instability 気まぐれ
Dahlia, variegated	ダリア, 絞り	I think of you constantly. いつもあなたのことを考えている
Dahlia, white	ダリア, 白	gratitude to parents 両親への感謝の気持ち
Daisy	ヒナギク	innocence 無邪気
Dandelion	タンポポ	love's oracle 愛の神託, coquetry 思わせぶり
Darnel	ドクムギ	vice 悪
Dew plant	モウセンゴケ	serenade セレナーデ
Dock	ギシギシ	patience 忍耐
Dogwood	ハナミズキ	pleasure and pain 喜びと悲しみ, durability 耐久力
Evening primrose	マツヨイグサ	silent love 無言の愛
Everlasting	ハハコグサ	always remembered いつも想っている
Fallen leaves	落葉	sadness 悲哀
Fern	シダ	sincerity 誠実, magic 魔法, fascination 魅惑
Flax	アマ	fate 運命, I feel your kindness. あなたの親切を感じる
Fleur-de-lis	アヤメ	ardour 情熱, flame 炎
Forget-me-not	ワスレナグサ	true love 真実の愛, Do not forget. 忘れないで
Foxglove	ジギタリス	insincerity 不誠実
Fuchsia	フクシア	taste 好み, frugality 質素
Gardenia	クチナシ	secret love 秘密の愛
Garland of roses	バラの花輪	reward of virtue 美徳の報酬

文化背景

■ 花ことば

◆花 (英語名)	◆花 (日本名)	◆意 味
Garlic	ニンニク	courage 勇気, strength 力
Geranium, scarlet	ゼラニウム, 紅	comforting 慰め
Gillyflower	ナデシコ	lasting beauty 永遠の美
Gladiolus	グラジオラス	strong character 強い性格
Grapevine	ブドウの木	intemperance 不節制
Grass	ホソムギ	utility 有益, submission 従順
Hawthorn	サンザシ	hope 希望
Hazel	セイヨウハシバミ	reconciliation 和解
Heath	ヒース	solitude 孤独
Heliotrope	ヘリオトロープ	I adore you. あなたをとても愛している, devotion 献身的愛情
Hepatica	ユキワリソウ	confidence 信頼
Hibiscus	ハイビスカス	delicate beauty 繊細な美
Hollyhock	タチアオイ	ambition 大望, fecundity 多産
Honeysuckle, French	イワオウギ	rustic beauty 田園の美
Hyacinth	ヒヤシンス	constancy 節操, benevolence 慈悲心, sport 競技, game 勝負, play 遊戯
Hydrangea	アジサイ	heartlessness 非情
Hyssop	ヒソップ	cleanliness 清潔
Iris	アイリス	wisdom 知恵, hope 希望, message 伝言
Ivy	ツタ	friendship 友情, fidelity 忠誠, marriage 結婚
Jasmine, white	ジャスミン, 白	amiability 愛嬌
Jasmine, yellow	ジャスミン, 黄	grace and elegance 高貴で優雅
Jonquil	キズイセン	I desire a return of affection. 愛情の復活を求む
Judas tree	セイヨウハナズオウ	betrayal 裏切り
Juniper	ネズ	protection 保護, succour 救助
Lady's slipper	アツモリソウ	capricious beauty 気まぐれな美しさ, fickleness 移り気
Lantana	ランタナ	rigor 厳格
Larkspur	ヒエンソウ	lightness 軽さ, levity 軽率
Laurel	月桂樹	glory 栄光
Lavender	ラベンダー	distrust 不信
Lemon	レモン	zest 熱情
Lettuce	レタス	cold heartedness 冷淡
Lilac, purple	ライラック, 紫	first love's emotions 初恋の感激
Lilac, white	ライラック, 白	youthful innocence 青春の天真爛漫さ
Lily, white	ユリ, 白	purity and sweetness 純潔と愛らしさ, majesty 威厳

花ことば

◆花（英語名）	◆花（日本名）	◆意 味
Lily-of-the-valley	スズラン	return to happiness 幸福が戻ってくる, modesty 謙遜
Linden	シナノキ	conjugal love 夫婦愛
Lobelia	ロベリア	malevolence 悪意
Lotus flower	ハスの花	estranged love 離れた愛
Love-in-a-mist	クロタネソウ	perplexity 当惑
Lupine	ルピナス	voraciousness 貪欲
Magnolia	モクレン	nobility 高潔, love of nature 自然の愛
Maple	カエデ	reserve 慎み
Marigold	マリーゴールド	grief 悲嘆
Marjoram	マヨラナ	blushes 赤面
Mimosa	ミモザの花	sensitiveness 敏感
Mint	ハッカ	virtue 美徳
Mistletoe	ヤドリギ	I surmount difficulties. 困難に打ち勝つ
Monthly rose	コウシンバラ	beauty ever new 美は日々新たに
Morning glory	アサガオ	affectation 気取り
Moss	コケ	maternal love 母の愛
Mugwort	ヨモギ	happiness 幸福
Mulberry tree, white	クワ	wisdom 知恵
Mushroom	マッシュルーム	suspicion 疑惑
Myrrh	モツヤクジュ	gladness 喜び
Myrtle	ギンバイカ	love 愛
Narcissus	スイセン	egotism 自己愛
Nasturtium	ノウゼンハレン	patriotism 愛国心
Nuts	ナッツ	stupidity 愚かさ
Oak	オーク	hospitality もてなし, bravery 勇敢
Olive	オリーブ	peace 平和
Orange blossom	オレンジの花	purity 純潔, eternal love 永遠の愛
Orange tree	オレンジの木	generosity 寛大
Orchid	ラン	beautiful lady 美人, refinement 優雅
Palm leaves	ヤシの葉	victory and success 勝利と成功
Pansy	パンジー	thoughts 物思い, thinking of you あなたを想って
Parsley	パセリ	festivity 祝祭
Peach blossom	モモの花	I am your captive. あなたのとりこ
Peony	ボタン	happy marriage 幸福な結婚, bashfulness 内気
Peppermint	ペパーミント	warmth of feeling 温情
Periwinkle, blue	ツルニチニチソウ	early friendship 古くからの友情
Periwinkle, white	ヒメツルニチニチソウ	pleasures of memory 懐かしい思い出

■ 花ことば

◆花 (英語名)	◆花 (日本名)	◆意 味
Petunia	ペチュニア	Your presence soothes me. あなたといると心がなごむ
Phlox	フロックス	unanimity 合意
Pine	マツ	pity 哀れみ, longevity 長寿
Pink	ナデシコ	boldness 大胆
Polyanthus	ポリアンサス	pride of riches 富の誇り
Pomegranate	ザクロ	mature elegance 成熟した優美
Poppy, red	ヒナゲシ, 赤	extravagance 無節制, consolation 慰め
Poppy, yellow	ヒナゲシ, 黄	success 成功, wealth 富
Primrose	サクラソウ	diffidence 内気, early youth and sadness 青春と悲哀
Quince	マルメロ	temptation 誘惑
Ranunculus	キンポウゲ	You are radiant with charms. あなたは魅力で輝いている
Reed	ヨシ	complaisance 愛想のよさ
Rhubarb	ルバーブ	advice 忠告
Rocket	キバナスズシロ	rivalry 競争
Rose	バラ	love 愛
Rose, cabbage	香水バラ	ambassador of love 愛の使者
Rose, damask	ローザ・ダマッセナ	brilliant complexion 光り輝く顔
Rose, hundred-leaved	コケバラ	the Graces 美の三女神
Rose, Japan	ハマナス	Beauty is your only attraction. 美しさはあなたのただ一つの魅力
Rose, thornless	トゲなしバラ	love at first sight 一目ぼれ
Rose, pink	バラ, ピンク	happiness 幸福
Rose, purple	バラ, 紫	sorrow 悲哀
Rose, red	バラ, 赤	I love you. あなたを愛する
Rose, white	バラ, 白	I am worthy of you. 私はあなたにふさわしい
Rose, yellow	バラ, 黄	friendship 友情
Rosebud	バラのつぼみ	confession of love 愛の告白
Rosebud, red	バラのつぼみ, 赤	pure and lovely 純潔で愛らしい
Rosebud, white	バラのつぼみ, 白	girlhood 少女期
Rosemary	ローズマリー	remembrance 記憶, Your presence revives me. あなたがいてくれて生き返る
Rue	ヘンルーダ	disdain 軽蔑
Rush	イグサ	docility 従順
Rye grass	ホソムギ	changeable disposition 変わりやすい性格
Sage	セージ	domestic virtue 家庭的美徳, long life

花ことば

◆花 (英語名)	◆花 (日本名)	◆意 味
		長寿
Salvia, blue	サルビア, 青	I think of you. あなたを想う
Salvia, red	サルビア, 赤	forever thine 永遠にあなたのもの
Scabious	マツムシソウ	unfortunate love 不幸な愛
Smilax	サルトリイバラ	loveliness 愛らしさ
Snapdragon	キンギョソウ	presumption 僭越, no 拒否
Snowdrop	マツユキソウ	hope 希望, consolation 慰め
Sorrel	スイバ	affection 愛情
Spearmint	スペアミント	warmth of sentiment 思いやり
St.-John's-wort	セイヨウオトギリソウ	animosity 敵意
Stock	アラセイトウ	lasting beauty 永遠の美
Stonecrop	ベンケイソウ	tranquility 平穏
Strawberry	イチゴ	perfect excellence 最高の美徳
Sunflower	ヒマワリ	false riches いつわりの富
Sunflower, dwarf	ヒマワリ, 小	adoration 憧憬
Sweet briar	スイート・ブライア	simplicity 単純
Sweet pea	スイートピー	goodbye 別離, departure 門出, delicate pleasures 繊細な喜び
Thistle	アザミ	austerity 厳格, independence 独立
Thrift	アルメリア	sympathy 同情
Thyme	タイム	activity 活動, strength and courage 力と勇気
Trillium pictum	エンレイソウ	modest beauty 慎み深い美しさ
Trumpet flower	ノウゼンカズラ	fame 名声
Tulip, red	チューリップ, 赤	declaration of love 愛の告白
Tulip, variegated	チューリップ, 絞り	beautiful eyes 美しい瞳
Tulip, white	チューリップ, 白	lost love 失われた愛
Tulip, yellow	チューリップ, 黄	hopeless love 望みなき恋
Turnip	カブ	charity 慈善
Verbena, white	クマツヅラ, 白	pure and guileless 純潔で誠実な, Pray for me. 私のために祈って
Verbena, pink	クマツヅラ, ピンク	family union 家庭の団結
Veronica	クワガタソウ	fidelity 誠実
Violet, blue	スミレ, 青	faithfulness 忠実, modesty 謙虚
Violet, white	スミレ, 白	candor 誠実
Wallflower	ニオイアラセイトウ	fidelity in adversity 逆境における忠誠
Walnut	クルミ	intellect 知性
Water lily	スイレン	purity of heart 心の清らかさ
Weeping pillow	シダレヤナギ	mourning 悲嘆
Wheat	コムギ	wealth 富, worldly goods 財産

文化背景

■ 誕生石・誕生花

◆花（英語名）	◆花（日本名）	◆意　味
Wisteria	フジ	welcome 歓迎
Wood sorrel	コミヤマカタバミ	joy 喜び, maternal tenderness 母の優しさ
Woodbine	ニオイニンドウ	fraternal love 兄弟愛
Zinnia	ヒャクニチソウ	thoughts of an absent friend 離別した友への想い

誕生石・誕生花

「花ことば」と同じように，宝石 (gems) にも古代からの神話や伝説をもとに，「宝石ことば」が伝承され，それが誕生月と組み合わされて，誕生石 (Birth Stones) として定着していきました．また誕生花はちょうど守護神のように，よりいっそうの幸福や愛をもたらし自分を守ってくれるものと信じられています．誕生月に対応する誕生石は国によって異なり，誕生花 (Birth Flowers) にもヴァリアントがありますが，ここでは米英の代表的なものを掲げました．

◆月	◆宝石	◆花	◆意　味
1	Garnet ガーネット（ざくろ石）	Carnation カーネーション Snowdrop マツユキソウ	constancy 忠実, friendship 友愛
2	Amethyst アメシスト（紫水晶）	Violet スミレ Primrose サクラソウ	sincerity 誠実, faithfulness 忠実
3	Aquamarine アクアマリン(藍玉 あいだま) Bloodstone ブラッドストーン(血石)	Jonquil キズイセン Daffadil ラッパスイセン	wisdom 知恵, courage 勇敢
4	Diamond ダイヤモンド	Sweet pea スイートピー Daisy ヒナギク	innocence 無垢, matrimonial happiness 夫婦の幸福
5	Emerald エメラルド	Lily-of-the-valley スズラン Hawthorn サンザシ	success 成功, love 愛, perfect purity 清純無垢
6	Pearl パール（真珠） Moonstone ムーンストーン(月長石)	Rose バラ Honeysuckle スイカズラ	health 健康, longevity 長寿, wealth 富
7	Ruby ルビー	Larkspur ヒエンソウ Water lily スイレン	love 愛, contentment 幸福感, freedom 自由

◆月	◆宝 石	◆花	◆意 味
8	Sardonyx サードニックス (赤縞めのう) Peridot ペリドット	Gladiolus グラジオラス Poppy ヒナゲシ	married happiness 夫婦和合, friendship 友愛
9	Sapphire サファイア	Aster アスター Morning glory アサガオ	clear thinking 明察, truth 真実, faithfulness 忠実
10	Opal オパール Tourmaline トルマリン	Calendula キンセンカ Cosmos コスモス	hope 希望
11	Topaz トパーズ Citrine シトリン	Chrysanthemum キク	fidelity 誠実, loyalty 忠誠
12	Turquoise トルコ石 Zircon ジルコン	Poinsettia ポインセチア Narcissus スイセン	prosperity 繁栄, success 成功, wealth 富

色彩ことば

色彩にも象徴的意味をもたせる「色彩ことば」(Symbolism of Colors) がありますが, 以下に掲げたのはその代表的なものです.

◆色	◆意 味
black 黒	mourning 哀悼, death 死
blue 青	stability 安定, conservatism 保守性
brown 茶色	conservatism 保守性, earth 土
gold 金色	glory 栄光, power 力
gray 灰色	reliability 信頼性, stability 安定
green 緑	spring 春, environment 環境
orange オレンジ	creativity 創造性, warmth 温かさ
pink ピンク	healthfullness 健康, love 愛
purple 紫	royalty 王者の尊厳, nobility 高潔
red 赤	passion 情熱, love 愛
silver 銀色	chastity 純潔, purity 清浄
violet すみれ色	penitence 悔い改め
white 白	purity 純潔, reverence 敬虔
yellow 黄	joy 喜び, warmth 温かさ

数についての象徴表現

数が単に数値としてではなく，象徴的な意味をもってイディオム的に表現されることがあります．

◆数に関する表現	◆意　味

zero   能なし
 The guy is a complete *zero*. (あの男はろくでなしだ)

be at one with ～   ～と同意見である
 I *am at one with* Mr. Smith about the decision.
 (その決定に関してスミスさんと同意見だ)

one-two-three   すばやく(上手に)
 Get the job done *1-2-3*. (それをすばやくこなしなさい)

two-by-four   断面２×４インチの木材
 He was severely beaten with a *2-by-4*. (彼は角材でひどくぶたれた)

three-dog night   凍てつく夜(▶オーストラリア原住民の「犬3匹と寝て暖をとる」話より)
 It was a *three-dog night*. (それは凍てつく夜だった)

four-letter word   卑猥語(▶fuck, cuntなど, 卑猥語は4文字が多いことから)
 You should refrain from using *four-letter words*.
 (四文字語は使わないよう気をつけましょう)

on all fours   四つんばいで
 He was *on all fours* looking for a key. (彼は四つんばいになって鍵を探していた)

five-by-five   太った(▶身長5フィート, 幅5フィートより)
 He is Mr. *5-by-5*. (彼はおでぶさんだ)

six of one and half a dozen of the other   50歩100歩, 似たり寄ったり
 The Liberal Democratic Party and the People's Party are *six of one and half a dozen of the other*. (自民党も国民党も似たりよったりだ)

seven   幸運
 Seven is a lucky number. (7はラッキーナンバーです)

eighty-six   (客を)拒絶する(▶諸説あるが, その一つ. 1930年代, ニューヨークの路面電車の終点86th Streetで, 車掌が"Eighty-six! End of the line! All out!"と言っていたことから)
 We *86-ed* that customer. (私たちはその客を拒絶した)

be dressed to the nines   盛装して
 She *is dressed to the nines* tonight. (今夜は彼女は華やかな服装だ)

◆数に関する表現	◆意　味
nine day(s') wonder	人のうわさも75日
It would be a *nine days' wonder*, and would just go away. (それは一時的なことで,すぐに消えてなくなりますよ)	
nine-to-five	(9時－5時の) サラリーマンの
He took up a *nine-to-five* job. (彼は普通の雇われ人になった)	
eleventh hour	(締め切り) ぎりぎり(の) (▶《聖書》日の出の11時間後に来て,1時間しか働かなかった人にも同賃金を与えた話より)
It was settled at the *11th hour*. (土壇場でけりがついた)	
tewnty-twenty vision	正常な視力 (▶20フィート離れたところから,3分の1インチの大きさの文字がよく見えることより)
I have *20-20 vision* in both eyes. (私は両眼とも正常─視力1.0です)	
24-7	四六時中
24 hours a day, *7* days a week (1日24時間,1週間7日)	
forty winks	一眠り
After lunch, I had *forty winks*. (昼食後,ちょっと昼寝した)	
BOGO(F)	一つの値段で二つ,半額セール
Buy One (and) *Get One* (*Free*) (1個のお買い上げで,もう1個おまけします)	

動物についての象徴表現

古来,人々は星座名や聖書をはじめ,さまざまな神話や民話などを通じて,動物に象徴的意味を与え,それを人間の営みに関わる共通のイメージとして伝承してきました.

◆動物名	◆象徴的意味
ant 蟻	cooperation 協力, patience 忍耐
bear 熊	maternal protection 母性本能, strength 力
butterfly 蝶	beauty 美, balance 均衡
cat 猫	independence 自立, agility 敏捷さ
deer 鹿	gentleness 穏和, peace 平和
dog 犬	royalty 忠誠, love 愛情
dove 鳩	peace 平和, innocence 無垢
elephant 象	wisdom 知恵, strength 力
fox 狐	camouflage 擬態, cunning 狡猾さ
giraffe キリン	intuition 直感力, foresight 先見の明

■ (黄道) 十二宮 Signs of the Zodiac

◆動物名	◆象徴的意味
horse 馬	friendship 友情, power 力
lion ライオン	courage 勇気, strength 力
mule ラバ	stubbornness 頑固, independence 独立
owl フクロウ	wisdom 知恵, clairvoyance 透視能力
serpent, snake 蛇	temptation 誘惑, wisdom 知恵
turtle 亀	longevity 長寿, love 愛情

(黄道) 十二宮 Signs of the Zodiac

zodiac (十二宮) とは,太陽の見かけ上の通り道である天空の黄道を12分割し,それぞれに星座名をつけた帯のことを指します.天体の位置を表すこのzodiacは古代バビロニアから東西にそれぞれ伝播し,人間の活動に与える影響を予言するものとして,古くから占星術に使われてきました.占星術師 (astrologer) が描いた十二宮図はホロスコープ (horoscope) と呼ばれ,人間の運勢や性格を占う星占いとして,現代に至るまで多くの人の心をとらえています.

◆宮 (house)	◆獣帯星座 (zodiacal constellations)	◆太陽が通過する期間
●spring signs 春の星座宮		
Aries 白羊宮	the Ram おひつじ座	3月21日—4月20日
(運勢・性格) energetic, ambitious, generous, aggressive		
Taurus 金牛宮	the Bull おうし座	4月21日—5月22日
(運勢・性格) charming, witty, kind, restless		
Gemini 双子宮	the Twins ふたご座	5月23日—6月21日
(運勢・性格) strong, loyal, determined, quiet		
●summer signs 夏の星座宮		
Cancer 巨蟹(きょかい)宮	the Crab かに座	6月22日—7月22日
(運勢・性格) sensitive, materialistic, careful, humorous		
Leo 獅子宮	the Lion しし座	7月23日—8月22日
(運勢・性格) dignified, proud, honest, vain		
Virgo 処女宮	the Virgin おとめ座	8月23日—9月22日
(運勢・性格) perfectionist, dependable, gentle, efficient		

(黄道) 十二宮 Signs of the Zodiac

◆宮 (house)	◆獣帯星座 (zodiacal constellations)	◆太陽が通過する期間

●autumn signs 秋の星座宮

Libra 天秤宮 　　the Balance [Scales] てんびん座　　9月23日―10月22日
　(運勢・性格) gracious, harmonious, logical, fair

Scorpio 天蠍(てんかつ)宮　　the Scorpion さそり座　　10月23日―11月21日
　(運勢・性格) courageous, intense, secretive, intelligent

Sagittarius 人馬宮　　the Archer いて座　　11月22日―12月22日
　(運勢・性格) truthful, friendly, optimistic, adventurous

●winter signs 冬の星座宮

Capricorn 磨羯(まかつ)宮　　the Goat やぎ座　　12月23日―1月20日
　(運勢・性格) hardworking, kind, determined, disciplined

Aquarius 宝瓶(ほうへい)宮　　the Water Bearer [Carrier] みずがめ座　　1月21日―2月19日
　(運勢・性格) loyal, wise, creative, aloof

Pisces 双魚宮　　the Fish うお座　　2月20日―3月20日
　(運勢・性格) kind, quiet, romantic, easygoing

太陽の周りにあるのは十二宮の記号，
外側は十二宮の星座

日本の統治機構

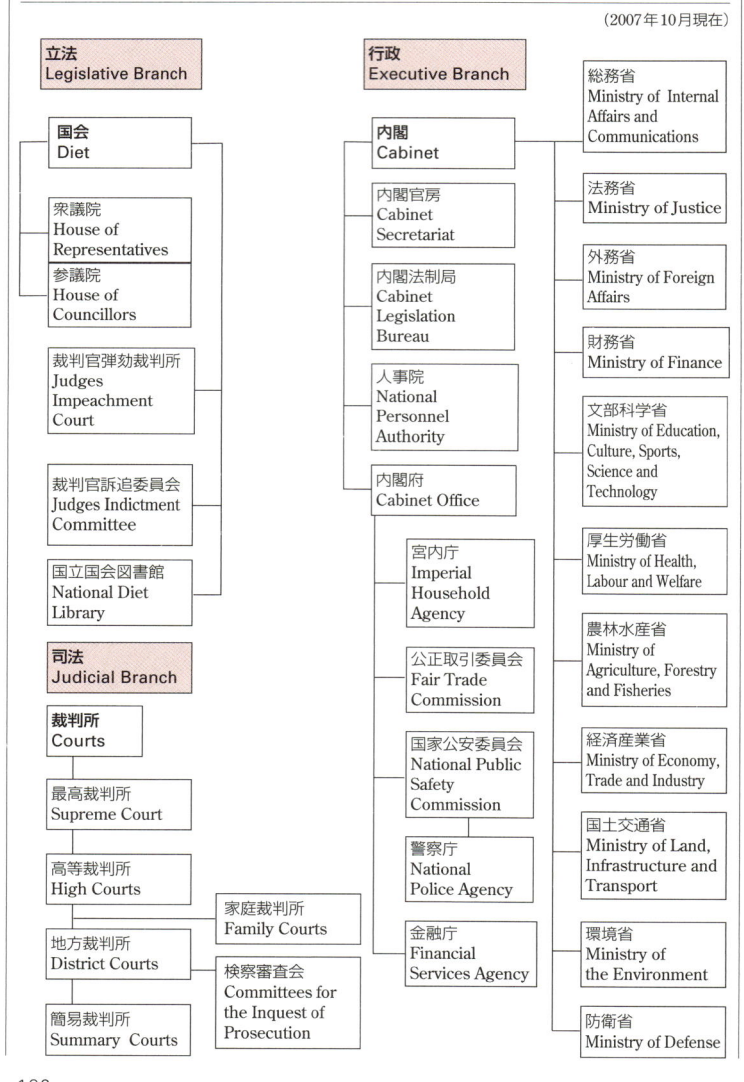

(2007年10月現在)

立法 Legislative Branch

- **国会 Diet**
  - 衆議院 House of Representatives
  - 参議院 House of Councillors
- 裁判官弾劾裁判所 Judges Impeachment Court
- 裁判官訴追委員会 Judges Indictment Committee
- 国立国会図書館 National Diet Library

司法 Judicial Branch

- **裁判所 Courts**
  - 最高裁判所 Supreme Court
  - 高等裁判所 High Courts
  - 地方裁判所 District Courts
    - 家庭裁判所 Family Courts
    - 検察審査会 Committees for the Inquest of Prosecution
  - 簡易裁判所 Summary Courts

行政 Executive Branch

- **内閣 Cabinet**
  - 内閣官房 Cabinet Secretariat
  - 内閣法制局 Cabinet Legislation Bureau
  - 人事院 National Personnel Authority
  - 内閣府 Cabinet Office
    - 宮内庁 Imperial Household Agency
    - 公正取引委員会 Fair Trade Commission
    - 国家公安委員会 National Public Safety Commission
      - 警察庁 National Police Agency
    - 金融庁 Financial Services Agency
  - 総務省 Ministry of Internal Affairs and Communications
  - 法務省 Ministry of Justice
  - 外務省 Ministry of Foreign Affairs
  - 財務省 Ministry of Finance
  - 文部科学省 Ministry of Education, Culture, Sports, Science and Technology
  - 厚生労働省 Ministry of Health, Labour and Welfare
  - 農林水産省 Ministry of Agriculture, Forestry and Fisheries
  - 経済産業省 Ministry of Economy, Trade and Industry
  - 国土交通省 Ministry of Land, Infrastructure and Transport
  - 環境省 Ministry of the Environment
  - 防衛省 Ministry of Defense

アメリカ合衆国の統治機構

(2005年9月現在)

行政府 Government
大統領 President

○**大統領府 Executive Office of the President**

経済諮問委員会	Council of Economic Advisers
環境問題会議	Council on Environmental Quality
内政政策委員会	Domestic Policy Council
国家経済会議	National Economic Council
国家安全保障会議	National Security Council
行政機構局	Office of Administration
宗教的奉仕活動およびコミュニティ活性化プラン支援室	Office of Faith-Based and Community Initiatives
国土安全保障局	Office of Homeland Security
行政管理予算局	Office of Management and Budget
全米エイズ対策室	Office of National AIDS Policy
国家麻薬取締政策局	Office of National Drug Control Policy
科学技術政策局	Office of Science and Technology Policy
米通商代表部	Office of the United States Trade Representative
重要インフラ保護委員会	President's Critical Infrastructure Protection Board
大統領外交諮問委員会	President's Foreign Intelligence Advisory Board
全米フリーダム隊	USA Freedom Corps
ホワイトハウス警護室	White House Military Office

○**内閣 Cabinet**

農務省	Department of Agriculture
商務省	Department of Commerce
国防総省	Department of Defense
教育省	Department of Education
内務省	Department of the Interior
司法省	Department of Justice
労働省	Department of Labor
国務省	Department of State
エネルギー省	Department of Energy
保健・福祉省	Department of Health and Human Services
国土安全省	Department of Homeland Security
住宅・都市開発省	Department of Housing and Urban Development
運輸省	Department of Transportation
財務省	Department of Treasury
退役軍人管理省	Department of Veterans Affairs

司法府 Judicial Branch
最高裁判所 Supreme Court
- 控訴裁判所　Court of Appeals
- 12地区控訴巡回裁判所　12 Regional Circuit Courts of Appellate
- 連邦巡回裁判所向け控訴裁判所　1 US Court of Appellate for the Federal Circuit
- 審理裁判所　Trial Court

立法府 Legislative Branch
議会 Congress

上院	Senate
下院	House of Representatives
議会図書館	Library of Congress
会計検査院	General Accounting Office
政府印刷局	Government Printing Office

歴代アメリカ大統領一覧

所属政党のうち, フェデラリスト (連邦派) は, 中央集権的で強力な連邦政府の樹立を推進する北部中心の党. それに対し, 州権の強化に賛成する反フェデラリスト党は別名リパブリカン党 (Republican) と呼ばれ, 南部に支持層がありました. その後リパブリカン党は二派に分裂し, その一つは民主共和党になり, その後, 民主党に生まれ変わりました. リパブリカン党のもう一派はホイッグ党に改名し, その後, 変遷を経て共和党の系譜に連なります. 1861年以来, 大統領の座は民主党と共和党の二大政党の代表によって占められてきたのが, アメリカ政治の大きな特徴です.

◆ 代	◆ 大統領名	◆ 在職期間	◆ 所属政党	◆ 備　考
1	ジョージ・ワシントン George Washington	1789—97	フェデラリスト (連邦派) (Federalist)	初代大統領, 「アメリカ建国の父」
2	ジョン・アダムズ John Adams	1797—1801	フェデラリスト	
3	トマス・ジェファーソン Thomas Jefferson	1801—09	民主共和党 (Democratic Republican)	独立宣言起草者
4	ジェームズ・マディソン James Madison	1809—17	民主共和党	「合衆国憲法の父」
5	ジェームズ・モンロー James Monroe	1817—25	民主共和党	モンロー宣言で有名
6	ジョン・クインシー・アダムズ John Quincy Adams	1825—29	民主共和党	第2代大統領の息子
7	アンドルー・ジャクソン Andrew Jackson	1829—37	民主党 (Democratic Party)	初の庶民出身の大統領
8	マーチン・ヴァン・ビューレン Martin Van Buren	1837—41	民主党	
9	ウィリアム・H・ハリソン William Henry Harrison	1841	ホイッグ党 (Whig)	就任1か月で急死
10	ジョン・タイラー John Tyler	1841—45	ホイッグ党	
11	ジェームズ・K・ポーク James Knox Polk	1845—49	民主党	
12	ザカリー・テイラー Zachary Taylor	1849—50	ホイッグ党	

歴代アメリカ大統領一覧

◆代	◆大統領名	◆在職期間	◆所属政党	◆備　考
13	ミラード・フィルモア Millard Fillmore	1850―53	ホイッグ党	ペリーに国書を持たせる
14	フランクリン・ピアース Franklin Pierce	1853―57	民主党	
15	ジェームズ・ブキャナン James Buchanan	1857―61	民主党	
16	エイブラハム・リンカーン Abraham Lincoln	1861―65	共和党 (Republican Party)	南北統一と奴隷解放を達成，暗殺される
17	アンドルー・ジョンソン Andrew Johnson	1865―69	民主党	
18	ユリシーズ・S・グラント Ulysses Simpson Grant	1869―77	共和党	南北戦争の北軍司令官
19	ラザフォード・B・ヘイズ Rutherford Birchard Hayes	1877―81	共和党	
20	ジェームズ・A・ガーフィールド James Abram Garfield	1881	共和党	就任4か月後暗殺される
21	チェスター・A・アーサー Chester Alan Arthur	1881―85	共和党	
22	グローヴァー・クリーヴランド Grover Cleveland	1885―89	民主党	
23	ベンジャミン・ハリソン Benjamin Harrison	1889―93	共和党	第9代大統領の孫
24	グローヴァー・クリーヴランド Grover Cleveland	1893―97	民主党	2度目の就任
25	ウィリアム・マッキンリー William McKinley	1897―1901	共和党	再選後暗殺される
26	セオドア・ルーズベルト Theodore Roosevelt	1901―09	共和党	日露戦争を調停，ノーベル平和賞受賞
27	ウィリアム・H・タフト William Howard Taft	1909―13	共和党	
28	トマス・ウッドロー・ウィルソン Thomas Woodrow Wilson	1913―21	民主党	国際連盟設立の提唱，ノーベル平和賞受賞
29	ウォーレン・G・ハーディング Warren Gamaliel Harding	1921―23	共和党	ワシントン会議の提唱
30	カルヴィン・クーリッジ Calvin Coolidge	1923―29	共和党	
31	ハーバート・C・フーヴァー Herbert Clark Hoover	1929―33	共和党	世界恐慌下の大統領

文化背景

■ 会社役職名

◆代	◆大統領名	◆在職期間	◆所属政党	◆備考
32	フランクリン・D・ルーズベルト Franklin Delano Roosevelt	1933—45	民主党	ニューディール政策を実施, 第二次世界大戦中連合国を指導
33	ハリー・S・トルーマン Harry S. Truman	1945—53	民主党	日本に原爆を投下, 戦後の冷戦を招く
34	ドワイト・D・アイゼンハワー Dwight David Eisenhower	1953—61	共和党	第二次世界大戦中の連合国最高司令官
35	ジョン・F・ケネディ John Fitzgerald Kennedy	1961—63	民主党	キューバ危機を打開, 暗殺される.
36	リンドン・B・ジョンソン Lyndon Baines Johnson	1963—69	民主党	ベトナム戦争で北爆を強行
37	リチャード・M・ニクソン Richard Milhous Nixon	1969—74	共和党	ウォーターゲート事件で辞任
38	ジェラルド・R・フォード Gerald Rudolph Ford	1974—77	共和党	
39	ジェームズ・E・カーター James Earl Carter, Jr.	1977—81	民主党	人権外交を展開, ノーベル平和賞受賞
40	ロナルド・W・レーガン Ronald Wilson Reagan	1981—89	共和党	「強いアメリカ」を主張し軍拡を推進
41	ジョージ・H・W・ブッシュ George Herbert Walker Bush	1989—93	共和党	湾岸戦争を起こす
42	ウィリアム・J・クリントン William Jefferson "Bill" Clinton	1993—2001	民主党	経済復興を図る
43	ジョージ・W・ブッシュ George Walker Bush	2001—	共和党	第41代大統領の息子, イラク戦争を起こす

会社役職名

日米英では組織形態が異なり, また会社によっても名称はさまざまですが, 最も一般的なものを以下に掲げました. なお, 米国の「取締役」と「役員」とは別組織ですが, 同じ人間が兼ねることもあります.

○日本の会社の役職

会長	Chairman [Chairwoman]
取締役社長	President (and Director)
代表取締役	Representative Director

専務取締役	Executive Director [Senior Managing Director]
常務取締役	Managing Director
部長	Division Manager
課長	Section Manager
係長	Subsection Chief [Supervisor]

○米国の会社の役職

Directors 取締役

Chairman [Chairwoman; Chairperson*] (取締役会) 会長 (＊chairpersonは一般論としては用いられるが, 特定個人の役職名としては通常用いられない)

| Directors | 取締役 |

Officers 役員

President	社長
Executive Vice President*	副社長
Secretary	総務担当役員
Treasurer	財務担当役員

＊米国の大企業ではvice presidentは多数おり, 一般のvice presidentは日本の部長クラスに相当する.

その他の名称

Officers 役員

CEO [Chief Executive Officer]	最高経営責任者
COO [Chief Operating Officer]	最高執行責任者
CTO [Chief Technology Officer]	最高技術責任者

(必ずしも上に対応するものではない)

Other その他

| Managers | 部長 |

○英国の会社の役職

英国では細分化された役職名は少なく, 一律にBoard of Directorsに名を連ねていることが多いように思われる. 日米などと大きく異なるのは「社長」にあたる役職がManaging Directorと呼ばれることである.「副社長」クラスにFinancial Director (財務担当役員), Commercial Director (営業担当役員) などを置いているところもある.

■ 米英の教育

米英の教育

○米英の教育制度 (Education System)

　米国では州により教育制度が幾分異なっており,基本的に幼稚園以降は小学・中学・高校の6-3-3制がとられているが,同じ州でも学区によって5-3-4制, 6-2-4制等の学校もあり,名称も一様ではない. 16,17歳前後までとされる義務教育の年限も州によって異なり,特に高校は年齢によって学年が決められるのではなく,単位数によって学年が決められる.

　米国の学校には市,町,郡によって設立された公立学校 (public school),教会によって設立された教区立学校 (parochial school),大学入学のために設立された全寮制の私立学校プレップスクール (prep school) の別がある.

　英国の教育制度は複雑で,学校の名称,就学年齢なども統一されていないが,大半を占める公立学校と少数の私立学校に分かれ,この二つは全く異なる教育制度となっている.

　5歳から16歳までが義務教育になっており, 16歳で国の統一試験 GCSE [一般中等教育修了試験 General Certificate of Secondary Education] を受ける. この後,学業をやめて職業専門教育を受ける生徒も多い. 大学進学志願者は義務教育終了後, 18歳で国家試験 GCE [一般教育履修証明試験 General Certificate of Education] を受けることになる.

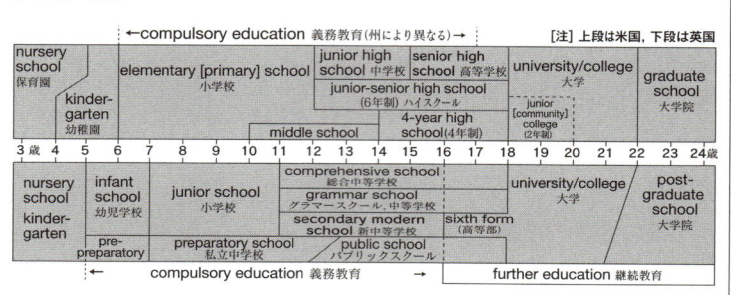

	米国	英国
3–4歳	nursery school 保育園	nursery school / kindergarten
4–5歳	kindergarten 幼稚園	
5–6歳		infant school 幼児学校 / pre-preparatory
6–11歳	elementary [primary] school 小学校	junior school 小学校 / preparatory school 私立中学
11–14歳	junior high school 中学校 / junior-senior high school (6年制) ハイスクール	comprehensive school 総合中等学校 / grammar school グラマースクール,中等学校 / secondary modern school 新中等学校 / public school パブリックスクール
14–16歳	senior high school 高等学校 / middle school / 4-year high school (4年制)	
16–18歳		sixth form (高等部)
18–22歳	university/college 大学 / junior [community] college (2年制)	university/college 大学
22–24歳	graduate school 大学院	post-graduate school 大学院

[注] 上段は米国,下段は英国
←compulsory education 義務教育(州により異なる)→
compulsory education 義務教育 → further education 継続教育

○ Grade Point Average, GPA
《米》グレード・ポイント・アベレージ (成績評価点平均)

　各履修科目で取得したグレードポイント (grade points→次頁表) にその単位数 (credit) を掛け,その全科目の集計を取得総単位で割って得られるグレードポイントの平均点. この点数によって進級,進学,奨学金など学生の成績評価が決められる. 日本のように優の数がいくつといったあいまいさはない.

	grade(成績)		grade point		grade(成績)	credit(単位)
A	Excellent	秀	4.0	English	A (4 points)	3 = 12
B	Good	優	3.0	History	B (3 points)	4 = 12
C	Satisfactory	良	2.0	Philosophy	D (1 point)	2 = 2
D	Minimum Passing	可	1.0	Art	B (3 points)	3 = 9
F	Failure	不可				12　　35
P	Pass	合格	pass/			35÷12=2.9
FA	Failure	不合格	fail course*			↑ これがGPA

*pass/fail course 合否のみ判定の科目

○アイヴィーリーグ Ivy League

米国北東部にある以下の8校の名門大学・カレッジに付けられた通称.

◆大学名	◆創立年
Harvard University ハーヴァード大学	1636
Yale University イェール大学	1701
Princeton University プリンストン大学	1746
Columbia University コロンビア大学	1754
University of Pennsylvania ペンシルヴェニア大学	1740
Brown University ブラウン大学	1764
Dartmouth College ダートマス・カレッジ	1769
Cornell University コーネル大学	1865

○米国の大学入学のための試験

受験者は大学の科目指定に従って, 以下のSATとAT, ACTとATを組み合わせて受験する.

SAT [Scholastic Assessment Test] 学習能力適性テスト (科目は数学・英語)
ACT [American College Test] 米大学入学能力テスト (科目は数学・英語・理科・社会)
AT [Achievement Test] 学力試験 (科目は約20)
PSAT [Preliminary Scholastic Aptitude Test] 進学適性予備テスト (SAT, ACT受験前の練習として高2の時に受ける)

○試験に関する用語

midterm exam; midterms 中間試験／term-end exam 期末試験／final exam; finals 学年末試験／academic achievement test 学力試験／quiz 小テスト／pop quiz 抜き打ち試験／open-book test 教科書持ち込みテスト／multiple-choice test 多肢選択テスト／machine-graded test マークシート式テスト／interview 面接試験／proctor 試験監督官

聖職者階位表

米国は英国からの清教徒による植民に建国の礎を置いているだけに、圧倒的にプロテスタント教徒が多くを占めます。但し、多民族社会を反映して今日では「宗教的るつぼ」と言われ、大きくプロテスタント、カトリック、ユダヤの各教徒を含む「三重のるつぼ」ととらえられますが、基本的には宗教的信仰の篤い国民といえましょう。

英国では、英国国教会、カトリック教会、プロテスタント諸宗派の三つのいずれかの教会に英国人の半数が属しているとされますが、中では英国国教会派の占める割合が大きくなっています。

○キリスト教聖職者階位 (hierarchy)

ローマカトリック教会や英国国教会などでは、今でもかなり厳格な階級制度が見られる。しかし、儀式よりも信仰に重点を置くプロテスタントでは、(教派にもよるが) 聖職者の階位が比較的柔軟である。

ローマカトリック教会 (Roman Catholic Church)

◆英語名	◆日本語名	◆役割
the Pope	教皇 (俗称：法王)	全世界カトリック信徒の最高指導者で、イエス・キリストの代理者とされる。バチカン市国元首。
Cardinal	枢機卿	教皇に次ぐ高位聖職者。世界各地の司教の中から教皇が任命。
Archbishop	大司教	司教区より大きい大司教区を担当。
Bishop	司　教	いくつかの小教区を束ねた教区を担当。
Priest	司　祭	司教の下位で、ミサを執り行う。
Deacon	助　祭	司祭の補助。

英国国教会 (Anglican Church)

◆英語名	◆日本語名	◆役割
Queen [King]	女王 [国王]	国教会首長。
Archbishop of Canterbury	カンタベリー大主教*	イングランドの約3分の2(南部)を占める大主教区(province)を統括。
Archbishop of York	ヨーク大主教	イングランドの約3分の1(北部)を占める大主教区(province)を統括。
Bishop	主　教	1主教区(diocese)を担当。
Rector	教区牧師	1教区(parish)を担当。
Vicar	教区司祭	同　上。
Chaplain	施設付き司祭	軍・刑務所などの施設付き。
Curate	司祭助手	教区司祭の助手。

＊英国国教会と世界の聖公会の最上席聖職者。

米国の法定休日

New Year's Day (1月1日)	元日	
Martin Luther King, Jr.'s Birthday (1月の第3月曜日)	キング牧師誕生日	公民権運動指導者, キング牧師の誕生日.
Presidents' Day (2月の第3月曜日)	大統領の日	ワシントン, リンカーン両大統領の誕生日にちなむ.
Memorial Day (5月の最終月曜日)	戦没者追悼記念日	南北戦争以降の戦争犠牲者追悼.
Independence Day (7月4日)	独立記念日	独立宣言した日を祝う.
Labor Day (9月の第1月曜日)	労働者の日	
Columbus Day (10月の第2月曜日)	コロンブス祭	コロンブス米大陸到達記念.
Veterans Day (11月11日)	退役軍人の日	すべての戦争における米国退役軍人の功績を讃え, 平和を祈念する.
Thanksgiving Day (11月の第4木曜日)	感謝祭	一族が集まり, 七面鳥などを食べて, メイフラワー号で渡ってきた最初の清教徒たちの収穫祭をしのぶ.
Christmas Day (12月25日)	キリスト降誕祭	

●その他任意の祝日 (主たるもの, 州や民族・宗教により異なる)

Lincoln's Birthday (2月12日)	リンカーン誕生日	
Good Friday (復活祭前の金曜日)	聖金曜日	キリストの受難記念日.
Easter Day [Easter Sunday] (3月21日以降の最初の満月のあとにくる最初の日曜日. 3月22日〜4月25日)	復活祭	受難から3日後のキリストの復活を記念. イースターに欠かせないEaster eggという色付き卵は, 兎(Easter bunny)が運んでくると信じられ, 復活の象徴とされる.
April Fool's Day [All Fool's Day] (4月1日)	エープリルフール [4月ばかの日: 万愚節]	
Patriot Day (4月19日)	愛国記念日	米国独立戦争最初のレキシントンの戦いを記念.
Mother's Day (5月の第2日曜日)	母の日	
Flag Day (6月14日)	国旗制定記念日	
Father's Day (6月の第3日曜日)	父の日	
Halloween Day (10月31日)	ハロウィン	死者の霊をまつる. 子供たちが仮装して家々を回り, お菓子などをもらう.

■ 英国の法定休日

英国の法定休日

New Year's Day(1月1日)	元日	
Good Friday(復活祭前の金曜日)	聖金曜日	キリストの受難記念日.
Easter Monday* (復活祭翌日の月曜日)	復活祭明けの 月曜日	受難の後のキリストの復活を記念. Easter hare(イースターの兎)のチョコレートが有名.
May Day(5月の第1月曜日)	労働祭	
Spring Bank Holiday* (5月最後の月曜日)	春の公休日	最初は銀行だけに実施されたので, この名が残る.
August Bank Holiday* (8月最後の月曜日)	8月公休日	
Christmas Day(12月25日)	キリスト降誕祭	
Boxing Day(12月26日)	クリスマスの 贈り物の日	郵便配達人や使用人などにboxに入れた贈り物をする日.

＊北アイルランドではこのほかに聖パトリック祭(3月17日)があるなど, 北アイルランド, スコットランドでは休日が異なる場合がある.

●法定休日以外の祝日(主たるもの)

April Fool's Day [**All Fool's Day**](4月1日)	エープリルフール [4月ばかの日:万愚節]
Guy Fawkes Day(11月5日)	ガイ・フォークス・デー	

Guy Fawkes*に見立てた人形を市中引き回して焼き捨てた習慣に起源をもつ. かがり火をたいたり花火をあげたりする子供の祭でBonfire Nightともいう.

Remembrance Day (11月の第2日曜日)	英霊記念日	世界大戦の戦没者追悼.

＊Guy Fawkesは, 1605年カトリック弾圧に抗して国会議事堂爆破を企てたと密告された火薬陰謀事件の首謀者.

＊以上のほか, 3〜4月のオックスフォード大対ケンブリッジ大のThe Boat Raceや6月のDerby(競馬)などが行事として有名.

日本の国民の祝日

元日(1月1日)	New Year's Day
成人の日(1月の第2月曜日)	Coming of Age Day
建国記念の日(2月11日)	National Foundation Day
春分の日(3月21日頃)	Vernal Equinox Day
昭和の日(4月29日)	Showa Day
憲法記念日(5月3日)	Constitution (Memorial) Day
みどりの日(5月4日)	Greenery Day
こどもの日(5月5日)	Children's Day
海の日(7月20日)	Marine Day
敬老の日(9月15日)	Respect-for-the-Aged Day
秋分の日(9月23日頃)	Autumnal Equinox Day
体育の日(10月の第2月曜日)	Health-Sports Day
文化の日(11月3日)	Culture Day
勤労感謝の日(11月23日)	Labor Thanksgiving Day
天皇誕生日(12月23日)	Emperor's Birthday
国民の休日(祝日にはさまれた日[日曜・振替休日を除く])	National People's Day

結婚記念日

以下の結婚記念日 (wedding anniversary) の呼称は広く用いられていますが, それ以外にも1周年から始めて経過年数ごとに名称が定められています. この記念日の名称は贈り物の種類によっていますが, 特に金婚式・銀婚式は盛大に祝われます.

◆年　数	◆記念式名	◆日本語
25	the silver wedding	銀婚式
30	the pearl wedding	真珠婚式
35	the coral wedding	さんご婚式
40	the ruby wedding	ルビー婚式
45	the sapphire wedding	サファイア婚式
50	the golden wedding	金婚式
55	the emerald wedding	エメラルド婚式
60/《米》75	the diamond wedding	ダイヤモンド婚式

自衛隊, アメリカ・イギリス軍隊階級表

日本		The United States		
自衛隊	旧陸[海]軍	Navy（海軍）	Marine Corps（海兵隊）	Army（陸軍）
	元　帥	Fleet Admiral		General of the Army
幕僚長	大　将	Admiral	General	同　左
陸[海・空]将	中　将	Vice Admiral	Lieutenant General	同　左
陸[海・空]将補	少　将	Rear Admiral	Major General	同　左
	（准将）Commodore		Brigadier General	同　左
一等陸[海・空]佐	大　佐	Captain	Colonel	同　左
二等陸[海・空]佐	中　佐	Commander	Lieutenant Colonel	同　左
三等陸[海・空]佐	少　佐	Lieutenant Commander	Major	同　左
一等陸[海・空]尉	大　尉	Lieutenant	Captain	同　左
二等陸[海・空]尉	中　尉	Lieutenant Junior Grade	First Lieutenant	同　左
三等陸[海・空]尉	少　尉	Ensign	Second Lieutenant	同　左
准陸[海・空]尉	准　尉 [兵曹長]	Chief Warrant Officer	同　左	同　左
		Warrant Officer	同　左	同　左
曹長	曹長 [上等兵曹]	Master Chief Petty Officer	Sergeant Major Master Gunnery Sergt.	Sergeant Major
		Senior Chief Petty Officer	First Sergeant Master Sergeant	同　左
		Chief Petty Officer	Gunnery Sergeant	Sergeant 1st Class
一等陸[海・空]曹		(Petty Officer 1st Class)		(Master Sergeant)
二等陸[海・空]曹	軍曹 [二等兵曹]	Petty Officer 1st Class (Petty Officer 2nd Class)	Staff Sergeant	Staff Sergeant
三等陸[海・空]曹	伍長 [三等兵曹]	Petty Officer 2nd Class (Petty Officer 3rd Class)	Sergeant	同　左
陸[海・空]士長	兵長	Petty Officer 3rd Class (Leading Seaman)	Corporal	同　左 (Leading Private)
一等陸[海・空]士	上等兵	Seaman	Lance Corporal	Private 1st Class
二等陸[海・空]士	一等兵	Seaman Apprentice	Private 1st Class	Private
三等陸[海・空]士	二等兵	Seaman Recruit	Private	Private (Recruit)

自衛隊, アメリカ・イギリス軍隊階級表

自衛隊の階級の英語表現は, 米国の陸海空軍の表現と対照させてあります. 薄赤になっているところは日米共通. ( ) で囲んだものは自衛隊のみの表現.

			The United Kingdom	
Air Force（空軍）	Navy（海軍）	Army（陸軍）	Air Force（空軍）	
General of the Air Force	Admiral of the Fleet	Field Marshal	Marshal of the Royal Air Force	
同　　左	Admiral	General	Air Chief-Marshal	
同　　左	Vice-Admiral	Lieutenant General	Air Marshal	
同　　左	Rear Admiral	Major General	Air Vice-Marshal	
同　　左	Commodore	Brigadier	Air Commodore	
同　　左	Captain	Colonel	Group Captain	
同　　左	Commander	Lieutenant Colonel	Wing Commander	
同　　左	Lieutenant Commander	Major	Squadron Leader	
同　　左	Lieutenant	Captain	Flight Lieutenant	
同　　左	Sublieutenant	First Lieutenant	Flying Officer	
同　　左	Second Sublieutenant	Second Lieutenant	Pilot Officer	
			搭乗員	地上整備員
同　　左		Warrant Officer Class I		
同　　左		Warrant Officer Class II	同　　左	同　　左
Chief Master Sergeant	Fleet Chief Petty Officer	Staff Sergeant	Flight Sergeant	Chief Technician
Senior Master Sergeant	Chief Petty Officer			
Master Sergeant		Sergeant	同　　左	同　　左
(Master Sergeant)				
Technical Sergeant	Petty Officer I / II / III	Corporal	同　　左	同　　左
Staff Sergeant				
Airman 1st Class				
Airman 2nd Class	Leading Seaman	Lance Corporal		Senior Aircraftman
Airman 3rd Clas	Able Seaman	Private		Leading Aircraftman
Airman (Airman Basic)	Ordinary Seaman	Private		Aircraftman

文化背景

米英の主な新聞・雑誌・放送

米国の主な新聞

◆紙　名	◆創刊年	◆部　数*	◆特　徴
The Chicago Tribune	1847	平日版 573,744 土曜版 515,253 日曜版 953,814	日刊；米国中西部を代表する保守系新聞．
The Christian Science Monitor	1908	平日版 59,179	日刊国際紙；他紙と異なり，海外ニュースは通信社に頼らず，世界各国に駐在する自社記者の記事を主に掲載する．Eメール版，PDA版，PDF版も利用可．
The Los Angeles Times	1881	平日版＆土曜版 907,997 日曜版 1,253,849	日刊；The New York Timesに次ぐ米国二大新聞の一つで，米国西部を代表する．リベラルな論調で，カリフォルニア州民，ロサンゼルス市民の信頼の置ける情報源になっている．
The New York Daily News	1919	平日版 735,536 土曜版 574,959 日曜版 835,121	日刊；別名 New York's Hometown Newspaperとして知られるタブロイド紙．政治的には中道穏健派で，見出しや写真の扱いに定評がある．
The New York Times	1851	平日版 1,136,433 土曜版 1,047,574 日曜版 1,680,582	日刊；Washington Post紙と並んで，米国で最も伝統を誇り，影響力の強い高級紙として定評がある．日曜版の高級書評誌Book Reviewも有名．
USA Today	1982	平日版 （金曜を除く） 2,199,052 金曜版 2,612,946	日刊全国紙；大判の新聞（broadsheet）に初めて全色彩を使ったパイオニアで，写真や図などが多く読みやすい．同紙が実施するさまざまな世論調査でも知られる．発行部数は全米第一位．
The Wall Street Journal	1889	平日版 2,070,498	日刊全国紙；世界的に評判の高い経済専門紙で，実業家・経済人の間で最も広く購読されている．アジア版，ヨーロッパ版などもある．

米英の主な新聞・雑誌・放送

◆紙　名	◆創刊年	◆部　数*	◆特　徴
The Washington Post	1877	平日版 751,871 土曜版 686,327 日曜版 1,000,565	日刊；首都ワシントンを発行地とする高級紙として，国内政治関係の記事が詳しい．ピューリッツア賞受賞のウォーターゲート事件報道がよく知られている．
The Washington Times	1982	平日版 103,017 土曜版 80,377 日曜版 42,775	日刊；首都ワシントンで歴史があるWashington Post紙に対抗して発行された．政治・政策の報道が詳しい．

(部数は2004年9月1日から2005年3月31日までの平均「販売部数」；米国ABC協会（Audit Bureau of Circulations）による)

英国の主な新聞

◆紙　名	◆創刊年	◆部　数*	◆特　徴
The Daily Express	1900	835,937	日刊；ニュースの煽情的な扱いで知られる大衆紙．
The Daily Mail	1896	2,420,601	日刊紙；社説は党派に左右されない大衆タブロイド紙．充実した海外報道で有名．
The Daily Mirror	1903	1,752,948	日刊；政治的には中道左派．読者の興味をそそる人の話題などを多く採り上げる大衆タブロイド紙．
The Daily Telegraph	1855	912,319	日刊；The Guardian, The Timesとともに英国三大高級紙の一つと称される．右派（保守）・中流階級的報道がベース．
The Financial Times	1888	410,306	日刊；英国の伝統ある経済専門紙．英国の経済政策に影響を与えると言われる．
The Guardian	1821	358,345	日刊；インテリ向けの高級紙．同紙の愛読者をGuardian reader（中流階級で教育のある左寄りの人）と言うこともある．
The Herald	1783	73,963	日刊；創刊から途切れることなく刊行されている世界最古のスコットランド英字紙．
The Independent	1986	255,603	日刊；英国の日刊全国紙としては一番歴史が浅い高級タブロイド紙．中道左派が基調．

■ 米英の主な新聞・雑誌・放送

◆紙 名	◆創刊年	◆部 数*	◆特 徴
The News of the World	1843	3,701,988	日曜紙；有名人のゴシップや醜聞など低俗な記事が売りのタブロイド紙. 名誉毀損で訴えられることも多い.
The Observer	1791	445,738	英国初の日曜紙；海外の報道に強い高級紙. 左派が基調.
The Scotsman	1817	66,053	日刊；スコットランドで大きな影響力をもち, responsible journalism（責任あるジャーナリズム）の模範例と見なされる.
The Sun	1964	3,343,486	日刊；若い世代の読者にねらいを定めた大衆タブロイド紙で, スターのゴシップ記事でも有名.
The Sunday Times	1822	1,338,616	英国を代表する高級日曜紙；The Timesの姉妹紙. 中道右派が基調.
The Times	1785	698,043	日刊；歴史が最も古い, 影響力のある新聞の一つで, 大判からタブロイドに変えてから人気が高い. 中道右派が基調. London Times, The Times of London と呼ばれることもある.

(部数は2005年7月4日から31日までの平均「販売部数」；英国ABC協会 (Audit Bureau of Circulations) による)

日本の主な英字新聞

◆紙 名	◆創刊年	◆部 数*	◆特 徴
The Japan Times	1897	48,844	日刊；日本人が創刊した英字新聞の草分けで, 国内・海外のニュースが豊富.
The Daily Yomiuri	1955	40,513	日刊；海外ニュースは独自報道のほかに, 毎週米英の有名新聞記事が付録としてつく.
International Herald Tribune/The Asahi Shimbun	2001	41,136(注)	日刊；1954年創刊の前身The Asahi Evening News と国際紙 International Herald Tribune が提携. 略称「ヘラルド朝日」.

(部数は2005年1月1日から6月30日までの平均「販売部数」；日本ABC協会の『半期レポート』による)

(注：2001年4月から9月までの平均「販売部数」；朝日新聞国際営業部による)

その他

◆紙 名	◆創刊年	◆部 数*	◆特 徴
International Herald Tribune	1887	240,918	日刊；世界180か国で販売されている国際紙.

(部数は2004年1月1日から12月31日までの平均「販売部数」；フランスOJD (ABC) 協会による)

米国の主な雑誌

◆誌 名	◆創刊年	◆部 数*	◆特 徴
BusinessWeek	1929	985,029	週刊；世界各国の経済情勢・景気分析・ビジネス・科学技術などニュース性の強い記事を特長とするビジネス誌.
Cosmopolitan	1886	2,932,554	月刊；もと小説誌から現代女性の新しいライフスタイルを提案する雑誌に変身したが, セックスを採り上げた記事も多い. 70年代に創刊された英国版は特にその傾向が顕著.
Ebony	1945	1,514,899	月刊；全米初の全国規模のアフリカ系米国人 (米国黒人) 向け雑誌. スポーツ・芸能に限らず各界で活躍するアフリカ系米国人の記事が中心.
Esquire	1933	712,503	月刊；政治・経済・社会問題, 本や映画のレビューなど, 男性が興味をもつ話題を広くカバーする都会派高級誌.
Forbes	1917	925,959	隔週刊；ビジネス界・財界の話題を中心に編集したビジネス誌で, 毎年"The World's Richest People" (世界長者番付) や"Forbes 400" (全米高額所得者400人) などを発表.
Fortune	1930	857,309	隔週刊；米国初のビジネス誌で, 企業の徹底的な研究レポートには定評がある. 毎年"Fortune 500" (全米売上高上位500社) や"Fortune Global 500" (世界売上高上位500社) などを発表.
Glamour	1939	2,340,958	月刊；心身ともにグラマーであることをキャッチフレーズに創刊さ

■ 米英の主な新聞・雑誌・放送

◆誌 名	◆創刊年	◆部 数*	◆特 徴
			れた女性総合誌. インテリ層の20代の読者中心.
Good Housekeeping	1885	4,606,800	月刊；女性のさまざまな関心事・料理・ダイエット・健康・文芸・商品テスト結果などの記事を掲載.
Harper's	1850	227,583	最古の歴史をもつ月刊誌；Mark Twainなど著名な作家が執筆してきた高級文芸・総合誌.
Motor Trend	1949	1,131,105	月刊；米国で最も古い自動車誌の一つで, Car of the Yearなどの賞を創設.
National Geographic Magazine	1888	5,431,117	月刊；地理・古代文化の遺物・人類学・探検などの話題を質の高いカラー写真とともに提供.
Newsweek	1933	3,200,413	週刊；ライバル誌Timeとほぼ同じ構成のニュース誌で, 正確で生々しい客観的な報道に定評がある. Timeより穏健進歩派的.
The New Yorker	1925	1,054,167	週刊；多くの漫画家・ユーモリストを輩出してきた都会派の高級文芸誌.
Time	1923	4,050,589	週刊；Time's format（国内・国際・ビジネス・教育・科学・医療・法律・スポーツ・本・芸術）と呼ばれる構成でニュース雑誌の原型をつくった.
PC World	1983	880,844	月刊；本体・周辺機器・ソフトウエアなどに関する記事を充実させたパソコン専門誌.
People	1974	3,779,640	週刊；映画俳優やプロスポーツ選手などの有名人や大衆文化のさまざまな話題が中心.
Playboy	1953	3,114,998	月刊男性誌；ヌード写真は同類誌に比べおとなしく, 見る要素より読む要素に重点を置いている. 時の人とのインタビュー記事が売り物.
Popular Science	1872	1,468,878	月刊；一般読者を対象にした科学・技術に関する雑誌で, 毎月科学・技術の進展・革新を紹介する

米英の主な新聞・雑誌・放送

◆誌 名	◆創刊年	◆部 数*	◆特 徴
			What's Newで知られる.
Reader's Digest	1922	10,128,943	月刊;中西部の勤勉で保守的な米国人のイメージを代表する家庭用総合誌で,既刊本のダイジェスト中心だがオリジナル記事も含む.国内だけでなく全世界で圧倒的な販売部数を誇る.
Rolling Stone	1967	1,315,634	隔週刊;歴史のあるロック音楽誌.70年代には反体制的論調で若者の意識をリードした.
Seventeen	1944	2,037,457	月刊;17,8歳の女性向けのファッション誌.
Sports Illustrated	1954	3,339,229	週刊;最も権威のあるスポーツ専門誌で,現場主義・客観報道に基づいた写真や記事が特長.
TV Guide	1953	9,073,543	週刊;テレビ番組欄案内や番組に登場する俳優の話題などを主としたガイド誌で,圧倒的な部数と広告収入を誇る.
U.S. News & World Report	1948	2,021,485	週刊;Time, Newsweekと比べ有名人や芸能に関する記事が少なく,より保守的なニュース誌. 毎年 "College and University Rankings"(全米大学ランキング)を発表.

(2005年1月1日から6月30日までの平均「販売部数」;アメリカABC協会による)

英国の主な雑誌

◆誌 名	◆創刊年	◆部 数*	◆特 徴
Autosport	1950	44,541	週刊;「モータースポーツのバイブル」と言われるモータースポーツ誌.
Country Life	1897	42,693	週刊;田園で暮らす人,田園生活にあこがれる人のライフスタイル誌.
The Economist	1843	503,077	週刊;政府や経済の運営に自由市場が寄与するとの姿勢を崩さず,経済以外の広範な分野もカバーする.ニュースと評論が中心で,特に世界経済に影響を与える国際政治

■ 米英の主な新聞・雑誌・放送

◆誌 名	◆創刊年	◆部 数*	◆特 徴
			情勢・動向記事に定評がある.
Empire	1989	205,981	月刊;映画・ビデオのレビューやレジャーのいろいろな話題を採り上げた映画誌.
FHM [For Him Magazine]	1994	560,167	月刊;英国で創刊された男性誌で,米国・オーストラリア・南アフリカ・台湾版などもある. 女性の写真だけでなく,ストーリー・調査結果・趣味などの記事も用意.
Four Four Two	1994	94,030	月刊;インテリ派サッカー誌.
Hello!	1988	392,481	週刊;各界の有名人のゴシップ誌で,裁判沙汰もある.
House & Garden	1901	140,096	月刊;家のインテリア・庭・料理などの記事が中心の家庭誌.
The London Review of Books	1979	42,907	月2回刊;急進的で先鋭な立場をとる文芸誌.
New Musical Express [NME]	1952	73,640	週刊;ギター音楽やインディー・ロックグループの話題を中心にした音楽誌. 本誌で記事になることが将来の成功につながると見なされる.
New Scientist	1956	161,506	週刊;最近の科学や技術の話題が豊富な科学誌で,読者は一般・専門家を問わない.
New Statesman	1913	23,646	週刊;中道左派を基調とした政治中心のニュース誌.
Private Eye	1961	209,981	隔週刊;各界や皇室の著名人の風刺誌.
Prospect	1995	23,244	月刊;政治・時事問題のほか経済・社会問題に関する論文やヨーロッパ・アメリカ政治の記事を扱うニュース誌.
The Spectator	1828	67,120	週刊;時事問題を扱うニュース誌. 基調は保守的で国内の話題が中心.
The Times Literary Supplement [TLS]	1902	34,229	週刊;T.S. Eliot, H. Jamesなどが過去に寄稿した優れた文芸評論誌.
Tatler	1709	87,193	月刊;英国上流社会の金持ちのライフスタイルに関する記事などが中心の婦人誌.
Woman's Own	1932	424,292	週刊;20〜40代の働く婦人が興味

米英の主な新聞・雑誌・放送

◆誌 名	◆創刊年	◆部 数*	◆特 徴
			をもつ健康・家庭・美容・調理・商品テスト結果などの記事を主とした女性誌.

(2005年1月1日から6月30日までの平均「販売部数」; 英国ABC協会による)

米国の主なテレビ

◆三大民放テレビと公共放送テレビ局名	◆放送開始年	◆特 徴
ABC [American Broadcasting Company]	1943	三大ネットワークの一つで, ウォルト・ディズニー・カンパニーの傘下.
CBS [Columbia Broadcasting System]	1941	三大ネットワークの一つ. 大きな片目のロゴマークおよびニュース部門CBS News制作のニュースマガジン番組 "60 Minutes"が有名.
NBC [National Broadcasting Company]	1940年代	1959年三大ネットワークの中で初めてカラー放送を開始.
PBS [Public Broadcasting Service]	1970	公共放送. NHK教育テレビのような番組の放映が中心で, Sesame Streetなどで知られる.

◆他の主な民放テレビ局名	◆放送開始年	◆特 徴
FOX [Fox Broadcasting Company]	1986	若い年齢層を対象とした娯楽・スポーツ・映画番組などを放映.
UPN [United Paramount Network]	1995	娯楽・映画番組などを中心に放映.
the WB [Warner Brothers]	1995	若い年齢層対象のホームコメディ・ドラマなどの番組を放映.

◆ケーブルテレビ局名	◆放送開始年	◆特 徴
CNBC [Consumer News and Business Channel]	1989	経済情報・ニュースを伝え, 金融市場からの中継も行うビジネス専門チャンネル.
CNN	1980	24時間放送のニュース専門チャンネルの先駆.
CNN Headline News	1982	24時間放送のニュース専門チャンネル. CNNから独立, ニュース報道・中継報道に力を入れる.
ESPN [Entertainment and Sports Programming Network]	1979	24時間放送のスポーツ関連専門チャンネル.

■ 米英の主な新聞・雑誌・放送

◆ケーブルテレビ局名	◆放送開始年	◆特 徴
Fox News	1996	24時間放送のニュース専門チャンネル.
HBO [Home Boc Office]	1972	24時間放送の映画専門チャンネル.
MSNBC [**Microsoft Network National Broadcasting Company**]	1996	24時間放送のニュース専門チャンネル.
MTV [Music Television]	1981	24時間放送の音楽専門チャンネル.

英国の主なテレビ

◆全国放送局名	◆放送開始年	◆特 徴
BBC ONE	1936	British Broadcasting Corporatin [BBC] (英国放送協会);ニュース・教養番組放映(アナログとデジタル).
BBC TWO	1964	英国放送協会;ニュース・教養・ドラマ番組放映(アナログとデジタル).
BBC THREE	2003	英国放送協会;ドラマ・コメディ番組放映(デジタル).
BBC FOUR	2002	英国放送協会;科学ドキュメント・文化・芸術番組放映(デジタル).
BBC PARLIAMENT	1998	英国放送協会;イギリス・スコットランド・ウェールズの議会中継(生・録画).
Channel 3 [ITV1]	1954	Independent Television [ITV] 独立テレビ;民放. Channel 3 (アナログとデジタル)が正式名.
Channel 4	1982	公共放送;社会派ドキュメンタリー・ドラマなどの優れた番組を放映(アナログとデジタル).

米国の主なラジオ

◆全国放送局名	◆放送開始年	◆特 徴
ABC [**American Broadcasting Company**] **Radio Network**	1930年代	民放;娯楽・ニュース・トークなどの総合番組を加盟放送局に提供(アナログとデジタル). http://www.abcradio.com/
NPR [**National Public Radio**]	1970	公共放送;ニュース・教養番組を制作し,加盟放送局に提供(アナログとデジタル). http://www.npr.org/

米英の主な新聞・雑誌・放送

◆地方放送局名 (所在地)	◆放送開始年	◆特　徴
KDKA (ペンシルベニア州 ピッツバーグ市)	1920	民放；政府から正式に認可された世界初の民間ラジオ局．ニュース・トーク・スポーツ番組中心に放送 (アナログとデジタル)． http://www.kdkaradio.com/
WBT (ノース・カロライナ州 シャーロット市)	1922	民放；東南部初のラジオ局．ニュース・トーク番組中心に放送 (アナログとデジタル)． http://www.wbt.com/
WBZ (マサチューセッツ州 ボストン市)	1921	民放；マサチューセッツ州で最古の歴史を誇るラジオ局，ニューイングランド地方では聴取者が一番多い (アナログとデジタル)． http://wbz1030.com/
WGN (イリノイ州デトロイト市)	1924	民放；ニュース・スポーツ番組中心に放送 (アナログとデジタル)． http://wgnradio.com/
WHO (アイオワ州デモイン市)	1924	民放；ニュース番組中心に放送 (アナログとデジタル)． http://www.whoradio.com/
WLW (オハイオ州シンシナティ市)	1922	民放；ニュース番組中心に放送 (アナログとデジタル)． http://www.700wlw.com/
WOR (ニューヨーク州 ニューヨーク市)	1922	民放；ニュース・トーク番組中心に放送 (アナログとデジタル)． http://www.wor710.com/
WSM (テネシー州ナッシュビル市)	1923	民放；カントリー音楽・ニュース番組中心に放送 (アナログとデジタル)． http://www.wsmonline.com/

◆海外向け放送局名	◆放送開始年	◆特　徴
VOA [**Voice of America**]	1942	米国内外のニュース・情報・教育・文化など多様な話題を短波で放送；国営のため政府の宣伝色が強いが，世界で約1億人が聴くと言われる；普通の英語による番組のほかに，英語を母語としない聴取者対象のSpecial Englishによる番組があり，両方とも放送原稿・音声の一部をウェブサイトから入手できる． http://www.voanews.com/

文化背景

■ 米英の主な新聞・雑誌・放送

英国の主なラジオ

◆全国放送局名	◆放送開始年	◆特　徴
BBC Radio 1	1967	英国放送協会；若者対象のポップミュージック番組中心に放送 (アナログとデジタル). http://www.bbc.co.uk/radio1/
BBC 1Xtra	2002	英国放送協会；ニューブラックミュージック番組中心に放送 (デジタル). http://www.bbc.co.uk/1xtra/
BBC Radio 2	1967	英国放送協会；成人対象のポップミュージック・イージーリスニングと娯楽番組中心に放送 (アナログとデジタル). http://www.bbc.co.uk/radio2/
BBC Radio 3	1967	英国放送協会；クラシック・ジャズ・世界の音楽, ドラマ・芸術番組中心に放送 (アナログとデジタル). http://www.bbc.co.uk/radio3/
BBC Radio 4	1967	英国放送協会；ニュース・時事, 対談などのトーク番組中心に放送 (アナログとデジタル). http://www.bbc.co.uk/radio4/
BBC Radio Five Live	1990	英国放送協会；ニュース・スポーツ番組の生放送中心 (アナログとデジタル). http://www.bbc.co.uk/fivelive/
BBC Five Live Sports Extra	2002	英国放送協会；スポーツ番組の生放送中心 (デジタル). http://www.bbc.co.uk/fivelive/sportsextra/
BBC 6 Music	2002	英国放送協会；ロック・ファンク・オルタナティブミュージック番組中心に放送 (デジタル). http://www.bbc.co.uk/6music/
BBC 7	2002	英国放送協会；懐かしのドラマ・コメディや子供向け番組中心に放送 (デジタル). http://www.bbc.co.uk/bbc7/
BBC World Service	1988	英国放送協会；世界各地のニュース・時事の話題を43の言語で放送 (アナログとデジタル). http://www.bbc.co.uk/worldservice/
BBC Asian Network	1989	英国放送協会；アジア系英国民のためのニュース・生活・教養・音楽番組中心に放送 (デジタル). http://www.bbc.co.uk/asiannetwork/

日本国憲法 (前文)

日本国憲法成立にあたっては，第二次世界大戦後の連合国占領下において，明治憲法改正案にあたる松本案が作成されましたが，それは日本の民主化のためにはまだ不十分なものとして，連合国最高司令部 (GHQ) の作成した別の草案に基づいて当時の幣原 (しではら) 内閣が新たな憲法草案を起草し，発表するに至りました．最終的にはそれが政府案として帝国議会に提出され，審議・決定後，日本国憲法として交付・施行されました．以下に日本国憲法前文の日本文および英文を掲げます．

日本国憲法前文

1946年 (昭和21) 11月3日公布
1947年 (昭和22) 5月3日施行

　日本国民は，正当に選挙された国会における代表者を通じて行動し，われらとわれらの子孫のために，諸国民との協和による成果と，わが国全土にわたって自由のもたらす恵沢を確保し，政府の行為によって再び戦争の惨禍が起こることのないやうにすることを決意し，ここに主権が国民に存することを宣言し，この憲法を確定する．そもそも国政は，国民の厳粛な信託によるものであって，その権威は国民に由来し，その権力は国民の代表者がこれを行使し，その福利は国民がこれを享受する．これは人類普遍の原理であり，この憲法はかかる原理に基くものである．われらは，これに反する一切の憲法，法令及び詔勅を排除する．

　日本国民は，恒久の平和を念願し，人間相互の関係を支配する崇高な理想を深く自覚するのであって，平和を愛する諸国民の公正と信義に信頼して，われらの安全と生存を保持しようと決意した．われらは，平和を維持し，専制と隷従，圧迫と偏狭を地上から永遠に除去しようと努めてゐる国際社会において，名誉ある地位を占めたいと思ふ．われらは，全世界の国民が，ひとしく恐怖と欠乏から免かれ，平和のうちに生存する権利を有することを確認する．

　われらは，いづれの国家も，自国のことのみに専念して他国を無視してはならないのであって，政治道徳の法則は，普遍的なものであり，この法則に従ふことは，自国の主権を維持し，他国と対等関係に立たうとする各国の責務であると信ずる．

　日本国民は，国家の名誉にかけ，全力をあげてこの崇高な理想と目的を達成することを誓ふ．

■日本国憲法（前文）

英　文

The Constitution of Japan : Introduction

Promulgated on November 3, 1946
Came into effect on May 3, 1947

　We, the Japanese people, acting through our duly elected representatives in the National Diet, determined that we shall secure for ourselves and our posterity the fruits of peaceful cooperation with all nations and the blessings of liberty throughout this land, and resolved that never again shall we be visited with the horrors of war through the action of government, do proclaim that sovereign power resides with the people and do firmly establish this Constitution. Government is a sacred trust of the people, the authority for which is derived from the people, the powers of which are exercised by the representatives of the people, and the benefits of which are enjoyed by the people. This is a universal principle of mankind upon which this Constitution is founded. We reject and revoke all constitutions, laws, ordinances, and rescripts in conflict herewith.

　We, the Japanese people, desire peace for all time and are deeply conscious of the high ideals controlling human relationship, and we have determined to preserve our security and existence, trusting in the justice and faith of the peace-loving peoples of the world. We desire to occupy an honored place in an international society striving for the preservation of peace, and the banishment of tyranny and slavery, oppression and intolerance for all time from the earth. We recognize that all peoples of the world have the right to live in peace, free from fear and want.

　We believe that no nation is responsible to itself alone, but that laws of political morality are universal; and that obedience to such laws is incumbent upon all nations who would sustain their own sovereignty and justify their sovereign relationship with other nations.

　We, the Japanese people, pledge our national honor to accomplish these high ideals and purposes with all our resources.

アメリカ合衆国憲法 (前文)

「アメリカ合衆国憲法」は1788年に発効した世界最古の成文憲法で、前文および七つの条articleから成り、各条はさらにいくつかの節sectionに分かれています。修正条項によって修正を重ねつつ現在に至っていますが、連邦制を支える「制限された政府」という観念に基づいた厳格な三権分立がうたわれているのが、その特長です。以下に民定憲法であることを宣言した前文を掲げます。

英国憲法は、今日行われている憲法の中で最古のものですが、さまざまな個別の文書や議会決議・法令から成り立っており、一つの文書には体現されていません。

The Constitution of the United States of America: Preamble

We the People of the United States, in order to form a more perfect Union, establish justice, insure domestic tranquility, provide for the common defense, promote the general welfare, and secure the blessings of liberty to ourselves and our posterity, do ordain and establish this Constitution for the United States of America.

アメリカ合衆国憲法 (前文)

われわれアメリカ合衆国国民は、より完全な連邦を形成し、正義を確立し、国内の平静を保障し、共通の防衛に備え、一般の福祉を促進し、われわれおよびその子孫に自由の恩恵を確保するため、アメリカ合衆国のためにこの憲法を制定する。

アメリカ独立宣言

1776年7月4日の大陸会議において、イギリスによって統治されていた13の植民地が、独立を公に宣言した文書。トマス・ジェファーソン (Thomas Jefferson) が起草した原案に手が加えられて成ったこの文書は、アメリカ建国の理念となり、同時に「すべての人間は平等につくられている」という人間の基本的権利を要約したものとして、我が国の福沢諭吉をはじめ、後の思想にも大きな影響を与えました。以下に示すのは56名の署名の部分を除いたその全文です。

■ アメリカ独立宣言

The Declaration of Independence

When in the course of human events, it becomes necessary for one people to dissolve the political bands which have connected them with another, and to assume among the powers of the earth, the separate and equal station to which the laws of nature and of nature's God entitle them, a decent respect to the opinions of mankind requires that they should declare the causes which impel them to the separation.

We hold these truths to be self-evident: that all men are created equal; that they are endowed by their Creator with certain unalienable rights; that among these are life, liberty, and the pursuit of happiness; that to secure these rights, governments are instituted among men, deriving their just powers from the consent of the governed; that whenever any form of government becomes destructive of these ends, it is the right of the people to alter or to abolish it, and to institute new government, laying its foundation on such principles, and organizing its powers in such form, as to them shall seem most likely to effect their safety and happiness. Prudence, indeed, will dictate that governments long established should not be changed for light and transient causes; and accordingly all experience hath shewn that mankind are more disposed to suffer, while evils are sufferable than to right themselves by abolishing the forms to which they are accustomed. But when a long train of abuses and usurpations, pursuing invariably the same object, evinces a design to reduce them under absolute despotism, it is their right, it is their duty, to throw off such government, and to provide new guards for their future security. Such has been the patient sufferance of these colonies; and such is now the necessity which constrains them to alter their former systems of government. The history of the present King of Great Britain is a history of repeated injuries and usurpations, all having in direct object the establishment of an absolute tyranny over these states. To prove this, let facts be submitted to a candid world.

He has refused his assent to laws, the most wholesome and necessary for the public good.

He has forbidden his governors to pass laws of immediate and pressing importance, unless suspended in their operation till his assent should be obtained; and, when so suspended, he has utterly neglected to attend to them.

He has refused to pass other laws for the accommodation of large districts of people, unless those people would relinquish the right of representation in the legislature, a right inestimable to them, and formidable to tyrants only.

He has called together legislative bodies at places unusual, uncomfortable, and distant from the depository of their public records, for the sole purpose of fatiguing them into compliance with his measures.

He has dissolved representative houses repeatedly, for opposing, with manly firmness, his invasions on the rights of the people.

He has refused for a long time, after such dissolutions, to cause others to be elected; whereby the legislative powers, incapable of annihilation, have returned to the people at large for their exercise; the state remaining in the mean time exposed to all the dangers of invasions from without and convulsions within.

He has endeavored to prevent the population of these states; for that purpose obstructing the laws for naturalization of foreigners; refusing to pass others to encourage their migration hither, and raising the conditions of new appropriations of lands.

He has obstructed the administration of justice, by refusing his assent to laws for establishing judiciary powers.

He has made judges dependent on his will alone, for the tenure of their offices, and the amount and payment of their salaries.

He has erected a multitude of new offices, and sent hither swarms of officers to harass our people, and eat out their substance.

He has kept among us, in times of peace, standing armies without the consent of our legislatures.

He has affected to render the military independent of and superior to the civil power.

He has combined with others to subject us to a jurisdiction foreign to our constitution and unacknowledged by our laws; giving his assent to their acts of pretended legislation:

For quartering large bodies of armed troops among us:

For protecting them, by a mock trial, from punishment for any murders which they should commit on the inhabitants of these states:

■ アメリカ独立宣言

For cutting off our trade with all parts of the world:

For imposing taxes on us without our consent:

For depriving us, in many cases, of the benefits of trial by jury:

For transporting us beyond seas, to be tried for pretended offenses:

For abolishing the free system of English laws in a neighboring province, establishing therein an arbitrary government, and enlarging its boundaries so as to render it at once an example and fit instrument for introducing the same absolute rule into these colonies:

For taking away our charters, abolishing our most valuable laws, and altering fundamentally the forms of our governments:

For suspending our own legislatures, and declaring themselves invested with power to legislate for us in all cases whatsoever.

He has abdicated government here, by declaring us out of his protection and waging war against us.

He has plundered our seas, ravaged our coasts, burned our towns, and destroyed the lives of our people.

He is at this time transporting large armies of foreign mercenaries to complete the works of death, desolation, and tyranny, already begun with circumstances of cruelty and perfidy scarcely paralleled in the most barbarous ages, and totally unworthy the head of a civilized nation.

He has constrained our fellow citizens, taken captive on the high seas, to bear arms against their country, to become the executioners of their friends and brethren, or to fall themselves by their hands.

He has excited domestic insurrection among us, and has endeavored to bring on the inhabitants of our frontiers, the merciless Indian savages, whose known rule of warfare is an undistinguished destruction of all ages, sexes, and conditions.

In every stage of these oppressions we have petitioned for redress in the most humble terms: our repeated petitions have been answered only by repeated injury. A prince, whose character is thus marked by every act which may define a tyrant, is unfit to be the ruler of a free people.

Nor have we been wanting in attentions to our British brethren. We have warned them from time to time of attempts by their legislature to extend an unwarrantable jurisdiction over us. We have reminded them of the circumstances of our emigration and settlement here. We have appealed to their native justice and magnanimity, and we have conjured them by the ties of our common kindred to disavow these usurpations, which would inevitably interrupt our connections and correspondence. They too have been deaf to the voice of justice and of consanguinity. We must, therefore, acquiesce in the necessity which denounces our separation, and hold them as we hold the rest of mankind, enemies in war, in peace friends.

We, therefore, the representatives of the United States of America, in General Congress, assembled, appealing to the Supreme Judge of the world for the rectitude of our intentions, do, in the name, and by the authority of the good people of these colonies, solemnly publish and declare, That these United Colonies are, and of right ought to be, Free and Independent States; that they are absolved from all allegiance to the British crown, and that all political connection between them and the state of Great Britain is, and ought to be, totally dissolved; and that, as free and independent states, they have full power to levy war, conclude peace, contract alliances, establish commerce, and to do all other acts and things which independent states may of right do. And for the support of this declaration, with a firm reliance on the protection of Divine Providence, we mutually pledge to each other our lives, our fortunes and our sacred honor.

独立宣言

　人間の営みの過程において, ある国民が他の国民との政治的絆を解き, 世界の列強の中で, 自然の法則と神の法則が付与する独立した対等の立場を得ることが必要となることがある. その際, 人類の意見に適切な敬意を払うならば, 独立へと駆り立てた理由を宣言するべきであろう.

　われわれは以下を自明のことと考える. 人はすべて生まれながらにして平等であり, いくつかの侵すべからざる権利を神により付与されている. すなわち, 生存・自由・幸福追求の権利である. このような権利を確保するため, 人民の中に政府を設ける. その政府には, 被統治者の合意に基づく正当な権力が与えられる. また, いかなる形態の政府であれ, それがこの目的に反するようになれば, それを改変するか廃止し, 新しい政府を設け, 国民の安全と幸福を最大限にもたらすと考えられる原則に基づき, またそのような目的に合致する形の権力を組織することが国民の権利である. 長期間をかけて確立された政府を瑣末で一時的な理由によって改変するべきでないことは, 分別をもってすれば分かることである. したがって, あらゆる経験が示すところ

■ アメリカ独立宣言

では，慣れ親しんできた形態を廃止して自分を正すよりは，弊害が耐えられる限りは耐えようとするものである．しかし，権力の乱用と権利の侵害が長期にわたり，その目的に変化がなく，国民を絶対専制のもとに置く意図が明白な場合は，そのような政府を投げ棄て，自らの将来の安全のために，新しい政府を打ち立てることが国民の権利であり義務である．われわれ植民地はそのような苦難を耐え忍んできた．そして，これまでの政治形態を変える必要性に迫られている．現在の英国王の歴史は侵害の繰り返しであり，すべてこの地に絶対専制を打ち立てることを直接の目的としている．このことを証明するべく，偏見のない世界に事実を提示する．

　国王は公共の利益のために万全かつ必要な法律を認めようとしなかった．

　国王はその承認を得るまで法律の執行を留保しない場合，緊急を要する重要な法律を総督が通過させることを禁じた．しかも，差し止めた法律を後日取り上げることを完全に怠った．

　国王は広域にわたる国民が本国の立法府での代理権を放棄しない場合，それら国民のための他の法律を通過させることを拒否した．その代理権は国民にはきわめて貴重であるが，ひとり専制君主にとっては脅威なのである．

　国王は立法組織を異常かつ不便で公文書保管所からも遠い場所で召集した．これはメンバーを疲弊させ，国王の施策に従わねばならなくさせるためである．

　国王はその国民の権利侵害に対して勇敢に断固として反対したことを理由に，代議院を頻繁に解散した．

　国王はその解散の後，他の代議員が選ばれることを長期にわたり拒否し続けた．それにより，立法府を廃止することもできず，その行使が一般国民に戻されることになった．その間も，この地は外からの侵略および内なる動乱のあらゆる危険にさらされていた．

　国王はこの地の人口を抑制しようとした．そのために，外国人帰化の法律を妨害し，この地への移民奨励の法律通過を拒否し，新規土地割り当ての条件を厳しくした．

　国王は司法権確立のための法律の承認を拒否することにより，司法の執行を妨害した．

　国王は裁判官の任期およびその給与の額および支払いについて，国王の意思のみに従うものとした．

　国王はおびただしい数の官職を新規に設け，そこに多数の官吏を送り込み，国民を苦しめ，その財をむしばんだ．

　国王は平和時においても，わが立法府の同意なくこの地に常備軍を置いた．

　国王は軍を文民権力から独立させ，軍を文民権力の上に置こうとした．

　国王は他と共謀し，われわれの憲法とは異質でわれわれの法律でも認められないような支配のもとにわれわれを置こうとし，次のような見せかけの法律を承認した．

　この地に大規模の軍隊を宿営させること．

　兵士がこの地の住民に対して殺人を犯しても，見せかけの裁判で兵士を保護すること．

　全世界との通商を遮断すること．

　われわれの同意なく，われわれに課税すること．

　多くの場合，われわれの陪審員による裁判の恩恵を奪うこと．

見せかけの罪で裁くため、われわれを海外に移送すること．

隣接地域において英国法の自由な制度を廃止し、そこに専制的政府を設け、その境界を拡大し、これを先例としてこの植民地にも同様の絶対支配を導入するための格好の材料にすること．

われわれの特許状を剥奪し、われわれの最も貴重な法律を廃止し、われわれの政府の形態を根本的に改変すること．

われわれの立法権を停止し、いかなる場合にもわれわれのために立法する権利が自分たちにあると宣言すること．

国王はわれわれがその保護の対象でないと宣言し、われわれに戦争をしかけることにより、この地での統治を放棄した．

国王はわれわれの海にて略奪し、沿岸を荒らし、町を焼き、わが人民の生命を奪った．

国王は現在傭兵外国人の大軍を送り込み、すでに始まっている死と荒廃と専制の仕業を完成しようとしている。その仕業は最も野蛮な時代にもほとんど見られず、文明国の元首の名にまったく値しないような残酷さと不誠実さによるものである．

国王はわが同胞を公海において拘束し、自国に矢を向けさせ、同胞の処刑にあたらせたり、逆に同胞に倒される目に遭わせた．

国王はわれわれの中に内乱を起こさせ、わが辺境の住民に対し、インディアンの情け容赦ない攻撃を加えた。そのインディアンの戦法は、年齢・性別・境遇の別なく破壊することで知られている．

このような圧制の各段階において、われわれはきわめて謙虚な言葉で是正を請願してきた。しかし、度重なる請願にもかかわらず、それに対する回答は度重なる権利侵害であった。その行動のすべてが暴君と名づけられるような人格の君主は、自由な人民の支配者としては、不適当である．

われわれは英国の同胞に対して注意を喚起することも怠らなかった。その立法府がわれわれに対し不当な支配権を及ぼそうとする試みに対し、常に警告を発してきた。また、われわれのこの地への移民・定住の事情についても英国の同胞に知らせてきた。われわれは彼らの生来の正義感や寛大な精神に訴えてきた。また、われわれは彼らとのつながりや交流を必ずや阻害するような権利侵害を否認するよう、血縁の絆を通して彼らに訴えてきた。しかし、彼らもまた正義と血縁の声に耳をかそうとはしなかった。したがって、われわれは分離を宣言し、彼らを、他の人類と同様に、戦いにおいては敵、平和においては友と見なさざるをえない．

それゆえ、われわれアメリカ合衆国の代表は連合会議に集い、世界の崇高なる審判者に対し、われわれの意図の公正さを訴え、この植民地の善良なる民の名において、またその権威に基づいて、次の通り厳粛に公布・宣言するものである。すなわち、われわれ連合植民地は自由にして独立した国であり、当然そうあるべきである。われわれ連合植民地は英国王への忠誠から解放される。また、われわれと英国との政治的つながりはすべて解消し、また解消すべきである。さらに、自由にして独立した国家として、戦争の開始、講和の締結、同盟の締結、通商の開始、その他独立国が当然行使できる権限を有するものとする．

われわれは神の摂理のご加護を堅く信じ、この宣言を支持するため、われわれの生命、われわれの財産、われわれの聖なる名誉を捧げることを互いに誓う．

主な英語圏の国歌

アメリカ合衆国国歌

The Star-Spangled Banner「星条旗よ永遠なれ」

背景：1814年米英戦争のさなか，ボルティモア郊外のマックヘンリー要塞が英軍に砲撃された際，翌朝になっても星条旗が翻っているのを見て，感激した弁護士 Francis Scott Key が作った詩がイギリス人 John Stafford Smith 作曲の旋律に合わせて広く歌われるようになった．1931年に国歌に制定．公式行事では1番のみが演奏される．

1番

O say, can you see, by the dawn's early light,
What so proudly we hailed at the twilight's last gleaming?
Whose broad stripes and bright stars, through the perilous fight,
O'er the ramparts we watched, were so gallantly streaming!
And the rockets' red glare, the bombs bursting in air,
Gave proof through the night that our flag was still there:
O say, does that star-spangled banner yet wave
O'er the land of the free and the home of the brave?

ああ　ほら　夜明けのかすかな光で見えるだろう
夕暮れの薄明かりのもと　我らが誇らかに歓呼したあの旗が
その太い横縞と輝く星は　危険な戦いのさなかにも
我らが警護した要塞の上で　堂々とはためいていたではないか
砲火の赤い閃光と　空中で炸裂する砲弾は
我らの旗がなおもそこにあると　夜を徹して証明したのだ
ああ　あの星条旗は　まだはためいているか
自由の民の大地に　勇者の祖国に

2番

On the shore, dimly seen through the mists of the deep,
Where the foe's haughty host in dread silence reposes,
What is that which the breeze, o'er the towering steep,
As it fitfully blows, now conceals, now discloses?

Now it catches the gleam of the morning's first beam,
In full glory reflected now shines on the stream:
'Tis the star-spangled banner! O long may it wave
O'er the land of the free and the home of the brave!

大海原の霧の中　おぼろげに見える岸
傲慢なる敵軍は　恐ろしい静寂の中　海底に眠る
その岸にそびえ立つ絶壁の上で　気ままなそよ風に身をまかせ
見え隠れしているものは　いったい何だ
それは今　朝一番の陽光を浴びて
さんぜんと輝き　水面に映える
なんと　あれは星条旗　ああ　永遠にひるがえれ
自由の民の大地に　勇者の祖国に

3番

And where is that band who so vauntingly swore
That the havoc of war and the battle's confusion
A home and a country should leave us no more?
Their blood has washed out their foul footsteps' pollution.
No refuge could save the hireling and slave
From the terror of flight, or the gloom of the grave:
And the star-spangled banner in triumph doth wave
O'er the land of the free and the home of the brave!

声高らかに断言した軍勢は　今いずこ
戦争の大惨事と混乱で
家も国も失うと我らを脅した　あの軍勢は
彼らの血は　みずからの汚れた足跡を洗い清めた
もう　傭兵や奴隷に　逃げ場はない
逃げ惑う恐怖や　死の暗影からの救いはない
星条旗は　意気揚々と　ひるがえる
自由の民の大地に　勇者の祖国に

4番

Oh! thus be it ever, when freemen shall stand
Between their loved homes and the war's desolation!
Blest with victory and peace, may the Heaven-rescued land
Praise the Power that hath made and preserved us a nation.
Then conquer we must, for our cause it is just,
And this be our motto: "In God is our trust."
And the star-spangled banner in triumph shall wave

■ 主な英語圏の国歌

O'er the land of the free and the home of the brave!

ああ　いつも　かくあれかし　自由の民が
愛する家庭と戦争のあいだに　盾となって立つときは
勝利と平和を授けられ　天に救われた大地よ
国をつくり　守ってくれた神の力を讃えるがいい
我らは必ず勝利する　我らの大義は正しいゆえに
我らの標語は「我らが信頼　神にあり」
星条旗は　意気揚々と　ひるがえる
自由の民の大地に　勇者の祖国に

イギリス国歌

God Save the Queen 「神よ, 女王を救いたまえ」

背景：イギリスらしく女王 (男性の君主の時はKing) を讃える歌. 作詞者, 作曲者ともに不詳で, 1745年に初めて演奏された愛国的な歌に起源をもつとされる. 使用されている歌詞は伝統的に愛誦されてきたもので, 以下に示す7番, 8番が2番, 3番になっている場合があるなどのヴァリエントがある. 公式行事では1番のみが演奏される.

なお, 6番の歌詞があるため, スコットランド人はこの国歌よりも"Flower of Scotland"を応援歌などで歌うことを好む.

1番

God save our gracious Queen,
Long live our noble Queen,
God save the Queen!
Send her victorious,
Happy and glorious,
Long to reign over us;
God save the Queen!

神よ　慈悲ぶかき女王を救いたまえ
気高き女王の御世の　長からんことを
神よ　女王を救いたまえ
勝利と幸いと栄光を　授けたまえ
長らく我らに　君臨されるよう
神よ　女王を救いたまえ

2番

O Lord our God arise,
Scatter her enemies,
And make them fall;
Confound their politics,
Frustrate their knavish tricks,
On Thee our hopes we fix,
God save us all!

おお　主よ　我らが神よ　今こそ立ちあがり
女王の敵を　蹴散らして
降伏させてくださるよう
敵の戦略をば　打ち砕き
彼らの姦計を　阻止せんことを
我ら　望みを託すは　あなたの御許
神よ　我らを救いたまえ

3番

Thy choicest gifts in store
On her be pleased to pour;
Long may she reign;
May she defend our laws,
And ever give us cause
To sing with heart and voice,
God save the Queen!

お手元の極上の贈り物
もったいなくも　女王のもとへと注ぎたまえ
女王が　長く君臨されて
我らの法を　お守りくださり
いつも大義を　たまわるよう
我らの歌声　心をこめて　高らかに
神よ　女王を救いたまえ

4番

Not in this land alone,
But be God's mercies known,
From shore to shore!
Lord make the nations see,
That men should brothers be,
And form one family,

■ 主な英語圏の国歌

The wide world over.

ただ　この国だけでなく
海を隔てた国から国へ
神のご慈悲の　知られんことを
主よ　国々に知らしめたまえ
人はみな兄弟
一つの家族をなすものと
あまねく　広き世界において

5番
From every latent foe,
From the assassins blow,
God save the Queen!
O'er her thine arm extend,
For Britain's sake defend,
Our mother, prince, and friend,
God save the Queen!

すべての隠れた敵の手から
暗殺者の不意打ちから
神よ　女王を守りたまえ
女王の上に　手を広げ
イギリスのために　守りたまえ
我らが母を　王子を　友を
神よ　女王を救いたまえ

6番
Lord grant that Marshal Wade
May by thy mighty aid
Victory bring.
May he sedition hush,
And like a torrent rush,
Rebellious Scots to crush.
God save the Queen!

神よ　願わくば　マーシャル・ウェード*に
その偉大なるお力で
勝利をもたらしたまえ
暴動を鎮圧し
荒れ狂う奔流のごとく

スコットランド反乱軍を　粉砕できるよう
神よ　女王を救いたまえ

(＊マーシャル・ウェード：スコットランド攻略を指揮したイングランド軍最高司令官 George Wade (1673—1748) を指す.)

7番

One realm of races four,
Bless more and ever more,
God save our land!
Home of the brave and free,
Set in the silver sea,
True nurse of chivalry,
God save our land!

四つの民の　一つの領土に
ますます多くの祝福を
神よ　我らが大地を守りたまえ
勇者と　自由の民の祖国
銀色の海に浮かんだ
真に騎士道を育む大地
神よ　我らが大地を救いたまえ

8番

Kinsfolk in love and birth,
From utmost ends of earth,
God save us all!
Bid strife and hatred cease,
Bid hope and joy increase,
Spread universal peace,
God save us all!

愛と血で結ばれた　同族の者たち
出自は　地の果て
神よ　我らのすべてを救いたまえ
争いと憎しみが　消え失せて
希望と喜びが　いや増すように
世界の平和を　広めたまえ
神よ　我らのすべてを救いたまえ

■ 主な英語圏の国歌

カナダ国歌

O Canada!「おおカナダ！」

背景：1880年にSir Adolphe-Basile Routhierによってフランス語で書かれた歌詞と，著名な作曲家Calixa Lavalleeによる曲が人気を博すようになったもの．公式の英語版の歌詞は1908年に法律家Robert Stanley Weirによって書かれた．初めて歌われてから100年後の1980年に国歌に制定．

O Canada! Our home and native land!
True patriot love in all thy sons command.
With glowing hearts we see thee rise,
The True North strong and free!
From far and wide, O Canada,
We stand on guard for thee.

God keep our land glorious and free!
O Canada, we stand on guard for thee.
O Canada, we stand on guard for thee.

おお　カナダ　我らが故郷　我らが祖国
汝の息子たちすべてに　愛国心を呼び起こせ
汝が熱き心で　立ち上がるさまが　目に見える
強大で自由な　真の北国
世界のどこにいようと　おお　カナダ
我ら　汝を見守らん

神よ　我らが大地に　永遠(とわ)なる栄光と自由とを
おお　カナダ　我ら　汝を見守らん
おお　カナダ　我ら　汝を見守らん

オーストラリア国歌

Advance Australia Fair「前進せよ，美(うるわ)しのオーストラリア」

主な英語圏の国歌

背景："Advance Australia Fair" はかつて全国的な愛唱歌として親しまれていたが，1984年に国歌に制定された．作詞・作曲はスコットランド人Peter D. McCormick．1974年までは英国国歌 "God Save the Queen" が正式国歌であった．

Australians all let us rejoice,
For we are young and free,
We've golden soil and wealth for toil,
Our home is girt by sea;
Our land abounds in nature's gifts,
Of beauty rich and rare,
In history's page, let every stage,
Advance Australia Fair.
In joyful strains then let us sing,
Advance Australia Fair.

Beneath our radiant Southern Cross,
We'll toil with hearts and hands,
To make this Commonwealth of ours,
Renowned of all the lands;
For those who've come across the seas,
We've boundless plains to share,
With courage let us all combine,
To Advance Australia Fair.
In joyful strains then let us sing,
Advance Australia Fair.

すべてのオーストラリア人よ　喜ぼう
我らは　若くて自由
労苦に代わる黄金の土地と　富をもつ
我らが故郷は　海に囲まれ
大地は自然の恵みに　あふれんばかり
豊かで稀有な　美しき自然
歴史のページの　あらゆる舞台に
美しのオーストラリアよ　前進せよ
楽しい調べで　さあ　歌おう
前進せよ　美しのオーストラリア

まばゆいばかりの　南十字星のもと
我ら　全身全霊をささげ　働く
我らが連邦国家をば　とりわけ

■ 主な英語圏の国歌

名だたる国と　するために
我ら　海を渡ってきた人々と
限りない平原を　分かち持つ
勇気をもって　団結しよう
美しのオーストラリアの　前進のため
美しい調べで　さあ　歌おう
前進せよ　美しのオーストラリア

ニュージーランド国歌

God Defend New Zealand
「神よ, ニュージーランドを守りたまえ」

背景：元来ニュージーランドの国歌は英国国歌 "God Save the Queen" であるが, 1977年に "God Defend New Zealand" も同等の国歌として制定された. この歌の詞は1870年代初めにThomas Brackenによって書かれ, John Joseph Woodsによって作曲された. 英語とマオリ語の両方の歌詞がある.

1番

God of Nations! at Thy feet,
In the bonds of love we meet,
Hear our voices we entreat,
God defend our free land.
Guard Pacific's triple star,
From the shafts of strife and war,
Make her praises heard afar,
God defend New Zealand.

国々の神よ　あなたの足もとに
愛の絆で結ばれて　我らは出会う
お聞きください　我らの声を
神よ　我らの自由の大地を　守りたまえ
太平洋の三つの星を
争いと戦争の　矢弾から守り
この国の賛美の声を　遠くかなたに響かせたまえ
神よ　ニュージーランドを　守りたまえ

2番

Men of every creed and race,
Gather here before Thy face,
Asking Thee to bless this place,
God defend our free land.
From dissension, envy, hate,
And corruption guard our State.
Make our country good and great,
God defend New Zealand.

すべての信条と　民族からなる人びとが
集うは　この場所　あなたの御前に
この地に　あなたの祝福のあるように
神よ　我らの自由の大地を　守りたまえ
不和　妬み　憎しみ　堕落から
我らの国を　守りたまえ
偉大なる立派な国になるように
神よ　ニュージーランドを　守りたまえ

3番

Peace, not war, shall be our boast,
But, should foes assail our coast,
Make us then a mighty host,
God defend our free land.
Lord of battles, in Thy might,
Put our enemies to flight,
Let our cause be just and right,
God defend New Zealand.

戦争ではなく　平和こそ　我らの誇り
とはいえ　我らの海岸が攻撃された　その時は
我らを　強大なる軍勢に仕立てたまえ
神よ　我らの自由の大地を　守りたまえ
戦いの主よ　あなたのお力で
我らの敵を　蹴散らしたまえ
我らの大義の　正しくあれかし
神よ　ニュージーランドを　守りたまえ

4番

Let our love for Thee increase,
May Thy blessings never cease,

■ 主な英語圏の国歌

Give us plenty, give us peace,
God defend our free land.
From dishonour and from shame,
Guard our country's spotless name,
Crown her with immortal fame,
God defend New Zealand.

あなたへの愛が　いや増すように
我らに　絶えざる祝福を
あふれるほどに　そして平和をたまわるように
神よ　我らの自由の大地を　守りたまえ
不名誉から　恥辱から
この国の汚れなき名声を　守りたまえ
不朽の名声なる王冠を　授けたまえ
神よ　ニュージーランドを　守りたまえ

5番
May our mountains ever be,
Freedoms ramparts on the sea,
Make us faithful unto Thee,
God defend our free land.
Guide her in the nations' van,
Preaching love and truth to man,
Working out Thy glorious plan,
God defend New Zealand.

我らが山々　永遠に
海の自由の城砦となるように
我らが　あなたを裏切ることのないように
神よ　我らの自由の大地を　守りたまえ
国々の先頭に立つこの国を　導きたまえ
人に愛と真実を　説きながら
あなたの栄光ある計画を　実現させるこの国を
神よ　ニュージーランドを　守りたまえ

アイルランド国歌

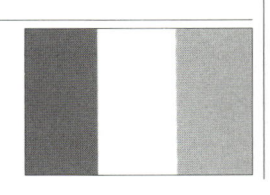

The Soldier's Song (Amhran na bhFiann)
「兵士の歌 (戦士フィアナの歌)」

背景：もともとアイルランド古来のゲール語の詞であり，この "The Soldier's Song" はその英訳．1907年の作で作詞は Peadar Kearney, 作曲は Kearney と Patrick Heeney の合作とされる．1926年に国歌に制定．英国からの独立闘争時代の兵士の歌で，通常はゲール語でうたわれる．

1番

We'll sing a song, a soldier's song,
With cheering rousing chorus,
As round our blazing fires we throng,
The starry heavens o'er us;
Impatient for the coming fight,
And as we wait the morning's light,
Here in the silence of the night,
We'll chant a soldier's song.
（Chorus）
Soldiers are we, whose lives are pledged to Ireland;
Some have come from a land beyond the wave.
Sworn to be free, no more our ancient sireland,
Shall shelter the despot and the slave.
Tonight we man the gap of danger,
In Erin's cause, come woe or weal,
'Mid cannons' roar and rifles peal,
We'll chant a soldier's song.

歌を歌おう　兵士の歌を
元気づけ　鼓舞するようなコーラスで
赤々と燃える炎に　群がるように
我らが上には　輝く星空
来るべき戦いを　待ち焦がれ
夜明けの光を　うかがいながら
ここ　夜の静寂の中
我らは歌おう　兵士の歌を
（コーラス）
我らは兵士　この命　アイルランドに捧ぐと誓う
ある者は　海の彼方からやってきた
我らが先祖伝来の地は　自由を誓い
もはや　暴君や奴隷の身をおく場所もない
我ら　今宵は　危険な山あいの警備に当たる
エリン*のために　幸不幸は眼中になく

■ 主な英語圏の国歌

砲火とどろき　銃声の鳴り響く中
歌を歌おう　兵士の歌を

(＊エリン：アイルランドの旧名)

2番

In valley green, on towering crag,
Our fathers fought before us,
And conquered 'neath the same old flag,
That's proudly floating o'er us.
We're children of a fighting race,
That never yet has known disgrace,
And as we march, the foe to face,
We'll chant a soldier's song.
(Chorus)

緑の谷で　そそり立つ岩山で
我らに先立ち　祖先は戦い
同じ旗のもと　勝利した
今なお　旗は我らの上に　誇らかにひるがえる
我らは　戦う民族の子孫
いまだ　その名を汚したこともない
敵に向かって　行軍し
歌を歌おう　兵士の歌を
(コーラス)

3番

Sons of the Gael! Men of the Pale!
The long watched day is breaking;
The serried ranks of Inisfail
Shall set the Tyrant quaking.
Our camp fires now are burning low;
See in the east a silv'ry glow,
Out yonder waits the Saxon foe,
So chant a soldier's song.
(Chorus)

ゲール＊の息子よ　ペール＊の人よ
長かった夜が明け
イニシュフェイル＊の密集隊列
暴君を　震撼させる

我らのキャンプの炎　まもなく消える
見よ　東の空には　銀白色の光
かの地に待ち構えるは　我らが敵のサクソン人*
だから　歌おう　兵士の歌を
(コーラス)

(＊ゲール：アイルランドを含むケルト系住民．／ペール：12世紀以降イングランド治下に置かれたアイルランド東部地方．／イニシュフェイル：アイルランドの雅名．／サクソン人：イングランド人．)

マザー・グース

英語圏の子供たちが親しんできた伝承童謡の総称をアメリカや日本ではマザー・グース (Mother Goose), 本家本元のイギリスではナーサリー・ライム (nursery rhymes) と呼んでいます．遊び唄, 子守歌, なぞなぞ, ナンセンス詩, 男女の心の機微をうたったものなど, そのジャンルは驚くほど多様です．日常会話には当然のこと, スピーチや新聞・映画・文学のタイトルやその中での表現などにもマザー・グースから詩句がよく引用され, 下敷きにされています．ここではその中で最もよく知られたものをいくつか紹介しましょう．(訳詞：田口孝夫)

(1) Baa, baa, black sheep

Baa, baa, black sheep,
　　Have you any wool?
Yes, sir, yes, sir,
　　Three bags full;
One for the master,
　　And one for the dame,
And one for the little boy
　　Who lives down the lane.

めー　めー　黒いひつじさん
　　羊毛　いくらか　ありますか？
はい　はい　あります
　　三つのふくろ　いっぱいに
一つは　ご主人
　　一つは　奥さま
そして　一つは　ちいさな坊や

■ マザー・グース

　　路地うらに住む　坊やにね

（▶ 最もよく知られていながら，その内容があまりはっきりしない唄の一つ．）

(2) Dance to your daddy

Dance to your daddy,
　My little baby,
Dance to your daddy, my little lamb!
　You shall have a fishy
　In a little dishy,
You shall have a fishy when the boat comes in.

Dance to your daddy,
　My little baby,
Dance to your daddy, my little lamb;
　You shall have an apple,
　You shall have a plum,
You shall have a rattle basket when your dad comes home.

　お父さんに踊っておあげ
　　かわいい赤ちゃん
　お父さんに踊っておあげ　かわいい子
　　お魚　あげるわ
　　ちいさなお皿で
　お舟がもどったら　お魚　あげる

　お父さんに踊っておあげ
　　かわいい赤ちゃん
　お父さんに踊っておあげ　かわいい子
　　りんごをあげる
　　すももをあげる
　お父さんが帰ったら　ガラガラ入れるかご　あげる

（▶ 赤ん坊を抱いたり，ひざに乗せてあやしたりする時にうたう唄．）

(3) Hey diddle, diddle

Hey diddle, diddle,
　The cat and the fiddle,
The cow jumped over the moon;
　The little dog laughed
　To see such sport,

マザー・グース

And the dish ran away with the spoon.

やあ　キーキー　ギーギー
　　ねことバイオリン
めうしが月を飛びこえた
　　ゆかいなお遊び
　　子いぬは笑った
お皿はおさじと逃げてった

(▶ 英語のナンセンス唄の中でも特に代表的なもの.)

(4) Humpty Dumpty sat on a wall

ハンプティ・ダンプティ (ルイス・キャロル『鏡の国のアリス』の中のジョン・テニエルによるさし絵, 1872)

Humpty Dumpty sat on a wall,
Humpty Dumpty had a great fall;
All the King's horses and all the King's men
Couldn't put Humpty together again.

ハンプティ・ダンプティ　へいにすわった
ハンプティ・ダンプティ　おっこった
王さまの馬と家来たち　みんな　力をあわせても
もとにもどせぬ　ハンプティ

(▶ もとは卵を答えとするなぞなぞ唄だった.)

(5) Jack and Jill
　Jack and Jill
　Went up the hill,
　To fetch a pail of water;
　Jack fell down,

■ マザー・グース

And broke his crown,
And Jill came tumbling after.

Then up Jack got,
And home did trot,
As fast as he could caper;
To old Dame Dob,
Who patched his nob
With vinegar and brown paper.

ジャックとジルは
丘にのぼった
バケツに水をくむために
ジャックがころんだ
頭をけがした
ジルもあとからころがった

ジャックは起きた
おうちに走った
いちもくさんに
ドブおばさんのところへと
おばさん　ジャックの頭に貼りぐすり
お酢をぬり　茶色の紙をぺったんこ

(▶ 水を汲んでいた2人の兄弟が月の神にさらわれた，という北欧神話に起源を求める説が昔からある．現在では2人を兄妹と解するのが普通．)

(6) Little Bo-peep has lost her sheep

Little Bo-peep has lost her sheep,
And can't tell where to find them;
Leave them alone, and they'll come home,
And bring their tails behind them.

Little Bo-peep fell fast asleep,
And dreamt she heard them bleating;
But when she awoke, she found it a joke,
For they were still all fleeting.

Then up she took her little crook,
Determined for to find them;
She found them indeed, but it made her heart bleed,

マザー・グース

文化背景

For they'd left their tails behind them.

It happened one day, as Bo-peep did stray
Into a meadow hard by,
There she espied their tails side by side,
All hung on a tree to dry.

She heaved a sigh, and wiped her eye,
And over the hillocks went rambling,
And tried what she could, as a shepherdess should,
To tack again each to its lambkin.

ボー・ピープちゃん　ひつじたちに逃げられた
どこに行ったか　わからない
ほうっておけば　帰ってくるさ
うしろにしっぽをくっつけて

ボー・ピープちゃん　ぐっすり眠った
夢で　ひつじがメーと鳴く
目をさまして　夢だと知った
まだ戻ってこない　ひつじたち

そこで　ちいさな杖をとり
なんとしても　見つけてやるわと家を出た
やっと見つけたひつじたち　でも　なんて悲しいの
しっぽをどっかに置いてきた

ある日のできごと　ボー・ピープちゃん
ふらりと入った　近くの牧場
たまたまめっけた　ひつじのしっぽ
並んで木の上　干してある

ホッとため息　涙をぬぐい
丘をめぐって　あちこち歩く
ひつじ飼いなら　やらなきゃいけない
しっぽをそれぞれ　縫いつける仕事

(▶ 羊の番をしている女の子の名前 Bo-peep とは, もとは日本の「いないいないばあ」に類した幼児の遊びを指した.)

■ マザー・グース

(7) Ladybird, ladybird
Ladybird, ladybird,
　Fly away home,
Your house is on fire
　And your children all gone;
All except one
　And that's little Ann
And she has crept under
　The warming pan.

てんとう虫　てんとう虫
　飛んで　お帰り
おうちが火事だ
　こどもたちは　みな逃げた
残るは　ひとり
　ちっちゃなアンだけ
もぐり込んだよ
　湯たんぽの下に

(▶ 指先にてんとう虫をのせ, ふっと息をかけてそれを逃がす前に唱える呪文の唄.)

(8) London Bridge is broken down
London Bridge is broken down,
　Broken down, broken down,
London Bridge is broken down,
　My fair lady.

Build it up with wood and clay,
　Wood and clay, wood and clay,
Build it up with wood and clay,
　My fair lady.

Wood and clay will wash away,
　Wash away, wash away,
Wood and clay will wash away,
　My fair lady.

Build it up with bricks and mortar,
　Bricks and mortar, bricks and mortar,
Build it up with bricks and mortar,

My fair lady.

Bricks and mortar will not stay,
　Will not stay, will not stay,
Bricks and mortar will not stay,
　My fair lady.

Build it up with iron and steel,
　Iron and steel, iron and steel,
Build it up with iron and steel,
　My fair lady.

Iron and steel will bend and bow,
　Bend and bow, bend and bow,
Iron and steel will bend and bow,
　My fair lady.

Build it up with silver and gold,
　Silver and gold, silver and gold,
Build it up with silver and gold,
　My fair lady.

Silver and gold will be stolen away,
　Stolen away, stolen away,
Silver and gold will be stolen away,
　My fair lady.

Set a man to watch all night,
　Watch all night, watch all night,
Set a man to watch all night,
　My fair lady.

Suppose the man should fall asleep,
　Fall asleep, fall asleep,
Suppose the man should fall asleep,
　My fair lady.

Give him a pipe to smoke all night,
　Smoke all night, smoke all night,
Give him a pipe to smoke all night,
　My fair lady.

■ マザー・グース

ロンドン橋が こわれた
　こわれた こわれた
ロンドン橋が こわれた
　うつくしい おじょうさん

木と土で つくればいいさ
　木と土で 木と土で
木と土で つくればいいさ
　うつくしい おじょうさん

木と土では 流される
　流される 流される
木と土では 流される
　うつくしい おじょうさん

レンガとしっくいで つくればいいさ
　レンガとしっくい レンガとしっくい
レンガとしっくいで つくればいいさ
　うつくしい おじょうさん

レンガとしっくいは 長もちしない
　長もちしない 長もちしない
レンガとしっくいは 長もちしない
　うつくしい おじょうさん

鉄とはがねで つくればいいさ
　鉄とはがねで 鉄とはがねで
鉄とはがねで つくればいいさ
　うつくしい おじょうさん

鉄とはがねは 曲がってしなる
　曲がってしなる 曲がってしなる
鉄とはがねは 曲がってしなる
　うつくしい おじょうさん

金と銀とで つくればいいさ
　金と銀とで 金と銀とで
金と銀とで つくればいいさ
　うつくしい おじょうさん

金と銀では ぬすまれる

ぬすまれる　ぬすまれる
金と銀では　ぬすまれる
　うつくしい　おじょうさん

夜の見張りを　立てればいいさ
　夜の見張りを　夜の見張りを
夜の見張りを　立てればいいさ
　うつくしい　おじょうさん

見張りが寝たら　どうしよう
　見張りが寝たら　見張りが寝たら
見張りが寝たら　どうしよう
　うつくしい　おじょうさん

夜じゅう　パイプをすわせよう
　夜じゅう　パイプを　夜じゅう　パイプを
夜じゅう　パイプをすわせよう
　うつくしい　おじょうさん

(▶2人が手をつないで橋をつくり, 他の子供たちは一列になってその下をくぐり抜ける. その間この唄をうたい続け, 一節が終わるたびに腕を降ろして相手をつかまえる遊戯唄. アメリカでは broken down が falling down となるのが普通.)

(9) Mary had a little lamb

Mary had a little lamb,
　Its fleece was white as snow;
And everywhere that Mary went
　The lamb was sure to go.

It followed her to school one day,
　That was against the rule;
It made the children laugh and play
　To see a lamb at school.

And so the teacher turned it out,
　But still it lingered near,
And waited patiently about
　Till Mary did appear.

Why does the lamb love Mary so?
　The eager children cry;

■ マザー・グース

　　Why, Mary loves the lamb, you know,
　　　　The teacher did reply.

　メリーちゃん　子ひつじ　飼っていた
　　　その毛は白くて　雪のよう
　メリーちゃん　どこに行くときも
　　　いつも　あとから　ついてきた

　ある日　いっしょに学校へ
　　　ほんとは　ダメなことだけど
　学校に　子ひつじ　くるなんて
　　　子どもたちは　大はしゃぎ

　先生　子ひつじ　追い出した
　　　それでも　遠くに行かないで
　子ひつじ　じっと待っていた
　　　メリーちゃんを　待っていた

　メリーちゃんをそんなに好きなの　どうしてなの？
　　　しきりに尋ねる子どもたち
　先生　答えて言うことに
　　　メリーちゃん　子ひつじ　大好きだから

(▶ アメリカのボストン在住のセアラ・ヘイル夫人が1830年に発表したもので，トーマス・エジソンが蓄音機に初めて吹き込んだ唄として有名.)

(10) Mary, Mary, quite contrary
　Mary, Mary, quite contrary,
　How does your garden grow?
　With silver bells and cockle shells,
　And pretty maids all in a row.

　メアリーさん　つむじ曲がりのメアリーさん
　あなたのお庭　どうなってるの
　銀のすずに　ザルガイのから
　かわいい乙女が　列なして

(▶ メアリーを聖母マリアだとする宗教的解釈もある. 独特のリズムに富んだからかい唄として人気がある.)

(11) Monday's child is fair of face

Monday's child is fair of face,
Tuesday's child is full of grace,
Wednesday's child is full of woe,
Thursday's child has far to go,
Friday's child is loving and giving,
Saturday's child works hard for a living,
And the child that is born on the Sabbath day
Is bonny and blithe, and good and gay.

月曜の生まれは　うつくしい顔
火曜の生まれは　上品で
水曜の生まれは　悲しみ多く
木曜の生まれは　遠くに出かけ
金曜の生まれは　情けにあつく気前よし
土曜の生まれは　生活苦
安息日に生まれた子どもは
元気いっぱい　明るく親切

(▶ 曜日によって吉凶を占ったり，性格を判断したりする占い唄の一種.)

(12) Old King Cole

Old King Cole
Was a merry old soul,
And a merry old soul was he;
He called for his pipe,
And he called for his bowl,
And he called for his fiddlers three.

Every fiddler, he had a fiddle,
And a very fine fiddle had he;
Twee tweedle dee, tweedle dee, went the fiddlers.
Oh, there's none so rare
As can compare
With King Cole and his fiddlers three.

コールの王さま
陽気な　お方
陽気といったら　ほんとに陽気
パイプで　たばこ
さかずきで　お酒

■ マザー・グース

バイオリン弾きを3人　呼びよせた

バイオリン弾きの手には　バイオリン
みんな　立派なバイオリン
キーコキーコと　きれいな音色
こんなにすてきな　ものはない
3人のバイオリン弾きと　コールの王さま
かれらにまさる　ものはない

(▶ メロディーが美しく，スコットランドで特に人気があるので，スコットランド起源説もある．コールという名の陽気な王が3世紀にいたという説もあるが，定かではない．)

(13) Oranges and lemons
Oranges and lemons,
Say the bells of St. Clement's.

You owe me five farthings,
Say the bells of St. Martin's.

When will you pay me?
Say the bells of Old Bailey.

When I grow rich,
Say the bells of Shoreditch.

When will that be?
Say the bells of Stepney.

I'm sure I don't know,
Says the great bell at Bow.

Here comes a candle to light you to bed,
Here comes a chopper to chop off your head.

「オレンジとレモン」
聖クレメントの鐘がいう

「おまえに5ファージングの貸しがある」
聖マーティンの鐘がいう

マザー・グース ■

「いつ　返してくれるんだ」
オールド・ベイリーの鐘がいう

「お金もちになったらさ」
ショアディッチの鐘がいう

「それは　いつのことなんだ」
ステップニーの鐘がいう

「まったくわからん　ほんとうだ」
ボウの大きな鐘がいう

ほら　ろうそくがおまえをベッドへ連れてゆく
ほら　斧がおまえの首をちょん切るぞ

(▶ (8)の「ロンドン橋」の唄と同様に，2人が両手を合わせてアーチをつくり，他の子供たちはその下をくぐりながら遊ぶ「くぐり遊び」でうたわれる．この唄にちなんでロンドン橋近くのSt. Clement Danes教会では，毎年3月末頃「オレンジとレモン特別礼拝」を行う．)

(14) Pussy cat, pussy cat
Pussy cat, pussy cat,
　Where have you been?
I've been to London
　To look at the Queen.
Pussy cat, pussy cat,
　What did you there?
I frightened a little mouse
　Under her chair.

ねこちゃん　ねこちゃん
　どこ　行ってたの？
女王さま　見るため
　ロンドン　行った
ねこちゃん　ねこちゃん
　そこで　いったい何したの？
女王さまのいすの下
　ちいさなねずみを　おどしてやった

(▶ 非常に人気のある唄の一つ．この女王はエリザベス一世（在位1558—1603）とされ，挿絵でもそのように描かれることが多いが，歴史的根拠はない．)

■ マザー・グース

(15) Ring-a-ring o'roses
Ring-a-ring o'roses,
A pocket full of posies,
 A-tishoo！A-tishoo！
We all fall down.

The cows are in the meadow
Lying fast asleep,
 A-tishoo！A-tishoo！
We all get up again.

ばらの輪　つくろう
ポケットには　花いっぱい
　　ハクション　ハクション
みんな　倒れる

牝うしは　牧場で
ぐっすり　おやすみ
　　ハクション　ハクション
みんな　立つ

(▶ 子供が輪になってスキップしながら回る輪遊び唄の一つで，「ハクション」のところでいっせいにしゃがみこむ．17世紀のペストの大流行が唄の背景にあり，rosesはペストの兆候の赤い湿疹を指すという説がある．)

(16) See-saw, Margery Daw
See-saw, Margery Daw,
Jacky shall have a new master;
Jacky shall have but a penny a day,
Because he can't work any faster.

シーソー　マージャリー・ドー
ジャッキーに　あたらしい親方
日給　わずか1ペニー
なぜって　仕事がのろいから

(▶ 最も人気の高いこのシーソー遊び唄は，もとは2人挽きのノコギリを挽く時にうたった作業唄だという．)

(17) Sing a song of sixpence
Sing a song of sixpence,

マザー・グース

A pocket full of rye;
Four and twenty blackbirds,
Baked in a pie.

When the pie was opened,
The birds began to sing;
Was not that a dainty dish,
To set before the king?

The king was in his counting house,
Counting out his money;
The queen was in the parlour,
Eating bread and honey.

The maid was in the garden,
Hanging out the clothes,
There came a little blackbird,
And snapped off her nose.

文化背景

6ペンスの唄　うたおうよ
ポケットは　ライ麦でいっぱいだ
24羽の　黒つぐみ
焼かれて　いまはパイのなか

パイを開くと
歌い出したよ　小鳥たち
王さまに　ぴったり
すてきな　お料理

王さま　財務室で
お金の　かんじょう
女王さま　お部屋で
ハチミツぬって　パン食べた

侍女は　干しもの
お庭で　干してた
そこに飛んできた　黒つぐみ
侍女の鼻を　ちょん切った

(▶s音の繰り返しが快い, 響きのよい唄だが, 内容については諸説があり, 意味がとりにくい.「6ペンス」とは大した価値のないものという意味.)

■ マザー・グース

(18) Ten little Injuns went out to dine

Ten little Injuns went out to dine;
One choked his little self, and then there were nine.

Nine little Injuns sat up very late;
One overslept himself, and then there were eight.

Eight little Injuns travelling in Devon;
One said he'd stay there, and then there were seven.

Seven little Injuns chopping up sticks;
One chopped himself in half, and then there were six.

Six little Injuns playing with a hive;
A bumble-bee stung one, and then there were five.

Five little Injuns going in for law;
One got in chancery, and then there were four.

Four little Injuns going out to sea;
A red herring swallowed one, and then there were three.

Three little Injuns walking in the Zoo;
A big bear hugged one, and then there were two.

Two little Injuns sitting in the sun;
One got frizzled up, and then there was one.

One little Injun living all alone;
He got married, and then there were none.

10人のインディアンの子　食事にいって
1人がのどを詰まらせ　9人になった

9人のインディアンの子　夜ふかしをして
1人が寝ぼうし　8人になった

8人のインディアンの子　デヴォンに旅し
1人が残り　7人になった

7人のインディアンの子　マキ割りをして

1人がからだを引き裂き　6人になった

6人のインディアンの子　はちの巣であそび
1人がはちに刺されて　5人になった

5人のインディアンの子　司法をめざし
1人が訴訟に関わり　4人になった

4人のインディアンの子　海へと出かけ
1人がにしんに飲まれて　3人になった

3人のインディアンの子　動物園を散歩
1人がくまに抱かれて　2人になった

2人のインディアンの子　ひなたぼっこ
1人が黒焦げ　1人になった

1人のインディアンの子　ひとりぼっち
その子が結婚して　だれもいなくなった

(▶ 引き算の数え唄で最後はゼロになる. アメリカのセプティマス・ウィナーが1868年に作った詩で, アガサ・クリスティーがこれをモチーフに推理小説『そして誰もいなくなった』(1939)を書いたことで有名. イギリスではInjun [Indian] の箇所はniggerとしてうたわれているが, 後者は蔑視語としてアメリカでは避けられる.)

(19) This little pig went to market
This little pig went to market,
This little pig stayed at home,
This little pig had roast beef,
This little pig had none,
And this little pig cried, Wee-wee-wee-wee-wee,
I can't find my way home.

この子ぶたは　市場にいった
この子ぶたは　家にのこった
この子ぶたは　ローストビーフ食べた
この子ぶたは　なんにも食べず
この子ぶたは　ウィーウィー泣いた
ぼく　帰り道が　わからない

■ マザー・グース

(▶ 幼児をあやす時にうたう指遊び唄. 足 (または手) の親指から順に小指までつまんで, 最後に子ぶたの鳴くまねをしながら足の裏 (または手のひら) をくすぐる.)

(20) Three blind mice, see how they run!
Three blind mice, see how they run!
They all ran after the farmer's wife,
Who cut off their tails with a carving knife,
Did you ever see such a thing in your life,
　　As three blind mice?

ほら　ちょろちょろ走る　目のみえない3匹のねずみ
農家の奥さんを　追いかけた
奥さん　包丁で　しっぽを　チョキン
見たことあるかい　こんなこと
　　目のみえない3匹のねずみって

(▶ 内容は残酷だが, 最もよく知られた輪唱唄の一つ.)

(21) Twinkle, twinkle, little star
Twinkle, twinkle, little star,
How I wonder what you are!
Up above the world so high,
Like a diamond in the sky.

When the blazing sun is gone,
When he nothing shines upon,
Then you show your little light,
Twinkle, twinkle, all the night.

Then the traveller in the dark,
Thanks you for your tiny spark,
He could not see which way to go,
If you did not twinkle so.

In the dark blue sky you keep,
And often through my curtains peep,
For you never shut your eye,
Till the sun is in the sky.

As your bright and tiny spark,
Lights the traveller in the dark,

Though I know not what you are,
Twinkle, twinkle, little star.

きらきら輝け　小さな星よ
あなたは　いったい何なのか
世界の上の　空たかく
輝くあなたは　ダイヤモンド

燃える太陽　沈んでしまい
照らす明りが　なくなると
そのとき　あなたは光りを見せる
きらきら輝く　夜もすがら

夜道を歩いて　旅する人は
小さな光りに　感謝する
あなたの光りが　なかったら
どちらに行くのか　わからない

あなたは　いつも　あい色の空にいて
よくカーテンから　のぞいてくれる
太陽が　空にのぼるまで
まったく　目をとじることもなく

あなたは小さな　輝く光で
夜道の旅人を　照らしてくれる
あなたが何かは　知らないけれど
きらきら輝け　小さな星よ

(▶ イギリスの児童文学作家アンとジェイン・テイラー姉妹の合作で, 詩集『子供部屋のための詩』(1806)に収められている. 日本では武鹿悦子作詞の「きらきら星」の題で有名.)

(22) What are little boys made of?

What are little boys made of, made of?
What are little boys made of?
　　Frogs and snails
　　And puppy-dogs' tails,
That's what little boys are made of.

What are little girls made of, made of?
What are little girls made of?

■ マザー・グース

　　Sugar and spice
　　And all things nice,
That's what little girls are made of.

何でできてる　男の子　いったい何で
何でできてる　男の子
　　かえるに　かたつむり
　　子いぬのしっぽ
そうしたもので　できている

何でできてる　女の子　いったい何で
何でできてる　女の子
　　さとうに　スパイス
　　いいもの　ぜんぶ
そうしたもので　できている

(▶ イギリスの詩人ロバート・サウジー (1774—1843) の作ともされるが確証はない.「男の子」「女の子」の代わりに, 若い男・女, お婆さん, 船乗り, 兵隊をうたった続編が作られたが普及しなかった.)

(23) Who killed Cock Robin?

Who killed Cock Robin?
I, said the Sparrow,
With my bow and arrow,
I killed Cock Robin.

Who saw him die?
I, said the Fly,
With my little eye,
I saw him die.

Who caught his blood?
I, said the Fish,
With my little dish,
I caught his blood.

Who'll make his shroud?
I, said the Beetle,
With my thread and needle,
I'll make the shroud.

Who'll dig his grave?
I, said the Owl,
With my pick and shovel,
I'll dig his grave.

Who'll be the parson?
I, said the Rook,
With my little book,
I'll be the parson.

Who'll be the clerk?
I, said the Lark,
If it's not in the dark,
I'll be the clerk.

Who'll carry the link?
I, said the Linnet,
I'll fetch it in a minute,
I'll carry the link.

Who'll be chief mourner?
I, said the Dove,
I mourn for my love,
I'll be chief mourner.

Who'll carry the coffin?
I, said the Kite,
If it's not through the night,
I'll carry the coffin.

Who'll bear the pall?
We, said the Wren,
Both the cock and the hen,
We'll bear the pall.

Who'll sing a psalm?
I, said the Thrush,
As she sat on a bush,
I'll sing a psalm.

Who'll toll the bell ?

■ マザー・グース

I, said the Bull,
Because I can pull,
So Cock Robin, farewell.

All the birds of the air
Fell a-sighing and a-sobbing,
When they heard the bell toll
For poor Cock Robin.

だれが殺した　こまどりを？
　わたしだと　すずめがいった
　わたしの弓と　矢でもって
わたしが殺した　こまどりを

だれが見たのか　死ぬところ？
　わたしだと　はえがいう
　わたしの小さな　目でもって
わたしが見たのだ　死ぬところ

だれが受けたか　彼の血を？
　わたしだと　さかながいった
　わたしの小さな　お皿でもって
わたしが受けた　彼の血を

だれが作るか　きょうかたびらを？
　わたしだと　かぶとむし
　わたしの針と　この糸で
わたしが作ろう　きょうかたびらを

だれが掘るのだ　彼の墓？
　わたしだと　ふくろうがいった
　このつるはしと　シャベルとで
わたしが掘ろう　彼の墓

だれが務める　牧師役？
　わたしだと　からすがいった
　わたしの小さな　聖書でもって
わたしが務める　牧師役

だれが務める　付き人を？
　わたしだと　ひばりがいった

暗がりのなかで　ないならば
わたしが務める　付き人を

だれが持つのか　たいまつは？
　わたしだと　ひわがいう
　さっそくすぐに　とってきて
わたしが持とう　たいまつを

だれが務める　喪主の役？
　わたしだと　はとがいう
　愛する者の　死をいたみ
わたしが務める　喪主の役

だれが棺を　はこぶのか？
　わたしだと　とびがいう
　夜中ずっとで　ないならば
わたしが棺を　はこんでやろう

だれが持つのか　棺のおおい？
　わたしたちだと　みそさざい
　夫と妻と　二人そろって
わたしらが持つ　棺のおおい

だれが歌う　賛美歌を？
　わたしだと　つぐみがいった
　止まるは　木の上
わたしが歌おう　賛美歌を

だれが鳴らすか　弔いの鐘を？
　わたしだと　おうしがいった
　ひっぱる力が　つよいから
では　こまどりよ　お別れだ

そこで　空の鳥たち　みんな
　吐息をついて　しくしく鳴いた
かわいそうな　こまどりのため
　鐘が鳴るのを　聞きながら

(▶ 鳥の中で最もよくマザー・グースにうたわれている, こまどりを主役にした物語性豊かな唄. 「誰が…を殺したか」という句は事件報道でもよく使われるが, この唄を踏まえた推理小説にヴァン・ダインの『僧正殺人事件』(1929) がある.)

■ 早口ことば

早口ことば

「早口ことば」は英語でtongue twisters(舌をねじり,よじらせるもの)と言い,声に出すと同音の繰り返しが舌をもつれさせます.したがって「早口ことば」を正確に早く言う練習は,発音のトレーニングにも最適の一つといえるでしょう.「早口ことば」の種類は数多くありますが,マザー・グースもその宝庫になっています.以下に掲げた(4)(9)(10)(11)(12)(14)などは,マザー・グースに収められた代表的なものです.

(1) A big black bug bit a big black bear.
   大きな黒い虫が大きな黒い熊をかんだ.

(2) A glowing gleam growing green.
   緑味を増していく一条の輝く光.

(3) A wicked cricket critic cricked his neck at a critical cricket match.
   底意地の悪いクリケット評論家は大事なクリケット試合で首の筋を違えた.

(4) Betty Botter bought some butter,
   But, she said, the butter's bitter;
   If I put it in my batter
   It will make my batter bitter,
   But a bit of better butter,
   That would make my batter better.
   So she bought a bit of butter
   Better than her bitter butter,
   And she put it in her batter
   And the batter was not bitter.
   So 'twas better Betty Botter
   Bought a bit of better butter.
   ベティー・ボターがバターを買った
   でもこのバターは苦いと彼女は言った
   もしこれを私の練り粉にまぜたなら
   練り粉を苦くするだろう
   でももっと上等のバターを少しまぜたら
   練り粉はもっと味がよくなるだろう
   そこで彼女はその苦いバターより
   もっと上等のバターを少し買ってきて
   自分の練り粉にまぜてみた

はたして練り粉は苦くならなかった
だからベティー・ボターが上等のバターを少し
買ってきたのはいいことだったんだ

(5) Can you can a can as a canner can can a can?
缶詰屋さんが缶を缶詰めできるように，あなたも缶詰めできますか．

(6) Each Easter Eddie eats eighty Easter Eggs.
復活祭のたびにエディは80個の復活祭の卵を食べる．

(7) I want a proper cup of coffee from a proper copper coffee pot. If I can't have a proper cup of coffee from a proper copper coffee pot I'll have a cup of tea.
ちゃんとした銅のコーヒーポットからちゃんとしたコーヒー一杯ちゃんと飲みたい．でも，ちゃんとした銅のコーヒーポットからちゃんとしたコーヒー一杯ちゃんととれないなら，お茶を一杯．

(8) If Sue chews shoes, Sue should choose the shoes she chews.
スーがシューズを噛むならば，スーが噛むシューズをスーは選ばなきゃ．

(9) Peter Piper picked a peck of pickled pepper;
A peck of pickled pepper Peter Piper picked;
If Peter Piper picked a peck of pickled pepper,
Where's the peck of pickled pepper Peter Piper picked?
ピーター・パイパーは1ペックの唐辛子ピクルスを拾った
ピーター・パイパーが拾った1ペックの唐辛子ピクルス
もしピーター・パイパーが1ペックの唐辛子ピクルスを拾ったのなら
ピーター・パイパーが拾った1ペックの唐辛子ピクルスはどこ？

(10) Robert Rowley rolled a round roll round,
A round roll Robert Rowley rolled round;
Where's the round roll
Robert Rowley rolled round?
ロバート・ロウリーは丸い巻物を丸く巻いた
ロバート・ロウリーが丸く巻いた丸い巻物
ロバート・ロウリーが丸く巻いた丸い巻物はどこ？

(11) She sells sea-shells on the sea shore;
The shells that she sells are sea-shells I'm sure.
So if she sells sea-shells on the sea shore,
I'm sure that the shells are sea-shore shells.

■ 早口ことば

彼女は浜辺で海の貝殻を売っている
彼女が売っている貝殻は海の貝殻に決まっているよ
だから彼女が浜辺で貝殻を売っているなら
貝殻は海の貝殻に決まっているよ

(12) Swan swam over the sea;
Swim, swam, swim.
Swan swam back again.
Well swum swan!
白鳥が海を泳いでいた
泳げ　白鳥　泳げ
白鳥が泳いでもどってきた
よく泳いだ　白鳥よ!

(13) The black breeze blighted the bright blossoms.
暗鬱な微風が華やかな花々を枯らせた．

(14) The Leith police dismisseth us,
　I'm thankful, sir, to say;
The Leith police dismisseth us,
They thought we sought to stay.
The Leith police dismisseth us,
We both sighed sighs apiece,
And the sigh that we sighed as we said goodbye
Was the size of the Leith police.
リース警察がおれたちを放免してくれる
お礼を言わなくっちゃ　だんな
リース警察がおれたちを放免してくれる
おれたちは残りたがると思ってたんだ
リース警察がおれたちを放免してくれる
おれたちは二人ともため息をついた
おさらばと言うときについたため息は
リース警察ぐらいでかかった

ウェザーローレ (天気の民間伝承)

文化背景

「夕焼けが空を染めると翌日は天気がいい」とか,「アリが巣の入り口に土を盛ると雨になる」と言われているように,英語の世界でも,ウェザーローレ (weather-lore) と呼ばれる,天気にまつわるさまざまな民間伝承があります. 昔から人間にとって,動物を含めた自然界の微妙な動きをとらえて天気を占うことは,農作業や漁労・航海のみでなく,健康を含めた人間の営みの全てにわたって,私たちの想像以上に大事なことだったに違いありません.

(1) Cats scratch a post before wind, wash their faces before rain, and sit with their backs to the fire before snow.
猫は風の気配がすると柱を引っかき,雨の気配がすると顔をこすり,雪の気配がすると暖炉を背にして座る.

(2) If cocks crow at unusual hours, but especially when a hen and chickens crowd into the house, these are sure signs of rain.
雄鶏がいつもと違う時に鳴き,とりわけ雌鳥やひよこたちが小屋の中に群がって入っていくとき,それはきっと雨の兆しに違いない.

(3) Spiders leave their webs when it is going to rain.
雨が降りそうになると,クモは巣を離れる.

(4) The higher the clouds, the fairer the weather.
雲が高ければ高いほど,天気はますますよい.

(5) When birds fly low, there will be rain.
鳥が低く飛ぶときは,雨が降る.

(6) When cats wash behind their ears, it means rain.
猫が耳の後ろをこするときは,雨のしるしだ.

(7) When there are no cows in the field, it is a sign of bad weather.
野原に牛がいないときは,悪天候の兆候だ.

(8) When you see a squirrel bury a large amount of nuts, a hard winter is ahead.
リスがたくさんのクルミを埋めているのを見たら,厳しい冬が控えていることになる.

■ 聖書の英語

聖書の英語

　人類最大のベストセラー，聖書 (the Holy Bible) はキリスト教の聖典の意義を超えて，広く西洋文化の源泉として，文学・美術・映画・音楽などに無数の主題を提供してきました．英語の世界を深く理解するためには聖書の知識が不可欠になります．

　聖書はユダヤ教の教典である『旧約聖書』と，主にイエス・キリストの事跡を記した福音書，弟子たちの行動を記した使徒行伝や書簡などを収めた『新約聖書』とから成り，それぞれヘブライ語，ギリシャ語で書かれていました．「約」とは神と人間との契約のことで，新約とは，救い主イエス・キリストを通じた新しい契約を意味します．

　よく引用される有名な箇所は枚挙にいとまがありませんが，ここにはそのごく一部を紹介します．英語版の中では格調の高い『欽定訳聖書』(*the Authorized Version, the King James Version*) が有名ですが，ここでは読みやすい現代英語に訳された *Revised Standard Version* を用い，日本語訳はカトリックとプロテスタントの両教会による，日本聖書教会の『新共同訳』に拠りました．

○旧約聖書 (The Old Testament)

(1) In the beginning God created the heavens and the earth

　　In the beginning God created the heavens and the earth. The earth was without form and void, and darkness was upon the face of the deep; and the Spirit of God was moving over the face of the waters.

　　And God said, "Let there be light"; and there was light. And God saw that the light was good; and God separated the light from the darkness. God called the light Day, and the darkness he called Night. And there was evening and there was morning, one day. 　　　　　　　　(Genesis 1:1-5)

　　初めに，神は天地を創造された．地は混沌であって，闇が深遠の面にあり，神の霊が水の面を動いていた．

　　神は言われた．「光あれ」こうして，光があった．神は光を見て，良しとされた．神は光と闇を分け，光を昼と呼び，闇を夜と呼ばれた．夕べがあり，朝があった．第一の日である． 　　　　　　　　(創世記 1:1-5)

(▶『旧約聖書』冒頭の天地創造の部分．Let there be light. は「闇の中で突然光が見える，突破口が見つかる」の意味で使われる．)

(2) To dust you shall return

In the sweat of your face you shall eat bread till you return to the ground, for out of it you were taken; you are dust, and to dust you shall return.

　　　　　　　　(Genesis 3:19)

お前は顔に汗を流してパンを得る　土に返るときまで. お前がそこから取られた土に. 塵にすぎないお前は塵に返る. 　　　　　　　　　　　　　(創世記 3：19)

(▶ 神の戒めを破って禁断の木の実 (forbidden fruit) を食べたアダム (Adam) とイブ (Eve) をエデンの園 (Garden of Eden) から追放するときに, 神がアダムに言った言葉. dust to dust は埋葬のときに唱えられる祈りの一部.)

(3) The Ten Commandments (十戒)

And God spoke all these words, saying,

"I am the Lord your God, who brought you out of the land of Egypt, out of the house of bondage.

You shall have no other gods before me.

You shall not make for yourself a graven image, or any likeness of anything that is in heaven above, or that is in the earth beneath, or that is in the water under the earth; you shall not bow down to them or serve them; for I the Lord your God am a jealous God, visiting the iniquity of the fathers upon the children to the third and the fourth generation of those who hate me, but showing steadfast love to thousands of those who love me and keep my commandments.

You shall not take the name of the Lord your God in vain; for the Lord will not hold him guiltless who takes his name in vain.

Remember the sabbath day, to keep it holy. Six days you shall labor, and do all your work; but the seventh day is a sabbath to the Lord your God; in it you shall not do any work, you, or your son, or your daughter, your manservant, or your maidservant, or your cattle, or the sojourner who is within your gates; for in six days the Lord made heaven and earth, the sea, and all that is in them, and rested the seventh day; therefore the Lord blessed the sabbath day and hallowed it.

Honor your father and your mother, that your days may be long in the land which the Lord your God gives you.

You shall not kill.

You shall not commit adultery.

You shall not steal.

You shall not bear false witness against your neighbor.

You shall not covet your neighbor's house; you shall not covet your neighbor's wife, or his manservant, or his maidservant, or his ox, or his ass, or anything that is your neighbor's." 　　　　　　　　　　　(Exodus 20：1-17)

神はこれらすべての言葉を告げられた.
「わたしは主󠄀, あなたの神, あなたをエジプトの国, 奴隷の家から導き出した神である.

■ 聖書の英語

あなたには，わたしをおいてほかに神があってはならない．

あなたはいかなる像も造ってはならない．上は天にあり，下は地にあり，また地の下の水の中にある，いかなるものの形も造ってはならない．あなたはそれらに向かってひれ伏したり，それらに仕えたりしてはならない．わたしは主，あなたの神．わたしは熱情の神である．わたしを否む者には，父祖の罪を子孫に三代，四代までも問うが，わたしを愛し，わたしの戒めを守る者には，幾千代にも及ぶ慈しみを与える．

あなたの神，主の名をみだりに唱えてはならない．みだりにその名を唱える者を主は罰せずにはおかれない．

安息日を心に留め，これを聖別せよ．六日の間働いて，何であれあなたの仕事をし，七日目は，あなたの神，主の安息日であるから，いかなる仕事もしてはならない．あなたも，息子も，娘も，男女の奴隷も，家畜も，あなたの町の門の中に寄留する人々も同様である．六日の間に主は天と地と海とそこにあるすべてのものを造り，七日目に休まれたから，主は安息日を祝福して聖別されたのである．

あなたの父母を敬え．そうすればあなたは，あなたの神，主が与えられる土地に長く生きることができる．

殺してはならない．

姦淫 してはならない．

盗んではならない．

隣人に関して偽証してはならない．

隣人の家を欲してはならない．隣人の妻，男女の奴隷，牛，ろばなど隣人のものを一切欲してはならない」 　　　　　　　　　　　　　　　　　　　　　　（出エジプト記　20：1-17）

(▶ 解放の地を求めエジプトを出てシナイの荒野に入ったイスラエルの民に，神が預言者モーゼ (Moses) を通じて与えた10の戒律．この第3の戒めのため，敬虔なキリスト教徒は，日常生活の中ではむやみに God, Lord, Jesus などの言葉を用いない．shall は「予言の shall」と呼ばれ，命令・禁止・義務などの意味を表すが，ここは禁止．)

(4) Eye for eye, tooth for tooth

If any harm follows, then you shall give life for life, eye for eye, tooth for tooth, hand for hand, foot for foot, burn for burn, wound for wound, stripe for stripe. 　　　　　　　　　　　　　　　　　　　　　　（Exodus 21：23-25）

もし，その他の損傷があるならば，命には命，目には目，歯には歯，手には手，足には足，やけどにはやけど，生傷には生傷，打ち傷には打ち傷をもって償わねばならない． 　　　　　　　　　　　　　　　　　　　　　　（出エジプト記　21：23-25）

(▶ 「十戒」に続く部分で述べられる掟の一つ．an eye for an eye (and a tooth for a tooth) は「罪を犯した者にはそれと同じ罰が与えられるべきだ」という同害報復 (talion) の意味のことわざになる．)

(5) How are the mighty fallen

Saul and Jonathan, beloved and lovely!
  in life and in death they were not divided;
they were swifter than eagles, they were stronger than lions.
Ye daughters of Israel, weep over Saul,
  who clothed you daintily in scarlet,
  who put ornaments of gold upon your apparel.
How are the mighty fallen in the midst of the battle!
Jonathan lies slain upon thy high places.
  I am distressed for you, my brother Jonathan;
very pleasant have you been to me;
  your love to me was wonderful, passing the love of women.

How are the mighty fallen, and the weapons of war perished!

(2 Samuel 1 : 23-27)

サウルとヨナタン, 愛され喜ばれた二人
鷲(わし)よりも速く, 獅子(しし)よりも雄々しかった.
命ある時も死に臨んでも　二人が離れることはなかった.
泣け, イスラエルの娘らよ, サウルのために.
紅(くれない)の衣をお前たちに着せ
お前たちの衣の上に　金の飾りをおいたサウルのために.
ああ, 勇士らは戦いのさなかに倒れた.
ヨナタンはイスラエルの高い丘で刺し殺された.
あなたを思ってわたしは悲しむ
兄弟ヨナタンよ, まことの喜び
女の愛にまさる驚くべきあなたの愛を.

ああ, 勇士らは倒れた.
戦いの器(うつわ)は失われた.

(サムエル記下 1 : 23-27)

(▶ 親友の王子ヨナタンとその父王サウルの戦死を嘆き悲しむダビデ (David) の哀歌. サウルは初代イスラエルの王で, ダビデがその後継者となる. 古代イスラエル文学を代表する嘆きの歌. Ye は You の複数形主格を表す古語, thy は your の意味の古語. David and Jonathan は「無二の親友」の意味で使われる.)

(6) O Ab'salom, my son, my son!

And behold, the Cushite came; and the Cushite said, "Good tidings for my LORD the king! For the LORD has delivered you this day from the power of all who rose up against you." The king said to the Cushite, "Is it well with the young man Ab'salom?" And the Cushite answered, "May the enemies of my

L ORD the king, and all who rise up against you for evil, be like that young man."

　　And the king was deeply moved, and went up to the chamber over the gate, and wept: and as he went, he said, "O my son Ab'salom, my son, my son Ab'salom! Would I had died instead of you, O Ab'salom, my son, my son!"
(2 Samuel 18 : 31-33)

　　そこへクシュ人が到着した. 彼は言った.「主君, 王よ, 良い知らせをお聞きください. 主は, 今日あなたに逆らって立った者どもの手からあなたを救ってくださいました」王はクシュ人に,「若者アブサロムは無事か」と尋ねた. クシュ人は答えた.「主君, 王の敵, あなたに危害を与えようと逆らって立った者はことごとく, あの若者のようになりますように」

　　ダビデは身を震わせ, 城門の上の部屋に上って泣いた. 彼は上りながらこう言った.「わたしの息子アブサロムよ, わたしの息子よ. わたしの息子アブサロムよ, わたしがお前に代わって死ねばよかった. アブサロム, わたしの息子よ, わたしの息子よ」
(サムエル記下　18 : 31-33)

(▶ イスラエルを統一したダビデの三男アブサロムは, 野心に満ち, 父王を斃そうと謀る. 反乱軍の鎮圧に乗り出し, 我が息子を討たざるを得ないダビデが, 戦勝と息子の戦死の報告を受ける. 苦衷に満ちた親としての嘆きが胸を打つ『旧約聖書』中の最も劇的な物語.)

(7) The price of wisdom is above pearls

No mention shall be made of coral or of crystal, the price of wisdom is above pearls.
(Job 28 : 18)

さんごや水晶は言うに及ばず　真珠よりも知恵は得がたい.　　(ヨブ記 28 : 18)

(▶ 神の戒めを守る義人ヨブが友人に言った言葉. 知恵とは神の知恵を指す.)

(8) The L ORD is my shepherd

The L ORD is my shepherd, I shall not want;
　　he makes me lie down in green pastures.
He leads me beside still waters; he restores my soul.

He leads me in paths of righteousness for his name's sake.
Even though I walk through the valley of the shadow of death,
　　I fear no evil;
for thou art with me; thy rod and thy staff, they comfort me.

Thou preparest a table before me in the presence of my enemies;

thou anointest my head with oil, my cup overflows.

Surely goodness and mercy shall follow me all the days of my life;
and I shall dwell in the house of the L{o<small>RD</small>} for ever.　　　　　　（Psalm 23）

主は羊飼い，わたしには何も欠けることがない．
主はわたしを青草の原に休ませ
憩いの水のほとりに伴い
魂を生き返らせてくださる．

主は御名にふさわしく　わたしを正しい道に導かれる．
死の陰の谷を行くときも　わたしは災いを恐れない．
あなたがわたしと共にいてくださる．
あなたの鞭，あなたの杖
それがわたしを力づける．

わたしを苦しめる者を前にしても
あなたはわたしに食卓を整えてくださる．
わたしの頭に香油を注ぎ
わたしの杯を溢れさせてくださる．

命のある限り
恵みと慈しみはいつもわたしを追う．
主の家にわたしは帰り
生涯，そこにとどまるであろう．　　　　　　　　　　　　　　　（詩編　23）

（▶ 羊飼いから身を起こしてイスラエルの王となったダビデが神の恵みを歌った詩．葬式のときによく読まれる．the valley of the shadow of death は「死の迫る苦難の時」の意味の慣用句．thou は you の単数主格の古語，art は are の古語．preparest, anointest の -est は二人称単数の動詞の接尾辞．）

(9) By the waters of Babylon

By the waters of Babylon,
　　there we sat down and wept,
　　when we remembered Zion.

On the willows there we hung up our lyres.
For there our captors required of us songs,
and our tormentors, mirth, saying,
　　"Sing us one of the songs of Zion!"

■ 聖書の英語

How shall we sing the LORD's song in a foreign land?

If I forget you, O Jerusalem, let my right hand wither!
Let my tongue cleave to the roof of my mouth,
　　if I do not remember you,
if I do not set Jerusalem above my highest joy!　　　　　　(Psalm　137：1-6)

バビロンの流れのほとりに座り
シオンを思って, わたしたちは泣いた.

竪琴は, ほとりの柳の木々に掛けた.
わたしたちを捕囚にした民が　歌をうたえと言うから
わたしたちを嘲る民が, 楽しもうとして
「歌って聞かせてよ, シオンの歌を」と言うから.

どうして歌うことができようか
主のための歌を, 異教の地で.

エルサレムよ
もしも, わたしがあなたを忘れるなら　わたしの右手はなえるがよい.
わたしの舌は上顎(うわあご)にはり付くがよい
もしも, あなたを思わぬときがあるなら
もしも, エルサレムを　わたしの最大の喜びとしないなら.　　　(詩編　137：1-6)

(▶ バビロニアの都バビロンに幽閉されたバビロン捕囚 (Babylonian captivity, 紀元前586―538) のさ中に, イスラエル人がシオン, つまりエルサレムを思って涙した望郷の歌.)

(10) Vanity of vanities

Vanity of vanities, says the Preacher,
　　vanity of vanities! All is vanity.
What does man gain by all the toil
　　at which he toils under the sun?
A generation goes, and a generation comes,
　　but the earth remains for ever.　　　　　　　　　　(Ecclesiastes　1：2-4)

コヘレトは言う.
なんという空しさ
なんという空しさ, すべては空しい.
太陽の下(もと), 人は労苦するが
すべての労苦も何になろう.

聖書の英語 ■

一代過ぎればまた一代が起こり
永遠に耐えるのは大地. （コヘレトの言葉 1:2-4）

(▶ コヘレトとは「集会で語る者」の意味.「コヘレトの言葉」は「伝道の書」とも訳される. vanity of vanities, All is vanity. はともにこの世の無常を表すことわざ.)

文化背景

(11) There is nothing new under the sun
What has been is what will be,
　　and what has been done is what will be done;
　　and there is nothing new under the sun. （Ecclesiastes 1:9）

かつてあったことは, これからもあり
かつて起こったことは, これからも起こる.
太陽の下, 新しいものは何ひとつない. （コヘレトの言葉 1:9）

(▶ Nothing new under the sun. は「世の中は同じことの繰り返しで, 本当に新しいことなどない」の意味のことわざ.)

(12) For everything there is a season
For everything there is a season, and a time for every matter under heaven:
a time to be born, and a time to die;
a time to plant, and a time to pluck up what is planted;
a time to kill, and a time to heal;
a time to break down, and a time to build up;
a time to weep, and a time to laugh;
a time to mourn, and a time to dance;
a time to cast away stones, and a time to gather stones together;
a time to embrace, and a time to refrain from embracing;
a time to seek, a time to lose;
a time to keep, and a time to cast away;
a time to rend, and a time to sew;
a time to keep silence, and a time to speak;
a time to love, and a time to hate;
a time for war, and a time for peace. （Ecclesiastes 3:1-8）

何事にも時があり
天の下の出来事にはすべて定められた時がある.
生まれる時, 死ぬ時
植える時, 植えたものを抜く時
殺す時, 癒やす時

■ 聖書の英語

破壊する時, 建てる時
泣く時, 笑う時
嘆く時, 踊る時
石を放つ時, 石を集める時
抱擁の時, 抱擁を遠ざける時
求める時, 失う時
保つ時, 放つ時
裂く時, 縫う時
黙する時, 語る時
愛する時, 憎む時
戦いの時, 平和の時. (コヘレトの言葉 3:1-8)

(▶ For everything there is a season. は「何事にも時期がある」の意味のことわざ.)

(13) How lonely sit the city

How lonely sit the city
　that was full of people!
How like a widow has she become,
　she that was great among the nations!
She that was a princess among the cities
　has become a vassal. (Lamentations 1:1)

なにゆえ, 独りで座っているのか
　人に溢れていたこの都が.
やもめとなってしまったのか
　多くの民の女王であったこの都が.
奴隷となってしまったのか
　国々の姫君であったこの都が. (哀歌 1:1)

(▶ 古来「エレミヤ哀歌」として有名な詩編の「第一の歌」の第一連. 聖都エルサレム滅亡 (紀元前586) を嘆いたこの挽歌は, その後バビロン捕囚を経て苦難の運命を余儀なくされたユダヤ人の運命を予見させるもののようである.)

(14) Immediately the fingers of a man's hand appeared

Immediately the fingers of a man's hand appeared and wrote on the plaster of the wall of the king's palace, opposite the lampstand; and the king saw the hand as it wrote. Then the king's color changed, and his thoughts alarmed him; his limbs gave way, and his knees knocked together. (Daniel 5:5-6)

その時, 人の手の指が現れて, ともし火に照らされている王宮の白い壁に文字を書

き始めた. 王は書き進むその手先を見た. 王は恐怖にかられて顔色が変わり, 腰が抜け, 膝が震えた. （ダニエル書 5：5-6)

(▶ バビロニア王ベルシャツアル (Belshazzar, バビロン捕囚を招いたネブカゾネザル王 Nebucadnezar の息子) が宴会を開いているとき, 突然塗り壁に文字が書かれ, 解読するように呼ばれた預言者ダニエルが「王の治世は終わり, 国が分裂する」と解き明かした. そしてその夜に王が殺された. see [read] the (hand) writing on the wall は「災いの前兆を見てとる」の意味の慣用句.)

○新約聖書 (The New Testament)

(1) The voice of one crying in the wilderness
    In those days came John the Baptist, preaching in the wilderness of Judea, "Repent, for the kingdom of heaven is at hand." For this is he who was spoken of by the prophet Isaiah when he said,
    "The voice of one crying in the wilderness:
    Prepare the way of the Lord, make his paths straight." （Matthew 3：1-3)

そのころ, 洗礼者ヨハネが現れて, ユダヤの荒れ野で宣（の）べ伝え,「悔い改めよ. 天の国は近づいた」と言った. これは預言者イザヤによってこう言われている人である.
「荒れ野で叫ぶ者の声がする.『主の道を整え, その道筋をまっすぐにせよ』」
（マタイによる福音書 3：1-3)

(▶ 救い主イエスの出現を予告した洗礼者ヨハネの言葉.『旧約聖書』「イザヤ書 40：30」が引用されている. a voice crying (aloud) in the wilderness は一般に「世間に認められない改革者」を指す.)

(2) Man shall not live by bread alone
But he answered, "It is written,
    'Man shall not live by bread alone, but by every word that proceeds from the mouth of God.'" （Matthew 4：4)

イエスはお答えになった.
「『人はパンだけで生きるものではない. 神の口から出る一つ一つの言葉で生きる』と書いてある」 （マタイによる福音書 4：4)

(▶ 聖霊に導かれて荒野に行ったイエスが, 40日40夜の断食期間中に悪魔 (Devil) から受けたいわゆる「荒野の誘惑」(the Temptation) の声を聞いて, 悪魔に返した言葉.『旧約聖書』「申命記 8：3」から引用されている.)

■ 聖書の英語

(3) Blessed are the poor in spirit
Blessed are the poor in spirit, for theirs is the kingdom of heaven.
Blessed are those who mourn, for they shall be comforted.
Blessed are the meek, for they shall inherit the earth.
Blessed are those who hunger and thirst for righteousness, for they shall be satisfied.
Blessed are the merciful, for they shall obtain mercy.
Blessed are the pure in heart, for they shall see God.
Blessed are the peacemakers, for they shall be called sons of God.
Blessed are those who are persecuted for righteousness' sake, for theirs is the kingdom of heaven.　　　　　　　　　　　　　　　　　　　(Matthew 5 : 3-10)

心の貧しい人々は, 幸いである, 天の国はその人たちのものである.
悲しむ人々は, 幸いである, その人たちは慰められる.
柔和な人々は, 幸いである, その人たちは地を受け継ぐ.
義に飢え渇く人々は, 幸いである, その人たちは満たされる.
憐れみ深い人々は, 幸いである, その人たちは憐れみを受ける.
心の清い人々は, 幸いである, その人たちは神を見る.
平和を実現する人々は, 幸いである, その人たちは神の子と呼ばれる.
義のために迫害される人々は, 幸いである, 天の国はその人たちのものである.
　　　　　　　　　　　　　　　　　　　(マタイによる福音書 5 : 3-10)

(▶ 救い主のうわさを聞いて集まった群衆を前にして, 山に登ったイエスが山上で弟子たちに人間のあり方を説いた有名な「山上の説教」(the Sermon on the Mount) の冒頭の部分.)

(4) You are the salt of the earth
You are the salt of the earth; but if salt has lost its taste, how shall its saltness be restored? It is no longer good for anything except to be thrown out and trodden under foot by men.　　　　　　　　　　　　　　　　　(Matthew 5 : 13)

あなたがたは地の塩である. だが, 塩に塩気がなくなれば, その塩は何によって塩味が付けられよう. もはや, 何の役にも立たず, 外に投げ捨てられ, 人々に踏みつけられるだけである.　　　　　　　　　　　　　　　　(マタイによる福音書 5 : 13)

(▶ 「山上の説教」の一節. 腐敗を防ぎ, 汚れを清める塩であれと弟子たちに述べたイエスの言葉. the salt of the earth は「人格の立派な人」を意味する.)

(5) If any one strikes you on the right cheek, turn to him the other also
You have heard that it was said, "An eye for an eye and a tooth for a tooth." But I say to you, Do not resist one who is evil. But if any one strikes you on

the right cheek, turn to him the other also; and if any one would sue you and take your coat, let him have your cloak as well.　　　　　(Matthew 5 : 38-40)

あなたがたも聞いているとおり,「目には目を,歯には歯を」と命じられている. しかし, わたしは言っておく. 悪人に手向かってはならない. だれかがあなたの右の頬を打つなら, 左の頬をも向けなさい. あなたを訴えて下着を取ろうとする者には, 上着をも取らせなさい.　　　　　(マタイによる福音書 5 : 38-40)

(▶「山上の説教」の一節.『旧約聖書』にあった復讐 (measure for measure) の考えを禁じ, 律法の価値転換を説くイエスの言葉. turn the other cheek は「自分に害を与えた人を許す」意味の慣用句.)

(6) Love your enemies
You have heard that it was said, "You shall love your neighbor and hate your enemy." But I say to you, Love your enemies and pray for those who persecute you, so that you may be sons of your Father who is in heaven.
　　　　　(Matthew 5 : 43-45)

あなたがたも聞いているとおり,「隣人を愛し, 敵を憎め」と命じられている. しかし, わたしは言っておく. 敵を愛し, 自分を迫害する者のために祈りなさい. あなたがたの天の父の子となるためである.　　　　　(マタイによる福音書 5 : 43-45)

(▶「山上の説教」の一節. ここでも『旧約聖書』にある隣人愛の意味を脱臼するイエスの思想がうかがえる.)

(7) Do not let your left hand know what your right hand is doing
But when you give alms, do not let your left hand know what your right hand is doing, so that your alms may be in secret; and your Father who sees in secret will reward you.　　　　　(Matthew 6 : 3-4)

施しをするときは, 右の手のすることを左の手に知らせてはならない. あなたの施しを人目につかせないためである. そうすれば, 隠れたことを見ておられる父が, あなたに報いてくださる.　　　　　(マタイによる福音書 6 : 3-4)

(▶「山上の説教」の一節. 善行に付随しがちな偽善を厳しく戒めたイエスの言葉.)

(8) Our Father who art in heaven
Pray then like this:
Our Father who art in heaven,
Hallowed be thy name.

■ 聖書の英語

Thy kingdom come,
Thy will be done,
　On earth as it is in heaven.
Give us this day our daily bread;
And forgive us our debts,
　As we also have forgiven our debtors;
And lead us not into temptation,
　But deliver us from evil.　　　　　　　　　　　　　　　(Matthew 6 : 9-13)

だから, こう祈りなさい.
　「天におられるわたしたちの父よ,
御名が崇(あが)められますように.
御国が来ますように.
御心が行われますように,
　天におけるように地の上にも.
わたしたちに必要な糧を今日与えてください.
わたしたちの負い目を赦してください,
わたしたちも自分に負い目のある人を　赦しましたように.
わたしたちを誘惑に遭わせず, 悪い者から救ってください」
　　　　　　　　　　　　　　　　　　　　(マタイによる福音書 6 : 9-13)

(▶「山上の説教」の一節. イエスが祈りの規範として弟子たちに伝えた, いわゆる「主の祈り」(the Lord's Prayer) である.)

(9) No man can serve two masters

No man can serve two masters: for either he will hate the one and love the other, or he will be devoted to the one and despise the other. You cannot serve God and mammon.　　　　　　　　　　　　　　　(Matthew 6 : 24)

だれも, 二人の主人に仕えることはできない. 一方を憎んで他方を愛するか, 一方に親しんで他方を軽んじるか, どちらかである. あなたがたは, 神と富とに仕えることはできない.　　　　　　　　　　　　(マタイによる福音書 6 : 24)

(▶「山上の説教」の一節. Mammonは富の神を指すが, ここでは普通名詞で「腐敗の根源としての富」の意味. serve God and mammonは「二つの対立する主義にはさまれて動きがとれない」意味の慣用句.)

(10) Do not be anxious about your life

　Therefore I tell you, do not be anxious about your life, what you shall eat or what you shall drink, nor about your body, what you shall put on. Is not life more than food, and the body more than clothing? Look at the birds of the air: they neither sow nor reap nor gather into barns, and yet your heavenly Father feeds them. Are you not of more value than they?

And which of you by being anxious can add one cubit to his span of life?

And why are you anxious about clothing? Consider the lilies of the field, how they grow; they neither toil nor spin; yet I tell you, even Solomon in all his glory was not arrayed like one of these. (Matthew 6:25-29)

だから, 言っておく. 自分の命のことで何を食べようか何を飲もうかと, また自分の体のことで何を着ようかと思い悩むな. 命は食べ物よりも大切であり, 体は衣服よりも大切ではないか. 空の鳥をよく見なさい. 種も蒔*かず, 刈り入れもせず, 倉に納めもしない. だが, あなたがたの天の父は鳥を養ってくださる. あなたがたは, 鳥よりも価値あるものではないか.

あなたがたのうちだれが, 思い悩んだからといって, 寿命をわずかでも延ばすことができようか.

なぜ, 衣服のことで思い悩むのか. 野の花がどのように育つのか, 注意して見なさい. 働きもせず, 紡ぎもしない. しかし, 言っておく. 栄華を極めたソロモンでさえ, この花の一つほどにも着飾ってはいなかった.

(マタイによる福音書 6:25-29)

(▶「山上の説教」の一節. 高揚した詩的表現に満ちた一節. Consider the lilies of the field. はよく引用される句. ソロモンはダビデの子で, イスラエル第3番目の王 (在位, 紀元前961—922).「ソロモンの栄華」を誇り賢人でもあったが, 王の没後国家は南北に分裂した.)

(11) Do not be anxious about tomorrow

Therefore do not be anxious about tomorrow, for tomorrow will be anxious about itself. Let the day's own trouble be sufficient for the day.

(Matthew 6:34)

だから, 明日のことまで思い悩むな. 明日のことは明日自らが思い悩む. その日の苦労は, その日だけで十分である. (マタイによる福音書 6:34)

(▶「山上の説教」の一節.「神の国と神の義を求めよ」と弟子たちに要請した後に続くイエスの言葉.)

(12) Judge not

Judge not, that you be not judged. For with the judgment you pronounce you will be judged, and the measure you give will be the measure you get.

(Matthew 7:1-2)

人を裁くな. あなたがたも裁かれないようにするためである. あなたがたは, 自分

■ 聖書の英語

の裁く裁きで裁かれ，自分の量る秤(はかり)で量り与えられる．

(マタイによる福音書 7：1-2)

(▶「山上の説教」の一節．自分のことを棚に上げて人を裁こうとする偽善者を，イエスは厳しく戒めた．)

(13) Do not throw your pearls before swine

Do not give dogs what is holy; and do not throw your pearls before swine, lest they trample them under foot and turn to attack you.　　(Matthew 7 : 6)

神聖なものを犬に与えてはならず，また，真珠を豚に投げてはならない．それを足で踏みにじり，向き直ってあなたがたにかみついてくるだろう．

(マタイによる福音書 7：6)

(▶「山上の説教」の一節．throw [cast] pearls before swine は「価値のわからない者に高価なものを与える，猫に小判，豚に真珠」の意味のことわざ．)

(14) Ask, and it will be given you

Ask, and it will be given you; seek, and you will find; knock, and it will be opened to you.　　(Matthew 7 : 7)

求めなさい．そうすれば，与えられる．探しなさい．そうすれば，見つかる．門をたたきなさい．そうすれば，開かれる．　　(マタイによる福音書 7：7)

(▶「山上の説教」の一節．求めるという自発的行為がすでに信仰の行為である，とイエスは人を鼓舞している．)

(15) Whatever you wish that men would do to you, do so to them

So whatever you wish that men would do to you, do so to them; for this is the law and the prophets.　　(Matthew 7 : 12)

だから，人にしてもらいたいと思うことは何でも，あなたがたも人にしなさい．これこそ律法と預言者である．　　(マタイによる福音書 7：12)

(▶「山上の説教」の一節．最も重要な行動規範であり，キリスト教の黄金律 (golden rule) と呼ばれる．「律法」「預言者」という『旧約聖書』の世界を廃棄するのではなく，それを止揚しようするイエスの思想がよく表されている．)

(16) Enter by the narrow gate

Enter by the narrow gate; for the gate is wide and the way is easy, that leads to destruction, and those who enter by it are many. For the gate is narrow

and the way is hard, that leads to life, and those who find it are few.
(Matthew 7:13-14)

狭い門から入りなさい. 滅びに通じる門は広く, その道も広々として, そこから入る者が多い. しかし, 命に通じる門はなんと狭く, その道も細いことか. それを見いだす者は少ない.　　　　　　　　　　　　　（マタイによる福音書　7:13-14)

(▶「山上の説教」の一節. 信仰によって真の生命を得ることの困難を説いたイエスの言葉. the narrow gate は「競争の激しい関門」の意味で広く使われる.)

(17) New wine is put into fresh wineskins

Neither is new wine put into old wineskins; if it is, the skins burst, and the wine is spilled, and the skins are destroyed; but new wine is put into fresh wineskins, and so both are preserved.　　　　　　　　(Matthew 9:17)

新しいぶどう酒を古い革袋に入れる者はいない. そんなことをすれば, 革袋は破れ, ぶどう酒は流れ出て, 革袋もだめになる. 新しいぶどう酒は, 新しい革袋に入れるものだ. そうすれば, 両方とも長もちする.　　　　（マタイによる福音書　9:17)

(▶なぜあなたの弟子は断食しないのかと問われて, イエスが答えた言葉. new wine into new bottles は「新しい時代には新しい形式が必要だ」という意味の慣用句.)

(18) You shall love your neighbor as yourself

Honor your father and mother, and, You shall love your neighbor as yourself.
(Matthew 19:19)

父母を敬え, また, 隣人を自分のように愛しなさい. （マタイによる福音書　19:19)

(▶永遠の命を得るにはどんな善いことをすればよいかと尋ねた青年に答えて, 最も大切な律法の戒めを要約したイエスの言葉. この戒めの典拠は『旧約聖書』「レビ記 19:18」にある.)

(19) It is easier for a camel to go through the eye of a needle

And Jesus said to his disciples, "Truly, I say to you, it will be hard for a rich man to enter the kingdom of heaven. Again I tell you, it is easier for a camel to go through the eye of a needle than for a rich man to enter the kingdom of God."　　　　　　　　　　　　　　　　　　　　(Matthew 19:23-24)

イエスは弟子たちに言われた.「はっきり言っておく. 金持ちが天の国に入るのは難しい. 重ねて言うが, 金持ちが神の国に入るよりも, らくだが針の穴を通る方が

■ 聖書の英語

まだ易しい」 　　　　　　　　　　　　　　　　　　（マタイによる福音書 19：23-24）

（▶ 物質への執着を戒めたイエスの言葉．）

(20) Few are chosen
For many are called, but few are chosen. 　　　　　　　　（Matthew 22：14）

招かれる人は多いが，選ばれる人は少ない． 　　　（マタイによる福音書 22：14）

（▶ 天国に招待される人は多いが，それにふさわしいとして選ばれる人は少ない，というたとえ話の中で語られたイエスの言葉．）

(21) To Caesar the things that are Caesar's
They said, "Caesar's." Then he said to them, "Render therefore to Caesar the things that are Caesar's, and to God the things that are God's."
　　　　　　　　　　　　　　　　　　　　　　　　　　　　（Matthew 22：21）

彼らは，「皇帝のものです」と言った．すると，イエスは言われた．「では，皇帝のものは皇帝に，神のものは神に返しなさい」　　　（マタイによる福音書 22：21）

（▶ ローマ皇帝への納税の義務が律法にかなっているかと問われたイエスが，銀貨にある肖像が皇帝のものであることを確認させた後で述べた言葉．世俗の権力と宗教との混同を戒めた．「皇帝」は「シーザー」「カエサル」とも訳される．）

(22) All who take the sword will perish by the sword
Then Jesus said to him, "Put your sword back into its place; for all who take the sword will perish by the sword." 　　　　　　　　　　（Matthew 26：52）

そこで，イエスは言われた．「剣^{けん}をさやに納めなさい．剣を取る者は皆，剣で滅びる」　　　　　　　　　　　　　　　　　　　（マタイによる福音書 26：52）

（▶ イエスを捕らえようとやってきた大祭司の手下たちに，イエスと一緒にいた者の一人が剣で斬りかかり，片耳を切り落とした．それを見たイエスが諭した言葉．Live by the sword, die by the sword. は「剣に生きる者は剣に滅ぶ」という意味のことわざ．）

(23) Why hast thou forsaken me?
And at the ninth hour Jesus cried with a loud voice, "E'lo-i, E'lo-i, la'ma sabach-tha'ni?" which means, "My God, my God, why hast thou forsaken me?" 　　　　　　　　　　　　　　　　　　　　　　　　　　（Mark 15：34）

九時（午後三時）にイエスは大声で叫ばれた．「エロイ，エロイ，レマ，サバクタニ」これは，「わが神，わが神，なぜわたしをお見捨てになったのですか」という意味である．　　　　　　　　　　　　　　　　　　　　（マルコによる福音書　15：34）

(▶ 十字架に架けられて息を引き取る前に叫んだイエスの言葉．『旧約聖書』「詩編」にあるダビデの歌の出だしの引用．hastはhaveの古語．)

(24) They know not what they do
and Jesus said, "Father, forgive them; for they know not what they do."
(Luke　23：34)

そのとき，イエスは言われた．「父よ，彼らをお赦しください．自分が何をしているのか知らないのです」　　　　　　　　　　（ルカによる福音書　23：34）

(▶ 自分を十字架に架けた者たちの罪の赦しを神に祈ったイエスの言葉．)

(25) In the beginning was the Word
In the beginning was the Word, and the Word was with God, and the Word was God. He was in the beginning with God; all things were made through him, and without him was not anything made that was made. In him was life, and the life was the light of men. The light shines in the darkness; and the darkness has not overcome it.

There was a man sent from God, whose name was John.　　(John　1：1-6)

　初めに言があった．言は神と共にあった．言は神であった．この言は，初めに神と共にあった．万物は言によって成った．成ったもので，言によらずに成ったものは何一つなかった．言の内に命があった．命は人間を照らす光であった．光は暗闇の中で輝いている．暗闇は光を理解しなかった．
　神から遣わされた一人の人がいた．その名はヨハネである．
（ヨハネによる福音書　1：1-6）

(▶ 「ヨハネによる福音書」冒頭の有名な一節．)

(26) Let him who is without sin among you be the first to throw a stone at her
And as they continued to ask him, he stood up and said to them, "Let him who is without sin among you be the first to throw a stone at her."
(John　8：7)

しかし，彼らがしつこく問い続けるので，イエスは身を起こして言われた．「あなたたちの中で罪を犯したことのない者が，まず，この女に石を投げなさい」

■ 聖書の英語

（ヨハネによる福音書 8：7）

（▶ 姦通の女を告発して，モーゼの教えに従い，石で撃ち殺すべきかと尋ねた律法学者たちに対して答えたイエスの言葉．Don't cast [throw] stones. は「他人を責めるな，自分の欠点も考えよ」の意味で使われる．）

(27) The truth will make you free
and you will know the truth, and the truth will make you free.　　(John 8：32)

あなたたちは真理を知り，真理はあなたたちを自由にする．
（ヨハネによる福音書 8：32）

（▶ イエスが自分を信じたユダヤ人たちに言った言葉．The truth will set you free. は「真理や真実を知れば誤った考えなどに陥らずにすむ」という意味のことわざ．）

(28) Unless a grain of wheat falls into the earth and dies
Truly, truly, I say to you, unless a grain of wheat falls into the earth and dies, it remains alone; but if it dies, it bears much fruit.　　(John 12：24)

はっきり言っておく．一粒の麦は，地に落ちて死ななければ，一粒のままである．だが，死ねば，多くの実を結ぶ．　　（ヨハネによる福音書 12：24）

（▶ 十字架上で死ぬことを予見して自分を一粒の麦になぞらえ，種麦が多くの麦を生むように，自分の死から多くの実りが生みだされることを願ったイエスの言葉．）

(29) Vengeance is mine
Beloved, never avenge yourselves, but leave it to the wrath of God; for it is written, "Vengeance is mine, I will repay, says the Lord."　　(Romans 12：19)

愛する人たち，自分で復讐せず，神の怒りに任せなさい．「『復讐はわたしのすること，わたしが報復する』と主は言われる」と書いてあります．
（ローマの信徒への手紙 12：19）

（▶ 使徒パウロ（Paul）が神の言葉として『旧約聖書』「申命記 32：35」から引用した一節．文語訳「復讐するは我にあり」が日本語ではよく使われる．）

(30) Whatever a man sows, that he will also reap
Do not be deceived; God is not mocked, for whatever a man sows, that he will also reap. For he who sows to his own flesh will from the flesh reap corruption; but he who sows to the Spirit will from the Spirit reap eternal life.

(Galatians 6:7-8)

思い違いをしてはいけません. 神は, 人から侮られることはありません. 人は, 自分の蒔いたものを, また刈り取ることになるのです. 自分の肉に蒔く者は, 肉から滅びを刈り取り, 霊に蒔く者は, 霊から永遠の命を刈り取ります.

(ガラテヤの信徒への手紙 6:7-8)

(▶ 使徒パウロが, 神を欺くことを戒め, 善行を行い続けることの大切さを説いた一節. You reap what you sow. は「自業自得」の意味のことわざ.)

(31) He who does not love does not know God
He who does not love does not know God; for God is love.　　(1 John 4:8)

愛することのない者は神を知りません. 神は愛だからです.(ヨハネの手紙一 4:8)

(▶ 使徒ヨハネが信徒にあてた手紙の一節.)

アメージング・グレース (Amazing Grace)

　奴隷船の航海中, 嵐の船上で「回心」体験をした後, 国教会の牧師になるという数奇な運命をたどった, ロンドン生まれの元奴隷船の船長ジョン・ニュートン (John Newton, 1725―1807) が1779年に作ったこの賛美歌は, 皮肉なことに奴隷船でアメリカに連れてこられた黒人たちの間で霊歌 (スピリチュアル) として歌い継がれ, 反戦集会でも基調歌になるなど, 現代に至るまで, 新たな力を獲得し続けています. 歌詞は『新約聖書』「エペソ人への手紙, 第2章5節: It is by grace you have been saved.」(あなた方が救われたのは, み恵みによる) が元になったとされています.
　日本でも日本基督教団の『讃美歌』第二編167「われをもすくいし」として広く歌われています. (訳詞:長野　格・田口孝夫)

1番
Amazing grace! How sweet the sound,
That saved a wretch like me!
I once was lost, but now am found,
Was blind, but now I see.

驚くばかりの主の恵み　なんとやさしいその響き

■ アメージング・グレース (Amazing Grace)

哀れな我を救いたり
かつては迷いし我なれど　いまは主に見出され
盲いた我が目も開かれた

2番
'Twas grace that taught my heart to fear,
And grace my fears relieved;
How precious did that grace appear
The hour I first believed!

我が心　畏れを知るは　主の恵み
畏れが消えたは　主の恵み
主の恵み　なんと尊く覚えしや
信仰に目覚めしその時に

3番
Through many dangers, toils, and snares,
I have already come;
'Tis grace hath brought me safe thus far,
And grace will lead me home.

危険や労苦, 誘惑は
数々経てきた我なれど
主の恵みあり　この身　つつがなかりしや
主の恵みあれ　我　天に帰るまで

4番
The Lord has promised good to me,
His Word my hope secures;
He will my shield and portion be,
As long as life endures.

主は我が力になると　お約束
そのお言葉こそ　我が希望
主こそ　我が盾　我が運命(さだ)
我が生命(いのち)のある限り

5番
Yea, when this flesh and heart shall fail,
And mortal life shall cease,
I shall possess, within the veil,

アメージング・グレース (Amazing Grace)

A life of joy and peace.

この肉が朽ち　心も絶えて
現うし身の果つるその時に
聖なる垂れ布に包まれて
我のものなり　平和と喜びの永世は

6番
The world shall soon to ruin go,
The sun refuse to shine;
But God, who called me here below,
Shall be forever mine.

現世(げんせ)の滅ぶは　遠からず
日輪の輝き　滅す　いつの日か
されど我を召されし主なる神
我のものたれ　永遠(とわ)に

7番
When we've been there ten thousand years,
Bright shining as the sun;
We've no less days to sing God's praise,
Than when we'd first begun.

主と共にある幾千年
日輪のごとく　燦々(さんさん)と輝きながら
世々に讃えん　神のみ名
主にめぐり合いし，その日に増して

ボディ・ランゲージ

コミュニケーションは言葉だけではなく，しぐさや表情などによっても行われます．こうした言葉によらない，ノンバーバルな手段によって伝わる情報をボディ・ランゲージ (body language) と言いますが，これを通して発せられる相手のサインを見逃さずに正しくとらえることは，意思の疎通のためにはきわめて大切です．このボディ・ランゲージは日本と米英のそれが異なる場合も多いので，注意する必要があります．

○ approval／thumbs-up「賛成」
  disapproval／thumbs-down「反対」

親指を立てる (turn up one's thumb) と，「オーケー」「賛成」「よくやった」「がんばれ」のような肯定的な意味を表す．

逆に親指を下に向ける (turn down one's thumb) と，反対・失敗・不満などの否定的な意味を表す．

○ beckoning「招き」

人を呼び寄せるときは，手の甲を相手に向け，立てた人差し指を前後に振る．これは目下の者や親しい者に対する動作．

○ close call「危機一髪」

額についた汗を人差し指でぬぐい，それを振り払うしぐさ．「やれやれ，危なかった」という気持ちを表す．言葉では It was a close call. と言う．

○ clutch one's throat「のどを押さえる」

女性が驚き・不安などを表すしぐさ．

○ cross one's fingers／keep one's fingers crossed「幸運を祈る」

人差し指の上に中指を交差させる．十字架 (cross) の意味で，背後やポケットの中ですることが多い．危険を避けたり，何かがうまくいくことを祈ったりすることのほか，うそをつくときにその罰を打ち消そうとするしぐさ．

ボディ・ランゲージ

○ cross oneself「十字を切る」

額から胸にかけて十字を切る．祈りなどの動作で，魔よけの意味で行う人もいる．

○ disgust「うんざり」

親指を曲げ，人差し指の側面をのどに当てて軽くたたく．tap a hand against one's throat と言い，「もうたくさんだ，うんざりだ」という気持ちを表す．"I'm fed up to here." (のど元いっぱいまで食べた) から出たしぐさ．

○ kiss...goodbye／kiss goodbye to...
　「…に別れのキスをする」
　wave...goodbye／wave goodbye to...
　「…にさよならと手を振る」

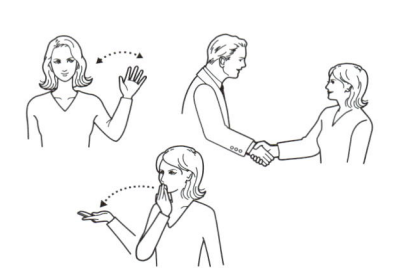

○ derision「あざけり」

鼻先に親指をつけ，垂直に立てた他の指を開いて前後に動かす．thumb the nose／((英))cock a snookと言い，"Kiss my ass!" (くそくらえ)，"Go to hell!" (くたばれ) などの侮辱・嘲笑・不快感を表す．

○ high five「ハイタッチ」

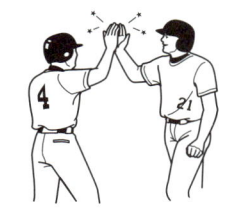

手を高く上げて相手と手のひらを打ち合わせる．主に米国のスポーツ場面などで見られる祝福のあいさつ．

○ impatience
　「じれったさ，焦りの気持ち」

■ ボディ・ランゲージ

○ Me?「私?」

「私ですか」というしぐさでは，日本人は自分の鼻を指すが，英米人は胸を指す．

○ perfect「申し分なし」

手のひらを外に向け，親指と人差し指で丸をつくる．make a circle with the thumb and forefinger と言い，前後に動かして強調することもある．「うまくいった，満足，オーケー」など広範囲の肯定を表す．

○ shake[wag] one's finger at...「…に向かって人差し指を振る」

非難や警告のしぐさ．

○ out of money「文無しの」

I'm out of money.（私は文無しだ） ポケットを引き出して何もないことを示す（turn out one's empty pockets）男性のしぐさ．

○ scratch one's head「頭をかく」

困ったときのしぐさ．

○ soul handshake 「それぞれの右手の親指をからませて行う握手」

友情を表す動作だが，本来は人種差別反対を示す．米国で黒人が人種差別と闘う決意を示すために行ったのが始まり．

○ stick one's tongue out／stick out one's tongue「舌を出す」

軽蔑または親しみを表すしぐさ．

ボディ・ランゲージ

○ shrug one's shoulder(s)「**肩をすくめる**」

両肩または片方の肩をすくめる. 仕方がない, 自分には関係ない, どうでもよい, 知らない, 分からない, など, 無関心・無力・あきらめ・当惑・疑問・確信のなさを表すしぐさ.

○ thumb one's nose at...
　　　　　　「**…をばかにする, あざける**」

Tom thumbed his nose at Jim. [《英略式》 Tom cocked a snook at Jim.]（トムは親指を鼻先に当ててジムをばかにした）親指を鼻のところにつけて残りの指を広げてひらひらさせる.《英略式》では cock a snook at... と言う.

○ thumbing out「**追い出し**」

手の甲を外に向けて軽く握り, 親指を突き出して前後に動かす.「出て行け」(Out!) を意味する傲慢・無礼なしぐさで, 主に男性が用いる. 親指を真上に向けると, ヒッチハイクを頼むときの thumbing（親指の合図）になる.

○ tired「**疲れた**」

疲れたときのしぐさ.

○ wave...away[off]／wave away[off]...
　　「**…を合図して去らせる**」

人や車などを追い払うときのしぐさ.

○ with one's hands on one's hips
　　「**両手を腰に当てて**」

特に女性がいばったり, 対抗しようとする身構えをとるときの姿勢.

■ ボディ・ランゲージ

○米英の数の数え方

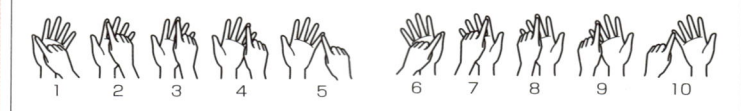

1. 指を使った数え方
(1) 右手の人差し指で、左手の親指から小指まで指さしながら数えていき、今度は、左手の人差し指で同じようにして10まで数える. ⇨(図)
(2) 左手を親指から折り曲げながら、右手の人差し指で折る指をさして数えていき、6からは小指から順に開いていく.
(3) 手を握っておき、親指、人差し指の順で開いていき5まで数える.

2. イントネーション
普通はone, two, threeをそれぞれ上がり調子で発音する. 但し、ボクシングのカウントとロケットの発射のカウントダウンは下がり調子になる.

第2部

話す力・書く力をつける

場面別・感情別会話表現	文化背景
英語の句読法	
英文手紙の書き方	
ビジネスレターの表現	
差別を避ける表現(PC表現)	話す力・書く力
宛名と敬辞・結辞の付け方	
英文履歴書の書き方	
英文電子メールの書き方	
生活の中の数の表現	語彙力
度量衡換算表	
日本の年中行事	
日本から海外への電話のかけ方	文法
海外から日本への電話のかけ方	
主な航空会社略称	
世界時差地図	
主なインターネット・携帯電話用語	発音
主な電子メール略語	
知って得するドメイン情報	
英語コーパスの利用法	英語学習
ほか	

場面別・感情別会話表現

日常生活でのさまざまな場面,うれしいときや怒ったときなどの感情の表し方を場面別,感情別に紹介します.

《内 容》

○いろいろな場面で
1. あいさつするとき
2. 紹介するとき
3. あいづちを打つとき
4. 質問するとき
5. 病気・けがのとき
6. 買い物をするとき
7. 食事をするとき
8. 道を聞くとき,教えるとき
9. 電話をするとき

○気持ちを表したい
10. 喜び
11. 悲しみ・同情
12. 驚き
13. 後悔
14. 怒り・非難・苦情
15. ほめる
16. 感謝
17. 謝罪
18. 意思表示
19. 承諾・断り
20. いろいろな気持ち

1. あいさつするとき

●人に会ったとき

おはよう	Good morning.
こんにちは	Good afternoon.
こんばんは	Good evening. (▶いずれも改まった言い方で,親しい間では Hi. や Hello. を用いる)
ただいま	I'm home.／I'm back.
お帰り	Hello!／Hi! (▶「楽しかった?」Did you have a good time? を言い足してもよい. しばらく留守にして帰ってきた人には, Welcome home [back]!)
「やあ,トム,元気かい」「うん,君は」「ああ,元気さ」	"Hi, Tom? How are you?" "I'm fine, thanks. And you?" "Me too, thanks."
「その後いかがお過ごしでしたか」「おかげさまで元気でやっています」	"How have you been?" "Just fine, thank you."
しばらくだったね	Long time no see.
ごぶさたしております	I haven't seen you for a long time.
またお目にかかれてよかった	How nice to see you again! (▶この場合

の「会う」はmeetでないことに注意)

「調子はどうだい」「まあまあだね. 君は?」「上々さ. でも忙しくて」
"How's everything?" "Not so bad. How about you?" "OK, but busy."

「いかがお過ごしですか」「相変わらずです」
"How is it going?" "Same as usual."

お体のぐあいが悪いと聞きましたが, もうよろしいんですか
I heard that you were ill. Are you all right now?

●天気に関するあいさつ

「いい天気ですね」「ええ, 本当に. よい気候になりました」
"It's fine, isn't it?" "Yes, it sure is. It's neither hot nor cold."

「今週はよく雨が降りましたね」「ええ, もう雨はたくさん」
"We've had much rain this week, haven't we?" "Yes, we've had more than enough."

今日は蒸しますね	It's so humid today.
うっとうしい天気が続きますね	We have dull weather these days.
朝晩めっきり冷え込みますね	It has got much cooler in the morning and evening these days.
肌寒いですね	It's chilly.

●別れるとき

さようなら	Good-by(e). / So long.
行ってらっしゃい	Good-by(e). / Bye. (▶英語にはこれに相当する表現はないが, Have a nice day. / See you tonight. などと言う)
「それじゃ」「じゃ, また」	"See you later!" "Yeah. Bye."
じゃ, またね	See you soon.
元気でね	Take care.
気をつけて	Good luck. / Be good!
いつか, また	See you sometime.
またどこかでお目にかかれるといいですね	Maybe we'll bump into each other again.
いつかお会いしましょう	Let's get together sometime.
ぜひもう一度会いたいですね	I'd like to see you again.
お母さんによろしく	Please say hello to your mother for me. (▶もっと丁寧に言えば Please give my best regards [wishes] to your mother.)

●いとまごいのとき

これで失礼します	I'm leaving now.

■ 場面別・感情別会話表現

| そろそろ失礼します | I'm afraid I have to 「go now [say goodbye now]. |

ずいぶん遅くなってしまって, すっかりおじゃましました

　　　　Oh, I didn't know [realize] that it was so late. I'm afraid I have taken up too much of your time.)

2. 紹介するとき

●自己紹介するとき

山本一郎です. 呉高校の 2 年生です

　　　　My name is Ichiro Yamamoto. I'm a sophomore at Kure high school. (▶ 改まった席では Let me introduce myself. と先に言ってから始める)

●友達を紹介するとき

ジュリー, 僕の友人の一郎です. 一郎, こちらジュリーです

　　　　Julie, this is my friend Ichiro. Ichiro, this is my friend Julie. (▶ 名前はフルネームの方が丁寧. 女性には苗字に Miss, Mrs., Ms. を付けることがよくある. 年下の人を年上の人に, 男性を女性に先に紹介するのがエチケット)

●紹介されてからのあいさつ

「初めましてマキ. どうぞよろしく」「こちらこそ」

　　　　"How do you do, Maki? (It's) nice to meet you." "Nice to meet you, too."
　　　　(▶ How do you do? は堅苦しい表現.「こちらこそ」は you にアクセント. 握手はふつう男性同士の場合にする. 女性, 年長者には相手が手を出したら握手をする)

お目にかかれるのを楽しみにしていました

　　　　I've been looking forward to meeting [seeing] you.

申し訳ありません. 聞き取れなかったので, もう一度お名前をおっしゃっていただけませんか

　　　　I'm afraid I didn't quite catch your name. Would you mind repeating it?

お名前はどういうスペルですか　　How do you spell your name?

3. あいづちを打つとき

●相手に同意するとき

そう, そうです

　　　　Yes, certainly. ／ Sure. (▶ Sureの方がくだけた言い方) ／ Of course! (▶ 相手が否定の

	意味で同調するときは Of course not.)
もちろん	Sure thing!／Certainly!
ええ, もちろんです	Yes, of course.／Why, yes.／Yes, by all means.
そのとおり	That's right.／That's true.／You said it.
賛成です	I agree with you.／I think so, too.
なるほど. そうですか	I see.
それだ	That's it.
はい, 分かりました	Yes, I understand.
おもしろいですね	That's very interesting.
それはすごいですね	That's fascinating.／That's really something.
それはいいですね	(That) sounds like a good idea.
多分そのとおりね	Maybe you're right.
私もそう思いました	I was thinking the same thing.
おっしゃるとおりです	You can say that again.
おっしゃる意味は分かります	I see what you mean.／I understand what you are saying.
それはありえますね	It's quite probable.／That's very likely.

●**すぐには同意できないとき**

本当ですか	Are you sure?／Really?／Is that right?／Is that so?
そう思いますか	Do you think so?
場合によりますね	It depends.
そんなはずはありません	That cannot be true.
さあどうでしょうか	I'm not quite sure.／I don't really know.

●**もう少し考えたいとき**

考えておきましょう	I'll think about it.
検討しましょう	I'll think it over.
考えさせてください	Let me sleep on it.／Let me think about it.

●**言葉につまったとき**

そうね. えーと. さて	Well...
えーと. ちょっと待って	Let me see [think].／Just a moment...
そのー. 何というか	Well, what's the best way to put it?
あのね	You know what?
ほら, その	You know...
うまく言えないんだけど…	I'm not sure how to say this, but...
何と言えばいいか…	I don't know how to say this, but...
これはなんなんですけど	This is a touchy subject, but...
おっしゃることは分かりますが…	I understand what you mean by that, but...

■ 場面別・感情別会話表現

●聞いて驚いたとき

まあ	Oh!
なんだって	What!
あらまあ	Well, well!
それはお気の毒に	I'm sorry to hear that. ／ What a pity. ／ Poor you.

4. 質問するとき

●質問の了解を得たいとき

すみません. ちょっとお伺いしますが	Excuse me.
ちょっと質問してもいいですか	May I ask (you) a question?
すみませんが, ちょっとお尋ねしてもよろしいですか	
	I'm sorry to bother you, but may I ask (you) a question?

●聞き返すとき

もう一度言ってください	Pardon? (▶ 最後を上げて言う)／Excuse me?／Pardon me?
すみません, なんて言ったの	I'm sorry, what was that? (▶ 最後を上げて言う)／Excuse me, what did you say?
繰り返してもらえますか	Would you repeat that? (▶ もっと丁寧に言えば Could you please repeat that?／Would you mind repeating that?)
すみません, ちょっと聞き取れませんでした	
	I'm sorry, I missed your words.

●相手の言っていることが分からないとき

どういう意味ですか	What do you mean?
おっしゃる意味が分かりません	I don't know what you mean.／I can't understand what you're trying to say.
ぴんとこないので別な言い方をしていただけませんか	
	I didn't get [understand] it. Could you please say that in another way?
ちょっと説明していただけませんか	Would you mind explaining that?

●相手のことをもっと知りたいとき

あなたのお名前とお所を教えてください	
	Tell me your name and address, please.／Please give me your name and address.
おいくつですか	How old are you?
ご出身は	Where are you from?
ご家族は何人ですか	How many members are there in your family?

場面別・感情別会話表現 ■

趣味は何ですか	Do you have any hobbies?／What are your hobbies? (▶趣味を聞く場合, 複数形で聞く方が好ましい)
「暇なときは何をしていますか」「よく本を読みます」	
	"What do you do in your free time?"／"What do you enjoy doing in your spare time?"
	"I enjoy reading."

●数値を聞くとき

「この車は最高どれくらいのスピードが出ますか」「時速120キロくらいです」	
	"What's the maximum speed of this car?" "It can run about 120 kilometers per hour."
「東京の人口はどれくらいですか」「約1,200万人です」	
	"What's the population of Tokyo?"
	"About 12 million."
「体重はどれくらいですか」「50キロです」	
	"How much do you weigh?／What's your weight?"
	"I weigh「50 kilograms [132 pounds]．／I'm 50 kilograms." (▶《英》では stone(＝14 pounds) という単位が広く用いられている)
「重さはどれくらいですか」	How heavy is it?／How much does it weigh?
「身長はどれくらいですか」「175センチです」	
	"How tall are you?" "I'm「one meter 75 centimeters [5 feet 8 inches] tall."
「今何度ですか」「25度です」	"What's the temperature?" "It's 25℃." (▶25℃は twenty-five degrees Celsius [centigrade] と読む)
「視力はどれくらいですか」「1.0です」	
	"How well can you see?" "My eye sight is twenty-twenty [20/20]." (▶20/20は20フィート離れた所から, 指示の字が読めるという意. 日本式の1.0に相当する)

●料金を聞くとき

これはおいくらですか	How much is this?／What's the price of this?
料金はいくらですか	How much does this cost? (▶乗り物の料金を尋ねるときの決まった言い方. ほかに

	How much is the fare? とも言える)
この郵便料金はいくらですか	What's the postage for this?
入場料はいくらですか	What's the admission fee?

●時間・曜日・日を聞くとき

今何時ですか	What time is it?／《米話》Do you have the time? (▶ いずれも It's...で答える. また Could you tell me the time? という言い方もあるが, その場合は Yes. It's...と答える)
今日は何曜日ですか	What day is it today?／What day of the week is it today?
今日は何日ですか	What's the date today?／What day of the month is it today?

●相手の都合を聞くとき

「今, お時間はありますか」「忙しくて今はちょっと…」
　"Do you have some time now?"
　"I don't have any time to spare.／I don't have time."

あした会っていただけますか	Do you have time to meet me tomorrow?
月曜日はどうですか	「Will Monday be [Is Monday] convenient for you?／How is Monday?
あしたお宅におじゃましてもかまいませんか	
	May I visit you tomorrow?
2時でいいですか	Would two be all right?
何時がご都合よろしいですか	What time is convenient for you?
明日の3時でいいですか	Can you make it at three tomorrow?

5. 病気・けがのとき

●症状を訴えるとき

胸が苦しい	I feel pain in my chest.／I have chest pains.
痛い	How it hurts!／How it's sore. (▶ 「ひりひりする」は It smarts.「ちくちくする」は It stings.「ずきずきする」は It throbs with pain.)
あら, 血が出てる	Oh, it's bleeding.
気分が悪い	I feel sick [bad].
目が回る	I feel dizzy.
倒れそう	I feel like I might faint.
もう歩けない	I can't even walk.
もうへとへとだ	I'm exhausted. (▶ その他 be worn out, be dead tired などでも「へとへと」のニュ

	アンスが出る)
ちょっと熱っぽい	I feel feverish. ／ I have a slight fever.
熱が39度ある	I have a temperature of thirty-nine degrees Celsius[centigrade]. (▶英米では体温は Fahrenheit を用いることが多いので注意)
寒気がする	I feel chilly.
だるい	I feel listless [sluggish].
頭がずきずきする	My head throbs. (▶割れそうに痛いときは I have a splitting headache.)
まぶしい	It's glaring ／ There's a glare.
鼻水が出る	I have a running nose.
鼻がつまる	I have a stuffy nose. ／ I have a stopped-up nose.
歯が痛い	I have a toothache.
のどがひりひりする	I have a sore throat.
咳がすごく出る	I cough a lot.
吐き気がする	I feel like vomiting. ／ I feel sick.
胸焼けがする	I have heartburn.
胃がきりきり痛い	I feel a sharp pain in my stomach.
腹が張っている	My abdomen [stomach] feels bloated. ／ I feel bloated [gassy].
息切れがする	I'm out of breath. ／ I'm short of breath.
肩が凝っている	I have stiff shoulders. ／ My shoulders are stiff.
蚊に刺されてかゆくてたまらない	I was bitten by a mosquito, and I feel itchy.

●相手の気分を聞くとき

大丈夫ですか	Are you all right?
どこか悪いんですか	What's wrong?
どうしたのですか	What's up?
気分でも悪いんですか	Aren't you feeling well?
どうかしたのですか	Is there anything wrong (with you)?
「顔色が悪いね. どうしたんだい」「どうも気分が悪くて食欲がないんです」	"You look pale. What's the matter with you?" "I don't feel well. I don't feel like eating anything."
「昨日学校を休んだね. 病気だったって聞いたけど」「風邪を引いてしまったんです」	"You were absent from school yesterday. I heard you were ill." "Yes, I was in bed with a cold."

■ 場面別・感情別会話表現

「もうすっかりよくなりましたか」「今日はずっといいんですが, まだ少し頭痛がするんです」
"Are you all right now?" "I feel much better today, but I still have a slight headache."

「風邪はどうだい. 少しはいいかい」「ずっといいわ. ありがとう」
"How's your cold? Any better?" "Much better, thanks."

6. 買い物をするとき

●売り場を尋ねる

「衣料品［土産物；名産品；化粧品；文房具；免税品］売り場はどこですか」「1階です」
"Where can I buy clothes [souvenir; local products; cosmetics; stationery; duty-free [tax-free] goods]?" "It's on the 1st [ground] floor."

●売り場で

「いらっしゃいませ」「セーターを買いたいのですが」
"May I help you?" "Yes, I'd like to buy a sweater."

いえ, ちょっと見ているだけです　No, I'm just looking. Thank you.

「どのサイズをお召しですか」「M［S；L］サイズです」
"What size do you take?" "I take「a medium [a small; a large]."

「こちらはいかがですか」「いいですね」
"How would you like this [these]?" "「It looks [They look] good."

素材は何ですか　What's the material?
洗濯がききますか　「Is it [Are they] washable?
青色の物［他の色；他のサイズ；他のデザイン；他の柄］はありますか
Do you have one in「blue [another color; another size; another design; another pattern]?

ほかの色を見せてください　Can you show me another color?
手に取って見てもいいですか　Can [May] I touch it [them]?
「試着してもいいですか」「もちろんです. こちらへどうぞ」
"Can [May] I try it [them] on?" "Yes, of course. This way, please."

これが気に入りました　I like this one.
買うことにします　I'll take it.

●気に入らなかったとき

(少し)大きすぎ［小さすぎ；派手すぎ；高すぎ］ます

場面別・感情別会話表現

	It's [They're] (a little) too big [small; loud; expensive].
(値段が高すぎて)買えません	I can't afford it [them].
もう少し安いのを見せてください	Please show me something cheaper.
すみません, また来ます	I'll come later [again].

●**支払いのとき**

これはいくらですか	How much is it?／What's the price for this?
(少し)まけてもらえませんか	Can I have [get] a (little) discount?
現金でお支払いですか, それともクレジットですか	(Do you pay by) cash or charge?
トラベラーズチェック[クレジットカード]は使えますか	Do you accept「traveler's checks [credit cards]?／Can I pay by「traveler's check [credit card]?
領収書をください	Can I have a receipt?

●**その他**

贈り物用に包装してください	Could you gift-wrap it?
それを航空便[船便 ; 宅配便]で日本へ送ってください	Can you send it to Japan by airmail [surface mail ; door-to-door delivery]?
免税制度はありますか	Are there any tax exemption systems?

●**トラブルがあったとき**

これは壊れていました	This was broken.
これはきちんと動きません	This doesn't work properly.
どこか故障しています	Something is wrong with this.
これを他の物と交換してください	I'd like to exchange this for another one.
これを返品したいのですが	I'd like to return this.
返金してもらえますか	Can I get a refund?
お釣りが間違っていると思います. 確かめてもらえますか	I'm afraid I got the wrong change. Please check it.

7. 食事をするとき

●**レストランで**

メニューをお願いします	Menu, please.
日本語のメニューはありますか	Do you have a menu in Japanese?
「ご注文はお決まりですか」「ええと, まだ決まってないんですが」	"Are you ready to order?" "Well, I haven't decided yet."
(今日の)おすすめ料理は何ですか	What's the special (today)?

話す力・書く力

■ 場面別・感情別会話表現

ここのおすすめ料理は何ですか	What's your specialty?
ステーキディナーセットにします	I'll have the steak dinner.

「ステーキの焼き加減はどうなさいますか」「レア(生焼き)[ミディアム(ふつう);ウェルダン(よく焼いた)]をお願いします」
　　"How would you like your steak?" "Rare [Medium; Well-done], please."

「ステーキにはサラダかフライドポテトが付きますが」「サラダをお願いします」
　　"The steak comes with salad or French flies." "Salad, please."

それから, どのドレッシングになさいますか
　　And what kind of dressing would you like?

(このレストランの)特製ドレッシングにします
　　The house dressing, please.

お飲み物はいかがですか	Would you like something to drink?
何がおすすめですか	What do you recommend?

当レストランのおすすめワインはいかがですか
　　How about the house wine?

それにします　　All right, I'll try it.

●その他

3人分の席の予約をしたいのですが　　I'd like to reserve a table for three.

「喫煙席ですか, それとも禁煙席ですか」「禁煙席をお願いします」
　　"Would you like a smoking or non-smoking seat [section]?" "Nonsmoking, please."

これを家へ[自分の部屋へ]持ち帰りたいのですが
　　Can I take this home [to my room]?

持ち帰り用の袋をいただけますか	Can I have a doggie bag?
サービス料込みですか	Is the service charge included?
お釣りは取っておいてください	Keep the change. ／ The change is yours.

●ハンバーガーショップで

ハンバーガー1つとコーラを1つください
　　A hamburger and a coke, please.

「ここでお召し上がりになりますか, お持ち帰りですか」「ここで食べていきます」
　　"(Is it) for here or to go?" "For here, please."

ハンバーガー2個を持ち帰り用で, マスタード抜きでお願いします
　　Two hamburgers to go, no mustard, please.

この席は空いていますか　　Is this seat taken? ／ May I sit here?

●困ったとき

すみません，これは注文していません	Excuse me, I didn't order this.
これは私が注文したのとは違います	This isn't what I ordered.

セットを注文したのですが，ハンバーガーにフライドポテトが付いてきませんでした
I ordered the set menu, but French fries didn't come with the hamburger.

お手洗いはどこですか　Where's the restroom?
廊下の突き当たりです　It's at the end of the hall [passage; passage way].

8. 道を聞くとき，教えるとき

いちばん近いバス停 [駅 ; タクシー乗り場 ; 地下鉄の駅] はどこですか
　　Where's the nearest「bus stop [station; taxi stand; subway station]?

…へはどうやって行けばいいんですか　How can I get to...?
…への行き方を教えてください　Could you tell me how to get to...?

「…へは歩いて [バスで ; タクシーで ; 電車で ; 地下鉄で] どれくらいですか」
「(ここから)5分です」
　　"How long does it take to get to...「on foot [by bus; by taxi; by train; by subway]?"
　　"It's a five-minute walk (from here)."

バスで約30分かかります　It takes about 30 minutes by bus.
まっすぐ3ブロック行ってください　Go straight for 3 blocks.
この通りを橋までまっすぐ行ってください
　　Go down this street until you get to the bridge.

交差点で [3つめの信号で] 右に曲がってください
　　Turn right at the intersection [3rd traffic light].

(それから)歩道橋を渡ってください　(After that) go over a pedestrian overpass.
横断歩道を渡ってください　Go across a pedestrian crossing.
それは右[左]にあります　It's on your right [left].
大きな茶色の建物です．看板に「ABC」と書いてあります
　　It's a big brown building, and the sign says "ABC."

すぐに分かります　You can't miss it.
「地図を描いていただけますか」「いいですよ」
　　"Could you draw a map?" "Sure."

ここからは遠いです　It's far from here.
バスに乗った方がいいですよ　You should take a bus.
いちばん便利な [速い ; 安い] のは電車 [バス ; 地下鉄 ; タクシー] です

■ 場面別・感情別会話表現

	The best [fastest; cheapest] way is by train [bus; subway; taxi].
どの電車 [バス] に乗ったらいいんですか	
	Which train [bus] should I take?
初めに特急に乗って,(神戸駅で)普通電車に乗り換えてください	
	First, take the limited [super; special] express train, then change to the local (at Kobe Station).
横浜行きの急行電車に乗ってください	Take the express train for Yokohama.
どこで乗り換えたらいいですか	Where should I change trains?／Where should I transfer?
「どのバス停 [プラットホーム] へ行けばいいんですか」「3番です」	
	"Which「bus stop [platform; track] should I go to?" "No. 3."
「新宿と渋谷の間にはいくつ駅 [バス停] がありますか」「3つです」	
	"How many stations [stops] are there between Shinjuku and Shibuya?" "Three stations."
どこで切符を買えばいいんですか	Where can I buy a ticket?
切符売り場 [切符販売機] はあちらにあります	
	The ticket window [machine] is over there.
遺失物取扱所の向かい側です	It's across from the lost and found.
路線地図 [観光案内図] をください	Please give me「a route map [a sightseeing map].
京都行きの片道切符を1枚 [往復切符を2枚] ください	
	「One-way ticket [Two round-trip tickets] for Kyoto, please.

●その他

確認させてください	Let me confirm that.
もう一度言っていただけますか	Could you say that again?／Could you repeat that?
乗り越してしまいました	I rode [went] past my stop.／I missed my station.
次のバス停[駅]で降ります	I'll get off at the next stop [station].
「このあたりのことはよく知りません」「いずれにしても,ありがとうございました」	"I'm a stranger here." "Anyway, thank you very much."／"Thanks, anyway."

9. 電話をするとき

井上さんのお宅ですか	Is this the Inoue residence?（▶日本語で「そちら」でも，米国では Is this...と言う．英国では that を用いる）
「聡一郎さんはご在宅ですか」「どちらさまでしょうか」「鈴木と申します」	"Is Soichiro at home?" "Who's calling?"（▶Who are you? は失礼なので避ける）"This is Suzuki (speaking)."
もしもし，真樹さんはいらっしゃいますか	Hello. Is Maki there?
もしもし，真樹さんにかわっていただきたいのですが	Hello. Can I speak to Maki?
内線112番をお願いします	Extension 112, please.
ちょっとお待ちください	Hold on, please.
そのまま切らないでください	Don't hang up, please.
伝言をお願いできますか	Can I leave a message?
中田から電話があったことをお伝えください	Tell him Nakata called, please.
お帰りになったら，お電話をいただけますか	Please ask him to call me back when he gets home.
またあとでお電話します	I'll call back later.

10. 喜　び

●いいことがあって

わー	Wow!
わーい，ラッキー	How lucky!
あー，よかった	Thank God!
わー	Wow!／Gee!（▶Jesusの転化）
すばらしい．いいぞ．すてき	Wonderful!／Great!／Fantastic!
やったー．合格だ	I made it! I've passed the entrance examination.（▶I made it. は何かを成し遂げたときの慣用的な言い方）／I did it! I passed the entrance examination.
やった，勝ったぞ	We did it! We won!
おめでとう．お幸せにね	Congratulations! I wish you all the happiness in the world.

●安心して

ああ，ほっとした	I'm so relieved!／What a relief!
肩の荷が下りた	That's a load off my shoulders.

■ 場面別・感情別会話表現

●贈り物をもらって

わー, すごい. 欲しいと思っていたものです	What a surprise! It's just what I wanted.
わー, すてき	Wow! It's gorgeous!／It's beautiful!

11. 悲しみ・同情
●悲しい出来事に遭遇して

おお, ひどい	Oh, no!／How terrible!
それは残念だ	That's too bad!／How unfortunate!
「彼に振られちゃった」「まあ, かわいそうに」	"He dropped me." "Oh, you poor thing!" (▶「振られる」の場合は, I was dropped. と受動態にしないことに注意. また, 恋人ができて振る場合はjiltを使う)
「試験に落ちてしまった」「まあ, お気の毒に」	"I failed (in) the exam." "That's too bad."／"Oh, that's a shame!"
「弟が自動車にはねられて入院しているんです」「まあ, それはお気の毒に」	"My brother was hit by a car and is now in the hospital." "Oh, I'm sorry to hear that."／"That's too bad."
お父様が急に亡くなられたと聞いて大変驚きました. 心からお悔やみ申し上げます	I was very much shocked to hear of your father's sudden death. I am so sorry for your loss.
謹んでお悔やみを申し上げます	Let me offer my condolences.／You have my deepest sympathy [sympathies].

●気落ちしている相手を励まして

元気を出して	Come on! Cheer up!
がんばれ	Well, hang in there!／Well, stick with it!
しょぼくれた顔をするなよ	Stop looking so down at [in] the mouth. (▶down at [in] the mouthは成句で「(唇の両端を下げて)意気消沈して」の意)
あまり気にしない方がいいよ	You shouldn't worry so much about it.／Don't take it so seriously.
気持ちは分かるよ	I know how you feel.
心配しなくて大丈夫さ	I'm sure it is nothing to worry about.／There's no need to worry.

もう一度やってみたら. 今度はうまくいくよ	Try again. You'll succeed next time.
だめでもともとじゃないか. もう一度やってごらん	It can't do any harm to give it another try.
今度はうまくいくさ	I'm sure things will go better next time.
ドライに割り切った方がいいよ	You should be more businesslike.
不幸中の幸いさ	You're lucky it wasn't worse.
しかたなかったさ. 君のやったことは間違っていないよ	There was no alternative. You've done nothing wrong.
今更じたばたしても始まらない	It's useless to resist, so don't even try.
そんなにくよくよするなよ	Don't let it get to you so. (▶ let something get to *one* は成句で「くよくよする」の意)

12. 驚 き

おやまあ	Dear me! ／ Good Heavens!
わー, すごい	That's great!／Oh, boy!
わー, 大きい	That's really something! ／Wow! That's really big.
わー, かっこいい	How nice! ／That's really cool.
すごくすてき	That's absolutely marvelous!
こりゃ驚いた	Oh, that's a real surprise.
これは驚きました	Oh, my goodness! ／Good gracious! (▶ 後者の方がやや堅い言い方)
何て子だ	What a child! (▶ 感嘆文で形容詞を省略する場合は, 悪い意味を表すことが多い)
キャー, 蛇	Eeeek! A snake! (▶ Eeeek は, 日本語の「キャー」に相当する) ／Oh no! A snake!
びっくりした. 突然現れるんだもの	Oh, you scared me.
暗闇に人影を見たときは身の毛がよだつほど怖かった	My hair stood on end when I saw the figure in the dark.
わー, すごい	How amazing! (▶ びっくりしたとき) ／It's unbelievable! (▶ 信じられないとき)
まあ, 大変	Good Lord, no!／Oh, no!
わー, ひどい	That's terrible!
まあ, 怖い	Good grief!
まさか	Oh, my God!／That can't be true!
そんなばかな	No kidding!

うそでしょ	You must be kidding!／You can't be serious. (▶信じられないときに)
わー, 偶然だね	What a coincidence!
たまげたのなんのって	I was dumbfounded.
あきれ返ってものも言えなかった	I was so astounded that I could not say a word.

●信じられないことを確かめるときに

それ, 本当かい	Is that true?
確かかい	Are you sure about that?／That's hard to believe.
本気かい	Do you really mean it?

13. 後 悔
●失敗を嘆いて

しまった	Darn it!／Oh, my God! (▶Darn it! は比較的軽い失敗をしたとき. Oh, my God! は「大変なことになった」の意で, 取り返しがつかないというニュアンスがある)
いけない. ちえっ	Oh, no!／Shoot!／Oh, boy!
惜しかった	What a pity!／How regrettable!
失敗だ	I messed up.／I really screwed up!
へまをやってしまった	What a blunder!／I really blundered!
残念	What a shame!／What a pity!
くやしーい	How regrettable! (▶嫉妬したときは How frustrating!／What a shame!)

●行動を後悔して

やるんじゃなかった	I shouldn't have done it!
謝ればよかった	I should have apologized (to him [her]).
ばかなことをしてしまった	I acted like a fool.
悪いことをしてしまった	I did something I shouldn't have done.／I've wronged him [her], and I'm sorry.
あんなこと言わなければよかった	I'm afraid he [she] was hurt by what I said.
あの時やっておけばよかった	I should have done it then.
もっと勉強しておけばよかった	I should have studied harder.
もう少しうまくできたのに	Things could have been [gone] better.

14. 怒り・非難・苦情
●相手をののしるとき

ひどい	You're awful [unreasonable, cruel]!
恥を知れ	Shame on you!

くだらない	Nonsense!／《英》Rubbish!
なんてばかな	How ridiculous [absurd]!
ばかなことを言うな	Don't be silly!
冗談じゃない	I'm not kidding!／Don't talk nonsense!／It's no joke!
やめてくれ	Don't mess with me!（▶ 動作を止めさせるときは Stop that!）
出て行ってくれ	Get (the hell) out of here!
	Don't butt in!（▶ butt in は口語で「干渉する, でしゃばる」の意）
いい加減にしろ	Enough is enough!／That's enough.

●怒りを相手に伝えるとき

頭にくるなあ	It (really) gets to me.／That's what bothers me.（▶ この種の言い方は数多くあるが, 一般的なのが get mad at...「神経にさわる」なら That's what bugs me. 直訳して come to a head としないこと）
それはちょっとひどい言い方だ	I'm a bit upset by what you said.
おれ, ちょっと怒ってるんだ	I'm a bit angry with you.
かっかしてるんだ	I'm steaming mad.
今に見てろ, あっと言わせてやる	I'll surprise you someday!（▶ 英語には擬声語が少ないため,「あっと」は直訳できない）／I'll show you someday.
ほっといてくれ	Leave me alone.／Don't bother me.
おせっかいはやめろ	Mind your own business.／Stop meddling.
もう我慢できないぞ. もうたくさんだ	I can't stand it anymore! That's enough.
勝手にしろ	Suit yourself!（▶ 丁寧に言うなら Do as you please!「どうぞご勝手に」）

●相手をけなすとき

ばかばかしい	You sound silly.／That's ridiculous [absurd, silly].
理屈になってない	It doesn't make any sense.
同じことじゃないの	What's the difference?／It's all the same.
冗談じゃない	You can't be serious.
そんなことはありえない	That's just not true!／There's no way that could be true.

●態度を非難するとき

ひどい	It's terrible!／That's awful.
わー, がめついね	You're greedy [grabby].
なれなれしくしないでよ	Don't get fresh with me!（▶ 女性が男性に

■ 場面別・感情別会話表現

	言う場合. 友人の間なら overfriendly を用いる)
おせっかいはやめて	It's none of your business. ／ Don't poke your nose (into my business).
外野は黙ってろ	Don't be a backseat driver. (▶ backseat driver は「うるさく口出しする人」)
とぼけるのはやめろ	Don't play dumb [innocent]. (▶ play dumb は「しらばっくれる, とぼける」の意)
ああいう態度をとるのはよくない	You should not take such an attitude.
昨日頼んだのに忘れるなんてひどい	How could you have forgotten to do what I asked you to do yesterday!
そんなことをするなんて, えげつないね	That was a bit much. ／ It was nasty of you to do such a thing. (▶ a bit much は「度を過ぎた」の意味だが,「強欲な」の意味にもなる)

●性格などを非難するとき

太田先生は厳しすぎる	Mr. Ohta is too strict with us.
君の言うことは常識外れだ	Your remark is lacking in common sense.
あいつはいつも自慢ばかりしていていやだ	I don't like him because he's always boasting something or other.
あいつの話し方が気に入らない	I don't like the way he talks.
あいつの欠点はいちいち人のやることにけちをつけることだ	The trouble with him is that he finds fault with everything you do. (▶ find fault with は「あら探しをする」の意)
彼女, ちゃっかりしてるな	She's got a nerve. (▶ ぴったりの英語の表現はない. 《英》では cheeky が近い)
あいつに先月貸してやったCD, まだ返してくれないんだ. あんないい加減なやつだとは思わなかった	He hasn't yet returned the CD I lent him last month. I didn't think he was such an irresponsible fellow.

●苦情を言うとき

静かにしてくれ	Be quiet! ／ Quiet down!
どたばたしないでくれ	Don't make any noise.
テレビの音を小さくしてください	Please turn down the TV. (▶「…の音」の場合, 音は訳す必要がない)
このラジカセ, 買ったばかりなのにもう壊れてしまった	

	This radio cassette recorder is already broken. I just bought it a few days ago.
この時計, 昨日修理してもらったばかりなのに壊れてしまいました	
	I just had this watch fixed yesterday, and it's already broken again.
じゃまですよ	You're in the way. ／ You're blocking the way.
もう少しつめてください	Please slide over a little more. ／ Please make a little more room.

15. ほめる

●容姿をほめるとき

スタイルがいいね	You are slender.
彼, すごくハンサムね	He is good-looking [handsome]. (▶ good-lookingの方が口語的)

●人格・才能・特技をほめるとき

彼は立派だ. 人の悪口を決して言わないから	
	He is「a fine person [admirable]. He never speaks ill of others.
優しいお母さんですね	You have such a tender(-hearted) mother.
あいつの勇気には感心するよ. 自分が正しいと思うことを堂々と言うからね	
	I cannot help admiring his courage. He always speaks out for what he believes to be right.
ピアノがお上手ですね	You are good at playing the piano.
英語がペラペラなんですね. 私もそんなふうに話せるようになりたい	
	You speak English fluently! I wish I could speak like that.
彼女は人づきあいがいい	She's a good mixer. (▶ a good mixerは「人づきあいのいい人」. a bad mixerは「人づきあいの悪い人」)／She's a very sociable person.

●身につけているものをほめるとき

すてきな洋服ね. すごく似合うわ	What a lovely dress! It really looks nice on you. ／ It really becomes you.
かっこいいジャケットね. どこで買ったの	
	That's「a good looking [a sharp] jacket. Where did you get it?

●料理をほめるとき

| わー, おいしそう | Mmmm...This looks good. |

おいしいわ. これどうやって作ったの	This is delicious. How did you make it?
本当においしくいただきました	I really enjoyed the meal.

●家をほめるとき

いいところにお住まいですね	You live in a nice neighborhood [area].
何て立派なお宅でしょう	What a beautiful house!／That's a beautiful house, isn't it!
すてきなマンションですね	You live in a lovely apartment. (▶ マンションは apartment, 分譲マンションなら condominium と言う. 英語の mansion は「大邸宅」の意味なので注意)

●ほめられたとき

そんな, お上手ね	Come on! Don't be silly.
あら, そうかしら, 本当に	Thank you. Do you really think so?／Come on! You're (very) flattering.
あら, そんな. ありがとう	It's not「that good [anything special], but thanks anyway.

16. 感　謝

●一般的なお礼を言うとき

どうもありがとうございました	Thank you (very much). (▶ 軽く「ありがとう」と言うときは Thanks.／Thanks a lot.)
心からお礼申し上げます	I wish to thank you from the bottom of my heart.
何とお礼申し上げたらよいやら	I'm very much obliged to you.
お礼の申し上げようもございません	I don't know how to express my thanks adequately.

●贈り物をもらったとき

すてきなプレゼントをありがとう	Thanks for the nice present.
「つまらないものですが, どうぞ」「ありがとう. これを前から欲しかったんです」	"Here is a little present for you. I hope you like it." "Thanks. It's just what I've been wanting." (▶ 日本語と同じように謙遜して,「つまらないものですが…」という表現をすることも多い)
「これいただきものですが, どうぞ」「いつも, すみません」	"I'd like to share a present with you." "Thank you very much." (▶ この場合「すみません」は感謝の気持ちなので, I'm sorry. などとしない)

場面別・感情別会話表現

●何かをしてもらったとき

いろいろとありがとうございました	Thanks for everything.
ご親切ありがとうございました	That's very kind [nice] of you.

「いろいろとお世話になりました」「いいえ, こちらこそ」
"Thank you very much for your kindness." "The pleasure was mine." ／ "Thank you for everything you did for me." "It was my pleasure."

先日はお世話さまでした	Thank you very much for your help the other day.
手伝ってくださってありがとう	Thank you for your help.
おかげさまで助かりました	Without your help I couldn't have done it.
お電話ありがとう	Thank you for calling.
お知らせくださってありがとう	It's very kind of you to let me know that.

●来客にお礼を言うとき

ようこそいらっしゃいました	I'm glad you could come.（▶迎えるとき）／I'm glad you came.（▶送るとき）
本当によくいらっしゃいました	How nice of you to come.
遠い所をようこそ	Thank you very much for coming all that way.

「今日はありがとう. また来てね」「ええ, ぜひ」
"Thank you for coming. Please come again." "Oh, I'd love to."

●ごちそうになったとき

とてもおいしかった. ごちそうさま
That was delicious. Thank you.（▶英語には「ごちそうさま」に相当する表現はなく, Thank you.／I really enjoyed it. などで代用する）

本当においしかったですよ. ごちそうさまでした
That was really good [wonderful]. I really enjoyed it very much.

●ほめられたとき

「そのスーツすてきね」「あらそう. どうもありがとう」
"That's a beautiful [sharp, attractive] suit." "Oh, do you think so? Thank you very much."

「歌がお上手ですね」「どうもありがとう」
"You are a good singer." "It's very kind of you to say so."

■ 場面別・感情別会話表現

●質問に対して思うような答えが得られなかったとき

「すみません. 図書館にはどう行ったらいいのですか」「私もこのあたりは詳しくないんです. ごめんなさい」「そうですか. どうも」

"Excuse me, but could you tell me how to get to the library?" "I'm sorry, but I'm a stranger here, too." "Oh, is that so? Thank you just the same."

「このあたりに銀行はありますか」「すみません. 私もこのあたりは初めてなんです」「そうですか. どうも」

"Is there a bank in this area?" "I'm sorry but I'm a stranger here myself." "I see. Thanks [Thank you] anyway."

●お礼を言われたとき

どういたしまして	Don't mention it./You're welcome. (▶ このくだけた言い方をすれば Any time.)
お役に立てて幸せです	It was my pleasure. (▶ くだけた言い方をすれば My pleasure.)
とんでもありません	Not at all.
気にしないでください	Don't worry about it.

17. 謝 罪

●一般的に謝るとき

ごめんなさい. すみません Excuse me./Sorry./Pardon me. (▶ もっと丁寧に言うなら I'm very [terribly] sorry.)/I beg your pardon. (▶ 最後を下げて言う)

すみませんでした [申し訳ありませんでした]

I'm sorry. (▶ I'm sorry. は人に謝罪するとき. 日本語の道を尋ねるときや人に話しかけるときの「すみません」は Excuse me.)

本当にすみません I'm really sorry.

●座を外すとき

ちょっと失礼します Excuse me for a moment. (▶ 何人かが一緒に席を外すときは Excuse us.)/I'm cutting out for a while.

ちょっと失礼します. すぐ戻ります Excuse me. I'll be right back.
すみませんが, 少し失礼します I need to excuse myself for a moment.
しばらくの間, 失礼させていただいてよろしいでしょうか
  Do you mind if I excuse myself for a moment?
大変恐縮ですが, 少しの間, 失礼させていただきます

場面別・感情別会話表現

I'm sorry but I need to excuse myself for a moment.

●割り込んで話しかけるとき
お話中失礼ですが, お電話が入っています
  Sorry to interrupt you, but you're wanted on the phone.
おじゃましてすみません Excuse me for disturbing you.

●時間に遅れてしまったとき
遅くなってすみません Sorry to be late.
遅刻してすみません Please excuse me for coming late.
お待たせしてすみません I'm sorry I kept you waiting.

●悪いことをしてしまったとき
すみません. 私が悪かったんです I'm sorry. It was my fault.
すみません. しかたなかったんです I'm sorry. I couldn't help it.
申し訳ありません Please let me apologize. (▶もっと丁寧に言うなら Please allow me to apologize.)
お許しください I beg your forgiveness./Please forgive me.
ご迷惑をかけてすみません I'm sorry for causing you so much trouble./I'm sorry to bother you.
ご迷惑をおかけいたしましたことを深くお詫び申し上げます(文章などで)
  Please accept my apologies for the trouble I have caused.

●相手を怒らせてしまったとき
気に触ったらごめんなさい I'm sorry if I upset you.
ごめんなさい. その気は全然なかったんだよ
  I'm sorry. I didn't mean to upset you.
そうむきになるなよ. たかがゲームじゃないか
  Don't get so「uptight [upset]. It's only a game. (▶ get uptightは,《米俗》で「むきになる」の意. Take it easy.「まあまあ」という言い方でもよい)

●相手が謝ってきたとき
いいえ, いいんですよ That's all right./That's OK. (▶ Excuse me./Pardon me./I'm sorry. などに対する最も口語的な答え方)
大丈夫, 気にしないでいいよ Don't worry about it./It's perfectly all right.
かまわないわ It doesn't matter.
いいよ No problem./Don't worry about it.
たいしたことじゃないさ No big deal./It's nothing important.

済んだことはしかたないさ	What's done is done.

18. 意思表示
●はっきり答えられないとき

あまりいい考えだとは思わない	I don't think it's a good idea.
やらない方がいいんじゃないかな	Maybe we shouldn't (do it).
それがベストかしら	Do you think that would be best?
本当にそれがいいのか, 私にも分からない	
	I'm not sure if it's a good idea.
ちょっと考えよう	Let's think it over.
私一人では決められない	I can't decide by myself.／I can't make the decision on my own.
今は決められない	I can't decide now.
私はいいと思うのですが, 両親にも聞いてみたいと思います	
	It's OK with me, but I'd like to ask my parents' opinion.

●賛成のとき

そうでしょうね	I suppose so.／I guess so.
私もそう思います	I agree completely.
全くそのとおりです	Definitely!／You're absolutely right.

●反対のとき

とても賛成できません	I just don't agree.／I don't agree at all.
そうは思いません	That's just not true.／I don't think that's the case.
ばかばかしい	That's nonsense.／That's ridiculous.／That's absurd.
不合理だ	That's unreasonable.

●遠回しに反対するとき

賛成しかねます	I'm not sure if I agree.
私の知る限りそうではありません	Not that I know of.
あなたのおっしゃることはもっともですが, 別の考え方もあるのでは	
	I respect your words, but I think otherwise.
そうかもしれませんけど…	That may be, but perhaps...
そうかもしれないけど, そうじゃないかもしれない	
	Maybe, but maybe not.／It may be true and then it may not be true.

●自分の考えを述べるとき

もう間に合わないと思います	I don't think we are going to be in time.／I'm afraid we're already late.
明日はいいお天気になると思う	I think it will be fine tomorrow. (▶「雨

	になると思う」など, あまりよくないことの場合は I'm afraid...)／I think the weather is going to be nice tomorrow.
彼は試験に合格すると思います	I expect he'll pass the examination.
彼女はどうも先生だと思う	I would guess that she is a teacher.
彼女はもっと年を取っていると思った	I imagined her as being older. (▶日本語の「思う」にはいろいろな訳し方がある)

●自分の意見をはっきり言いたいとき

お言葉を返すようですが, 実はそうではありません	
	I don't mean to contradict you, but the facts of the matter are different.
これだけは言っておこう	Let's get this straight.／I have something to say.
誤解しないでほしいんですが…	I hope you didn't misunderstand me, but...／Please don't misunderstand me, but...

●お金のことをはっきりさせたいとき

割り勘にしましょう	Let me pay for myself.／Let's split「the bill [the check].
割り勘でもいいですか	Do you mind splitting this?
私にも払わせてください	Why don't we split this?／Allow me to pay my part.
私が払います	I insist on paying.
ここは私に払わせてください	Please let me take care of this.
いいえ, おごっていただくわけにはいきません	
	No, really, that's not necessary.
「今晩はぼくがおごるよ」「わー, うれしい. この次は私がおごります」	
	"Let me treat you this evening." "That's nice of you! Then I'll treat you next time."
前に貸したお金返していただけますか	Do you think you could return the money I lent you?

●提案したいとき

こうしたらどうですか	What I suggest is this.／It should be done this way.
行ってはいかがですか	Why don't you go there?
この辺でひと休みしましょうか	Shall we take a break?
次の10時の電車にしてはいかがですか	
	I suggest you take the next train, which is at 10.
7時に迎えに来ましょう	I'll pick you up at 7.／I'll call for you at

■ 場面別・感情別会話表現

	7. ／I'll see you here at 7.

●手伝いたいと思ったとき
手伝いましょうか	Can I help you?
お手伝いしましょうか	Do you need any help?
何かできることはありませんか	Is there anything I can do for you?
何かできることがあったらおっしゃってください	
	Please tell me if I can do anything.

●人にものを頼むとき
お願いがあるんですが	Will you do me a favor?
ちょっとこれをやっていただけませんか	
	Can I ask you to do this? (▶もっと丁寧に言えば I'm sorry to ask, but could you please do this?)
ちょっと手伝ってくれない	Give me a hand, will you?
だめならいいんですが, 手伝っていただけるとありがたいんですが	
	I'd appreciate your help, but if you can't, it's OK.

●人を誘うとき
公園に行きませんか	How about going to the park?
あとで映画に行こう	Let's go to the movies later.
今晩どこかへ行かないか	Do you want to go out tonight?／Do you want to go somewhere tonight?
今度の週末パーティを開くんですけど, いらっしゃいませんか	
	We're having a party this weekend. Would you like to come?

19. 承諾・断り
●何かを勧められたとき
ええ, お願いします	Yes, please.
いいえ 結構です	No, thank you.

●誘われたとき
「今晩, 家に来ないか」「うん, 行くよ」	"Why don't you come to my house this evening?" "All right. I will."
必ず伺います	I will definitely「come over [call on you].
「今度の土曜日の晩, 家のパーティに来ないか」「ええ, 喜んで伺います」	
	"Can you come to a party at my house next Saturday evening?" "Yes, I'd love to."
喜んで	Yes, I'm happy to.
そうしたいけど, 今夜は友達と会う約束があるんだ	
	I'd love to, but I'm going to meet [see] a

	friend tonight.
「明日の晩, 家にいらっしゃいませんか」「伺いたいんですが, 先約があるんです」	
	"Why don't you come and see me tomorrow evening?" "I'm sorry, but I have a previous engagement."
「今晩映画に行かないか」「悪いけど, 予定があって. また誘ってね」	
	"How about going to the movies with me tonight?" "Sorry, I already have something planned. Could I have [take] a rain check?"
今週は予定がいっぱいです	I'm booked up this week. ／ This week I've got a full schedule of appointments.

● **何かを頼まれたとき**

喜んで	I'm glad to. ／ Yes, I'd be happy to.
「ちょっとお願いしたいのですが」「はい, もちろん」	
	"Will you do me a favor?" "Sure." ／ "Certainly."
もちろん, かまいませんよ	Of course, I don't mind at all.
「お金を貸してくれないか」「何のために」	
	"Could you loan me some money?" "What for?"
「今, お宅におじゃましてもいいですか」「ごめんなさい. 今, とりちらかしているので」	
	"May I come [stop] over?" "I'm sorry, it's a real mess now."
ごめん, できないよ	Sorry, I can't.
時間があれば, 喜んで.	I'd like to, if I have time.
本当はやりたいんですが, 今はちょっと	
	I really would like to, but it's a bit difficult now.
引き受けたいんですが, 今は都合が悪いんです	
	I'd love to, but I'm not sure if I can right now.
やりたくないな	I don't feel like it. ／ I'd rather not.

● **辞退するとき**

「コーヒーをもう1杯いかがですか」「もう十分いただきました」	
	"How about another cup of coffee?" "I've had enough. Thanks anyway." (▶ 「ええ, いただきます」なら Yes, please.)
「何か手伝おうか」「今は大丈夫」	"Can I help you?" "Everything's all right now."

■ 場面別・感情別会話表現

●帰らなければならないとき

「もうお帰りですか. もう少しよろしいじゃありませんか」「残念ですが, もうおいとましなければなりません」
"Are you going so soon? Can't you stay a little longer?" "I'm sorry, but I really must go now."

いろいろとありがとうございました. もう本当においとましなければなりません
Thank you for everything. I really must be going.

おいとましたくはないのですが, でも, もう本当に帰らなくてはなりません
I hate to leave, but I really must.

すみません, 遅くなりましたので失礼します
I'm sorry, but it's getting late, so I must be going.

申し訳ありませんが, そろそろ失礼します
I'm sorry, but I should be leaving soon.

とても楽しかったのですが, そろそろ帰らなければなりません
I really enjoyed (myself), but it's getting late. I'd better be going.

●何かをしてもよいかと聞かれたとき

もちろん, どうぞ	Sure. Go ahead.
ええ, どうぞ	Yes, please do.
できれば, やめていただきたいのですが	I'd rather you didn't.

20. いろいろな気持ち

彼はこの頃イライラしている　He is very irritated these days.
私, ちょっと落ち込んでいるの　I'm kind of depressed. (▶ kind of...は副詞的に用いて「多少, いくらか」の意)
ちょっと憂うつだ　I feel blue [low]. ／I feel kind of gloomy.
いやな気分だな　I'm in a lousy [bad] mood.
しらけちゃうよ　I'm bored. (▶ぴったりの訳はない.「座がしらけた」は There was an awkward silence.)
彼女とデートできるなんてワクワクしちゃうな
I'm excited about my date with her.
君には全くドキッとさせられたよ　You gave me a shock. ／You scared me.
それを聞いてほっとした　I was relieved to hear that.
かわいい女の子と話すとあがっちゃうな
I feel self-conscious whenever I talk to a pretty girl.
何をびくびくしているの　What are you so nervous [jittery] about?

あいつ, 入試に失敗してすっかりしょげてたよ	
	He failed (in) the entrance examination. He certainly looked down in the mouth.
彼はそわそわしている	He is on pins and needles. (▶ 喜びで「そわそわ」しているときは be so excited *one* can't sit still も用いられる)／He's fidgety [in a fidget].
アメリカへ行きたくてうずうずしている	
	I'm impatient to go to America.
勉強がいやになったんだ. 学校やめたいよ	
	I'm tired of studying. I want to quit school.
はじめて彼女に会ったときは, どきどきしたよ	
	I had butterflies in my stomach the first time I met her.／I was so nervous the first time I met her.
彼は試験に落ちて, 1週間ぐらい家に閉じこもってふさぎ込んでいた	
	After failing the exam, he moped around the house for almost a week.
どうもそれはきまりが悪い	I really feel awkward doing that.
あんな間違いをして恥ずかしい	I'm ashamed of having made such a mistake.／It is embarrassing to have made such a mistake.

英語の句読法

英語の句読点 (punctuation marks) は, 規則に従って置くべき所に必ず置かなければならないもので, 決していい加減な使い方は許されません. しかし句読点のつけ方は時代により, 人により, 文体により, 多少異なる場合もあるので, ここでは最も一般的な用法を, 下の順序に従って述べていきましょう.

    1. 終止符 period, 《英》full stop〔.〕
    2. セミコロン semicolon〔;〕
    3. コロン colon〔:〕
    4. コンマ comma〔,〕
    5. 疑問符 question mark〔?〕
    6. 感嘆符 exclamation mark〔!〕

■ 英語の句読法

  7. ダッシュ dash 〔—〕
  8. ハイフン hyphen 〔-〕
  9. アポストロフィ apostrophe 〔'〕
 10. 引用符 quotation marks, 《英》inverted commas 〔" ",' '〕
 11. 丸かっこ parentheses, 《英》round brackets 〔( )〕
 12. 角かっこ (square) brackets 〔[ ]〕
 13. 斜線 virgule; slash 〔/〕
 14. 大文字 capital letter
 15. イタリック体 italics

1. 終止符　period, 《英》full stop 〔.〕

(1) 陳述 (statement) と命令文の終わりに

①陳述
 Birds can fly. / The girl had blue eyes.
②命令文 (依頼文を含む)
 Look at the bird. / Be careful. / Please come and see us.
 ▶ 依頼文は疑問文の形であっても終わりにピリオドをつけることがある.
 Will you please open the window.
 ▶ 文の終わりにピリオドのついた略語がある場合は, ピリオドを2つ置くことはない.
 The new president is John Scott, Jr.(新大統領はジョン・スコット2世です) / They are having a sale on children's clothes, shoes, schoolbags, etc. (あの店では子供用の服, 靴, 学校カバンなどがセール中です)

(2) 省略, 短縮語の後に

①人名, 敬称, 称号など
 H. E. Palmer / Mr. [Mrs.] Smith / Dr. S. Johnson / Paul Jackson, Jr. (= Junior) / J. E. Edwards, Ph.D. (= Doctor of Philosophy) (J.E. エドワーズ博士) / St. (= Saint) Francis (聖フランシスコ)
 ▶ Missにはピリオドは不要. 《英》ではMrとMrsやDrなどにもピリオドをつけない.
②年月日, 時間など
 in 660 B.C. (= before Christ) (紀元前660年に) / in A.D. 150 (A.D.= *Anno Domini*) (西暦150年に) / Jan. (= January) / Wed. (= Wednesday) / 4 : 40 p.m. [《英》4.40 p.m.] (= *post meridiem*)
③国名, 団体名など
 the U.S.A. (= the United States of America) / the U.K. (= the United Kingdom) / M.I.T. (= Massachusetts Institute of Technology) (マサチューセッツ工科大学)
 ▶ 国名の省略のピリオドはつけない場合もある.
 Price rises in the UK are worsening each year. (英国の物価上昇は年々悪化している)

▶ 団体名で頭文字ばかりの省略名にはピリオドをつけない方が多い．
WHO（＝ World Health Organization）／ LDP（＝ Liberal Democratic Party）（自民党）
④論文，新聞などに使われる略語の後に
cf.（＝ *confer* ＝ compare）（比較［参照］せよ）／ etc.（＝ *et cetera*）（など）／ ibid.（＝ *ibidem*）（同じ箇所に）／ i.e.（＝ *id est* ＝ that is）（すなわち）／ cont.（＝ continued）（続く）／ p. 5（＝ page 5）／ vol.（＝ volume）（巻）
▶ 表題や新聞の見出しなどの最後にはピリオドをつけない．

(3) 数字，略字などに
①小数点　2.5℃（＝ two point five degrees Celsius［centigrade］）（セ氏2.5度）
②金額その他の略字　＄5.00（＝5 dollars）／￡5.00（＝5 pounds）／ The train runs at 65 m.p.h.（＝ miles per hour）（その列車は時速65マイルで走る）

(4) 引用文中の省略を示すとき
文中の省略にはピリオドを3つ，文の最後を省略するときには4つ置く．
"The salons ... were more luxurious, but still not overwhelming. The rooms were of a normal size, and the ornament ... was not so elaborate ...."（Kenneth Clark）「客間は…もっと豪華であったが，まだ驚くほどのものではなかった．部屋は普通の大きさであり，装飾は…それほど手が込んでいなかった…」（ケネス・クラーク）

2. セミコロン　semicolon〔 ; 〕

(1) 意味上の関連が強い2つの独立節の間に
A few schools offer scholarships to foreign students; our college has one of the most advantageous programs of all.（いくつかの学校で外国の学生に奨学金を与えているが，中でも当大学の（奨学金）プログラムは最高のものに数えられる）
▶ 後の独立節が省略された形であっても同様である．
Pandas come from China; koalas, from Australia.（パンダは中国産で，コアラはオーストラリア産である）
▶ 等位接続詞（and, but, or, nor）で結ばれているときにはセミコロンではなく，コンマを置く．⇨ 4.「コンマ」(1)⑤

(2) 2つの節が等位接続詞で結ばれているとき，その節にさらに従属節がついていたり，節が長くて他の句読点がついている場合にはその等位接続詞の前に
Miss Prim is indeed a haughty old lady who believes herself superior to all other human beings; but we cannot demand that the police arrest her simply because of her attitude, for it is not illegal to be a snob, a harmless crackpot, or even a downright idiot.（プリムさんは実にうぬぼれの強い老婦人で，自分は他の誰よりも優れていると思い込んでいる．しかし，ただ彼女の態度がそうだからといって警察に逮捕を求めることはできない．スノッブであっても，罪のない変わり者であっても，あるいは大バカ者であっても違法ではないからである）

There is no reason for yielding, which would show weakness; or for apologizing, for that would show not only weakness, but a lack of understanding of history as well.（降参する理由なんか何もない．そうすれば弱みを見せることになる．また，謝る理由なんか何もない．弱みばかりか，歴史認識の欠如をも見せることになるから）

(3) 接続副詞 (still, yet, moreover, therefore, consequently, however, otherwiseなど) が2つの等位節の間にあるときはその接続副詞の前に

I met him as he was leaving his house; otherwise I should not have known where he lived.（私が彼に会ったのは彼が家を出ようとするときだった．そうしなければ，彼がどこに住んでいるのかわからなかっただろう）

She never returned the book; however, that's another story.（彼女は決して本を返さなかった．もっともそれは全く別の話だ）

(4) コンマを含んだ複雑な節や句が列挙されるとき，それぞれの後に

We have decided to hold preliminary meetings on December 8, 2005, at the Community Center in Saitama City, Saitama Prefecture; on December 19, 2005, at the People's Hall in Choshi City, Chiba Prefecture; and on January 9, 2006, at a location yet to be decided in Tokyo.（2005年12月8日に埼玉県さいたま市のコミュニティーセンター，2005年12月19日に千葉県銚子市の市民センター，そして2006年1月9日に東京のまだ未定の場所で予選を行うことにしました）

▶ 簡単な場合にはコンマでよい．

We have decided to hold the first preliminary meeting on December 8, the second on December 18, and the third on December 28.（12月8日に1次予選，12月18日に2次予選，そして12月28日に3次予選を行うことにしました）

(5) 説明を伴ったthat is, namely, for example, viz., i.e.などの前に使うことがある

The committee is composed of the president and some important members of the staff; namely, the head of each department, the vice-president, and the president's secretary.（委員会は学長とスタッフの重要メンバー，つまり各学科の長，副学長，および学長秘書から成る）

3. コロン　colon〔：〕

コロンは完結した文の後につけて，表，目録，説明，引用文などを導く．

(1) 人名や品物などが列挙されたり，表がくるとき

The following officers were elected : president, vice-president, secretary, and treasurer.（次の役員が選出された：社長，副社長，総務担当役員，および財務担当役員）/ The names of the candidates are as follows: A. Goto, S. Saito, C. Mita, and T. Kato.（候補者の名前は次の通り：…）

(2) 説明の部分を導く

①説明の部分が文でない場合

The American parliament is known as Congress and consists of two houses : the Senate and the House of Representatives.(アメリカの国会は議会と言われていて,上院と下院の2議院から成る)

②説明の部分が独立節の場合

It is not necessary to learn to imitate this dialectal pronunciation : the ability to understand it is enough.(この方言の発音をまねようとする必要はない. それが理解できるだけで十分だ)

(3) 引用文が長い場合, または堅い文体のとき

Emerson, in considering how people relate to each other, asserts: "Every man alone is sincere. At the entrance of a second person, hypocrisy begins."(エマソンは, どうやって人は互いに仲良くやっていくかについて考察し断言する, 「人は皆一人ひとり誠実である. 他の人が交わると偽善が始まる」と)

(4) 聖書の章節, 時刻, 割合などを示すとき

Luke 1:15 (ルカによる福音書 第1章第15節) / from 7:30 a.m. to 2:15 p.m. (午前7時30分から午後2時15分まで) / a ratio of 10:1 (10対1の割合)

(5) 本の題名と副題の間に

Japanese: An Introduction to the Language(日本語:言語入門)

▶ セミコロンやコンマが用いられることもある.

(6) 商業通信文の冒頭の呼び掛け (salutation) の後に

Dear Mr. Smith: / Ladies and Gentlemen:

▶ 《英》はコンマを用いる.

4. コンマ　comma 〔 , 〕

コンマは他の句読点に比べて最も短い休止を示し, 意味をはっきりさせるためや小休止のために, 語句や語群を他と切り離したり区別したりするのに用いる.

(1) 数や文字や, 同じような語, 句, 節が3つ以上並ぶとき

①数　The lucky numbers are 3, 5, and 7.

②文字　The letters *a, e, i, o*, and *u* are called vowels.(文字a, e, i, o, それにuは母音字と呼ばれる)

③語

i. 名詞

Pansies, daisies, and violets are my favorite flowers.(パンジー, ヒナギク, それにスミレは私の大好きな花です) / Tom, Dick, Amy, and Beth are in Miss Brown's class. (トム, ディック, エイミー, それにベスはブラウン先生のクラスにいます)

▶ andの前のコンマはつけない人もいるが, つけた方が分かりよい.

▶ 並列する名詞の間にandがある場合にはコンマをつけない.

I like pansies and daisies and violets.

ii. 形容詞

A soft, cool, easterly breeze was blowing.(心地よい, 涼しい東風が吹いていた) / She was intelligent, charming, and kindhearted.(彼女は聡明で, 魅力的

■ 英語の句読法

で, 思いやりがあった)
▶ 形容詞と名詞の結びつきが密接な場合, その形容詞とそれに先行する形容詞との間にはコンマをつけない.
a kind old gentleman / delicious Japanese food
これは先行の形容詞が名詞と形容詞の結びつき全体 (old gentleman, Japanese food) を修飾しているからである.
  iii. 動詞
  They met, fell in love, and got married. (彼らは出会い, 恋をし, そして結婚した)
④句
  Boys and girls, men and women, and even senior citizens gathered there. (少年少女, 男性女性, それに高齢者までもそこに集まった) / I looked for it in the drawers, under the furniture, and on the shelves, but I couldn't find it anywhere. (引き出しの中, 家具の下, それに棚の上を探したが, それはどこにも見当たらなかった)
⑤節 (等位節がand, but, norなどの等位接続詞で結ばれる場合)
  Men plowed the land, and women sowed the seeds. (男が土地を耕し, 女が種をまいた) / He got up at seven, but she didn't. (彼は7時に起きたが, 彼女は起きなかった)

(2) **副詞節, 分詞構文, 長い句などが主節の前にきたり間に入ったりするとき**
  ①副詞節
  When I left the room, Miss Clark was playing the piano. (私が部屋を出たとき, クラークさんはピアノを弾いていた) / If it is good weather tomorrow, we'll climb the mountain. (明日天気がよければ, 山登りしよう)
  ▶ 副詞節が主節の後に続くとき, その節が非制限 (継続) 的な意味のときにはコンマをつけるが, 制限的なときはつけない.
  I intend to go to the dance, although my mother doesn't want me to. (私はダンス・パーティに行くつもりだけれど, 母はそうしてほしくないと思っている) / I will go to the dance if Tom will take me. (トムが連れて行ってくれる気ならば, 私はダンス・パーティに行きます)
  ②分詞構文
  The boy, having no one to play with, spent the rest of the afternoon watching television. (少年は遊び相手がなく, 残りの午後をテレビを見て過ごした) / After feeding the chickens, I took my dog for a walk. (鶏にえさをやってから, 私は犬を散歩に連れて行った)
  ③長い句
  In the early years of the Industrial Revolution, England had about eight million people. (産業革命の初期, 英国の人口は約800万人だった)

(3) **文全体にかかる接続副詞や句が本文の前や中にあるとき**
  ①接続副詞 (furthermore, moreover, however, yet, nevertheless, of course, on the other hand)

The teachers, moreover, had to take care of the children even after school. (その上, 教師は放課後も子供の世話をしなければならなかった) / The Japanese people used to eat more fish than meat ; people nowadays, however, prefer meat. (以前, 日本人は肉より魚を多く食べていた. しかし, 今日では肉の方を好んでいる) / Most Japanese people, of course, use chopsticks rather than knives and forks. (もちろん, ほとんどの日本人はナイフとフォークよりは箸を使う)

②慣用的な分詞句 (generally speaking, judging from reports など)

Weather permitting, we will go fishing tomorrow. (明日もし天気がよければ釣りに出かけます)

(4) 同格語やwho, whichなどに導かれる関係節が限定的ではなく, 追叙的に使われるとき

①同格語句

My eldest brother, Ichiro, is the tallest in his class. (私の長兄のイチローはクラスで一番背が高い)

▶同格語が限定的に使われている場合はコンマはつけない.

My brother Ichiro is a tall boy. (私の兄のイチローは背が高い)

②関係節

Freshmen, who have not yet decided on their goal in life, often see no reason for studying. (新入生はまだ人生の目標が決まっておらず, 勉強する理由が分かっていないことがある)

▶who以下の修飾節はfreshmenを限定しているわけではなく, 単に筆者が考えていることを追叙的に挿入しているに過ぎない. 一方 Freshmen who have not yet decided on their goal in life should be sure to read this book. の場合は「人生の目標が決まっていない新入生はこの本を必ず読まなければならない」という意味であって, who以下の節がfreshmenを限定しているのでコンマはつけない.

(5) 反対, 対照を表す語句をきわだたせるとき

This skirt cost twenty thousand yen, not ten thousand. (このスカートは1万円ではなく, 2万円した)

(6) 省略があることを示すとき

Pandas come from China, and koalas, from Australia. (パンダは中国産で, コアラはオーストラリア産である) / The sooner, the better. (早ければ早いほどよい)

(7) コンマがないと意味が分かりにくいとき

All he had, had to be thrown away. (彼の所有しているもの全部, 捨てなければならなかった) / To Beth, Amy was especially kind. (ベスに対してエイミーは特に親切だった)

(8) 同じ語句が繰り返されるとき

Long, long ago there lived an old man and his wife in the village. (昔むかしその村に老人と妻が住んでいた)

(9) その他の場合

①日付

The meeting was held on Monday, January 15. (会合は1月15日, 月曜日に開かれた) / He was born on June 11, 1940. (彼は1940年6月11日に生まれた)

②住所 (地番と丁目または街名まではコンマなし, あとの町名, 郡名, 県名などにはコンマをつける)

His address is 610 College Avenue, Swarthmore, Pennsylvania, U.S.A. (彼の住所は米国ペンシルベニア州スワースモア, カレッジ通り610番です) / The college is located in Kodaira City, Tokyo. (大学は東京都小平市にある)

③数字 (大きい数の場合, 3桁ごとに)

$200,000

▶ページ, 年号, 番地などの4桁の数字にはコンマはつけない.

the year 1980 / p. 1220 / 4571 Naka-machi

④人名

i. 直接に呼び掛ける場合

Hello, George, how are you? (こんにちは, ジョージ. 元気ですか) / Do you know, Miss Thompson, why Ted is absent today? (トンプソン先生, なぜ今日テッドが欠席かご存知ですか)

ii. 私用の書簡の冒頭の呼び掛け (salutation)

Dear Miss Thompson, / Dear Ichiro,

▶公用, 商用の書簡では, ((米))ではふつうコロンを使う.

iii. 称号, 役名などが姓名の後にくるとき

Dr. Robert Green, the curator of a National Museum (国立博物館の館長であるロバート・グリーン博士) / Mrs. Yoshiko Kondo, Ph.D.

▶Alfred the Great (アルフレッド大王) のように同格語が限定的に使われる場合, コンマはつけない.

iv. 名簿などで姓を先に書くとき

Tagawa, Ichiro, Dr. / Bush, George W., President

⑤付加疑問 (tag question) の前に

You aren't going to work today, are you? (今日は仕事に行かないでしょう) / You like ice cream, don't you? (アイスクリームがお好きでしょう)

⑥軽い感嘆詞や, yes, noの後に

Do you like ice cream? Yes, I do. [No, I don't.] / Well, I don't think she'll come today. (そうですね, 彼女は今日来ないと思います)

5. 疑問符　question mark〔?〕

(1) 直接疑問文の文尾に

When did you see him? / "What does it mean?" he asked.

▶間接疑問文の文尾にはつけない.

He asked me what it meant.

(2) 疑問を表す語や句の後に

Why not? / What? / This one?
- (3) **付加疑問文の文尾に**
  You like it, don't you?
- (4) **不確実な部分に**
  Murasaki Shikibu was born in 978(?) and died in 1014.
  ▶ 皮肉などをこめた使い方は避けた方がよい.
  It was a most enjoyable(?) evening. (とっても楽しい(?)晩でした)

6. 感嘆符　exclamation mark 〔 ！ 〕

感嘆符は強い感情を表す文や句, または間投詞の後につける.
What a pleasant time we had! (何と楽しかったことでしょう) / That's a good idea! (それはいい考えだ) / How interesting! (何ておもしろいことでしょう) / Shame on you! (恥を知れ) / My goodness! (おやまあ) / Get out of here! (ここから出て行け) / Look out! (危ない) / Oh! (まあ !) / Gee!(おや, おや)
▶ 長文や間接的な感嘆文にはつけない.
You don't realize how painful it was. (それがどんなに苦しかったかあなたには分からないでしょう) / You can understand what a shock it is. (それが何とショックなことかあなたには理解できるでしょう)

7. ダッシュ　dash 〔 ― 〕

ダッシュはハイフンより長めの線で示し, パソコンなどの入力ではハイフンを2つ続けて打ち, 前後の語との間にはスペースをあけない.

- (1) **突然に文の転換や中断を示すとき**
  I know how to do it ― at least, I used to know how. (私はその方法を知っている ― 少なくとも以前は知っていた)
- (2) **特に強調したい挿入句を示すとき**
  After two hours ― they seemed an eternity ― the door of the operating room reopened. (2時間後 ― それは長い長い時間に思えたが ― 手術室のドアが再び開いた)
- (3) **感情を付与した同格名詞を示すとき**
  After two months Mr. Smith ― poor little forlorn fellow that he was ― disappeared and was never heard of again. (2か月後, スミスさん ― 何と哀れでみじめな人だったことか ― は姿を消し, 2度と彼の消息を聞くことはなかった)
- (4) **説明を示すとき**
  This club has 500 members ― 350 men and 150 women. (このクラブには500名の会員がいて, 男性は350名, 女性150名です)
- (5) **要約を示すとき**
  Cream, butter, cheese, chocolate ― all these are banned while I am on my diet. (クリーム, バター, チーズ, チョコレート ― すべてダイエット中は口にできない)
- (6) **数字, 人名などが不明なことを示すとき**

■ 英語の句読法

in 19— / Mr.—
- **(7) 文の未完や口ごもりを示すとき**
  Yes, but — / I — I don't — know. / "But you said —" faltered Kathy.（「でもあなたは言いました…」とキャシーはためらいがちに話した）
  ▶ 現代英語ではダッシュの前後には句読点をつけない．

8. ハイフン　hyphen〔-〕

- **(1) 二つまたはそれ以上の語をつないで修飾語句をつくるとき**
  a rough-looking fellow（無骨そうな男）／ a red-hot stove（灼熱のストーブ）／ an up-to-date edition（最新版）／ a 65-year-old retired businessman（65歳の引退した実業家）
  ▶ 合成の修飾語句が名詞の後にくる場合はハイフンを用いない．
  I found most of his information up to date.（彼の情報のほとんどは最新だった）
- **(2) 21から99までの数字に**
  fifty-five pages
- **(3) 数字をつなぐとき**
  The winter of 1983-84 was very cold. / See pp. 75-76.（75－76ページ参照）
- **(4) ex-, self- などの接頭辞の後に**
  an ex-president（前大統領）／ self-respect（自尊心）
- **(5) 前置詞を含む複合語**
  one's son-in-law（義理の息子）／ a man-of-war（軍艦）／ a looker-on（見物人）
- **(6) 1語を2行にまたがって書いたり，タイプする場合，音節の切れ目の後に**
  ...dis-
  cussion...
  ▶ 決して次行の最初には置かないこと．
- **(7) 同じ綴りの語との混乱を避けるとき**
  re-form (cf. reform) / re-creation (cf. recreation)
- **(8) 語の綴りを示すとき**
  R-o-u-g-h is pronounced [rʌf].

9. アポストロフィ　apostrophe〔'〕

- **(1) 名詞および不定代名詞の所有格をつくるとき**
  a bird's nest / the girl's name / Mr. Green's class（グリーン先生のクラス）／ a day's work（1日分の仕事）／ one's opinion / everybody's business（共同責任）
  ▶ 但し，複数形の語尾がsの場合には，アポストロフィのみをつける．
  a boys' school（男子校）／ the schoolgirls' idol（女子生徒のアイドル）／ three months' wages（3か月分の賃金）
  ▶ 複数形の語尾がs以外の場合には，'sをつける．
  Children's books（児童向きの読み物）／ all men's fate（すべての人の運命）／ a

women's college（女子大学）
▶ 語尾がsで終わる単数名詞の所有格は, 発音しやすい場合は 'sとするが, それ以外の場合にはアポストロフィのみをつけることが多い. しかし厳密な規定はない.
for goodness' sake（お願いだから）／ Aristophanes' plays（アリストファネスの戯曲）／ Jones's office（ジョーンズ氏の事務所）／ Keats' [Keats's] poems（キーツの詩）
▶ 複合語は最後の語に 'sをつける.
her mother-in-law's hat（彼女の義母の帽子）／ anyone else's rights（他の誰でもの権利）
▶ 所有代名詞にはアポストロフィをつけない.
Is this coat yours or hers?
▶ いわゆる二重所有ではアポストロフィとofを用いる.
a friend of my sister's（私の妹の友達）／ a cousin of Mary's（メアリーのいとこ）

(2) **'sをつけて数字, 文字, 符合などの複数形をつくる**
the three R's（3つのR）／ the 1980's（1980年代）／ She has trouble prnouncing her *l*'s and *r*'s.（彼女はlとrを発音するのに苦労している）／ Don't use too many *and*'s and *but*'s in your paper.（論文の中でandと butをあまり使いすぎてはいけない）
▶ 年代を示す1980's や数字の複数を示す2's や3's にはアポストロフィをつけないことが多い. (1980s, 2s and 3s)

(3) **短縮形の省略部を示す**
it's (＝it is)／ didn't (＝did not)／ o'clock (＝of the clock)／ 'tis (＝it is)／
'Tis better to have loved and lost than never to have loved at all. (Tennyson : *In Memoriam*)（少しも愛さなかったより, 愛し失った方がよい）（テニソン『イン・メモリアム』）
▶ 公式の文書ではI've, don'tなどの省略形は用いない.
▶ o'clockのo'はofが省略されたものであるが, 現代英語では略した形でしか使わない.
▶ 'tisは古い文や詩に使われるだけで, 現代語には使われない.

(4) **数字や文字が一部省略されたことを示す**
the class of '05 (＝2005)（2005年卒業組）

10. 引用符　quotation marks, 《英》inverted commas 〔" "〕（ダブル引用符）, 〔' '〕（シングル引用符）

ダブル引用符は次の場合に用いる.

(1) **人の言った言葉をそのまま伝えるとき**
The doctor said to him, "You should go to bed at once."（「すぐに寝た方がいい」と医者は彼に言った）／ "Is this the right train?" he asked.（「この列車で間違いないですか」と彼は尋ねた）／ The umpire announced, "The game is

over."（審判員は「ゲーム終了」と告げた）
(2) 特定の語句を摘出するとき
What did Keats mean by "a thing of beauty"?（キーツの言う「美しいもの」とはどういうことだったのか）
(3) 短編小説，詩，論文，講演，歌，ラジオ，テレビなどの題名
We read Jack London's short story "To Build a Fire."（私たちはジャック・ロンドンの短編小説『たき火』を読んだ）/ The book contains an interesting article called "What the Younger Generation Wants."（その本には『若い世代が望むもの』という興味ある論文が含まれている）/ Lewis Carroll's poem "Jabberwocky" is popular among English-speaking people.（ルイス・キャロルの詩『ジャバウォッキー』は英語国民に人気がある）
(4) 他から借用した特別な意味を持つ語句や，特に限定された語句
They paid a "courtesy call" on the rival gang and sent six men to the hospital with stab wounds.（彼らは対抗するギャングを「表敬訪問」し，6人に刺し傷を負わせて病院へやった）/ If labeled "Christmas Gift Only" it should go in duty free.（「クリスマスの贈り物用」とラベルが貼ってあれば，免税で通るはずだ）

▶ 引用文が非常に長く，段落をいくつも含む場合，各段落のはじめに開始の引用符（"）をつけるが，終わりの引用符（"）は引用文全体の最後にのみつける．
▶ コンマやピリオドは終わりの引用符の内側に置く．《英》ではふつう外側に置く．
▶ 疑問符や感嘆符も終わりの引用符の内側（《英》ではふつう外側）に置く．但し，引用文が文末にきて全体が疑問文あるいは感嘆文の場合は，疑問符や感嘆符は終わりの引用符の外側に置く．
Who said, "I tried my best"?（「全力を尽くした」と誰が言ったのか）/ How happy he is to be able to say, "I tried my best"!（「全力を尽くした」と言えるなんて彼は何て幸せなんだろう）
▶ コロンやセミコロンは引用符の外に置く．

シングル引用符は，ダブル引用符で囲った引用文の中にさらに引用文があるとき，その引用文につける．
John replied, "Mr. Smith said to me, 'No report has reached this office.'"
（「スミスさんは，『何の報告もこの事務所には届いていない』と私に言いました」とジョンは答えた）
《米》ではダブル引用符が標準だが，《英》ではシングルが標準で，《米》とは逆になる傾向がある．
John replied, 'Mr Smith said to me, "No report has reached this office."'

11. 丸かっこ　parentheses，《英》round brackets〔( )〕
(1) 文意に影響しない程度で補足的に語句や文を挿入するとき
Make or obtain a tape of authentic speech in informal discussion (in any

language you know well).〔(あなたのよく知っている言語を使った)カジュアルな討議の中で,信頼できる発言をテープにとるか,録音テープを手に入れるかしなさい〕/ Some visual elements (films, videotapes or slides) can facilitate learning.〔視覚教材(映画とかビデオテープとかスライドとか)には学習を容易にするものがある〕

(2) 省略可能な部分を示すとき

(King) George IV〔(国王)ジョージ4世〕/ A : John didn't come yesterday as he promised.　B : (No,) I know (he didn't).〔A:昨日ジョンは,約束通りに来ませんでした。B:(ええ,)(そのことは)知っています〕

(3) 記号, 数字, 年代などを挿入するとき

Sentences are used in three ways: (a) to make assertions, (b) to ask questions, (c) to give commands, or make requests.〔文は3通りに用いうる:(a)陳述する,(b)質問する,(c)命令する,または要請する〕/ Williamson (1982) presents a fairly convincing case in this regard.〔ウィリアムソン(1982)はこの点についてかなり説得力のある事例を提示している〕

▶ (　)で囲った文が独立している場合は, 文頭を大文字で始め, 文尾のピリオドは(　)の内側に置く. しかし,たとえ(　)の中が独立していても,その(　)が他の文の一部の場合には, 大文字やピリオドは用いない. 感嘆符や疑問符はつけてよい.

The interview was held in the dean's office. (The result has not been reported yet.)〔面接は学部長室で行われた.(その結果はまだ知らされていない.)〕/ A few weeks ago, someone (who was it?) told me about it.〔数週間前,誰か(誰だったろう?)がそれについて私に話してくれた〕

12. 角かっこ　(square) brackets〔[ ]〕

(1) 著者, 編者などが原文に注釈を挿入するとき

He [i.e. Keats] died in 1821.〔彼(すなわちキーツ)は1821年に死んだ〕/ "We hold these truths to be self-evident [the italics are mine], that all men are created equal...."〔我々は次の諸真理は自明なことと考える(イタリックにしたのは筆者), 人はみな平等につくられている…〕/ He wrote, "I ain't [*sic*] going."(*sic*=原文のまま)

(2) 筆者, 編者などが引用文の誤りを訂正したり, 時制などをそろえるために修正を加えるとき

For centuries women have been discriminated [against]. (何世紀もの間, 女性は冷遇されてきた)/ He predicted that "The enemy [would] never surrender."(「敵は決して降伏しないだろう」と彼は予言した)

13. 斜線　virgule, slash〔/〕

(1) 二者択一の場合

There's no time to lose/to be lost.(一刻の猶予もない)
Saturdays and/or Sundays (土曜日および日曜日, またはそのいずれか)

He pointed at/to me.（彼は私を指さした）
He always/never forgot his wife's birthday.（彼は妻の誕生日をいつも忘れた/決して忘れなかった）

(2) 月または年がある期間にまたがる場合
the fiscal year 2005/2006（2005－2006会計年度）

(3) 年月日を略して書く場合
《米》4/23/06, 《英》23/4/06（2006年4月23日）

(4) per（…につき）の省略符号として
8 ft/sec（＝feet per second）（1秒につき8フィート）
20 km/hr（＝kilometers per hour）（時速20キロ）

(5) 詩などで改行せずに同じ行に追い込む場合に, 別行であることを示すため
"Thou bringest unto me a tale / Of visionary hours."（汝は我を誘う/幻視的な時が支配する話の世界に）

(6) 音素を表記するとき
/b/

14. 大文字　capital letter

(1) 文または引用文の最初の文字, 詩の各行の最初の文字
He plays baseball. / He laughed and said, "Well, well, well!"（彼は笑い, そして,「へえー, 驚いた」と言った）
Twinkle, twinkle, little star,
How l wonder what you are!
Up above the world so high,
Like a diamond in the sky.
（キラキラ輝け　小さな星よ/あなたは　いったい何なのか/世界の上の　空たかく/輝くあなたは　ダイヤモンド）

(2) 1語または連語が文の代用をするとき
Yes. / All right. / Never!（まさか）/ Certainly.（いいですとも）/ Good-bye.

(3) 人称代名詞のI
I am working as hard as I can.（できるだけ一生懸命に働いている）

(4) 固有名詞およびその語から派生した形容詞
①人名
Robert Kennedy / Shakespeare / Shakespearean comedies（シェークスピア喜劇）/ King Edward / the Edwardian era（エドワード王時代）
②人名やあだ名の前につけられた称号
Mr. Williams / Dr. Rivers / Professor Smith / Queen Elizabeth / President Roosevelt / the Iron Chancellor（鉄血宰相）
③職名, 官名がその人の名を代用するとき
the President（大統領）/ the Mayor（市長）/ His Lordship（閣下）
④親族の呼称
Cousin Julia（いとこのジュリアちゃん）/ Uncle Tom（トムおじさん）/

Grandfather Jones (ジョーンズおじいさん)

⑤固有名詞として用いられる学校, 官公庁, 公共の建物, 団体名

the University of California (カリフォルニア大学) / the Diet (国会) / the House of Representatives (下院) / the Imperial Hotel (帝国ホテル) / Carnegie Hall (カーネギーホール) / the European Union (EU＝ヨーロッパ連合)

⑥国名, 人種名, 国籍, 言語およびびそれらの派生語

Japan / Japanese / England / English / the British Empire (大英帝国) / Indo-European (インドヨーロッパ語族) / Australians / Caucasian (コーカサス人；白人)

⑦地理的名称, 都市名, 町名, 公園など

the Pacific (Ocean) (太平洋) / the Persian Gulf (ペルシア湾) / the Straits of Tsushima (対馬海峡) / the Rockies (ロッキー山脈) / New York City / Main Street / Ueno Park

⑧特定地域の別名または愛称

the Corn Belt (コーンベルト) / the Gold Coast / the Cotton State (米国アラバマ州の俗称)

⑨方角を示す語が固有名詞となって特定地域を表す場合

He came from the East. (彼は東部からやってきた) / He is going to South America. (彼は南米に行くことになっている) / John has a Southern accent. (ジョンには南部なまりがある) / She studied the history of Southeast Asia. (彼女は東南アジア史を研究した) / Georgia is in the Deep South. (ジョージア州は深南部にある)

⑩曜日, 月名, 祝祭日

Sunday / March / Easter / May Day / the Fourth of July (米独立記念日) / Thanksgiving (感謝祭) / New Year's Day (元旦)

⑪歴史上の事件, 条約, 期間など

the Boston Tea Party (ボストン茶会事件) / the Yalta Conference (ヤルタ会談) / World War I (第1次世界大戦) / the Treaty of Versailles (ベルサイユ条約) / the Third Reich (第三帝国) / the Renaissance (文芸復興) / the Roaring Twenties (狂乱の1920年代) / the Middle Ages (中世)

(5) 特定の神を示す語および寺院

He believes in God. (彼は神の存在を信じている) / In all thy ways acknowledge Him, and He will direct thy paths. (汝すべての路にてエホバをみとめよ, さらば汝の路を直くしたまうべし［箴言3：6］) / Our Father who art in Heaven... (天にまします我らの父よ…) / a fervent prayer to Allah (アラーへの熱心な祈り) / the Church of England (英国教会) / St. Paul's (セントポール大聖堂) / Ise Shrine (伊勢神宮)

(6) 書名, 新聞・雑誌名, 論文名

the Bible (聖書) / Shakespeare's *Hamlet* (シェークスピアの『ハムレット』) / the *Atlantic Monthly* / the *Asahi* / the *Japan Times* / *Time*

▶ 表題の中の冠詞, 前置詞, 接続詞は文頭を除き大文字にはしない.
A Study on Human Communication (「ヒューマン・コミュニケーション研究」) / *Pride and Prejudice* (『高慢と偏見』) / *God and the Bible* (『神と聖書』) / *For Whom the Bell Tolls* (『誰がために鐘は鳴る』)

(7) 賞
the Nobel Prize for Literature (ノーベル文学賞) / an Academy Award (アカデミー賞)

(8) 氏名の後の省略
Esq. (殿) / M.A. (文学修士) / Ph.D. (博士) / LL.D. (法学博士) / D.D. (神学博士) / Thomas Jackson, Ph.D. (トーマス・ジャクソン博士)

(9) 政府機関, 会社名などの略語
the UN [the United Nations] (国際連合) / the BBC [the British Broadcasting Corporation] (英国放送協会) / NHK [the Nihon Hoso Kyokai] / the FBI [the Federal Bureau of Investigation] (連邦捜査局) / NATO [the North Atlantic Treaty Organization] (北大西洋条約機構) / ASEAN [the Association of Southeast Asian Nations] (東南アジア諸国連合)

(10) その他の略語
B.C. (紀元前) / A.D. (紀元後) / Washington, D.C. (= District of Columbia)

15. イタリック体　italics

(1) 書名, 雑誌名, 映画, 長い詩や長い音楽作品などの題名
The Tempest (『あらし』) / Milton's *Paradise Lost* (ミルトンの『失楽園』) / the movie *Amadeus* (映画『アマデウス』) / the opera *Aïda* (オペラ『アイーダ』)

▶ 短い詩や歌などには引用符を使う.
Pope's "Ode to Helen" (ポープの『ヘレンに寄せる歌』) / the Beatles' "Yesterday" (ビートルズの『イエスタデイ』) / O. Henry's short story "The Last Leaf" (オー・ヘンリーの短編小説『最後の一葉』)

(2) 英語以外の外国語の語句, または略字
in aeternum (= forever) ([ラテン語]永遠に) / a *kotatsu* / *Mirin* is sweetened rice wine. (みりんは甘くした酒である)

▶ kimono, sashimi, tofu などのように英英辞典に載っているものは, 特にイタリック体にする必要はない.

(3) 船舶, 航空機, 宇宙船などの名前
the *Queen Elizabeth* (クィーンエリザベス号) / the spaceship *Discoverer* (宇宙船ディスカバラー)

(4) 語, 文字, 数字を特に出して説明するとき
Americans often omit the word *to* after *help*. (アメリカ人は to という単語を help の後で省略することがある) / The *g* in *high* is silent. (high の g は発音されない)

(5) 動植物の属名, 種名

Lilium concolor (ユリ属ヒメユリ) / *Ardea cinerea* (アオサギ属アオサギ)
▶ 科名は立体で書く.

(6) 文中で特に強調する語, 句, 文

Perhaps no one will ever *know* the answer to this question, but we all enjoy *speculating* about it. (ことによるとこの問題の答えは誰にも分からないかもしれないが, 私たちは皆, それについてあれこれ推測して楽しんでいる)

英文手紙の書き方

1. 手紙の一般的な形式

個人の書く英文の手紙は大別して二通りある. 一つは知人など親しい相手に出す私信, もう一つは改まった内容として個人・組織などに出すいわゆるビジネスレターであり, それぞれ形式が違う.

私信は通例手書きであるが, 礼状以外は米国ではタイプでもかまわない. 私信は, 通例各パラグラフの最初にスペースを3文字分ぐらいあけておく.

ビジネスレターにはいろいろな形式があるが, 現在最もよく使われているものはブロック式と呼ばれるスタイルである.

つまり, レイアウトは本書p.329の例の通りで, レターヘッドのような印刷されたもの以外の構成要素(日付, 名宛人の氏名・住所, 敬辞, 結辞, 署名など)は, 各行の頭をそろえ, 敬辞と結辞の行以外には行末に句読点をつけない(最近は, 敬辞・結辞にも句読点をつけないことが多い). また, 各パラグラフの間を1行分あける.

2. 手紙の各部分の構成

(1) 日 付

日付はレターヘッドの下に1行あけて書く. 日付の書き方には米英の違いがあるが, 共通している点は改まった手紙の中では月名を略してはいけないこと, また月名の代わりに数字を使ってはいけないことである.

最もよく使われている日付の書き方は以下の通りである.

      September 14, 2005　　　米国式
      14 September 2005　　　英国式
      14th September, 2005　　英国式

(2) 敬 辞

敬辞の基本的な形は「Dear＋名宛人」である. 従来は, 敬辞の後に句読点を打つのが普通であるが, 米国式の場合, 私信では敬辞にコンマをつけ, ビジネスレターではコロン(：)をつける. 英国式ではこの区別はなく, 敬辞にはコンマをつける. しかし, 最近の傾向として英国ではコンマを省略することが多い.

■ 英文手紙の書き方

　　親しい人宛の手紙では, Dear John のように Dear の後に名だけでよいが, あまり親しくない人や改まった相手の場合には, 必ず敬称をつける. つまり, 男性の場合は Mr., 未婚女性の場合には Miss, 既婚女性の場合には Mrs., あるいは別の肩書を使う場合には Dr. などを名字の前につけて, Dear Mr. Jones, のようにする.

　　最近, ビジネスレターでは Miss と Mrs. の代わりに, Ms. を使う人も多くなっている.

　　敬辞 Dear の後にフルネーム (full name) を書いて, Dear Mr. John Jones, とするのは間違いで, Dear Mr. Jones, と名字だけにしなければならない.

　　なお, My dear Sally, という敬辞はたまに使われるが, Dear my Sally, という語順は間違いである.

　　改まった手紙, 特に面識がない人宛ての商業文などでは, Dear Sir : (男性の場合) や Dear Madam : (女性の場合) とする. 組織宛ての手紙で, 開封をするのが男性か女性か分からない場合には, Dear Sir/Madam: がよく使われる.

(3) 本　文

　　本文は手紙ごとに異なるが, 特に注意すべき点は, 英文の手紙では時候の挨拶は書かないことである. 個人的な手紙では時候に触れることもあるが, 必ずしも最初に入れなくてもよい.

　　ビジネスレターの場合には日本流に時候の挨拶などは入れずに, ただちに用件に入るのがしきたりである.

(4) 結　辞

　　結辞にはいろいろな表現があり, 米英の違いや個人差が大きいので, 典型的な例をあげる.

　　米国で私信以外の手紙では, Sincerely yours, が一般的であり, 単に Sincerely, というのも近年よく見かける. これより改まった言い方は Very truly yours, である. 親しい間柄なら Best regards, などと言う.

　　英国式の場合, Dear Sir, で始まる手紙は必ず Yours faithfully, で結び, Dear Mr. －, に対しては Yours sincerely, を使うのが基本である. 英国では, よく知っている人宛ての手紙には Best regards, Best wishes, などを用いる.

　　米英ともにもっと親しい相手には, All the best, とか Take care, がよく用いられる. 親友や家族には With love, Lots of love, Love, のような結辞が用いられる.

　　米英に共通していることは, 結辞にコンマをつけることである. しかし, 最近の英国では敬辞に合わせてコンマが省略されることが多い.

(5) 名宛人の氏名・住所

　　改まった手紙では名宛人の氏名と住所 (書中宛先とも言う) は欠かせないものである.

　　書中宛先の名宛人の名は, 人名の場合には必ずフルネームを書いて敬称 (Mr. など) をつける. 組織名の場合には敬称をつけない.

　　住所は必ず全部を書くものであって, ある組織の中の人宛ての手紙の場合でも,

その人の名前の下に組織名だけを書くのは不十分で, 組織名の下に住所を必ず入れる.

(6) 署名・差出人の氏名
ビジネスレターの場合には, 署名の下に差出人の名前をタイプする. 肩書をつける場合はそのすぐ下の行に入れる(短い場合は, 氏名の右にコンマをつけ, その右に肩書きをタイプすることもある).

(7) 差出人の住所
私信以外の手紙の場合には便箋に印刷されているものを用いる. 私信の場合は, 差出人の住所を日付の上に必ず入れる.

(8) 2頁以上の手紙
改まった手紙が次頁にわたる場合は, 通例2頁目の上端左側に名宛人の氏名(敬称をつけて)を, 中央に頁番号を, 右側に日付をタイプする.

ビジネスレターの構成要素
①差出人住所
②日付
③名宛人氏名・住所
④敬辞
⑤本文
⑥結辞
⑦署名
⑧差出人氏名

ビジネスレター

SHOGAKUKAN INC.
① 2-3-1 Hitotsubashi, Chiyoda-ku, Tokyo 101-8001
　　Phone 03-3230-52XX Fax 03-3232-21XX

② March 23, 2006

③ Mr. David Thomas
　Sunrise-Hill Publishing Co.
　1234 Avenue of the Americas
　New York, New York 10020
　U.S.A.

④ Dear Mr. Thomas:

■ 英文手紙の書き方

⑤ Enclosed you will find the latest listing of new Shogakukan titles for 2006. Also enclosed is a backlist of titles....

⑥ Sincerely yours,

⑦ *Taro Yamada*
⑧ Taro Yamada
　Product Information Manager

2006年度用小学館新刊書の最新目録を同封いたします. また, 既刊書目録も同封いたします.

私信の場合

　兄弟姉妹や友人など, 親しい相手に出すときは, ①の「差出人住所」, ③の「名宛人の氏名・住所」を書く必要がない. また, 署名をするだけで, ⑧の「差出人の氏名」をタイプで入れる必要もない.

3. 封筒の上書き

　封筒の書き方は下図のとおりである. 差出人の住所 (場合によっては氏名も) と名宛人の氏名・住所の各行の頭をそろえ, 行末には句読点をつけないのが最も一般的な形式である. 改まった手紙の場合には, これらの氏名や住所は手紙の中のそれと全く同じにしなければならない.

　航空郵便 (AIR MAIL) や速達 (SPECIAL DELIVERY) などの郵便局への指示は切手の下に書くのが原則. 親展 (CONFIDENTIAL) のような名宛人に対する指示は封筒の左に書くのが原則.

封筒の上書き

①SHOGAKUKAN INC.
　2-3-1 Hitotsubashi
　Chiyoda-ku, Tokyo
　101-8001, JAPAN

　　　　切　手

　　　③Mr. David Thomas
　　　　Sunrise-Hill Publishing Co.
　　　　1234 Avenue of the Americas
　　　　New York, New York 10020
　　　　U. S. A.

　　　　AIR MAIL

英文手紙の書き方

4. 英文手紙文例集

1. ビジネスレター文例
[社名変更通知]

> Dear Ms. Smith:
>
> As this new letterhead indicates, we have changed the name of our business from Sakura Enterprise to E-Support as of February 1, 2006. We would appreciate it if you would change your record accordingly.
>
> There is no change in either the management or the type of business we have been engaged in.
> We would appreciate your continuing patronage and support.
>
> Sincerely yours,
>
> Tadashi Yamada
> Vice President

拝 啓 スミス様
この新レターヘッドに記しましたとおり, 2006年2月1日付けにて, 当社社名を従来のSakura EnterpriseからE-Supportに変更いたしました. 貴社の記録を変更していただければ幸いです.
経営陣にもこれまでの業務内容にも変更はございません.
引き続きご愛顧, ご鞭撻のほどお願い申し上げます.
敬 具
副社長
山田 正

[取引先へのお祝い]

> Dear Mr. Hammond:
>
> We were very happy to receive your notice of expansion.
>
> There are few firms that can achieve such great success over such a relatively short period of time. A great deal of that success, we are certain, has been achieved thanks to your strong leadership.
>
> Please accept our heartiest congratulations and best wishes for your continued

話す力・書く力

success.

Sincerely yours,

Masaya Tsuji
Chief Executive Officer

拝　啓　ハモンド様
貴社の業務拡張のお知らせをうれしく拝見いたしました．比較的短期間でこのような成功を収められる会社は数多くはありません．この成功の大部分は貴殿の強い指導力によるものと拝察いたします．
心よりお慶び申し上げますとともに，ますますのご発展をお祈り申し上げます．
社　長
辻　雅也

[推薦文]

To whom it may concern:

I am pleased to recommend Miss Keiko Yoshida for your exchange-student program. Keiko is especially good in English and does well in her other subjects too. She has a strong interest in the cultures of English-speaking countries. Keiko is an active player in the tennis club, and has many good friends. She is patient and is a hard worker. I am confident that Keiko will be a most suitable student for your program.

Yours sincerely,

Fuminori Kato
Homeroom Teacher, Akasaka High School

関係者各位
このたび交換留学生として吉田慶子さんを推薦できますことをうれしく思っています．本人は英語を得意とし，他の科目の成績もよく，また英語圏の国々の文化に強い興味を持っています．テニス部に属して積極的に活動しており，よい友人にも恵まれています．性格はとても忍耐強く，何事にも一生懸命に取り組む生徒です．吉田さんが留学生として極めてふさわしい生徒であることをここに保証するものです．
敬　具
赤坂高校担任　加藤文徳

2. 初めてのペンパルへ

Dear Mary,

I'm sure you are surprised to receive a letter from someone you don't know.
I heard from my English teacher that you wanted to write to a Japanese high school student, so I asked him for your name and address. I have wanted to have a pen pal for a long time.
First of all, let me introduce myself. I'm sixteen years old and am in the first year of high school. I'm 157cm tall. I like playing tennis very much, and my favorite subjects are English and Japanese.

I hope you want to write to me, too. I'm looking forward to a letter from you.

Yours sincerely,

Takako Suzuki

メアリー様
知らない人から手紙を受け取ってきっとびっくりされたことと思います. 英語の先生からあなたが日本の高校生と文通を希望しているとお聞きしたので, あなたの名前や住所を教えてもらったのです. 私もずっと文通相手が欲しいと思っていたところです.
最初に自己紹介をさせてください. 私は今16歳で高校1年生です. 身長は157センチです. テニスが大好きで, 好きな科目は英語と国語です.
お返事を書いていただければ幸いです. 楽しみに待っています.
さようなら.

鈴木貴子

3. ファンレター
[アイドルへ]

Dear Norah,

This is my first letter to you. I'm an eighteen-year-old Japanese high school student and a devoted fan of yours. I've been your fan since I saw you singing on TV a few days ago. I bought your new CD right after that. I like "Feels Like Home" best. I really love your beautiful voice. I want you to be my "angel" forever. I'm looking forward to seeing you in concert soon.

■ 英文手紙の書き方

Yours truly,

Michio Yamada

ノラ様
初めてお便りします. 僕は18歳の日本の高校生で, あなたの熱烈なファンです. 先日テレビであなたが歌うのを聴いてから, あなたのとりこになってしまいました. その後, 早速最新アルバムのCDを買ってきました. 『フィールズ・ライク・ホーム』はとても気に入りました. あなたの美しい歌声は本当に大好きです. いつまでも僕の永遠の天使でいてください. 近い将来またコンサートで会えるのを楽しみにしています.

敬　具

山田道夫

[エッセイストへ]

Dear Jeff,

How do you do? I'm a freshman at Meiji University in Japan. I subscribe to the English newspaper you write for every month. Reading your essays, I've become one of your most enthusiastic fans. I was especially impressed with last month's theme, "Human Nature," and read it several times. Your broad knowledge and keen insight always surprise me. I hope you stay well and wish you continued success.

Yours sincerely,

Tadashi Takizawa

ジェフ様
初めまして. 私は日本の明治大学1年生で, あなたが毎月エッセイを書かれる英字新聞を購読しています. あなたのエッセイを読むうちに熱烈なファンになってしまいました. 特に先月のテーマ「人間性」はとりわけおもしろく, 何度も読ませていただきました. あなたの知識の広さや洞察の深さにはいつも驚かされます. これからもお元気でご活躍ください.

敬　具

滝沢　忠

4. ホームステイ先へ

Dear Mr. and Mrs. Smith,

You must be surprised to receive this unexpected letter from me. I'm

Yumiko Kato, a second-year Japanese high school student. As you may know, you will be my host family when I am in Australia. I think I'll be arriving there next month, and I'm looking forward to meeting you. I'll write to you again as soon as the details of my schedule are decided.

Yours sincerely,
Yumiko Kato

スミスご夫妻様
初めてお手紙を差し上げます. 私は日本の高校2年生で, 加藤由美子と申します. もうご存知かもしれませんが, 私がオーストラリアに留学中, ホストファミリーになっていただくことになりました. 来月にはそちらに着くことになると思います. よろしくお願いいたします. 詳しい予定が決まり次第, すぐまたお便りいたします.

敬　具
加藤由美子

5. クリスマスカード

Merry Christmas and a Happy New Year!
I wish you and your family much happiness.

Takayuki Shimizu

メリークリスマス＆ハッピーニューイヤー！
あなたとご家族にご多幸がありますようにお祈りいたします.

清水隆行

A Merry Christmas to You!
I hope the next year brings you much happiness.

With love
Miyuki

クリスマスおめでとうございます.
来年もあなたにとってよい年でありますように.

愛をこめて
みゆき

ビジネスレターの表現

　Eメールを含むビジネスレターでは，一般の手紙文と同様に，出す対象に合った的確な語調をとり，伝達目的を明確にし，論理的な運びにすることはもちろんのこと，特に読み手を惑わせるようなあいまいな表現は避ける必要があります．時と場合によりますが，一般に用いる単語や句・文は具体的で，多義的な解釈の余地を残さない，端的で短い表現が好まれます．

　また極力，否定的表現や受動表現を避け，肯定的で主体のはっきりわかる能動表現をすることが望まれます．

　なお，以下の表の品詞欄に掲げた品詞(句)は，英単語・語句の品詞名や品詞句名を示します．

●簡潔な表現

1. 単　語

◆冗長な語	◆改良語	◆日本語	◆品　詞
aggregate	total	合計	名
approximately	about	約	副
anterior	front	前方の	形
ascertain	find out	確かめる	動
cognizant	aware	知っている	形
consequently	so	その結果	副
converse	talk	話す	動
currently	now	現在	副
demonstrate	show	実演する	動
encounter	meet	遭遇する	動
endeavor	try	努力する	動
erroneous	wrong	誤った	形
explicit	plain	明白な	形
finalize	finish	終える	動
inaugurate	begin	開始する	動
initial	first	最初の	形
inoperative	not working	作動していない	形
institute	begin	始める	動
numerous	many	多数の	形
optimum	best	最善の	形
purchase	buy	買う	動
reimburse	pay	返済する	動
subsequently	later	その後	副
terminate	end	終える	動

2. 句

◆冗長な語句	◆改良語句	◆日本語	◆品詞句
affix a signature to...	sign...	…に署名する	動
a large number of...	many	多数の…	形
as a general rule	generally; usually	通常	副
as a matter of fact	in fact	実際のところ	副
as a result of...	because of...	…の結果として	前
as per...	as...; according to...	…のとおり	前
as regards...	about...	…に関して	前
at a later date	later	後日	副
at all times	always	常に	副
at an early date	soon	早期に	副
at the present time	now	現在	副
at your earliest convenience	as soon as possible	できるだけ早く	副
be brought to our attention	We note....	…を知った	動
be in possession of...	have...	…を持っている	動
blue in color	blue	青色	形[名]
by means of...	by...	…により	前
despite the fact that...	though...	…にもかかわらず	接
due to the fact that...	because...	…のゆえに	接
give consideration to...	consider...	…を考慮する	動
in a satisfactory manner	satisfactorily	首尾よく	副
in compliance with...	according to...	…に従って	前
in the amount of...	for...	…の金額で	前
in the course of...	during...	…の間に	前
in the event that...	if...	…の場合は	接
in the near future	soon	まもなく	副
in view of the fact that...	because...	…の点で[…のゆえに]	接
owing to the fact that...	because...	…のゆえに	接
place an order for...	order...	…を注文する	動
posterior to...	after...	…の後で	前
prior to...	before...	…の前に	前
put an end to...	stop...	…を終える	動
subsequent to...	after...	…の後で	前
under separate cover	separately	別便で	副
up to the present writing	until now	現在まで	副
without further delay	immediately	遅滞なく	副
with regard to...	about...	…に関して	前
with the exception of...	except (for)...	…を除けば	前
your letter of recent date	your recent letter	最新の貴信	名

■ ビジネスレターの表現

3. 文

◆冗長な文	◆改良文	◆日本語
Enclosed herewith....; [Enclosed please find....]	Here is [are]....; We enclose....	…を同封します.
It is incumbent upon us to....	We must....	…せざるをえません.
It is our opinion that....	We feel that....	…の意見です.
It is probable that....	Probably,....	おそらく…でしょう.
It is requested that....	Please....	…をお願いします.
We are in receipt of your letter dated....	We have received your letter of....	…日付のお手紙拝受.
We wish to acknowledge receipt of your letter dated....	Thank you for your letter of....	…日付のお手紙拝受.
Would you please be so kind as to....	Please....	…をお願いします.

●肯定的な表現

(Negative)	Because you did not give us the correct address, our letter was returned.
(Positive)	Our letter was returned to us because of the incorrect address. 宛名が間違っていたため, 返送されてきました.
(Negative)	Don't just keep this coupon if you want a marvelous prize.
(Positive)	Mail this coupon right away, and you will receive a marvelous prize. ただちにこのクーポンをお送りくだされば, すばらしい賞品をさしあげます.
(Negative)	Kindly advise....
(Positive)	Please let us know.... ご連絡ください.
(Negative)	Our 2005 turnover was not unsatisfactory.
(Positive)	Our 2005 turnover was satisfactory. 当社の2005年度の売り上げは好調でした.
(Negative)	The shipment will not arrive until the end of March.
(Positive)	The shipment will arrive early April. 積荷は4月初旬に着きます.
(Negative)	We are not in a position to....
(Positive)	We are unable to.... …が不可能です.
(Negative)	We cannot furnish the chairs by June 20.
(Positive)	We are happy to furnish the chairs after June 20. 椅子は6月20日以降にお届けします.

(Negative)	We cannot process your order because your order was incomplete.
(Positive)	We will be pleased to process your order as soon as we receive your complete order sheet.
	完成された注文書をいただき次第, ご注文の処理にとりかかります.
(Negative)	We cannot ship the goods because of the dock strike.
(Positive)	We will ship the goods as soon as the dock strike is settled.
	港湾ストが解決し次第, 商品を発送いたします.
(Negative)	We do not accept an order for 20 units or less.
(Positive)	To help the customers by minimizing the shipping costs, the minimum order we accept is for 20 units or more.
	お客様のために運送費を削減するため, ご注文量を20台以上とさせていただきます.
(Negative)	You have neglected to reply to us.
(Positive)	We would be happy if you could reply to us as soon as possible.
	できるだけ早くご返信いただければ幸いです.
(Negative)	Your July 10 letter of complaint has been received.
(Positive)	Thank you for your letter of July 10 bringing ... to our attention.
	7月10日付けのお手紙で…の件をご指摘いただき, ありがとうございます.

◆否定的語彙の例

cannot, damage, do not, error, failure, loss, mistake, problem, refuse, stop, trouble, unable, unfortunately

差別を避ける表現 (PC表現)

近年, セクシズム (性差別) を含め, あらゆる差別的な表現を避け, すべての人にやさしい表現をそれに代えて用いていこうとする動きが活発になり, 今やそれを日常の言語生活で意識することは常識化していると言えましょう. そのような差別に配慮した表現をpolitically correct expressionsと言いますが, 以下に示したのはその観点からの対比表です.

◆望ましくない語	◆望ましい語	◆日本語
artilleryman	artillerist	砲手
assemblyman	assembly member	議員
bald	follicularly challenged	はげた
bum	homeless person	浮浪者

■ 差別を避ける表現 (PC表現)

◆望ましくない語	◆望ましい語	◆日本語
businessman	businessperson	実業家
callboy	page	(ホテルの)ボーイ
cameraman	camera operator	撮影技師
chairman	chair; chairperson	議長
childless	childfree	子供のいない
choirmaster	choir director	聖歌隊指揮者
concertmaster	concert director [leader]	コンサートマスター
craftsmanship	expertise	技能；熟練
cremation	after-death care	火葬
cripple	physically challenged	身体障害者
elderly	senior citizen	高齢者
fat	quantitatively challenged	肥満の
fireman	fire fighter	消防士
foreman	supervisor	職長
freshman	first-year student; frosh	一年生
garbageman	sanitation worker	ごみ収集人
housewife	homemaker; householder	主婦
longshoreman	dock worker	沖仲士
mailman	letter carrier	郵便配達人
man/men	person; human being/ people; human beings; we	人間
manhole	sewer hole	マンホール
mankind	humankind; human being(s); people	人類
manpower	work force	人手；労働力
mentally retarded	mentally challenged	知的障害(遅滞)者
middleman	go-between	仲介人
policeman	police officer	警官
poor	financially challenged	貧乏な
repairman	repairer	修理工
salesman	salesperson	セールスマン
schoolmaster	principal	校長
serviceman	service engineer	修理工
sportsman	athlete	スポーツマン
sportsmanship	fair play	スポーツマン精神
station master	station official	駅長
steward(ess)	flight attendant	搭乗員
storeman	storehouse attendant	倉庫管理人
stunt man; stunt woman	stunt person	スタントマン
truckman	trucker	トラック運転手

◆望ましくない語	◆望ましい語	◆日本語
ugly	aesthetically challenged	醜い
waiter; waitress	waitron; waitperson	接客係
watchman; watchwoman	(security) guard	警備員
widow; widower	surviving spouse	寡婦；男やもめ
yardman	gardener	庭師

英文履歴書の書き方

　履歴書は，米国では résumé，英国では curriculum vitae [CV] と言います．市販の英文用の履歴書はないので応募者が自分で作成しますが，決まった形式はありません．氏名，住所，電話番号，学歴，職歴などの情報は必須記載事項ですが，その他の事項を記載するかどうかは応募者の自由です．

　米国，英国，日本の履歴書では，記載事項などで基本的に異なる点があります．米国では，性別，年齢，婚姻関係の有無などの個人情報はふつう記載しません．また，特殊な職業に応募する場合を除いて，写真も貼る必要はありません．一方，英国や日本では比較的個人情報を詳細に記載する習慣があります．

[履歴書の例]

KAZUHIRO TANABE

Address:	6-3-X Inogashira, Mitaka-shi, Tokyo 181-0001
Telephone:	03-456-XXXX
E-mail:	abc12345@nifty.co.jp
Nationality:	Japanese
Date of Birth:	July 15, 1974
Marital Status:	Single

EDUCATION:
April 1993—March 1997	Kokusai Universitiy, Shinjuku-ku, Tokyo B. A. in Communication Studies
April 1990—March 1993	Akebono High School, Meguro-ku, Tokyo High School Diploma

WORK EXPERIENCE:
April 1997—Present	Kyoyo Publishing Co., Chiyoda-ku, Tokyo

■ 英文履歴書の書き方

> —Assisted in the planning and preparation of six high school textbooks in the fields of English, chemistry, and physics
> —Was responsible for correspondence with the editors and writers
> —Was responsible for proofreading and liaison with printing companies
> —Met with sales personnel to discuss sales strategy and the strong points of our books
>
> REFERENCES:　　　　　Provided upon request

(「氏名」から「既婚・未婚」までの項の訳は省略)
学　歴
　1993年4月〜1997年3月　　　国際大学 (東京都新宿区) コミュニケーション学科卒業, 文学士
　1990年4月〜1993年3月　　　あけぼの高校 (東京都目黒区) 卒業
職　歴
　1997年4月〜現在　　　　　 教養出版株式会社 (東京都千代田区)
　　　　　　　　　　　　　　 英語, 化学, 物理学の分野の高校教科書6冊の立案および作成を補佐
　　　　　　　　　　　　　　 編集者および執筆者との通信業務担当
　　　　　　　　　　　　　　 校正および印刷会社との連絡業務担当
　　　　　　　　　　　　　　 販売担当者と販売戦略および弊社書籍の長所について討議
身元照会先　　　　　　　　　 要求あり次第提出

　上の履歴書の例に示した記載項目のほか, コンピュータや外国語などの技能があればSKILLS, 応募に役立ちそうな趣味があればHOBBIESあるいはINTERESTSなどの項目を立てることができる. なお, REFERENCES (身元照会先) 欄には名前は書かなくてもよいが, 面接までにはその人の了解を得ておかなくてはならない.

　履歴書を郵送する場合には, 礼儀として添え状 (cover letter) を付ける (手紙の書式は本書p.329を参照). 添え状はできるだけ簡潔に, また, 具体的に自分をアピールすることが大事である. 単に履歴書と同じ内容を繰り返すのではなく, 自分の長所を相手に十分理解してもらえるように工夫して書かなければならない.

[添え状の例]

> 　　　　　　　　　　　　　　　　　　　　6-3-X Inogashira
> 　　　　　　　　　　　　　　　　　　　　Mitaka-shi, Tokyo 181-0001
> 　　　　　　　　　　　　　　　　　　　　August 3, 2005

英文履歴書の書き方

Personnel Manager
Robert and Brown Publishing Co., Inc.
5-9-X Okubo
Shinjuku-ku, Tokyo 169-0072

Dear Sir/Madam:

I would like to apply for the post of Marketing Assistant advertised in the *Tokyo Tribune* of August 2.

As you will see from my résumé, I have been working for the past four years at a company which publishes high school textbooks. In the course of my work I have become quite proficient in the use of computers (both Windows and Macintosh) and the need to plan page layouts has also given me some experience with desktop publishing.

Although I enjoy my present work, I have come to feel that the field of textbook publishing is rather limited, and I am eager to gain experience in other areas of publishing.

If you agree that my qualifications meet your requirements, please contact me by phone after 7:00 any evening to arrange an interview.

Yours sincerely,
(Signature)
Kazuhiro Tanabe

拝　啓

8月2日付けの*Tokyo Tribune*誌に掲載されたマーケテイング・アシスタントの職（の求人広告）に応募したいと思います．

履歴書でお分かりいただけますように，ここ4年間私は高校の教科書を出版している会社で働いています．仕事をしていくうちにコンピュータ（WindowsとMacintosh）処理にかなり熟達しました．そして，ページのレイアウトの立案をしてきたのでDTP（電子出版）の経験も相当あります．

今の仕事は好きですが，教科書出版の分野はいくぶん範囲が狭いようであり，他の出版分野でぜひ経験を積んでみたいと思っています．

私の資格が貴社の必要条件を満たしているとお認めいただければ，夜の7時以降いつでも結構ですので面接の日程を電話でご連絡ください．

敬　具

英文電子メールの書き方

1. メールの種類とその一般的な形式

メールの種類や書き方は多様であり,必ずしもルールが定まっているとは言えないので,ここでは最も代表的なものとして,ビジネス用のもの,友人に出すもの,およびメーリングリスト用のものを紹介しておく.

(1) メールで相手企業・組織に質問や依頼をする場合,名前が分かっている人に出すのはビジネスレターと似た形でよい.但し,日付,署名は省略し,特に必要がなければ,自分の住所も書かない.結辞もしばしば省略される.(⇨例1)
(2) 社内連絡で使うものは,お互いの無駄を省くという意味でもメールの内容は相手が必要とする最低限の情報に押さえるとよい.(⇨例2)
(3) 友達にメールを書くときには特別なルールはない.手紙の形をまねて,Dear Sueと始める人もいれば,Hi Erina,あるいは,ただHi! だけで始める人もいる.Take care, とかLove, という結辞を入れる人もいれば,結辞を使わずに名前だけで終わる人もいる.メッセージの長さも1行の簡単なメールから一週間の出来事を伝える何段落も続くものまである.(⇨例3)
(4) メーリングリストの場合は,メッセージと自分の名前だけあればよい.ここでは,簡潔な文章と,この種のメールが公のもので,数多くの人に読まれるという意識が重要である.(⇨例4)

2. 注意点

(1) メールはプライベートなものであると思ってはいけない.自分の知らないところで誰かに読まれているかも知れないし,転送されるかも知れない.他人に知られたくない事柄や人の悪口は書かないのが鉄則である.
(2) メールは短く,コンテクストの少ないものなので,面識のない人同士では手紙よりも誤解が生じやすい.説明は十分か,言葉は適切か,注意が必要である.同じ理由で面識のない相手に対しては略語や顔文字の使用は避けた方がよい.
(3) 通信の際,相手のメールを引用した場合,不必要に長い引用文は用いない方がよい.
(4) 返信する際,もとの発信者一人に出すのか,もとのメールをもらったグループ全員に出すのか注意が必要である.気をつけないと一人に出すべきメールが全員に送られてしまうことがある.
(5) メールを書く際,大文字だけを使ったり,あるいは多めに使うということは相手に強烈な印象を与える.これはscreamingと呼ばれるが,相手を怒らせることにもなりかねない.
(6) 「知人の皆さんに早く回してください」という寄付金,政治,宗教,環境問題などに関する依頼がよく来るが,回さずにすぐ削除した方がよい.ねずみ講に類似したものもあるので注意が必要である.

(7) ウイルスの多くは添付ファイルに付いてくるので,知らない相手からもらった添付ファイルは開かない方がよい.
(8) メーリングリストに登録してもすぐにメッセージを出さないで,そのグループの雰囲気をつかむまでしばらく他のメンバーのメールを読むにとどめた方がよい場合もある.
(9) メーリングリストでは,誰かに嫌なことを書かれても,決して同じ調子で応じてはいけない.ネットワーク上での嫌がらせの応酬(flaming)にならないよう注意する.

3. メールでよく使われる略語や顔文字

(略語や顔文字は改まったメールや面識のない相手に出すメールでは避けた方がよい)

(1) 略　語 (本書p.386参照)
　AAMOF = as a matter of fact　実は(▶本音を言うときに使う)
　ASAP = as soon as possible　できるだけ早く
　BTW = by the way　ところで
　FAQ = frequently asked questions　(コンピュータやソフトについて) よくある質問
　FWIW = for what it's worth　それはそれとして; この情報や意見の価値は自分の判断で決めればよい
　FYI = for your information　ご参考までに(▶皮肉に使うこともある)
　⟨g⟩ = grin　「冗談だよ」;「真剣に受け取らないで」;「割り引いて聞いてくれ」
　HTH = hope that helps　お役に立てれば幸いです
　IMHO = in my humble opinion　私のつまらない意見では(▶謙遜して言う)
　IMO = in my opinion　私の意見では
　OTOH = on the other hand　他方, 逆に
　TIA = thanks in advance　ありがとう!(▶依頼のメールの最後に付ける. 相手が応じてくれると信じて, 事前にお礼を言ったもの)

(2) 顔文字(smiley ; emoticon) (本書p.400参照)
　:-)　うれしい;しあわせ;「冗談だよ」
　;-)　ウィンク;「真剣に受け取らないで」;「割り引いて聞いてくれ」
　:-(　悲しい;失望

(3) 記　号
　@　at sign　　　　アットマーク
　.　dot　　　　　　ドット
　:　colon　　　　　コロン
　/　slash　　　　　スラッシュ
　~　tilde　　　　　ティルデ

(例1) Email to a university office requesting information

Subject: Question about TOEFL Scores

英文電子メールの書き方

```
Date: Thu, 11 Jan 2005 09:53:50
From: Emi Hasegawa 〈emi-hgwa@globe.com〉
To: mls@sccol.edu

Dear Ms. Steiner,

Thank you for sending the application materials. In studying them, I was a little confused by the two TOEFL scores. I hope to study at Southern City College as a foreign student for just one year and would not seek a degree. In that case, do I need a score of 213 (550) or 250 (580)?

Thank you very much.

Emi Hasegawa
```

(例1) 大学事務室へ情報を求めるEメール
件名：TOEFLのスコアについての質問
スタイナー様
出願資料をお送りいただきありがとうございました．それを読んで，TOEFLの2つのスコアに少しまごつきました．私は2年間だけ留学生としてサザンシティカレッジで勉強することを希望しています．学位取得は望んではおりません．その場合，私に必要なスコアは213 (550) 点でしょうか，それとも250 (580) 点でしょうか．
どうかよろしくお願いいたします．
長谷川エミ

(例2) Informal email about changing a meeting time

```
Subject: Friday's Meeting
Date: Tue, 12 Jun 2005 18:15:14
From: Paul Steiner 〈pst@thboeki.co.jp〉
To: Joji Satoh 〈jsatoh@worldimport.co〉

Joe,

I'm afraid I have a conflict on Friday. Do you think that meeting could be rescheduled for Monday morning instead? (Very) sorry!

Paul
```

(例2) 会議日変更についての非公式のEメール
件名：金曜日の会議

ジョー
申し訳ないのですが金曜日はスケジュールがかち合っています. 代わりに, 会議を月曜日の午前に延期できないでしょうか. まことにすみません.
ポール

(例2′) Internal office email about a rescheduled meeting

> Subject: Liaison Meeting
> Date: Wed, 13 Jun 2005 11:02:39
> From: Joji Satoh 〈jsatoh@worldimport.co〉
> To: Jose Ortega 〈jortega@worldimport.co〉,
>   Al Post 〈apost@worldimport.co〉
>
> This is just to let you know that the liaison meeting set for Friday, June 15, has been changed to Monday, June 18, at 10 : 30. We want Paul Steiner from Taihei Boeki to attend, but he had a scheduling conflict on Friday.
>
> Sorry about the sudden change!
>
> Joe

(例2′) 会議の延期についての社内Eメール
件名:連絡会議
6月15日, 金曜日に決まっていた連絡会議は6月18日, 月曜日10時30分に変更されました. タイヘイ貿易のポール・スタイナー氏に出席してもらいたいのですが, 金曜日は氏のスケジュールがかち合ってしまいました.
突然の変更ですみません.
ジョー

(例3) Personal email to a friend

> Subject : Emi
> Date : Fri, 10 Aug 2005 19:15:21
> From : Keiko Gotoh 〈kgo@solnet.ne.jp〉
> To : Sally Gordon 〈Sago@bignet.ne.jp〉
>
> Hi Sally,
>
> I just heard from Jim that Emi fell and broke her right arm yesterday. What an awful thing to happen in the middle of summer vacation! Anyway, I'm going to go visit her next week, and I wondered if you'd like to go along.

■ 英文電子メールの書き方

> Probably it would cheer her up to have some visitors! Are you free on Monday or Tuesday?
>
> Keiko

(例3) 友達への個人的なEメール
件名：エミ
こんにちは，サリー
きのうエミが転んで右腕を折ったと，たった今ジムから連絡があったの．夏休み中だというのにとっても気の毒だわ．とにかく来週見舞いに行くつもりなんだけど，一緒に行ってくれないかしら．たぶん，見舞い客があれば元気になると思うの．月曜か火曜はどうかしら．
恵子

(例4) Email requesting help sent to mailing list

> Subject : PowerPlus causes freezes
> Date : Fri, 7 Sep 2005 19:15:21
> From : Smith 〈ssmith@au.edu〉
> To : 〈powerplus-talk@eusers.com〉
>
> Recently I've been having a lot of freezes whenever I launch PowerPlus. I used PP without any problems until about a week ago when I installed the newest version of ViewerShot. Is anybody else having the same problem? Any tips?
>
> TIA
>
> Sam

(例4) メーリングリスト宛に送信された助言を求めるEメール
件名：PowerPlusフリーズの件
最近，PowerPlusを起動するたびにフリーズがよく起こります．ViewShotの最新版をインストールした約1週間前までは何の問題もなく使っていました．ほかに誰か同じ問題を抱えていませんか．何か助言はありますか．
ありがとう．
サム

(例4′) Mailing list reply

> Subject : Re: PowerPlus causes freezes
> Date : Fri, 7 Sep 2005 21:43:12

From : Jim Jones 〈jjones@aolp.com〉
To : 〈powerplus-talk@eusers.com〉

Sam Smith wrote:
〉 Recently I've been having a lot of freezes whenever I launch PowerPlus.
〉 I used PP without any problems until about a week ago when I installed
〉 the newest version of ViewerShot.

Sam,

Take a look at the FAQ section on the PowerPlus website. There's a conflict between PowerPlus and ViewerShot, but if I remember correctly that section gives a workaround.

HTH

Jim

(例4′)メーリングリストからの返事
件名 : Re: PowerPlusフリーズの件
サム・スミス：
＞最近, PowerPlusを起動するたびにフリーズがよく起こります．
＞ViewerShotの最新版をインストールした約1週間前までは何の問題もなく使っていました．
サム
PowerPlusのホームページのFAQ欄をちょっとご覧になってください．PowerPlusとViewer-Shotの間ではコンフリクト(衝突)が起こりますが, 私の記憶が正しければ, 前記FAQ欄に解決法が載っています．
よろしく
ジム

宛名と敬辞・結辞の付け方

　宛名や敬辞・結辞として用いる敬称には万国共通のルールはなく，国によって敬称の種類・範囲が異なります．敬称は誤って用いると失礼になるため，細心の注意が必要になります．

[米国]

先　方		宛　名
大学	大学総長（学長）	Dr. Richard [Anne] Jones President
	大学の学生部長 （学部長）	Dean Richard [Anne] Jones
	大学教授	Professor Richard [Anne] Jones
		Dr. Richard [Anne] Jones
外交官	大　使	His [Her] Excellency Richard [Anne] Jones Ambassador of 国名
	領　事	Richard [Anne] Jones, Esq. Consul of 国名
	公　使	The Honorable Richard [Anne] Jones Minister
立法・司法・行政	連邦最高裁判事	Mr. Justice Jones, [Justice Jones,]
	連邦判事， 地方判事	The Honorable Richard [Anne] Jones
	閣僚（国務長官， 司法長官など）	The Honorable Richard [Anne] Jones 官職名
	独立政府機関長官 （委員会委員長）	The Honorable Richard [Anne] Jones
	州知事	The Honorable Richard [Anne] Jones Governor of 州名
	市　長	The Honorable Richard [Anne] Jones Mayor of 市名
	大統領	The President
	副大統領	The Vice-President
	下院議員	The Honorable Richard [Anne] Jones
	上院議員	The Honorable Richard [Anne] Jones

宛名と敬辞・結辞の付け方

　例えば，英国および英連邦の首相に付ける敬称の場合，首相が英国枢密院のメンバーであれば The Rt. Hon. [The Right Honourable] となりますが，そうでなければ The Hon. となります．

・[　]は女性の場合，Ms.で代表させてありますが，既婚未婚を区別するときはMrs., Missとします．

・点線で上下を区別したものは，それぞれ左右を組み合わせて用います．上下の区別がないときは，いずれを用いてもよいことになります．

敬　辞	結　辞
(Dear) Sir [Madam]: Dear Dr. Jones :	Very truly yours, Sincerely yours,
Dear Sir [Madam]: Dear Dean Jones :	Very truly yours, Sincerely yours,
Dear Sir [Madam]: Dear Professor Jones :	Very truly yours, Sincerely yours,
Dear Sir [Madam]: Dear Dr. Jones :	
(Your) Excellency : Dear Mr. Ambassador : [Madam Ambassador :]	Respectfully yours, Very truly yours,
Sir [Madam] :	Respectfully yours,
Sir [Madam] :	Respectfully yours,
Sir [Madam] :	Very truly yours,
Sir [Madam] : Dear Judge Jones :	Very truly yours, Sincerely yours,
Sir [Madam] :	Very truly yours,
Dear Sir [Madam] :	Very truly yours,
Sir [Madam]: Dear Governor Jones :	Respectfully yours, Very truly yours,
Sir [Madam]: Dear Mayor Jones :	Very truly yours, Sincerely yours,
Mr. President :	Respectfully yours,
Sir [Madam] :	Respectfully,
Dear Sir [Madam] : Dear Mr. [Ms.] Jones :	Very truly yours, Sincerely yours,
Sir [Madam] : Dear Senator Jones :	Very truly yours,

■ 宛名と敬辞・結辞の付け方

先　方		宛　名
宗教	大司教, 大監督, 大主教	The Most Reverend Richard Jones Archbishop of 管区
	司　教 （カトリック）	The Most Reverend Richard Jones Bishop of 管区
	主　教（聖公会）	The Right Reverend Richard Jones Bishop of 管区
	主　教 （メソジストなど）	The Reverend Richard Jones
	新教牧師	The Reverend Richard [Anne] Jones The Reverend Dr. Richard [Anne] Jones（博士号の場合）
	枢機卿	His Eminence Richard Cardinal Jones
	教　皇	His Holiness Pope 名前 His Holiness the Pope
	カトリック司祭 （神父）	The Reverend Richard Jones The Reverend Dr. Richard Jones（博士号の場合）
軍		原則として「階級＋フルネーム＋, 所属軍」 例えば, Captain Richard [Anne] Jones, U.S.N.
その他	弁護士	Mr. Richard [Ms. Anne] Jones Attorney-at-law Richard [Anne] Jones, Esq.
	医　者	Dr. Richard [Anne] Jones

[英国]

先　方		宛　名
貴族	公　爵	His [Her] Grace the Duke [Duchess] of 通例地名
	侯　爵	The Most Hon. the Marquess [Marchioness] of 通例地名
	伯　爵	The Right Hon. the Earl [Countess] of 通例地名
	子　爵	The Right Hon. the Viscount [Viscountess] of 通例地名
	男　爵	The Right Hon. Lord [Lady] of 通例地名
大学	大学総長	地位 Chancellor of the University of 大学名
	大学教授	Professor R. B. [A. C.] Jones
外交官	英国以外の大使	His Excellency Mr. Richard Jones [Her Excellency Ms. Anne Jones]
	英国大使	His Excellency Mr. Richard Jones ＋勲章の略 [Her Excellency Ms. Anne Jones ＋勲章の略]
	領　事	Richard Jones, Esq. [Ms. Anne Jones]

宛名と敬辞・結辞の付け方

敬　辞	結　辞
Your Excellency :	Respectfully yours,
Your Excellency :	Respectfully yours,
Dear Bishop Jones :	Sincerely yours,
Right Reverend Sir :	Respectfully yours,
Dear Bishop Jones :	Sincerely yours,
Reverend Sir :	Respectfully yours,
Dear Bishop Jones :	Sincerely yours,
Dear Mr. [Ms.] Jones :	Very truly yours,
Dear Dr. Jones :	Sincerely yours,
Your Eminence :	Respectfully yours,
Your Holiness : Most Holy Father :	Respectfully yours,
Dear Father Jones :	Respectfully, Sincerely yours,
原則として「Dear＋階級＋名字」 例えばDear Captain Jones :	Very truly yours, Sincerely yours,
Dear Mr. [Ms.] Jones :	Very truly yours, Sincerely yours,
Dear Dr. Jones :	Very truly yours, Sincerely yours,

敬　辞	結　辞
My Lord Duke, [Madam,]	I remain, 　Your Grace's most obedient servant,
My Lord Marquess, [Madam,]	I have the honour to remain, 　Your Lordship's [Ladyship's] obedient servant,
My Lord, [Madam,]	I have the honour to remain, 　Your Lordship's [Ladyship's] obedient servant,
同　上	
同　上	
Dear Sir [Madam],	Yours faithfully,
Dear Chancellor,	Yours sincerely,
Dear Sir [Madam],	Yours faithfully,
Dear Professor Jones,	Yours sincerely,
Your Excellency,	I have the honour to be, 　Your Excellency's obedient servant,
Your Excellency,	I have the honour to be, 　Your Excellency's obedient servant,
Dear Sir [Madam],	Yours faithfully,
Dear Mr. [Ms.] Jones,	Yours sincerely,

■ 宛名と敬辞・結辞の付け方

先 方		宛 名
立法・司法・行政	首席裁判官	The Right Hon. the Chief Justice of England
	高等法院判事	The Hon. Mr. [Ms.] Justice Jones
	巡回裁判官	His [Her] Honour Judge Jones
	総 督	His Excellency Sir Richard Jones Governor-General of 地名 [Her Excellency＋地位]
	市 長	都市：The Right Worshipful the Mayor of 市名 自治区：The Worshipful the Mayor of 区名
	首 相	The Right Hon. Richard [Anne] Jones
	下院議員	それぞれの地位によるが，名前の後に M.P. をつける
宗 教	大主教 (英国国教会)	The Most Revd. the Lord Archbishop of 管区 カンタベリーとヨークの場合：The Most Revd. and Right Hon. the Lord Archbishop of Canterbury [York]
	主 教 (英国国教会)	The Right Revd. the (Lord) Bishop of 管区
	新教牧師	The Revd. Richard [Anne] Jones
	枢機卿	His Eminence Cardinal Jones
	教 皇	His Holiness the Pope
	司 祭 (カトリック)	The Revd. Father Jones
軍	海 軍	階級＋イニシャル＋名字, (＋勲章の略)＋Royal Navy
	陸 軍	階級＋イニシャル＋名字, (＋勲章の略)＋連隊名
	空 軍	階級＋イニシャル＋名字, (＋勲章の略) (＋R.A.F. 大佐以下の場合)
その他	医 者	Richard Jones, Esq., M.D. [Anne Jones, M.D.]

宛名と敬辞・結辞の付け方

敬　辞	結　辞
個人の地位による	
My Lord [Lady], Sir [Madam],	Yours faithfully,
Dear Judge, Dear Judge Jones,	Yours faithfully,
Sir [Madam],	I have the honour to be, Your Excellency's obedient servant,
Sir [Madam],	I beg to remain, Sir [Madam], Your obedient servant,
Dear Sir [Madam],	Yours faithfully,
Sir [Madam],	I have the honour to be, Dear Sir [Madam], Yours faithfully,
Dear Sir [Madam],	Yours faithfully,
Your Grace,	I have the honour to remain, my Lord Archbishop, Your Grace's devoted and obedient servant,
My Lord Archbishop,	Yours faithfully,
My Lord (Bishop),	I have the honour to remain, Your Lordship's obedient servant,
My Lord,	Yours faithfully,
(Reverend) Sir [Madam],	I beg to remain, (Reverend) Sir [Madam], Your obedient servant,
Dear Sir [Madam],	Yours faithfully,
My Lord Cardinal, Your Eminence,	I have the honour to remain, my Lord Cardinal, Your Eminence's devoted and obedient child, ＊カトリック教徒以外の場合には，childのかわりにservantでもよい
Your Eminence,	I remain, Your Eminence, Yours faithfully,
Your Holiness,	I have the honour to remain, Your Holiness's most devoted and obedient child,＊
Most Holy Father,	Your Holiness's most humble child,＊
Dear Reverend Father,	Your devoted and obedient child, Yours faithfully,
Dear Sir [Madam],	Yours faithfully,
Dear Sir [Madam],	Yours faithfully,
Dear Sir [Madam],	Yours faithfully,
Dear Sir [Madam], Dear Dr. Jones,	Yours faithfully, Yours sincerely,

話す力・書く力

生活の中の数の表現

英語における数の表現は，日常生活でもビジネスの場面でも，内容を正確に理解したり，伝達したりする上で，大切なポイントになります．読み方だけでなく，書き方のルールもしっかり身につけるようにしましょう．

年　月　日

2005年1月21日
《米》January 21, 2005 [January (the) twenty-first, two thousand (and) fiveと読む]
1/21/05 〔通常 January (the) twenty-first, two thousand fiveと読む．しかし，日付を数字だけで書くことはできるだけ避けるのがよい〕
《英》21(st) January 2005 [the twenty-first of January, two thousand (and) fiveと読む]
21/1/05 〔通常 (the) twenty-first of January, two thousand and fiveと読む．しかし，日付を数字だけで書くことはできるだけ避けるのがよい〕

▶くだけた文書では月名は Jan.のように省略形でもよい．
▶日を表す数は通例序数で読むが，基数で読む場合もある．序数で読むときにはtheをつけてもよいが改まった感じになる．

年　号

756…seven (hundred) fifty-six
1492…fourteen ninety-two
1900…(the year) nineteen hundred, または one thousand nine hundred
1904…nineteen oh four
2000…(the year) two thousand
2005…two thousand (and) five
2018…twenty eighteen, または two thousand (and) eighteen
西暦1066年…A.D. ten sixty-six
紀元前345年…three (hundred) forty-five B.C.

▶《英》ではピリオドを使わずに，AD, BCと書く．
▶A.D.[AD] を年のあとに置く例もよく見かけるが，前に置く方が正しいとされている．

時　刻

8時　eight (o'clock)；〔午前〕eight a.m.；〔午後〕eight p.m.
8時15分　①eight fifteen　②a quarter past [《米》after] eight
8時30分　①eight thirty　②half past eight
8時45分　①eight forty-five　②(a) quarter to [《米》of] nine
午前10時23分　①ten twenty-three in the morning　②twenty-three (minutes) past [《米》after] ten in the morning　③10：23 a.m.
午後4時52分（＝5時8分前）　①four fifty-two in the afternoon　②eight minutes to [《米》of] five in the afternoon　③fifty-two past [《米》after] four in the afternoon　④4：52 p.m.

▶o'clockとa.m. [p.m.]をいっしょに使わない．つまり eight o'clock a.m.とは言わない．

- ▶通例, 30分過ぎまでは past, または《米》で after, 30分を過ぎると to, また時に《米》で of を用いて表すが, 実際には30分を過ぎても past, after を用いてもよい.
- ▶15分過ぎ［前］には quarter を, 30分過ぎには half を用いるが, 数字も用いる.
- ▶10：23, 4：52などと書くのは略式の表記で, ten twenty-three; four fifty-two と読む.
- ▶24時間制の表記は, 軍隊や時刻表などの表示に用いるのが普通である.
  1600 sixteen hundred hours
  1842 eighteen forty-two

電話番号

03-3291-7615
- ▶oh[ou]（または zero）three, three two nine one, seven six one five と読む.
- ▶00は double oh[ou], または oh[ou] oh[ou] と読む.
- ▶また二桁ずつ切って, 3456なら thirty-four, fifty-six と読むこともある.

日本の住所表示

〒101-8001 東京都千代田区一ツ橋2－3－1
①3-1, 2-chome, Hitotsubashi
　Chiyoda-ku, Tokyo l01-8001
②3-1, Hitotsubashi 2-chome
　Chiyoda-ku, Tokyo 101-8001
③2-3-1 Hitotsubashi, Chiyoda-ku
　Tokyo 101-8001
- ▶いずれも用いられるが, 日本の住居表示法に近い③とするのが間違いがない.

温　度

カ氏70度＝70°F…seventy degrees Fahrenheit
セ氏23度＝23℃…twenty-three degrees Celsius [centigrade]
零下7度＝－7℃ seven degrees below zero Celsius [centigrade]
- ▶《米》《英》ではカ氏を用いるのが普通.
- ▶カ氏とセ氏の換算式:
  $C = 5 \times (F - 32) \div 9$
  $F = 9 \times C \div 5 + 32$ （0℃＝32°F）

整数・序数・小数・分数の読み方

①整　数
225…two hundred (and) twenty-five
3,200…three thousand two hundred (thirty-two hundred とも読む)
13,225…thirteen thousand two hundred (and) twenty-five
3,000,000…three million
3,200,000…three million two hundred thousand
3,500,000…①three and a half million ②three million five hundred thousand
- ▶日常会話では, 百の位と十の位の間に and を入れて読むことが多い. 数字のリストを読み上げるときは,《米》では and を省略することが多い.《英》ではいずれの場合にも, 必ず and を入れて読む.
　千の位と百の位, 万の位と千の位の間には and は入れない.
- ▶数詞の後の hundred, thousand, million は複数形にしない.

②序　数
1番目の〜…the first [1st] 〜
2番目の〜…the second [2nd] 〜
3番目の〜…the third [3rd] 〜

■ 生活の中の数の表現

4番目の〜…the fourth [4th] 〜
5番目の〜…the fifth [5th] 〜
12番目の〜…the twelfth [12th] 〜
22番目の〜…the twenty-second [22nd] 〜
50番目の〜…the fiftieth [50th] 〜
53番目の〜…the fifty-third [53rd] 〜
100番目の〜…the one hundredth [100th] 〜
101番目の〜…the one hundred and first [101st] 〜
2,361番目の〜…the two thousand three hundred and sixty-first [2,361st] 〜

▶下一桁の4以降は整数にthをつける. 但し5thは綴りと発音に注意.
▶序数には通例, theをつけるが, He finished fifth. / Who won (the) first prize? のようにtheをつけないこともある.

③小　数

2.34…two point three four
0.543…(zero) point five four three
5.812…five point eight one two

④分　数

$\frac{1}{2}$ …a [one] half

$\frac{1}{3}$ …a [one] third

$\frac{2}{3}$ …two-thirds

$\frac{13}{19}$ …①thirteen-nineteenths
②thirteen over nineteen

$2\frac{5}{6}$ …two and five-sixths

▶分母は序数を用いるのが普通だが, 分母が大きいときにはoverを用いる.

基本的な数式

$4 + 10 = 14$ …①Four plus ten equals fourteen.
②Four and ten are [is] fourteen.

$7 - 2 = 5$ …①Seven minus two equals [is] five.
②Take two from seven, and you have five.
③Two from seven leaves [is] five.

$6 \times 7 = 42$ …Six times seven equals [is] forty-two.

$12 \div 3 = 4$ …①Twelve divided by three equals [is] four.
②Three into twelve is four.

$0.5 \times 7 = 3.5$ …Zero point five times seven is three point five.

$3 : 5 = 6 : 10$ …①Three is to five as six is to ten.
②The ratio of three to five equals the ratio of six to ten.

5^2 … five squared
5^3 … five cubed
5^5 … five to the fifth power
$\sqrt{5}$ … the square [second] root of five
$\sqrt[3]{5}$ … the cube [third] root of five

$3x + 5y = 10$ … Three times x plus five times y equals [is] ten.

$x = \frac{a^2 + b}{3}$ … x equals a squared plus b over [divided by] three.

$(a + b)(a + c) = a^2 + ab + ac + bc$
…(The parenthesis) a plus b times (the parenthesis) a plus c equals a squared plus ab [a times b] plus ac [a times c] plus bc [b times c].

度量衡換算表

度量衡に関しては，メートル法が世界標準として定着してきましたが，米国や英国国内ではヤード・ポンド法が依然として使われています．（かっこ内は略記号，太字は常用単位）

長さ (linear measure)

ヤード・ポンド法
インチ	1 **inch** (in.) = 0.0833 ft. = 2.540 cm
フィート	1 **foot** (ft.) = 12 in. = 0.3048 m
ヤード	1 **yard** (yd.) = 3 ft. = 0.9144 m
ロッド	1 **rod** [pole] (rd., pl.) = 5 1/2 yds. = 5.029 m
チェーン	1 chain (ch.) = 22 yds. = 20.12 m
ファーロング	1 **furlong** (fur.) = 10 ch. = 0.2012 km
マイル	1 **mile** (mi., mil.) = 8 furs = 1,760 yds. = 1.609 km
リーグ	1 league (l.) = 3 mi. = 4.8279 km

メートル法
ミリメートル	1 **millimeter** (mm) = 0.039 in.
センチメートル	1 **centimeter** (cm) = 10 mm = 0.3937 in.
デシメートル	1 decimeter (dm) = 10 cm = 3.937 in.
メートル	1 **meter** (m) = 100 cm = 39.37 in.
デカメートル	1 decameter = 10 m = 10.94 yds.
ヘクトメートル	1 hectometer = 100 m = 109.4 yds.
キロメートル	1 **kilometer** (km) = 1,000 m = 0.6214 mi.

面積 (square measure)

ヤード・ポンド法
平方インチ	1 square inch (sq. in.) = 645.16 mm^2
平方フィート	1 square foot (sq. ft.) = 144 in^2 = 0.0929 m^2
平方ヤード	1 square yard (sq. yd.) = 9 ft^2 = 0.8361 m^2
平方ロッド	1 square rod (sq. rd.) = 30 1/4 yd^2 = 25.293 m^2
平方チェーン	1 square chain (sq. ch.) = 16 rod^2 = 404.67 m^2
エーカー	1 acre (A) = 10 ch^2 (= 4,840 yd^2) = 4,046.7 m^2
平方マイル	1 square mile (sq. mil.) = 640 As = 2.5900 km^2

メートル法
平方ミリ	1 square millimeter (mm^2) = 0.00155 in^2
平方センチ	1 square centimeter (cm^2) = 100 mm^2 = 0.1550 in^2

■ 度量衡換算表

平方メートル	1 square meter (m²) = 10,000 cm² = 1.196 yd² (= 0.3025坪)
アール	1 **are** (a) = 100 m² = 119.6 yd² (= 30.25坪)
ヘクタール	1 **hectare** (ha) = 10,000 m² (= 100 as) = 2.471 acres
平方キロ	1 square kilometer (km²) = 100 ha = 247.114 acres

体積 (cubic measure)

ヤード・ポンド法

立法インチ	1 cubic inch (cu. in.) = 16.387 cm³
立法フィート	1 cubic foot (cu. ft.) = 1,728 in³ = 0.02832 m³ (= 28.32 dm³)
立法ヤード	1 cubic yard (cu. yd.) = 27 ft³ = 0.7646 m³

メートル法

コード	1 cord (cd.) = 128 ft³ = 3.6246 m³
立法センチ	1 cubic centimeter (cm³) = 0.06102 in³
立法デシ	1 cubic decimeter (dm³) = 1,000 cm³ = 0.03532 ft³
立法メートル	1 cubic meter (m³) = 1,000 dm³ = 1.308 yd³

重さ (avoirdupois weight or mass)

ヤード・ポンド法

グレーン	1 grain (gr.) = 64.8 mg
ドラム	1 dram (dr. avdp.) = 27.3438 grs = 1.7718 g
オンス	1 **ounce** (oz.) = 16 drs = 28.3495 g
	*16 drs = 7,000 grs
ポンド	1 **pound** (lb.) = 16 ozs = 0.4536 kg
ストーン	1 stone (st.) = 14 lb. = 6.350 kg
クォーター	1 quarter (qr.) = 2 st. = 12.70 kg
ハンドレッドウェート	1 **hundredweight** (cwt.) = 《米》100 lb. (= 45.36 kg)
	= 《英》112 lb. (= 50.80 kg)
ショートトン	1 (short) **ton** (t.) = 2,000 lb. = 0.9072 tonne
ロングトン	1 (long) **ton** = 20 cwt. = 1.016 tonne

メートル法

ミリグラム	1 **milligram** (mg) = 0.015 grain
センチグラム	1 centigram (g) = 10 mg = 0.154 grain
デシグラム	1 decigram (dg) = 100 mg = 1.543 grains
グラム	1 **gram** (g) = 10 dg = 15.43 grains (= 0.035 oz.)
デカグラム	1 decagram (dag) = 10 g = 0.353 oz.
ヘクトグラム	1 hectogram (hg) = 10 dag = 3.527 oz.
キログラム	1 **kilogram** (kg) = 10 hg = 2.2046 lb.
メートルトン	1 **tonne** (M.T.) = 1,000 kg = 1.1023 (short) ton
	(= 2,204.62 lb.) = 0.984 (long) ton

容積 (capacity measure)

ヤード・ポンド法

液量オンス	1 fluid ounce (fluid oz.) =《米》29.57 cm^3 =《英》28.41 cm^3
ジル	1 gill (gi.) =《米》4 fluid oz. (= 0.118 dm^3) =《英》5 fluid oz. (= 0.142 dm^3)
パイント	**1 pint** (pt.) = 4 gils =《米》57.75 in^3 (= 0.4732 dm^3) =《英》0.5683 dm^3
クォート	**1 quart** (qt.) = 2 pts =《米》0.9464 dm^3 =《英》1.137 dm^3

メートル法

ガロン	1 gallon (gal.) = 4 qts =《米》231 in^3 (= 3.785 dm^3) =《英》277.42 in^3 (= 4.546 dm^3)
ブッシェル	1 bushel = 8 gals =《米》35.24 dm^3 =《英》36.369 dm^3
ミリリットル	1 milliliter (ml.) = 0.00176 pint
センチリットル	1 centiliter (cl.) = 10 ml. = 0.0176 pint = 0.338 fluid oz.
デシリットル	1 deciliter (dl.) = 10 cl. = 0.176 pint
リットル	**1 liter** (l.) = 10 dl. = 0.264 米 gallon (= 0.220 英 gallon)
デカリットル	1 decaliter (dal.) = 10 l. = 2.20 英 gallons
ヘクトリットル	1 hectoliter (hl.) = 10 dal. = 22.0 英 gallons
キロリットル	**1 kiloliter** = 10 hl. = 220.0 英 gallons

数字を示す接頭語 (かっこ内は略記号)

tera-(T) = 10^{12}　　giga-(G) = 10^9　　mega-(M) = 10^6　　kilo-(k) = 10^3
hecto-(h) = 10^2　　deca-(da) = 10　　deci-(d) = 10^{-1}　　centi-(c) = 10^{-2}
milli-(m) = 10^{-3}　　micro-(μ) = 10^{-6}　　nano-(n) = 10^{-9}　　pico-(p) = 10^{-12}
femto-(f) = 10^{-15}　　atto-(a) = 10^{-18}

○倍数を表す語

double (2倍), triple (3倍), quadruple (4倍), quintuple (5倍), sextuple (6倍), septuple (7倍), octuple (8倍), nonuple (9倍), decuple (10倍), centuple (100倍)

▶ 日常的には通常 triple 以下は three times, four times, ... が用いられる.

■ 日本の年中行事

日本の年中行事

日本の文化の特色が典型的に表れていると考えられる年中行事を外国人に英語で伝えてみましょう．但し，日本の年中行事には仏教や神道に深く関わっているものが多く，その点でキリスト教や他の宗教の文化圏にある人々にわかりやすく説明するには，背景知識をも簡潔に付け加えて伝える配慮が必要でしょう．

「お正月」Oshogatsu (January 1—7)

Kadomatsu: An entrance decoration made of pine branches, bamboo and plum tree twigs. The pine tree is a symbol of long life.
門松：松の枝，竹，梅の小枝で作った戸口の飾りのこと．松は長寿のシンボルである．

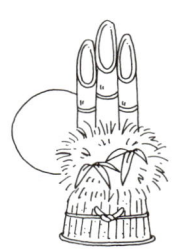

[参 考]

Kadomatsu are made in pairs and placed on both sides of the entrance.
（門松は2つ作り，入り口の両脇に置く）
Kadomatsu are believed to serve as a dwelling place for the god who brings good luck at the beginning of the year.
（門松は年の始めに幸運を運んでくる神の依代（よりしろ）と信じられている）依代は神霊のよりつく所で dwelling place（滞在する所）と訳してみた．

Zoni: A special rice cake soup served to celebrate the new year. Ingredients of the soup vary from district to district. Each district has its own specialty.
雑煮：新年を祝うために出される餅入りの特製スープ．雑煮の材料は地方によって異なり，各地域にはそれぞれの特色がある．

[参 考]

雑煮の材料は東西によって異なっているが大体の違いは以下の通り．
In the east of Japan its main ingredients are square rice cakes, chicken, kamaboko, shrimp and vegetables in a clear soup, whereas in western Japan round rice cakes, taro and burdock are put in miso soup.
（東日本では雑煮の主な材料は四角い餅・鶏肉・かまぼこ・海老・野菜などをすまし汁に入れるのに対し，西日本では丸い餅・里芋・ゴボウを味噌汁に入れる）

Hatsumode: This is the year's first visit to a shrine or a temple. People pray for happiness, health and prosperity in the new near.

初詣：神社やお寺への初参拝. 新年の幸福・健康・繁栄を祈る.

[参 考]

A proper way of praying at the shrine is to bow twice, clap the hands twice and bow once more.
（神社での正式なお参りの仕方は二礼, 二拍手, 一礼である）

If you make a money offering, your dreams may come true.
（お賽銭をあげると, 夢がかなうかもしれません）

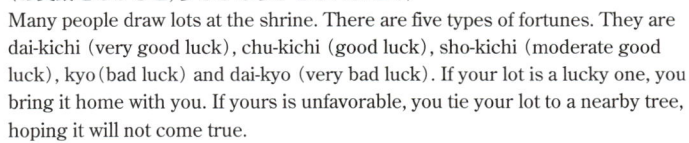

Many people draw lots at the shrine. There are five types of fortunes. They are dai-kichi (very good luck), chu-kichi (good luck), sho-kichi (moderate good luck), kyo (bad luck) and dai-kyo (very bad luck). If your lot is a lucky one, you bring it home with you. If yours is unfavorable, you tie your lot to a nearby tree, hoping it will not come true.
（大勢の人が神社でおみくじを引く. 大吉・中吉・小吉・凶・大凶の5種類がある. おみくじが良ければ家に持って帰り, 悪ければそれが実現しないようにと, 近くの木に結びつける）

「節分」Setsubun (February 3 or 4)

Mamemaki：It is a bean-throwing ceremony. Soy beans are scattered in and around the house to bring in good fortune and drive out evil spirits.

豆まき：豆を投げつける儀式. 大豆を家の中やまわりにまき, 福を呼び込み, 悪霊を追い払う.

[参 考]

いった大豆　roasted soy beans ／年の数だけ豆を食べる　to eat the same number of beans as one's age

小さい子供のいる家庭では次のような光景が見られるのではないだろうか.
Wearing a demon mask, father often plays a role of Oni (a demon) and children throw soy beans at him, chanting "Oni wa soto, fuku wa uchi" (Out with demons! In with good fortune!).
（父親が鬼の面をかぶり, 鬼の役をする. 「鬼は外! 福は内!」と言いながら, 子供は鬼めがけて豆を投げる）

■ 日本の年中行事

「雛祭り」Hinamatsuri (March 3)

This is the Doll Festival. Dolls in traditional kimono are displayed for the happiness of girls.
人形のお祭り. 女の子の幸福のために [を祈って], 伝統的な着物を着た人形を飾る.

[参　考]

「雛祭り」にはDoll Festivalという定訳があるが, a festival for girlsとした方がわかりやすいかもしれない.
雛壇　tiered platform. ／They are displayed on the tiered platforms.
（人形は段の上に飾る）

「彼岸」Higan (Mid-March & Mid-September)

People visit the graves of their ancestors and observe religious services.
先祖のお墓参りをし, 仏事をとり行う.

[参　考]

「彼岸」にはthe equinoctial weekという定訳があるが, 次のように説明するとわかりやすい.
Higan is the seven-day period when Buddhist services are held and it comes twice a year. Its middle day is the vernal equinox or autumnal equinox.
（彼岸は仏事が行われる7日間の期間で, 年に2回ある. 彼岸の真ん中の日は, 春分の日と秋分の日にあたる）

[追加例]

花見：Cherry blossom viewing. The cherry blossom is the national flower of Japan. People hold parties or go on a picnic under the blossoms.
（桜の花の観賞のこと. 桜は日本の国花である. 花の下でパーティを開いたりピクニックへ行ったりする）

[参　考]

The cherry trees are in full [half] blossom now.
（桜は今が満開 [五分咲き] である）bloomはやや文語的.
桜前線　a cherry-blossom front

日本の年中行事

「こどもの日」Kodomo-no-hi (May 5)

This is a festival for children and a national holiday. Families with boys put up koinobori, or streamers on poles. The carp is a symbol of courage.
子供のためのお祭りで祝日. 男の子のいる家庭では竿に鯉のぼりを上げる. 鯉は勇気のシンボルである.

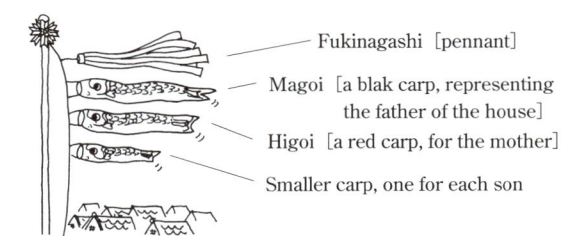

- Fukinagashi [pennant]
- Magoi [a blak carp, representing the father of the house]
- Higoi [a red carp, for the mother]
- Smaller carp, one for each son

話す力・書く力

[参 考]

　雛祭りとの関連で, 男の子の祭りだったことを説明するには, 次のようになろう.
This used to be a festival for boy children only, but today this is a festival for both boys and girls.
(かつては男の子だけのお祭りであったが, 今日では男の子, 女の子両方のお祭りである)
　また, 五月人形の説明には以下のようにも言えよう.
Just as in Hinamatsuri in March, a samurai doll, a suit of armor, a sword, a drum, a bow and arrows etc. are displayed on the tiered platforms in the home.
(3月の雛祭りと同じように, 武者人形・鎧・刀・太鼓・弓矢などが家の中で段の上に飾られる)

「七夕」Tanabata (July 7)

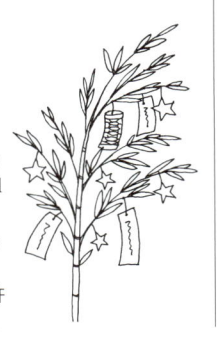

The Star Festival. An ancient legend says two stars in love, Kengyu (=Altair) and Shokujo (=Vega) were allowed to cross the Milky Way for a date. On this day, bamboo branches are set up outside homes. People write poems and wishes on tanzaku, special strips of paper; and hang them on the bamboo branches.

七夕：星のお祭り. 大昔の伝説が伝えるところによると, 愛し合っている2つの星, すなわち牽牛 (アルタイル) と織女 (ベガ) が年に一度のデートのために天の川を渡ることを許されたとのこと. この日には, 竹の枝を家の外に立てる. 短

■ 日本の年中行事

冊に歌や願い事を書いて, 竹の枝に下げる.

[参 考]

　古来から日本人は月を観賞するのが大好きであった. 月見という年中行事もあるし, 月の中にはウサギがいて餅つきをしているという言い伝えもある. ちなみに英語圏では月の中にはちょうちん(lantern)を下げ, 犬を引き連れた男の人がいるという言い伝えがある. また月は多くの歌に詠まれてきたし, 「かぐや姫」のような月にまつわる物語もある.

　ところが日本人はあまり星に興味を示さなかったようだ. 星座にしても「すばる」だけが大和言葉で, 他の星座の名前はほとんど中国からの借り物である. 牽牛・織女のロマンチックなお話も中国から伝わったものである. 一般に航海をしたり, 何千キロも家畜を追って移動する人々は, 自分の位置を確認するために星を利用するが, 定住型の日本人はあまり星を必要としなかったのかもしれない.

「盆」 Bon (Mid-July or Mid-August)

We believe that the souls of our ancestors visit our homes. We entertain them and send them back to the other world. People return to their hometowns for family reunions. They enjoy the Bon dances, too.

盆：私たちは先祖の霊が自分の家に帰ってくると信じている. 先祖の霊をもてなし, またあの世へ送り返す. 人々は帰省して家族との再会を果たす. また盆踊りも楽しむ.

[参 考]

迎え火　the welcoming fire／送り火　the send-off fire
Halloweenは日本の「お盆」に似た行事と言えるかもしれない. あの世から霊魂がこの世へやってくるという共通点が見られる. 但しHalloweenには悪霊がやってくるのだが, 日本の場合はなつかしい先祖の霊である.

「月見」Tsukimi (Mid-September)

A custom of viewing the full moon. Tsukimidango (＝rice dumplings), susuki (＝pampas grass) and autumn fruit are offered to the moon.
満月を観賞する習慣. 月見団子・すすき・秋の果物を月にお供えする.

「七五三」Shichi-go-san (November 15)

Parents take girls of seven, boys of five and both boys and girls of three to their local shrine to pray for their health and happiness.
7歳の女の子, 5歳の男の子, 3歳の男の子と女の子を親が地元の神社へ連れていき, 子供たちの健康と幸福を祈る.

[参 考]
千歳飴: red and white stick-shaped sweets (literally, thousand-year sweets).
Children are given Chitose-ame which are believed to bring a thousand years' happiness to the children.
(子供たちは千年にもわたる幸福をもたらすという千歳飴をもらう)
After the shrine visit, they often take family pictures at a photo studio.
(神社へ行ったあと, 写真館で家族の写真を撮ることがよくある)

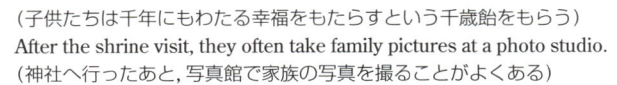

「大晦日」Omisoka (December 31)

The last day of the year, New Year's Eve.
Joya-no-kane: People ring the temple bell 108 times at midnight on New Year's Eve to mark the passing of the old year.
除夜の鐘: 古い年が改まるのを記念して, 大晦日の真夜中にお寺の鐘を108回つく.

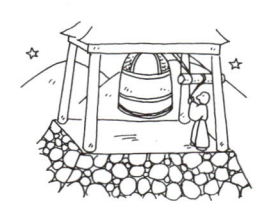

[参 考]
実際には12時に108回鐘をつけないので, 次の表現も参考になろう.
from midnight on New Year's Eve and into the New Year's Day

■ 日本の年中行事

(大晦日の真夜中から, 元日にかけて)

According to Buddhist belief, human beings have 108 earthly desires. Each time you ring the bell, one desire is supposed to disappear.

(仏教の信仰によれば, 人間は108のこの世の欲望(煩悩)を持っており, 1回鐘をつくごとに1つの煩悩が消えるとされている)

Toshikoshi soba: People eat toshikoshi soba (= buckwheat noodles) on New Year's Eve. The long thin soba noodles are a symbol of long life.

年越しそば: 大晦日に年越しそばを食べる. 細長いそばは長寿のシンボルである.

[参　考]

年越し: seeing out the old year and seeing in the new

(旧年を見送り, 新年を迎え入れること)

[追加例]

餅つき: The pounding of the steamed rice to make mochi, rice cakes. This used to be a year-end event. It was seen in almost every home, but nowadays it is rarely practiced. People do not make mochi in their homes. Instead, they buy them from a local store.

(蒸した米をついて餅を作ること. かつてこれは年末の行事で, ほとんどの家で見られたが, 近頃はめったに行われない. 家で餅をつく代わりに地元の店で餅を買う)

クリスマス: Christmas is not a religious event to most Japanese, but rather a commercial affair. Shops and department stores have a Christmas sale and people buy Christmas gifts for their family members and friends. People buy Christmas cakes and eat them at home on Christmas Eve.

(大部分の日本人にとっては, クリスマスは宗教行事というよりはむしろ商業行為である. 商店やデパートではクリスマスセールを行い, 家族や友達にクリスマスの贈り物を買う. 人々はクリスマスケーキを買い, クリスマスイブに家で食べる)

日本から海外への電話のかけ方

1. マイラインを登録している場合：

010 国際電話識別番号 → 相手先の国番号* → 0を除いた市外局番 → 相手先の電話番号

（登録接続会社を通じて接続され，その会社から課金される）

2. マイラインを登録していない場合：

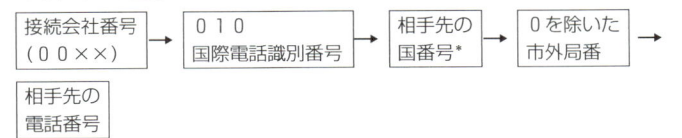

接続会社番号（00××） → 010 国際電話識別番号 → 相手先の国番号* → 0を除いた市外局番 →

相手先の電話番号

（事前に登録を要する接続会社があるので要注意）

注意
① 会社により課金制度が異なり，6秒単位の課金から分単位まで差が大きい．料金も課金単位との関連で考える必要がある．
② 市外局番で0を除かない例も一部ある．
③ FAXを送る場合も，電話番号の代わりに相手先のFAX番号を入れれば，手続きは同じである．
④ 日本との時差については本書p.374参照．但し，アメリカ，ヨーロッパなど夏時間を実施している国については，その実施期間中は通常時と異なるので注意する必要がある．
⑤ *相手先の国番号については次頁参照．

海外から日本への電話のかけ方

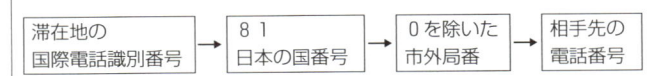

滞在地の国際電話識別番号 → 81 日本の国番号 → 0を除いた市外局番 → 相手先の電話番号

ホテルなどからかける場合は，まず外線番号をかけ，あとは通常のかけ方と同じになる．

　（例）米国ニューヨークから日本の03-XXXX-XXXX番にかける場合
　　　011→81→3→XXXX-XXXX

■ 海外から日本への電話のかけ方

◆国名・地域名	◆国際電話識別番号	◆国番号（前頁参照）
シンガポール	001	65
タイ	001	66
台湾	002	886
中国	00	86
韓国	001[002]	82
フィリピン	00	63
香港	001	852
オーストラリア	0011	61
ニュージーランド	00	64
ハワイ	011	1—808
アメリカ合衆国	011	1
カナダ	011	1
イギリス	00	44
イタリア	00	39
オーストリア	00	43
ギリシャ	00	30
スペイン	07	34
ドイツ	00	49
フランス	00	33
ロシア	810	7

注意

①出発の際にプリペイドカードを購入していくと便利である．但し，ホテルによっては電話使用料（例：1回につき1ドル）をとるところがあるので注意する必要がある．

②市外局番で0を除かない例外も一部ある．

③国際電話識別番号は，使用する回線により異なる場合がある．

④ダイヤル直通による以外の国際電話のかけ方もあり，また電話会社・機種によってもかけ方に違いがあるので，以下に主な問い合わせ先を掲げる．

国際電話に関する日本での問い合わせ先

KDDI 無料 0057
NTTコミュニケーションズ 無料 0120-506506
日本テレコム 無料 0088-41
au 無料 0077-7-111
NTTドコモ 無料 0120-800-000
ボーダーフォン 無料 0088-240157

主な航空会社略称

◆略称	◆航空会社名(日本語)	◆航空会社名(英語)	◆電話
AA	アメリカン航空	American Airlines	03-4550-2111
AC	エア・カナダ	Air Canada	03-5405-8800
AD	エアーパラダイス国際航空	Air Paradise International	06-6341-5535
AF	エールフランス	Air France	03-3570-8577
AI	エア・インディア	Air India	03-3508-0261
AO	オーストラリア航空	Australian Airlines	03-5510-7070
AY	フィンランド航空	Finnair	0120-700-915
AZ	アリタリア航空	Alitalia	03-5166-9111
BA	ブリティッシュ・エアウェイズ	British Airways	03-3570-8657
BG	ビーマン・バングラデシュ航空	Biman Bangladesh Airlines	03-3502-7922
BR	エバー航空	EVA Airways	03-5798-2811
CA	中国国際航空	Air China	03-5251-0711
CI	チャイナ エアライン(台湾)	China Airlines	03-5520-0333
CO	コンチネンタル航空	Continental Airlines	03-5464-5050
CS	コンチネンタルミクロネシア航空	Continental Micronesia Airlines	COが代行
CX	キャセイパシフィック航空	Cathay Pacific Airways	03-5159-1700
CZ	中国南方航空	China Southern Airlines	03-5157-8011
DL	デルタ航空	Delta Air Lines	03-3593-6666
EG	日本アジア航空	Japan Asia Airways	0120-747-801
EK	エミレーツ航空	Emirates	03-3593-6720
EL	エアーニッポン	Air Nippon	0120-029-003
FJ	エア・パシフィック	Air Pacific	03-5208-5171
FM	上海航空	Shanghai Airlines	06-6945-8666
GA	ガルーダ・インドネシア航空	Garuda Indonesia	03-3240-6161
H8	ダリアビア航空	DALAVIA Far East Airways Khabarovsk	03-3431-0687
HU	海南航空	Hainan Airlines	06-6447-7577
HY	ウズベキスタン航空	Uzbekistan Airways	03-5157-0722
HZ	サハリン航空	Sakhalinskie Aviatrassy	011-817-1433
IR	イラン航空	Iran Air	03-3586-2101
JL	日本航空	Japan Airlines International	0120-25-5931
JO	ジャルウェイズ	JAL ways	03-5460-0511
KA	香港ドラゴン航空	Hong Kong Dragon Airlines	03-5220-6862
KE	大韓航空	Korean Air	0088-21-2001
KL	KLMオランダ航空	KLM Royal Dutch Airlines	0120-468-215
LH	ルフトハンザ・ドイツ航空	Lufthansa German Airlines	0120-051-844

■ 主な航空会社略称

◆略称	◆航空会社名(日本語)	◆航空会社名(英語)	◆電話
LX	スイスインターナショナルエアラインズ	Swiss International Airlines	0120-667-788
MF	廈門アモイ航空	Xiamen Airlines	06-6448-7666
MH	マレーシア航空	Malaysia Airlines	03-3503-5961
MS	エジプト航空	Egyptair	03-3211-4521
MU	中国東方航空	China Eastern Airlines	03-3506-1166
NH	全日本空輸	All Nippon Airways	0120-029-333
NQ	エアージャパン	Air Japan	NHが代行
NW	ノースウェスト航空	Northwest Airlines	0120-120-747
NZ	ニュージーランド航空	Air New Zealand	03-5521-2727
OM	モンゴル航空	MIAT－Mongolian Airlines	03-3237-1852
OS	オーストリア航空	Austrian Airlines	03-5222-5454
OZ	アシアナ航空	Asiana Airlines	03-3582-6600
PK	パキスタン国際航空	Pakistan international Airlines	03-3216-6511
PR	フィリピン航空	Philippine Airlines	03-3593-2421
PX	ニューギニア航空	Air Niugini	03-5216-3555
QF	カンタス航空	Qantas Airways Limited	03-3593-7000
QR	カタール航空	Qatar Airways	03-5501-3771
RA	ロイヤルネパール航空	Royal Nepal Airlines	03-3369-3317
RG	ヴァリグ・ブラジル航空	Varig Brazilian Airways	03-5408-6711
SB	エア・カレドニア・インターナショナル	Air Caledonie International	AFが代行
SK	スカンジナビア航空	Scandinavian Airlines System	03-5400-2331
SQ	シンガポール航空	Singapore Airlines	03-3213-3431
SU	アエロフロート・ロシア航空	Aeroflot Russian Airlines	03-5532-8701
TG	タイ国際航空	Thai Airways International	03-3503-3311
TK	トルコ航空	Turkish Airlines	03-5251-1551
TN	エア・タヒチ・ヌイ	Air Tahiti Nui	0570-300-400
UA	ユナイテッド航空	United Airlines	0120-11-4466
UL	スリランカ航空	Srilankan Airlines Limited	03-3431-6600
VN	ベトナム航空	Vietnam Airlines	03-3508-1481
VS	ヴァージン アトランティック航空	Virgin Atlantic Airways	03-3499-8811
XF	ウラジオストック航空	Vladivostok Airlines	03-3431-2788

主な空港略号

◆空港略号	◆空港名	◆国名・地域名
ANC	アンカレッジ	米国
BKK	バンコク	タイ
CDG	パリ(シャルルドゴール)	フランス
DEL	デリー	インド
FCO	ローマ	イタリア
FRA	フランクフルト	ドイツ
FWR	ニューヨーク(ニューアーク)	米国
GIG	リオデジャネイロ	ブラジル
GUM	グァム	米国
HKG	香港	中国
HND	東京国際空港(羽田)	日本
HNL	ホノルル	米国
IAD	ワシントン(ダレス)	米国
IAH	ヒューストン	米国
ICN	ソウル(仁川)	韓国
JFK	ニューヨーク(ケネディ)	米国
KIX	関西国際空港	日本
LAX	ロサンゼルス	米国
LGA	ニューヨーク(ラガーディア)	米国
LHR	ロンドン(ヒースロー)	英国
MAD	マドリード	スペイン
MNL	マニラ	フィリピン
MUC	ミュンヘン	ドイツ
NRT	新東京国際空港(成田)	日本
PEK	北京	中国
PVG	上海(浦東)	中国
SFO	サンフランシスコ	米国
SIN	シンガポール	シンガポール
SVO	モスクワ	ロシア連邦
SYD	シドニー	オーストラリア
THR	テヘラン	イラン
TPE	台北	台湾
YVR	バンクーバー	カナダ
YYZ	トロント	カナダ

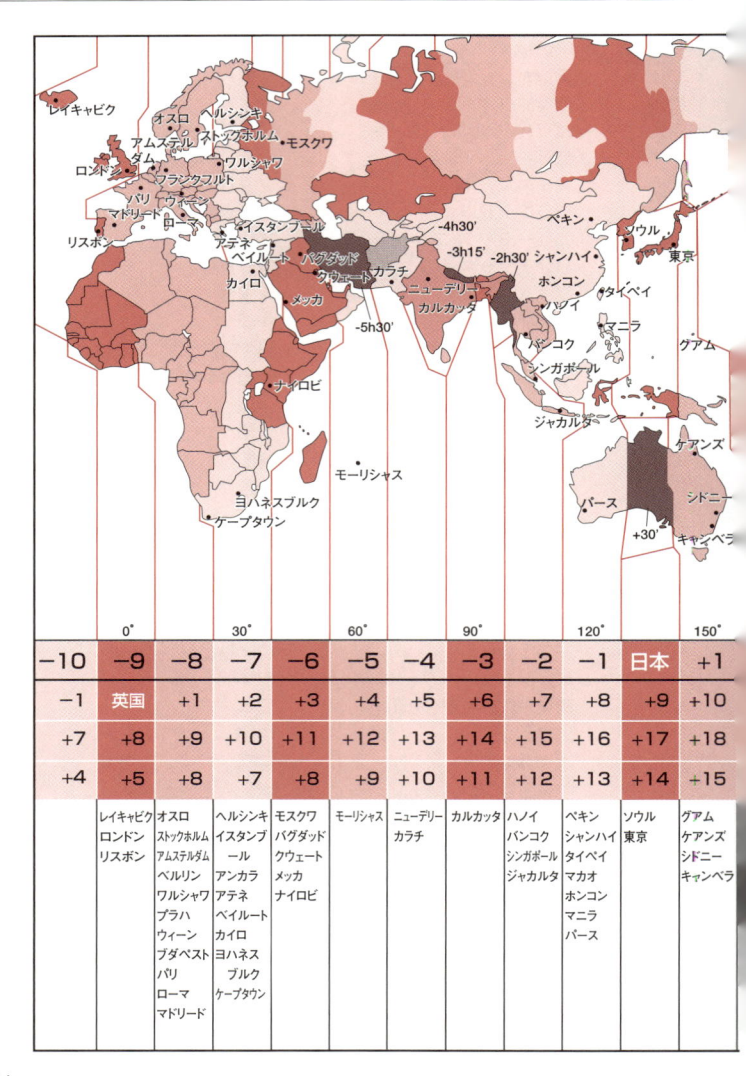

■ 世界時差地図

世界時差地図

	0°			30°			60°			90°			120°		150°
−10	−9	−8	−7	−6	−5	−4	−3	−2	−1	日本	+1
−1	英国	+1	+2	+3	+4	+5	+6	+7	+8	+9	+10
+7	+8	+9	+10	+11	+12	+13	+14	+15	+16	+17	+18
+4	+5	+8	+7	+8	+9	+10	+11	+12	+13	+14	+15
	レイキャビク ロンドン リスボン	オスロ ストックホルム アムステルダム ベルリン ワルシャワ プラハ ウィーン ブダペスト パリ ローマ マドリード	ヘルシンキ イスタンブール アンカラ アテネ ベイルート カイロ ヨハネスブルク ケープタウン	モスクワ バグダッド クウェート メッカ ナイロビ	モーリシャス	ニューデリー カラチ	カルカッタ	ハノイ バンコク シンガポール ジャカルタ	ペキン シャンハイ タイペイ マカオ ホンコン マニラ パース	ソウル 東京	グアム ケアンズ シドニー キャンベラ

世界時差地図

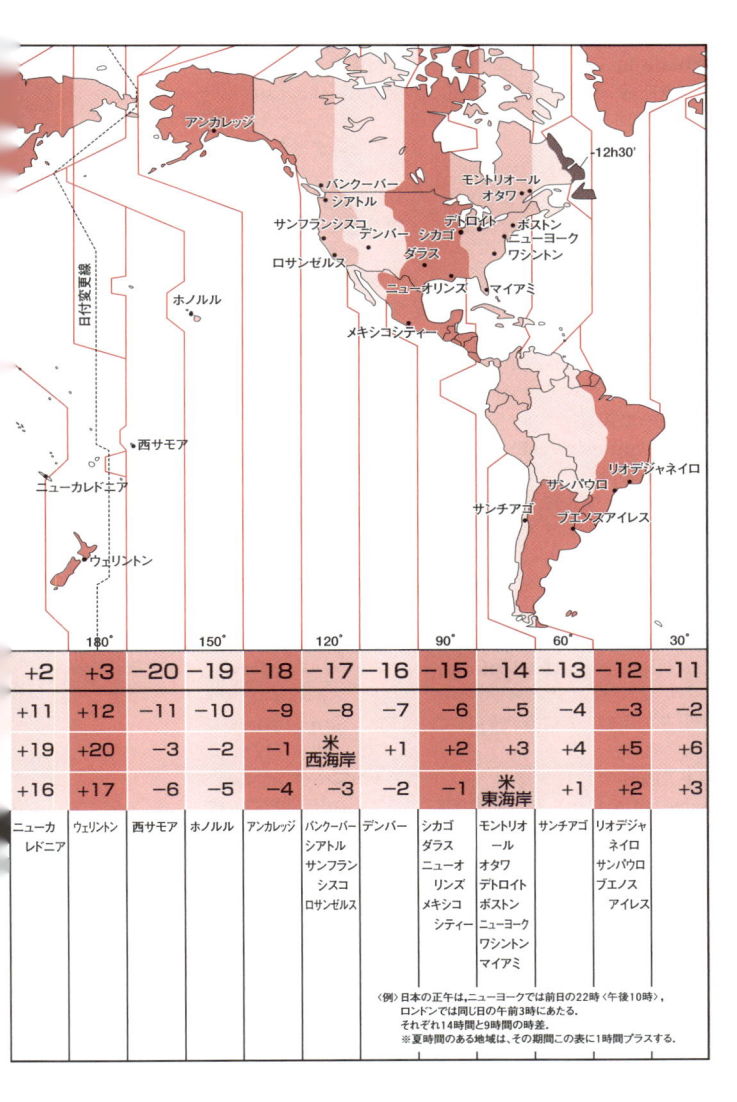

+2	+3	−20	−19	−18	−17	−16	−15	−14	−13	−12	−11
+11	+12	−11	−10	−9	−8	−7	−6	−5	−4	−3	−2
+19	+20	−3	−2	−1	米西海岸	+1	+2	+3	+4	+5	+6
+16	+17	−6	−5	−4	−3	−2	−1	米東海岸	+1	+2	+3
ニューカレドニア	ウェリントン	西サモア	ホノルル	アンカレッジ	バンクーバー シアトル サンフランシスコ ロサンゼルス	デンバー	シカゴ ダラス ニューオーリンズ メキシコシティー	モントリオール オタワ デトロイト ボストン ニューヨーク ワシントン マイアミ	サンチアゴ	リオデジャネイロ サンパウロ ブエノスアイレス	

〈例〉日本の正午は、ニューヨークでは前日の22時〈午後10時〉、ロンドンでは同じ日の午前3時にあたる。それぞれ14時間と9時間の時差。
※夏時間のある地域は、その期間この表に1時間プラスする。

主なインターネット・携帯電話用語

《携》は携帯電話関連の用語を指す.

アーカイバ archiver
ファイルを圧縮・解凍したり,複数のファイルを一つにまとめたりするソフト.

アーカイブ archive
インターネットで,過去のさまざまな情報が集められている場所.

アーパネット ARPANET [*Advanced Research Project Agency Network*]
米国防総省高等研究計画局ネットワーク.現在のインターネットの起源とされる.

アイエスディーエヌ ISDN [*Integrated Services Digital Network*]
普通の電話とデータ通信が一本の電話回線で接続されたもの.

アイコン icon
コンピュータで行う操作やファイルを図形化したもの.

アイピー[IP]電話 IP [*Internet Protcol*] telephone
インターネット技術によるネットワーク(IP網)を利用して低料金で提供される電話サービス.

アイポッド iPod
米国Apple社製のハードディスク内蔵型の携帯音楽プレイヤー.

アイモード, iモード i-mode
《携》NTTドコモが始めた携帯電話によるインターネット接続サービス.

アウトボックス outbox
英語版のメールソフトなどにある送信箱.

アカウント account
登録されているサーバーでのユーザー識別名.

アクセス access
インターネットに接続すること.

アクセスタイム access time
サーバーなどに接続している時間.;また接続に要する時間.

アクセスポイント access point
プロバイダーにアクセスするために設置された接続点.

アクロニム, 頭字語 acronym
頭文字を並べた略語. 例:WWW

アクロバット・リーダー Acrobat Reader
Adobe Acropbatで作成した, PDFを読むソフト.

アスキー ASCII [*American Standard Code for Information Interchange*]
米国情報交換標準コード.

アタッチメント, 添付書類[ファイル] attachment
電子メールソフトのファイル添付機能.

圧縮 compression
ファイルを圧縮すること.

アットマーク at sign
Eメールアドレスのユーザー名とドメイン名の間につけるマーク.

アップロード upload
ネットワーク上のサーバーにデータを送信すること.

アドオンソフト ad-on software
アプリケーションの機能拡張のため追加インストールされるソフト.

アドバンスド・サーチ, 上級検索 advanced search

主なインターネット・携帯電話用語

検索対象を絞り込んだ検索方法.

アドビ・アクロバット
Adobe Acrobat
汎用文書作成ソフトの一つ.

アドレス address
ネット上での情報源や利用者の所在地.

アドレス帳 address book
携帯電話やパソコンで, 相手の電話番号・メールアドレス・住所などを記録しておく機能.

アバター avatar
自分のアイデンティティを示すため, Eメール, インターネット・メッセンジャー, 掲示板などに使用するキャラクターなど.

アプリケーション application
コンピュータ上でプログラムを処理する応用ソフト.

アルファニューメリック, 英数字の
alphanumeric(形容詞)
アルファベットと数字を組み合わせた.

アンインストール uninstall(動詞)
ハードディスクに組み込まれているプログラムを取り除く.

アンダースコア underscore
下線(文字などの直下に引くunderlineと区別して, 文字などの間に引く下線[_]に用いる)

アンダーバー underscore
(メールアドレスなどで)文字などの間に引く下線. アンダースコアと同じ.

アンダーライン underline
下線(文字などの間に引く下線[_]と区別して, 文字などの直下に引く下線に用いる)

アンチウイルス・ソフト
anti-virus software
抗ウイルス・ソフト.

イニシャライズ initialize(動詞)
(ディスクを)初期化する.

インストール install(動詞)
ソフトをパソコンのハードディスクに組み込む.

インターフェイス interface
パソコン間, 周辺機器などの二者を接続する部分. コンピューターと人間の接点といえる操作環境.

インタラクティブ
interactive(形容詞)
コマンドを入力すると, 対話的にコンピュータが目的を実行する.

インバリッド, 無効な invalid(形容詞)
間違った情報を入力すると表示される.

インボックス inbox
英語版のメールソフトなどにある受信箱.

ウィザード wizard
面倒な操作を簡単に行えるようにする対話形式の機能.

ウイルス virus
ネットワークやコンピュータに侵入して, 他人のプログラムやデータに被害を与えるプログラム.

ウィンジップ WinZip
米国 Nico Mak Computing 社製のZIP形式のアーカイバ. 拡張子は.zip.

ウェアラブル・コンピュータ
wearable computer
身につけている腕時計や洋服などを通して, デジタル情報をやりとりするコンピュータ.

ウエイズ, 広域情報サーバー
WAIS [*W*ide *A*rea *I*nformation *S*ervice]
インターネット上で利用できる情報検索システムの一つ.

ウェイブ WAVE
音声データファイル形式の一つ. 拡張

話す力・書く力

377

■ 主なインターネット・携帯電話用語

子は.wav.
ウェブ Web
World Wide Webの短縮語.
(ウェブ)サイト (web) site
インターネット上で情報が管理保存されている場所.
ウェブページ webpage
インターネットに接続すると現れるページの総称.
ウェブメール webmail
無料でアカウントが取得できる電子メールサービス.
エイアイアイエフ, 音声交換ファイル形式 AIFF [Audio Interchange File Format]
米国Apple社が開発した音声ファイル形式. 拡張子は.aif(f).
エイチティーエムエル
HTML [Hypertext Mark-up Language]
インターネットで使用されるハイパーテキストの記号つき言語.
エイディーエスエル
ADSL [Asymmetric Digital Subscriber Line]
非対称デジタル加入者線. 既存の電話回線を利用して高速のデータ通信を行う技術の一つ.
エスエスエル
SSL [Secure Socket Layer]
インターネット経由のデータを暗号化し, 安全に通信するための仕組み.
エスクロー・サービス escrow service
取引き安全のための, 代金回収代行サービス.
エディット edit(動詞)
データファイルなどを修正変更する.
エフエイキュー
FAQ [Frequently Asked Questions]
よくある質問・回答リスト.
エフティーピー, ファイル転送規約
FTP [File Transfer Protocol]
TCP/IPを利用したネットワーク上におけるファイル転送のための通信規約.
エムピースリー MP3
MPEGの音声領域の圧縮に関するファイル形式. インターネット上で音楽データの交換に利用されている. 拡張子は.mp3.
エムペグ
MPEG [Motion Picture Experts Group]
動画データの圧縮・伸張の国際標準規格の一つ. デジタルビデオ分野で技術が注目されている.
エモーティコン emoticon
感情を表す絵文字.
オーエス, オペレーティング・システム
OS [Operating System]
システム全体を作動させる基本的ソフト.
オーセンティケーション, 認証 authentication
ネットワークにアクセスする人の身元を確認する手続き.
オプション option
選択できるメニュー一覧.
オフライン offline
インターネットへの接続を切った状態.
オンデマンド on demand
ユーザーの要求に応じて提供されるサービス形態.
オンライン online
インターネットに接続されている状態.
カーソル cursor
画面上の文字や絵を書き込む場所を示す印.

主なインターネット・携帯電話用語

カーボン・コピー *carbon copy* [cc]
同一内容のメールを複数宛に送信する機能.；bccと違い,受信人はccの送り先が分かる.

拡張子, エクステンション extension
ファイルの種類や属性を表す英数字.

カットアンドペースト cut and paste
文字列などを切り取って,別の位置に貼り付けること.

画面メモ screen memo
《携》気に入った画面を保存しておくこと.

着(信)メロ(ディー) melody ringtone
《携》着信音にメロディーを設定したもの.

キーボード keyboard
入力用の文字・記号などが並んだボード.

キーワード keyword
情報検索などを行う際に手がかりとなる言葉.

キャッシュ cache
コンピュータのメモリやハードディスクにデータをためておく一時メモリ.

キャッチホン call waiting
《携》通話中にほかから電話がかかってきたことを知らせる機能.

クィックタイム QuickTime
動画を再生するためのソフトの一つ.

クール cool (形容詞)
「かっこいい」(形容詞),ウェブページに対する評価に用いる.

クラッシュ crash
ソフトやハードの不具合により,システムが突然停止すること.

クリック click
マウスを1度押すこと.

クリップボード clipboard
コピーやカットをしたデータの一時保存場所.

グローバル・ローミング global [international] roaming
海外渡航先などで,現地の事業者を利用して接続サービスが受けられるようにすること.

携帯電話, ケータイ
《米》cell(phone)；《英》mobile(phone)
《携》無線通信網を利用して,携帯して利用できる電話.

ケース・インセンシティブ case insensitive
アルファベットの大文字と小文字を区別しないこと.

ケース・センシティブ case sensitive
アルファベットの大文字と小文字を区別すること.

ケーブルインターネット CATV Internet service
ケーブルテレビ(CATV)回線を利用して提供される高速のインターネット接続サービス.

圏外 dead zone
《携》電波が届かず,通話不可能な地域.

ゴーファー Gopher
インターネット上で利用できる文字情報の検索システム.

互換性, コンパティビリティ compatibility
同じソフトや周辺機器が他のコンピュータでも使えること.

個人情報 personal data [information]
パソコン上で個人を特定できる情報.

コピーアンドペースト copy and paste
文字列などをコピーして,別の位置に貼り付けること.

コンパクトプロ CompactPro
Macintosh用のデータ圧縮プログラム.拡張子は.cpt.

話す力・書く力

■ 主なインターネット・携帯電話用語

コンピュータ・リテラシー computer literacy
コンピュータを使いこなす能力.

サーチ, 検索 search
データベースに収められている情報を探し出すこと.

サーチ・エンジン search engine
インターネット上で公開されている情報の検索システム.

サーバー server
ネットワーク上で各種サービスをクライアントに提供するコンピュータ.

サービスエリア coverage area
《携》携帯電話で, 基地局が出す電波の届く範囲.

サイバースペース, 電脳空間 cyberspace
ネットワーク上に広がる情報空間.

サイン・アップ sign up(動詞)
新規の加入登録手続きをする.

サイン・イン sign in(動詞)
ユーザーIDやパスワードなどを入力して登録済みのサイトに入場する.

サブジェクト, 件名 subject
Eメールの内容を示す題名.

ジーアイエフ, ジフ GIF [Graphics Interchange Format]
画像データの標準的な保存形式の一つ. 拡張子は.gif.

シェアウェア shareware
主にインターネット上からダウンロードできる有料ソフト.

ジェイペグ JPEG [Joint Photographic Experts Group]
画像ファイルの形式の一つで, カラー静止画像を圧縮・保存するための国際標準規格. 拡張子は.jpg, .jpeg, .jif, .jpe.

自己解凍 self-extract
圧縮されたファイルをクリックするだけで, 自動的に解凍する機能.

ジップ ZIP
通信ネットワーク上でのMS-DOS/Windows用ファイル圧縮形式の一つ. 拡張子は.zip.

ジャンプする jump(動詞)
リンクしている別のサイトやページに飛ぶ.

ショートカット shortcut
アプリケーションソフトの起動を1回で実行させる機能.

スカジー SCSI [Small Computer System Interface]
パソコンと外付け周辺機器を接続するためのインターフェース.

スクリーン・セーバー screen saver
ディスプレーを保護するための常駐プログラム.

スクロール scroll
パソコン画面で, 見えない部分を見るために表示内容を上下左右に動かすこと.

スタッフイット StuffIt
米国Aladin System社製のアーカイバ. 拡張子は.sit.

ストリーミング streaming
インターネットで, 音楽や映像を受信しながら順次再生する配信方式.

スネール・メール, カタツムリ・メール, 普通郵便 snail mail
電子メールに対して, 郵便局を通じての普通の郵便.

スパイウェア spyware
他人のパソコンから情報を盗み出すソフト.

スパムメール spam
迷惑メール.

スペルチェッカー spell-checker
単語の綴りをチェックし, 訂正する機能.

主なインターネット・携帯電話用語

スマイリー smiley
　顔文字. メールなどで用いる.
スラッシュ, 斜線 slash
　URLでの区切り記号(/).
スレッド thread
　ニュースグループなどで同一のトピックについて投稿された一連の記事.
セキュリティ security
　コンピュータやネットワークシステム上の安全性を確保すること.
ソーホー SOHO [Small Office, Home Office]
　コンピュータ・ネットワークを利用して, 自宅を仕事場にしたもの.
ソフト(ウェア) software
　コンピュータが行う作業の手順を記述したプログラム.
ターミナル terminal
　ホストコンピュータを利用するために, ユーザーが操作する端末装置.
ダイアローグ・ボックス dialogue box
　作業上の注意や確認が必要な時に画面に表示されるウィンドウ.
ダウンロード download
　インターネット上の情報を自分のパソコンに取り込み, 保存すること.
ダブルクリック double click
　マウスを続けて2度押すこと.
ダブリューダブリューダブリュー WWW [World Wide Web]
短縮ダイヤル abbreviated dialing
　((携))登録することで, 短い番号で電話がかけられる機能.
チップ chip
　集積回路の小片.
着信履歴 call register
　((携))かかってきた電話の記録.
チャット chat
　インターネット上でリアルタイムに文字の会話を行うこと.

ディーエスエル[DSL]サービス digital subscriber line service
　電話線を使って高速のデジタル伝送をするサービス.
ティーシーピー・アイピー TCP/IP [Transmission Control Protocol/Internet Protocol]
　インターネットやワークステーションのLANの標準プロトコルの一つ. データを正しく転送するためのTCPと, ネットワーク間でデータをパケット方式で伝送するためのIPという2つのプロトコルから成る.
ディスプレー display
　コンピュータが処理する情報を表示する装置.
ティフ, タグ画像ファイル形式 TIFF [Tag Image File Format]
　画像データ形式の一つ. スキャナーによる写真の取り込みなどに使われる. 拡張子は.tif, tiff.
ディレクトリ directory
　ハードディスク内で, 複数のファイルを整理保存しておく際の区分.
データベース database
　コンピュータが管理するデータ情報の集まり.
テキスト・ファイル text file
　文字情報だけの文書. フォントや下線などの文字修飾情報が入っていないため, 文字を扱うほぼ全てのアプリケーションソフトで互換性がある.
デジタル携帯電話 digital cellphone
　((携))第二世代以降の携帯電話.
デバッグ debug
　コンピュータやプログラムの欠陥を取り除くこと.
デフォルト, 初期設定, 標準仕様 default
　パソコンやプログラムの初期設定値.
デリート, 削除する delete(動詞)

■ 主なインターネット・携帯電話用語

文字・数字・ファイルなどを削除する.

テルネット
Telnet [*Telecommunication Network*]
遠隔地のコンピュータにログインするためのプロトコルの一つ.

電子掲示板
BBS [*Bulletin Board System*]
ネットワーク上でメッセージを書いたり読んだりできる掲示板.

電子商取引, eコマース e-commerce
ネットワーク上での商取引.

電子認証 electronic authentication
ネット上での本人確認.

電子マネー, 電子通貨
electronic money
電子商取引などで用いられる貨幣価値をもった電子媒体.

テンプレート template
アプリケーションソフトに付属するサンプル文書.

ドライバー driver
コンピュータと周辺装置との間を制御するプログラム.

ドラッグアンドドロップ
drag and drop
マウスボタンを押したまま引きずって移動先で離す操作.

ナンバー・ディスプレー caller ID
《携》かかってきた電話相手の番号がディスプレーに表示されるサービス.

ニューズグループ newsgroup
ネットニュース内のトピック別に分けられたグループで, インタネット上の会議室.

ニュービー newbie
インターネット初心者.

ネチケット netiquette
インターネット上における基本的マナー・エチケット.

ネチズン netizen
ネット市民, ネットワーク利用者.

ネットサーフィン netsurfing
インターネット上を次々と閲覧して回ること.

ネットワーク network
データ情報を共有できる2台以上のコンピュータが接続されている通信網.

バーチャル・モール, 仮想商店街
virtual mall
インターネット上に公開されているショッピングセンター.

バーチャル・リアリティ
virtual reality
コンピュータが生み出す, 現実と酷似した環境.

ハード(ウェア) hardware
コンピュータを構成する機器類.

バイト byte
デジタル情報の単位. 1バイトは8ビットにあたる.

バイナリー・ファイル binary file
(データが) 0か1で表記されたファイル.

ハイパーテキスト hypertext
文字・音声・画像などを相互に関連づけ, 簡単に参照できるようにしたデータファイル.

バイブレーター vibrator
《携》振動で着信を知らせる機能.

バインヘックス, ビンヘックス BinHex
バイナリー・ファイルをテクスト・ファイルに変換するMacintoshのファイル形式またはその変換ソフト. 拡張子は.hqx.

バグ, 欠陥 bug
プログラムやwebsite上の欠陥.

パケット通信
packet communication
《携》一定量ごとに一つの束のようにまとめてデータを伝送する通信サービ

主なインターネット・携帯電話用語

ス. この方式で, 定額使い放題をうたうのがパケット定額サービス.

パス path
目的とするファイルやディレクトリまでの経路.

バズワード buzzword
(コンピュータの)専門語.

パスワード password
アクセスに必要な暗証.

ハッカー hacker
ネットワーク内に不正に侵入する者.

バックアップ backup
不慮の事故に備えて, データやファイルを別の記憶媒体に保存しておくこと.

バナー広告 banner advertisement
ウェブページ上に表示される広告.

パブリック・ドメイン・ソフトウェア public domain software [PDS]
インターネット上で無料公開されているソフト.

ハングアップ hang-up
コンピュータがキーボードやマウスからの入力を受け付けなくなること.

ハンズフリー携帯電話 handsfree cellphone
《携》電話を手で耳元にもっていかなくても通話できる装置(イヤホンマイクとも言う).

ハンドルネーム, ハンドル名 handle name
インターネットの掲示板などで用いるペンネーム・肩書.

ピーエッチエス PHS [Personal Handyphone System]
《携》簡易型携帯電話で, 機器も通信料金も安い.

ピーディーエイ PDA [Personal Digital Assistant]
私的情報管理ツールで, 主に電子手帳のこと. Apple社のNewtonという機器を指したが, 一般名詞となる.

ピーディーエフ PDF [Portable Document Format]
簡易文書形式の一つ. 機種や使用フォントにかかわりなく, 作成時の書式を維持したまま文書交換できる.

ビービーエス BBS [Bulletin Board System]
ネットワーク上でメッセージを書いたり読んだりできる掲示板.

ピクセル, 画素 pixel
画像表示の最小単位で, 1ドット分を指す. ピクセル数が多いほど解像度は上がる.

ビット bit
コンピュータが処理する情報の最小単位. 8ビットが1バイトに相当.

ビル・ゲイツ Bill Gates
Microsoft社設立者.

ファイアーウォール firewall
通信ネットワークを外部からの不法侵入に対して保護するシステム.

フィードバック feedback
websiteに関する意見や質問を管理者宛にEメールで送ること.

ブイディティー VDT [Video Display Terminal]
パソコンなどの画像表示端末.

ブート boot
コンピュータの起動.

フェースマーク, 顔文字 face mark
顔文字(スマイリーと同じ).

フォーマット format
記憶媒体をパソコンで使用できるようにすること.

フォーワード, 転送する forward(動詞)
受信したEメールを別の人に転送する.

■ 主なインターネット・携帯電話用語

フォント font
書体.

ブックマーク bookmark
ブラウザにお気に入りのURLを登録する(こと).

ブラインド・カーボン・コピー bcc [*b*lind *c*arbon *c*opy]
同一メールを複数の宛先に送るとき,その受取人に送ったことを他の人に伏せておく機能.

ブラウザ browser
インターネット情報を閲覧するInternet Explorerなどのソフト.

ブラウザフォン browserphone
((携))インターネットに接続できる携帯電話.

フラッシュメモリ flash memory
データの書き込みや消去が自由にでき,電源を切っても内容が消えない半導体メモリの一種.

フリーウェア freeware
誰でも無料で使ってよいソフト.

フリーズ(する) freeze(動詞)
システムの故障やソフトのバグが原因で,プログラムの実行が突然停止する.

フリッカー flicker
モニターの画面のちらつき.

プリペイド型携帯電話 prepaid mobile phone
((携))事前に払い込んだ金額の範囲内で通話ができる携帯電話サービス.

プルダウン・メニュー pull-down menu
マウスでクリックすると,すぐ下に表示されるウィンドウ式のメニュー.

フレーム flame
ネットワーク上の議論の中での非難・中傷.

ブロードバンド broadband
大量の情報を高速で送受信するサービス.

ブログ blog
weblogの略で,website上の個人日記.

プログラム program
コンピュータがある特定の処理を実行するのに必要な内容とその手順をまとめたもの.

フロッピーディスク floppy disk
コンピュータデータの記憶媒体で,今では3.5インチサイズが主流.保存容量は1.44MBまたは720KB.

プロバイダー service provider
インターネットへの接続サービスを提供する団体・企業.

プロパティ, 属性 property
各種アプリケーションソフト・ファイル・フォルダなどの容量・属性・作成や更新日時に関する情報.

プロトコル, 通信規約 protocol
コンピュータ間で通信を行うために,データ形式・通信方法などをあらかじめ決めた規約.

ヘルプ help
コンピュータに関して,利用方法を説明したり,トラブルの解決法を教えてくれる機能.

ポータル・サイト portal site
インターネットを利用する際に,ユーザーが最初にアクセスするウェブページ.

ポート port
コンピュータ本体と周辺機器を接続する部分.

ホームページ home page
通常,各websiteの入り口にあたるページ.また,インターネットに接続すると最初に表示される(ように設定した)ページを指すこともある.

ホスト・コンピュータ host computer
ネットワーク全体の管理や情報サービスの提供を行うコンピュータ.

ホットな, 最新の hot(形容詞)

主なインターネット・携帯電話用語 ■

注目を集めている.

ポップ POP [Post Office Protocol]
サーバーに受信されている自分宛のメールをパソコンに取り込むための通信規約.

ポップアップ・メニュー
pop-up menu
ディスプレー上に表示される作業項目一覧.

マウス mouse
片手で操作するコンピュータの操作装置.

待ち受け画面
standby screen [display]
《携》携帯電話を操作していないときに表示される画面.

マナーモード silent mode
《携》呼び出し音を出さないで, 振動音で着信を知らせるモード.

ミディ, 音楽機器デジタル情報インターフェイス MIDI [Musical Instrument Digital Interface]
シンセサイザーなどの音楽演奏データをやりとりするための国際標準規格.

ミラーサイト mirror site
同じ内容の複製サイトで, 別の場所に設置したもの.

無線ラン wireless LAN
LANを無線で接続するシステム.

迷惑電話
nuisance call, unwanted call
《携》一方的にかけてくる, 売り込み目的などの電話.

迷惑メール, スパム spam (mail)
不特定多数に送信される広告・勧誘などの迷惑メール.

メーリングリスト mailing list
電子メールを利用したインターネット上のディスカッション・グループ.

メールサーバー mail server
ネットワーク内のメール送受信を一括して管理するサーバー.

メールマガジン
e-mail magazine, online magazine, e-zine
Eメールを利用して発行される雑誌.

メニュー menu
ウェブページ上から選択できる機能の一覧表.

文字化け
garbled character, garbling, garbage character
発信側と受信側のシステムの違いなどによって発生する不明文字・記号.

モデム
modem [modulator-demodulator]
電話や他のアナログ回線を通じて, コンピュータ相互でデジタルデータの送受信ができるようにする変復調装置.

ユーアールエル
URL [Uniform Resource Locator]
インターネット上の情報サイトの場所を示す統一記号.

ユーザー名, ユーザーID
user name, user ID
特定の利用者を識別するための文字や数字.

ユビキタス・コンピューティング
ubiquitous computing
いつでもどこでもコンピュータを通じて情報のやりとりができる環境.

ラン LAN [Local Area Network]
一定区域内のネットワーク.

リダイヤル redialing
《携》すぐ前にかけた電話相手にもう一度かける機能.

リッチテキスト形式
RTF [Rich Text Format]
Microsoft社が提唱した文書交換ファイル形式. 拡張子は.rtf.

話す力・書く力

■ 主な電子メール略語

リンク link
文書・画像などのデータどうしを関連づけること.

ルーター router
ネットワーク上のデータを他のネットワークに中継する機器.

留守番電話 answer phone
《携》留守の場合に伝言を残せるサービス.

レジストレーション, 登録 registration
インターネットのさまざまなサービス機能を利用する際に個人情報を入力すること.

ロード load
プログラムやデータをコンピュータに転送すること.

ログアウト log out
ネットワークやプログラムから出ること.

ログイン log in
相手のコンピュータに接続し, そのコンピュータを利用できるようにすること.

ログオン log on
log in に同じ.

ロケーション location
インターネット・アドレスのこと.

ワクチン vaccine
コンピュータ・ウイルスに対して, その感染の発見や治療・修復を行うプログラム.

ワン, 広域ネットワーク
WAN [Wide Area Network]
LAN どうしなど, より広い範囲をカバ

主な電子メール略語

電子メールでは, 効率的な入力のために略語が頻繁に使われます. 略語の多くは, 英語の決まり文句の頭文字や, 発音を簡潔に綴り直したものです.
▶ (S***) などは, ネット上で下品な表現を避けるための伏せ字.

AAMOF 実を言うと (as a matter of fact)
　ポイント 本音を言う時に使う.
ABT …について (about...)
AFAICT 私が言える範囲では (as far as I can tell)
AFAIK 私の知る限りでは (as far as I know)
AFK キーボードから離れて (away from keyboard)
AIUI 私の知っているところでは (as I understand it)
AKA …としても知られる (also known as...)
AOL 一時不在 (absent over leave)
ASAP できるだけ早く (as soon as possible)
A/S/L 年齢/性別/住所 (age/sex/location)
ATM¹ その時 (at the moment)
ATM² 私に言わせれば (according to me)
ATTN 注目! (attention!)
B2W 仕事に戻る (back to work)
B4 …の前に (before...)
BAK キーボードに戻って (back at key-

board)
BAS ばか笑い（big a＊＊smile）
BBL また後で（be back later）
BBN じゃあね，バイバイ（bye bye now）
BBS すぐ戻るよ（be back soon）
BF ボーイフレンド（boyfriend）
BFN それじゃ，またね（bye for now）
ポイント 軽い気持ちで別れを言う時に使う．
BG 大きく歯を見せて笑う（big grin）
BIF 事実に基づいて（basis in fact）
BK なぜなら；その理由は（because）
BOL 笑わせてくれるねえ（bent over laughing）
BRB すぐ戻るよ（be right back）
BTSOOM まいった！（beats the s＊＊＊ out of me!）
BTW ところで（by the way）
ポイント 話題を変える時に使う．
BWL 爆笑！（bursting with laughter）
BYOH 頭をひっぱたくぞ（beat you onna head）
C&G クックと歯を見せて笑う（chuckle and grin）
CID 受けなくて悲しい（crying in disgrace）
CNP 次の投稿へ続く（continued (in my) next post）
CP チャット箱（chat post）
CRBT 本当に泣いているんだ（crying real big tears）
CSG 歯を見せて忍び笑いをする（chuckle snicker grin）
CU またね（see you）
CUL また後で（see you later）
CYA ＝ CU（see ya）
CYE メールを見て！（check your e-mail）
CYL ＝ CUL
DH 親愛なるあなた［夫］へ（dear husband）
DIY 自分でしなさい（do it yourself）
DLTBBB ぐっすりお休み（don't let the bed bugs bite）
DTRT まじめにやれ（do the right thing）
DWIM 本気だよ，本気でやるよ（do what I mean）
EG いやらしいにやにや笑い（evil grin）
EMSG eメールメッセージ（e-mail message）
EOD 議論終了（end of discussion）
EOM メッセージ終了（end of message）
ESP 特に（especially）
ETA （チャットルームに）戻る予定時間（estimated time of arrival）
F2F 面と向かって（face to face）
FAQ よく尋ねられる質問（frequently asked questions）
FC 幸運を祈る（fingers crossed）
FOC 無料（free of charge）
FTBOMH 心の底から（from the bottom of my heart）
FWIW 有益かどうか分からないが（for what it's worth）
FX'd ＝ FC
FYA おもしろいことを教えましょう（for your amusement）
FYE おもしろいことを教えましょう（for your entertainment）
FYEO あなたにだけ見せます（for your eyes only）
FYI あなたへの情報として；ご参考までに（for your information）
<g> にこにこ（笑い）（grins）
GA どうぞ（go ahead）
GAL 出直せ！；ちゃんとしろよ！（get a life!）
GE2E 歯を見せて大きく笑う（grinning ear to ear）

■ 主な電子メール略語

GF ガールフレンド (girlfriend)
GFN もう行くよ (gone for now)
GMBO 死ぬほど笑える (giggling my butt off)
GR&D 笑って逃げる (grinning, running & ducking)
GTSY (ネット上で) 会えてうれしい (glad to see you)
HABU もっとうまくやれよ (have a better 'un)
ポイント 'unはoneのくだけた形.
HAGN おやすみ (have a good night)
HAGU うまくやれよ (have a good 'un)
H&K 抱きしめてキスを送ります (hug and kiss)
HHIS お恥ずかしい (hanging head in shame)
HHOJ ハッハッハ, 冗談だよ (ha ha only joking)
HHOK ハッハッハ, 冗談だよ (ha ha only kidding)
HHOS おいおい, 本気だよ (ha ha only serious)
HTH (今言ったことが) あなたに役立てばいいですが (hope that helps)
HUB ばかなまねをしてしまった (head up butt)
IAC いずれにせよ (in any case)
IAE とにかく (in any event)
IBCNU またお会いしましょう (I'll be seeing you)
IC ああ, そうか！(I see!)
ICAM まったく賛成です (I couldn't agree more)
ID そうは思いません (I disagree)
IDK 分かりません (I don't know)
IGP おしっこに行ってくる (I gotta pee)
IIRC 記憶が正しければ (if I recall correctly)
IMAO 僭越ながら (in my arrogant opinion)
IMCO よくよく考えたのですが (in my considered opinion)
IME 私の経験だと (in my experience)
IMNSHO 言わせていただければ (in my not so humble opinion)
IMO 私の考えでは (in my opinion)
IO 重要でない他者 (insignificant other)
ポイント SOに対して, 影響力などを持たない人に使う.
IOHO 我々の卑見では (in our humble opinion)
IOW 言い換えると (in other words)
IRL 現実は (in real life)
IRT リアルタイムで (in real time)
ISTM 私から見ると (it seems to me)
ISTR 思い出せそうだ (I seem to recall)
ITA! まったく賛成！(I totally agree!)
ITRO …の近くで, 約… (in the region of...)
ITRW 現実の世界では, オフライン上では (in the real world)
IWALU いつまでも愛しています (I will always love you)
IYSWIM 分かってくれるなら (If you see what I mean)
JAM ちょっと失礼 (just a minute)
JASE 別のシステムエラーが出ただけ (just another system error)
JAT 思いつきですが (just a thought)
JFU あなただけに (just for you)
J/J 冗談だよ (just joking)
J/K 冗談だよ (just kidding)
JMHO 取るに足りない意見ですが (just my humble opinion)
JMO 個人的意見です (just my opinion)

主な電子メール略語

JTLYK ただ知らせたくて (just to let you know)

KB キーボード (keyboard)

KISS 分かりやすくね, おばかさん (keep it simple, stupid)

KIT また連絡してね, さようなら (keep in touch)

KOC ほっぺたにキスを (kiss on cheek)

KOL 唇にキスを (kiss on lips)

L8R 後で (later)

LBAY 君のことも笑ってるよ (laughing back at you)

LHM 神様, 助けてください (Lord help me)

LHO 死ぬほど笑える (laughing head off)

LHU 主よ, 助けてください (Lord help us)

LMAO 死ぬほど笑える (laughing my a ** off)

LMSO 死ぬほど笑える (laughing my socks off)

LOL 大笑いだ (lots of laughs / laughing out loud)

LOLBAY 君のことも大笑いしてるよ (laughing out loud back at you)

LSHMBB あまりにおかしくておなかがよじれます (laughing so hard my belly is bouncing)

LTNS お久しぶり (long time no see)

LTS 一人笑いをしています (laughing to self)

LUL2 (私[僕]も)すごく愛してるよ (love you lots, too)

LUWAMH 心から愛しています (love you with all my heart)

LY 好きだよ (love ya)

MEGO …に目がかすんでしまった (my eyes glazed over...)
　ポイント 相手の言うことなどが興味を引かない場合や理解できない場合に用いる.

MMHA 慎んでお詫び申し上げます (my most humble apologies)

MorF? 男性それとも女性？ (male or female?)

MOTD 今日のメッセージ (message of the day)

MOTOS 異性 (member of the opposite sex)

MOTSS 同性 (member of the same sex)

MTF 続きがあります (more to follow)

MTYEWTK あなたが知りたいと思っていた以上に (more than you ever wanted to know)

MYOB よけいなお世話だ (mind your own business)

NADT 何でもないことだ (not a darn thing)

NBIF 事実かどうかは分からないけど (no basis in fact)

NP 問題なし；おやすいご用です (no problem)

NRN 返事はいりません (no reply [response] necessary)

NS もうよく分かったよ ('nuff said)
　ポイント 'nuffはenoughのくだけた形.

OBTW あっ, ところで (oh, by the way)

OIC そうか！分かった (oh! I see)

OL 細君, 女房；おふくろ(さん) (old lady)

OM 亭主, だんな；おやじ(さん) (old man)

OMG なんてこった(oh, my god [gosh, goodness])

OTF 床の上で；金欠病で, 金詰まりで (on the floor)

OTOH もう一方で；ところで (on the

■ 主な電子メール略語

other hand)
OTT 度を超えて, 常識をはずれて；目標以上に (over the top)
OTTOMH 深く考えないで, とっさに (off the top of my head)
PDS 次から次へとしゃべらないで (please don't shoot)
PM プライベートメッセージ (private message)
PMFJI 飛び入り失礼 (pardon me for jumping in)
PMJI 飛び入り失礼 (pardon my jumping in)
POAHF うれしそうな顔してよ (put on a happy face)
POV 観点 (point of view)
QT かわいい人 (cutie)
RFD 話し合いたいのですが (request for discussion)
RL 現実の生活 (real life)
ROFL 笑い転げている (rolls on the floor laughing)
ROTFL = ROFL
RSN もうすぐだ (real soon now)
RTFAQ 質問集を読め (read the FAQ)
RTM[1] マニュアルを読め (read the manual)
RTM[2] メッセージをよく読んでよ (read the message)
RUOK いいかい？ (are you OK?)
SETE 満面に微笑を浮かべて (smiling ear to ear)
S/He 彼女か彼が (she or he)
SHID 嫌になってピシャリと頭を叩く (slaps head in disgust)
SHTSI 誰かがそれを言うべきだった (somebody had to say it)
SMOP プログラム上の些細な問題 (small matter of programming)
SO 重要な他者；配偶者, 恋人など (significant other)
SOL ついてないよ (shit outta luck)
SOT 時間がないんだ (short of time)
STD 死ぬほど具合が悪い (sick to death...)
　ポイント 健康のことより, 相手に対する軽蔑を含意している.
STS 言っちゃあ悪いが… (sorry to say...)
SW シェアウェア (shareware)
SWAK 愛を込めて封をしました (sealed with a kiss)
SWL 爆笑 (screaming with laughter)
SYS すぐまた会おう (see you soon)
TA いつもありがとう (thanks again)
TAF それで終わり[それだけのこと]だよ, みんな (that's all, folks!)
TANSTAAFL ただほど高いものはない (there ain't no such thing as a free lunch)
TAT 二人だけの, 内密な (tête-à-tête)
TCN じゃあ気をつけて (take care now)
TCOY 気をつけて, お大事に (take care of yourself)
TFI 事実は… (the fact is...)
TFM 私からの感謝 (thanks from me)
TFMT 私からも感謝 (thanks from me, too!)
TIA よろしくお願いします (thanks in advance)
　ポイント 何か頼み事をした時に, 手紙の最後に添える.
TIC 冗談[からかい]半分さ (tongue in cheek)
TIG! すごい！ (this is great!)
TIIC 愚かな管理者たち (the idiots in charge)
TILII ありのまま教えて (tell it like it is)
TMI 情報過多 (too much information)
TNT 次回までに (till next time)

主な電子メール略語

TNX = TXS
TOY あなたのことを考えて (thinking of you)
TPTB 当局, その筋の人 (the powers that be)
TTYL あとでね, あとで話すよ (talk to you later)
TXS ありがとう! (thanks!)
　ポイント 本当に誠実な心からの感謝を示す.
TY ありがとう (thank you)
TYL あとでね, あとで話すよ (talk to you later)
TYVM どうもありがとうございます (thank you very much)
u あなた (you)
U/L (ファイルなどの)アップロード (upload)
UOK 君[あなた]は大丈夫(?) (you, OK(?))
VWP 実にうまい言い方だ, まったくそのとおり (very well put)
W1M ちょっと待って (wait one minute)
WAGS! すごい話だな! (what a great story!)
WAI! なんて霊感だ! (what an inspiration!)
WAS くだらない憶測 (wild a**guess)

WB お帰りなさい (welcome back)
W/O …なしで (without...)
WP! うまい言い方だ, そのとおり! (well put!)
WRT[1] …に関して (with respect to...)
WRT[2] …に関して (with regard to...)
WTG いいぞ, その調子 (way to go)
WTH[1] なんだよそれ! (what the hell!)
WTH[2] 何[誰]だって構うもんか! (what [who] the heck!)
WTS それはそれとして (with that said)
XOXO 抱きしめてキスを送ります (hugs & kisses)
YAAG 君は天才だ (you are a genius)
YBS 後悔するぞ (you'll be sorry)
YG 若い男性 (young gentleman)
YHM メールが届いている (you have mail)
YL 若い女性 (young lady)
YM 若い男 (young man)
YR そう, その通り (yeah, right)
yr あなたの (your)
YRR その通り (you 'r' right)
YVMW 君[あなた]は大歓迎です (you're very much welcome)
ZDDD うれしさや喜びを表す (zip-a-dee-doo-dah)

話す力・書く力

知って得するドメイン情報

URLアドレスは下記のようなホスト名とドメイン名からできています．それぞれはピリオドで区切られており，組織コードは国コードの，組織名は組織コードの，それぞれのサブドメインとなります．仏＝フランス語，独＝ドイツ語，西＝スペイン語

＊印の語については「主なインターネット・携帯電話用語」（本書 pp.376―386）参照．

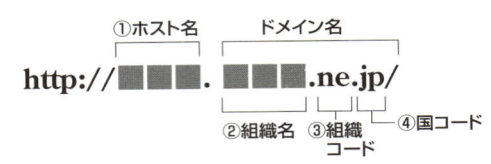

```
        ①ホスト名    ドメイン名
http://■■■. ■■■.ne.jp/
             ②組織名 ③組織  ④国コード
                   コード
```

① ホスト名：各組織で決めたコンピュータの名前；主にサーバーとしての役割や場所を表す．
② 組　織　名：各組織の名前で，正式の社名・団体名などを表す；愛称や略称も使われる．
③ 組織コード：サーバーを運営する組織の種類を識別するコードを表す．
④ 国コード：ISO（国際標準化機構）で定められた世界中の国を表す2文字のアルファベット；位置はいちばん右側で，ドメインの最も大きな区分けレベル（トップ・レベル・ドメイン）となる；但し，米国ではふつう組織コード（3文字）が最上位（トップ・レベル・ドメイン）となり，国コードは使用されない．

以下，ホスト名およびドメインのコード名をURLアドレスの先頭から順に紹介していく．

ホスト名

ftp	FTP＊サーバー
gopher	Gopher＊サーバー
mail	メールサーバー（mail server＊）
telnet	Telnet＊サーバー
wais	WAIS＊サーバー
www	WWW＊サーバー
www2…	2…台目のWWWサーバー

組織コード

〈日本〉

ac	academy: 教育機関・研究機関
ad	administration: ネットワーク管理組織
co	company: 企業や営利団体
ed	education: 高等学校以下の教育関係組織
go	government: 政府機関
gr	group: 任意団体
ne	network: 通信サービス団体；プロバイダやパソコン通信などネットワークを提供している組織

or	organization: ac, co, go以外の団体

〈米国——トップ・レベル・ドメイン名——〉

com	commercial: 営利機関
edu	educational: 教育機関
gov	government: 政府機関
int	international: 国際機関
mil	US military: 軍事機関
net	network: ネットワーク機関
org	organization: 非営利機関

国コード
——トップ・レベル・ドメイン名——

ad	アンドラ公国 (Principality of Andorra)
ae	アラブ首長国連邦 (United Arab Emirates)
af	アフガニスタン・イスラム国 (Islamic State of Afghanistan)
ag	アンティグア・バーブーダ (Antigua and Barbuda)
ai	アンギラ (Anguilla)
al	アルバニア共和国 (Republic of Albania)
am	アルメニア共和国 (Republic of Armenia)
an	オランダ領アンティル (Netherlands Antilles)
ao	アンゴラ共和国 (Republic of Angola)
aq	南極大陸 (Antarctica)
ar	アルゼンチン共和国 (Argentine Republic)
as	米領サモア (American Samoa)
at	オーストリア共和国 (Republic of Austria)
au	オーストラリア (Australia)
aw	アルバ (Aruba)
az	アゼルバイジャン共和国 (Azerbaijan Republic)
ba	ボスニア・ヘルツェゴビナ (Bosnia and Herzegovina)
bb	バルバドス (Barbados)
bd	バングラデシュ人民共和国 (People's Republic of Bangladesh)
be	ベルギー王国 (Kingdom of Belgium)
bf	ブルキナファソ (Burkina Faso)
bg	ブルガリア共和国 (Republic of Bulgaria)
bh	バーレーン国 (State of Bahrain)
bi	ブルンジ共和国 (Republic of Burundi)
bj	ベナン共和国 (Republic of Benin)
bm	バミューダ諸島 (Bermuda)
bn	ブルネイ・ダルサラーム国 (Brunei Darussalam)
bo	ボリビア共和国 (Republic of Bolivia)
br	ブラジル連邦共和国 (Federative Republic of Brazil)
bs	バハマ国 (Commonwealth of the Bahamas)
bt	ブータン王国 (Kingdom of Bhutan)
bv	ブーベ島 (Bouvet Island)
bw	ボツワナ共和国 (Republic of Botswana)
by	ベラルーシ共和国 (Republic of Belarus)
bz	ベリーズ (Belize)
ca	カナダ (Canada)
cc	ココス諸島 (Cocos [Keeling] Islands)
cd	コンゴ民主共和国 (Democratic Republic of the Congo)
cf	中央アフリカ共和国 (Central African Republic)
cg	コンゴ (Congo)

■ 知って得するドメイン情報

ch	スイス連邦 (Swiss Confederation ; 独Schweiz)	**es**	スペイン (Spain ; 西España)
ci	コートジボワール共和国 (Republic of Côte d'Ivoire)	**et**	エチオピア連邦民主共和国 (Federal Democratic Republic of Ethiopia)
ck	クック諸島 (Cook Islands)	**fi**	フィンランド共和国 (Republic of Finland)
cl	チリ共和国 (Republic of Chile)		
cm	カメルーン共和国 (Republic of Cameroon)	**fj**	フィジー諸島共和国 (Republic of the Fiji Islands)
cn	中華人民共和国 (People's Republic of China)	**fk**	フォークランド[マルビナス]諸島 (Falkland Islands ; the Islas Malvinas)
co	コロンビア共和国 (Republic of Colombia)	**fm**	ミクロネシア連邦 (Federated States of Micronesia)
cr	コスタリカ共和国 (Republic of Costa Rica)	**fo**	フェロー諸島 (Faeroe Islands)
cu	キューバ共和国 (Republic of Cuba)	**fr**	フランス共和国 (French Republic)
cv	カーボベルデ共和国 (Republic of Cape Verde)	**fx**	フランス(欧州域内だけ) (France, Metropolitan)
cx	クリスマス島 (Christmas Island)	**ga**	ガボン共和国 (Gabonese Republic)
cz	チェコ共和国 (Czech Republic)		
de	ドイツ連邦共和国 (Federal Republic of Germany ; 独Deutschland)	**gb**	グレートブリテンおよび北部アイルランド連合王国(英国) (United Kingdom of Great Britain and Northern Ireland)
dj	ジブチ共和国 (Republic Djibouti)	**gd**	グレナダ (Grenada)
dk	デンマーク王国 (Kingdom of Denmark)	**ge**	グルジア (Georgia)
dm	ドミニカ国 (Commonwealth of Dominica)	**gf**	フランス領ギアナ (French Guiana ; 仏Guyane Française)
do	ドミニカ共和国 (Dominican Republic)	**gh**	ガーナ共和国 (Republic of Ghana)
dz	アルジェリア民主人民共和国 (Democratic People's Republic of Algeria)	**gi**	ジブラルタル (Gibraltar)
		gl	グリーンランド (Greenland)
ec	エクアドル共和国 (Republic of Ecuador)	**gm**	ガンビア共和国 (Republic of the Gambia)
ee	エストニア共和国 (Republic of Estonia)	**gn**	ギニア共和国 (Republic of Guinea)
eg	エジプト・アラブ共和国 (Arab Republic of Egypt)	**gp**	グアドループ島 (Guadaloupe)
eh	西サハラ (Western Sahara)	**gq**	赤道ギニア共和国 (Republic of Equatorial Guinea ; 仏Guinée-Équatoiale)
er	エリトリア国 (State of Eritrea)	**gr**	ギリシャ共和国 (Hellenic

知って得するドメイン情報 ■

	Republic ; Greece)		(Hashemite Kingdom of Jordan)
gs	南ジョージア・南サンドイッチ島（South Georgia and South Sandwich Islands）	**jp**	日本国（Japan）
gt	グアテマラ共和国（Republic of Guatemala）	**ke**	ケニア共和国（Republic of Kenya）
gu	グアム（Guam）	**kg**	キルギス共和国（Kyrgyz Republic）
gw	ギニアビサウ共和国（Republic of Guinea-Bissau）	**kh**	カンボジア王国（Kingdom of Cambodia ; Khmer）
gy	ガイアナ協同共和国（Cooperative Republic of Guyana）	**ki**	キリバス共和国（Republic of Kiribati）
hk	香港特別行政区（Hong Kong Special Administrative Region）	**km**	コモロ（Comoros）
		kn	セントキッツネビス（Saint Kitts and Nevis）
hm	ハード・アンド・マクドナルド島（Heard and McDonald Islands）	**kp**	朝鮮民主主義人民共和国（北朝鮮）（Democratic People's Republic of Korea）
hn	ホンジュラス共和国（Republic of Honduras）	**kr**	大韓民国（韓国）（Republic of Korea）
hr	クロアチア共和国（Republic of Croatia ; Hrvatska）	**kw**	クウェート国（State of Kuwait）
ht	ハイチ共和国（Republic of Haiti）	**ky**	ケイマン諸島（Cayman Islands）
hu	ハンガリー共和国（Republic of Hungary）	**kz**	カザフスタン共和国（Republic of Kazakhstan）
id	インドネシア共和国（Republic of Indonesia）	**la**	ラオス人民民主共和国（Lao People's Democratic Republic）
ie	アイルランド（Ireland）	**lb**	レバノン共和国（Republic of Lebanon）
il	イスラエル国（State of Israel）		
im	マン島（Isle of Man）	**lc**	セントルシア（Saint Lucia）
in	インド（India）	**li**	リヒテンシュタイン公国（Principality of Liechtenstein）
io	英領インド洋地域（British Indian Territory）	**lk**	スリランカ民主社会主義共和国（Democratic Socialist Republic of Sri Lanka）
iq	イラク共和国（Republic of Iraq）		
ir	イラン・イスラム共和国（Islamic Republic of Iran）		
is	アイスランド共和国（Republic of Iceland）	**lr**	リベリア共和国（Republic of Liberia）
it	イタリア共和国（Republic of Italy）	**ls**	レソト王国（Kingdom of Lesotho）
je	ジャージー島（Jersey）（Channel Islands中最大の島）	**lt**	リトアニア共和国（Republic of Lithuania）
		lu	ルクセンブルグ大公国（Grand Duchy of Luxembourg）
jm	ジャマイカ（Jamaica）		
jo	ヨルダン・ハシミテ王国	**lv**	ラトビア共和国（Republic of

話す力・書く力

■ 知って得するドメイン情報

	Latvia)		Namibia)
ly	社会主義人民リビア・アラブ国（Socialist People's Libyan Arab Jamahiriya）	nc	ニューカレドニア（New Caledonia）
ma	モロッコ王国（Kingdom of Morocco）	ne	ニジェール共和国（Republic of Niger）
mc	モナコ公国（Principality of Monaco）	nf	ノーフォーク島（Norfolk Island）
md	モルドバ共和国（Republic of Moldova）	ng	ナイジェリア連邦共和国（Federal Republic of Nigeria）
mg	マダガスカル共和国（Republic of Madagascar）	ni	ニカラグア共和国（Republic of Nicaragua）
mh	マーシャル諸島共和国（Republic of the Marshall Islands）	nl	オランダ王国（Kingdom of the Netherlands）
mk	マケドニア旧ユーゴスラビア共和国（former Yugoslav Republic of Macedonia）	no	ノルウェー王国（Kingdom of Norway）
ml	マリ共和国（Republic of Mali）	np	ネパール王国（Kingdom of Nepal）
mm	ミャンマー連邦（Union of Myanmar）	nr	ナウル共和国（Republic of Nauru）
mn	モンゴル国（Mongolia）	nu	ニウエ（Niue）
mo	マカオ（Macau）	nz	ニュージーランド（New Zealand）
mp	北マリアナ諸島（Northern Mariana Islands）	om	オマーン国（Sultanate of Oman）
mq	マルチニーク島（Martinique）	pa	パナマ共和国（Republic of Panama）
mr	モーリタニア・イスラム共和国（Islamic Republic of Mauritania）	pe	ペルー共和国（Republic of Peru）
ms	モンセラット（Montserrat）	pf	フランス領ポリネシア（French Polynesia；仏 Polynésie Française）
mt	マルタ共和国（Republic of Malta）	pg	パプアニューギニア（Papua New Guinea）
mu	モーリシャス共和国（Republic of Mauritius）	ph	フィリピン共和国（Republic of the Philippines）
mv	モルディヴ共和国（Republic of Maldives）	pk	パキスタン・イスラム共和国（Islamic Republic of Pakistan）
mw	マラウイ共和国（Republic of Malawi）	pl	ポーランド共和国（Republic of Poland）
mx	メキシコ合衆国（United Mexican States）	pm	サンピエール島・ミクロン島（St. Pierre and Miquelon）
my	マレーシア（Malaysia）	pn	ピトケアン島（Pitcairn）
mz	モザンビーク共和国（Republic of Mozambique）	pr	プエルトリコ（Puerto Rico）
na	ナミビア共和国（Republic of	pt	ポルトガル共和国（Portuguese Republic）

知って得するドメイン情報 ■

pw	パラオ共和国（Republic of Palau）	**sv**	エルサルバドル共和国（Republic of El Salvador）
py	パラグアイ共和国（Republic of Paraguay）	**sy**	シリア・アラブ共和国（Syrian Arab Republic）
qa	カタール国（State of Qatar）	**sz**	スワジランド王国（Kingdom of Swaziland）
re	レユニオン（Reunion）	**tc**	タークス諸島・カイコス諸島（Turks and Caicos Islands）
ro	ルーマニア（Romania）	**td**	チャド共和国（Republic of Chad）
ru	ロシア連邦（Russian Federation）	**tf**	フランス南領（French Southern Territories）
rw	ルワンダ共和国（Republic of Rwanda）	**tg**	トーゴ共和国（Republic of Togo）
sa	サウジアラビア王国（Kingdom of Saudi Arabia）	**th**	タイ王国（Kingdom of Thailand）
sb	ソロモン諸島（Solomon Islands）	**tj**	タジキスタン共和国（Republic of Tajikistan）
sc	セイシェル共和国（Republic of Seychelles）	**tk**	トケラウ諸島（Tokelau）
sd	スーダン共和国（Republic of the Sudan）	**tm**	トルクメニスタン（Turkmenistan）
se	スウェーデン王国（Kingdom of Sweden）	**tn**	チュニジア共和国（Republic of Tunisia）
sg	シンガポール共和国（Republic of Singapore）	**to**	トンガ王国（Kingdom of Tonga）
sh	セントヘレナ（St. Helena）	**tp**	東ティモール（East Timor）
si	スロベニア共和国（Republic of Slovenia）	**tr**	トルコ共和国（Republic of Turkey）
sj	スバールバル諸島・ヤンマイエン島（Svalbard and Jan Mayen Islands）	**tt**	トリニダード・トバゴ共和国（Republic of Trinidad and Tobago）
sk	スロバキア共和国（Slovak Republic）	**tv**	ツバル（Tuvalu）
sl	シエラレオネ共和国（Republic of Sierra Leone）	**tw**	タイワン（台湾）（Taiwan）
sm	サンマリノ共和国（Republic of San Marino）	**tz**	タンザニア連合共和国（United Republic of Tanzania）
sn	セネガル共和国（Republic of Senegal）	**ua**	ウクライナ（Ukraine）
so	ソマリア民主共和国（Somali Democratic Republic）	**ug**	ウガンダ共和国（Republic of Uganda）
sr	スリナム共和国（Republic of Suriname）	**uk**	イギリス（英国）（United Kingdom of Great Britain and Northern Ireland）
st	サントメ・プリンシペ民主共和国（Democratic Republic of Sao Tome and Principe）	**um**	米国小離島（US Minor Outlying Islands）
		us	アメリカ合衆国（米国）（United State of America）

話す力・書く力

■ 知って得するドメイン情報

uy	ウルグアイ東方共和国（Oriental Republic of Uruguay）	**ca**	California
uz	ウズベキスタン共和国（Republic of Uzbekistan）	**cam**	Cambridge: 米国 Massachusetts 州
va	バチカン市国（State of the City of Vatican）	**cl**	CL-Netz: ドイツ語ニュース グループ
vc	セントビンセントおよびグレナディーン諸島（Saint Vincent and the Grenadines）	**clari**	Clarinet News Service（商用）

- **uy** ウルグアイ東方共和国（Oriental Republic of Uruguay）
- **uz** ウズベキスタン共和国（Republic of Uzbekistan）
- **va** バチカン市国（State of the City of Vatican）
- **vc** セントビンセントおよびグレナディーン諸島（Saint Vincent and the Grenadines）
- **ve** ベネズエラ共和国（Republic of Venezuela）
- **vg** 英領バージン諸島（British Virgin Islands）
- **vi** 米領バージン諸島（United States Virgin Islands）
- **vn** ベトナム社会主義共和国（Socialist Republic of Viet Nam）
- **vu** バヌアツ共和国（Republic of Vanuatu）
- **wf** ワリス・フテュナ諸島（Wallis and Futuna Islands）
- **ws** サモア（Western Samoa）
- **ye** イエメン共和国（Republic of Yemen）
- **yt** マイヨット島（Mayotte）
- **yu** ユーゴスラビア連邦共和国（Federal Republic of Yugoslavia）
- **za** 南アフリカ共和国（Republic of South Africa）
- **zm** ザンビア共和国（Republic of Zambia）
- **zw** ジンバブエ共和国（Republic of Zimbabwe）

ニューズグループのドメイン名

〈地域・言語〉

- **aus** Australia
- **ba** San Francisco Bay Area
- **bit** BITNET: IBMのメインフレーム
- **br** Britain
- **ca** California
- **cam** Cambridge: 米国 Massachusetts 州
- **cl** CL-Netz: ドイツ語ニュース グループ
- **clari** Clarinet News Service（商用）
- **de** International German language newsgroups
- **dk** Denmark
- **fido** Fidonet
- **finet** Finland and Finnish language alternative newsgroups
- **fj** from Japan
- **fr** International French language newsgroups
- **it** Italia
- **microsoft** Microsoft newsgroups
- **no** Norge（Norway）
- **pdaxs** Portland Metronet, Oregon, USA
- **sfnet** Suomi-Finland: フィンランド語ニューズグループ
- **shamash** Jewish newsgroups
- **tnn** Japanese newsgroups
- **tw** Taiwan
- **uk** United Kingdom
- **z-netz** Z-Netz: ドイツ語ニュースグループ

〈分野別カテゴリー〉

- **all**... View a different, longer menu
- **alt** alternative:「オルト」と読む
- **biz** business
- **comp** computer
- **misc** Usenet miscellaneous newsgroups
- **news** news
- **re** recreation
- **sci** science
- **soc** society
- **talk** talk

ファイルの種類がすぐに分かる拡張子一覧

インターネットでダウンロードする際や電子メールの添付ファイルなどを見る際に，あらかじめファイル拡張子を知っておくと，ファイルの種類をおおよそ知ることができるので便利です．

ここでは主にWindowsおよびMacで使われる代表的な拡張子を紹介します．

*印の語については「主なインターネット・携帯電話用語」(pp.376―386) 参照．

画像ファイル

.dxf	CADデータ (*drawing exchange format*)
.gif	→ GIF*
.jif	=.jpeg
.jpe	=.jpeg
.jpeg	→ JPEG*
.jpg	=.jpeg
.pct	=.pict
.pict	Macの標準画像形 (*QuickDraw picture*)
.tif	=.tiff
.tiff	→ TIFF*

動画ファイル

.mov	QuickTimeの動画 (*movie*)
.mpeg	→ MPEG*
.mpg	=.mpeg

サウンドファイル

.aif	=.aiff
.aiff	→ AIFF*
.mid	→ MIDI*
.mp3	→ MP3*
.wav	→ WAVE*

文書・ビジネスファイル

.css	HTMLのスタイルシート (*cascading style sheet*)
.csv	半角コンマ区切りのテキスト形式 (*comma separated value*)
.doc	ASCII形式のテキスト (*document*)
.dot	MS Wordのテンプレート (*document template*)
.fdf	Adobe Acrobat関連のファイル (*forms data format*)
.htm	=.html
.html	→ HTML*
.pdf	Adobe Acrobatで作成のPDF形式 (*portable document format*)
.rtf	→ RTF*
.tbl	テーブルファイル (*table*)
.txt	テキストファイル (*text*)
.xls	Excelのブックファイル (*Excel spread*)

実行ファイル

.bat	バッチファイル (*batch*)
.com	コードサイズが64KB以下の実行ファイル (*command*)
.exe	実行ファイル (*executable program*)

圧縮ファイル

■ 国際版・顔文字（smiley）一覧

.cpt	→ CompactPro*	.sea	StuffIt形式の自己解凍型圧縮ファイル
.hqx	→ BinHex*	.sit	→ StuffIt*
.lzh	LHA（→ZIP*）で圧縮されたファイル	.zip	→ WinZip*, ZIP*

国際版・顔文字（smiley）一覧

顔文字はeメールやチャットなどでよく用いられます．日本の顔文字は (^:^) のように縦を向いて，主に目に表情をつけますが，英語圏では以下のように，横を向いて，主に口に表情がつきます．

基本のスマイリー

- **: -)** うれしい；幸せ；フフフ ▶ 「冗談だよ」「深刻に受け取らないで」などの意で，皮肉やジョークにつける．
- **; -)** ウィンク ▶ 愛嬌や皮肉で，「私の意見に反対しないで」；からかって何かを言う時；メッセージを割引きして聞いてほしい時．
- **: ->** おいおい ▶ 辛辣な皮肉を言う時．
- **: -(** 悲しい；怒ってる；不機嫌；気に入らない；動揺；失望
- **: -I** 平凡なスマイリー；ふーん ▶ よくも悪くもない．

いろいろなスマイリー

- **#-)** 徹夜で遊んだ
- **#:-)** 髪がぐしゃぐしゃだ
- **%-)** ネットのやり過ぎで目がチカチカする
- **&:-)** カーリーヘア
- **`:-)** まゆ毛を剃ってしまった
- **(-:** 左利き
- **(:-$** 具合が悪い
- **(:-(** とてもとても悲しい
- **(:-*** キス
- **(:-IK-** あらたまっている
- **0-)** 水中マスクをつけている
- **8-)** 眼鏡をかけている
- **8->** 本当にしあわせ
- **8^(** 悲しい
- **:'-(** 泣いている
- **:'-)** うれしくて涙が出る
- **:-#** 歯列矯正器をつけている
- **:-&** 何も言いません；黙っている
- **:-)8** おしゃれしている
- **:-)}** あごひげがある
- **:-)~** よだれを垂らしている
- **:-*** 酸っぱいものを食べた
- **:-/** 疑っている
- **:-7** 皮肉を言う
- **:-9** 舌なめずりする
- **:-?** パイプを吸っている
- **:-@** 叫んでいる
- **:-C** 本当にがっかり
- **:-D** おしゃべり；笑っている
- **:-O** おっと
- **:-P** （軽蔑して）舌を出している

国際版・顔文字（smiley）一覧

:-Q	喫煙者
:-R	インフルエンザにかかっている
:-S	支離滅裂な発言
:-V	叫んでいる
:-X	口を封じられている；口外しないと約束されている
:-d~	ヘビースモーカー
:-o	驚き；愕然；オーノー!
:-()	口ひげがある
:-{}	口紅をつけている
:-~)	風邪を引いている
:>)	鼻が大きい
:^)#	あごひげがある
:^)##	長いあごひげがある
:^{	口ひげがある
:^)	鼻がつぶれている
<:-)	まぬけな質問
>:->	ひどい発言
?-(	目にあざができている
@:-)	ウェーブ髪；ターバンを巻いている
@=	核戦争賛成論者
B-)	バットマン；サングラスをかけている人
M:-)	敬礼!（尊敬しています）
O:-)	天使
O*-)	天使のウィンク
P-)	なれなれしい人
X-(	死んだ
[:-)	ウォークマンをつけている
^o	いびきをかいている
{:-)	かつらをつけている
I-(	もう夜も遅いよ
I-)	ヒッヒッヒ
I-D	ほほう；ハッハッハ
I-O	あくび；いびき
II	睡眠中

キャラクタースマイリー

(:I	インテリ；知識がある人
+O:-)	ローマ法王；聖職者
-:-)	パンクロッカー
-=*:-)	コンピュータの達人
8:-)	幼い女の子
:-[	吸血鬼
:<)	アイビーリーグ（名門大学）出身で鼻が高い
$-)	ヤッピー
C=:-)	コック
Q:-)	新卒生
[:I]	ロボット
***<I:-)**	サンタクロース
***<):o)**	ピエロ

動物スマイリー

3:]	ペットスマイリー
}.	ゾウ
3:-o	ウシ
8)	カエル
8:]	ゴリラ
8^	ニワトリ
l)	サンショウウオ
PP#	ウシ
:=	ビーバー
:3-<	イヌ
:8)	ブタ
}:-X	ネコ

鼻のない簡単スマイリー

:(	悲しい
:)	しあわせ
:*	キス
:*)	酔っ払っている
:D	笑っている
:I	ふーむ
:O	怒鳴っている
:]	お調子者

英語コーパスの利用法

1. コーパスとは

もともとラテン語で「体」を意味する語. ある一定の方針に従って大量に収集した「書かれた文章」や「話された言葉を文字化したもの」をデータベースとし, コンピュータ上でさまざまな情報を取り出すことができるようにした言語資料体を指す. 特に欧米では, この15年ほどの間に辞典編纂への応用が急速に発展し,「コーパス」準拠の英英辞典が今や常識化しつつある.

2. 主な英語コーパスの種類

- **British National Corpus [BNC]**：英国オックスフォード大学, ランカスター大学, 大英図書館などを中心に, 政府資金も導入して編纂された現代イギリス英語約1億語のコーパスで, 書き言葉9,000万語と話し言葉1,000万語の両方を含む. 公開されているコーパスとしては世界最大規模を誇り, 各ジャンルのバランスがとれているなど, その信頼性は高く評価されている. 小学館コーパスネットワークで提供されている.
- **WordbanksOnline**：英国バーミンガム大学を拠点とした「コウビルド」プロジェクトにより, 現在も収集が続けられている非公開のBank of English [BOE]が擁する約5億語のうち, 約5,600万語を公開したもの. ハーパー・コリンズ社が提供し, BNCに次いで第2の規模で, イギリス英語中心（米・豪も一部含まれる）. こちらも小学館コーパスネットワークで提供されている.
- **American National Corpus [ANC]**：BNCに匹敵するアメリカ英語コーパス（現在進行中）.
- **Cambridge International Corpus**：英米語6億語以上の規模を誇るが非公開.
- **Brown Corpus**：米国ブラウン大学で生まれた, 初の科学的編纂方法による100万語規模の米語コーパス. 以後のコーパス編纂の範となる.
- **LOB Corpus**：上記Brown Corpusをモデルにした100万語規模のイギリス英語コーパス. ランカスター大学, オスロ大学, ベルゲン大学の共同開発.
- **Web Concordancer**：上記Brown Corpus, LOB Corpusのほか, 英語辞書や幾つかの文学作品その他で約30種類のデータが選べる（concordancerとは全単語索引ツールのこと）.
- **Alex Catalogue of Electronic Texts**：英米文学作品などのコレクションと検索サービス.

3. コーパスでできること

小学館コーパスネットワーク提供のBNC Onlineを例にとると, 主な利用法は以下の通りである.

膨大なデータによる検索なので, 規則性が発見でき, 統計処理が可能になる. また収集分野のバランスをとっているので, 分野別語法比較や, 特異なものに偏ることなく

典型例を発見することも可能になる.

またノンネイティブの英語学習者にとっては, 語法や文法の確認ができ, 英作文を書く際に例文を参考にすることもできる. 例えば, 使い方が難しい副詞などはコーパスに収録されている例文を見ることで, 文中のどの位置に使うのが適切か確認することができる. また, ある形容詞と一緒によく使われる名詞を調べたり, 動詞を修飾する副詞を確認することで, その形容詞や副詞のニュアンスをより明確に知ることができる.

今後はコーパスを辞書の補完ツールとして活用すれば, 特にノンネイティブの英語学習者にとって, 一般英文ライティングやビジネス英語の表現チェックにも大いに威力を発揮することができると考えられる.

- **語句検索**：入力した語句を検索し, 文脈を出してくれる. 指定すれば変化形で検索してくれる.
- **品詞検索**：語句をあらかじめ指定した品詞で検索してくれる.
- **共起検索**：指定語の前後に現れる言葉の頻度を調べてくれる.
- **近傍検索**：指定語の近くに現れるであろう単語を指定することにより, その文脈を出してくれる.
- **サブコーパスの指定**：話し言葉, 書き言葉の指定, さらにイギリス英語, アメリカ英語, オーストラリア英語の指定ができる. BNCでは, 話し言葉と書き言葉の指定ができ, さらに書き言葉ではジャンル別の指定ができる.
- 上記の検索機能のほかに検索結果をソートしたり, 品詞で集計したりする機能がある.

BNC Onlineの解説ページ

■ 英語コーパスの利用法

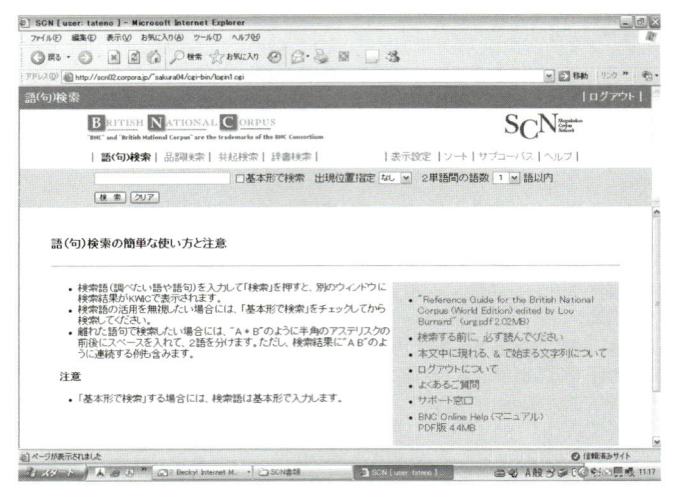

BNC Online 語句検索画面

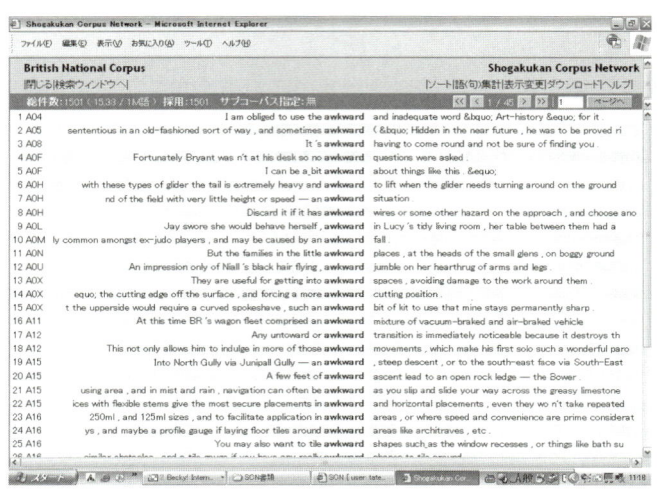

BNC Online 検索結果のKWIC*表示（awkwardを検索した例）
*KWIC = Key Word In Context

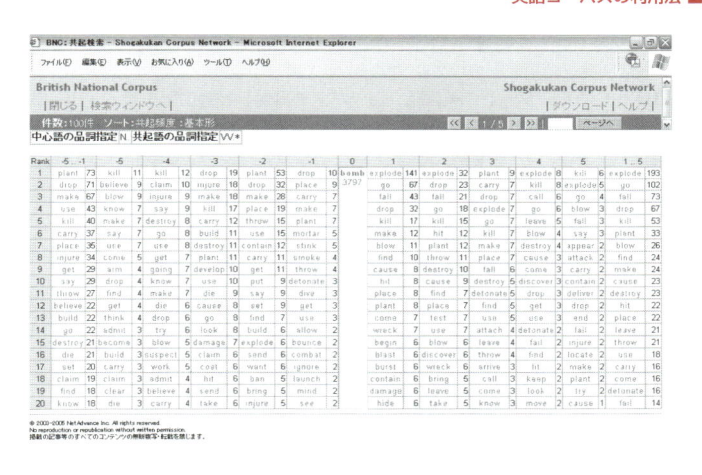

BNC Online 共起検索の結果画面
(名詞bombと一緒によく使われる一般動詞を検索した例)

(小学館コーパスネットワークのBNC Onlineサービス画面より)

4. 主な検索ソフト

- **SAKURA**：小学館コーパスネットワークで利用しているソフト．BNC, WordbanksOnlineを日本で本格的に活用するため小学館が開発した検索ソフト
- **Wordsmith**：Oxford University Pressが開発した検索ソフト
- **Txtana**：赤瀬川司朗氏が開発した検索ソフト
- **AntConc**：早稲田大学Laurence Anthony氏が開発したフリーウェア

[参考URL]
- **小学館コーパスネットワーク[SCN]**：http://www.corpora.jp/
- **科学技術コーパス[PERC]**：http://www.perc21.org/
- **British National Corpus**：http://www.natcorp.ox.ac.uk/
- **WordBanksOnline**：http://www.collinswordbanks.co.uk/
- **American National Corpus**：http://americannationalcorpus.org/

5. 参考文献

- **英語コーパスについて書かれた書籍**

  『英語コーパス言語学―基礎と実践』齋藤俊雄ほか編／研究社出版
  『The BNC Handbook コーパス言語学への誘い』ガイ・アシュトン著／松柏社
  『実践コーパス言語学―英語教師のインターネット活用』鷹家秀史・須賀　広著／桐原ユニ

■ 英語コーパスの利用法

● **コーパスを利用した書籍**
『コーパス英語類語使い分け200』投野由紀夫編／小学館
『NHK 100語でスタート！英会話　コーパス練習帳』投野由紀夫著／NHK出版
『スーパーコーパス練習帳　語学シリーズ―NHK 100語でスタート！英会話』
　投野由紀夫著／NHK出版
『コーパス核表現まる覚えCD―基本動詞＋1で英語はもっとラクになる!!』
　投野由紀夫著／アルク

● **大規模コーパスを利用した学習英和辞典**
『ウィズダム英和辞典』井上永幸・赤野一郎編／三省堂
『ユースプログレッシブ英和辞典』八木克正ほか編／小学館

[参考] 記号の読み方

● **ビジネス**

a/c	account
@	at; each
P	principle; present value
c/o	care of
#	number
%	percent
‰	per thousand
$	dollar
¢	cent
p	pence
£	pound
©	copyrighted
®	registered trademark

（注：$と£は数字の前に，¢とpは後ろに置く．）

● **数　学**

≠ or ≠	is not equal to
>	is greater than
≫	is much greater than
<	is less than
≪	is much less than
≧ or ≥	is greater than or equal to
≦ or ≤	is less than or equal to
≈	is approximately equal to
≡	is identical to
∼	equivalent; similar
≅	is congruent to
∝	varies directly as; is proportional to
∴	therefore
∞	infinity
∠	angle; the angle
∟	right angle
∥	parallel; is parallel to
∫	integral; integral of
°	degree
′	minute; foot
″	second; inch
f	function

● **文　献**

&	and
&c	et cetera; and so forth
" *or* "	ditto marks
☞	index; fist
<	derived from
>	whence derived
+	and
*	assumed
†	died

第3部

語彙力を広げる

- 主な語根
- 主な接頭辞・接尾辞
- 接頭辞
- 接尾辞
- 音象徴（音と意味の結びつき）
- 基本単語イラスト図解
- 主なアルファベット略語
- 注意すべきカタカナ語・和製英語
- 日本語から借用された英語
- 英語の歴史
- 英語が話される国
- 日本における英語関係史
- 英語の語源
- ケルト語・ラテン語・北欧語からの流入
- 主にフランス語からの流入
- 各国語からの流入
- 米英語の比較：単語の違い
- 米英語の比較：綴りの違い
- 単数と複数で意味の異なる名詞
- 動物の鳴き声

主な語根

英語の単語には，単語を構成する主要な語幹部分，すなわち「語根」に接頭辞や接尾辞が付いて派生語を形成するものが数多くあります．したがって語根と接頭辞・接尾辞の知識を持っていると，未知の単語の意味を類推するのに大変役立ちます．

■-able- 可能な
able 容易に持ち続ける→形〜できる，可能な
ability 可能な状態→名能力，技量
dis**able** 能力を奪う→動無能にする
en**able** 可能な状態にする→動〈人に〉〜できるようにする
un**able** 可能でない→形〜できない

■-act- 行う
act 行われたこと→名行為
actor 行う人→名俳優
actual 行われた→形現実の
en**act** 〜の中に行う[記憶する]→動〈法律を〉制定する
ex**act** 外へ行う[追う]→形正確な
re**act** 再び行う→動反応する
trans**act** 越えて行う→動〈業務を〉行う

■-arch- 支配者，首位者
architect 主たる大工→名建築家
an**arch**y 支配者のない状態→名無政府状態
hier**arch**y 聖職者の支配状態→名階層制
mon**arch** 一人の支配者→名君主

■-base- 土台
base 土台→名土台，基礎
basic 土台の→形基本的な
basis 土台→名基礎，根拠
de**base** 基準より下→動〈品質・価値などを〉落とす

■-bate- 打つ
a**bate** 強く打つ→動減少させる
de**bate** 議論で打ち倒す→名動議論(する)
re**bate** 逆に打ち返す→名払い戻し

■-cap- 頭
cap 頭にかぶるもの→名帽子
cape 先頭，先端→名岬
capital 頭の，おもな→名首都
captain 頭に立つ人→名長，キャプテン
chapter 小頭→本の一部→名章

■-cede-, -ceed- 行く
suc**ceed** 次に行く→動〜のあとを継ぐ
ac**cede** 〜へ行く→動同意する
con**cede** ともに行く→動認める，譲歩する
ex**ceed** 外に行く→動越える，まさる
pro**ceed** 前方に行く→動前進する；進行する
re**cede** 後方へ行く→動退く
se**cede** 離れて行く→動脱退する

■-ceive- 取る，つかむ
re**ceive** 取り返す→動受け取る
con**ceive** 十分に取る[つかむ]→動心にいだく
de**ceive** 離れてつかむ→連れ去る→動だます
per**ceive** 完全につかむ→動気づく

主な語根

■-cent- 100
cent 100 (分の1)→名セント
centigrade 100の目盛り→形セ氏の
centimeter メートルの100分の1→名センチメートル
century 100の単位→名世紀
per**cent** 100につき→名パーセント

■-center- 中心
center 円の中心点→名中心, 中央
central 中心点の→形中心の, 中央の
con**cent**rate 同じ中心に集まる→動集中する
ec**centr**ic 中心より外へはずれた→形常軌を逸している
epi**center** 中心の上→名震源地

■-cept- 取る
ac**cept** ～に対し受け取る→動受け入れる
con**cept** 完全に受け入れる(こと)→名概念
ex**cept** 外に取り出す→前～を除いて
inter**cept** 間で取る→動途中で奪う; 傍受する
pre**cept** 事前に取る→前もって命令する→名教訓; 戒め

■-chron- 時
chronic 時間の→形長期にわたる
chronicle →名年代記
chronometer 時間の計量→名クロノメーター
ana**chron**ism 時間に逆らうこと→名時代錯誤
syn**chron**ize 同時に起こる→動同時に起こる

■-circ- 円, 輪
circle 小さな輪→名円, 仲間
circuit 丸く回った→名一周, 巡回
circulate 円を成す→動循環する
circumference 周りで運ぶもの→名外周, 円周
circumstance 周りに立っている→名事情, 状況

■-claim- 叫ぶ
claim 叫ぶ→動要求する
ex**claim** 外に叫ぶ→動(感情をこめて)叫ぶ
ac**claim** ～に向かって叫ぶ→動歓呼する
pro**claim** (皆の)前で叫ぶ→動宣言する; 公布する
re**claim** 再び叫ぶ→動取り戻す; 開墾する

■-clude- 閉じる
con**clude** 完全に閉じる→動終える, 結論を出す
ex**clude** 外へ閉じる→動締め出す
in**clude** 中へ閉じる→動含む, 含める
pre**clude** 前もって閉じる→動妨げる
se**clude** 離して閉じる→動引退させる

■-cord-, -cour- 心
re**cord** 再び心にかえる→名動記録(する)
ac**cord** ～に心をまとめる→動一致する
con**cord** ともに[同じ]心を持つこと→名調和
dis**cord** 心が離れる(こと)→名不一致
cordial 心からの→形心からの
courage 心の状態[特色]→名勇気

■-corp- 体
corporal 体の→形肉体の
corps →名軍団
corpse →名死体
corporate 一体になされた→形法人の,

■ 主な語根

団体の
in**corp**orate 一体にまとめる→動合体する

■ -cracy- 支配, 政治
demo**cracy** 民衆の支配→名民主主義
aristo**cracy** 最上の(人々による)支配→名貴族政治
bureau**cracy** 官庁の局の支配→名官僚政治

■ -cred- 信ずる
credo →名信条
credo →名信条
creditor 信用する人→名貸し手, 債権者
creditable 信じられる→形名誉となる
in**cred**ible 信じられない→形信じられない
credulous 信じやすい→形信じやすい, だまされやすい
credence →名信用, 信頼

■ -cru- 十字架
crucial 十字架の→きびしい→形決定的な
crucify 十字架に固定する→動十字架にかける
crusade 十字架の印を付けること→名十字軍

■ -cur- 注意, 世話
cure 世話をする→名動治療(する)
curious 注意深い→形好奇心の強い
mani**cur**e 手の世話[注意]→名マニキュア
pro**cur**e ~の代わりに世話をする→動手に入れる
se**cur**e 心配のない→形安全な

■ -cur- 走る
oc**cur** ~へ走ってくる→動起こる;生じる
con**cur** ともに走る→動一致する
in**cur** 中へ走る→動〈害を〉こうむる
re**cur** 後へ走る→動再発する, 思い出される
current 走っている→形現在の
ex**cur**sion 外へ走ること→名小旅行

■ -dic-, -dict- 言う
dictate 繰り返し言う→動書き取らせる
dictionary 単語の本→名辞書
bene**dict**ion よく言うこと→名祝福
contra**dict** 反対して言う→動否定する
pre**dict** 前もって言う→動予言する

■ -fact- 作る, 行う
fact 作られたこと→名事実
factor 結果をなすもの→名要素
factory 作る所→名工場
facsimile 同様に作る→名複製
manu**fact**ure 手で作ること→名動製造(する)

■ -fer- 運ぶ
pre**fer** 前方へ運ぶ[置く]→動より好む
con**fer** ともに運ぶ→比較する→動授与する
de**fer** 離れて運ぶ→遅らせる→動延期する
dif**fer** 離れて運ぶ→相違する→動異なる
in**fer** 中に運ぶ→導入する→動推論する
of**fer** 目前に運ぶ→動提供する
re**fer** 後へ運ぶ[戻す]→動言及する
suf**fer** 下へ運ぶ→耐える→動苦しむ
trans**fer** 越えて運ぶ→動移し変える
ferry 運ぶ(所)→名渡し場

主な語根

■-fin- 終わり
fine 終わり→究極→形上等な
fine 終わり→清算→名罰金
final 終わりの→形最後の
finance 終わる[支払う]こと→名金融
finish 終わりにする→動終了する
con**fin**e ともに境界を作る→動閉じ込める；制限する
de**fin**e 完全に境界を作る→動定義する
re**fin**e いっそう上等にする→動精製する
in**fin**ite 終わりのない→形無限な

■-firm- 強い
firm 強い→形堅い
af**firm** ～に強く言う→動主張する
con**firm** いっそう強くする→動確証する
in**firm** 強くない→形虚弱な

■-flo- 花
flower →名花
flour 食事の最上の部分→名小麦粉
florid 花のような→形赤らんだ
flora →名植物相

■-flu- 流れる
fluent 流れるような→形流暢な
fluid 流れている→名流動体
flush 十分に流れる→形たっぷりある；水平の
af**flu**ent ～に流れる→形裕福な
in**flu**ence （星から地球の)中に流れ込むもの→名影響
in**flu**enza （星から地球の)中に流れ込むもの→名インフルエンザ
super**flu**ous 上に流れている→形余分な

■-form- 形, 形づくる
form →名形

formal 形の→形にはまった→形公式の
formula 小さな形→名公式
con**form** ともに形づくる→動(規則に)従う
de**form** 形をそこなう→動奇形にする
in**form** (心の)中に形づくる→動告げる
per**form** 完全に形づくる→動実行する
re**form** 再び形づくる→動改革する
trans**form** 形を変える→動変形する
uni**form** 一つの形→名制服

■-fort- 強い
ef**fort** 外に力を出す→名努力
com**fort** ともに強くする→元気づける→動慰める
fort 強い(こと)→名とりで
fortify 強くする→動強化する
fortitude 強い状態→名忍耐

■-fuse- 注ぐ
con**fuse** ともに注ぐ→動混同する
dif**fuse** 離れて注ぐ→動拡散させる
pro**fuse** 前へ注がれた→形気前のよい
re**fuse** 注ぎ返す→動断わる
fuse 注げるようにされた[溶かされた]→名ヒューズ

■-gen- 生む, 種族
generation 生み出すこと→生み出されたもの→名一世代の人々
genesis 生み出す源→名起源, 創世
genuine 生まれながらの→形本物の
gene 同じ種族(を生むもの)→形遺伝子
general 種族全体の→種族を導く者→形全体的な；名将軍
generous 高貴な種族[家系]の→形寛大な
gentle 同じ種族[家系]の→よい家系の→形優しい

■ 主な語根

■-gest- 運ぶ
ges**t**ure 運ぶ[伝える]こと→身のこなし→图身ぶり
con**gest** ともに運ぶ→詰める→動充満させる
di**gest** 分けて運ぶ→動消化する
sug**gest** 下から運ぶ→動暗示する；提案する

■-grad- 段階
grade 踏みつけるもの→(踏み)段→图等級, 成績
gradual 段階的な→形少しずつの
graduate 高い段階(=学位)を得た人→图卒業生
de**grad**e 段階を下げる→動降格[左遷]する
up**grad**e 段階を上げる→動等級を上げる

■-gram- 書いたもの
pro**gram** 前もって書いたもの→图プログラム
dia**gram** 横切って書いたもの→線で書いたもの→图図
tele**gram** 遠くに書いたもの→图電報
grammar 書かれたもの→書く技術→图文法

■-graph- 書く
graph 書いたもの→图図式
auto**graph** 自分自身で書いたもの→图署名；サイン
para**graph** そばに書いたもの→切れ目の印→图節；段落
photo**graph** 光で書いたもの→图写真
tele**graph** 遠方に書くもの→图電報；電信

■-greg- 群
se**greg**ate 群から離す→動隔離する
ag**greg**ate 群へ加えられた→形集合した
con**greg**ate ともに集まって群をなす→動集合する
gregarious 群の→形群性の

■-gress- 進む
pro**gress** 前方に進む→图進歩, 進展
ag**gress**ive ～へ進む→形攻撃的な
con**gress** ともに進む→ともに集まる(会合)→图議会
re**gress** 後に進む→動後退する

■-hab-, -hib- 持つ, 保つ
habit 持つようになったもの→图習慣
in**hab**it 中に保つ→～に住む→動居住する
ex**hib**it 外に持つ→動展示する
in**hib**it 中に保つ→動抑制する
pro**hib**it 前方に保つ→(人を)押さえる→動禁止する

■-ject- 投げる
pro**ject** 前方へ投げる→動発射する；計画する
de**ject** 下へ投げる→動意気消沈させる
e**ject** 外へ投げる→動追い出す
in**ject** 中に投げる→動注射する
inter**ject** 間に投げる→動〈言葉を〉さしはさむ
ob**ject** ～へ投げる→投げられるもの→图物件
re**ject** 後へ投げる→投げ返す→動拒絶する
sub**ject** 下に投げる→下に置かれた→形支配下にある

■-journ- 日
journal 毎日の→图日誌
journey 一日の行程→图旅行
ad**journ** 決められた日に(移す)→動延

期する
so**journ** 日の下で一日過ごす→動逗留する

■-lapse- 滑る
lapse 滑ること→誤りを犯すこと→名過失；逸脱
col**lapse** ともに滑り落ちる→動崩壊する
e**lapse** 外へ滑る→動〈時が〉たつ

■-lect- 集める；選ぶ
se**lect** 離して選ぶ→動選び出す
col**lect** ともに集める→動収集する
e**lect** 外に選ぶ→動(選挙で)選ぶ
intel**lect** 間で選ぶ能力→識別[理解]力→名知性
neg**lect** (拾い)集めない→とりあわない→動無視する

■-limi- 境界
limit 畑の間にある境界線→名境界
e**limi**nate 境界線[しきい]の外へ追い出す→動除外する
pre**limi**nary 境界線[しきい]の前の→形予備の

■-loc- 場所
local 場所(の)→形地方の
locate (場所に)置く→動据える
al**loc**ate 場所へ置く→動割り当てる

■-log- 言葉
logic 言葉の学問→名論理学
ana**log**y 言葉に対して→語と語の対応→名類似
apo**log**y (罪から)離れるための言葉→言い訳→名陳謝
dia**log**ue 言葉を互いにかわすこと→名対話
mono**log**ue 一人の言葉→名独白

pro**log**ue 事前の言葉→名序言

■-medi- 治療(する)
medical 治療の→形医学の
medicine 治療の技術→名薬
re**med**y 再び治療する→名治療(法)

■-medi- 中間
medium 中間の(状態)→名中間
mediate 中間に位置する→動仲裁する
medieval 中間の時代の→名中世の
mediterranean 土地の中間にある→名形地中海(の)
im**medi**ate 中間に何もない→形直接の；即座の
inter**medi**ate 中間[真中]に置かれる→形(中間に)介在する

■-mem- 思い出す；記憶
memory 思い出すこと→名記憶
memo(randum) 思い出される(もの)→名メモ
im**mem**orial 記憶に残らない→形太古の
com**mem**orate ともに思い出す→動記念する

■-min- 小さい
minor より小さい→形小さい方の
minimum 最も小さい(もの)→形名最小の(数[量])
minister より小さい[劣った]人→召使い→名聖職者；大臣
minute 最小の小さい部分→1時間の1/60→名分
di**min**ish 完全に小さくする→動減ずる

■-minen- 突き出る
e**minen**t 外に突き出る→形著名な,傑出した

■ 主な語根

imminent 上に突き出る→形差し迫った
prominent 前方に突き出る→形突出した, 目立った

■ -mit- 送る

permit ～を通って送る→通過を許す→動許可する
admit ～へ送る[行かせる]→動認める
commit ともに送る→動ゆだねる, 委任する
emit 外に送る→動放出する
omit ～のそばを送る[行かせる]→無視する→動省略する
submit 下に送る→動服従する
transmit 横切って送る→動〈物を〉送る, 伝える

■ -mon- 警告する

monitor 警告する人→名監視装置
monster 警告すること→神の不吉な警告→名怪物
admonish ～に警告する→動勧告する
summon 下に[秘密に]警告する→暗示する→動呼び出す

■ -mot- 動く

promote 前方に動かす→動助長する
emotion 外へ動かされた状態→名感情
remote 動いて離れた→形遠い
locomotive 場所を移動する→名機関車

■ -mount- 山(に登る)

amount 山に登って→動～に達する；名合計
dismount 山から下って→動(馬などから)降りる
paramount 山に登ることで→頂上にある→形最高の
surmount 山を登り越えて→動克服する

■ -norm- 尺度

normal 尺度にそった→形標準の, 基準の
normalize 尺度に合うようにする→動正常化する
abnormal 尺度を離れた→形異常な
enormous 尺度をはずれた→形巨大な

■ -nounc- 発表する

announce ～へ発表する→動公表する
denounce 下へ発表する→悪く宣言する→動公然と非難する
pronounce 前方に発表する→動断言する；宣言する
renounce 後へ[反対して]発表する→動放棄する

■ -pan- パン(＝bread)

accompany ともにパンを食べる仲間とする→動～に同行する
company ともにパンを食べる仲間→名会社；交際
companion ともにパンを食べる友人→名相棒；友人
pantry パンを置く場所→名食器[食料]置き場

■ -par-, -pair- 用意する

prepare 事前に用意する→動準備する
repair 再び用意する→動修理する
separate 離れて用意する→動分離する
apparatus ～へ用意するもの→用意されたもの→名器具

■ -part- 部分

participate 部分を取る→一部分となる→動参加する
particle 小部分→名粒子
particular 小部分に属する→形特別の

主な語根

apart 一方の部分[側]へ→副離れて,別々に
depart 部分に離す→分ける→動出発する
impart ～に部分を分ける→分け与える→動授ける;伝える

■-pass- 歩く
passage 歩くこと→名道路;進行
passenger 歩く人→名旅人;乗客
compass ともに歩くこと→巡回するもの→名コンパス
surpass ～の上を歩く→越える→動～をしのぐ
trespass ～を越えて歩く→動不法侵入する

■-path- 苦しみの感情
pathos 苦しむこと→名哀感,ペーソス
pathetic 苦しみがちな→哀れみを感じやすい→形哀れな
apathy 苦しみ[感情]のないこと→名無関心
antipathy 逆らって苦しむこと→感情に逆らうこと→名嫌悪感
sympathy ともに苦しむこと→名同情

■-pel- 押す,追う
propel 前方に押す→動推進させる
compel 完全に押す→動無理強いする
dispel 追い放す→動追い散らす
expel 追い出す→動追い出す
impel 上に押す→動駆り立てる
repel 後へ追う→追い返す→動はねつける

■-pend- ぶら下がる
pendant ぶら下がっているもの→名ペンダント
pendulum ぶら下がっているもの→名振り子

depend ～から(下に)ぶら下がる→動依存する
independence 依存しないこと→名独立
impend ～の上にぶら下がる→動今にも起こる
suspend 下にぶら下がる→動つるす

■-plore- 泣く,叫ぶ
deplore 十分に泣く→動嘆く
explore 外に叫ぶ→(動物を)おびき出す→動探検する
implore 上に泣く→動懇願する

■-ply- 折る
apply ～に折り重ねる→当てる→動適用する
imply 中に折り込む→動含む;暗示する
multiply 多く折る→動増大させる;掛ける
reply 包みかえす→お返しをする→動返事をする

■-port- 運ぶ
export 外へ運ぶ→動輸出する
deport 運んで引き離す→動(国外)追放する
import 中に運ぶ→動輸入する
report 後ろへ運ぶ→運び戻す→動報告する
support (下から)上に運ぶ→動支える
transport 横切って運ぶ→動輸送する

■-pose- 置く
compose ともに置く→動構成する;組み立てる
decompose 組み立てたものを元に戻す→動分解する
expose 外に置く→動さらす;暴露する
interpose 間に置く→動間に置く[入れ

■ 主な語根

る]
suppose 下に置く→動仮定する
dispose 離して置く→動配置する
impose 上に置く→動課す
propose 前方に置く→動提案する
repose 再び置く→動ゆだねる
oppose ～に反して置く→動反抗する
preposition 前に置くこと→名前置詞

■-press- 押す
press ともに押す→動押す
compress 下へ押す→動圧縮する
depress 外に押す→押し出す→動〈人を〉落胆させる
express 上に押す→動表現する
impress ～に対して押す→動印象づける
oppress 下に押す→動重くのしかかる；圧迫する
suppress 下に押す→動鎮圧する

■-pute- 考える
dispute 離れて[別々に]考える→動論争する
compute ともに考える→全体的に考える→動計算する
computer 全体的に考えるもの→名コンピュータ
impute ～に(対して)考える→動～を(～の)せいにする
repute 再び考える→評価する→名評判

■-quire-, -quer- 求める
require 再び求める→動要求する
acquire ～へ求める→動手に入れる
inquire, en- 中に求める→動尋ねる
conquer 完全に求める→動征服する

■-riv- 川
river 川岸：(注)本来は下の3語と別語源→名川

rival 川の対岸に住む相手→川の利用で張り合う相手→名競争相手
arrive 川の土手へ→陸地へ来る→動到着する
derive 川から(水を導く)→動引き出す

■-rupt- 破れた
abrupt (突然)敗れ去った→形不意の，突然の
bankrupt 銀行が破たんした→名破産者；形破産した
corrupt 完全に破れた[壊された]→形腐敗した
disrupt 破り離された→動混乱させる
erupt 外へ破れた→動噴出する
interrupt 間で破る→割り込む→動さえぎる

■-scend- 登る
descend 下へ登る→(丘などを)下る→動降りる；伝わる
ascend 上に登る→動登る，上がる
transcend 越えて登る→動超越する

■-scope- 見る
scope 見る→名範囲；視野
microscope 小さいものを見るもの→名顕微鏡
periscope (海上の)周囲を見るもの→名潜望鏡
telescope 遠くのものを見るもの→名望遠鏡

■-scribe- 書く
describe 下へ書く→動描写する
ascribe ～へ書く→動(～の)せいにする
circumscribe 周囲に書く→線で取り囲む→動制限する
inscribe 上に書く→動刻む；彫りつける

prescribe 事前に書く→動〈薬を〉処方する
subscribe 下に書く→動署名する；寄付する

■-sent- 感じる
assent ～に(対して)感じる→動賛成する
dissent 離れて感じる→動異議を唱える
consent ともに感じる→動同意する
resent 再び[強く]感じる→動憤慨する
sense 感じること→名感覚；知覚
sentiment 感じて生じるもの→名感情

■-sequ-, -secu- 従う
sequence 従って起こること→名連続
consequence ともに従って起きること→名結果
execute 徹底して従う→追求する→動実行する
persecute 完全に従う→しつこく追う→動迫害する
prosecute 前方に従う→あとを追う→動起訴する

■-sert- 結びつける
exert 外に結びつける→突き出す→動発揮する, 出す
assert ～に結びつける→動断言する
desert 結びつきを放つ→動見捨てる
insert 中に結びつける[入れる]→動挿入する

■-serv- 保つ
observe ～へ注意を保つ→動観察する
conserve ともに保つ→動保存する
preserve 事前に保つ→動保護する
reserve 後へ保つ→動取っておく；予約する

■-sign- 印
sign ～へ印をつける→名印；掲示
assign ～へ印をつける→動割り当てる
design 外へ印をつける→はっきり示し書く→動設計する
resign あとへ印をつける→帳消しにする→取り消す→動辞職する

■-sist- 立つ
insist 上に立つ→動言い張る
assist ～へ立つ→そばに立つ→動助ける
consist ともに立つ→動～から成る
exist 外に立つ→動存在する
persist 通して[ずっと]立つ→動固執する
resist ～に対して立つ→動抵抗する
subsist 下に立つ→動内在する

■-spec- 見る
expect 外を見る→動期待する
aspect ～の方を見る→見られるもの→名外観, 様子
inspect 中を見る→動点検する
prospect 前を見る→前方に見えるもの→名見通し
respect 後ろを見る→見返す→動尊敬する
retrospect (以前を)ふり返って見る→名回顧
suspect 下を見る→動疑う

■-spir- 呼吸する
inspire 中に呼吸する→吸い込む→動奮い立たせる
aspire ～に呼吸する→動切望する
conspire ともに呼吸する→動共謀する
expire 外へ呼吸する→呼吸が果てる→動死ぬ
perspire 通って呼吸する→動汗をかく
spirit (生命の)呼吸がされるもの→名

■ 主な語根

霊魂

■ -spond- 約束する
re**spond** 後ろへ約束する→約束を返す→動返答する
de**spond** 約束から離れる→動落胆する
corre**spond** ともに約束し返す→互いに応じ合う→動文通する

■ -stance- 立つこと
in**stance** （近くに）立つ[ある]もの→名事実
di**stance** 離れて立つこと→名距離
circum**stance** 周囲に立っているもの→名状況
sub**stance** 下に立つもの→根底にあるもの→名物質, 本質

■ -struct- 建てる
structure 建てたもの→名構造；建造物
con**struct** ともに建てる→動建設する
in**struct** 上に建てる→伝える→動教える；指図する
ob**struct** ～に反して建てる→動妨害する

■ -sume- 取る
re**sume** 再び取る→動再び始める
as**sume** ～へ（ある態度を）取る→～と受け取る→動仮定する
con**sume** 完全に取る→動使い果たす
pre**sume** 事前に取る→当然と考える→動推定する

■ -sure- 確かな
sure 確かな；心配のない→形確信して
as**sure** 確かなものにする→動保証する
en**sure** 確かなものにさせる→動請け負う
in**sure** 確かなものにさせる→動保険をつける

■ -tail- 切る
tailor 切る人→名仕立屋
de**tail** 完全に切る→細かく切断する→名細部, 細目
re**tail** 再び切る→小片に切る→名小売り

■ -tain- 保つ
con**tain** ともに保つ→動含む
abs**tain** 離れて保つ→動慎む
de**tain** 離して保つ→動引き留める
enter**tain** 間に保つ→支える→動楽しませる
main**tain** 手で保つ→動保持[維持]する
ob**tain** ～に保つ→動手に入れる
re**tain** 後に保つ→動保持する
sus**tain** 上に保つ→動支える

■ -tect- おおう
pro**tect** 前方をおおう→動守る, 保護する
de**tect** おおいを取る→動見つける, 見抜く

■ -tempo- 時
temporal 時→形時間の
temporary 時間の→形一時的な, はかない
con**tempo**rary ともに（同じ）時間の→形同時代の

■ -tend- 伸ばす
tend 伸ばす→～の方に動く→動傾向がある
at**tend** ～へ伸ばす→～へ心を向ける→動注意を払う
con**tend** ともに伸ばす→張り合う→動戦う, 争う
ex**tend** 外まで伸ばす→動長々と伸ばす
in**tend** ～の方に伸ばす→注意を向ける→動意図する

pretend 前に伸ばす→動主張する；ふりをする

■-term- 限界, 境界
term 限界, 境界→名(一定の)期間
terminal 限界に関する→形末端の；名終着駅
terminate 限界[境界]を定める→動終わらせる
determine 離れて境界を定める→動決定する
exterminate 境界の外へ追いやる→動撲滅する

■-test- 証言する
protest 前に[公的に]証言する→動抗議する
attest ～へ証言する→動証拠となる, 証言する
contest ともに[強く]証言する→動論争する；争う
detest 下に証言する→証言して非難する→動ひどく嫌う
testify 証言を成す→動証言する
testimony 証言する状態→名証言

■-tort- ねじる
distort 完全にねじる→動ゆがめる
retort 後にねじる→ねじり返す→動やり返す
torture ねじられること→名拷問

■-tract- 引く
attract ～へ引く→動引きつける
abstract 離れて引く→動抽出する；形抽象的な
contract ともに引く→動契約する
distract 離れて引く→動〈注意を〉そらす
extract 外へ引く→名引き出す, 抜き取る

subtract 下から引く→名〈数を〉引く

■-tribute- 割り与える
distribute 分けて割り与える→動分配する
attribute ～へ割り与える→動～のせいにする
contribute (他人と)ともに割り与える→動寄付する；貢献する
tribute 割り与えられるもの→(君主への)税金→名賛辞

■-vade- 行く
invade 中へ行く→動侵入する
evade 外へ行く→動逃れる, 避ける
pervade 通って行く→動しみ込む；行きわたる

■-vent- 来る
event 外に出てくる→名出来事
invent 上に来る→ふと出会う→動発明する
prevent 事前に来る→前に始める→動妨げる
adventure ～に来る[起こる]こと→出来事→名冒険
venture 出来事→名危険な企て
convention ともに集まること→名(政治)集会

■-vert- 曲がる, 回る
advertise ～の方へ曲がる→警告する→動広告する
convert ともに曲がる→動変える；変形させる
divert 離れて曲がる→動わきへそらす
invert ～に向かって曲がる→方向を変える→動上下を逆にする
subvert 下で曲がる→動転覆する；打倒する

■ 主な接頭辞・接尾辞

■ -vis- 見る
ad**vis**e 〜の方を見る→動忠告する
impro**vis**e 前もって見れない→動即席で作る
re**vis**e 再び見る→見直す→動改訂する
tele**vis**e 遠くを見る→動テレビ放送する
visit 見に行く→動訪問する
vision 見ること→名視力；光景
visible 見ることが可能な→形可視の
visual 見るための→形視覚の

■ -voc-, -vok- 呼ぶ
vocation （神に）呼ばれること→名天職
vocabulary 呼ぶこと→語, 名前 →名語彙
e**vok**e 外へ呼ぶ→動呼び起こす
in**vok**e 上に呼ぶ→動祈願する
pro**vok**e 前方へ呼ぶ→動刺激する；立腹させる
re**vok**e あとへ呼ぶ→呼びもどす →動取り消す

主な接頭辞・接尾辞

接頭辞

anti-「反対, 逆, 対抗, 予防」
　*anti*nuclear 反核の
　*anti*cancer 抗がんの
auto-「自動, 自身」
　*auto*mation オートメーション
　*auto*biography 自伝
bene-「良い」
　*bene*volent 情け深い
bi-「2, 2回, 2重」
　*bi*cycle 自転車
　*bi*weekly 隔週の
bio-「生命, 生物」
　*bio*technology 生命工学
　*bio*logy 生物学
centi-, cent-「百」
　*centi*meter センチメートル
　*cent*ury 世紀
co-, col-, com-, con-, cor-「共に, 相互に, 同程度に, 補助」
　*co*education （男女）共学
　*co*pilot 副操縦士
　*col*laborate 協力する
　*com*pany 仲間
　*con*cord 一致
　*cor*porate 共同の
contra-「反対, 逆」
　*contra*dict 否定する
　*contra*distinction 対比
dis-「反対, 逆, 否定」
　*dis*agree 意見が合わない
　*dis*honest 不正直な
en-「…にする」
　*en*large 拡大する
ex-「外へ, 前の」
　*ex*port 輸出する
　ex-president 前大統領
fore-「（場所・時間的に）前の」
　*fore*head ひたい
　*fore*cast 予報する
il-, im-, in-, ir-「否定」
　*il*legal 不法な
　*im*mature 未熟な
　*in*correct 不正確な

主な接頭辞・接尾辞

- *ir*regular 不規則な
- **im-, in-**「中へ」
  - *im*port 輸入する
  - *in*come 収入
- **inter-**「間の, 相互に」
  - *inter*rupt 邪魔する
  - *inter*action 相互作用
- **mal(e)-**「不十分, 悪い」
  - *mal*nutrition 栄養不良
  - *male*volent 悪意のある
- **mid-**「(場所・時間的に)中間, 途中」
  - *mid*land 中部地方
  - *mid*night 真夜中
  - *mid*way 中途
- **mini-**「小型の」
  - *mini*bus 小型バス
- **mis-**「誤って, 不吉な, 悪い」
  - *mis*read 読み違える
  - *mis*fortune 不運
  - *mis*deed 悪行
- **mono-**「単一, 単独」
  - *mono*poly 独占
  - *mono*gamy 一夫一婦制
- **multi-**「多くの」
  - *multi*national 多国籍の
- **non-**「否定, 反対」
  - *non*fiction ノンフィクション
  - *non*nuclear 非核の
- **out-**「抜きん出て, 外側に, 離れて」
  - *out*do 勝る
  - *out*door 屋外の
- **over-**「過度, 圧倒」
  - *over*crowded 超満員の
  - *over*throw 打倒する
- **pan-**「全…, 総…, 汎…」
  - *pan*orama 全景
  - *pan*-Pacific 汎太平洋の
- **ped-**「足」
  - *ped*al ペダル
- **phono-, phon-**「音」
  - *phono*graph 蓄音機
  - *phon*etic 音声の
- **poly-**「多数」
  - *poly*gamy 一夫多妻制
  - *poly*glot 数か国語を話す
- **port-**「運ぶ」
  - *port*able 携帯用の
- **post-**「後の, 次の, 後ろの, 郵便」
  - *post*war 戦後の
  - *post*card はがき
- **pre-**「前の, 前もって」
  - *pre*war 戦前の
  - *pre*paid 前払いした
- **pro-**「代用, 前へ, 賛成」
  - *pro*noun 代名詞
  - *pro*ceed 前進する
  - *pro*-Japanese 日本びいきの
- **re-**「再び」
  - *re*cycle 再利用する
- **self-**「自ら行う, 自動」
  - *self*-service セルフサービスの
  - *self*-locking 自動施錠の
- **semi-**「半分」
  - *semi*circle 半円
- **sub-**「準…, 副…, 下の, 以下」
  - *sub*title 副題
  - *sub*way 地下鉄
  - *sub*sonic 音速以下の
- **super-, sur-**「過剰, 超…, 超過」
  - *super*fluous 余分な
  - *super*natural 超自然の
  - *super*sonic 超音速の
- **sym-, syn-**「共に, 同じ, 類似」
  - *sym*pathy 共感
  - *syn*onym 同義語, 類義語
- **tele-**「遠い, テレビの」
  - *tele*pathy テレパシー
  - *tele*cast テレビ放送
- **trans-**「横断, 通過, 輸送, 変換」
  - *trans*continental 大陸横断の
  - *trans*parent 透明な
  - *trans*port 輸送する

■ 主な接頭辞・接尾辞

*trans*form 変形させる
tri-「3」
　*tri*cycle 三輪車
un-「反対, 逆」
　*un*happy 不幸な
　*un*cover 覆いを取る
under-「不十分, 下の」
　*under*developed 低開発の
　*under*ground 地下の

uni-「単一」
　*uni*form 制服
up-「上の, 奥の, 改善, 混乱」
　*up*land 高地
　*up*country 奥地の
　*up*grade アップグレードする
　*up*roar 大騒ぎ
vice-「副…, 代理」
　vice-president 副大統領, 副社長

接尾辞

1. 抽象名詞をつくる

-age「状態, 数量」
　short*age* 欠乏
　mile*age* マイル数
-al「性質, 行動, 行為」
　remov*al* 除去
　arriv*al* 到着
-ance, -ancy, -ence, -ency「行為, 状態, 性質」
　attend*ance* 出席
　const*ancy* 不変
　abs*ence* 欠席
　consist*ency* 一貫性
-cent「百」
　per*cent* パーセント, 100分の1
-dom「状態, 状況」
　free*dom* 自由
-gram「書かれたもの」
　tele*gram* 電報
-graph「書かれたもの」
　tele*graph* 電信
-hood「状態, 時代」
　neighbor*hood* 近所
　boy*hood* 少年時代
-ic(s)「…学, …論, …術」
　phys*ics* 物理学
　poet*ics* 詩論
　aerob*ics* エアロビクス
-ion「行為, 状態」

　invita*tion* 招待
　confus*ion* 混乱
-ism「主義, 信条, 態度, 行為」
　optim*ism* 楽観主義
　Buddh*ism* 仏教
　critic*ism* 批評
-itude「性質, 状態」
　sol*itude* 孤独
-logy「…学, …論」
　philo*logy* 文献学
-ment, -mony「過程, 結果」
　move*ment* 運動
　cere*mony* 儀式
-ness「性質, 状態」
　kind*ness* 親切
　happi*ness* 幸福
-ory「場所」
　dormit*ory* 寄宿舎
-o(u)r「性質, 状態」
　favo*(u)r* 好意
-phobia「恐怖症」
　acro*phobia* 高所恐怖症
　claustro*phobia* 閉所恐怖症
-phone「音」
　tele*phone* 電話
-ship「地位, 身分, 職, 技量, 状態, 性質」
　member*ship* 会員
　craftsman*ship* 腕前
　friend*ship* 友情
-y, -ry, -ty, -ety, -ity「性質, 状態, 行為, 職業, 品物の種類, 場所」

delive*ry* 配達
bake*ry* パン屋
brave*ry* 勇敢さ
safe*ty* 安全
gaie*ty* 陽気
rapid*ity* 敏速

2.「人」を表す
-ain
　capt*ain* 船長
-aire
　million*aire* 百万長者
-an, -ean, -ian
　Ameri*can* アメリカ人
　Europ*ean* ヨーロッパ人
　histor*ian* 歴史家
-ant
　assist*ant* 助手
-ar
　schol*ar* 学者
-ard
　cow*ard* 臆病者
-ary
　secret*ary* 秘書
-ate
　candid*ate* 候補者
-ee「…される人」⇒-er
　employ*ee* 従業員
-eer
　engin*eer* 技師
-en
　citi*zen* 市民
-ent
　stud*ent* 学生
-er「…する人」⇒-ee
　employ*er* 雇い主
-ese
　Japan*ese* 日本人
-ess (女性)
　actr*ess* 女優
-eur

　amat*eur* アマチュア
-ier
　sold*ier* 兵士
-ish
　Brit*ish* イギリス人
-ist
　art*ist* 芸術家
-or
　act*or* 男優
-ster
　mini*ster* 大臣

3. 形容詞 (副詞) をつくる
-able, -ible「可能, 性質」
　enjoy*able* 楽しめる
　comfort*able* 快適な
　comprehens*ible* 理解できる
-al, -ial「性質, 関係」
　education*al* 教育的な
　essent*ial* 本質的な
-ant, -ent「状態」
　brilli*ant* 輝かしい
　differ*ent* 異なった
-ar「性質」
　popul*ar* 人気のある
-ate「…に満ちた, 性質」
　accur*ate* 正確な
-ed「規則動詞の過去形・過去分詞形, 過去分詞の形容詞的用法」
　studi*ed* 勉強した
　talent*ed* 才能のある
-en「…でできた, …のような」
　wood*en* 木製の
　gold*en* 金色の
-ful「…に満ちた, 性質」
　delight*ful* 愉快な
　care*ful* 注意深い
　forget*ful* 忘れやすい
-ic「…に関する, …のような, 性質」
　atom*ic* 原子の
　econom*ic* 経済の

■ 主な接頭辞・接尾辞

heroic 英雄的な
-ical「…に関する, …のような, 性質」
　chemical 化学の
　economical 経済的な
　tropical 熱帯の
　identical 同一の
-id「状態」
　rapid 速い
　vivid 鮮やかな
-ing「動詞の現在分詞, 性質」
　playing 遊んでいる
　amazing 驚くべき
　interesting おもしろい
-ish「…のような, やや…ぎみの, 性質」
　childish 子供っぽい
　fattish 太りぎみの
　selfish 利己的な
-ive「傾向, 性質」
　active 活動的な
　attractive 魅力的な
　talkative 話好きな
-less「…がない, …できない」
　careless 不注意な
　countless 無数の
　numberless 数えきれない
-like「…のような, …らしい, 性質」
　dreamlike 夢のような
　childlike 子供らしい
-ly「…のような, 性質」(形容詞)
　friendly 親しい
　lovely 愛らしい
-ly「程度, 頻度, 方法」(副詞)
　exactly 正確に
　nearly ほとんど
　actually 実際に
-ory「…のような, 性質」
　satisfactory 満足のいく
　contradictory 矛盾した
-ous「…に満ちた, 性質」
　mysterious 神秘的な
　dangerous 危険な

-proof「防…の, 耐…の」
　waterproof 防水の
-some「傾向, …を引き起こす」
　tiresome うんざりする
　troublesome 厄介な
-ward(s)「方向」(副詞)
　forward 前方へ
-wise「…のような[に], …に関して」
　(形容詞・副詞)
　clockwise 時計回りの[に]
　salarywise 給与の面では
-worthy「価値」
　noteworthy 注目すべき
-y「特徴, …に満ちた, いくぶん…の」
　rainy 雨の
　grassy 草で覆われた
　cloudy 曇った

4. 動詞をつくる

-ate「…する」
　celebrate 祝う
　estimate 見積もる
　graduate 卒業する
　nominate 指名する
-en「…にする, …になる」
　broaden 広くなる
　darken 暗くする
　lengthen 長くする
　sadden 悲しませる
-ify「…にする, …化する」
　beautify 美しくする
　simplify 単純化する
-ish「…にする」
　cherish 大切にする
　publish 出版する
-ize, ((英))-ise「…(化)する」
　criticize 批判する
　summarize 要約する
　urbanise 都会化する
-port「運ぶ」
　report 報告する

音象徴（音と意味の結びつき）

綴りが似て，したがってその部分の発音が似ていて意味のつながる単語群がありますが，こうした同じような意味と結びつく音のもつ感じを音象徴(sound symbolism)と呼びます．これは擬音に近いもので，おおもとで同じ擬音語の語根につながる場合が多く，しばしば語頭や語尾の子音(群)を共通にもっています．語根と同じように音象徴を理解することで単語を増やす力を養うことができます．

■ b...l(l), bl-　膨らみ→膨張→勢いのよい動き
ball ボール
balloon 気球，ゴム風船
bowl 深い鉢，どんぶり；ボウリングをする
bulb 球根；電球((形の類似から))
bulge 膨らみ，でっぱり；膨れあがる[出る]
bell ベル，鐘，鈴
belly 腹，「おなか」
bubble 泡
blister 水ぶくれ
blast 突風；<笛などを>吹く
blow 殴打；<風が>吹く
bluster <波・風などが>荒れ狂う；どなり[いばり]散らす

■ ch-　おしゃべり，さえずり；ぺちゃくちゃ，ピーピー
chat おしゃべり(する)
chatter ぺらぺら[ぺちゃくちゃ]しゃべる
cheep <ひな・ネズミ・虫が>ピーピー[チューチュー]と鳴く
chirp <鳥・虫が>チュンチュンと鳴く
chirrup <鳥・虫が>チュンチュン[チーチー]と鳴く
chuckle くすくす笑う；くすくす笑い

■ cl-　締める，つまむ，はさむ，はまる；カチッ
clack カタン[パチッ，カタカタ]と音を立てる
clang ガーン[カチン，ガチン]と音を立てる
clank ガチャガチャ鳴る
clap 激しく打ちつける；<手を>たたく
clash ガチャンと音を立てる，衝突する
clatter ガタガタ[ガチャガチャ]音を立てる
click カチッ(と音を立てる)
clip (はさみで)切る，摘む，刈る
clip クリップ；しっかりつかむ[はさむ]
clasp 留め金；握り締める，つかむ
climb よじ登る
clinch 曲げる，留める；決着をつける；クリンチ
cling くっつく，握り締める
close 閉める，閉じる

■ cr-　きしる，砕ける；キーキー
crack 砕ける；ピシッと鋭い音を出す
crash 割れる，ひびが入る；衝突する
creak キーキー[ギーギー，ギューギュー]鳴る，きしむ
cricket コオロギ；クリケット
crumb (パンなどの)かけら，くず
crumble ぼろぼろにくずす，砕く

■ 音象徴 (音と意味の結びつき)

crunch ボリボリ[バリバリ, ガリガリ]かむ
crush 押しつぶす, 粉々にする

■cr- ねじれ, よじれ, ゆがみ

cramp けいれん, こむら返り
cramp かすがい, 締め金
crank クランク《L字状ハンドル》
crease 折り目, しわ
cringe 縮こまる, すくむ
crinkle しわを寄せる
cripple 手足の不自由な人
crooked 曲がった, ゆがんだ
crawl はう, ゆっくり進む
creep はう, はって進む

■dr- したたる, ぬれる→垂れる→引く;ポトポト, ズルズル

drag 引きずる(こと)
drain 排出させる;排水管
drape <衣を>(垂らして)掛ける;掛け布, ドレープ
draw 引く, 引っ張る;線で描く
drench ずぶぬれにする, 浸す, つける
drift 漂う, 漂流する
drip したたる, ポタポタ落ちる
drink 飲む;飲み物
droop 垂れ下がる;うなだれる
drop しずく;落下;したたる, 落ちる, 落下する
drown おぼれさせる

■-er 反復

batter 連打する
chatter ぺらぺら[ぺちゃぺちゃ]しゃべる
clatter ガタガタ[ガチャガチャ]音を立てる, ぺちゃくちゃしゃべる
flicker <炎が>ゆらめく, <光が>明滅する
flutter はためく, 翻る, ひらひら舞う
glitter ぴかぴか輝く, きらきら光る
mutter つぶやく, ぶつぶつ文句を言う
patter <雨などが>ぱらぱら降る, パタパタ走る
quiver ぶるぶる震える, 振動する
scatter ばらまく, まき散らす
shiver 震える, 身震いする, おののく
snicker 《米》くすくす笑う
snigger 《英》くすくす笑う
titter くすくす笑う, 忍び笑いする
waver 揺れる;ゆらぐ, ぐらつく

■fl- ゆらめき, はためき→流れ→飛行;ゆらゆら, パタパタ

flag 旗
flame 炎;炎をあげて燃える
flap はためく;羽ばたく
flare <炎が>ゆらゆら燃える;(スカートの)フレアー
flash きらめき, ひらめき;<光を>放つ
flight 飛行;定期航空便
flip はじく, はじき飛ばす
float 浮かぶ;浮き袋;山車(だし)
flood 洪水;水浸しにする
flop パタパタする, ばたりと倒れる
flow 流れ;流れる
fluent 流暢(りゅうちょう)な
fluid 流動体;流動的な
flush 赤面する;ザーッと水を流す
flutter はためく, ひるがえる;羽ばたきする
fly 飛ぶ;飛行機で飛ぶ

■g- のどの音;ガアガア, ゴロゴロ, ガラガラ

gabble 訳のわからないことをぺちゃくちゃしゃべる
gaggle <ガチョウが>ガアガア鳴く;(ガチョウの)群れ
gargle うがいする;うがい薬;うがい

音象徴 (音と意味の結びつき)

gobble がつがつ食べる
gorge (食べ物をがつがつと)詰め込む
gullet 食道, のど
gulp ごくりと飲み込む
gurgle ドクドク[ゴボゴボ]流れる, のどを鳴らす
guzzle がつがつ食う, 暴飲する

■ g- **(空気・液体の) 噴出 ; ゴー, ガー**
gasp あえぎ ; あえぐ
guffaw ばか笑い
gush <液体などが>勢いよく流れ出る ; 噴出
gust 突風, 噴出, 激発

■ gl- **光, 輝き→視線, 視覚 ; ぎらぎら**
glance 一目見る(こと)
glare ぎらぎら光る ; にらみつける
glass ガラス ; コップ ; ((〜es))眼鏡
gleam かすかな光 ; きらめき
glimmer ちらちら光る ; かすかに現れる
glimpse ちらりと見る(こと)
glint 閃光(せんこう) ; きらきら光る
glisten (ぬれたように)光る
glitter ぴかぴか[きらきら]光る
glory 栄光 ; 繁栄
gloss 光沢, つや
glow 輝き, 白熱 ; 赤熱 ; 光を放つ ; 紅潮する
gold 金

■ gr- **握る, つかむ ; ぎゅっ**
grab ぎゅっとつかむ, ひったくる
grapple つかみ合う ; 取り組む ; つかみ合い, 格闘
grasp しっかりとつかむ ; 把握する
grip 握る[つかむ]こと ; 掌握, 支配 ; つかむ
grope 手探り(する)

■ gr- **うなり→不平, 不満→うらみ ; ブーブー**
groan うめく ; うめき声
growl うなる, ぶつぶつ不平を言う
grumble 不平を言う ; <雷鳴などが>とどろく
grunt <豚が>ブーブー鳴く ; ぶつぶつ (不平を)言う
grudge うらむ ; うらみ, ねたみ

■ gr- **成長 ; ぐんぐん**
grass 草, 牧草 ; 草地
graze (牛・羊などが)牧草を食う
green 緑(色)の ; 熟していない
grow 成長する, 増大する ; 栽培する

■ kn- **こぶ, 塊, 結び目**
knead <粉・土を>こねる
knit 編む ; 結び付ける ; 編み物をする
knob 取っ手, つまみ
knock (こぶしで)たたく, ノックする
knoll (丸い)小山, 円丘
knot 結び目 ; 群れ ; 結ぶ
knuckle 指関節, げんこつ

■ -le **反復**
babble しゃべる ; <小川が>さらさら流れる
bubble 泡立つ, ぶくぶく沸き出る ; 泡, シャボン玉
chuckle くすくす笑う, 含み笑いをする
crackle パチパチ音をたてる ; ひびができる
dazzle 目をくらませる, くらくらさせる
gabble ぺちゃくちゃしゃべる, 早口で言う
giggle くすくす笑う
grumble 不平を言う, ぶつぶつ言う
jingle チリンチリン鳴る
mumble つぶやく, ぶつぶつ言う
ramble 散歩する, ぶらつく, ぶらぶら

語彙力

■ 音象徴 (音と意味の結びつき)

する
rattle ガラガラ[ガタガタ]鳴る
ripple さざ波を立てる, さざめく
rumble ゴロゴロ[ガラガラ]音を立てる, とどろく
rustle サラサラ[カサカサ]いう
sizzle シューシュー[ジュージュー]いう
snuffle 鼻をフンフン[クンクン]いわせる
sparkle 輝く, きらめく ; 火花, 閃光
sprinkle まき散らす, ふりかける
tickle くすぐる, むずむずさせる
tingle うずく, ひりひり[きりきり, ちくちく]する
tinkle チリンチリン[リンリン]と鳴る
tremble 震える, 身震いする, 気をもむ
trickle したたり落ちる, たらたら落ちる
twinkle ぴかぴか[きらきら]光る
wiggle くねくね[ぴくぴく]動かす
wriggle のたくる, うごめく

■ mu-, m- 唇を閉じること ; もぐもぐ, ぶつぶつ

miffed むっとした
moan うめき声を上げる, うなる ; うめき声
moo <牛などが>モーと鳴く
mum 無言の, 沈黙している
mumble もぐもぐ[ぶつぶつ]言う ; つぶやく
mumps おたふくかぜ
murmur ざわめく, (ぶつぶつ)不平を言う ; かすかな音
mute 無言の, 口がきけない ; 口がきけない人 ; 弱音器
mutter つぶやく ; つぶやき, ささやき

■ scr- ひっかく, こする→書く ; キーキー鳴る

scrabble かきまわす ; <卵を>かき混ぜて焼く
scramble よじ登る
scrap 切れ端 ; かけら ; スクラップ ; 解体する
scrape こする ; ひっかく ; 擦りむく
scratch ひっかく
scream 悲鳴[金切り声]を上げる ; キーキー鳴る
screech 金切り声を上げる, キーと音を立てる
scribble 書き散らす, 殴り書きする
script 手書き文字 ; 原稿, 台本
scripture 教典, 聖典 ; ((the Scriptures))聖書
scrub ごしごしこする

■ -sh 突進, 衝突

crash 砕ける ; 衝突する ; <飛行機が>墜落する
crush 押しつぶす, くしゃくしゃにする
dash 突進, 激突 ; たたきつける ; 突進する
flash ぱっと光る[燃える] ; ひらめく ; 閃光(せんこう), ひらめき
gush ほとばしり(出る) ; 噴出, 激発
lash むち打つ, 人を駆り立てる ; むち(の一打ち)
rush 突進(する) ; ラッシュ

■ sl- すべる→落ちる→たたきつける ; するする, ピシャン

slam パタンと閉める, たたきつける
slap 平手打ち(をくらわす) ; ピシャリと打つ
slash 深く切りつける ; 深い傷 ; 斜線
sleigh, sled そり ; そりで行く[に乗る]
slick すべすべした, つるつるした
slide 滑らかにすべる(こと) ; スライド
slip すべる(こと) ; すべって転ぶ(こと)
slope 傾斜する, 坂になる ; 坂, 斜面

音象徴 (音と意味の結びつき)

■sn- 鼻, 鼻息→鼻息のような勢いのよい動き

snack 軽食, 間食, スナック; ちょっと一口
snap ぱっと飛びつく, ぷつんと切れる; パチン, ポキッ
snarl うなる, がみがみ言う, どなる
snatch ひったくる, さっと取る
sneer あざ笑う; 冷笑
sneeze くしゃみ(をする)
snicker くすくす笑い(をする)
sniff 鼻をすする, 鼻をクンクンさせる, においをかぐ
sniffle 鼻をすする, すすり泣く
snip チョキンと切る
snore いびきをかく; いびき(の音)
snort 鼻を鳴らす
snub 鼻であしらう
snuff 鼻から吸う, かぐ
snuffle 鼻をフンフンいわせる

■sn- はう, 忍び寄る

snake ヘビ; くねる, くねって進む
snail カタツムリ
sneak こそこそ歩く, こっそり入る[出る]
snoop こそこそうろつく; かぎ回る
snuggle すり寄る, 寄り添う

■sp- 広がり→噴出, 放出

space 空間, 宇宙; 広がり
span 全長; (一定の)時間; 及ぶ, わたる
spark 火花(を出す)
sparkle 輝く, 異彩を放つ
spatter (水などを)まき散らす, はねかける
spew 吐く, 戻す
spit つばを吐く
spout 吹き出す, 噴出する
spurt 噴出する; ほとばしる
sputter 早口で言う; パチパチ[プツプツ]音を立てる

■spl- (水が)はねる音; バシャ

splash ＜水・泥を＞はねかける; ザブン, ドボン, パシャン
splatter ＜水・泥・ペンキなどを＞バシャバシャとはねかける
splurge ＜金を＞湯水のように使う; 誇示する
splutter ぶつぶつ言う; パチパチ[プツプツ]音を立てる

■spr- 拡散, 放散

sprawl (手足を)だらしなく広げる; ＜都市などが＞不規則に広がる
spray しぶき; スプレー; 吹きかける
spread 広げる; 薄く塗る; 普及; スプレッド((バターやジャム))
sprinkle まき散らす; ちりばめる
spring はねる; 生ずる; 芽を出す; 春; 泉; ばね; 跳躍
sprout (新)芽; 発芽する, 生じる

■st- 起立, 直立→支え→固定→安定, 堅固

stable 安定した, 永続する; 馬小屋((立っていられる))
staff 職員, スタッフ; (職員を)配置する((支えるもの))
stance 姿勢, 構え
stand 立つ, 立ち上がる; がまんする
standard 基準, 規格, 水準; 標準の
stage 舞台; (発達の)段階, 位置; 宿場
stale ＜食物が＞新鮮でない, ＜表現が＞陳腐な
stall 陳列台; 1仕切り, 個室; 立ち往生する
state 状態, 事態; 国家; 明言[公表]する((立っている状態))
statement 声明(書); 陳述
station 駅, 場所, 部署((立っている場

■ 音象徴 (音と意味の結びつき)

所》
stationary 静止した, 固定した
statistics 統計(学)《定まったもの》
statue 像(彫像, 塑像など)《立てられたもの》
stature 身長, 背丈
status 地位, 身分
statute 法令, 制定法
stay とどまる, 滞在する
steady 安定した, 着実な, 堅実な
steel 鋼鉄, 鋼(はがね); 心を堅固にする
stem 草木の茎, 木の幹, グラスの脚
stiff 堅い, 断固とした, やっかいな
still 静止した, 静かな, 平静な; まだ, 今もなお
stool 腰掛, 踏み台
stop 止まる, やめる; 休止, 停止; 停留所

■ str- 引っ張られた→まっすぐな, 緊張

straight まっすぐな, 直立した; 率直な
strain 引っ張る, 引き締める; 緊張させる
strait 海峡; 苦境《引っ張られた》
streak 筋, 縞(しま); 傾向
stream 小川; 流れ
street 通り, 街路
strength 強さ, 力
stress ストレス; 張力
stretch ぴんと伸ばす, 張る
strict 厳しい, 厳格な《引っ張られた》
string ひも; 弦; 一続き
stripe 縞, 筋
strong 強い

■ sw- 揺れ→勢いのよい動き; スー; ヒュー

sway 揺れる, 傾く
sweep 掃く, 掃除する; さっと動かす
swift 速い, 早速の
swing 揺れる; ぶらんこ
swirl ぐるぐる回る, 回転させる
swish <棒・鞭などが>ヒューッと音を立てる[音を立てて動く]
switch 切り換える; スイッチを入れる; スイッチ, 転換

■ tr- 震え, 恐れ; ぶるぶる, びくびく

tremble 震える, 振動する; 気をもむ
tremendous (震えさせるほど)ものすごい, 恐ろしい
tremolo トレモロ, 顫音(せんおん)
tremor 震え, 揺れ, 身震い
tremulous (恐怖で)震える, びくびくする
trepidation 恐怖, 戦慄(せんりつ)
trill 震え声, トリル; 震え声で歌う, 震わせて鳴く

■ tw- ひねり, ねじれ

tweak つねる, ひねる; 調整する
twiddle いじる, ひねり回す
twine より合わせる; より糸
twirl くるくる回す; 回転, 渦巻き
twist ねじる, ひねる; ねじり, ねじれ, 湾曲
twitch 急に引っ張る; ひきつり, けいれん

■ -ump 衝突, 落下; ドシン, ズシン

bump どんとぶつかる; 衝突
dump どさっと落とす, 捨てる
plump ドシンと落ちる[座る, 倒れる]
thump 強打する, ゴツンと打つ; 激しくぶつかる
slump どさりと落ちる, 急落する; 衰退; スランプ

■ wh- 息, 空気の動き→勢いのよい動き; ヒュー, ピシッ

音象徴（音と意味の結びつき）

wheeze あえぐ, 息を切らす, ぜいぜいいう
whew 《驚き・落胆・安堵（あんど）などを表す口笛の音》ヒュー
whiff (風・煙などの)一吹き, (香水の)一かぎ
whimper すすり泣く, くんくん泣く
whine 哀れな鼻声を出す, くんくん泣く
whinny ＜馬が＞いななく
whip むちで打つ；泡立てる；むち, ホイップ
whirl ぐるぐる回す；疾走する
whisk さっと払う, はたく
whisper ささやく；ささやき
whistle 口笛(を吹く)
whizz ピューッと飛ぶ, ブンブン[ヒューヒュー]と鳴る
whop 強打する, たたきつける

■ wr-　ねじる, ひねる, 絞る

wreath 花輪
wrench ねじる, ひねる
wrest ねじる, ひねる, ひったくる
wrestle 組み打ち[格闘]する
wriggle のたくる
wring 絞る
wrinkle しわ, ひだ；しわをつくる, しわが寄る
writhe 身をよじる, 身もだえする

語彙力

基本単語イラスト図解

○ house

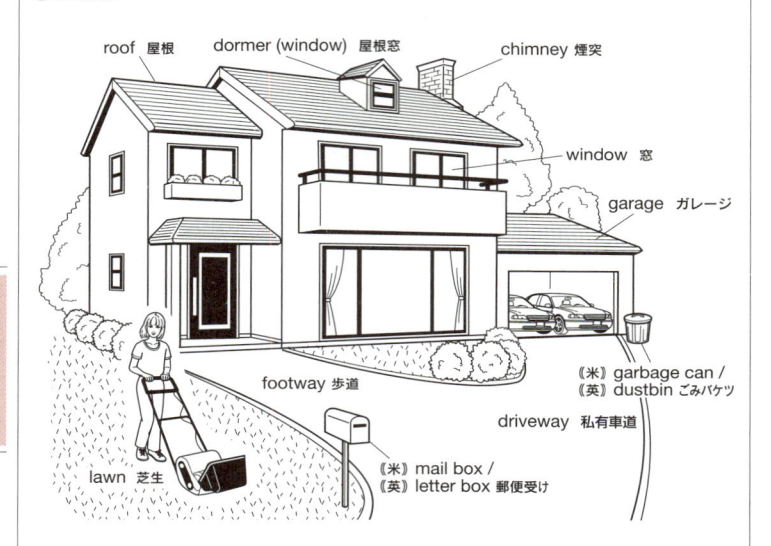

- roof 屋根
- dormer (window) 屋根窓
- chimney 煙突
- window 窓
- garage ガレージ
- 《米》garbage can / 《英》dustbin ごみバケツ
- driveway 私有車道
- footway 歩道
- 《米》mail box / 《英》letter box 郵便受け
- lawn 芝生

○ bathroom

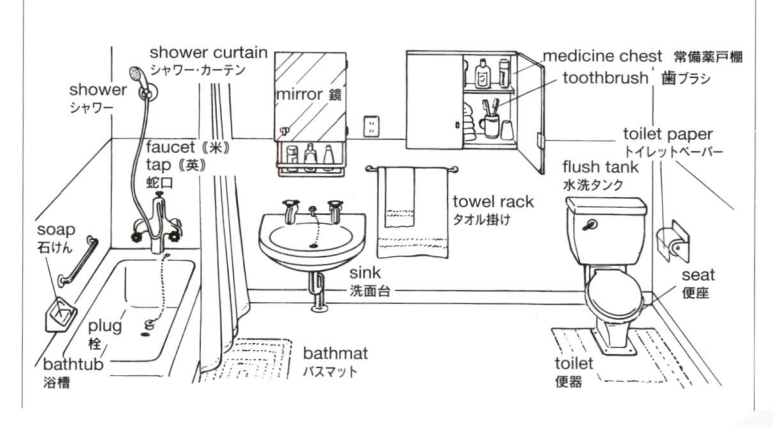

- shower curtain シャワー・カーテン
- mirror 鏡
- medicine chest 常備薬戸棚
- toothbrush 歯ブラシ
- shower シャワー
- faucet《米》tap《英》蛇口
- toilet paper トイレットペーパー
- flush tank 水洗タンク
- towel rack タオル掛け
- soap 石けん
- sink 洗面台
- seat 便座
- plug 栓
- bathmat バスマット
- bathtub 浴槽
- toilet 便器

基本単語イラスト図解

○ bedroom

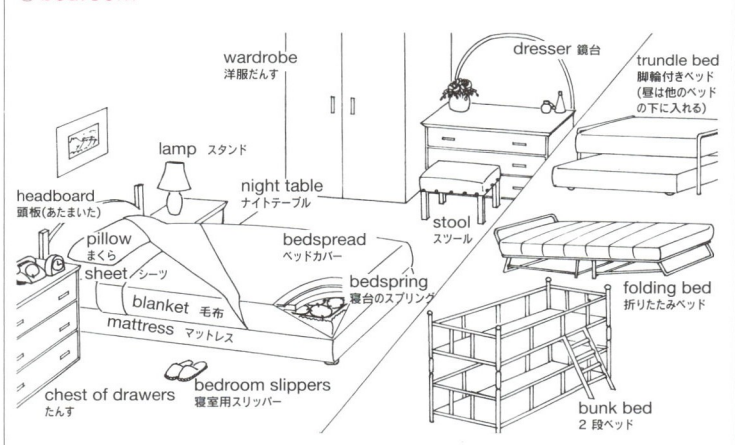

- wardrobe 洋服だんす
- dresser 鏡台
- trundle bed 脚輪付きベッド（昼は他のベッドの下に入れる）
- lamp スタンド
- night table ナイトテーブル
- headboard 頭板（あたまいた）
- stool スツール
- pillow まくら
- bedspread ベッドカバー
- sheet シーツ
- bedspring 寝台のスプリング
- blanket 毛布
- mattress マットレス
- folding bed 折りたたみベッド
- chest of drawers たんす
- bedroom slippers 寝室用スリッパー
- bunk bed 2段ベッド

語彙力

○ kitchen

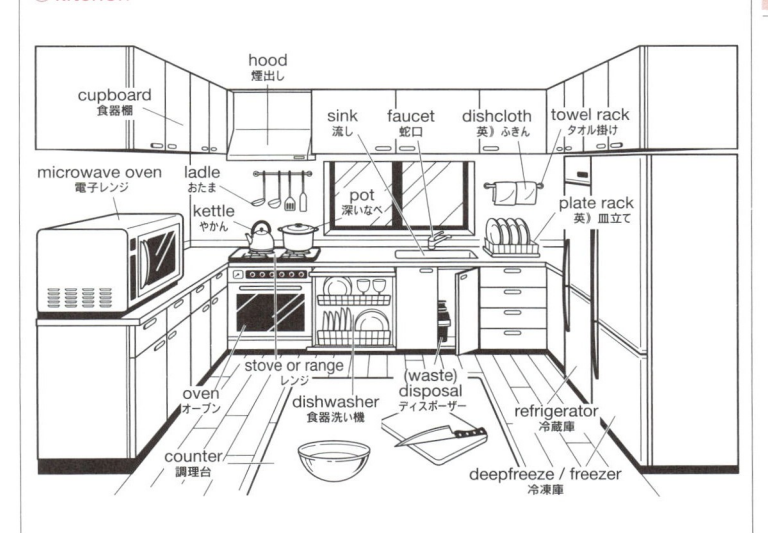

- hood 煙出し
- cupboard 食器棚
- sink 流し
- faucet 蛇口
- dishcloth 英）ふきん
- towel rack タオル掛け
- microwave oven 電子レンジ
- ladle おたま
- pot 深いなべ
- kettle やかん
- plate rack 英）皿立て
- stove or range レンジ
- (waste) disposal ディスポーザー
- oven オーブン
- dishwasher 食器洗い機
- refrigerator 冷蔵庫
- counter 調理台
- deepfreeze / freezer 冷凍庫

433

■ 基本単語イラスト図解

○ body

- shoulder 肩
- head 頭
- neck 首
- upper arm 上腕
- nipple 乳首
- forearm 前腕
- stomach 腹部
- navel へそ
- wrist 手首
- hand 手
- thigh 太もも
- knee ひざ
- shin 向こうずね
- foot 足
- toes 足の指

- shoulder 肩
- armpit わきの下
- arm 腕
- elbow ひじ
- hand 手
- leg 脚
- calf ふくらはぎ
- heel かかと

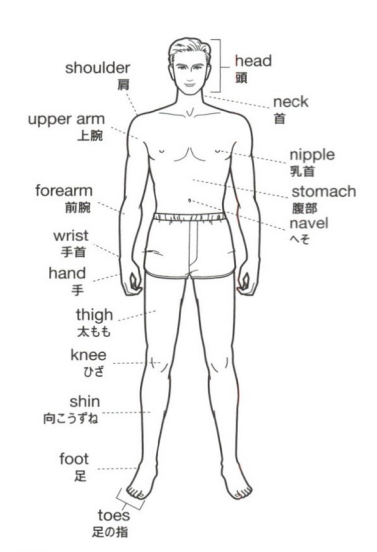

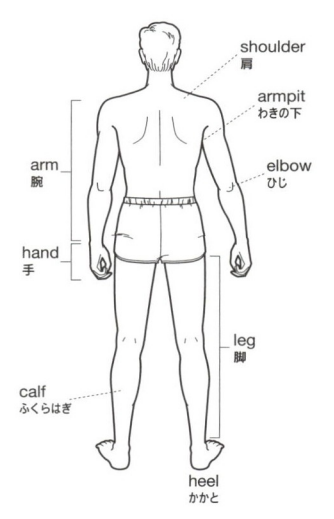

○ eye

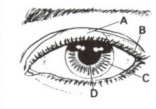

- A eyelid まぶた
- B (eye)lash まつげ
- C iris 虹彩(こうさい)
- D pupil ひとみ

○ leg

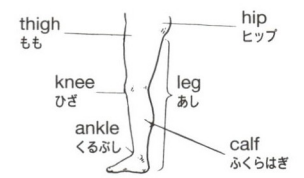

- thigh もも
- hip ヒップ
- knee ひざ
- leg あし
- ankle くるぶし
- calf ふくらはぎ

○ arm

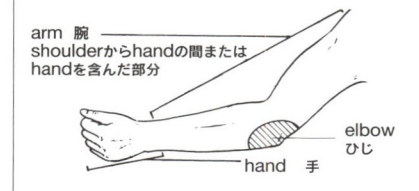

arm 腕
shoulderからhandの間またはhandを含んだ部分

- elbow ひじ
- hand 手

○ foot

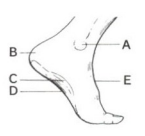

- A ankle くるぶし
- B heel かかと
- C arch 土ふまず
- D sole 足の裏
- E instep 足の甲

語彙力

○ finger

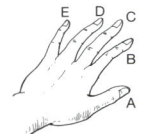

A thumb 親指
B forefinger/index finger/first finger 人さし指
C middle finger/second finger 中指
D ring finger/third finger 薬指
E little finger/fourth finger 小指

○ hand

thumb 親指, 母指(ぼし)
(親指と小指を張った長さは span で, ふつう 9インチ(23cm)とされる)

fingertip 指先　finger/《形式》digit 指

palm 手のひら
(手の甲は the back of the hand と言う)

heel 手のかかと
(足のかかとに当たる部分だが, 日本語にはこれに相当する概念はない)

the ball of the thumb
親指のつけ根のふくらみ

wrist 手首

○ the lines of the palm 手相

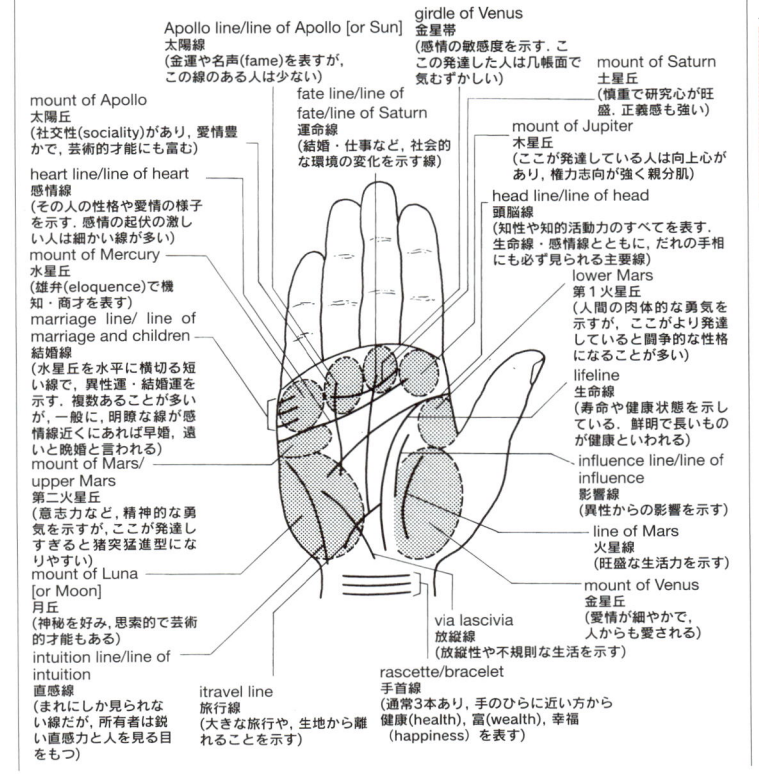

Apollo line/line of Apollo [or Sun]
太陽線
(金運や名声(fame)を表すが, この線のある人は少ない)

girdle of Venus
金星帯
(感情の敏感度を示す. ここの発達した人は几帳面で気むずかしい)

mount of Saturn
土星丘
(慎重で研究心が旺盛. 正義感も強い)

fate line/line of fate/line of Saturn
運命線
(結婚・仕事など, 社会的な環境の変化を示す線)

mount of Jupiter
木星丘
(ここが発達している人は向上心があり, 権力志向が強く親分肌)

mount of Apollo
太陽丘
(社交性(sociality)があり, 愛情豊かで, 芸術的才能にも富む)

heart line/line of heart
感情線
(その人の性格や愛情の様子を示す. 感情の起伏の激しい人は細かい線が多い)

head line/line of head
頭脳線
(知性や知的活動力のすべてを表す. 生命線・感情線とともに, だれの手相にも必ず見られる主要線)

mount of Mercury
水星丘
(雄弁(eloquence)で機知・商才を表す)

lower Mars
第1火星丘
(人間の肉体的な勇気を示すが, ここがより発達していると闘争的な性格になることが多い)

marriage line/line of marriage and children
結婚線
(水星丘を水平に横切る短い線で, 異性運・結婚運を示す. 複数あることが多いが, 一般に, 明瞭な線が感情線近くにあれば早婚, 遠いと晩婚と言われる)

lifeline
生命線
(寿命や健康状態を示している. 鮮明で長いものが健康といわれる)

mount of Mars/upper Mars
第二火星丘
(意志力など, 精神的な勇気を示すが, ここが発達しすぎると猪突猛進型になりやすい)

influence line/line of influence
影響線
(異性からの影響を示す)

line of Mars
火星線
(旺盛な生活力を示す)

mount of Luna [or Moon]
月丘
(神秘を好み, 思索的で芸術的才能にも富む)

mount of Venus
金星丘
(愛情が細やかで, 人からも愛される)

intuition line/line of intuition
直感線
(まれにしか見られない線だが, 所有者は鋭い直感力と人を見る目をもつ)

via lascivia
放縦線
(放縦性や不規則な生活を示す)

travel line
旅行線
(大きな旅行や, 生地から離れることを示す)

rascette/bracelet
手首線
(通常3本あり, 手のひらに近い方から健康(health), 富(wealth), 幸福(happiness) を表す)

■ 基本単語イラスト図解

○face and neck

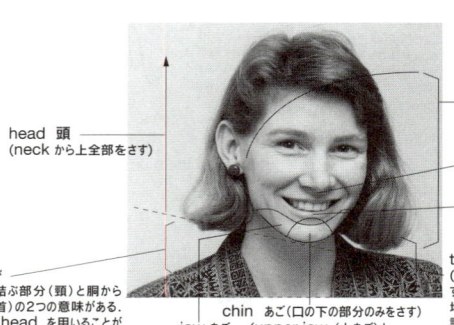

* 日本語の「くび」には neck の意味と head の意味がある. 日本語の「頭」は head のうち髪の毛が生えている部分とその内側のみをさす.

face* 顔 (face は head の一部である)

upper lip (鼻の下も含めていう)

lip くちびる

throat のど (neck (頸) の前の部分全体をさす場合と, 中の管状の空間をさす場合とがある. 前者の場合は日本語では「のどくび」が用いられることがある)

head 頭 (neck から上全部をさす)

neck くび (頭と胴を結ぶ部分 (頸) と胴から上の部分 (首) の2つの意味がある. 首の意味で head を用いることがある)

chin あご (口の下の部分のみをさす)
jaw あご (upper jaw (上あご) と lower jaw (下あご) がある)

○waist

waist 肋骨とhipにはさまれた細くなった部分. ウェスト (このくびれている部分の背部をthe small of the backと言う)

back 「せ(なか)」および「こし」の領域に及ぶ. (「こしが痛い」はfeel pains in the (lower) backと言う)

hip ヒップ 「こし」の両側部分. 「こし」はhips, waist, backの下部にまたがる領域をさす. (「手をこしにあてる」はput one's hands on the hipsである)

buttocks 尻, 臀(でん)部

○dinner

A bread plate パン皿　B butter knife バターナイフ
C dessert spoon デザート用スプーン　D water glass 水用グラス　E white wine glass 白ワイン用グラス
F champagne glass シャンパン用グラス
G red wine glass 赤ワイン用グラス　H soup spoon スープスプーン　I dinner knife ディナー用ナイフ
J dinner plate ディナー用平皿　K napkin ナプキン
L main-course fork メーンコースフォーク
M salad fork サラダフォーク

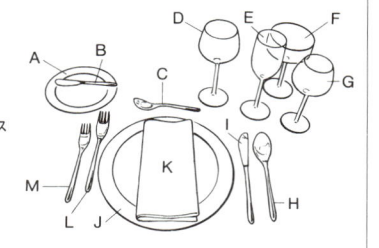

○ beef

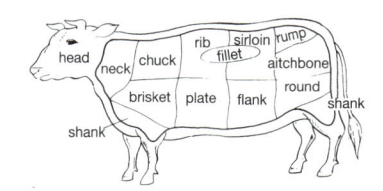

[参考] 動物とその肉

動物名	肉の名称
cow, bull, ox (牛)	beef (牛肉)
calf (子牛)	veal (子牛の肉)
pig, hog (豚)	pork (豚肉)
hen, chicken (鶏)	chicken (鶏肉)
sheep (羊)	mutton (マトン)
lamb (子羊)	lamb (ラム)
deer (鹿)	venison (鹿の肉)

Beef labels: head, neck, chuck, rib, sirloin, rump, fillet, aitchbone, round, brisket, plate, flank, shank, shank

○ pork

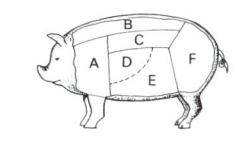

A shoulder 肩肉
B fatback 肩ロース
C loin ロース
D spareribs スペアリブ
E flank わき腹
F ham もも肉

○ lap

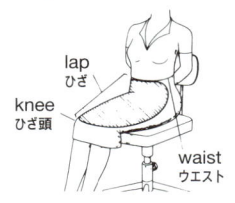

lap ひざ
knee ひざ頭
waist ウエスト

日本語の「ひざ」は knees と lap の一部をさす。乗用車用のシートベルトは lap belt ともいう.

○ shoe

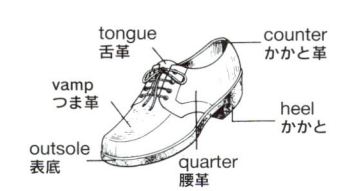

tongue 舌革
counter かかと革
vamp つま革
heel かかと
outsole 表底
quarter 腰革

○ bag

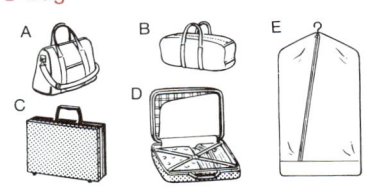

B duffle bag 雑のう
C attaché case アタッシュケース
D overnight bag 1泊用旅行かばん(overnight case, またはovernighterとも言う)
E garment bag ガーメントバッグ (衣服をハンガーに掛けたままの状態で入れられる布製の袋)

■ 基本単語イラスト図解

○ bicycle

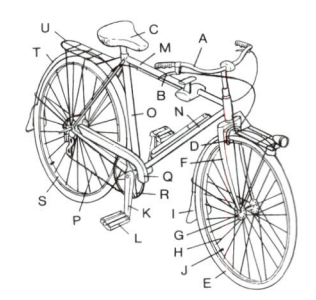

A handlebar ハンドルバー　　B brake lever ブレーキ-レバー
C saddle サドル　　　　　　　D brake ブレーキ
E tire タイヤ　　　　　　　　F fork フォーク
G hub ハブ　　　　　　　　　H spoke スポーク
I flap フラップ　　　　　　　J air valve エア-バルブ
K crank クランク　　　　　　L pedal ペダル
M top tube トップ-チューブ
N down tube ダウン-チューブ
O seat tube シート-チューブ　P chain チェーン
Q chain guard チェーン-ガイド
R chainwheel チェーン-ホイール
S rim リム　　　　　　　　　T fender 泥よけ
U baggage carrier 荷台

○ motorcycle

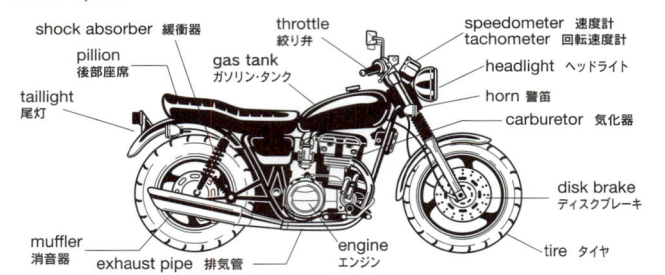

- shock absorber 緩衝器
- pillion 後部座席
- taillight 尾灯
- throttle 絞り弁
- gas tank ガソリン-タンク
- speedometer 速度計
- tachometer 回転速度計
- headlight ヘッドライト
- horn 警笛
- carburetor 気化器
- disk brake ディスクブレーキ
- tire タイヤ
- muffler 消音器
- exhaust pipe 排気管
- engine エンジン

○ car

- 《米》windshield 《英》windscreen フロントガラス, 風防ガラス
- (sun) visor 日よけ板
- rearview mirror バックミラー
- (windshield) wiper ワイパー
- roof 屋根
- seat 座席
- window 窓
- (steering) wheel ハンドル
- 《米》hood 《英》bonnet ボンネット
- 《米》trunk 《英》boot 荷物入れ, トランク
- headlight ヘッドライト, 前照灯
- 《米》gas cap 《英》petrol cap フュエルリッド, ガソリン注入口
- bumper バンパー
- radiator grille ラジエーターグリル
- 《米》side mirror 《英》wing mirror サイドミラー
- wheel 車輪, 車
- 《米》fender 《英》wing フェンダー,(車輪の)泥よけ
- 《米》(license) plate 《英》number plate ナンバープレート
- direction indicators 方向指示器
- 《米》blinkers 《英》winkers ウインカー
- hubcap ホイールキャップ
- 《米》tire 《英》tyre タイヤ
- registration number 登録ナンバー

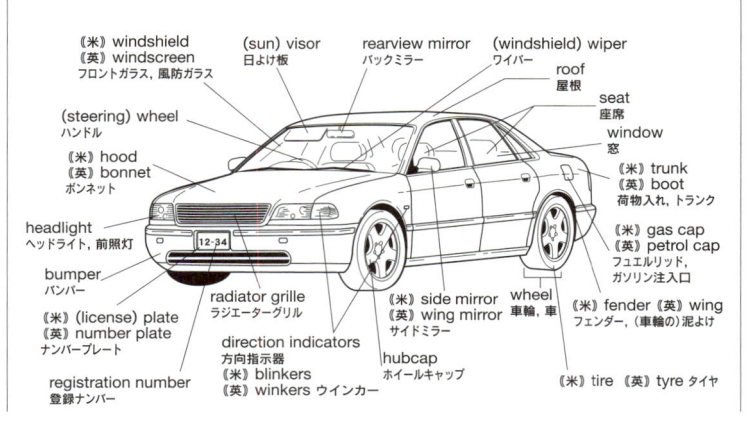

基本単語イラスト図解

○ gun

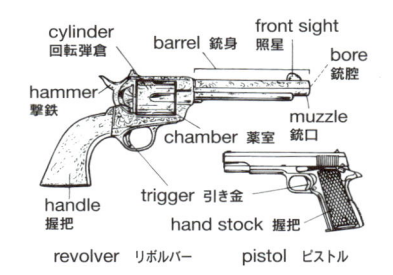

- cylinder 回転弾倉
- barrel 銃身
- front sight 照星
- bore 銃腔
- hammer 撃鉄
- muzzle 銃口
- chamber 薬室
- handle 握把
- trigger 引き金
- hand stock 握把

revolver リボルバー　　pistol ピストル

○ PC (personal computer)

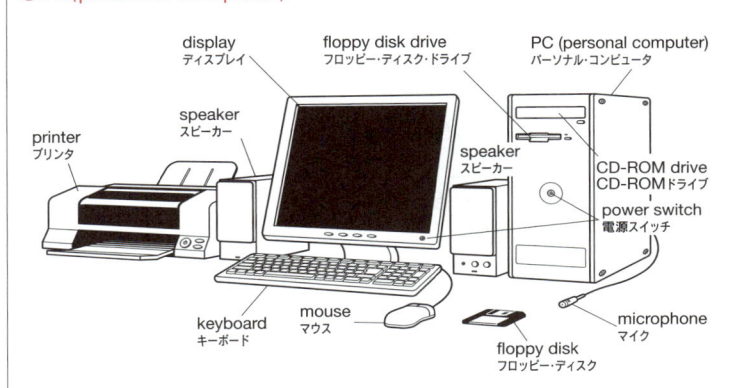

- display ディスプレイ
- floppy disk drive フロッピー・ディスク・ドライブ
- PC (personal computer) パーソナル・コンピュータ
- printer プリンタ
- speaker スピーカー
- speaker スピーカー
- CD-ROM drive CD-ROMドライブ
- power switch 電源スイッチ
- keyboard キーボード
- mouse マウス
- floppy disk フロッピー・ディスク
- microphone マイク

○ baseball

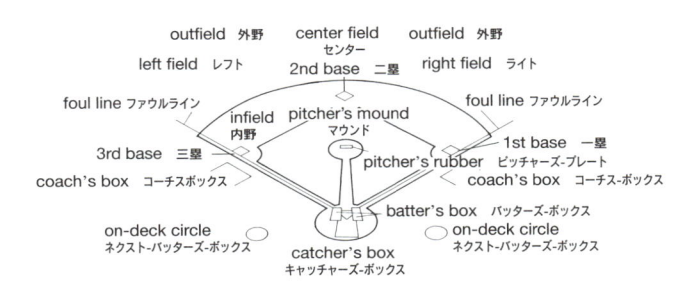

- outfield 外野
- center field センター
- outfield 外野
- left field レフト
- 2nd base 二塁
- right field ライト
- foul line ファウルライン
- infield 内野
- pitcher's mound マウンド
- foul line ファウルライン
- 3rd base 三塁
- pitcher's rubber ピッチャーズ・プレート
- 1st base 一塁
- coach's box コーチスボックス
- coach's box コーチス-ボックス
- batter's box バッターズ-ボックス
- on-deck circle ネクスト-バッターズ-ボックス
- catcher's box キャッチャーズ-ボックス
- on-deck circle ネクスト-バッターズ-ボックス

■ 基本単語イラスト図解

○castle

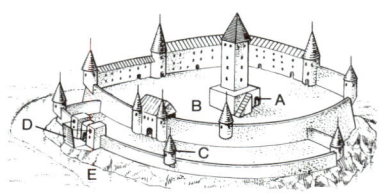

A donjon 主館
B bailey 中庭
C watchtower 望楼, 見張り塔
D drawbridge つり上げ橋
E moat 堀

＊城の角ごとにある小塔のことをturretと言う.

○ship

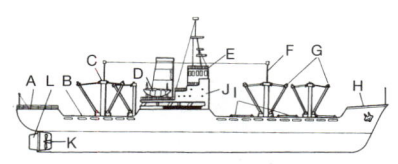

A poop 船尾楼　B quarter-deck 後甲板
C mainmast メーンマスト　D lifeboat 救命ボート
E bridge 船橋, ブリッジ　F foremast フォアマスト
G derrick 積荷用起重機　H forecastle 船首楼
I hatch ハッチ　J cabin 船室　K propeller プロペラ
L rudder かじ

○surfboard

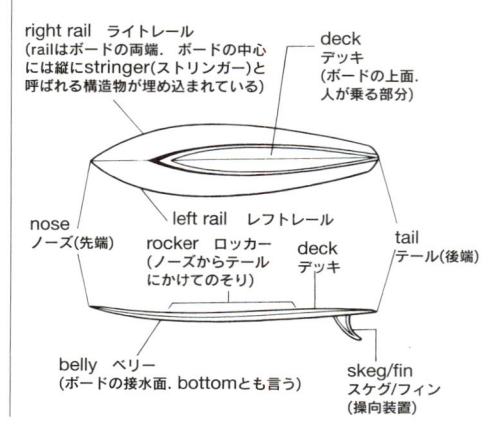

right rail ライトレール
(railはボードの両端. ボードの中心には縦にstringer(ストリンガー)と呼ばれる構造物が埋め込まれている)

deck デッキ
(ボードの上面. 人が乗る部分)

nose ノーズ(先端)
left rail レフトレール
rocker ロッカー
(ノーズからテールにかけてのそり)
deck デッキ
tail テール(後端)

belly ベリー
(ボードの接水面. bottomとも言う)

skeg/fin スケグ/フィン
(操向装置)

○chess

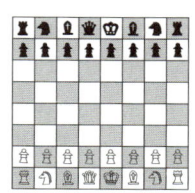

1人が持つ16個の駒は
king, queen 各1,
rook [castle],
bishop, knight 各2,
pawn 8.

♚ King　♛ Queen
♜ Rook　♝ Bishop
♞ Knight　♟ Pawn

○ American football

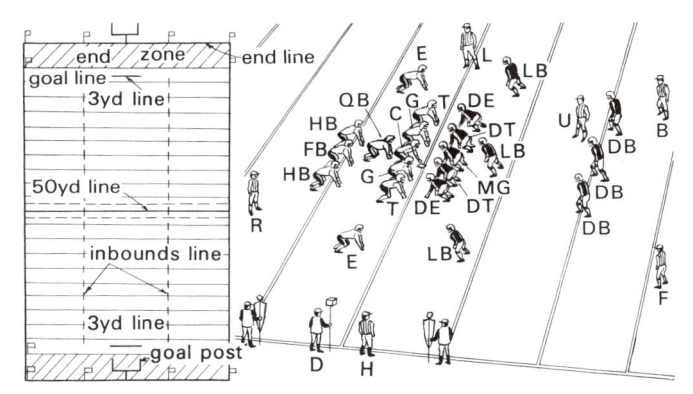

C center G guard T tackle E end QB quarterback HB halfback FB full back
MG middle guard DT defence tackle DE defence end LB linebacker R referee U umpire H head linesman L line judge F field judge B back judge
D down box DB defence back

○ family tree

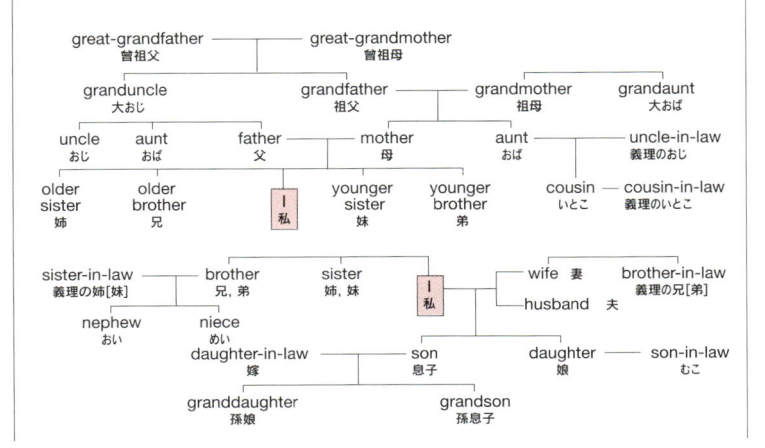

- great-grandfather 曾祖父
- great-grandmother 曾祖母
- granduncle 大おじ
- grandfather 祖父
- grandmother 祖母
- grandaunt 大おば
- uncle おじ
- aunt おば
- father 父
- mother 母
- younger sister 妹
- younger brother 弟
- aunt おば
- uncle-in-law 義理のおじ
- older sister 姉
- older brother 兄
- I 私
- cousin いとこ
- cousin-in-law 義理のいとこ
- sister-in-law 義理の姉[妹]
- brother 兄, 弟
- sister 姉, 妹
- I 私
- wife 妻
- husband 夫
- brother-in-law 義理の兄[弟]
- nephew おい
- niece めい
- daughter-in-law 嫁
- son 息子
- daughter 娘
- son-in-law むこ
- granddaughter 孫娘
- grandson 孫息子

主なアルファベット略語

A

AAAS [*American Association for the Advancement of Science*] 全米科学振興協会

ABC [*American Broadcasting Company*] アメリカ放送会社

ABM [*antiballistic missile*] 弾道弾迎撃ミサイル

AC [*adult children*] アダルトチルドレン. 家庭の問題などで心に傷を負ったまま大人になった人

AC [*alternating current*] 交流⇒直流（DC）

A.C. [*ante Christum*]《ラテン語》(西暦)紀元前（＝ before Christ）⇒紀元前(B.C.), 西暦(紀元)(A.D.)

ACT [*American College Test*] 米国大学能力テスト

AD [*art director*] アートディレクター

AD [*assistant director*] アシスタントディレクター

A.D. [*anno Domini*]《ラテン語》西暦(紀元)⇒(西暦)紀元前 (B.C., A.C.)

AF [*auto focus*] 自動焦点調整

AFN [*American Forces Network*] 米軍放送網

AI [*artificial intelligence*] 人工知能

AIDS [*acquired immune deficiency syndrome*] エイズ, 後天性免疫不全症候群

a.m., A.M. [*ante meridiem*]《ラテン語》午前⇒午後(p.m.)

ANSI [*American National Standards Institute*] 米国規格協会

AP [*Associated Press*] (米国の)AP通信社

APEC [*Asia-Pacific Economic Cooperation*] エイペック, アジア太平洋経済協力

ASCII [*American Standard Code for Information Interchange*] アスキー, 情報交換用米国標準文字コード

ASEAN [*Association of South East Asian Nations*] アセアン, 東南アジア諸国連合

AT [*automatic transmission*] 自動変速装置

AT & T [*American Telephone & Telegraph Company*] 米国電話電信会社

ATC [*automatic train control*] 自動列車制御装置

ATM [*automatic* [*automated*] *teller machine*] 現金自動支払機

AV [*adult video*] アダルトビデオ

AV [*audio-visual*] 視聴覚の

B

B & B [*bed and breakfast*] 朝食付き宿泊

BBC [*British Broadcasting Corporation*] 英国放送協会

B.C. [*before Christ*] (西暦)紀元前⇒(西暦)紀元前(A.C.), 西暦(紀元)(A.D.)

BCG [*Bacillus Calmette-Guerin*] ビーシージー（ワクチン）

BGM [*background music*] ビージーエム, バックグラウンドミュージック

bit [*binary digit*] ビット. コンピュータが扱う情報量の最小単位

BMW [*Bayerische Motoren Werke*]

《ドイツ語》ビーエムダブリュー, ベーエムベー, ドイツの高級車
- **BRICs** [*B*razil, *R*ussia, *I*ndia, *C*hina] ブラジル, ロシア, インド, 中国の新興経済4か国の総称
- **BS** [*b*roadcasting *s*atellite] 放送衛星
- **BSE** [*b*ovine *s*pongiform *e*ncephalopathy] 牛海綿状脳症, 狂牛病

C

- **C** [*C*elsius; *c*entigrade] セ氏⇒カ氏 (F)
- **c** [*c*opyright] 著作権, 版権
- **CAD** [*c*omputer-*a*ided *d*esign] キャド, コンピュータ援用設計システム
- **CAE** [*c*omputer-*a*ided *e*ngineering] コンピュータ援用エンジニアリング
- **CATV** [*ca*ble *telev*ision] ケーブルテレビ
- **CBS** [*C*olumbia *B*roadcasting *S*ystem] シービーエス. 米国の主要放送会社
- **cc** [*c*ubic *c*entimeter] 立方センチメートル
- **CD** [*c*ash *d*ispenser] 現金自動支払機
- **CD** [*c*ompact *d*isk[*d*isc]] コンパクトディスク
- **CD-R** [*c*ompact *d*isk *r*ecordable] シーディーアール. 書き込み可能なCD
- **CD-ROM** [*c*ompact *d*isk *r*ead-*o*nly *m*emory] シーディーロム. 読み出し専用のCD
- **CD-RW** [*c*ompact *d*isk *r*ewritable] 書き直し可能なCD
- **CEO** [*c*hief *e*xecutive *o*fficer] 最高経営責任者
- **CF** [*c*ommercial *f*ilm] 広告・宣伝用映画
- **CG** [*c*omputer *g*raphics] コンピュータグラフィックス
- **CIA** [*C*entral *I*ntelligence *A*gency] 米国中央情報局
- **CIS** [*C*ommonwealth of *I*ndependent *S*tates] 独立国家共同体. ソ連解体後の共和国組織
- **CM** [*c*ommercial *m*essage] 宣伝広告文
- **cm** [*c*enti*m*eter] センチメートル
- **CNN** [*C*able *N*ews *N*etwork] シーエヌエヌ. 米国のニュース専門局
- **co-op** [*c*onsumer *coop*erative] 生活共同組合
- **CPI** [*c*onsumer *p*rice *i*ndex] 消費者物価指数
- **CPU** [*c*entral *p*rocessing *u*nit] (コンピュータの)中央処理装置
- **CS** [*c*ommunications *s*atellite] 通信衛星
- **CS** [*c*ustomer *s*atisfaction] 顧客満足. 企業評価の尺度
- **CT** [*c*omputed *t*omography] コンピュータ断層撮影
- **CTBT** [*C*omprehensive *T*est *B*an *T*reaty] 包括的核実験禁止条約

D

- **DAT** [*d*igital *a*udio *t*ape] デジタルオーディオテープ
- **DB** [*d*ata*b*ase] データベース
- **DC** [*d*irect *c*urrent] 直流⇒交流(AC)
- **DC** [*d*ebit *c*ard] デビットカード. 小切手やクレジットカードと同機能を果たす即時決済カード
- **DHA** [*d*ocosa *h*exaenoic *a*cid] ドコサヘキサエン酸. 脳の働きに重要な役割を果たすとされる
- **DI** [*d*iscomfort *i*ndex] 不快指数
- **DINKS** [*d*ouble *i*ncome *n*o *k*ids] ディンクス. 子供のいない共働き夫婦

■ 主なアルファベット略語

- **DJ** [*disk jockey*] ディスクジョッキー
- **DM** [*direct mail*] ダイレクトメール
- **DNA** [*deoxyribonucleic acid*] デオキシリボ核酸. 核酸の一種で遺伝子の本体
- **DOHC** [*double overhead camshaft*] (自動車エンジンの)ツインカム
- **DOS** [*disk operating system*] ドス. パソコン用の基本ソフト
- **DP** [*data processing*] (コンピュータによる)データ処理
- **DPE** [*development, printing, enlargement*] 現像・焼き付け・引き伸ばし(▶和製英語)
- **DRAM** [*dynamic random-access memory*] ダイナミックRAM. データを随時書き込んだり読み出したりできるメモリ
- **DTP** [*desktop publishing*] デスクトップパブリッシング, 卓上出版
- **DV** [*Digital Video*] デジタルビデオ
- **DVD** [*Digital Video* [*Versatile*] *Disk*] ディービーディー. 高画質の映像や音声などを保存できる光ディスク

E

- **EB** [*electronic book*] 電子ブック
- **EC** [*electronic commerce*] 電子商取引. ネットワークを介して商品の売買をすること
- **EC** [*European Community*] 欧州共同体⇒欧州連合(EU)
- **ECU** [*European Currency Unit*] エキュ, 欧州通貨単位
- **EEC** [*European Economic Community*] 欧州経済共同体
- **E-mail, e-mail, email** [*electronic mail*] 電子メール
- **EQ** [*emotional* (intelligence) *quotient*] 心の知能指数⇒知能指数(IQ)
- **ER** [*emergency room*] 救急処置室
- **ESP** [*extrasensory perception*] 超感覚的知覚
- **E.T.** [*extra terrestrial*] 地球外生物
- **EU** [*European Union*] 欧州連合. 欧州12か国による欧州共同体(EC)が1993年にEUと改称. 2005年末現在で加盟国は25か国になった

F

- **F** [*Fahrenheit*] カ氏⇒セ氏(C)
- **F1** [*Formula One*] (カーレースの)フォーミュラワン
- **FA** [*free agent*] フリーエージェント制
- **FB** [*fullback*] (サッカーなどの)フルバック
- **FBI** [*Federal Bureau of Investigation*] 米連邦捜査局
- **FC** [*franchise chain*] フランチャイズチェーン
- **FD** [*floppy disk*] フロッピーディスク
- **FEN** [*Far East Network*] フェン, エフイーエヌ. 米軍向けの極東放送網(▶現在はAFN)
- **FIFA** [*Fédération Internationale de Football Association*] フィーファ, 国際サッカー連盟
- **FM** [*frequency modulation*] 周波数変調
- **FP** [*financial planner*] ファイナンシャルプランナー. 財務計画などを立案・助言する人
- **FW** [*forward*] フォワード, 前衛

G

- **G** [*gravity*] 重力加速度
- **g** [*gram*] グラム
- **GATT** [*General Agreement on Tariffs*

主なアルファベット略語

and Trade] ガット, 関税及び貿易に関する一般協定
- **GB** [*g*iga*b*yte] ギガバイト (1GB＝1,000,000,000 bytes)
- **GDP** [*g*ross *d*omestic *p*roduct] 国内総生産. 国民総生産 (GNP) から海外純資産を除いたもの
- **G8** [*G*roup of *Eight*] 先進8か国. G7にロシアが加わる
- **GK** [*g*oal*k*eeper] ゴールキーパー
- **GM** [*g*eneral *m*anager] 総支配人
- **GMT** [*G*reenwich *M*ean *T*ime] グリニッジ標準時⇒世界標準時 (UT)
- **GNP** [*g*ross *n*ational *p*roduct] 国民総生産. 同一国籍を持つ国民によって生み出された価値の総額⇒国内総生産 (GDP)
- **GPS** [*g*lobal *p*ositioning *s*ystem] 全地球測位システム
- **GS** [*g*as station, *g*asoline station] ガソリンスタンド
- **G7** [*G*roup of *Seven*] 先進7か国 (アメリカ, イギリス, フランス, ドイツ, 日本, イタリア, カナダ)

H

- **HD** [*h*ard *d*isk] ハードディスク. コンピュータの記憶装置
- **HDTV** [*h*igh-*d*efinition *tel*e*v*ision] 高精細度テレビ, ハイビジョンテレビ
- **HIV** [*h*uman *i*mmunodeficiency *v*irus] ヒト免疫不全ウイルス, エイズウイルス
- **HP** [*h*ome *p*age] ホームページ. インターネット上に設けた企業・団体・個人の情報発信ページ

I

- **IAEA** [*I*nternational *A*tomic *E*nergy *A*gency] 国際原子力機関
- **IATA** [*I*nternational *A*ir *T*ransport *A*ssociation] イアタ, 国際航空運送協会
- **IBF** [*I*nternational *B*anking *F*acilities] ニューヨーク自由金融市場
- **IC** [*i*nformed *c*onsent] インフォームドコンセント. 検査や治療について患者や家族が医師などから説明を受けたうえで検査や治療を受けることに同意すること
- **IC** [*i*ntegrated *c*ircuit] 集積回路
- **IC** [*i*nter*c*hange] (高速道路の) インターチェンジ
- **ICRC** [*I*nternational *C*ommittee of the *R*ed *C*ross] 赤十字国際委員会
- **ICU** [*i*ntensive *c*are *u*nit] 集中治療室
- **ID** [*id*entification] 身分証明 (書)
- **ILO** [*I*nternational *L*abour *O*rganization] 国際労働機関
- **IMF** [*I*nternational *M*onetary *F*und] 国際通貨基金
- **Inc.** [*inc*orporated] インク, 法人組織の.「株式会社」の略称
- **IOC** [*I*nternational *O*lympic *C*ommittee] 国際オリンピック委員会
- **IQ** [*i*ntelligence *q*uotient] 知能指数⇒心の知能指数 (EQ)
- **IRA** [*I*rish *R*epublican *A*rmy] アイルランド共和軍
- **ISBN** [*I*nternational *S*tandard *B*ook *N*umber] 国際標準図書番号
- **ISDN** [*i*ntegrated *s*ervice *d*igital *net*work] 総合サービスデジタル網
- **ISO** [*I*nternational *O*rganization for *S*tandardization] 国際標準化機構
- **IT** [*i*nformation *t*echnology] 情報技術
- **ITF** [*I*nternational *T*ennis *F*ederation] 国際テニス連盟
- **IWC** [*I*nternational *W*haling *C*ommission] 国際捕鯨委員会

■ 主なアルファベット略語

J

JAF [*J*apan *A*utomobile *F*ederation] 日本自動車連盟

JASRAC [*J*apanese *S*ociety for *R*ights of *A*uthors, *C*omposers and *P*ublishers] ジャスラック, 日本音楽著作権協会

JETRO [*J*apan *E*xternal *T*rade *O*rganization] ジェトロ, 日本貿易振興会

JFA [*F*ootball *A*ssociation of *J*apan] 日本サッカー協会

JICA [*J*apan *I*nternational *C*ooperation *A*gency] ジャイカ, 国際協力機構

JIS [*J*apanese *I*ndustrial *S*tandard] ジス, 日本工業規格

JOC [*J*apan *O*lympic *C*ommittee] 日本オリンピック委員会

JOCV [*J*apan *O*verseas *C*ooperation *V*olunteers] 青年海外協力隊

JR [*J*apan *R*ailways] ジェイアール, 旧日本国有鉄道が民営化されてできた新会社の総称

Jr. [*J*unio*r*] ジュニア

K

k. [*k*arat] カラット. 金の重さを表す単位

k. [*k*ilogram] キログラム

KB [*k*ilo*b*yte] キロバイト（1KB＝1,000 bytes）

KGB [*K*omitet *G*osudarstvennoi *B*ezopasnosti] (＝Committee of State Security) (旧ソ連の)国家保安委員会

kW, kw [*k*ilo*w*att] キロワット

L

LAN [*L*ocal *A*rea *N*etwork] ラン, 構内情報通信網

LCD [*l*iquid *c*rystal *d*isplay] 液晶表示装置, 液晶ディスプレイ

LD [*L*aser *D*isk] レーザーディスク

LDC [*L*ess *D*eveloped *C*ountry] 発展途上国

LED [*l*ight-*e*mitting *d*iode] 発光ダイオード

LL [*l*anguage *l*aboratory] エルエル, ラボ, 語学演習室

LNG [*l*iquefied *n*atural *g*as] 液化天然ガス

LP [*l*ong-*p*laying record] LPレコード

LPG [*l*iquefied *p*etroleum *g*as] 液化石油ガス

Ltd., ltd. [*limited*] 有限責任（▶((英))などで社名につける）

M

m [*m*eter] メートル

m [*m*ile] マイル

Mac [*Mac*intosh] マック. 米Apple社製のパソコンの愛称

M & A [*m*erger and *a*cquisition] （企業の）合併買収

MB [*m*ega*b*yte] メガバイト（1MB＝1,000,000 bytes）

MBA [*M*aster of *B*usiness *A*dministration] 経営学修士

MD [*M*ini *D*isc] 〔商標〕ミニディスク

MF [*m*id*f*ielder] （サッカーなどでの）ミッドフィルダー

MO [*m*agneto-*o*ptical disk] 光磁気ディスク

MRI [*m*agnetic *r*esonance *i*maging] 磁気共鳴映像法. 磁気を利用して体内を撮影する方法

MVP [*m*ost *v*aluable *p*layer] 最優秀選手

N

NAFTA [*N*orth *A*merican *F*ree *T*rade *A*greement] ナフタ, 北米自由貿易協定

NASA [*N*ational *A*eronautics and *S*pace *A*dministration] ナサ, 米国航空宇宙局

NATO [*N*orth *A*tlantic *T*reaty *O*rganization] ナトー, 北大西洋条約機構

NBA [*N*ational *B*asketball *A*ssociation] 全米プロバスケットボール協会

NEET [*n*ot in *e*ducation, *e*mployment or *t*raining] 就学も職業訓練もしていない若い世代の無業者

NFL [*N*ational *F*ootball *L*eague] 全米プロフットボール連盟

NG, ng [*n*o *g*ood] 失敗, やり直し

NGO [*n*ongovernmental *o*rganization] 非政府組織

NI [*n*ational *i*ncome] 国民所得. 国民総生産(GNP)から減価償却費や間接税などを引き補助金などを加えたもの

No., no. [*numero*] 《ラテン語》数(＝number)

NPO [*n*onprofit *o*rganization] 非営利組織

NPT [*N*onproliferation *T*reaty] 核兵器不拡散条約

O

OA [*o*ffice *a*utomation] オフィスオートメーション

OB [*o*ld *b*oy] 学校の卒業生, 先輩

OB [*o*ut of *b*ounds] オービー. ゴルフのプレー禁止区域

OCR [*o*ptical *c*haracter *r*eader [*r*ecognition]] 光学式文字読み取り装置[認識]

ODA [*o*fficial *d*evelopment *a*ssistance] 政府開発援助

OECD [*O*rganization for *E*conomic *C*ooperation and *D*evelopment] 経済協力開発機構

OHP [*o*verhead *p*rojector] オーバーヘッドプロジェクター

OPEC [*O*rganization of *P*etroleum *E*xporting *C*ountries] 石油輸出国機構

OS [*o*perating *s*ystem] オーエス, オペレーティングシステム. コンピュータを動かすための基本ソフト

P

PC [*p*ersonal *c*omputer] パソコン

PCB [*p*olychlorinated *b*iphenyl] ポリ塩化ビフェニル

PGA [*P*rofessional *G*olfer's *A*ssociation] プロゴルフ協会

pH [*p*otential of *h*ydrogen] ペーハー, 水素イオン濃度指数

PhD [*Ph*ilosophiae *D*octor] 《ラテン語》哲学博士(＝doctor of philosophy)

PHS [*P*ersonal *H*andyphone *S*ystem] 簡易型携帯電話

PKF [*P*eace*k*eeping *F*orce] 平和維持軍

PKO [*P*eace*k*eeping *O*perations] (国連)平和維持活動

PL [*p*roduct *l*iability] 製造物責任(▶PLという略語は和製)

PLO [*P*alestine *L*iberation *O*rganization] パレスチナ解放機構

p.m., P.M. [*p*ost *m*eridiem] 《ラテン語》午後(＝afternoon)⇒午前

■ 主なアルファベット略語

(a.m.)
POP [*p*oint *o*f *p*urchase] 購買時点, 店頭広告
POS [*p*oint-*o*f-*s*ales] 販売時点情報管理
ppm [*p*arts *p*er *m*illion] 百万分率
PR [*p*ublic *r*elations] ピーアール, 宣伝[広報]活動
PS [*p*ostscript] 追伸
PTA [*P*arents-*T*eacher *A*ssociation] ピーティーエー. 生徒の父母と先生の組織
PVC [*p*oly*v*inyl *c*hloride] ポリ塩化ビニール

Q

Q & A [*q*uestion and *a*nswer] 質問と回答
QC [*q*uality *c*ontrol] 品質管理

R

R [*r*egistered trademark] 登録商標
r., R. [*r*adius] 半径
RAM [*r*andom-*a*ccess *m*emory] ラム. データの読み書きが可能なメモリ⇒ロム(ROM)
R & R [*r*ock'n'*r*oll] ロックンロール
RC [*R*ed *C*ross] 赤十字社
RNA [*r*ibo*n*ucleic *a*cid] リボ核酸
ROM [*r*ead-*o*nly *m*emory] ロム. データの読み込みはできるが, 書き替えや削除などはできないメモリ⇒ラム(RAM)

S

SALT [*S*trategic *A*rms *L*imitation *T*alks] 戦略兵器制限交渉
SARS [*s*evere *a*cute *r*espiratory *s*yndrome] 重症急性呼吸器症候群
SAT [*S*cholastic *A*ssessment *T*est] 大学進学能力基礎テスト
SDI [*S*trategic *D*efense *I*nitiative] (米国の)戦略防衛構想, スターウォーズ計画
SE [*s*ystem *e*ngineer] システムエンジニア
SF [*S*cience *F*iction] 空想科学小説
SFX [*s*pecial *e*ffects] (映画の)特殊効果
SG [*s*afety *g*oods] 安全商品. 製品安全協会が認定する, 安全だと認められる商品・製品
SM [*s*ystem *m*anagement] システム管理
SOHO [*S*mall *O*ffice, *H*ome *O*ffice] ソーホー. 自宅や小さな事務所でパソコンを使って仕事をすること
SP [*s*ales *p*romotion] セールスプロモーション, 販売促進
SWAT [*S*pecial *W*eapons *a*nd *T*actics] スワット, 特別機動隊

T

TA [*t*erminal *a*dapter] ターミナルアダプタ
TC, T/C [*t*raveler's *c*heck] トラベラーズチェック, 旅行者用小切手
TOEFL [*T*est *o*f *E*nglish as a *F*oreign *L*anguage] トーフル, 米国留学英語能力テスト
TOEIC [*T*est *o*f *E*nglish for *I*nternational *C*ommunication] 〔商標〕トーイック, 国際コミュニケーション英語能力テスト
TPO [*t*ime, *p*lace, *o*ccasion] 時・場所・場合(に応じるという考え方)(▶和製英語)

U

UAE [*U*nited *A*rab *E*mirates] アラブ首長国連邦

UFO, ufo [*u*nidentified *f*lying *o*bject] ユーフォー, 未確認飛行物体

UK [*U*nited *K*ingdom] イギリス連合王国

UN [*U*nited *N*ations] 国際連合, 国連

UNCTAD [*U*nited *N*ations *C*onference on *T*rade *a*nd *D*evelopment] アンクタッド, 国連貿易開発会議

UNESCO [*U*nited *N*ations *E*ducational, *S*cientific, and *C*ultural *O*rganization] ユネスコ, 国連教育科学文化機関

UNF [*U*nited *N*ations *F*orces] 国連軍

UNGA [*U*nited *N*ations *G*eneral *A*ssembly] 国連総会

UNICEF [*U*nited *N*ations *I*nternational *C*hildren's *E*mergency *F*und] ユニセフ, 国連児童基金. 1946年に設立されたが1953年にUnited Nations Children's Fundと改称

UNU [*U*nited *N*ations *U*niversity] 国連大学

UPI [*U*nited *P*ress *I*nternational] (米国の)UPI通信社

USA, U.S.A. [*U*nited *S*tates of *A*merica] アメリカ合衆国

UT [*u*niversal *t*ime] 世界標準時, グリニッジ標準時

UVs [*u*ltra*v*iolet rays] 紫外線

V

VAN [*v*alue-*a*dded *n*etwork] 付加価値通信網

VAT [*v*alue-*a*dded *t*ax] 付加価値税

VDT [*v*isual [*v*ideo] *d*isplay *t*erminal] 画像表示端末

VHS [*v*ideo *h*ome *s*ystem] VHS方式

VIP [*v*ery *i*mportant *p*erson] ビップ, 重要人物, 要人

VOA [*V*oice *o*f *A*merica] アメリカ政府の海外向けラジオ放送

VR [*v*irtual *r*eality] バーチャルリアリティ, 仮想現実

vs. [*v*ersus] 《ラテン語》…対…

VTR [*v*ideotape *r*ecorder] ビデオテープレコーダー

VW [*V*olks*w*agen] フォルクスワーゲン

W

w [*w*att] ワット

WHO [*W*orld *H*ealth *O*rganization] (国連)世界保健機関

WR [*w*orld *r*ecord] 世界記録

WS [*w*orkstation] ワークステーション

WWW [*W*orld *W*ide *W*eb] ワールドワイドウェブ. インターネット上で世界中に張り巡らされた通信網

X・Y・Z

XL [*e*xtra *l*arge] 特大サイズ

Xmas [Christmas] クリスマス

YMCA [*Y*oung *M*en's *C*hristian *A*ssociation] キリスト教青年会

YWCA [*Y*oung *W*omen's *C*hristian *A*ssociation] キリスト教女子青年会

注意すべきカタカナ語・和製英語

現在私たちのまわりには多くのカタカナ語が氾濫していますが，たとえ英語に基づくものであっても，その多くが日本式に簡略に表現されたり，他の英語からの類推によって造語されたものであったりします．また実際の英語とは発音もアクセントも大きく異なり，意味も違っている場合があるので，英語としては通じないものである点によく注意しましょう．米＝米語綴り，英＝英語綴り

アース 米ground; 英earth
アットマーク at sign
アドバルン advertising balloon
アニメ animation
アパート 米apartment house; 英block of flats
アフターサービス after-sales service
アルミホイル tinfoil; aluminum foil
アンカー anchor(man/woman)
アンプ amplifier
イージーオーダー semi-tailored
イエスマン yes-man
イメチェン(イメージチェンジ) makeover
イラスト illustration
インクジェットプリンター ink-jet printer
インターホン intercom
インフォマーシャル(情報コマーシャル) info(r)mercial
インフラ infrastructure
ウインカー 米turn signal; 英indicator
ウーマンリブ women's liberation
エアコン air conditioner
エキス extract
エネルギッシュな energetic
エンゲージリング engagement ring
エンジンキー ignition key
エンスト engine stall; engine failure
エンタメ entertainment
オーダーメード custom-made; tailor-made; made to order
オートバイ motorcycle
オープンカー convertible
オールラウンドの(網羅的) 米all-around; 英all-round
オキシフル hydrogen peroxide
送りバント sacrifice bunt
ガーター 米suspender; 英garter
ガードマン (security) guard
カーナビ car navigation system
(カー)レーサー racing driver
ガソリンスタンド 米gas station; 英petrol station
カタログ 米catalog; 英catalogue
ガッツポーズ victory pose
カメラマン(写真家) photographer
カメラマン(映画などの) cameraman
カンニング cheating
缶ビール canned beer
キータッチ keyboarding
キーホルダー key chain; key ring
キスマーク hickey; kiss mark
ギフトカード(ギフト券) gift certificate
キャスター(総合司会者) newscaster
キャッチボールをする play catch
キャッチホン telephone with call waiting
クーラー(冷房装置) air conditioner
クラクション (car) horn
クリスマス(X'mas) Xmas; Christmas
ゲームセンター 米(penny) arcade;

[英]amusement arcade
コインロッカー coin-operated locker
ゴーカート go-kart
コークハイ coke highball
ゴーグル goggle
ゴーサイン all-clear; green light
ゴーストップ traffic signal
コーヒースタンド coffee bar
コーポラス condominium
ゴールデンアワー prime time
コールドパーマ cold wave
ゴムバンド rubber band; [英]elastic band
ゴロ(野球) grounder
コンセント [米](electrical) outlet; [英](wall) socket
コンパ party; get-together
コンパニオン(案内係) escort; guide
コンビ combination
コンビニ convenience store
サイダー soda
サイドビジネス(アルバイト) sideline
サイドミラー [米]side(view) mirror; [英]wing mirror, door mirror
サイン(署名) signature
サイン(有名人などの) autograph
サントラ sound track
シーズンオフ off season
ジーパン jeans
ジェットコースター roller coaster
シスアド system administrator
システムキッチン built-in kitchen unit
シャー(プ)ペン [米]mechanical pencil; [英]propelling pencil
ジャージ jersey
シュークリーム cream puff
シルバー(お年寄り) senior citizen
シルバーシート priority seat
シンパ(支持者) sympathizer
スカッシュ squash
スキンシップ physical contact
スタンドプレー grandstand play

ステッキ (walking) stick
ステン(レス) stainless steel
ストーブ heater
スパイクタイヤ [米]studded tire; [英]studded tyre
スピードダウン slowdown
スピードメーター speedometer
スペルミス spelling error; misspelling
スマートな stylish; dashing
スリッパ mules; scuffs
セーフティーバント drag bunt
セクハラ sexual harassment
セレブ celeb(rity)
セロテープ adhesive tape; Scotch tape
ソフト(コンピュータ) software
タイプミス typo; typographical error
タイムリミット deadline
タイムレコーダー time clock
タキシード [米]dinner suit; [英]tuxedo
タレント personality; star
ダンプカー [米]dump truck; [英]dumper truck
チャック fastener; [米]zipper; [英]zip (fastener)
チョーク(車の) choke
テーブルスピーチ after-dinner speech
テールランプ [米]tail light; [英]tail lamp
デジカメ digital camera
デモ(示威運動) demonstration
テレホンサービス telephone information service
電子レンジ microwave oven
ドアボーイ doorman
ドクターヘリ medi-copter
ドットプリンター dot matrix printer
トップバッター lead-off batter; lead-off man
トランク(車の) [米]trunk; [英]boot
トランプ (playing) card
トレパン [米]sweat pants; [英]track-suit trousers

■ 注意すべきカタカナ語・和製英語

- ナイター night game
- ナンバープレート [米]license plate; [英]number plate
- ニュースキャスター anchor(man/woman)
- ニューフェース newcomer
- ネームバリュー recognition value
- ネガ negative
- ノースリーブ(の) sleeveless
- ノート(帳面) notebook
- ノルマ quota
- ノンステップバス kneeling bus
- バイキング buffet; buffet-style dinner; smorgasbord
- バイク motorcycle; motorbike
- ハイティーン late teens
- ハイテク high tech(nology)
- ハイビジョン high-definition TV system
- ハウスマヌカン sales clerk
- バスローブ [米]bathrobe; [英]dressing gown
- パソコン personal computer
- バックアップ(支援) backing; support
- バックネット backstop
- バックマージン kickback
- バックミュージック background music
- バックミラー rear-view mirror
- バックライト [米]backup light; [英]reversing light
- バッターボックス batter's box
- ハッピーエンド happy ending
- パネラー panelist
- バリカン hair clippers
- ハローワーク [米]employment agency; [英]employment bureau
- パンク [米]flat tire; [英]puncture
- ハンスト hunger strike
- パンスト [米]pantyhose; [英]tights
- ハンドマイク [米]bullhorn; [英]loudhailer
- ハンドル(車の) steering wheel
- ピーマン green pepper
- ピッチ(速度) pace
- ビニール袋 plastic bag
- ビラ flyer ; flier
- ビル(建物) building
- フォアボール base on balls
- プッシュホン push-button phone; touch-tone phone
- ブラインドタッチ touch typing
- プラモデル plastic model
- ブランド物 brand-name goods
- フリーサイズ one size fits all
- フリーター job-hopping part-time worker
- フリーダイヤル [米]toll-free; [英]freephone, freefone
- プリン pudding
- プレイガイド ticket agency
- ブレーキランプ brake light
- ブレスレット bracelet
- プレゼン presentation
- フレックスタイム flexible working hours; flextime; flexible time
- プレハブ prefabricated house
- ブロックサイン(野球) block signal
- プロレス professional wrestling
- フロント [米]front desk; [英]reception
- フロントガラス [米]windshield; [英]windscreen
- ペイオフ deposit insurance cap; deposit payoff
- ベースアップ [米](pay) raise; [英](pay) rise
- ペーパーテスト written test
- ペーパードライバー driver in name only; driver on paper only
- ベッドシーン bedroom scene
- ベッドタウン bedroom suburb
- ペットボトル plastic bottle; PET(ピーイーティー) bottle
- ヘッドライト [米]headlight; [英]head-

注意すべきカタカナ語・和製英語

lamp
ベテラン　expert
ベビーカー　米stroller; 英pushchair
ベビーベッド　baby crib
ヘルスメーター　bathroom scales
ペンション　resort inn
ホイールキャップ　hub cap
ボーイ（ホテルなどの）　page; bellboy; bellhop
ホーム（駅の）　platform
ホームドクター　family doctor
ホームヘルパー　米caregiver; 英carer
ボールペン　米ball-point pen; 英biro
ポジ　positive
ホッチキス　stapler
ボディーチェック　body search
ホテルマン　hotel employee
ボンネット　米hood; 英bonnet
マークシート　computerized answer sheet
マイカー　owned car; private car
マグカップ　mug
マザコン　mother complex
マジックインキ　marker, marking pen, felt-tip (pen)
マスコミ　mass communication(s), (mass) media
マルチ商法（ねずみ講式）　pyramid selling

マンション　condominium
ミシン　sewing machine
ミスタイプ　typo; typographical error
ミルクティー　tea with milk
メーター（機器）　(米英とも) meter
メートル（距離）　米meter; 英metre
メロドラマ　soap opera
モーニングコール　wake-up call
モーニングサービス　breakfast special
ユビキタス　ubiquitous
ラケット（ピンポンの）　米paddle; 英bat
ラフな（スタイル）　casual; informal
リハビリ　rehabilitation
リビングキッチン　living room with a kitchenette
リフォームする（家など）　remodel
リムジンバス　limousine
リモコン　remote control
レトルト　retort
レモンティー　tea with lemon
ローティーン　early teens
ワープロ　word processor
ワイシャツ　(dress) shirt
ワイドショー　variety program
ワンボックスカー　van
ワンマン　autocrat
ワンルームマンション　studio apartment; one-room apartment

日本語から借用された英語

*OED*をはじめさまざまな英英辞典に，日本語がそのまま英語にとりいれられている例が多くなってきていますが，発音やアクセントがかなり異なるので，注意する必要があります．

◆ 英　語	◆ 日本語	◆ 英　語	◆ 日本語
adzuki bean	小豆	katana	刀
anime	アニメ	keiretsu	系列(企業)
banzai	万歳	kendo	剣道
bonsai	盆栽	kimono	着物
bushido	武士道	koban	交番
dango	談合	koi-cha	抹茶
dojo	道場(柔道)	kokeshi	こけし
futon	布団	kotatsu	炬燵
gaijin	外人	koto	琴
geisha	芸者	Kumon	公文(式)
geta	下駄	kyudo	弓道
go	囲碁	mama-san	ママさん(バーなど)
haiku	俳句	manga	漫画
happi-coat	法被	matsu	松
hara-kiri	切腹	matsuri	祭り
hiragana	ひらがな	miai	見合い
honcho	班長; リーダー	miso	味噌
ikebana	活け花	mochi	餅
issei	(日系)一世	mojibake	文字化け
janken	じゃんけん	mousmee	娘
judo	柔道	nakodo	仲人
juku	塾	ninja	忍者
Kabuki	歌舞伎	nisei	(日系)二世
kaizen	改善(ビジネス)	Noh; No	能
kamikaze	神風特攻隊; 無謀な	nori	海苔
kana	かな	obi	帯
kanban system	看板方式(トヨタ式在庫管理方式)	origami	折り紙
		otaku	オタク
karaoke	カラオケ	pachinko	パチンコ
karate	空手	ramen	ラーメン
karoshi	過労死	ryokan	旅館
katakana	カタカナ	sabi	寂び

日本語から借用された英語

◆英　語	◆日本語	◆英　語	◆日本語
sake	日本酒	sumi-e	墨絵
samisen	三味線	sumo	相撲
samurai	侍	sushi	寿司
san	さん(敬称)	tabi	足袋
sansei	(日系)三世	taiko	太鼓
sashimi	刺身	Tamagotchi	たまごっち
satori	悟り	tatami	畳
sayonara	さよなら	tempura	天麩羅
seiyu	声優	teppan-yaki	鉄板焼き
senryu	川柳	teriyaki	照り焼き
serafuku	セーラー服	tofu	豆腐
shabu-shabu	しゃぶしゃぶ	tsunami	津波
shakuhachi	尺八	tycoon	大君; (政財界) 巨頭
shiatsu	指圧	uchiwa	団扇
shinkansen	新幹線	udon	うどん
Shinto	神道	ukiyo-e	浮世絵
shogi	将棋	wasabi	わさび
Shogun	将軍	yakitori	焼き鳥
shoji	障子	yakuza	やくざ
shoyu	醤油	yukata	浴衣
skosh	少し	wabi	侘び
soba	蕎麦	zabuton	座布団
sogo shosha	総合商社	zaibatsu	財閥
Soka Gakkai	創価学会	zaikai	財界
soroban	そろばん	Zen	禅
sukiyaki	すき焼き		

英語の歴史

世紀	英語の時代区分		英語名	言語上の特色
5	古期英語(450年頃〜1150年頃)		Old English (略:OE)	語尾の完全屈折の時代 語順はゆるやか
6				
7				
8				
9				
10				
11				
12	中期英語 (1150年頃〜1475年頃)		Middle English (略:ME)	屈折語尾水平化の時代 語順はしだいに固定化
13				
14				
15				
16	近代英語 (Modern English；略 ModE, New Englishとも)	初期近代英語 (1475年頃〜1700年頃)	Early Modern English	語尾の無屈折時代 (簡単な語形変化) 語順の確立
17				
18		後期近代英語 (1700年頃〜1900年頃)	Late Modern English	
19				
20		現代英語 (1900年頃〜現在)	Present-day English	

英語の歴史

英語の歴史は,要約すると,古期英語期における複雑な語形変化をもつ言語から,語形変化が簡単で,文法関係を語順や前置詞のような機能語によって表す現代英語への脱皮という歴史であったということができます.

解説		主な関連事項
古期英語において文学標準語とされたのは,ウェスト・サクソン(West Saxon)という,イギリスの南部から西部にかけて話されていた方言で,ほとんどすべての古英語の文学遺産はこの方言で書かれている.アルフレッド大王(Alfred the Great,『アングロ・サクソン年代記』*The Anglo-Saxon Chronicle*を編む)が用いていたのもこの方言. 語尾は複雑に変化屈折する.	449 829 871 1066	この頃から大陸から北海を渡り,アングロ・サクソン人のジュート族(the Jutes),アングル族(the Angles),サクソン族(the Saxons)がイギリスへ侵入し始める. ウェセックス(Wessex)王のエグバート(Egbert)が英国を統一. アルフレッド大王が即位(―901). ノルマン人がイギリスを征服(the Norman Conquest).
古期英語と中期英語とを区切る歴史上の大事件として,1066年のノルマン人のイギリス征服がある.これにより,フランス語が流入し,屈折語尾の消失が目立ってくる. 乱立方言からロンドン方言が優位を占める. この時期はジェフリー・チョーサー(Geoffrey Chaucer)の英語によって代表される(『カンタベリ物語』*The Canterbury Tales*など).	1334 1362	文芸復興(Renaissance)運動が始まる. 「法廷における使用言語は英語と定める」という法令が公布される.
15世紀末には印刷術が導入された. 初期には中期英語から続いた「大母音推移 the Great Vowel Shift」の名で呼ばれる大きな音変化現象も落ち着き,現代英語のようなつづり字習慣が確立された. 後期近代英語の時期に入ると,現代英語とほとんど違わなくなる.同時に多様なラテン語系の借用語が多量に出現した.	1476 1564 1611	イギリスでウィリアム・キャクストン(William Caxton)が初めて印刷を始める. ウィリアム・シェイクスピア(William Shakespeare)が生まれる(―1616). 『欽定(きんてい)訳聖書』*the Authorized Version*が刊行される.

■ 英語が話される国

英語が話される国

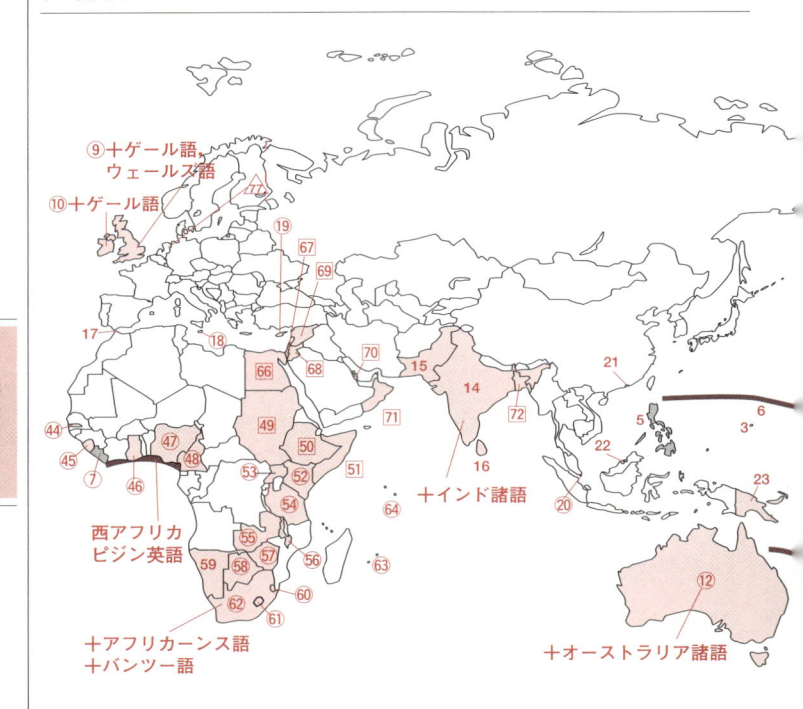

⑨ ＋ゲール語、ウェールズ語
⑩ ＋ゲール語
＋インド諸語
西アフリカピジン英語
＋アフリカーンス語
＋バンツー語
＋オーストラリア諸語

○付数字は英語が公用語または第一言語の国
◎のない数字は英語が主要言語の一つの国
□付数字は英語が一部で使用される国
△付き数字は英語通用地域

アメリカ英語系統
① アメリカ合衆国
2 プエルトリコ（米）
3 グアム（米）
4 アメリカ領サモア
5 フィリピン
6 北マリアナ（米）
⑦ リベリア
⑧ パナマ
75 ヴァージン諸島（米）
78 ミクロネシア連邦
79 マーシャル諸島共和国

イギリス英語系統
⑨ イギリス
⑩ アイルランド
⑪ カナダ
⑫ オーストラリア
⑬ ニュージーランド
14 インド
15 パキスタン
16 スリランカ
17 ジブラルタル（英）
⑱ マルタ
⑲ キプロス
⑳ シンガポール
21 ホンコン（中国）
22 ブルネイ・ダルサラーム
23 パプアニューギニア
㉔ ソロモン諸島
25 ナウル
26 ツバル
27 バヌアツ
㉘ フィジー
㉙ キリバス
30 サモア
31 トンガ
㉜ バハマ
㉝ セントクリストファーネービス
㉞ アンティグア・バーブーダ

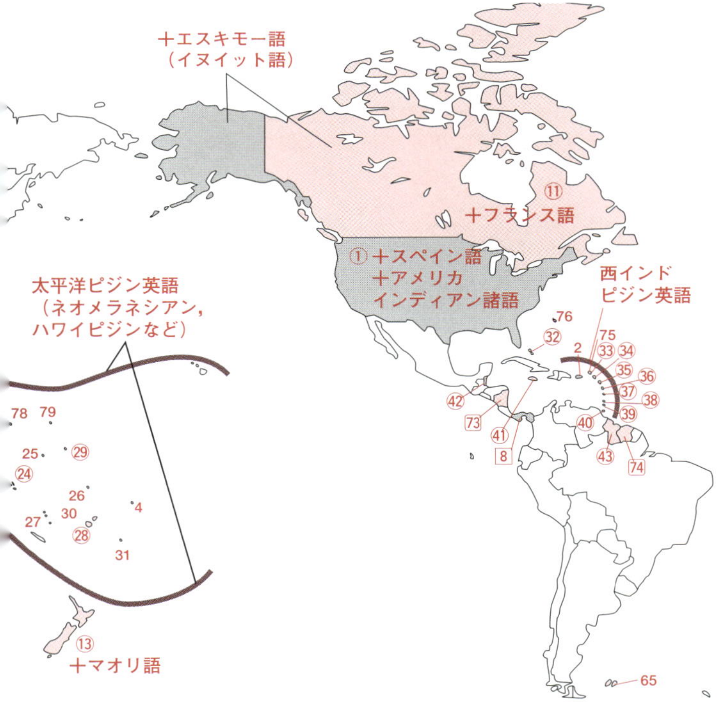

＋エスキモー語
（イヌイット語）
⑪
＋フランス語
① ＋スペイン語
＋アメリカ
インディアン諸語
西インド
ピジン英語
太平洋ピジン英語
（ネオメラネシアン,
ハワイピジンなど）
76
㉜
75
2
㉝ ㉞
㉟
㊱
㊲
㊳
㊴
㊵
㊷
73
㊶
8
㊸
74
78
79
25
㉙
㉔
26
4
27
30
㉘
31
⑬
＋マオリ語
65

㉟ ドミニカ
㊱ セントルシア
㊲ バルバドス
㊳ グレナダ
㊴ トリニダード・トバゴ
㊵ セントビンセント・グレナディーン諸島
㊶ ジャマイカ
㊷ ベリーズ
㊸ ガイアナ
㊹ ガンビア
㊺ シエラレオネ
㊻ ガーナ
㊼ ナイジェリア
㊽ カメルーン
49 スーダン
50 エチオピア
51 ソマリア
(52) ケニア
(53) ウガンダ
(54) タンザニア
(55) ザンビア
(56) マラウイ
(57) ジンバブエ
(58) ボツワナ
59 ナミビア
(60) スワジランド
(61) レソト
(62) 南アフリカ共和国
(63) モーリシャス
(64) セーシェル
65 フォークランド（英）
66 エジプト
67 イスラエル
68 ヨルダン
69 シリア／レバノン
70 カタール
71 オマーン
72 バングラデシュ
73 ニカラグア
74 スリナム
75 ヴァージン諸島（英）
76 バーミューダ（英）
77 EU（特にオランダ，ルクセンブルグ，ドイツ，北欧諸国）

日本における英語関係史

日本の英学史には夏目漱石や神田乃武（ないぶ），坪内逍遙など欠かせない名前があり，また英語教育の歴史にも教科書や戦後の学習指導要領の変遷，最近の文部科学省による「英語が使える日本人」育成のための行動計画策定までさまざまな動きがあります．さらには戦後の海外渡航や英語学習人口の激増などの社会現象も見逃せませんが，ここには英語受容史の主要な事項を特に選んで掲げました．

◆年号	◆事項	◆解説
1600（慶長5）年	ウィリアム・アダムズ（William Adams；三浦按針）豊後海岸に漂着．	ウィリアム・アダムズは日本に最初に来た英国人とされる．家康に重用された．
1808（文化5）年	フェートン号事件（Phaeton Incident）．	イギリスの軍艦フェートン号が長崎港に乱入．この事件をきっかけに蘭学から英学へ移行．
1814（文化11）年	『諳厄利亜語林大成（あんげりあごりんたいせい）』出版．	蘭英辞書をもとに編まれた日本最初の英和辞書．
1841（天保12）年	中浜万次郎（通称：ジョン万），米捕鯨船に保護される．	中浜万次郎は出漁中に太平洋上の孤島で遭難．その後米捕鯨船に救助され，アメリカで教育を受け，1851年帰国．
1855（安政2）年	洋学所設立，翌年蕃書調所となる．	洋学所は幕府の設置する洋学研究所．
1858（安政5）年	日米修好通商条約締結．	日本が外国と結んだ最初の条約．
1859（安政6）年	ヘボン博士来日．	ヘボン（James Curtis Hepburn）博士はヘボン式ローマ字で有名．辞書編纂，聖書の日本語訳その他日本文化に多大の寄与をした．
1860（万延1）年	咸臨丸アメリカに向け出航．	日本の軍艦咸臨丸は，日米修好通商条約批准のための遣米使節団を乗せたポウハタン号に随行したが，同船には福沢諭吉，勝海舟なども乗船していた．
1862（文久2）年	『英和對譯袖珍（しゅうちん）辞書』出版．	堀達乃助他編．日本最初の本格的英和辞書．
1866（慶応2）年	『西洋事情』ベストセラーとなる．	福沢諭吉が著し，明治開化期の文明に大きな影響を与えた．
1867（慶応3）年	『和英語林集成』出版．	ヘボンによる最初の和英辞典．その後改訂増補された．

日本における英語関係史

◆年　号	◆事　項	◆解　説
1871(明治4)年	津田梅子渡米.	津田梅子は日本初の女子留学生. 1900年女子英学塾(現在の津田塾大の前身)を創設.
1876(明治9)年	クラーク博士,札幌農学校に赴任.	クラーク(William Smith Clark)博士は札幌農学校(現北海道大学)初代教頭を務める. 諸説あるが, Boys, be ambitious!で有名. 同校は新稲戸稲造(にとべいなぞう),内村鑑三など優秀な人材を輩出する.
1890(明治23)年	ラフカディオ・ハーン来日.	ラフカディオ・ハーン(Patrick Lafcadio Hearn；日本名：小泉八雲)は作家,英文学者. 松江中学,東京帝国大学などで教鞭をとる. 主著『怪談』『心』など.
1914(大正4)年	『熟語本位英和中辞典』出版.	斎藤秀三郎著. 独創的な内容は,その後の英和辞書に大きな影響を与える.
1918(大正7)年	『武信和英大辞典』出版.	日本初の本格的和英辞典で,現行の研究社『新和英大辞典』の前身. 武信(たけのぶ)由太郎編.
1922(大正11)年	パーマー(Harold E.Palmer)来日.	オーラル・メソッド(Oral Method；口頭教授法)を唱え,以後の英語教育に大きな影響を与えた.
1927(昭和2)年	研究社『新英和大辞典』出版.	日本初の本格的英和大辞典. 現在は第6版が出されているが,初版の著者は岡倉由三郎.
1945(昭和20)年	『日米会話手帳』ベストセラーとなる.	戦後2か月を経ない出版で,360万部の爆発的売れ行きを示した.
1946(昭和21)年	平川唯一,英語会話放送開始.	平川唯一はNHK放送のいわゆる「カムカム英語」の担当者. 第二次世界大戦後の英語ブームの元祖となる.

語彙力

英語の語源

元来，英語は北ドイツの方言でした．このゲルマン語系の言葉は日本語のやまと言葉にあたるもので，家族関係，人体の部分，人間の基本的行為など，日常生活で最もよく用いられる身近な言葉に残っています．その後，英語は現代に至るまで，ラテン系のヨーロッパを中心とするさまざまな国の言葉を借用してきましたが，その中で最も強い影響を受けたのがフランス語です．1066年のノルマン人による征服以来，政治・法律・商業などの分野で，無数のフランス語が流入し，まさに日本語における漢語のような役割を果たしています．(『日本語から借用された英語』本書 pp.454―455参照)

1. ケルト語・ラテン語・北欧語からの流入 (5―11世紀)

- ケルト語――少数
  - 地名 (London, York, Avon) druid, dun
- ラテン語――約500語
  - 農業・商業・日常用語，教会・学校用語 (street, pepper, cheese, silk, inch, mile, wall, wine, dish, 地名の-chester, angel, pope, candle, offer, temple, bishop, monk, priest, creed)
- 北欧語――約900語 (大部分は中世，12―15世紀)
  - 動詞 (get, give, lift, take, die, call)
  - 日常用語 (skill, skin, sky, skirtなど[sk-]語，egg, steak, fellow, sister, score, big, hard, law, knife, leg, wrong)
  - 代名詞 (they, their, them)
  - 1,400語以上
    - 固有名詞の一部 (Whitbyの-by 〈= farm, town〉, Althorpの-thorp 〈= village, town〉, Stevensonの-son)

2. 主にフランス語からの流入 (11―16世紀)

ノルマン人の征服以降，英語に入ったフランス語は約1万語，そのうち7,500語が現代英語に残る．現代英語の頻用語1,000語のうち約3割がフランス語起源とされる．

- フランス語
  - 政治用語 (minister, government)　　宗教用語 (religion, service)
  - 法律用語 (justice, evidence, arrest, court)　　軍事用語 (army, enemy, soldier)
  - 商業用語 (bargain, customer)
  - 服装・料理用語 (bacon, dress, fur, beef, boil, cherry, curtain, dinner, grape, jelly, mustard, oyster, pottage, roast, salmon, stew, toast, pork, salad, towel)
  - 芸術・学問用語 (art, color, grammar, music)
  - 生活用語 (blanket, carol, chain, chess, conversation, dance, fool, forest, kennel, lamp, leisure, tournament, mount, flame, age, question, royal)

- ラテン語──文学・神学・法律・医学などの専門用語・生活用語（16世紀以降も含む）

    (library, interrogate, ascend, regal, conflagration, epoch, allurement, allusion, capsule, denunciation, dexterity, disability, disrespect, emanation, excursion, expectation, appropriate, conspicuous, expensive, external, habitual, hereditary, impersonal, insane, jocular, malignant)
- ギリシャ語──同上 (acme, alphabet, anonymous, catastrophe, chaos, criterion, dogma, idea, idiosyncrasy, isthmus, labyrinth, lexicon, museum, orchestra, ostracize, pathos, rhythm, system, thermometer, theory, tonic)

3. 各国語からの流入 (ルネサンス期以降, 16世紀 ─)

- フランス語──服装・料理用語 (bonbon, cafe, chic, consomme, crepe, menu, rayon, rococo)

    生活・専門用語 (chauffeur, communique, garage, genre, montage, nocturne, résumé, chowder, bureau)
- ギリシャ語──科学用語 (autograph, photograph, xylophone, gramophone, saxophone, cinematography, psychology, bicycle, dynamo, aeroplane, electricity, electron, telegraph, telephone)
- イタリア語──音楽・芸術用語など (concert, fantasia, fresco, mezzotint, opera, replica, rocket, sonnet, studio, piano)
- スペイン語 (banana, cargo, desperado, dispatch, guitar, renegade, negro, maize)
- ポルトガル語 (buffalo, massage)
- オランダ語──絵画・海洋用語など (aloof, dock, hull, landscape, sketch, skipper, easel, yacht, boss, brandy, cookie, coleslaw)
- ドイツ語 (lobby, nickel, waltz)
- ロシア語 (vodka)
- アラビア語 (zero)
- ネイティブ・アメリカン語 (canoe, caucus, hickory, hominy, moccasin, opossum, pecan, raccoon, pemmican, potato, skunk, squash, tapioca, toboggan, tobacco)
- アメリカ英語 (announcer, movie, close-up, fade-out, jazz, loudspeaker, syncopation)
- その他の国語 (インド curry／アフリカ zebra／オーストラリア kangaroo, boomerang, outback／カナダ bateau, habitant, chuck／ニュージーランド kiwi, takahe, kowhai, nikau, rimu)

米英語の比較：単語の違い

米英語の差については，絶対的なものではなく，時代の推移に従って米語が英国で同化しつつある場合もあり，したがって以下のリストは，あくまでも「主に米」「主に英」の意味を含む比較上の差異と理解いただきたい．

◆ 米　語	◆ 日本語	◆ 英　語
airplane	飛行機	aeroplane
all-around	オールラウンドの（網羅的）	all-round
alumnus, 《複》alumni	卒業生	old boy [old girl]
amusement park	遊園地	fanfair
antenna	アンテナ	aerial
apartment	アパート	flat
arcade; penny arcade	ゲームセンター	amusement arcade
area code	（電話の）地域番号，市外番号	dialling code
ATM	現金自動預け払い機	cashpoint
attorney	法律家（弁護士）	solicitor
back-up light	バックライト	reversing light
baggage	手荷物	luggage
baggage claim	（空港の）手荷物受取所	baggage reclaim
ballpoint (pen)	ボールペン	Biro; ballpoint
Band-Aid	バンドエイド	plaster
barbershop	理髪店	barber's
bathrobe	バスローブ，部屋着	dressing gown
bathroom	トイレ（家庭の）	toilet
bathtub	湯船；風呂桶	bath
beltway	環状道路	ring road
bill	紙幣	(bank) note
bookstore	本屋，書店	bookshop
biscuit	小型パン	scone
breakdown lane	（高速道路の）路肩	hard shoulder
bulletin board	掲示板	noticeboard
busy	（電話で）話し中の	engaged
call	電話をかける	ring up
calling card	名刺	visiting card
can	ブリキ缶；缶詰	tin
candy	キャンデー	sweets
candy store	菓子屋	sweetshop
caregiver	ホームヘルパー	carer

米英語の比較：単語の違い

◆ 米 語	◆ 日本語	◆ 英 語
cell(ular) (phone)	携帯電話	mobile (phone)
check-in counter	チェックインカウンター；搭乗手続きカウンター	check-in desk
checking account	当座預金口座	current account
chips [potato chips]	ポテトチップ	crisps
closet	押入れ；戸棚	cupboard
clothes peg	洗濯挟み	clothespin
collect call	コレクトコール；(電話の)受信人払い	reverse charge (call)
collect on delivery [COD]	代金引換払い	cash on delivery [COD]
comforter	掛け布団	quilt; duvet
conductor	(列車の)車掌	guard
congress	議会；国会	parliament
copier	コピー機	photocopier
corn	とうもろこし	maize
cornstarch	コーンスターチ	cornflour
cotton candy	綿菓子	candyfloss
cover letter	添え状；カバーレター	covering letter
cracker	ビスケット	biscuit
crosswalk	横断歩道	pedestrian crossing
culdesac	袋小路	deadend
danger pay	危険手当	danger money
daylight saving time	夏時間	(British) summer time
detour	回り道	diversion
diaper	おむつ	nappy
dinner suit	タキシード	tuxedo
dishtowel	(皿洗いの)ふきん	tea towel
divided highway	中央分離帯付設道路	dual carriageway
downtown	市街地；都心	city centre, business centre
driver's license	運転免許証	driving licence
druggist; pharmacist	薬剤師	chemist
editorial	社説	leader; leading article
elevator	エレベーター	lift
emergency brake; parking brake	(車の)サイドブレーキ，ハンドブレーキ	hand brake
employment agency	ハローワーク[職業安定所]	employment bureau
eraser	消しゴム	rubber
exactly right	ぴったり(正解の)	spot on
exit	出口	wayout
expiration date	有効期限	expiry date

語彙力

■ 米英語の比較：単語の違い

◆ 米　語	◆ 日本語	◆ 英　語
fall	秋	autumn
far-sighted	遠視の	long-sighted
faucet	蛇口	tap
fender	(車の)フェンダー	wing
fire department	消防署	fire brigade
first floor	1階	ground floor
fiscal year	会計年度	financial year
flashlight	懐中電灯	torch
for rent	賃貸しの	to let
freeway; expressway	高速道路	motorway
freight train	貨物列車	goods train
French fries	フレンチフライ	chips
freshman	(大学)一年生	1st year student
front desk	(ホテルの)フロント	reception
garbage can; trash can	ゴミ箱	dustbin
garbage; trash	(生)ごみ, くず	rubbish
gas station	ガソリンスタンド	petrol station
gasoline	ガソリン	petrol
gearshift	(変速レバーの)ギア	gearstick
gift certificate	商品券; ギフト券	gift voucher
glasses	めがね	spectacles; specs
ground	アース; 接地線	earth
guard rail	ガードレール	crash barrier
hallway	廊下	corridor
hand baggage	手荷物	hand luggage
hardcover	ハードカバー	hardback
hauler	運搬人	haulier
highway	幹線道路	high road
hood	(車の)ボンネット	bonnet
in regard to...	…に関して	with regard to...
in-box	未決書類入れ	in-tray
industrial park	工業団地	industrial estate
inside lane	(中央に近い)高速車線	outside lane
instal(l)ment plan	分割払い	hire purchase
instant replay	(ビデオの)即時再生	action replay
insurance adjuster	(保険の)損害査定人	loss adjuster
intermission	幕間; 休憩時間	interval
inventory	棚卸	stocktaking
jail	刑務所	gaol; jail
janitor	(ビルなどの)管理人	caretaker

語彙力

◆ 米　語	◆ 日本語	◆ 英　語
junior	(大学)三年生	3rd year student
kerosene [kerosine]	灯油	paraffin
kickboard	(水泳の)ビート板	float; flutterboard
labor union	労働組合	trade union
legal holiday	法定休日	bank holiday
letter opener	ペーパーナイフ	paper knife
license plate	ナンバープレート	number plate
line	行列	queue
liquor	強い酒	spirits
living room	居間	sitting room; lounge
mail	郵便	post
mailbox	郵便受け	letter box
mailbox	郵便ポスト	postbox; pillar box
mailman; mail carrier	郵便配達人	postman; letter carrier
main street	目抜き通り; 本通り	high street
mall	ショッピングセンター	shopping mall [centre]
mechanical pencil	シャープペンシル	propelling pencil
median (strip)	(高速道路の)中央分離帯	central reservation; central reserve
money order	郵便為替	postal order
monkey wrench	モンキーレンチ	(adjustable) spanner
motorbike	原動機付き自転車[原付]	moped
movie	映画	film
movie theater	映画館	cinema
muffler	(車の)マフラー	silencer
near-sighted	近視の	short-sighted
newsdealer	新聞販売業者	newsagent
notions	小間物	haberdashery
number sign; pound sign	(電話・パソコンなどの)シャープ記号	hash sign
odometer	(車などの)走行距離計	mil(e)ometer
older brother [sister]	兄[姉]	elder brother [sister]
on a first-name basis	ファーストネームで呼び合う仲の	on first-name terms
one-way ticket	片道切符	single (ticket)
out-box	既決書類入れ	out-tray
outlet; socket	(電気の)コンセント	power point
outside lane	(遅く走る)走行車線(端の側)	inside lane
overpass	高架道路	flyover
package	小包	parcel

米英語の比較：単語の違い

語彙力

■ 米英語の比較：単語の違い

◆ 米　語	◆ 日本語	◆ 英　語
paddle	(ピンポンの)ラケット	bat
pail	バケツ	bucket
pants	ズボン	trousers
pantyhose; panty hose	パンティーストッキング(パンスト)	tights
paper towel	紙タオル	kitchen paper
parking lot	駐車場	car park
pay raise	ベースアップ	pay rise
peddler	行商人	pedlar
pedestrian crossing	横断歩道	crosswalk; pelican crossing; zebra crossing
percent	パーセント	per cent
period	ピリオド, 終止符	full stop
pound cake	パウンドケーキ	Madeira cake
president; CEO	社長	managing director
proctor	試験監督	invigilator
punching bag	サンドバッグ	punch bag
purse	ハンドバッグ	handbag
quotation mark	引用符	inverted comma; quotation mark
railroad	鉄道	railway
railroad crossing	踏切	level crossing
realtor	不動産業者	estate agent
recess	(学校などの)休み時間	break
recreational vehicle [RV]	RV車；キャンピングカー	camper; camper van
restroom	公衆トイレ	public convenience; toilet
résumé	履歴書	curriculum vitae [CV]
rooster	雄鶏	cock
round-trip ticket	往復切符	return ticket
rubber band	ゴムバンド	elastic band; rubber band
sack lunch; bag lunch	手持ち弁当	packed lunch
safety zone	安全地帯	traffic island
sales clerk	(売り場の)店員	shop assistant
sanitary napkin	生理用ナプキン	sanitary towel
savings account	普通預金	deposit account
schedule	時刻表；時間割	timetable
Scotch tape	セロテープ；スコッチテープ	sellotape; sticky tape
senior	(大学)四年生	4th year student
sewer (pipe)	配水管	drain
shade; window shade	(窓などの)ブラインド	blind
shopping cart	(買い物用)カート	shopping trolley

語彙力

◆ 米 語	◆ 日本語	◆ 英 語
side(view) mirror	サイドミラー	wing mirror
sidewalk	(舗装された)歩道	pavement
sneaker	スニーカー	trainer; training shoe
soccer	サッカー	football
sophomore	(大学)二年生	2nd year student
speed bump	(車に対する)減速バンプ	speed hump
station wagon	ワゴン車	estate car
stove; range	こんろ; レンジ	cooker
street car	路面電車	tram(car)
stroller	ベビーカー	pushchair
subway	地下鉄	underground railway
suspender	ガーター	garter
sweat pants	トレパン	track-suit trousers
takeout	持帰り用(料理)	takeaway
telephone pole	電柱	telegraph pole
toll-free	フリーダイヤル	freephone; freefone
traffic circle; rotary	ロータリー(道路)	roundabout
training wheels	(自転車の)補助輪	stabilisers
transportation	輸送・交通(機関)	transport
tried-and-true	立証済みの	tried-and-tested
truck	トラック	lorry
trunk	(車の)トランク	boot
turn signal	ウインカー	indicator
underpass; underground passage	地下通路	subway
vacation	休暇	holiday
vacationer	リゾート客	holidaymaker
vest	チョッキ; ベスト	waistcoat
wallet	財布	purse
watch	(…に)気をつける, 注意する	mind
windshield	(車の)フロントガラス	windscreen
zip code	郵便番号	postal code

■ 米英語の比較：綴りの違い

米英語の比較：綴りの違い

米語の方が綴りが簡略化されていますが，主な原則は次の通りです．
《米》-or《英》-our／《米》-er《英》-re／《米》-l-《英》-ll-／《米》-ck《英》-que／《米》-se《英》-ce／《米》-ze, -ization《英》-ise, -isation／《米》-ction《英》-xion／《米》-dg-《英》-dge-／《米》in-《英》en-

◆日本語	◆米 語	◆英 語
午前	a.m.; A.M.	am; AM
承認	acknowledgment	acknowledgement
老化; 加齢	aging	ageing
飛行機	airplane	aeroplane
アルミニューム	aluminum	aluminium
半円形観客席	amphitheater	amphitheatre
アナログ	analog	analogue
分析する	analyze	analyse
麻酔	anesthesia	anaesthesia
別館	annex	annexe
あずまや	arbor	arbour
考古学	archeology	archaeology
甲冑(かっちゅう)	armor	armour
斧	ax	axe
ふるまい	behavior	behaviour
口径(銃の); 特殊能力	caliber	calibre
虚心坦懐	candor	candour
カラット	carat	karat
カタログ	catalog	catalogue
中心	center	centre
小切手	check	cheque
チェッカー(格子じま)	checkers	chequers
サイダー	cider	cyder; cider
騒々しさ	clamor	clamour
色	color	colour
顧問	councilor	councillor
カウンセラー	counselor	counsellor
居心地のよい	cozy	cosy
批判する	criticize	criticise
縁石	curb	kerb
防衛	defense	defence

語彙力

米英語の比較:綴りの違い

◆ 日本語	◆ 米 語	◆ 英 語
ふるまい	demeanor	demeanour
対話	dialog; dialogue	dialogue
通気(装置)	draft	draught
百科事典	encyclopedia	encyclopaedia
努力	endeavor	endeavour
入学;入会	enrollment	enrolment
好意	favor	favour
一番好きな	favorite	favourite
情熱	fervor	fervour
繊維	fiber	fibre
風味	flavor	flavour
達成する	fulfill	fulfil
達成;充足感	fulfillment	fulfilment
計器	gage	gauge
魅惑	glamor	glamour
さようなら	good-by	good-bye
グラム	gram	gramme
灰色の	gray	grey
婦人科医学	gynecology	gynaecology
港	harbor	harbour
運搬人	hauler	haulier
名誉	honor	honour
ユーモア	humor	humour
語形変化	inflection	inflexion
問い合わせ;引き合い	inquiry	enquiry
刑務所	jail	gaol
宝石商	jeweler	jeweller
宝石類	jewelry	jewellery
判断	judgment	judgement
労働	labor	labour
免許	license	licence
リットル	liter	litre
光沢;つや	luster	lustre
作戦行動	maneuver	manoeuvre
数学	math	maths
貧弱な	meager	meagre
メーター(機器)	meter	meter
メートル(距離)	meter	metre
鋳型	mold	mould
生え変わり(羽など)	molt	moult

語彙力

■ 米英語の比較：綴りの違い

◆ 日本語	◆ 米　語	◆ 英　語
(男性敬称)	Mr.	Mr
(既婚女性敬称)	Mrs.	Mrs
(女性敬称)	Ms.	Ms
口ひげ	mustache	moustache
ゼロ	naught	nought
近所 (の人)	neighbor	neighbour
におい	odor	odour
違反	offense	offence
オムレツ	omelet	omelette
組織	organization	organisation
午後	p.m.; P.M.	pm; PM
パジャマ	pajamas	pyjamas
店	parlor	parlour
すき (農具)	plow	plough
ポリエチレン	polythene	polyethylene
実行する (動詞)	practice	practise
実行 (名詞)	practice	practice
ふり (をすること)	pretence	pretence
プログラム ; 計画	program	programme
認識する	recognize	recognise
厳しさ	rigor	rigour
噂	rumor	rumour
疑い深い	skeptic(al)	sceptic(al)
懐疑	skepticism	scepticism
上手な	skillful	skilful
専門	specialty	speciality
幽霊	specter	spectre
止血	stanch	staunch
階 (建物の)	story	storey
硫黄	sulfur	sulphur
劇場	theater	theatre
タイヤ	tire	tyre
旅行者	traveler	traveller
腫瘍しゅよう	tumor	tumour
蒸気	vapor	vapour
万力	vise	vice
視覚化	visualization	visualisation
4輪車	wagon	waggon
ウイスキー	whiskey	whisky
羊毛製の	woolen	woollen

語彙力

単数と複数で意味の異なる名詞

(1) 名詞の複数形が単数形の意味に加えて別の意味をもつもの

appearance 出現	appearances 状況	line 行, 線	lines 詩句
arm 腕	arms 武器, 兵器	manner 方法	manners 作法
bone 骨	bones 骨格	mountain 山	mountains 山脈
brain 脳	brains 知力	number 数	numbers 韻文
chain 鎖	chains 束縛	oil 油	oils 油絵
color 色	colors 軍旗	part 部分	parts 才能
compass 羅針盤	compasses コンパス	quarter 四分の一	quarters 宿舎
custom 習慣	customs 関税, 税関	spectacle 光景	spectacles 眼鏡
future 未来	futures (商品・為替) 先物	tear 涙	tears 悲嘆
letter 文字, 手紙	letters 文学	term 期間, 学期	terms 条件

(2) 名詞の複数形が単数形の意味とは全く別の意味しかもたないもの

accomplishment 成就	accomplishments 芸能	humanity 人間性	humanities 人文科学
advice 忠告	advices 報告	instruction 教えること	instructions 指図
air 空気	airs 気取り	look 見ること	looks 容貌
arrangement 配列, 整頓	arrangements 手配, 準備	need 必要性	needs 必要品
attention 注意	attentions 求愛	pain 苦痛	pains 骨折
authority 権威	authorities 当局	physic 医薬	physics 物理学
charge 管理, 世話	charges 料金	power 力	powers 列強, 体[知]力
cloth 布	clothes 衣服	sale 販売	sales 売上高
copper 銅	coppers 小銭	sand 砂	sands 砂州
damage 損害	damages 損害賠償 (額・金)	saving 節約	savings 預貯金
direction 指導, 指揮	directions 指図	security 安全	securities 証券
force 力	forces 軍勢	spirit 精神	spirits 火酒
glass ガラス	glasses 眼鏡	time 時	times 時代
good よいこと	goods 商品	water 水	waters 領海, 水域
ground 地面	grounds 構内	wood 木材	woods 森
height 高さ	heights 高台	work 仕事	works 工場

語彙力

動物の鳴き声

Animal	cry 動	cry 名
bear (熊)	growl 警告, 敵意を示すためにうなる roar 太く大きな声でほえる	grrr rooaar
bird (鳥)	call 鳴き声をあげる chirp チッチッと鳴く sing 歌うようにさえずる tweet = chirp warble = sing	call chirp-chirp …… tweet-tweet warble
burro (小型ロバ)	bray いななく	hee-haw
cat (猫)	hiss 警告を示すためにシューッという声を出す meow ニャオと鳴く purr 満足げにのどを鳴らす spit 怒ってつばを吐くような声を出す	hisssss; sssss mew; miao purrrr pffft
chick (ひよこ)	cheep ピヨピヨと鳴く peep 〃	cheep-cheep peep-peep
cock [rooster] (雄鶏)	crow コケコッコーとときをつくる	cock-a-doodle-do
cow (牛)	bawl かん高い声をのばして鳴く low; moo モウと鳴く	…… moo
cricket (コオロギ)	chirp かん高く短く断続的に鳴く	chirp-chirp; chirr
crow (カラス)	caw カアカアと鳴く	caw-caw
dog (犬)	bark ワンワンとほえる growl 警告, 敵意を示すためにうなる howl 遠ぼえをする whine クンクンと鼻を鳴らす woof 低い声でほえる yap; yip キャンキャンと鳴く	bow-wow grrr ow-ow-ow-oooow …… woof-woof yap-yap; yip-yip
donkey (ロバ)	bray いななく	hee-haw
dove (鳩)	coo クウクウと鳴く	coo-coo
duck (アヒル)	quack ガアガアと鳴く squawk 鋭いしわがれ声で鳴く	quack-quack ……

動物の鳴き声

Animal	cry動	cry名
elephant (象)	trumpet よく通る大きな声で鳴く	……
fox (キツネ)	bark 短く高い声で鳴く	……
frog (カエル)	croak ゲロゲロと鳴く	croak-croak; reebeep-reebeep
goat (山羊)	bleat メエメエと鳴く	bah-bah
goose [**wild goose**] (ガチョウ)	gabble ガアガアと鳴く hiss シューッという声を出す honk ガチョウ独特の声で鳴く	gabble-gabble …… honk-honk
hen (雌鶏)	cackle 卵を産んでかん高く断続的に鳴く cluck コッコッとひなを呼ぶ	buck-buck-buck-budacket cluck-cluck
horse (馬)	neigh ヒヒーンといななく snort 鼻から空気を強く出す＝鼻息をたてる whicker = neigh whinny = neigh	wheee ……
hyena (ハイエナ)	laugh 人が笑うような声でほえる	hee-hee-hee
jay [**blue jay**] (カケス)	scold けたたましくさえずる	
lion (ライオン)	growl 警告，敵意を示すためにうなる roar 太くて大きな声でほえる	grrr rooaar
monkey (猿)	chatter キャッキャッと鳴く scold けたたましく鳴く	chitter-chatter
mouse (ネズミ)	squeak チュウチュウと鳴く	eek-eek; squeak-squeak
mule (ラバ)	bray いななく	hee-haw
nightingale (ナイチンゲール)	sing さえずる warble = sing	…… ……
owl [**screech owl**] (フクロウ)	hoot ホウホウと鳴く screech 金切り声を出す	whoo-whoo

語彙力

■ 動物の鳴き声

Animal	cry 動	cry 名
parrot (オウム)	screech 金切り声を出す shriek 〃 talk 人の口まねをする	…… eek-eek "Polly-wanna-cracker?" (オタケサン, こんにちは ▶オウムに言わせる決まり文句)
pig (豚)	grunt ブウブウと鳴く oink ブタ特有の声で鳴く squeal 金切り声を出す	…… oink-oink ee-ee
pigeon (ハト)	coo クウクウと鳴く	coo-coo
rat (ネズミ)	squeak チュウチュウと鳴く	eek-eek; squeak-squeak
robin (コマドリ)	chirp チッチッと鳴く	chirp-chirp
sheep (羊)	bleat メエメエと鳴く	bah-bah
snake (蛇)	hiss シューッという音を出す	ssssss
sparrow (雀)	chirp チッチッと鳴く	chirp-chirp
swan (白鳥)	trumpet よく通る大きな声で鳴く	……
tiger (虎)	growl 警告, 敵意を示すためにうなる roar 太く大きな声でうなる	grrr rooaar
turkey (七面鳥)	gobble ゴロゴロと鳴く	gobble-gobble
wolf (狼)	howl 遠ぼえをする	ow-ow-ow-oooow

第4部

文法事項を整理する

- 文型のまとめ
- 時制のまとめ
- 天気の動詞
- 移動動詞
- 五感の動詞
- 接触動詞
- 授与動詞
- 名付け・任命動詞
- 知覚動詞
- 使役動詞
- 主な助動詞
- 「動詞+動作動詞」の表現
- 関係詞の種類
- 仮定法のまとめ
- 主な比較表現
- 丁寧表現
- 主な否定表現
- 形容詞・副詞の比較変化
- 名詞の複数形の作り方
- 不規則動詞変化表

文化背景 | 話す力・書く力 | 語彙力 | 文法 | 発音 | 英語学習

文法の要点

文型のまとめ

S＝主語, V＝動詞, O＝目的語, C＝補語
wh節＝what, where, which, when, who, whether, if, howなどで始まる節
名＝名詞(句), 形＝形容詞(句), 副＝副詞(句), 現分＝現在分詞, 過分＝過去分詞

■ 主部(主語)にくるさまざまな語句

名詞	*The concert* was over. (コンサートは終わった)
代名詞	*Who* lived in this house? (誰がこの家に住んでいたの)
動名詞	*Seeing* is believing. (百聞は一見にしかず)
to do	*To learn language* is very interesting. (言葉を学ぶのはとてもおもしろい)
that節・wh節	*That he is wrong* is beyond doubt. (彼が悪いのは疑う余地がない)
形式主語it	*It* is not clear who will be chosen. (誰が選ばれるかははっきりしない)

■ 第Ⅰ文型　S＋V

SV	John **died**. (ジョンは死んだ)
SV副	Mary **lives** *in Tokyo*. (メアリは東京に住んでいる)

> **第Ⅰ文型で用いられる主な動詞** (⇨天気の動詞, 移動動詞)
> come, go, arrive, disappear, die, fly, rise, fall, laugh, smileなど

■ 第Ⅱ文型　S＋V＋C (CはSについて説明する)

SVC(形)	That boy **appears** *honest*. (あの少年は正直そうに見える)
SVC(to do)	Ms. White **seems** *to have* many friends. (ホワイトさんは友達が多いらしい)
SVC(動名詞)	My father's job **is** *teaching* Japanese. (父の仕事は日本語の教師です)
SVC(現分)	A girl **stood** *crying* in front of the gate. (女の子が門の前で泣きながら立っていた)
SVC(過分)	The truth **became** *known* to all of them. (真実は彼ら皆に知られるにいたった)
SVC(名・代名詞)	John **became** a *surgeon*. (ジョンは外科医になった)

SVC(as 名)	He **played** *as goalkeeper* on our team. (彼は我がチームのゴールキーパーとしてプレーした)
SVC(that 節)	The fact **is** *that I know nothing about it*. (事実は，私はそれについては何も知らないということだ)
SVC(wh 節)	All I want to know **is** *when he will come here*. (私が知りたいのは，彼がいつここに来るかということだけだ)
SVC(wh to do)	The question **is** not *when to begin* it. (問題はいつそれを始めるかではない)

第Ⅱ文型で用いられる主な動詞（⇨ 五感の動詞）
- be 型（状態を表す）: appear, be, feel, keep, look, remain, seem, smell, sound, taste など
- become 型（変化を表す）: become, come, fall, get, go, grow, turn など

■ 第Ⅲ文型　S＋V＋O

SVO(do)	They **helped** *move* the desk. (彼らは机を動かすのを手伝ってくれた)
SVO(to do)	Tom **forgot** *to turn* off the radio. (トムはラジオを消すのを忘れた)
SVO(動名詞)	We **enjoyed** *dancing* to the music. (私たちは音楽に合わせて踊りを楽しんだ)
SVO(名・代名詞)	She **reached** *Berlin* on Tuesday morning. (彼女は火曜の朝ベルリンに着いた)
SVO(that 節)	The letter **says** *that they are doing well*. (手紙によると彼らは快調のようだ)
SVO(wh 節)	I **wonder** *if Greg likes the letter opener*. (グレッグはレターナイフを気に入るかな)
SVO(wh to do)	I'll **explain** *how to do* it.（私がそのやり方を説明しよう）

■ 第Ⅳ文型　S＋V＋O＋O（⇨ 授与動詞）

SVO(名)**O**(名)	The teacher **gave** *us* these *assignments*. (先生は私たちにこの宿題を与えた)
SVOO(to do)	Her mother **taught** *her* not *to tell* a lie. (母親は彼女にうそをつくなと教えた)
SVOO(that 節)	George **told** *me that he had been ill*. (ジョージは私に彼がずっと病気だと教えてくれた)
SVOO(wh 節)	We will **show** *you how absurd the plan is*. (その計画がいかにばかげているか，君に教えよう)
SVOO(wh to do)	They **showed** *me how to use* the machine. (彼らは私にその機械の使い方を教えてくれた)

■ 文法の要点

■ 第V文型　S+V+O+C（CはOについて説明する）

SVO(名)C(名)	They **named** their *baby Kevin*. （彼らは自分の赤ん坊をケビンと名付けた）
SVOC(形)	You will **find** this *map* very *useful*. （この地図が大変役に立つとわかるよ）
SVOC(to do)	Dr. Miller **wants** *you to wait* for a while. （ミラー先生は君にしばらく待ってもらいたいんだ）
SVOC(to be名/形)	I **thought** *him to be* a poor cook. （彼は料理が下手だと思った）
SVOC(do)	We will **make** *her do* it at once. （彼女にそれをすぐにやらせよう）
SVOC(現分)	We **saw** a *boy walking* alone. （男の子が一人で歩いていくのを見た）
SVOC(過分)	I **want** this *letter registered*.（この手紙は書留にしてほしい）
SVOC(as名)	Everyone **treated** my *words as* a *joke*. （誰もが私の言葉をジョークとして扱った）
SVOC(as形)	All of us **regarded** his *behavior as childish*. （私たち皆が彼の行動を大人げないと見なした）

第V文型で用いられる主な動詞
- 「OをCにする」：make, getなど（⇨使役動詞）
- 「OをCの状態にしておく」：keep, leaveなど
- 「OをCと思う」：believe, consider, feel, find, thinkなど
- 「OをCに選ぶ」：appoint, choose, elect, voteなど（⇨任命動詞）
- 「OをCと呼ぶ」：brand, call, christen, name, nicknameなど
　　　　　　　　（⇨名付け動詞）
- 「OがCであってほしい」：like, wantなど
- 「Oを…してCにする」：boil, cut, dye, paint, push, throwなど

■ その他の文型

There + be + 名	**There are** kangaroos in Australia. （オーストラリアにはカンガルーがいる）
Here + be + 名	**Here's** some money for you.（ほらお金ですよ）
Let's + do	**Let's** go to the seaside.（海辺に行こう）

時制のまとめ

時 制	現 在	過 去	未 来
基本形	現在形 I **read** a book.	過去形 I **read** a book.	未来形 I **will read** a book.
完了形	現在完了形 I **have read** a book.	過去完了形 I **had read** a book.	未来完了形 I **will have read** a book.
進行形	現在進行形 I **am reading** a book.	過去進行形 I **was reading** a book.	未来進行形 I **will be reading** a book.
完了進行形	現在完了進行形 I **have been reading** a book.	過去完了進行形 I **had been reading** a book.	未来完了進行形 I **will have been reading** a book.

■ 現在時制：動詞の現在形

Mr. Green **lives** in a suburb of New York.　　　　　　　　　　［現在の状態・事実］
We **watch** world news on TV every day.　　　　　　　　　　［現在の習慣・反復的動作］
The earth **goes** around the sun.　　　　　　　　　　　　　　　　［一般的真理］
Our plane **leaves** Narita at nine a.m. tomorrow morning.　　　［確定した未来］
Stop talking when the bell **rings**.　　　　　　　　　　　　　　　［副詞節で未来］

■ 過去時制：動詞の過去形

My uncle **wrote** a book about China last year.　　　　　　　　［過去の動作］
Sally **stayed** in bed with a cold yesterday.　　　　　　　　　　［過去の状態］
I often **played** soccer when I was a child.　　　　　　　　　　［過去の習慣的動作］

＊その他の過去表現：would, used to

After lunch he **would** often take a nap in the armchair.　　　［過去の反復的習慣］
We **used to** go skating every winter.　　　　　　　　　　　　　［過去の持続的習慣］
There **used to** be a police box on the corner. ((今はもうないが) 以前は角に交番があった)　　　　　　　　　　　　　　　　［(現在と対比した)過去の事実・状態］

■ 未来時制：will［shall］＋動詞の原形

Children **will like** this computer game.　　　　　　　　　　　［単純未来(…だろう)］
I **shall be** seventeen next month.　　　　　　　　　　　　　　　［同上］
● 主語がI, weの場合, 主に((英))でshallも用いられる.
I **will send** a parcel to you soon.　　　　　　　　　　　　　　　［意志未来(…しよう)］
I **shall write** to you again next month.　　　　　　　　　　　　［同上］
● shallは, 特に話し手の強い意志を表したい場合に用いられる.
Shall I get you a glass of orange juice?　　　　　　　　　　　［意志未来(提案)］
Will you pass me the salt, please?　　　　　　　　　　　　　　［意志未来(依頼・勧誘)］

＊その他の未来表現：be going to do, be (about) to do, **現在進行形**

■ 文法の要点

I'm **going to** visit Sendai this summer.	[主語の意志・予定]
Look! It**'s going to** rain.	[近い未来の予測]
Be quiet! The film **is about to** start.	[さしせまった未来]
Tom and Kate **are to** be married in June.	[公式の予定]
Jane **is meeting** Mary tomorrow.	[未来の確定的予定]

主な動詞の種類

■ 天気の動詞

天気現象を指す次のような動詞は, (非人称の) it を主語とする.

rain (雨が降る), drizzle (しとしと雨が降る), freeze (氷が張る), hail (あられ [ひょう] が降る), sleet (みぞれが降る), snow (雪が降る), thaw (雪 [氷] が解ける), thunder (雷が鳴る)

これらの動詞は過去形, 未来形のほか, 進行形になることが多い. しばしば時間の副詞 (句) を伴う.

It's been **raining** for two days. (2日間雨が降っている)
It **snowed** all night. (一晩中雪が降った)
It's **hailing** hard now. (今激しくひょうが降っている)
It will **thunder** this afternoon. (午後は雷が鳴るだろう)
It will be **thawing** next month. (来月は氷が解け始めるだろう)

■ 移動動詞

移動を表す次のような自動詞を含む文では, 前置詞 (句) や副詞によって移動の場所・経路・方向・期間が示される. それらは日本語では動詞的に訳されることが多い.

drive, jog, move, race, run, sail, skate, ski, stroll, swim, travel (総括的には go), walk

動詞＋前置詞 (句)
walk *along* [*up, down*] the street (道を歩 (いて行) く)
walk *about* [*around*] the town (町を歩き回る)
walk *across* the street ((歩いて) 道を横断する)
walk *into* [*out of*] the room ((歩いて) 部屋に入る [から出る])
walk *through* the woods ((歩いて) 森を通り抜ける)
walk *to* school ((歩いて) 学校へ行く)
walk (*for*)「two hours [two miles] (2時間 [2マイル] 歩く)

動詞＋副詞
run *about* [*around*] (走り回る)
run *away* [*off*] (走って逃げる, 走り去る)
run *back* (走って戻る)
run *in* [*off*] (走って入る [走り去る])

run *upstairs* [*downstairs*]（階段を駆け上がる[駆け下りる]）
run *fast* [*slowly*]（速く[ゆっくり]走る）

移動の動詞は進行形にすることができる. さらに

① 「go -ing」の構文になるもの：boat, camp, dance, drive, hunt, jog, ride, run, sail, skate, ski, shoot, shop, stroll, swim, walk

We **went swimming** in the river.（私たちは川に泳ぎに行った）

② 名詞形を用いた「go for a ...」の表現ができるもの：drive, jog, ride, run, stroll, swim, walk

Let's **go for a swim**.（ひと泳ぎしに行こう）

③ 行為者を表す-erを用いた表現ができるものが多い.

He is a good **swimmer**.（彼は泳ぎがうまい）

■ 五感の動詞

視覚・聴覚・味覚・嗅覚・触覚を表すlook, sound, taste, smell, feelという動詞はS＋V＋C(形)の第Ⅱ文型で用いられ, 進行形にはならない.

The boy **looked** sad.（男の子は悲しそうだった）
The bells **sounded** clear.（鐘は澄んだ音に聞こえた）
This coffee **tastes** strong.（このコーヒーは濃い味がする）
These roses **smell** sweet.（このバラはよい香りがする）
Her skin **felt** soft.（彼女の肌は柔らかく感じられた）

分詞はそれぞれ次のような複合形容詞をつくる（feelを除く）：the sad-*looking* boy（悲しそうな男の子）, the clear-*sounding* bells（澄んだ音のする鐘）, the strong-*tasting* coffee（味の濃いコーヒー）, the sweet-*smelling* roses（香りのよいバラ）

■ 接触動詞

catch, hit, kiss, pullなどの動詞で, 次の2文のタイプが成立するものが多い.

① S＋V＋O（所有格＋身体の部分を表す名詞）

I **hit** *his head*.（私は彼の頭をたたいた）

② S＋V＋O（接触する相手）＋「前置詞（by, in, onなど）＋the＋身体の部分を表す名詞」

I **hit** *him on the head*.（私は彼の頭をたたいた）

①は身体の部分に, ②は接触する相手に重点を置いた言い方で, ②の方が一般的であり, 対象をまず大きくとらえて, 次に小さな部分に言及していくという英語らしい表現である. また, 通例受身にする場合は②の方を選ぶ.

He **was hit** on the head by me.（彼は私に頭をたたかれた）

このタイプの動詞には, 同じ形の名詞を用いた名詞化構文をとるものがある.

① She **kissed** my cheek.（彼女は私のほおにキスをした）
② She **kissed** me on the cheek. → She **gave** me **a kiss** on the cheek.
（彼女は私のほおにキスをした）

■ 文法の要点

■ 授与動詞
第Ⅳ文型（S+V+O+O）で間接目的語と直接目的語の2つの目的語をとる動詞で、通例「S+V+O+前置詞 ...」（第Ⅲ文型）の形で言い換えられる．

第Ⅲ文型への言い換え
①toをとる動詞（give型）：bring*, give, hand, lend, pass, pay, promise, read, sell, send, show, teach, tell, writeなど（* to/forのどちらも可能）

I **gave** <u>him</u>   <u>a pen</u>.（私は彼にペンをあげた）→ I **gave** a pen *to* him.
（間接目的語）（直接目的語）

②forをとる動詞（buy型）：buy, call, choose, cook, find, get, leave, make, order, saveなど

Tom **bought** his daughter some Christmas presents.
→ Tom **bought** some Christmas presents *for* his daughter.

③ofをとる動詞：ask1語だけ

May I **ask** you a favor? → May I **ask** a favor *of* you?

言い換えができない場合
④特定の語と結びつく場合．

He **gives** her a ring every day.（彼は彼女に毎日電話をかける）
[比較] He **gives** a ring to her every day.
（「彼は毎日彼女に指輪をあげる」の意味になる）

⑤直接目的語が代名詞である文は、慣用的に第Ⅲ文型を用いる．

I **gave** it to him. (×I gave him it.)

⑥動詞 cost, envyなど．

This CD **cost** (me) $20.（このCDは20ドルした）
→ ×This CD cost $20 to[for] me.
I **envy** you your success.（あなたの成功がうらやましい）
（但し、I envy you.と I envy your success.は可能）

2つの受身文が可能
He **was given** a pen by me.《これが普通》
A pen **was given** (to) him by me.

受身文が成立しない場合
②のforをとる動詞では、間接目的語を主語にした受身文は不可．
She **made** me a doll.
→ A doll **was made** (for) me by her.（彼女は私に人形を作ってくれた）
→ ×I was made a doll by her.
①のtoをとる動詞の中で、直接目的語が主語とともに移動することを表す動詞（bringなど）を含む文では、間接目的語を主語にした受身文は不可．
He **brought** me a cup of tea.（彼は私にお茶を一杯持ってきてくれた）
→ A cup of tea **was brought** to me by him.
→ ×I was brought a cup of tea by him.
修飾語句を伴うなど、特定の条件でしか2つの受身文が成立しない動詞（sellなど）がある．

They **sold** me the car. (彼らは私にその車を売った)
→The car **was sold** to me.
→×I was sold the car.
但し, for a million yenなどの副詞句があれば2つの受身文は可能.
They **sold** me the car *for a million yen*. (彼らは私に百万円でその車を売った)
→The car **was sold** to me *for a million yen*.
→I **was sold** the car *for a million yen*.

■ 名付け・任命動詞

call, electなどの動詞で, 第V文型(S＋V＋O＋C)で目的語と補語を伴って「OをCと呼ぶ」[に選ぶ]」の意を表す.
We **call** her Beth. (彼女をベスと呼ぶ)
→《受身》She **is called** Beth.
補語に次のような形のものがある.
They **elected** me *chairperson*. 《C＝名詞》
They **elected** me *as chairperson*. 《C＝as＋名詞》
They **elected** me *to be chairperson*. 《C＝to be＋名詞》
(彼らは私を議長に選んだ)
→《受身》I **was elected** (as/to be) chairperson.

■ 知覚動詞

see, hear, feelなどの感覚を表す動詞で, 第V文型(S＋V＋O＋C)で用いることができる.
Cの語形により, 次の3つに分類される.
① I **saw** her *enter* the room. 《C＝原形不定詞》
 (私は彼女が部屋に入るのを見た)
 →《受身》She **was seen** *to enter* the room. 《to不定詞が現れることに注意》
② I **saw** him *running* across the street. 《C＝現在分詞》
 (私は彼が走って通りを横断するのを見た)
③ I **saw** your dog *hit* by a car. 《過去分詞》
 (私はあなたの犬が車にひかれるのを見た)
OとCには[主語─述語]の結合関係があり, それぞれ次のような意味を表す.
①' She *entered* the room. (彼女は部屋に入った) 《動作の完了》
②' He *was running* across the street. (彼は走って通りを横断していた)
 《進行中の動作》
③' Your dog *was hit* by a car. (あなたの犬は車にひかれた) 《受身》

■ 使役動詞

文の主語にあるものが他者にある行為をさせたり, 受けさせることを表す動詞で, 第V文型(S＋V＋O＋C)の構文をとる.
C＝原形不定詞 : have, let, makeなど

■ 文法の要点

C = to不定詞：cause, compel, force, getなど
C = 現在分詞, 過去分詞：get, haveなど

①強制的な使役「(強制的に)…させる」：compel, force, makeなど

The police **made** everyone *leave* the building immediately.
(警察は全員をその建物から直ちに退去させた)
→《受身》Everyone **was made** *to leave* the building immediately.
《to不定詞が現れることに注意》

The bank robber **forced** the customers *to lie* on the floor.
(銀行強盗は客を床に横たわらせた)

②中立的な使役「(頼んで[説得して])…させる」：get, haveなど

Would you **have** him *come* here at three in the afternoon?
(彼を午後の3時にここに来させてくださいませんか)

I **have** the gate *painted* every year.
(毎年, 門のペンキを塗ってもらっている)

You will never **get** her *to agree* to this proposal.
(あなたは彼女をこの提案に同意させることはできないだろう)

I can't **get** the machine *working*.
(私はその機械を動かすことができない)

③許容的な使役「(望み通りに)…させる」：allow, let, permitなど

My father won't **allow** me *to ride* a motorcycle.
(父は私がオートバイに乗ることを許さないだろう)

The teacher **let** the pupils *take* the exam again.
(教師は生徒に試験をもう一度受けさせた)

使役動詞have, get, letを受身にすることはできない. 代わりに「allow, permitなどの受身＋to不定詞」を用いる.

→《受身》The pupils **were allowed to take** the exam again.

主な助動詞

■ can (過去形could)／be able to

Scott **can** write Chinese characters. (…できる[能力])
Will you **be able to** come to see me next Sunday? [be able to = can]

● 現在形はbe able to = canだが, 一時的な能力の発揮を強調する場合以外は, canを用いるのが普通.

He *cannot* swim at all. (彼は(いつも)全然泳げない)
He *is not able to* swim today. (彼は(今日に限って)泳げない)

● 過去のある時にしたことを「…できた」と述べる場合, was [were] able toを用い, couldは使えないが, 過去に持っていた能力を漠然と述べるような場合はどちらも可能.

She ran after the bus and *was able to* catch it.

(彼女はバスを追いかけて乗ることができた)

She *could* [*was able to*] solve any difficult problem in mathematics when she was a high school student.
(彼女は高校時代どんな難しい数学の問題も解くことができた)

Can I leave you for a moment? — Of course, you **can**.　　(…してもよい [許可])

● canは周囲の事情が許す許可, mayは話し手が与える許可という区別があり, You may...は相手に尊大な感じを与えかねない. You can ...の方が柔らかい言い方になり口語では好まれる.

● cannot [can't] は「…してはいけない [禁止]」の意味.

Even expert drivers **can** make mistakes.　　(…することもある [可能性])

Could this ring be gold? — No, it **can't** be. It's too light.

● 疑問文で「はたして…だろうか」, 否定文で「…のはずがない」の意味.

Can [**Could**] you help me move this furniture?

[依頼 (Could you ...? の方が丁寧)]

■ may (過去形 might)

May I borrow your pen? — Yes, certainly.　　(…してもよい [許可])

● mayはふつう強く発音しない. may notは「…してはいけない [不許可]」の意味.

The story **may** or **may** not be true.　　(…かもしれない [推量])

● この意味のmayはふつう強く発音される.

She **might** win the first prize in the music competition.　　[控えめな推量]

■ must, have to (過去形 had to)

Must I do the dishes? — Yes, you **must**.　(…しなければならない [義務・必要])
— No, you **needn't** [**don't have to**].　　(…する必要はない)

● must = have toと言えるが, 実際にはmustは話し手が課する義務, have toは周囲の事情が課する義務を表すという区別がある. have toの方が柔らかい感じになり, 口語では好まれる.

　You *must* be back by ten. (10時には帰っていなさい)
　You *have to* be back by ten. ((寮の規則などで) 10時には戻っているべきだ)

This fish **must not** be eaten raw.　　(…してはならない [強い禁止])

We will **have to** go there alone. — You **must** be joking!

(…にちがいない [断定的推量]⇔cannot)

■ will, shall (ほかに未来時制の用法⇨本書p.481)

Accidents **will** happen. (ことわざ)　　(…するものだ [習性・傾向])

The children **won't** listen to me.　　(どうしても…しようとする [強い意志])

● この文のように否定形は「拒絶」を表す. この意味のwill [won't] はふつう強く発音される.

■ 文法の要点

■ would, used to (ほかに過去時制の用法⇨本書p.481)

I asked Sam the question, but he **wouldn't** say anything.

(どうしても…しようとしなかった [強い拒絶])

- この意味のwouldn'tはふつう強く発音される.

Would you please lend me your bicycle?

(…していただけませんか [丁寧な依頼])

■ should, ought to

You **should** listen to others more carefully. ((当然)…すべきである [義務])
I think Jane **should** arrive by eight. (…するはずである [見込み])
It is strange that Mary **should** say such a thing. [話し手の感情]

- It is strange [surprising, natural〜] that S'*should* ...の構文で「…するとは〜だ」の意味を表す.

I *suggested* to her that she (**should**) join the club.

- suggest, demand, insist, orderなどに続くthat節で用いる. ((米))ではshouldを用いず, 動詞の原形を使うことが多い. (「仮定法現在」本書p. 491)

We **ought to** pay a visit to Bess tomorrow. [強い義務]

- 意味はshouldより強い. 否定形はought not to.

■ had better:「…する方がいい」「…すべきである」[忠告・命令]

You **had** [You'**d**] **better** start looking for another job.
We **had** [We'**d**] **better** not park on the corner.

- 意味はshouldより強い. 具体的な状況・事柄について用いる. 否定形はhad better not.
- 「…する方が身のためである」という意味合いをもつことがあるので注意.

■ need:「…する必要がある」, dare:「あえて…する」

Need I go now? — Yes, you **must**. ／ No, you **need**n't.
Carol **need**n't wear her best clothes.
I **dare** not tell her the truth.

- 主に疑問文・否定文で用いる. 肯定文ではneed to, dare toのように動詞の形で用いる.

  Judy looks pale. She *needs to* rest for a few minutes.

■ 助動詞＋have＋過去分詞

Ted **cannot** [**could not**] **have told** a lie. (…したはずがない)
I **may have hurt** her feelings yesterday. (…したかもしれない)
It **must have rained** last night. (…したにちがいない)
Alice **should** [**ought to**] **have locked** her door.

(…すべきだった(のに)[非難・後悔・願望])

We **needn't have hurried**. — We're the first here.

(…する必要はなかった(のに)[同上])

● 過去の事柄について, 話し手の現在からの推量・判断を表す. 助動詞を強く発音する.

■ 助動詞を含む慣用表現

You **may** [**might**] **well** be proud of your father. (…するのももっともだ)
I **would like** an apple pie, please. (would like ≒ want)
Would you **mind** waiting for me if I am a little late? — No, of course not.
(…してくれませんか)

■ 可能性の表現

助動詞を使った推量や可能性を表す表現を, 可能性の高い順に示すと以下のようになる.

It **must** be false. (必ずや偽りである)
It **should** be false.
It **can** be false.
It **could** be false.
It **would** be false.
It **may** be false.
It **might** be false. (多分偽りだろうが, もう一つよくわからない)

「動詞＋動作名詞」の表現

以下に掲げた動詞は動作を表す名詞を目的語にとって,「…する」という意味の動作を表すことができる.

この名詞中心の表現は, 動詞よりも名詞に焦点が移ることによって表現が具体的で力強くなり, また形容詞でさまざまに名詞を修飾することもでき, 活用形もhaveなどの基本動詞を変化させればよいといった点などから, 特に口語で好まれる. 但し, 実務文では動詞を用いた直截簡く な表現が好まれる.

また, これらの表現はそれぞれ用いられ方に英米差があるが, 一般にtakeは《米》で, haveは《英》で優勢である.

例：I had a good sleep last night.＝I slept well last night. (昨晩はよく眠れた)
《主に米》take a shower／《主に英》have a shower

■ have＋a＋名詞

have a smoke ≒ smoke, have a swim ≒ swim, have a walk ≒ walk, have a chat ≒ chat, have a look ≒ look, have a sleep ≒ sleep, have a drink ≒ drink, have a think ≒ think, have a wash ≒ wash, have a wait ≒ wait, have a stretch ≒ stretch (手足を伸ばす), have a smell ≒ smell, have a slide ≒ slide (滑る), have a haircut (散髪する), have a bath ≒ bathe, have a shower ≒ shower, have an argument ≒ argue, have a bite ≒ bite, have a break ≒ break (一休

■ 文法の要点

みする), have a laugh ≒ laugh, have a nap ≒ nap, have a rest ≒ rest, have a ride ≒ ride, have a run ≒ run, have a seat ≒ sit down, have a sip ≒ sip (一口飲む), have a smile ≒ smile, have a talk ≒ talk, have a trip ≒ trip, have a try ≒ try, have a vacation[holiday]

■ take＋(a)＋名詞

take a walk ≒ walk , take a swim ≒ swim , take a look ≒ look, take a rest ≒ rest, take a nap ≒ nap, take a smell ≒ smell, take a slide ≒ slide (滑る), take a breath ≒ breathe, take a hold ≒ hold, take a bath ≒ bathe, take a shower ≒ shower, take a bite ≒ bite, take a break ≒ break (一休みする), take a dive ≒ dive, take a drink ≒ drink, take a ride ≒ ride, take a run ≒ run, take a sip ≒ sip (一口飲む), take a seat ≒ sit down, take a step ≒ step, take a talk ≒ talk, take a trip ≒ trip, take a vacation[holiday],
take one's departure ≒ depart, take care ≒ care, take action ≒ act, take revenge ≒ revenge (復讐する)

■ make＋(a)＋名詞

make an attempt ≒ attempt, make a bow ≒ bow, make a change ≒ change, make a call ≒ call, make a comment ≒ comment, make a comparison ≒ compare, make a deal ≒ deal , make a decision ≒ decide, make a donation ≒ donate, make an effort ≒ try, make an explanation ≒ explain, make an error ≒ err, make a face ≒ grimace (しかめっ面をする), make a guess ≒ guess, make a mistake ≒ mistake, make a journey ≒ journey, make a noise[noises] ≒ complain, make an offer ≒ offer, make a plan ≒ plan, make a promise ≒ promise, make a speech ≒ speak, make a statement ≒ state, make a try ≒ try, make a turn ≒ turn, make a wish ≒ wish, make a visit ≒ visit, make an argument ≒ argue, make a contribution ≒ contribute, make a dive ≒ dive, make a movement ≒ move, make a preparation[preparations] ≒ prepare, make a reservation[reservations] ≒ reserve, make a start ≒ start, make a step ≒ step, make improvement ≒ improve, make peace (仲直りをする), make war ≒ war

■ get＋(a)＋名詞

get a sleep ≒ sleep, get a burn ≒ burn (やけどをする), get a glimpse ≒ glimpse, get a look ≒ look, get a haircut (散髪する), get a shave ≒ shave, get a shock (感電する), get a view ≒ view,
get rest ≒ rest, get exercise ≒ exercise

■ give+a＋名詞

give a cry ≒ cry, give a push ≒ push, give a smile ≒ smile, give a laugh ≒ laugh, give a lurch ≒ lurch (急に傾く), give a shout ≒ shout, give a sigh ≒ sigh, give a shrug ≒ shrug (肩をすくめる), give a yawn ≒ yawn (あくびをする),

give a yelp ≒ yelp (キャンキャン鳴く)
[give＋O＋Oの構文で]　例：**give** her **a call** ≒ call her (彼女に電話する)
give O a kick ≒ kick O, give O a push ≒ push O, give O a bath ≒ bathe O, give O a try [shot, go] ≒ try O, give O a brush ≒ brush O, give O a hand ≒ hand O (Oを手助けする), give O a hug ≒ hug O, give O a kiss ≒ kiss O, give O a look ≒ look at O, give O a haircut (Oを散髪する)

■ do＋名詞

「与えられた義務・役割を果たす」の意味を表す場合, 通常, 名詞の前には所有代名詞か定冠詞がつく.
do one's assignment (宿題をする), do one's lesson, do one's homework, do one's best, do one's duty, do one's work, do one's nail (爪を切る)
do the cleaning, do the cooking, do the dishes (食器を洗う), do the laundry [washing] (洗濯をする), do the (grocery) shopping, do the beds (ベッドを整える), do the flowers (花を生ける), do the preparing 準備をする,
do an exercise, do a chat, do a job, do battle, do business, do some knitting (編み物をする)

関係詞の種類

主＝主格　所＝所有格　目＝目的格

	先行詞	単　純 (格)		複　合
関係代名詞	人	who	(主)	whoever
		whose	(所)	whosever
		whom [who]	(目)	whomever
	物・動物	which	(主・目)	whichever
		whose, of which	(所)	whosever
	人・物・動物	that	(主・目)	——
	先行詞を含む	what	(主・目)	whatever
関係副詞	時	when		whenever
	場　所	where		wherever
	理　由	why		——
	方　法	how		however

● 目的格のwhomはwhoで代用する方が多い.

仮定法のまとめ

■ 仮定法現在：動詞の原形を用い, 現在・未来についての想像・仮定・願望を表す.
① 提案・命令・必要・主張などを表す動詞・形容詞に続くthat節で用いられる.

■ 文法の要点

S ＋ V ＋ that ＋ S′ ＋ 動詞の原形…	V ＝ advise, demand, insist, suggest
It ＋ is ＋ 形 ＋ that ＋ S′ ＋ 動詞の原形…	形 ＝ important, desirable, necessary

The group demanded that all the facts **be** made public.
(全ての事実が公にされるべきだとそのグループは要求した)
- ((英))ではbeがshould beとなることが多い.

②祈願文
God **bless** us!(神のご加護を！)

■ 仮定法過去：現在の事実に反する仮定を表す．「もし(今)〜ならば，…なのに」

$$\text{If} + \text{S}' + \begin{Bmatrix} \text{(助)動詞の過去形} \\ \text{were}^* \end{Bmatrix} \sim, \text{S} + \begin{Bmatrix} \text{would, should} \\ \text{could, might} \end{Bmatrix} + \text{動詞の原形…}$$

If I **knew** his address, I **would send** him a card.(彼の住所がわかっていれば，カードを送るのに(実際は知らないので，送れない))
If I **were** rich, I **would spend** all my time traveling.(金持ちだったら，全部の時間を旅に使うのに(実際はお金がないから，そんなことはできない))
- be動詞の仮定法過去は，1人称・3人称単数の場合，wasも用いられる．

■ 仮定法過去完了：過去の事実に反する仮定を表す．「もし(あの時)〜だったら，…だったのに」

$$\text{If} + \text{S}' + \text{had} + \text{過去分詞} \sim, \text{S} + \begin{Bmatrix} \text{would, should} \\ \text{could, might} \end{Bmatrix} + \text{have} + \text{過去分詞…}$$

If I **had known** about her tragedy, I **would have consoled** her.
(もし彼女の災難を知っていたら，彼女を慰めてあげたのに(実際は知らなかったので，慰めなかった))
If you **had warned** me, I **might have changed** my plan.
(もし君が注意してくれていたら，僕は計画を変えた可能性があったのに(実際は注意してくれなかったので，計画は変えなかった))

- 仮定法過去完了(if節)と仮定法過去(主節)を組み合わせて，「もしあの時〜だったら，今頃は…だろうに」の意味を表す場合がある．
  If you *had taken* that medicine, you *would be* better now.
- 文語ではif節のifを省略して，Had you taken...のように倒置した語順をとることがある．
- if節のない仮定法過去は控えめな表現として，仮定法過去完了は非難・後悔・願望などの表現として用いられる．(⇨本書 p.488)
  I *wouldn't* think you (would) need her help.

I *might have known* you would come back so early.
(こんなに早く帰ってくるなら教えてくれてればよかったのに)

■ should, were to を用いる仮定法：起こりそうもない未来の事柄の仮定・想像を表す。「もし万一～するようなことがあったら, …だろう」

$$If + S' + \begin{Bmatrix} should \\ were\ to\ * \end{Bmatrix} + 動詞の原形\ \sim, S + \begin{Bmatrix} would, should \\ could, might \end{Bmatrix} + 動詞の原形...$$

If it **should** rain, we **would** not **go** on a hike.
(万一雨が降りでもしたら, ハイキングには行かないよ)
If it **were** [**was**] **to** happen, we **would be** in trouble.
(仮にそんなことが起こったら, 難儀なことになるだろう)
● were to は文語で, was to は口語で使われることが多い.
●「If＋S′＋should ...」の場合は, 主節に will, shall も使える.

■ if 節を用いない仮定法
Without [**But for**] water, no creatures *could live* on this planet.
＝**If it were not for** water [**Were it not for** water], ...
An American *would* not *use* such an expression.
Suppose [**Supposing**] you had seen her again, what *would* you *have said* to her?
To hear her speak English, you *would take* her to be bilingual.

■ 仮定法を含む慣用表現
If only we *could buy* a trailer!　　　　　　　　　　　　(…しさえすれば)
He treats me **as if** I *were* a child.　　　　　　　　　　　(まるで…のように)
I wish it *were* Sunday.　　　　　　　　　　　　　　　(…であればなあ)
It's (**high** [**about**]) **time** we *started*.　　　　　　　　　(もう…してもよい頃だ)

主な比較表現

■ 原級を用いた比較表現
Jane is **as** *tall* **as** I (am).　　　　　　　　　　　　　(～と同じくらいに…)
● 口語では通常 ... as tall as *me* となる.
Jim did**n't** spend **as** [**so**] much money **as** we did.
　　　　　　　　　　　　　　　　　　　(～ほど…ではない [劣等比較])
● 口語では通常 ... as [so] much money as *us* となる.
I can't remember telephone numbers **as** *well* **as** you (do).
● as ... as の否定形は not so ... as より not as ... as の方が好まれる.

■ 文法の要点

That country is *twice* [*three times*] as *large* as ours.
As many as fifty students passed the examination. (〜ほど多数の…)
Mark has **as many** foreign coins **as** I have.
Please come to see me as *quickly* as possible [you **can**]. (できるだけ…)
He is **not so much** a scholar **as** a journalist.
(学者というよりむしろジャーナリスト)

■ 比較級を含む比較表現

Their boss is *ten years* **older than** they are.
Mary can run *much* **faster than** I (can). [比較級の強め]
I hope the next bus will be **less** crowed **than** this one. [劣等比較]
Dan is **more** gentle **than** shy. [同一人[物]の性質・感情などの比較]
Hiroko was **the better** pianist of the two. (2者のうちより…の方)
This carpet is *far* **superior** [**inferior**] **to** that one in quality.
(…より優れて[劣って]いる)
He is **senior** [**junior**] **to** me. (…の上司[部下]である)
I **prefer** Enka songs **to** rock music. (〜より…を好む)

■ 最上級を用いた比較表現

I am **the shortest** of the three, but I run (**the**) **fastest**. (3者の中で一番…)
● 副詞の最上級ではtheをつけないこともある.
She is *by far* **the best** speaker I've ever heard. [最上級の強め]
The city was hit by *one of* **the biggest** storms in history.
Mary feels **happiest** when she is eating something sweet.
[同一人[物]についての状態・感情の比較ではtheをつけない]
The richest person *cannot* buy everything. (〜でさえも…)
Mt. Hodaka is **the third highest** mountain in Japan. (3番目に高い…)

■ 比較級・最上級を含む慣用表現

The more John spoke, **the less** we understood.
(〜すればするほどますます…でなくなる)
The balloon rose **higher and higher**. (ますます…)
Dick is **no more** able to speak Russian **than** I am.
(…でないのは〜でないのと同じ)
Janet is **no less** gentle **than** her mother. (…に劣らず〜)
I've got **no more than** 1,000 yen with me. (＝only)
No less than 30 pupils caught the flu. (＝as many as)
That girl is **not more than** twenty. (＝at most せいぜい)
He paid **not less than** 100 dollars for the meal. (＝at least 少なくとも)
We will stay here **no longer**. (もはや…でない)
He doesn't know German, **much less** Swedish. (まして…ない)

This writer is **at his best** in his short stories. (最高の状態で)
I have not **the slightest** idea what you mean. (少しも…ない)

■ 原級・比較級・最上級の言い換え

No (**other**) *book* in Japan is **as** [**so**] **popular as** comics.
= Comics are **more popular than any other** *book* in Japan.
= Comics are **the most popular** *books* in Japan.
No other *student* in his class can run **as** fast **as** Jim.
= **No other** *student* in his class can run **faster than** Jim.
= Jim can run **faster than any other** *student* in his class.
= Jim can run (**the**) **fastest of all the** *students* in his class.
Our new house is **not as convenient as** our old one.
= Our new house is **less convenient than** our old one.

丁寧表現

丁寧さの度合いが増すほど, 文が長くなる傾向がある. (⇨本書p.488)
例：食塩を回してください.
① Pass me the salt, **please**!
② Pass me the salt, **will you**?
③ **Will you** pass me the salt?
④ **Would you please** pass me the salt?
⑤ **Could you** pass me the salt, please?
⑥ **I wonder if you could** pass me the salt.
⑦ **Would you mind** passing me the salt?
⑧ **I'd appreciate it if you could** pass me the salt.
● 依頼表現として《米》ではWould [Can] you ...? が,《英》ではCould you ...? が多用される. Will you ...? はかなり命令口調と感じられるため, 人にものを頼む時には避ける方がよい.

丁寧表現の主な特徴は, 次の通りになる. これらを多く組み合わせるほど丁寧さは増すが, 必要以上に用いるとかえって皮肉に響く場合もあることに注意しなければならない. 上の⑥〜⑧はこのコンテクストでは丁寧すぎる表現になろう.
○丁寧な意味をもつ語（pleaseなど）や, 丁寧な意味の慣用表現, Mr., Sir, Ma'amなどの呼びかけの言葉を用いる.
○助動詞は現在形よりも過去形（仮定法）を用いる. 過去形の中ではwouldよりcouldの方が丁寧である.
○否定表現を用いる.
○動詞mindを用いる.
○上昇調の音調を用いる.

■ 文法の要点

主な否定表現

■ 語・句・文の否定

否定語notが次にくる語・句を否定する語句否定と,述語動詞を否定することによって文全体を否定する文否定とがある.

Not *Henry* **but** Alice supports the family.　　　　　　　　　(AではなくてB [語否定])
We should try **not** *to make any careless mistakes*.　　　　　　　[句否定]
Do**n't** look down on them just because they are out of job.　　　　[文否定]
I do**n't** think (*that*) *Jill will come*.　　　　　　　　　　　　　[同上]

● 主節の動詞が思考の動詞 (think, suppose, believe, seemなど) の場合, that節の中の語句の否定でも,通常は主節の動詞を否定する.

■ 否定の強調

I'm **no** good at tennis.　　　　　　　　　　　　　　　　　　(決して…ない)
Not a sound was heard.　　　　　　　　　　　　　　　　　　(同上)
Jane is**n't at all** pleased with her present salary.　　　　　　　　(同上)
I'm **not** interested in Kabuki **in the least**.　　　　　　　　　　(同上)

■ 部分否定・二重否定

A retired man is **not always** free.　(全部が必ずしも…とは限らない[部分否定])
I do**n't** know **both** of them.　　　　　　　　　　　　　　　　(同上)

● 否定語の後ろにall, every, both; always, necessarily, quiteなどの語がある場合は,その語を否定する部分否定である.文末が下降上昇調 (↘↗) で発音されることが多い.

I do**n't** know **either** of them.　　　　　(どれもすべて…ではない[全体否定])
I do**n't** know **any** of them.　　　　　　　　　　　　　　　　(同上)
There was **nobody** who could **not** understand it.　　　　[二重否定=肯定]

■ 準否定(弱い否定)

There are very **few** opportunities like this one.　　　　(数的にほとんどない)
I have **little** doubt that the report is true.　　　　　　(量的にほとんどない)
My throat was so sore that I could **hardly** talk.　　　　[副詞の位置に注意]

■ 否定を表す慣用表現

The bridge over there is **far from** safe.　　　　　　　　　(決して…でない)
John is **anything but** stupid.　　　　　　　　　　　　　(決して…でない)
He is the **last** man to tell a lie.　　　　　　　　　　　　(…しそうにない)
Meg often **fails to** keep her promises.　　　　　　　　(…しない,できない)
You **can't** read **too** many books.　　(いくら…してもしすぎることはない)
We **never** meet **without** discussing pollution problems.　(〜すれば必ず…する)
The film is **too** shocking **to** watch.　　　　　　　　(あまりに〜で…できない)
Who likes being criticized? = Nobody likes being criticized.　　[修辞疑問文]

文法

形容詞・副詞の比較変化

【規則変化をする形容詞・副詞】

(1) 短い語(原則として1音節)

語　尾	-er, -estの付け方	原　級	比較級	最上級
一般の場合	-er, -est (-er, -estを付ける)	short hard	short**er** hard**er**	short**est** hard**est**
-e (発音しないe)	-er, -est (-r, -stを付ける)	close large	close**r** large**r**	close**st** large**st**
子音字C+y	-Cier, -Ciest	happy early	happ**ier** earl**ier**	happ**iest** earl**iest**
短母音＋子音字C	-CCer, -CCest	hot big	hot**ter** big**ger**	hot**test** big**gest**

◆2音節の語のうち, 次のような語は1音節の語と同じ語形変化をもつ.
pretty ― prett**ier** ― prett**iest**, clever ― clever**er** ― clever**est**
simple ― simple**r** ― simple**st**, shallow ― shallow**er** ― shallow**est**

(2) 長い語 (2音節以上)

	原　級	比較級	最上級
―, **more**..., **most**...	difficult slowly	**more** difficult **more** slowly	**most** difficult **most** slowly

【不規則変化をする形容詞・副詞】

原　級	比較級	最上級
good well	better	best
bad badly ill	worse	worst
many (数の多い) much (量の多い)	more	most
little	less	least
old [老若] 　　[兄弟姉妹の順序]	older older, 《主に英》elder	oldest oldest, 《主に英》eldest
late [時間] 　　[順序]	later latter	latest last
far [距離] 　　[程度]	farther further	farthest furthest

■ 名詞の複数形の作り方

名詞の複数形の作り方

【規則変化】

語尾の形	-s, -esの付け方	例	例 外
-s	-es	bus→buses glass→glasses	
-x		box→boxes	
-o		potato→potatoes hero→heroes	pianos, studios, photos, radios stomachs
-ch		church→churches	
-sh		dish→dishes	
-f	fをvに変えて -(e)s	leaf→leaves wolf→wolves	roofs（屋根） beliefs（信念）
-fe		knife→knives life→lives	safes（金庫）
-子音字＋y	yをiに変えて-es	baby→babies lady→ladies city→cities	固有名詞は すべて例外
上記以外の語	-s	hat→hats, book→books, ball→balls friend→friends, apple→apples month→months, boy→boys	

【不規則変化】

母音を変える	man→men, woman→women, mouse→mice foot→feet, tooth→teeth, goose→geese
語尾を変える	child→children, ox→oxen, phenomenon→phenomena
単数形と同じ形	deer（鹿）, sheep（羊）, fish（魚）, salmon（さけ）などの狩猟に関係した単語, Japanese（日本人）, Chinese（中国人）など. 但しAmerican→Americans, Englishman→Englishmen

◆(1) 文字・略字・符号・数字などの複数形は, ふつう, -'s（または-s）を付ける.
three R's（読み・書き・計算）, the 1990's（1990年代）, Don't use too many and's and but's.（andとbutを使いすぎないようにしなさい）

(2) a seven-foot pool（長さ7フィートのプール）, a three-month old baby（生後3か月の赤ん坊）などのように, 名詞が合成語の一部となって他の名詞を修飾する場合は, 複数形にしない.

(3) arms（武器）—arm（腕）, resources（資源）—resource（手段）, manners（行儀）—manner（方法） このように単数と複数で意味が異なる名詞の例については本書p.473参照.

文法

不規則動詞変化表

《古》=古風, 《文》=文語, 《スコット》=スコットランド

◆ 原　形	◆ 過去形	◆ 過去分詞形
abide(我慢する)	abided, abode	abided, abode
alight(降りる)	alighted, 《古・文》alit	alighted, 《古・文》alit
arise(生じる, 起こる)	arose	arisen/ərízən/
awake(目覚める)	awoke/əwóuk/, 《米で特に》awaked	awoken/əwóukən/, 《米で特に》awaked
babysit(子守をする)	babysat	babysat
backbite(陰口をたたく)	backbit	backbitten
backslide(逆戻りする)	backslid	backslid, backslidden
be [am, is, are](…である)	was, were	been
bear(産む, 耐える)	bore	borne, born
beat(打つ, 打ち負かす)	beat	beaten, beat
become(…になる)	became	become
befall(起こる)	befell	befallen
beget(子をもうける)	begot	begotten, begot
begin(始める, 始まる)	began	begun
behold(注視する, 見守る)	beheld	beheld
bend(曲がる, 曲げる)	bent	bent
bereave(奪い去る)	bereaved, bereft	bereaved, bereft
beseech(嘆願する)	besought, beseeched	besought, beseeched
beset(包囲する)	beset	beset
bespeak(示す)	bespoke	bespoken, bespoke
bestrew(上に散らばっている)	bestrewed	bestrewed, bestrewn
bestride(またがる)	bestrode	bestridden
bet(賭ける)	bet, betted	bet, betted
bid¹(値段・金額をつける)	bid	bid
bid²(言う, 命じる)	bade, bad,《主に米》bid	bid, bidden
bind/báind/(縛る)	bound/báund/	bound/báund/
bite(かむ)	bit	bitten, bit
bleed(出血する)	bled	bled
bless(祝福する)	blessed, blest	blessed, blest
blow(吹く)	blew	blown
break(壊す)	broke	broken
breed(子を産む)	bred	bred
bring(持ってくる)	brought	brought

文法

■ 不規則動詞変化表

◆ 原 形	◆ 過去形	◆ 過去分詞形
broadcast(放送する)	broadcast, broadcasted	broadcast, broadcasted
browbeat(威嚇する)	browbeat	browbeaten
build(建てる)	built	built
burn(燃える, 燃やす)	burned, burnt	burned, burnt
burst(破裂する)	burst, 《英で時に》bursted	burst, 《英で時に》bursted
buy(買う)	bought	bought
can(…できる)	could	
cast(投げる)	cast	cast
catch(捕まえる)	caught	caught
chide/tʃáid/(注意する)	chided/tʃáidid/, chid/tʃíd/	chided/tʃáidid/, chid/tʃíd/, chidden/tʃídn/
choose(選ぶ)	chose	chosen
cleave(割る, 裂く)	cleaved, cleft, clove	cleaved, cleft, cloven
cling(くっつく)	clung	clung
come(来る)	came	come
cost(金額がかかる)	cost	cost
creep(はう)	crept	crept
cut(切る)	cut	cut
deal(取り扱う)	dealt/délt/	dealt/délt/
deep-freeze(急速に冷凍する)	deep-froze, deep-freezed	deep-frozen, deep-freezed
dig(掘る)	dug	dug
dive(飛び込む)	dived, 《米略式》dove	dived, 《米略式》dove
do [3単現 does](する)	did	done
draw(引く, 線で描く)	drew	drawn
dream(夢を見る)	dreamed, dreamt/drémt/	dreamed, dreamt/drémt/
drink(飲む)	drank	drunk
drive(運転する, 追いやる)	drove/dróuv/	driven/drívən/
dwell(住む)	dwelt, dwelled	dwelt, dwelled
eat(食べる)	ate	eaten
fall(落ちる)	fell	fallen
feed(食物を与える)	fed	fed
feel(感じる, 触ってみる)	felt	felt
fight(戦う)	fought	fought
find(見つける)	found	found
fit(適合する)	fitted, 《米》fit	fitted, 《米》fit
flee(逃げる)	fled	fled
fling(投げる)	flung	flung

不規則動詞変化表

◆ 原形	◆ 過去形	◆ 過去分詞形
fly(飛ぶ)	flew	flown
forbear(慎む, 控える)	forbore	forborne
forbid(禁止する)	forbade, forbad	forbidden
forecast(予想[予報]する)	forecast, forecasted	forecast, forecasted
foresee(予知する)	foresaw	foreseen
foretell(予言する)	foretold	foretold
forget(忘れる)	forgot	forgotten, 《主に米》forgot
forgive(許す)	forgave	forgiven
forgo(慎む)	forwent	forgone
forsake(見捨てる)	forsook	forsaken
forswear(誓ってやめる)	forswore	forsworn
freeze(凍る, 凍らせる)	froze	frozen
gainsay(否定する)	gainsaid	gainsaid
get(受け取る, 得る)	got	got, 《米でまた》gotten
gild(金メッキする)	gilded, gilt	gilded, gilt
gird(締める)	girded, girt	girded, girt
give(与える)	gave	given
go(行く)	went	gone
grind(うすでひく)	ground	ground
grow(成長する)	grew	grown
hang(掛ける, つるす)	hung	hung
(絞首刑にする)	hanged	hanged
have [3単現has] (持っている)	had	had
hear(聞こえる, 聞く)	heard	heard
heave(持ち上げる)	heaved, hove	heaved, hove
hew(たたき切る)	hewed	hewed, 《文語》hewn
hide(隠す)	hid	hidden, hid
hit(たたく, 打つ)	hit	hit
hold(手に持つ)	held	held
hurt(傷つける)	hurt	hurt
inlay(はめ込む)	inlaid	inlaid
input(入力する)	inputted, input	inputted, input
inset(挿入する)	insetted, inset	insetted, inset
keep(保つ)	kept	kept
kneel(ひざまずく)	knelt, kneeled	knelt, kneeled
knit(編む)	knitted, knit	knitted, knit
know(知っている)	knew	known
lay(横たえる)	laid	laid
lead(導く)	led	led

文法

■ 不規則動詞変化表

◆ 原 形	◆ 過去形	◆ 過去分詞形
lean(体を曲げる)	leaned, 《英》leant /lént/	leaned, 《英》 leant /lént/
leap(跳ぶ)	leaped, 《主に英》leapt /lépt/	leaped, 《主に英》 leapt/lépt/
learn(習う, 学ぶ)	learned, 《主に英》learnt	learned, 《主に英》learnt
leave(去る)	left	left
lend(貸す)	lent	lent
let(…させる)	let	let
lie(横たわる)	lay	lain
light(火をつける)	lighted, lit	lighted, lit
lose(なくす)	lost	lost
make(作る)	made	made
may(…してもよい)	might	
mean(意味する)	meant/mént/	meant/mént/
meet(会う)	met	met
miscast(不適当な役を振り当てる)	miscast	miscast
mislay(置き忘れる)	mislaid	mislaid
mislead(誤った方向に導く)	misled	misled
misread(読み違える)	misread/misréd/	misread/misréd/
misspell(間違えて綴る)	misspelled, misspelt	misspelled, misspelt
misspend(浪費する)	misspent	misspent
mistake(間違える)	mistook	mistaken
misunderstand(誤解する)	misunderstood	misunderstood
mow(刈る)	mowed	mowed, mown
offset(埋め合わせる)	offset	offset
outbid(高い値をつける)	outbid	outbidden, outbid
outdo(まさる)	outdid	outdone
outfight(打ち負かす)	outfought	outfought
outgrow(…より大きくなる)	outgrew	outgrown
outlay(費やす)	outlaid	outlaid
outrun(…より速く走る)	outran	outrun
outshine(…より明るく輝く)	outshone	outshone
outwear(…より長持ちする)	outwore	outworn
overbear(押さえつける)	overbore	overborne
overcome(打ち勝つ)	overcame	overcome
overdo(やりすぎる)	overdid	overdone
overdraw(残高以上に金を引き出す)	overdrew	overdrawn
overeat(食べ過ぎる)	overate	overeaten

文法

不規則動詞変化表

◆ 原 形	◆ 過去形	◆ 過去分詞形
overflow（氾濫する）	overflowed	overflowed, 《時に》overflown
overfly（上空を飛ぶ）	overflew	overflown
overhang（上にかかる）	overhung	overhung
overhear（ふと耳にする）	overheard	overheard
overlay（覆う）	overlaid	overlaid
override（無効にする）	overrode	overridden
overrun（はびこる）	overran	overrun
oversee（監督する）	oversaw	overseen
oversell（売りすぎる）	oversold	oversold
overshoot（越して射つ）	overshot	overshot
oversleep（寝坊する）	overslept	overslept
overspread（一面に覆う）	overspread	overspread
overtake（追いつく）	overtook	overtaken
overthrow（ひっくり返す）	overthrew	overthrown
partake（参加する）	partook	partaken
pay（支払う）	paid	paid
plead /plíːd/（嘆願する）	pleaded, plead /pléd/, 《米・スコットでまた》pled	pleaded, plead /pléd/, 《米・スコットでまた》pled
prepay（前払いする）	prepaid	prepaid
proofread（校正刷りを読む）	proofread /prúːfrèd/	proofread /prúːfrèd/
prove（証明する）	proved	proved,《米》proven
put（置く）	put	put
quit /kwít/（やめる）	quit,《英》quitted	quit,《英》quitted
read（読む）	read /réd/	read /réd/
rebroadcast（再放送する）	rebroadcast, rebroadcasted	rebroadcast, rebroadcasted
rebuild（建て替える）	rebuilt	rebuilt
recast（鋳直す）	recast	recast
redo（やり直す）	redid	redone
relay /riːléi/（再び置く）	relaid	relaid
remake（作り直す）	remade	remade
rend（ずたずたにする）	rent,《米でまた》rended	rent,《米でまた》rended
repay（金を返す）	repaid	repaid
rerun（再上映する）	reran	rerun
reset（置き直す）	reset	reset
retake（再び取る）	retook	retaken
retell（別な形式で語る）	retold	retold
rethink（再考する）	rethought	rethought

文法

■ 不規則動詞変化表

◆ 原　形	◆ 過去形	◆ 過去分詞形
rewrite(書き直す)	rewrote	rewritten
rid(取り除く)	rid, ridded	rid, ridded
ride(乗る)	rode	ridden
ring(鳴る)	rang	rung
rise(昇る)	rose	risen/rízn/
run(走る)	ran	run
saw/sɔ́ː/(のこぎりで切る)	sawed	《米》sawed,《英》sawn
say(言う)	said	said
see(見る)	saw	seen
seek(求める)	sought	sought
sell(売る)	sold	sold
send(送る)	sent	sent
set(置く)	set	set
sew(縫う)	sewed	sewn, sewed
shake(振る)	shook	shaken
shall(…だろう)	should	
shave(そる)	shaved	shaved, shaven
shear(毛を刈り込む)	sheared	sheared, shorn
shed(流す)	shed	shed
shine(輝く)	shone	shone
(磨く)	shined	shined
shoe(靴をはかせる)	shod, shoed	shod, shoed
shoot(撃つ)	shot	shot
show(見せる)	showed	shown,《まれ》showed
shrink/ʃríŋk/(縮む)	shrank/ʃrǽŋk/, shrunk/ʃrʌ́ŋk/	shrunk/ʃrʌ́ŋk/, shrunken/ʃrʌ́ŋkən/
shut(閉める)	shut	shut
sing(歌う)	sang	sung
sink(沈む)	sank,《時に》sunk	sunk,《まれ》sunken
sit(座る)	sat	sat
slay(殺す)	slew	slain
sleep(眠る)	slept	slept
slide(滑る)	slid	slid, slidden
sling(投げる)	slung	slung
slink(こそこそ歩く)	slunk	slunk
slit(切り離す)	slit, slitted	slit, slitted
smell(…のにおいがする)	smelled, smelt	smelled, smelt
smite(打つ)	smote	smitten
sow/sóu/(種をまく)	sowed	sown, sowed
speak(話す)	spoke	spoken

不規則動詞変化表

◆ 原 形	◆ 過去形	◆ 過去分詞形
speed(急ぐ)	sped, speeded	sped, speeded
spell(綴る)	spelled, 《主に英》spelt	spelled, 《主に英》spelt
spend(費やす)	spent	spent
spill(こぼす)	spilled, 《主に英》spilt	spilled, 《主に英》spilt
spin(紡ぐ)	spun	spun
spit(つばを吐く)	spat, spit	spat, spit
split(割る)	split	split
spoil(だめにする)	spoiled, spoilt	spoiled, spoilt
spread(広げる)	spread	spread
spring(はねる)	sprang, 《米でまた》sprung	sprung
stand(立つ)	stood	stood
stave /stéiv/ (穴をあける)	staved, stove	staved, stove
steal(盗む)	stole	stolen
stick(突き刺す)	stuck	stuck
sting(刺す)	stung	stung
stink(悪臭を放つ)	stank, stunk	stunk
strew(まき散らす)	strewed	strewn, strewed
stride(大またで歩く)	strode	stridden
strike(打つ)	struck	struck
string(ひも[糸]を通す)	strung	strung
strive(努力する)	strove	striven
sublet(また貸しする)	sublet	sublet
swear(誓う)	swore	sworn
sweat /swét/ (汗をかく)	sweated, sweat	sweated, sweat
sweep(掃く)	swept	swept
swell(ふくらむ)	swelled	swollen, swelled
swim(泳ぐ)	swam	swum
swing(揺らす, 揺れる)	swung	swung
take(取る)	took	taken
teach(教える)	taught	taught
tear /téər/ (引き裂く)	tore	torn
tell(話す)	told	told
think(考える, 思う)	thought	thought
thrive /θráiv/ (栄える)	thrived, throve	thrived, 《古》thriven /θrívən/
throw(投げる)	threw	thrown
thrust(強く押す)	thrust	thrust
tread /tréd/ (踏む)	trod	trodden, trod
typewrite(タイプを打つ)	typewrote	typewritten

不規則動詞変化表

◆原形	◆過去形	◆過去分詞形
unbend(まっすぐにする)	unbent	unbent
unbind(ほどく)	unbound	unbound
undercut(…より安く売る)	undercut	undercut
undergo(経験する)	underwent	undergone
underlie(…の基礎にある)	underlay	underlain
underpay (賃金を十分払わない)	underpaid	underpaid
undersell (…よりも安く売る)	undersold	undersold
understand(理解する)	understood	understood
undertake(引き受ける)	undertook	undertaken
underwrite(承諾する)	underwrote	underwritten
undo(ほどく, はずす)	undid	undone
unwind/ʌnwáind/(ほどく)	unwound	unwound
uphold(支持する)	upheld	upheld
upset(ひっくりかえす)	upset	upset
wake(目が覚める, 目を覚ます)	woke,《まれ》waked	woken,《まれ》waked
waylay(待ち伏せする)	waylaid	waylaid
wear(身に着けている)	wore	worn
weave/wíːv/(織る)	wove	woven
wed(結婚する)	wedded, wed	wedded, wed
weep(泣く)	wept	wept
wet(ぬらす)	wet, wetted	wet, wetted
will(…だろう)	would	
win(勝つ)	won	won
wind/wáind/(曲がる, 巻く)	wound/wáund/	wound/wáund/
withdraw(引き出す)	withdrew	withdrawn
withhold(保留する)	withheld	withheld
withstand(抵抗する)	withstood	withstood
wrap(包む)	wrapped, wrapt	wrapped, wrapt
wring(絞る)	wrung	wrung
write(書く)	wrote,《古》writ	written,《古》writ

第5部

発音の要点をおさえる

- 母音・子音の整理
- 母音の記号
- 子音の記号
- アクセントの見分け方
- 語尾で判断する場合
- 語頭で判断する場合
- 語根で判断する場合
- 品詞の継承で判断する場合
- その他の規則
- リスニングの要点
- アクセントとリズム
- 聞こえなくなる音
- イントネーション
- 下降イントネーション
- 上昇イントネーション
- 上昇・下降イントネーション
- 区別しにくい音
- つながる音
- 短縮形の音
- アメリカ英語とイギリス英語

母音・子音の整理

母音の記号

[i]	日本語の「イ」と「エ」の中間の音. 唇の上下, 歯の上下の間に小指がようやく入るくらいの幅にして,「イ」と発音するつもりで言ってみよう. 下記の [i:] を短くした音ではない.	it [ít] knit [nít] lip [líp]
[i:]	日本語の「イー」とだいたい同じ音. 唇を左右に引いて上下の幅を狭くして強く発音する.	eat [í:t] bee [bí:] meet [mí:t]
[e]	日本語の「エ」よりもやや口の開きを大きくして, はっきり「エ」と発音する.	egg [ég] pet [pét] tennis [ténis]
[æ]	[e] よりも少し大きく口をあけ, 唇を左右に引き, のどの奥の方を緊張させて,「エ」と言ってみよう. 日本語の「ア」と「エ」を同時に出した感じの音になる.	ant [ǽnt] hand [hǽnd] trash [trǽʃ]
[ɑ]	日本語の「ア」よりも口の中を広くして「ア」と発音する. のどに薬を塗ってもらうときの口の形と思えばよい.	hot [《米》hát] dollar [《米》dálər] pond [《米》pánd]
[ɑ:]	[ɑ] の音を長くした音. 米音では, 綴り字に r があるときは, [ɑ:] のあとに [r] の音がつくことが多く, 英音では [r] の音を入れないのが普通. このような米英音での [r] 音の有無の違いは, 斜体 [*r*] で示される(以下同).	calm [ká:m] father [fá:ðə*r*] spark [spá:*r*k]
[ʌ]	唇を広げるのでもなく, 狭めるのでもなく, 親指が入る程度の開き方で「ア」と言ってみると, だいたいこの音になる.	uncle [ʌ́ŋkl] sun [sʌ́n] tongue [tʌ́ŋ]
[ɔ]	[ɑ] を発音するときと同じように口の中を広くあけるが, 唇は左右を少し中に寄せて, 円い輪にするとこの音が出る. 日本語の「オ」の唇をもう少し広げて「ア」と言ってみると, だい	dog [《英》dɔ́g] hot [《英》hɔ́t] want [《英》wɔ́nt]

発音

母音・子音の整理

	たいこの音になる.	
[ɔː]	[ɔ]よりも唇の輪を小さくして, 少し長めに発音する. あとに, あいまい音[ə]がつくこともある. 米音では, 綴り字にrがあるときは, [ɔː]のあとに[r]がつくことが多く, 英音では, [r]の音を入れないのが普通.	dog [《米》dɔ́ːg] door [dɔ́ːr] four [fɔ́ːr]
[u]	日本語の「ウ」と違って, 唇を小さい輪にして発音する. 日本語の「オ」の口の形をそのままにして「ウ」と言ってみると, だいたいこの音に近くなる.	book [búk] cook [kúk] took [túk]
[uː]	[u]を発音したときの唇を, もっと小さい輪にして, 長めに発音する.	blue [blúː] too [túː] you [júː]
[ə]	[ʌ]を発音するときより力を抜いて, 口の開き方をさらに狭めて, ぼんやり「ア」と口の中で言ってみると, このあいまい音が出る. 英語では弱く言う部分にこの音が非常に多く用いられる.	America [əmérikə] banana [bənǽnə] tomato [təméitou]
[əː]	[ə]の口の開き方をさらに狭めて, 強く発音する. 米音では, 綴り字にrがあるときは, [əː]のあとに[r]の音がつくことが多く, 英音では[r]の音を入れないのが普通.	burn [bə́ːrn] girl [gə́ːrl] word [wə́ːrd]
[ei]	[e]のあとに軽く[i]を添えた音. 米音では[i]を添えずに[e]を少し長めにしただけで終わることもある.	aim [éim] cake [kéik] great [gréit]
[ai]	日本語の「ア」のあとに軽く[i]を添えた音と思えばよい. [a]が強く長く, [i]が弱く短いので, 日本語の「愛」(アとイとが平均した長さと強さで発音される)とは全く違う.	I [ái] line [láin] my [mái]
[au]	日本語の「ア」のあとに軽く[u](口をすぼめることに注意)を添える. 日本語の「会う」とは終わりの部分が違っている.	out [áut] cow [káu] down [dáun]

発音

■ 母音・子音の整理

記号	説明	例
[ɔi]	[ɔ] を強く長めに発音し，そのあとに弱く短く [i] を添える．したがって，耳に聞こえる感じは「オーィ」となる．	oyster [ɔ́istər] toy [tɔ́i] voice [vɔ́is]
[ou]	[u] を発音するときのように，唇を丸くして「オ」を発音し，そのあとに，さらに唇を狭めて [u] を添える．米音では，[o] をそのまま伸ばして [u] を添えないこともある．	oak [óuk] grow [gróu] note [nóut]
[iə]	[i] のあとに，あいまい音 [ə] がつく．米音では，綴り字に r があるときは，[iə] のあとに [r] がつくことが多い．	ear [iər] here [híər] tear [tíər]
[eə]	[e] よりもやや口を広くして発音する「エ」のあとに，あいまい音 [ə] を軽く添える．米音では，綴り字に r があるときは，[eə] のあとに[r] がつくことが多い．	air [éər] care [kéər] hair [héər]
[uə]	[u] のあとに，あいまい音 [ə] がつく．米音では，綴り字に r があるときは，[uə] のあとに [r] がつくことが多い．	poor [púər] moor [múər] tour [túər]
[aiə]	[ai] のあとに，あいまい音 [ə] がついた形．	fire [fáiər] liable [láiəbl] tire [táiər]
[auə]	[au] のあとに，あいまい音 [ə] がついた形．	flower [fláuər] our [áuər] sour [sáuər]

子音の記号

記号	説明	例
[p] [b]	[p] は日本語の「パ行」の子音，[b] は「バ行」の子音である．唇を閉じて口の中にためた息を，一気に勢いよく出せば [p] の音が出る．息の代わりに声（声帯の振動による）を出せば [b] の音になる．[p] が語頭にあってアクセントがあるときは，特に強い破裂音となる．これが，日本語の「ペン」と英語のpenの発音とが違う点の一つである．	pet [pét] spring [spríŋ] pub [pʌ́b] bed [béd]

発音

母音・子音の整理

[t] [d]	[t]は日本語の「タ行」の子音, [d]は「ダ行」の子音である. 舌先を上歯の内側と歯茎の間につけて息を止め, 急に舌先を離して強く破裂させる. [t]の息の代わりに声(声帯の振動による)を出せば [d]の音になる. [t]が語頭にあってアクセントがあるときは, 特に強い破裂音となる. これが, 日本語の「天」と英語のtenの発音が違う点の一つである.	tent [tént] stone [stóun] down [dáun] head [héd]
[k] [g]	[k]は日本語の「カ行」の子音, [g]は「ガ行」の子音である. 舌の後部を上げ, 上あごの奥につけて息を止め, 急に舌を離して破裂させると[k]の音になる. [k]の息の代わりに声(声帯の振動による)を出せば [g]の音になる. [k]が語頭にあってアクセントがあるときは, 特に強い破裂音となる. これが, 日本語の「キー」と英語のkeyの発音とが違う点の一つである.	cat [kæt] ski [skíː] good [gúd] big [bíg]
[f] [v]	[f]は日本語の「フ」の子音とやや似ているが, 違う点もある. 下唇を上の前歯で押さえる形で, 強く息を出して, 下唇と歯の間で摩擦を起こすと [f]の音になる. [f]の息の代わりに声(声帯の振動による)を出せば [v]の音になる.	food [fúːd] roof [rúːf] voice [vɔ́is] five [fáiv]
[s] [z]	[s]は日本語の「サ行」の子音, [z]は「ザ行」の子音である. 唇を突き出すようにし, 舌先を上歯の裏に近づけて, そのすきまで摩擦するように息を出すと[s]の音になる. [s]の息の代わりに声(声帯の振動による)を出せば [z]の音になる.	on [sán] house [háus] zoo [zúː] bronze [bránz]
[θ] [ð]	[θ]は上下の前歯の間に舌先をはさんだ形で息を出すと, そこに摩擦が起こって出る音である.「ス」のように聞こえるが,「ス」とは違う. [θ]の息の代わりに声(声帯の振動による)を出せば[ð]の音になる.	three [θríː] tooth [túːθ] that [ðǽt] breathe [bríːð]
[l]	日本語の「ラ行」は, 舌先を上あごの前部にちょっと当てて出すが, 英語の[l]はその舌先を	lion [láiən] little [lítl]

■ 母音・子音の整理

	もう少し前方, つまり前歯の歯茎から, 前歯の裏あたりにつけて, 声をその舌の左右から出すようにして発音する. [l]で終わる語は, 舌先を前歯の裏につけたまま発音する.	doll [dɑ́l]
[r]	日本語の「ラ行」は, 舌先を上あごの前部にちょっと当てて出すが, 英語の[r]は, 舌先を上あごに触れない程度に近づけて声を出す. 日本語の「ラ行」とやや似ているが, 舌が上あごに触れない点が違う. 語の綴りの末尾にrがあると, 米音ではこれを発音するが, 英音ではふつう発音しない. 米音のcar, parkなどの発音は, [ɑː]の最後に舌先を上にあげるため, [ɑː]のあとに, あいまいな母音に似た響きがする.	red [réd] room [rúːm] car [kɑ́ːr]
[m]	[m]は日本語の「マ行」の子音である. 上下の唇を閉じて, 声を鼻から出せば[m]の音になる. [m]の次に母音がくれば, そこで口を開くが, [m]で終わるときは, 唇は閉じたままになる.	man [mǽn] name [néim] summer [sʌ́mər]
[n]	[n]は日本語の「ナ行」の子音である. [m]では両唇で声を止めるが, [n]では, 舌を上前歯の後ろにしっかりとつけて声を止め, 鼻から声を出す. [n]の次に母音がくれば, 舌は上前歯の裏から離れるが, [n]で終わるときは, 舌は上前歯の裏についたままになる. そこが日本語の「ン」と違う点である. 日本語でも,「こんにちは」と言うときは,「こん」と言って, 舌が上前歯の裏についたまま, 次の「にちは」に移る. この「こん」の「ん」が英語の[n]である. [p]のところで, 日本語の「ペン」と英語のpenの違いは[p]の破裂の強さにあるといったが, もう一つ違う点が, 語尾の「ン」と[n]の違いである. 英語のpenは日本人の耳には「ペンヌ」のように聞こえる.	net [nét] moon [múːn] tennis [ténis]
[ŋ]	[ŋ]はその形を見てわかるように, [n]と[g]とを一つにまとめた記号である. 日本語で「電気」と言うとき,「デン」で止めると, その「ン」は[ŋ]の音となる.	ankle [ǽŋkl] sing [síŋ] thank [θǽŋk]

発音

母音・子音の整理

[h]	[h]は日本語の「ハ行」の子音である. 但し, 日本語の「ヒ」は, 英語のhe [hi:]の音とは違うので注意を要する. 日本語の「ハ行」では,「ヒ」だけがのどを狭めて発音する傾向がある.	hat [hǽt] hit [hít] behind [biháind]
[w]	[w]は日本語の「ワ行」よりも, もっと唇を狭めて発音する. 唇を狭めて, 息の通路を狭くして「ワ行」を発音するとよい.	wine [wáin] wing [wíŋ] awake [əwéik]
[j]	[j]は, 記号は英語の綴りのjと同じだが, 表す音は主に綴り字yで表す音で, 日本語の「ヤ行」にあたる. 記号と文字がかけ離れているので, 注意を要する. この音は, 母音の要素ももっているので,「半母音」ということもある.	yacht [ját] you [jú:] young [jʌ́ŋ]
[ʃ] [ʒ]	[ʃ]は日本語の「シャ行」の音と似ている. 舌先を歯茎に触れない程度に近づけ, 両頬をへこませ, 口先をとがらせて, 息の通路を狭めて摩擦させると, シューという音が出る. これが[ʃ]の音である. [ʃ]の息の代わりに声(声帯の振動による)を出せば[ʒ]の音になる.	she [ʃí:] dish [díʃ] garage [gərá:ʒ] usual [jú:ʒuəl]
[tʃ] [dʒ]	[tʃ]は2つの記号からできているが, このまま1つの記号で「チャ行」を表すとみてよい. 日本語の「チャ行」と違う点は,「チャ行」の子音よりも息の通路をはるかに狭めて発音することである. 口先をとがらせ, 舌を上あごに接近させ, 極端に狭くした通路から, 強く「チュ」の音を出せば [tʃ]の音になる. [tʃ]の息の代わりに声(声帯の振動による)を出せば[dʒ]の音になる.	church [tʃə́:rtʃ] pitch [pítʃ] just [dʒʌ́st] bridge [brídʒ]
[tr] [dr]	[tr]は舌先を[t]の位置にして, 続けて[r]の音を息で出す. [t]の代わりに声(声帯の振動による)を出せば[dr]の音になる. [t]と[r]および[d]と[r]とを離さずに1つの音のつもりで出す. [tr]も [dr]も語末にくることはない.	tree [trí:] patrol [pətróul] dream [drí:m] syndrome [síndroum]

発音

■ アクセントの見分け方

[ts] [dz]	[ts]は[t]の口の形が一瞬にして[s]の口の形になり，破裂すると同時に摩擦が起こる．[t]と[s]および[d]と[z]とを離さずに1つの音のつもりで，それぞれ[ツ], [ヅ]と出す．[ts]も[dz]も語頭にくることはない．	cats [kǽts] facts [fǽkts] friends [fréndz] heads [hédz]

アクセントの見分け方

1．語尾で判断する場合

(1) 次の語尾にはアクセントがある

-ade arcáde, inváde, paráde, persuáde (▶ 例外: céntigrade, cómrade, décadeなど).

-ate (2音節の動詞) creáte, debáte, reláte, transláte (▶2音節の名詞, 形容詞はほぼ語頭にある: clássmate, prívate).

-ay (主に動詞) betráy, deláy, displáy, portráy.

-ceed excéed, procéed, succéed.

-ceit [-ceipt] concéit, decéit, recéipt.

-ceive [-ieve, -ief] recéive, belíeve, relíef.

-ee [-een] agrée, degrée, employée, betwéen, fiftéen (▶ 例外: cóffee, commíttee).

-eer caréer, enginéer, pionéer, voluntéer.

-ent (主に動詞) consént, invént, prevént.

-ere adhére, interfére, persevére, sincére (▶ 例外: -sphereで終わる語: átmosphereなど).

-ese Japanése, Chinése, Portuguése.

-esque grotésque, picturésque, Romanésque.

-ette cigarétte (▶ 例外: ómelette).

-ey (主に動詞) convéy, obéy, survéy.

-ide (-cide「…殺し」は除く) besíde, collíde, decíde, devíde, subsíde.

-ine [-ene] (主にiの発音が/ai/, /i:/のもの) combíne, defíne, machíne, obscéne.

-que antíque, techníque, uníque.

-ly (主に動詞) applý, implý, replý, supplý, relý (▶ 例外: múltiply).

-oo [-oe] bambóo, canóe, kangaróo, shampóo (▶ 例外: cúckoo).

-oon ballóon, cartóon, racóon, salóon, typhóon.

-oy (主に動詞) annóy, destróy, emplóy, enjóy.

-ute (2音節) acúte, dispúte, minúte (形), salúte.

(2) 以下は直前の音節にアクセントがある

子音字2個＋al abnórmal, etérnal, méntal.

-cracy aristócracy, demócracy (▶ crat は語頭型).

-eon lúncheon, Pántheon, pígeon,

アクセントの見分け方

- -graphy　biógraphy, geógraphy, photógraphy.
- -ia　Ásia, Austrália, cafetéria, encyclopédia.
- -ial [-ual]　áctual, esséntial, matérial, sócial.
- -ian [-ean]　histórian, Mediterránean, magícian, politícian（▶例外：Européan）.
- -iar [-ior]　famíliar, júnior, supérior.
- -ible [-igible]　póssible, sénsible, intélligible.
- -ic [-ical, -ics]　artístic, mathemátics [-ical], téchnical（▶例外：Árabic, aríthmetic（名）, Cátholic, lúnatic, pólitic(s), rhétoric）.
- -ient [-ience, -iency]　áncient, cónscience, expérience, obédience, suffíciency.
- -ify　idéntify, módify, quálify, sígnify.
- -ion [-sion, -cion, -tion]　atténtion, impréssion, invásion, opínion（▶例外：télevision）.
- -ious [-eous]　górgeous, harmónious.
- -ish（動詞・名詞）　accómplish, distínguish; rádish（▶-ishの形容詞は⇨4. 品詞の継承で判断する場合）.
- -ity [-ety]　abílity, necéssity, varíety.
- -ium　aquárium, gymnásium, rádium.
- -logy　análogy, biólogy, mythólogy, psychólogy.
- -meter　barómeter, thermómeter（▶「長さ」を表すときは主に語頭：céntimeter）.
- -omy　anátomy, astrónomy, ecónomy.
- -parthy　antípathy, sýmpathy, telépathy.
- -rrow　árrow, bórrow, sórrow, tomórrow.
- -sive　expénsive, impréssive, pássive.
- 子音字＋tive　digéstive, objéctive（▶例外：ádjective）

(3) 以下は2つ前の音節にアクセントがある

- 子音字＋al　ánimal, cápital, géneral, hóspital.
- -ate [-ator]　ádequate, commúnicate, óperator.
- -ance [-ant]（継承型でないもの）árrogance, élephant, máintenance（▶動詞などからの継承型は別：appliánce, endúrance）.
- -cide　génocide, inséctiside, súicide.
- -ence [-ent]（継承型でないもの）áccident, éxcellence, ínfluence, móvement（▶2音節語は直前：éssence, párent, pótent）.
- -ite（主に名詞・形容詞）áppetite, définite, fávorite, ópposite, sátellite.
- -sis　análysis, émphasis, hypóthesis（▶例外：diagnósis, oásis, thésisなど）.
- -ute（3音節以上）　ábsolute, ínstitute, súbstitute（▶2音節語は語尾⇨1.(1)）.

(4) 次の語尾をもつ語は語頭にアクセントがある

- -age　áverage, bággage, lánguage, márriage.
- -crat　búreaucrat, démocrat（▶-cracyは直前型）.
- -gram　ánagram, kílogram, prógram.
- -graph　áutograph, phótograph.
- -ile　crócodile, frágile, hóstile, júvenile.
- -itude　áltitude, áttitude, mágnitude.
- -some　hándsome, lónesome, tróublesome.

■ アクセントの見分け方

2. 語頭で判断する場合
(次の接頭辞にはアクセントがある)

any-, every-, some- ányone, éverybody, sómetimes.

arch-, para- árchangel, árchitecture.

tri-, cent- tríangle, céntury.

3. 語根で判断する場合
(以下のものはアクセントがある)

-and [-end, -ense] ascénd, commánd, recomménd, understánd (▶例外: dívidend, íncense, légend, lícense, récompense, réverend).

-cess, -cur accéssary, succéss, occúr (▶例外: áccess, nécessary).

-pear [-pare], -pair appéar, despáir, prepáre.

-pel, -pose compél, oppóse, suppóse (▶例外: púrpose).

-rect, -self corréct, diréct, myséIf, themsélves.

-sign, -sist desígn, resígn, assíst, resíst.

-sume assúme, consúme, resúme.

-take mistáke, overtáke, undertáke.

4. 品詞の継承で判断する場合
(同じ位置になる)

動詞＋al→名詞 arríval (arríve), deníal (dený).

動詞＋ance [ence] →名詞 allówance (allów), insístence (insíst) (▶例外: cónfidenceなど).

-able fávorable (fávor), séparable (séparate), sóciable (sócial) (▶例外: ádmirable, ápplicable, cómparable, préferableなど).

-ish (形容詞) féverish (féver), Swédish (Swéden) (▶-ishで終わる動詞・名詞 ⇨1.(2)直前型).

-ous (-ious, -eous以外): dángerous (dánger), desírous (desíre) (▶例外: mirácuIousなど).

5. その他の規則

(1) 同一単語での品詞の変化＝名前動後
(名詞・形容詞は前, 動詞は後のアクセントになる):
récord (名)⇔recórd (動)
íncrease (名)⇔incréase (動)
óbject (名)⇔objéct (動)
présent (名)⇔presént (動)
ábsent (形)⇔absént (動)

(2) 複合語名詞は原則的に前にアクセントのあるものが多い: éarthquàke, líghthòuse, póstcàrd, ráilròad, wárship (▶次の違いに注意: bláckbòard (黒板), bláck bóard (黒い板)).

リスニングの要点

● アクセントとリズム

1. アクセント

アクセントには強弱の「強勢アクセント (stress accent)」と高低の「高さアクセント (pitch accent)」がある. 英語は前者, 日本語は後者のアクセントを持つといわれている. 日本語の「雨」と「飴」,「橋」「端」「箸」などは高さアクセントで意味を区別している.

強勢は母音の上にくるから単音節語ではその母音が強勢を受ける. go [góu] など. 但し単音節語の場合, 普通, 辞書には強勢記号がつけられていない. 2音節以上の語は, 1つの音節が他の音節よりも強く発音される. enjoy [indʒói] (2音節語), designer [dizáinɚ] (3音節語), photographic [fòutəgrǽfik] (4音節語) など. [´]は第1強勢, [`]は第2強勢, [ ] (無印) は無強勢を表し, 第1・第2強勢を受ける母音を強形 (strong form), 強勢を受けない母音を弱形 (weak form) と言う. 二重母音は最初の母音が強勢を受ける. したがって1番目の母音は強く, 2番目の母音は弱く軽く添えるように発音される.

[ə] (schwaと呼ばれる) はいつも無強勢, つまり弱形である. [i]は弱形になる場合もある. 強勢がなくなるとたいてい[ə]か[i]に変わるし, 逆に無強勢の[ə]が強勢を受けると強形に変化する.

photograph [fóutəgræ̀f] → photographer [fətágrəfɚ]
industry [índəstri] → industrial [indʌ́striəl]

強勢の位置が変わると意味も変化することを指摘しておきたい.

<動詞名詞同形語>

presént 動, présent 名／recórd 動, récord 名／objéct 動, óbject 名 など. 但し commánd, repórt, contról などは強勢の位置が同じ.

<複合語 (compound)>

「形容詞＋名詞」の句では[` ´]なのに対し, 複合語では[´ `]の強勢パターンをとる.

white hóuse (白い家) vs. Whíte Hòuse (米大統領官邸), green hóuse (緑色の家) vs. gréenhòuse (温室) など.

他の複合語に bláckbòard (黒板), híghchàir (子供用の高い椅子), bláckbìrd (つぐみの一種), ládybùg (テントウムシ) などがある. bìg égg は「大きな卵」だが, 固有名詞 Bíg Ègg (東京ドーム) は複合語である.

<派生語 (derivative)>

品詞が変わって派生語が生じると強勢の位置も変わる.

ecónomy 名, económic 形／pópular 形, populárity 名 など.

2. リズム

強勢を受ける語は名詞・動詞・副詞・形容詞などの内容語 (content word) であ

■ リスニングの要点

る. しかも強勢を受ける語が等間隔に現れると, それはリズムの整った文である.

Boys need money.
The boys need money.
The boys will need money.
The boys will need some money.
The boys will be needing some money.

上の5つの文は少しずつ長くなっている. どの文においてもboys, need, moneyの3語 (これらは内容語) が強勢を受け, 強く長めに発音される. the, will, some, beは機能語 (function word) なので無強勢, したがって弱く短めに発音される. しかも, どの文もほぼ同じ時間で発話されることに注意したい.

● 聞こえなくなる音

語末の閉鎖音 [p, t, k, b, d, g] は息の開放が不十分になる場合が多く, 聞こえないことがある.

sandwich, mostly, actor, robbed / next day, top floor, had lunch / I like that shirt. Do you know that big man over there? など.

またmonthsは本来 [mʌ́nθs] であろうが, [θ] が [s] に引かれて [t] に変化し, [mʌnts] という発音がよく聞かれる. 同様にclothes も [klóuðz] が [klóudz] となることが多い.

alwaysとall rightの [l] はいわゆる「暗い l (dark l)」である. これは子音の前と語尾に生じ, 「ウ」や「オ」に近い音色を持つ. この音は直前の後舌母音と融合して, 母音を長音化した. 現在のwalk, halfなどに見られる黙字の l がそれである.

閉鎖音に関して次の3つの現象を理解しておくと聞き取りも発音も向上すると思われる.

1. 不完全破裂 (incomplete plosion)

「閉鎖音＋閉鎖音」という組み合わせの時, 前の閉鎖音の破裂が不完全になり聞こえない. back door [bǽ(k) dɔ́ər] など. 発音の要領は, 前の閉鎖音を開放しないで次の閉鎖音に移ることである.

2. 鼻音破裂 (nasal plosion)

[t/d] + [n] の組み合わせで起こる. [t/d] は歯茎で作る閉鎖音. [n] も歯茎を閉鎖し, 息は鼻から抜く. この2種類の音が連続する場合, 前半の [t/d] の破裂は歯茎ではなく鼻腔と口腔の境い目で生じ, 息は鼻から抜けていく. button [bʌ́tn], sudden [sʌ́dn] など. 発音の要領は [t/d] を発音する時に舌先を歯茎につけたまま口内の圧力を上げていき, 息を急に鼻から抜く.

3. 側面破裂 (lateral plosion)

[t/d] + [l] の組み合わせで生じる. battle, candle など. 発音の要領は舌先を歯茎につけたまま口内の圧力を上げていき, 息を舌の両側を開いて抜く.

ここで, 発音されないはずの音が聞こえる例を1つあげておく. sense [séns] が [sénts] のように聞こえることがある. 英語の [n] は舌先をしっかり歯茎につけて出す. 次の [s] を発音するために歯茎から離すが, その際に弱く [t] の音が入るの

である.同様にelseも[élts]と聞こえることがある.「ランドセル」はオランダからの外来語, 原語はranselである. [n] の後にかすかに入る歯茎音[t/d]を昔の日本人は聞き取って「ラン<u>ド</u>セル」とした.

● イントネーション

声の高さには声の高い人, 低い人がいるように声帯の振動数で表せるような絶対的な高さと, 同一人物でありながら発話の最中に声を高くしたり低くしたりする相対的な高さとがある. イントネーション(抑揚)は後者の場合である.

1. 下降イントネーション

　　Good morn ing. ↘ という挨拶は
　　①普通の高さで始めて,
　　②やや声を高くし,
　　③普通の声よりも低くして終わる.

これは肯定文 (I like that movie. ↘), 否定文 (I don't like that movie. ↘), 命令文 (Be quiet, please. ↘), 感嘆文 (What a beautiful day! ↘), wh-疑問文 (What are you doing? ↘) などで用いられる典型的な下降イントネーションである. ここで注意したいのは, 普通の声より低くすると, つまり下降イントネーションを用いると, そこで文が完結したということを聞き手に伝えていることになる. したがってピリオドのある所では普通よりも声が低くなる. 十分に声が下がりきらなかったり, あるいは上がったりすると他のメッセージが聞き手に伝わることになる. 例えばコンマの場合は文がさらに続くので, 声が下がらないかやや上昇する場合が多い.

2. 上昇イントネーション

　yes/no疑問文に用いられるイントネーションである. Do you like it? ↗
　平叙文と同じ語順でも文末を上げればyes/no疑問文になる. You are a teacher? ↗
　付加疑問文で文末を上げれば, 聞き手に答えを要求する疑問文になる. (逆に文末を下げれば, 聞き手に同意を求めていることになる.)
　It is hot ↘, isn't it? ↘ (確認)
　It is hot ↘, isn't it? ↗ (疑問)
　上昇イントネーションで呼びかけると相手に対する親しみを表現できる.
Mary, ↗ I'd like you to…
　相手の言ったことがよく聞こえなかったり, 理解できなかった場合, wh-で始まる文であっても上昇イントネーションを用いる. これをecho questionと言う.
Where did you go? ↗「どこへ行った, ですって？ もう一度言って下さい」

3. 上昇・下降イントネーション

　選択疑問文で用いられる. Would you like tea ↗ or coffee? ↘ (紅茶にしますか？ それともコーヒーにしますか？)
　それに対して Would you like tea ↗ or coffee? ↗ は「何か, お茶, コーヒーのような飲み物がほしいのか」と尋ねているyes/no疑問文である. 答えはYes, tea,

■ リスニングの要点

please.かもしれないし, No, thank you.となるかもしれない.

　物事を列挙する場合にも上昇・下降イントネーションが用いられる. one, ↗ two, ↗ three, ↗ four, ↗ and five ↘ やI like apples, ↗ grapes, ↗ and melons. ↘ などがそうである.

　イントネーションは話し手の気持ち・感情・意図などを微妙に表現するのであるから, さらに細分化することも可能である. 極端な話, 同じ文を言っても10人いれば10通りのイントネーションがあるだろうし, 1人の人間が発話のたびにイントネーションを微妙に変えていることもある. しかし, 上にあげた1. 上昇, 2. 下降, 3. 上昇・下降イントネーションと幾つかの例外をおさえておけば十分である.

● 区別しにくい音

1. [æ]と[ʌ]

　　[æ]は口を大きめに開き, 長めに発音される. [ʌ]は口は小さめ, そして短めに発音される.

　　hat—hut, cat—cut, bad—bud, Sam—sum

2. [ɔː]と[ou]

　　[ɔː]は口を大きめに開いたまま伸ばす. アメリカ英語では「アー」に近い音に聞こえる. becauseなど. [ou]は[ɔː]よりもやや狭い口で始めて, さらに口の開きを狭くする. 話し手の唇を見るとこの動きが観察される. [ɔː]にはこの動きがない.

　　call—coal, hall—hole, saw—sew, bought—boat

3. [uː]と[u]

　　[uː]は唇を丸めてつき出したまま伸ばす. [u]は[uː]よりもやや口を開いて短く発音する. [u]は「オ」に近い音. books [buks]とイギリス発音のbox [bɔks]は似た発音に聞こえる.

　　pool—pull, fool—full, food—foot

4. [iː]と[i]

　　[iː]は唇を左右に引いたまま伸ばす. [i]は[iː]よりもやや口を開いて短く発音する. [i]は「エ」に近い音である. six [siks]と sex [seks]は似た発音に聞こえる.

　　eat—it, leap—lip, meat—mitt, neat—knit

5. [θ]と[s]

　　[θ]は柔らかいソフトな音であるのに対して, [s]は強く激しい音である. 人にこの2つを交互に発音させてみるとよい. [s]の方がはるかにうるさい音に聞こえるはずである.

　　think—sink, throw—slow, fourth—force

6. [f]と[h]

　　[f]は上歯と下唇が接触して生じる摩擦音. [h]は声門で出る摩擦音で歯と唇は関与しない. [f]の方が[h]よりも騒々しい音である.

　　funny—honey, phone—home, fight—height

7. [b]と[v]

　　[b]は閉鎖音だから一瞬にして消えてしまう. [v]は摩擦音なので上歯と下唇

を接触させて出し,息の続く限り伸ばすことができる. veryは[v]を引き伸ばして vvvveryという練習をするとよい. これは[f]についてもあてはまる.

　　berry—very, best—vest, base—vase

8. [s]と[ʃ]

前舌母音,特に[i]の前では,この両者の区別が難しい. [ʃ]の調音点は歯茎の少し後ろで,[s]のそれは歯茎である. 交互に発音して,舌先の位置が移動することを確認したい.

　　see—she, seat—sheet, sip—ship

9. [l]と[r]

[l]は舌先を歯茎につけ,唇は丸めないで出す. [r]は舌先を歯茎につけないで,唇を丸めて発音する. 円唇か非円唇かは話し手の唇を見ればわかる. 円唇は「ウ」に近づくことにほかならない. rockは「ゥロック」のような感じで出す.

　　fly—fry, light—right, lock—rock, lift—rift

● つながる音

1. 子音+母音

(1) r 連結

語尾が r で終わっている語の次に母音が続く場合,両者がつながって発音される. for exampleは[fərigzǽmpl]となる.

　far away, here and there, a pair of, over and over again

(2) n 連結

語尾が n で終わっている語の次に母音が続く場合,両者がつながって発音される. an appleは「アナップル」のように聞こえるし,pineappleは「パイナップル」である.

　in English, an hour, one or two, none of us, turn it, Can I...?

(3) t 連結

語尾が t で終わっている語の次に母音が続くと,両者がつながる. イギリス英語では[t]に変化はないが,アメリカ英語では[t]の直前に強勢がかかると[d]のような音に変化する. すなわち,「強勢を受けた母音+t+無強勢母音」という環境にある時,この[t]は[d]に似た音に変化する. 正確には[ɾ]と表記する. この音は日本語のダ行音とラ行音の中間のような音である. この変化は語中,語間でも起きる. 例えばwater [wɔ́ːtər]は「ウォーラー」のように, about it [əbáʊtit]は「アバウディット」のように聞こえる. アメリカ英語の特徴の1つなので注意をする必要がある.

　in front of, right away, not at all, What are...?

2. 子音+半母音[j]

これは「つながる音」というよりも「融合同化 (coalescent assimilation)」という現象なのだが,聞き取り能力を高める上で知っておくべきことなのでとりあげる. これは歯茎と舌先が発音にかかわる子音,すなわち[t, d, s, z]の後ろに半母音[j]がくると両者が融合して次のように変化する.

　　[t+j] → [tʃ]　meet you, kept you, won't you

発音

■ リスニングの要点

[d+j] → [dʒ] did you, need you, would you
[s+j] → [ʃ] miss you, promise you, this year
[z+j] → [ʒ] as usual, cause you, as yet

3. 有声子音の前の母音は長くなる

これも「つながる音」とは直接関係ないが, 聞き取りや音読の際に重要なことなので, ここでとりあげる.「のどぼとけ (Adam's apple)」の中にある「声帯 (vocal cords)」が振動して生じる音を有声音, 振動しない音を無声音と言う. のどに手をあてて [z] と [s] を出してみるとよい. [z] は手に振動が伝わるので有声音, [s] は伝わらないので無声音だということが分かる. そこで buzz [bʌz] と bus [bʌs] を比べると, 有声音 [z] の前の [ʌ] の方が無声音 [s] の前の [ʌ] よりも長いことが観察される. 単語全体としてみても buzz の方が bus よりも発音に時間がかかるのである. 母音の表記は両単語とも [ʌ] であるが, 長さに違いがあることを頭に入れておきたい. cab と cap, bad と bat, dig と Dick などのミニマルペアで練習するとよい.

● 短縮形の音

書き言葉では短縮形はあまり用いられないが, 会話では非常に多用される. したがって, 聞き取り能力を高める上で, 短縮形はぜひとも知っておかなくてはならない.

1. [代名詞/疑問詞/there] + [be動詞/have動詞/助動詞]

短縮形が生じる条件を一般化するのは困難だが, 大よそ次のような原則があるようだ.

(1) 母音が連続する場合に短縮形を用いる

人称代名詞は it を除いて母音で終わっている. また be 動詞の現在形は全て母音で始まっている. 例えば I am [ai æm]... では [i] と [æ] の母音連続が生じるので, 自然なスピードで話す場合は I'm... となる.

be 動詞の過去形は全て半母音 [w] で始まる. [w] は母音の [u] と似た音なので短縮形を生じてもおかしくない. I would ... → I'd ... を参照. しかし, 例えば he was を he's と短縮すると he is の短縮形 he's と同形になって誤解が生じる. したがって過去形の be 動詞は短縮されない. 助動詞の have は短縮されて he has → he's となる. この場合, 's が be 動詞ならその後に名詞句や形容詞句がくるが, 's が助動詞の have なら過去分詞がくるので, 意味が不明瞭になることはない.

be 動詞や本動詞の have が文末にくる場合は短縮されない. Yes, I am. や Yes, he has. は可だが Yes, I'm. や Yes, he's. は不可である.

(2) 助動詞は短縮されることがある

[代名詞 + have 動詞] の場合は, have が完了形を作る助動詞として用いられる場合に短縮される. He's been... は可だが,「所有している」という意味を表す本動詞として have が用いられる場合は短縮形にならない. He has a car. は可だが, He's a car. は不可. [代名詞 + 助動詞] の組み合わせでも (1) の母音連続を避ける原則が働いている. 助動詞で短縮されるのは will と would だけである. [w] は母音 [u] に近い半母音であるから I will... は I'll... になり得る.

ついでながら be going to... が未来の助動詞として用いられると be gonna... とい

う形になることがある. I'm gonna go. は可だがI'm gonna. は不可.

you are→you're, he is→he's, he has→he's, they have→they've, I will→I'll, they would→they'd, there is→there's

2. [be動詞/助動詞] + not

短縮しない形ではnotが強勢を受けるのに対して, 短縮されるとbe動詞や助動詞が強勢を受ける. is nót → ísn't. canとcan'tは区別しにくい. 肯定と否定では意味が全く逆になってしまうので, 話す時も聞く時も注意を要する. 語尾[t]の有無に注意してもむだである. 違いは母音と強勢にある. can [kən], can't [kǽnt]. [助動詞＋not]の組み合わせでは, 短縮されると助動詞が強勢を受けるという原則が働いている. [æ]が強く聞こえれば否定形だと判断できるのである. will notがwiln'tではなく, won'tとなるのは中世の名残りである. 中期英語 (Middle English) にはwilとwolの2つの形があった. wolとnotが短縮された形で, won'tだけが現代英語に生き残った.

is not→isn't, do not→don't, does not→doesn't, did not→didn't, will not→won't, would not→wouldn't

3. 助動詞+have

このhaveも「所有している」という意味の本動詞なら短縮されない. I could have [hæv] that. 短縮形が用いられるのは完了形, つまり「助動詞＋have＋過去分詞」の構文をとる場合だけである.

could have→could've, would have→would've

● アメリカ英語とイギリス英語

1. イントネーションの違い

アメリカ英語とイギリス英語のイントネーションの違いは絶対的なものではない. アメリカ英語が平坦な抑揚であるのに対し, イギリス英語は上下に激しく揺れる抑揚である. 例えば相手に聞き返す時

I beg your pardon. ↗ (アメリカ英語)

I ↗ beg → your pardon. ↗ (イギリス英語)

などと一般に言われるが, あまり英米差にこだわる必要もない. 要は上昇, 下降, 上昇・下降などのパターンをおさえておけば十分である.

2. 発音の違い

(1) アメリカ英語のr

アメリカの標準語では, 綴りにrがあれば原則的に全て発音する. これはr-coloringと言ってアメリカ英語の一大特徴である. イギリスの標準語では母音の前以外では発音しない. かつてはイギリスでもrが発音されていた. しかし, 本国では次第に発音されなくなり, 植民地だったアメリカにイギリスの古い発音が残ったという歴史的事情がある.

[r]は舌先を口中で浮かせ, 口の奥へ巻き込むか, 舌全体を縮ませるようにして後ろへ引いても出すことができる. birdの発音は辞書によって[bə́ːrd]と出ていたり[bə́ːd]と出ていたりする. [ɚ]はhooked schwaと呼ばれ, [ə]に[r]の音色が

■ リスニングの要点

加わったものである.

(2) 米音の[ɑ]と英音の[ɔ]

[ɑ]は舌の後ろの部分が盛り上がってできる「ア」である. 上を向いて, うがいをする時の要領で「アー」を出すと感覚がつかめる. 重力に引かれて舌全体が下がり, 舌の後ろの部分が自然に盛り上がるはずである. b<u>o</u>dy, c<u>o</u>llege, d<u>o</u>llarなど. 一般にoの綴りは米音では[ɑ], 英音では[ɔ]となる. dogは例外.

(3) 米音の[æ]と英音の[ɑː]

この違いが生じるのは, 母音の次に[f, s, θ]の子音が続く場合, そして「m＋子音」,「n＋子音」が続く場合である. <u>a</u>fter, c<u>a</u>lf, l<u>au</u>gh／<u>a</u>sk, f<u>a</u>st, p<u>a</u>ss／p<u>a</u>th／ex<u>a</u>mple, s<u>a</u>mple／adv<u>a</u>nce, c<u>a</u>n't, d<u>a</u>nceなど.

(4) 米音の[ʰw]と英音の[w]

wh-で始まる語は, 米音では[ʰw-]となるが, 英音では[ʰ]が落ちて[w]のみとなる. <u>wh</u>ale, <u>wh</u>ether, <u>wh</u>eel, <u>wh</u>eatなど. [ʰ]は唇を細めて出すのではなく息が声門を通過する時に出る摩擦音である. 唇を細めると[ɸ]（日本語の「フ」 *e.g.*富士山）になる.

(5) その他

<u>ei</u>therは米音では[iː], 英音では[ai]である. neitherも同様. 米音の二重母音[ou]は英音（特に若者の間）では[əu]になる. knowの米音は[nou], 英音は[nəu]となる.

発音

第6部

英語学習に役立てる

- 主な英語関連辞書案内
- 英和辞典
- 和英辞典
- 英英辞典
- 語法辞典
- 文法辞典
- ビジネス英語辞典
- 類義語辞典（シソーラス）
- 語源辞典
- イディオム・句動詞辞典
- 連語（コロケーション）辞典
- 略語辞典
- スタイルブック
- 図解辞典
- 発音・引用・特殊辞典
- CD-ROM版英語辞典
- 電子辞書
- 主な英語資格試験
- アメリカおよび英語圏のサイト
- 日本のサイト

主な英語関連辞書案内

以下の辞典名, 定価等は2005年9月現在のものです(特に洋書は, 為替レートにより定価が変動することがあります). なおオンライン英語辞書については本書p.553, p.558参照.

● 英和辞典

◆辞典名	◆出版(改訂)年	◆出版社名	◆編(著)者名	◆定価(約)
<大辞典>				
新英和大辞典 (第6版)	2002	研究社	竹林　滋	18,900円
何度も改訂を重ねてきた, 26万項目収録の伝統的な大辞典.				
ジーニアス英和大辞典	2001	大修館書店	小西友七・南出康世	17,325円
新語・新略語, 世界の英語を含め26万5千語句を収録. 語用論・談話分析の成果も取り入れ, 語法情報も充実.				
ランダムハウス英和大辞典 (第2版)	1994	小学館	安井　稔・堀内克明ほか	15,120円
総収録語34万5千, 用例17万5千を誇る最大規模の英和辞典の一つ. 米国版第2版にない見出し語・語義や世界の英語も大幅に補充. 語誌・語源や百科情報も詳しい.				
グランドコンサイス英和辞典	2001	三省堂	三省堂編修所	9,240円
携帯版最大の36万項目収録の大辞典. 2色刷.				
リーダーズ英和辞典 (第2版)	1999	研究社	松田徳一郎	7,980円
約27万語収録の大辞典. 情報の正確さにも定評があり, 付録に収められたさまざまな情報も便利. 翻訳者必携.				
リーダーズ・プラス	2000	研究社	松田徳一郎ほか	10,500円
『リーダーズ英和辞典』の補遺となる19万語収録の辞書で, 新語・百科項目が充実.				
<中辞典・学習辞典>				
ウィズダム英和辞典	2003	三省堂	井上永幸・赤野一郎	3,255円
独自コーパスを徹底的に利用した学習辞典.				
レクシス英和辞典	2003	旺文社	花本金吾ほか	3,360円
100人のネイティブに聞いた語法パネルが特長の学習辞典. 用例が豊富.				
ジーニアス英和辞典 (第3版)	2001	大修館書店	小西友七・南出康世	3,360円
詳しい語法と的確な語義で定評のある英和辞典.				

主な英語関連辞書案内

◆辞典名	◆出版(改訂)年	◆出版社名	◆編(著)者名	◆定価(約)
プログレッシブ 英和中辞典 (第4版)	2003	小学館	国廣哲彌ほか	3,360円

　語法に詳しく,専門用語や新語も充実しており,語源欄も定評のある英和中辞典.

ルミナス英和辞典 (第2版)	2005	研究社	竹林　滋ほか	3,360円

　総収録語句数10万.大学生・社会人用の上級辞書で発信型英語を重視.

● 和英辞典

＜大辞典＞

新和英大辞典 (第5版)	2003	研究社	渡邉敏郎ほか	18,900円

　48万項目収録,日米英の共同編集による伝統ある大辞典.

グランドコンサイス 和英辞典	2002	三省堂	三省堂編修所	7,350円

　見出し語・複合語・派生語32万項目,用例11万項目収録.最新の用語も数多く収める.2色刷.

NEW 齋藤和英大辞典 普及版	2002	日外アソシエーツ	齋藤秀三郎	7,140円

　『齋藤和英大辞典』(昭和3年)の復刻普及版で名著の一つ.俳句の英訳など,日本固有の表現の英訳に最適な用例15万を収録.

＜中辞典・学習辞典＞

プログレッシブ 和英中辞典 (第3版)	2002	小学館	近藤いね子・ 高野フミほか	3,675円

　総収録項目数9万,用例11万.日本語の慣用表現も網羅し,図版も多数用意.

ルミナス和英辞典 (第2版)	2005	研究社	小島義郎ほか	3,570円

　『ライトハウス和英辞典』を基にした大学生・社会人向けの上級辞書.10万語収録で,コロケーション情報が充実.

新和英中辞典 (第5版)	2002	研究社	Martin Collickほか	3,780円

　18万7千項目を収録する,定評ある和英辞典.インターネット関連語・時事用語・法律用語も充実.

旺文社 和英中辞典 (改訂版)	1998	旺文社	山村三郎ほか	3,360円

　収録語数8万語.ビジネス・テクノロジー・スポーツ関連語に加えて,日本的事物の英文説明が豊富.

スーパー・アンカー 和英辞典 (第2版)	2004	学研	山岸勝榮	3,045円

　「日本紹介」や「あなたの英語はどう響く？」など実用的なコラムや対話例が充実.CD付き.

英語学習

■ 主な英語関連辞書案内

● 英英辞典

◆辞典名	◆出版(改訂)年	◆出版社名	◆編(著)者名	◆定価(約)

＜アメリカ (母語話者用)＞

辞典名	年	出版社	編著者	定価
Merriam-Webster's Collegiate Dictionary (第11版)	2003	Merriam-Webster	Frederick C. Mishほか	3,502円

　　Webster's Thirdを小型化したカレッジ版. アメリカの標準的辞書の一つ.

Random House Webster's Unabridged Dictionary (第2版)	2001	Random House	Stuart Berg Flexner	7,950円

　　31万5千の収録語数と6万5千の用例を収めた大規模辞典. 世界の英語を幅広く採用し, 語源解説も詳しい. CD-ROM版もあり.

The American Heritage Dictionary of the English Language (第4版)	2000	Houghton Mifflin	David R. Pritchardほか	8,008円

　　語法パネルによる審査統計が特長的. 写真・図版なども豊富.

Webster's Third New International Dictionary of the English Language	2002	Merriam-Webster	Philip B. Goveほか	21,126円

　　歴史的順序で意味を並べていく記述的立場のアメリカの伝統的大辞典. 45万語収録.

The New Oxford American Dictionary (第2版)	2005	Oxford University Press	Erin McKean	7,875円

　　Oxfordのデータベースに米語も加えたコーパスを土台にした本格的な米語辞典. 25万以上の見出し語を収め, 語法やアメリカの人名・地名等の百科情報も詳しい.

Encarta Webster's Dictionary of the English Language (第2版)	2004	Bloomsbury	Anne H. Soukhanovほか	6,461円

　　40万以上の語句, 9千以上の新語を収録したMicrosoft Encartaファミリイ辞書の最新版. 4千項目に写真・イラストを掲げた百科解説が充実.

＜アメリカ (外国人学習者用)＞

Random House Webster's Dictionary of American English	1997	Random House	Gerard M. Dalgishほか	4,200円

　　外国人向けアメリカ英語辞書のパイオニア. 5万項目収録.

The Newbury House Dictionary of American English (第4版)	2003	Heinle & Heinle	Philip M. Rideout	2,940円

　　英語を母国語としない人に配慮した英英学習辞典. CD-ROM付き.

主な英語関連辞書案内

◆辞典名	◆出版(改訂)年	◆出版社名	◆編(著)者名	◆定価(約)
Longman Advanced American Dictionary (第2版)	2002	Longman	Della Summers	4,536円

ロングマン・スポークンコーパスを基に8万4千の単語や句を収録. CD-ROM付き.

＜イギリス(母語話者用)＞

The Oxford English Dictionary (第2版)	1989	Oxford University Press	John Simpson and Edmund Weiner	223,125円

1150年以降の英語語彙の形態や意味の変遷を記録してきた世界最大の英語辞典, 略称OED. 定義語約50万語, 用例240万, 全20巻の膨大なものだが, 現在はCD-ROM版が便利.

Concise Oxford English Dictionary (第11版)	2004	Oxford University Press	Judy Pearsall	4,620円

24万の語句, 1千以上の新語を収録. 語誌情報も充実し, 略称CODとして親しまれてきた.

Oxford Dictionary of English (第2版)	2003	Oxford University Press	Catherine Soanes, Angus Stevensonほか	8,085円

通称NODE (*New Oxford Dictionary of English*) の全面改訂版. 見出し語約35万5千, 従来のOxfordの辞書には見られなかった固有名詞を見出し語に採用. world Englishの観点から日本語起源を含む約3千語の新語を採録.

Collins English Dictionary (第7版)	2005	Harper Collins	Jeremy Butterfield	7,082円

専門用語やイギリス英語の方言, 世界の英語を幅広く補充するなど, 語彙の収録範囲の広さで優れる.

The Chambers Dictionary (第9版)	2003	Chambers	Catherine Schwarzほか	6,395円

出版地の地の利から, スコットランド英語の守備範囲が広い. 伝統的な辞書編集の方針を通しながらも, 世界の英語異種も積極的に採録.

＜イギリス(外国人学習者用)＞

Oxford Advanced Learner's Dictionary (第7版)	2005	Oxford University Press	Sally Wehmeierほか	4,423円

外国人向け英語辞書のパイオニア. さらにユーザーフレンドリーになった.

Longman Dictionary of Contemporary English (第4版)	2003	Longman	Della Summers	4,005円

新語も多く取り入れ, 工夫をこらした学習英英辞典. 豊富な用例が便利.

■ **主な英語関連辞書案内**

◆辞典名	◆出版(改訂)年	◆出版社名	◆編(著)者名	◆定価(約)
Collins COBUILD Advanced Learner's English Dictionary (第4版)	2003	Harper Collins	John Sinclair	3,885円

　　大コーパスを基に編纂. 定義が完全文になっているのが最大の特長.

Cambridge Advanced Learner's Dictionary (第2版)	2005	Cambridge University Press	Patrick Gillardほか	4,296円

　　見出し語は1語1義の方針が特色. 5万の見出し語, 10万の語句収録. *Cambridge International Dictionary of English*(CIDE)を改称.

Longman Dictionary of English Language and Culture (第3版)	2005	Longman	Della Summers	4,830円

　　イギリスやアメリカ文化に関する語を積極的に採用し, 適宜図版入りで解説.

＜その他の英語圏＞

The Australian Oxford Dictionary (第2版)	2004	Oxford University Press	Bruce Moore	13,125円

　　百科事典的要素も含めたオーストラリア英語大辞典.

The Canadian Oxford Dictionary	1999	Oxford University Press	Katherine Barber	3,955円

　　カナダ英語を包括的に網羅した大辞典.

The Dictionary of New Zealand English	1997	Oxford University Press	H. W. Orsman	18,482円

　　歴史的な記述的立場に基づいて編纂されたニュージーランド英語大辞典.

● **語法辞典**

A Dictionary of Modern American Usage	1998	Oxford University Press	B. A. Garner	6,230円

　　700頁の本格的なアメリカ英語の語法辞典. 学術的であるが, 実用的でもある.

Collins COBUILD English Usage (第2版)	2004	Harper Collins	John Sinclair	3,780円

　　実際的例文が多く, 日常生活で役立つ語法辞典.

Practical English Usage (第3版)	2005	Oxford University Press	Michael Swan	4,000円

　　英語教師にも実務家にも役立つ, 定評ある語法辞典.

The Cambridge Guide to English Usage	2004	Cambridge University Press	Pam Peters	8,053円

　　大型コーパスを利用した語法辞典で, 4千を超える項目を収録. 英米以外の英語にも言及.

◆辞典名	◆出版(改訂)年	◆出版社名	◆編(著)者名	◆定価(約)
The New Fowler's Modern English Usage (第3版)	1996	Oxford University Press	R. W. Burchfield	4,590円
有名なH. W. Fowler編著の改訂版. 歴史的な記述を取り入れている.				
英語語法大事典	1984	大修館書店	石橋幸太郎ほか	9,975円
英語に関する質問に斯界の権威が回答した大事典. その後, 『続』編, 第3集, 第4集が出ている.				
現代英米語用法事典	1995	研究社	安藤貞雄・山田政美	4,410円
英和辞典では説明しきれない用法を簡潔明快に解説.「ことば」と「事」を扱った事典.				
コンサイス英文法辞典	1996	三省堂	安井 稔	6,932円
英語を専門に扱う人のための文法書. 1,081項目を精選し, より深い英文解釈に役立つ用例を用意.				

● 文法辞典

◆辞典名	◆出版(改訂)年	◆出版社名	◆編(著)者名	◆定価(約)
Collins COBUILD English Grammar	1990	Harper Collins	The University of Birmingham	3,032円
教師にも役立つ定評ある文法書.				
Longman Student Grammar of Spoken and Written English	2002	Longman	Douglas Biberほか	1,890円
外国人向け学習英文法書.				
An A-Z of English Grammar & Usage (第2版)	2004	Longman	Geoffrey Leechほか	2,940円
コーパスデータを用いて, 実例で説明提示した文法・語法書.				
A Comprehensive Grammar of the English Language	1985	Longman	Randolph Quirkほか	16,608円
A Grammar of Contemporary English(1972)を基に編まれた英語文法の包括的大著.				
Longman Grammar of Spoken and Written English	1999	Longman	Douglas Biberほか	20,193円
大型コーパスを利用した, 会話から専門書までを含む話し言葉・書き言葉としての米語・英語を扱う文法の大著.				

■ 主な英語関連辞書案内

● ビジネス英語辞典

◆辞典名	◆出版(改訂)年	◆出版社名	◆編(著)者名	◆定価(約)
Merriam-Webster's Guide to Business Correspondence (第2版)	1996	Merriam-Webster	Merriam-Webster	3,570円

　　ビジネスライティングのバイブルといわれる事典.

The Business Writer's Handbook (第7版)	2003	St. Martin's Press	G. J. Alredほか	4,948円

　　ビジネスライティングの問題500項目を簡潔に解説. 英語を母語としない人にも配慮.

研究社ビジネス英和辞典	1998	研究社	簗田長世	7,980円

　　『リーダーズ英和辞典』をベースにしたビジネス英語辞典. 世界の有名企業の情報も便利.

ビジネス英語活用辞典	1999	大修館書店	長野　格	6,720円

　　膨大な収集データに基づき, 例文を多く入れた連語辞典.

● 類義語辞典(シソーラス)

英語類義語活用辞典	2003	筑摩書房	最所フミ	1,260円

　　類義語・同意語・反意語の正用法を詳説した実用辞典.

英語類義語辞典	1980	大修館書店	斎藤祐蔵	4,095円

　　類義語約2,300語を, 豊富な文例で懇切に解説した本格的英語類義語辞典.

英語類語用法辞典	1992	大修館書店	丸井晃二朗	4,725円

　　類語同士のニュアンスや意味・用法の違いを, 豊富な例文を基に解説.

コーパス英語類語使い分け200	2005	小学館	投野由紀夫	1,995円

　　BNCコーパスのデータに基づき, 結び付きやすい語の解説と用例を主にした実証的類語辞典.

Oxford Learner's Wordfinder Dictionary	1997	Oxford University Press	Hugh Trappes-Lomax	3,201円

　　630語のキーワードを見出しに立て, 意味や用法で関連する言葉をまとめた外国人学習者向け辞書.

Concise Oxford Thesaurus (第2版)	2002	Oxford University Press	Maurice Waite	4,253円

　　定評ある母語話者向けイギリス英語の類語辞典.

Longman Language Activator (第2版)	2002	Longman	Della Summers	4,200円

　　コーパスに基づくデータを用い, 表現したい意味に最も近い語を提供してくれる. 発信型英語を強調した辞書.

Webster's New Dictionary of Synonyms	1984	Merriam Webster	P. G. Gove	5,690円

　　類義語間の意味・用法の違いを懇切に解説した米類語辞典.

◆辞典名	◆出版(改訂)年	◆出版社名	◆編(著)者名	◆定価(約)
Roget's International Thesaurus	2002	Longman	P. Roget	1,678円

    Roget編著のシソーラスは他にも幾つかの種類があるが, 本辞典はその中の代表的な古典的名著. CD-ROM版もあり.

● 語源辞典

英語語義語源辞典	2004	三省堂	小島義郎ほか	5,250円

    項目総数4万9千. 主見出し語に関連する派生語・複合語を一つにまとめ, 全見出し語に語源欄を設定.

英語語源辞典	1999	研究社	寺澤芳雄	7,770円

    最近の語源学などの成果を取り入れた, 約5万語収録の語源大辞典.

スタンダード英語語源辞典	1989	大修館書店	下宮忠雄ほか	5,250円

    重要語7千について, 語源にまつわるエピソードにも触れつつ, 最新の研究成果も反映.

The Oxford Dictionary of English Etymology	1966	Oxford University Press	C. T. Onions	19,800円

    編者はOEDの編者の一人で, 語の起源と併せて語義・発音・綴りの面での変遷も丁寧にたどっている, 古典的辞書.

● イディオム・句動詞辞典

A Dictionary of American Idioms	2004	Barrons Educational Series Inc.	M. T. Boatner ほか	1,481円

    アメリカ英語8千のイディオムを集めた簡便な辞典.

Collins COBUILD Dictionary of Idioms (第2版)	2002	Collins COBUILD	John Sinclair	2,415円

    現代英米語の重要イディオムを詳細に扱った辞典.

McGraw-Hill's Dictionary of American Idioms and Phrasal Verbs	2003	McGraw-Hill	Richard A. Spears	2,965円

    約2万4千項目収録の, アメリカ英語イディオム&句動詞辞典.

Oxford Phrasal Verbs Dictionary for Learners of English	2001	Oxford University Press	Dilys Parkinson	2,700円

    アメリカ英語の句動詞を収録する学習辞典.

Longman Phrasal Verbs Dictionary (第2版)	2000	Longman	Longman	4,076円

    5千項目以上の句動詞を扱う学習辞典.

■ 主な英語関連辞書案内

● 連語 (コロケーション) 辞典

◆辞典名	◆出版(改訂)年	◆出版社名	◆編(著)者名	◆定価(約)
新編 英和活用大辞典	1995	研究社	市川繁治郎	16,480円

英文を書くための38万用例収録. 英文を書く人の定評ある必携書で, 英文の翻訳にも役立つ. CD-ROM版もあり.

The BBI Dictionary of English Word Combinations (BBI英語連語活用辞典 第2版)	1997	John Benjamins Publishing Company 発売元:丸善	Morton Benson ほか	3,990円

見出し語約1万8千, 連語例約9千を収録. 新語 (cellular phone, email, home page, web site) などにおける連語情報が充実.

Oxford Collocations Dictionary for Students of English	2002	Oxford University Press	Moira Runcie ほか	2,880円

英語学習者向けで, 9千語の主な名詞・動詞・形容詞の連語を15万例掲載. 5万に及ぶ的確な参考例文付き.

● 時事英語辞典

時事英語情報辞典	1997	研究社	笹井常三ほか	3,780円

時事英語を読むために不可欠な固有名詞・事件名等の見出し語に, 背景説明を添えた情報辞典.

新コンサイス時事英語辞典	1999	三省堂	磯部　薫	3,780円

英字新聞・雑誌等を読むための必須語5万2千を収録した定評ある時事用語辞典.

トレンド日米表現辞典 (第3版)	1998	小学館	根岸　裕ほか	2,940円

経済・政治・スポーツ・風俗等ジャンル別に1万7千語をまとめた和英で, 関連資料・図解資料も豊富.

● 俗語辞典

Cassell's Dictionary of Slang	1998	Cassell & Co	Jonathon Green	4,620円

各スラングについて語源・語誌・地域・ラベル等の情報を完備した信頼のおける大著.

American Slang (第2版)	1998	Perennial	Robert L. Chapman	1,584円

インターネット関連も充実させた簡便なアメリカンスラング辞典.

◆辞典名	◆出版(改訂)年	◆出版社名	◆編(著)者名	◆定価(約)
NTC's Thematic Dictionary of American Slang	1997	NTC Pub Group	Richard A. Spears	2,207円

アメリカのスラング9千を収録.トピックごとに分類されており,引きやすい.

A Dictionary of Slang and Unconventional English (第8版)	1984	RKP	Paul Beale	6,135円

イギリスのスラング辞典の古典で,初版は1937年.

Dictionary of American Slang (第2版)	1975	Crowell	Horald Wentwarth, Stuart Berg Flexner	5,551円

アメリカのスラング辞典の古典.初版は1960年で,当時は本辞典が保守層に非難を浴びた経緯がある.

New Dictionary of American Slang	1986	Harper & Row	Robert L. Chapman	3,465円

1万9千項目収録の米語俗語辞典.

The Oxford Dictionary of Modern Slang	2005	Oxford University Press	John Simpson ほか	1,569円

Oxfordのデータベースからのスラング5千を収録.

英米タブー表現辞典	1987	大修館書店	J. S. ニーコン, C. G. シルバー	3,570円

英米の風俗表現や婉曲語法について古今の用例を引き,それに背景説明を施して読み物として構成.

● 略語辞典

NTC's Dictionary of Acronyms and Abbreviations	1993	National Textbook Company	S. R. Kleinedler ほか	4,300円

身近で基本的な略語を中心に2千語を収録.

Everyman Dictionary of Abbreviations (第2版)	1986	J. M. Dent & Sons	John Paxton	5,649円

2万5千項目以上を収録したイギリスの包括的略語辞典.

英語略語辞典 (第3版)	1993	研究社	広永周三郎	2,650円

英語略語約1万2千項目に,元の形・意味・説明を付す.

コンサイスABC略語辞典	1994	三省堂	三省堂編修所	1,529円

時事的なアルファベット略語4千5百を収録.

■ 主な英語関連辞書案内

● スタイルブック

◆辞典名	◆出版(改訂)年	◆出版社名	◆編(著)者名	◆定価(約)
Publication Manual of the American Psychological Association (第5版)	2001	American Psychological Association	Joseph Gibaldi	4,480円
主に自然科学や社会科学の分野で利用されているライティング参考書. 現在の主流.				
MLA Handbook for Writers of Research Papers (第6版)	2003	The Modern Language Association	Joseph Gibaldi	3,040円
主に人文科学分野のためのライティング参考書.				
The Associated Press Stylebook and Briefing on Media Law	2002	Perseus Publishing	Norm Goldstein	3,250円
ジャーナリストのためのライティングの手引書. 5千項目を収録.				
The Chicago Manual of Style (第15版)	2003	University of Chicago Press	University of Chicago Press	7,260円
英語を扱う専門的な職業に従事している人のための定評あるライティング参考書.				
The New York Times Manual of Style and Usage	1999	Three Rivers Press	A. M. Siegal ほか	2,800円
アメリカの『ニューヨークタイムズ』紙の記者ハンドブック.				
The Times Guide to English Style and Usage	1999	Times Books	Tim Austin	2,589円
イギリスの『タイムズ』紙の記者ハンドブック.				

● 専門分野英語辞典

プロフェッショナル英和辞典 (生命科学編, 社会科学編, 物質・工学編)	2004	小学館	堀内克明ほか	各3,675円
各専門分野の用語をそれぞれ5万～11万5千収録. 豊富な用例付きのポケット判辞書.				
インターネットEmail 英語用例辞典	2003	三修社	塩沢　正ほか	3,990円
インターネットで使える情報発信のための例文・解説を豊富に掲載した用例辞典.				
英和経済学用語辞典	1998	多賀出版	多賀出版編集部	3,150円
経済・経営関係の用語5万2千を収録.				

主な英語関連辞書案内

◆辞　典　名	◆出版(改訂)年	◆出版社名	◆編(著)者名	◆定価(約)
契約・法律用語英和辞典	2004	アイビーシーパブリッシング	菊地義明	3,990円

　　海外ビジネスに役立つ文例付き法律用語辞典.

研究社 医学英和辞典 **(縮刷版)**	2002	研究社	石田名香雄	7,350円

　　医学関連の専門用語を人名・商品名・一般語・俗語まで広範に収録した医学英和の大著.

ステッドマン医学大辞典 **(改訂第5版)**	2002	メジカルビュー社	高久史麿ほか	14,700円

　　歴史的な名著 *Stedman's Medical Dictionary* の日本版. 新語1万2千も併せ, 最新医学用語10万語以上を収録. カラーイラストも含む. CD-ROM版もあり.

電気情報英和辞典	1992	オーム社	オーム社	7,646円

　　電気情報関係や通信工学・人工知能等の応用技術関連の用語まで網羅した英和辞典. 和英辞典の姉妹版.

● 実務関連英語辞典

英和商品名辞典	1990	研究社	山田政美	4,410円

　　超一流ブランドから名もない商品まで, 約9千項目を詳しく解説. 由来や商品史等の雑学的知識も掲載.

英和・和英産業技術用語辞典	2001	研究社	小谷卓也	5,460円

　　エンジニアやビジネスマンに必要な技術用語・ビジネス用語を英和・和英で計11万5千語収録.

● 図解辞典

オールカラー6か国語 **大図典**	2004	小学館	小学館	9,975円

　　分野毎のテーマ別に精細なイラスト6千点をカラー収録. 項目数3万5千. 6か国語を表示したビジュアル辞典.

英語図詳大辞典	1985	小学館	堀内克明・ 國廣哲彌	5,513円

　　米国の *What's What* (Ballantine Books, 1981) の日本版. 挿絵・写真2千点で百科事項を図解し, 併せて3万語を収録.

Oxford-Duden Pictorial **English Dictionary**	1981	Oxford University Press	Moustafa Gabr	4,719円

　　自然・科学・産業・スポーツ・娯楽等, 専門用語から日常の用語まで384項目に関する図解辞典. 名著だが古さは否めない.

■ 主な英語関連辞書案内

● 生活情報関連英語辞典

◆辞典名	◆出版(改訂)年	◆出版社名	◆編(著)者名	◆定価(約)
Q＆A 英語なんでも情報事典	1995	研究社	伊村元道ほか	3,150円

英語世界の基本情報から有用な専門知識まで，Q＆A方式でわかりやすく解説した基本情報百科．

現代人のための 英語の常識百科	1988	研究社	岩崎春雄ほか	5,040円

日本人として持つべき英語の知識を，実用性の観点から詳しく解説した英語情報事典．

日本語から引く 「食」ことば英語辞典	2004	小学館	服部幸應ほか	3,150円

料理・素材・用具・商品名等「食」に関する用語4千を収録した和英辞典．基本用語には仏・伊・中国語も併記．

ブルーワー 英語故事成語大辞典	1994	大修館書店	E・C・ブルーワー	24,150円

19世紀イギリスの知的怪物E・C・ブルーワーの作った英語雑学大辞典．改訂が重ねられ，西欧の古典や世界の歴史などに関する話題，博物学知識を満載．

● 発音・引用・特殊辞典

English Pronouncing Dictionary (第16版)	2003	Cambridge University Press ほか	Daniel Jones	4,486円

Daniel Jonesによって確立された発音辞典の古典．イギリス英語中心．

A Pronoucing Dictionary of American English (第2版)	1953	G. & C. Merrian Company	John Samuel Kenyon and Thomas Albert Knott	2,990円

上記Jones式に対して出されたアメリカ英語における発音辞典の古典．

固有名詞英語発音辞典	1969	三省堂	大塚高信ほか	6,300円

収録語数92,500を誇る我が国初の固有名詞英語発音辞典．疑問の多い人名・地名等の発音も解決できる．

Bernstein's Reverse Dictionary (第2版)	1975	Quadrangle	Theodore M. Bernstein	3,400円

普通の辞書と逆に，平易な語から同義の難しい語にたどり着けるように編まれた辞書．

プログレッシブ 英語逆引き辞典	1999	小学館	國廣哲彌・堀内克明	6,930円

単語の語末要素で引く逆引き辞典で，総見出し語14万．『ランダムハウス英和大辞典』の姉妹版．

◆辞典名	◆出版(改訂)年	◆出版社名	◆編(著)者名	◆定価(約)
Bartlett's Familiar Quotations (第17版)	1992	Little, Brown and Co.	John Bartlett	5,880円

バートレットの辞典としてよく知られている引用句辞典の代表的なもの. CD-ROM版もあり.

英語名句事典	1984	大修館書店	外山滋比古ほか	5,775円

聖書・シェイクスピア・諸家や現代詩等からの名句を解説付きで引用.

A Dictionary of Selected Americanisms on Historical Principles	1951	University of Chicago Press	Mitford M. Mathews	36,000円

アメリカ起源の語句・意味をネイティブアメリカンの使用語彙などに探ったアメリカ語法辞典. 1985年に名著普及会から翻訳出版された.

The Oxford Dictionary of Phrase and Fable	2000	Oxford University Press	Elizabeth Knowles	5,900円

著名な作品・神話, 歴史事項, 文化, ことわざ等のキーワードや固有名詞を見出しに立て, 適宜, 引例の上解説.

● CD-ROM版英語辞典

Cambridge Advanced Learner's Dictionary with CD-ROM	2003	Cambridge University Press	Patrick Gillard ほか	5,978円

複数語義の単語に対する「語義ガイド」など, 学習者向けの工夫をこらした辞書付属のCD-ROM.

Collins COBUILD Advanced Learner's Dictionary (第4版) + CD-ROM	2004	Harper Collins	John Siclair	2,965円

書籍版の内容に加えて, 500万語のテキストデータ収録.

Longman Dictionary of Contemporary English (第4版) with CD-ROM	2003	Longman	Della Summers	3,885円

豊富な例文をもつ書籍版付属のCD-ROM. 初心者にも使いやすい.

Oxford Advanced Learner's Dictionary (第7版) with Compass CD-ROM	2005	Oxford University Press	Sally Wehmeier ほか	3,604円

英語を母国語としない人にも親切なOALD付属のCD-ROM.

■ 主な英語関連辞書案内

◆辞典名	◆出版(改訂)年	◆出版社名(発売元)	◆編(著)者名	◆定価(約)
Oxford English Dictionary (第2版) on CD-ROM (Version 3.1)	2005	Oxford University Press	John Simpson and Edmund Weiner	57,500円
世界最大の英語辞典OEDのCD-ROM版.				
Oxford Talking Dictionary	1998	The Learning Company	Oxford University Press	3,100円
音声付きで百科事典的な検索もできる英語辞書.				
研究社ビジネス英語スーパーパック	1999	研究社	研究社	16,800円
『研究社ビジネス英和辞典』『総合ビジネス英語文例事典』『リーダーズ英和辞典(初版)』の3辞典を収録.				
ジーニアス英和(第3版)和英(第2版)辞典	2005	ロゴヴィスタ	小西友七ほか	7,273円
便利な検索機能付きの『ジーニアス英和・和英辞典』収録のCD-ROM.				
ランダムハウス英語辞典 CD-ROM版	2002	小学館	安井 稔ほか	15,750円
『ランダムハウス英和大辞典(第2版)』のデジタル版. 34万5千語を収録. ネイティブの発音も聞け, 和英機能もある.				
EPWING版 CD-ROM リーダーズ+プラスV2	2005	研究社	松田徳一郎	21,000円
『リーダーズ英和辞典(第2版)』と『リーダーズ・プラス』を収録. 両辞典が同時に検索できる.				
EPWING版 CD-ROM 新和英大辞典	2004	研究社	渡邊敏郎ほか	16,800円
最大規模の『新和英大辞典(第5版)』のCD-ROM版. 英語からの検索も可.				
ビジネス英文手紙辞典 (増補新版)	2004	朝日出版	フランシス J. クディラ	6,000円
『最新ビジネス英文手紙辞典』収録. 実際にビジネス界で使われた「生の手紙」が読め, 和英検索もできる.				

●電子辞書

PW-V8900	2005	シャープ		56,700円
『リーダーズ英和辞典(第2版)』『新編 英和活用大辞典』『ジーニアス英和大辞典』ほか英語関連のコンテンツを多く搭載した英語のプロに役立つ製品.				
SR-E10000	2005	セイコーインスツル		78,300円
『リーダーズ英和辞典(第2版)』『新編 英和活用大辞典』やOxford系英英辞典を搭載し, それら諸辞典からの例文検索機能を有するなど, 英語関連によく配慮されている.				

◆辞典名	◆出版(改訂)年	◆出版社名(発売元)	◆編(著)者名	◆定価(約)
SR-E9000	2005	セイコーインスツル		56,700円

日外アソシエーツの『180万語対訳大辞典英和・和英』『ビジネス技術実用英和・和英大辞典』などの搭載をはじめとして,ビジネスに配慮した電子辞書.

wordtank G55	2005	キヤノン		42,000円

研究社系統の辞書をはじめとして,約10の英語関連辞書を搭載.

XD-LP9200	2005	カシオ計算機		54,600円

『リーダーズ英和辞典(第2版)』『リーダーズプラス』ロングマン系英英辞典等を搭載.英単語・例文の発音が聞けるリスニング機能搭載モデル.

XD-LP9300	2005	カシオ計算機		58,000円

『リーダーズ英和辞典(第2版)』『新編 英和活用大辞典』『ジーニアス英和大辞典』ほかOxford系の英英辞典等,上級者向け英語関連コンテンツを搭載.

eランダムハウス大英和	2005	小学館		37,590円

『ランダムハウス英和大辞典(第2版)』(音声データ収録),『プログレッシブ英和(第4版)・和英(第3版)辞典』『大辞泉』を搭載した＜辞典＋百科＞の電子辞書.

主な英語資格試験

(2005年9月現在)

TOEIC® [Test of English for International Communication]
　英語によるコミュニケーション能力を幅広く測定する検定試験.
　[試験区分] 数値で評価 (最高点は990点)
　[実施時期] 年8回 (団体受験は随時)
　[主　　催] (財)国際ビジネスコミュニケーション協会 (03-3581-4701)

TOEFL® [Test of English as a Foreign Language]
　米国・カナダなど英語圏の大学などに留学希望する外国人に対し,現地での英語による学業能力が備わっているかについて総合力を測定する試験.
　[試験区分] 数値で評価 (ペーパー試験:300点～677点)
　[実施時期] ペーパー試験の場合,8月～3月まで5回.ほかにコンピュータによる試験があり,評価点・実施時期がペーパー試験とは異なる.
　[主　　催] 国際教育交換協議会 (03-5467-5489)

実用英語技能検定 [英検]
　日常生活や社会で求められるコミュニケーション能力の試験.
　[試験区分] 1級,準1級,2級,準2級,3級,4級,5級
　[実施時期] 1次試験6月,10月,1月 (団体受験は随時)
　[主　　催] (財)日本英語検定協会 (03-3266-8311)

■ 主な英語資格試験

通訳案内業試験
外国語で旅行案内をする人のための国家試験.
[**試験区分**] 合否試験
[**実施時期**] 1次試験9月, 2次試験11月～12月
[**主　催**] 国土交通省 (国際観光振興会) (03-3216-1903)

早稲田大学－ミシガン大学 テクニカルライティング検定試験
実務英語の運用能力の試験.
[**試験区分**] 1級～4級
[**実施時期**] 5月, 11月
[**主　催**] 日本テクニカルコミュニケーション協会 (アメリカ大使館・日本商工会議所・ジャパンタイムズ後援) (03-3406-3731)

工業英語能力検定 [工業英検]
工業英語能力を客観的に評価. 文部科学省認定.
[**試験区分**] 1級～4級
[**実施時期**] 5月, 11月
[**主　催**] (社)日本工業英語協会 (03-3434-2350)

日商ビジネス英語検定
英文ビジネス文書作成と実務能力の試験.
[**試験区分**] 1級～3級
[**実施時期**] 1級は年1回, 2級～3級は随時.
[**主　催**] 日本商工会議所(日本貿易振興機構[ジェトロ]後援)(03-3283-7857)

翻訳技能認定試験
翻訳者として必要な語学力と翻訳技能を審査.
[**試験区分**] 1級～基礎級
[**実施時期**] 6月と10月の最終日曜日
[**主　催**] (社)日本翻訳協会 (03-3568-6257)

国際連合公用語英語検定試験 [国連英検]
国際社会で求められるコミュニケーション能力の測定試験.
[**試験区分**] 特A級～E級
[**実施時期**] 6月, 11月
[**主　催**] (財)日本国際連合協会(試験センター) (03-5795-2257)

英語学習

アメリカおよび英語圏のサイト

○検索エンジン

Alta Vista 米国のロボット型巨大高速検索エンジン
http://www.altavista.com/

Argis Clearinghouse 米国の中型検索エンジン
http://www.clearinghouse.net./

Excite 米国のロボット型巨大高速検索エンジン
http://www.excite.com/

Go.com 米国のロボット型巨大高速検索エンジン
http://www.go.com/

HotBot 米国のロボット型巨大検索エンジン
http://www.hotbot.com/Default.asp

Lycos 米国のロボット型巨大検索エンジン
http://www.lycos.com/

Northern Light 米国のロボット型巨大検索エンジン
http://northernlight.com/

Yahoo! 世界的に有名なディレクトリ型検索エンジン
http://www.yahoo.com/

Yahooligans! ヤフーの子供向け情報検索エンジン
http://yahooligans.yahoo.com/

All the Web 米国の新興検索エンジン
http://alltheweb.com/

Ask Jeeves! 米国の中型検索エンジン
http://www.ask.com/

TEOMA 米国の新興検索エンジン
http://www.teoma.com/

Ditto 米国の新興検索エンジン
http://www.ditto.com/

Google 米国の大型検索エンジン
http://www.google.com/

Canada.com カナダの検索エンジン
http://www.canada.com/

Access ニュージーランドの検索エンジン
http://www.accessnz.co.nz/

○政治・経済 (公共機関を含む)

Thomas 米国議会図書館
http://thomas.loc.gov/

■ アメリカおよび英語圏のサイト

The White House 米国大統領官邸（ホワイトハウス）
http://www.whitehouse.gov/
C-Span 米国政治討論番組のWeb版
http://www.c-span.org/
10 Downing Street（U.K. Prime minister） 英国首相の公式サイト
http://www.number10.gov.uk/
Prime Minister of Canada カナダ首相の公式サイト
http://pm.gc.ca/
Prime Minister of Australia オーストラリア首相の公式サイト
http://www.pm.gov.au/
Department of the Prime Minister and Cabinet ニュージーランド首相の公式サイト
http://www.dpmc.govt.nz/
NYSE ニューヨーク証券取引所
http://www.nyse.com/
London Stock Exchange ロンドン証券取引所
http://www.londonstockexchange.com/
Europa [European Union] 欧州連合 [EU]
http://europa.eu.int/
The World Bank 世界銀行
http://www.worldbank.org/

○大　学

Harvard University 付属博物館が充実したハーバード大学のサイト
http://www.harvard.edu/
Massachusetts Institute of Technology [MIT] 世界の科学研究を牽引するマサチューセッツ工科大学のサイト
http://web.mit.edu/
University of Michigan 蔵書の検索ができるミシガン大学のサイト
http://www.umichi.edu/
Princeton University Harvard, Yaleと並び全米で最高レベルを誇るプリンストン大学のサイト
http://www.princeton.edu/
Stanford University 米西海岸の名門スタンフォード大学のサイト
http://www.stanford.edu/

○テレビ

CNN ニュース専門の米国ケーブル放送
http://www.cnn.com/
ABC 米国三大ネットワークの一つ, アメリカ放送会社
http://abc.go.com/

アメリカおよび英語圏のサイト

CBS 米国三大ネットワークの一つ、コロンビア放送会社
http://www.cbs.com/
NBC 米国三大ネットワークの一つ、ナショナル放送会社
http://www.nbc.com/
TV Guide 米国版テレビガイド
http://www.tvguide.com/
PBS 米国公共放送サービス
http://www.pbs.org/
BBC 英国放送協会
http://www.bbc.co.uk/
CBC カナダ放送協会
http://www.cbc.ca/
ABC (Australia) オーストラリア放送協会
http://www.abc.net.au/
TV ONE ニュージーランド放送
http://www.tvnz.co.nz/

○ラジオ

NPR 米国のナショナル・パブリック・ラジオ
http://www.npr.org/
VOA 海外向けアメリカ短波放送 Voice of America
http://www.voanews.com/

○新　聞

AJR News Link 米国内の新聞を網羅するリンクサイト
http://www.ajr.org/
Chicago Tribune 米国シカゴの伝統ある地方紙のサイト
http://www.chicagotribune.com/
Detroit News 米国の自動車の町デトロイトの地方紙のサイト
http://www.detnews.com/
Los Angeles Times 米国西部を代表するロサンゼルスの地元紙のサイト
http://www.latimes.com/
The Mercury Center (San Jose Mercury)
米国のコンピュータの聖地シリコンバレーの地元紙のサイト
http://www.mercurynews.com/
News Link 全米の新聞をほとんど網羅するリンクサイト
http://newslink.org/
The New York Times 米国の代表的日刊紙のサイト
http://www.nytimes.com/
USA Today 米国の全国紙のサイト
http://www.usatoday.com/

■ アメリカおよび英語圏のサイト

The Wall Street Journal 米国の経済専門誌のサイト
http://online.wsj.com/
The Washington Post 米国ワシントンD.C.発の高級紙のサイト
http://www.washingtonpost.com/
The Times 英国の名門伝統紙のサイト
http://www.timesonline.co.uk/
Independent 英国の高級紙のサイト
http://www.independent.co.uk/
FT.com（Financial Times） 英国の伝統ある金融専門紙のサイト
http://news.ft.com/
The Globe and Mail カナダのトロントにある全国紙のサイト
http://www.theglobeandmail.com/
The Australian オーストラリアの大衆紙のサイト
http://www.theaustralian.news.com.au/
The Press ニュージーランドのオンライン新聞のサイト
http://www.stuff.co.nz/
News Directory. Com 世界中の新聞・雑誌を網羅する総合メディア検索サイト
http://www.newsdirectory.com/

○雑　誌

Newsweek 米国の代表的な週刊誌のサイト
http://www.newsweek.com/
U.S.News Online（U.S.News & World Report）
大学ランキングで有名な米国の週刊誌のサイト
http://www.usnews.com/
TIME 米国の伝統ある週刊誌のサイト
http://www.time.com/
BusinessWeek online 米国の代表的経済情報誌のサイト
http://www.businessweek.com/
Reader's Digest 米国の大衆向け総合月刊誌のサイト
http://www.rd.com/
Harper's 米国の高級オピニオン週刊誌のサイト
http://harpers.org/
Forbes 企業ランキングで有名な米国の隔週刊の経済誌のサイト
http://www.forbes.com/
Fortune 企業ランキングで有名な米国の隔週刊の経済誌のサイト
http://www.fortune.com/
The Economist 英国の権威ある経済情報週刊誌のサイト
http://www.economist.com/
Maclean's カナダの代表的週刊誌のサイト
http://www.macleans.ca/

○観光・旅行

NY.com ニューヨーク観光ガイドのサイト
http://www.ny.com/

Excite Travel 世界各国, 特に米国の詳しい旅行情報を提供
http://travel.excite.com/

Amtrak 米国の鉄道旅客公社アムトラック
http://www.amtrak.com/

Hawaii: the Islands of Aloha ハワイ観光局
http://www.gohawaii.com/hokeo/

The UK Travel Guide 英国の観光ガイドのサイト
http://www.uktravel.com/

Transport for London ロンドンの交通ガイドのサイト
http://www.tfl.gov.uk/

Tour of Canada カナダの観光情報リンクサイト
http://www.cs.cmu.edu/Unofficial/Canadiana/Travelogue.html

VIA Rail Canada カナダの鉄道ガイドのサイト
http://www.viarail.ca/

New Zealand by Rail ニュージーランドの鉄道ガイドのサイト
http://byrail.wellington.net.nz/

Japan Airlines American Region web site 日本航空の米国での公式サイト
http://www.japanair.com/

All Nippon Airways Web Site of the Americas 全日空の米国での公式サイト
http://www.anaskyweb.com/

United Airlines 米国ユナイテッド航空
http://www.united.com/

American Airlines アメリカン航空
http://www.aa.com/

Air Canada エア・カナダ航空
http://www.aircanada.com/

British Airways 英国航空
http://www.britishairways.com/

Qantas オーストラリアのカンタス航空
http://www.qantas.com.au/

Air New Zealand ニュージーランド航空
http://www.airnz.co.nz/

○歴史・文化

American Memory 米国に関する貴重な歴史的資料のサイト
http://memory.loc.gov/

American Presidents 米国歴代大統領に関する情報サイト
http://odur.let.rug.nl/~usa/P/

■ アメリカおよび英語圏のサイト

U.S.Census Bureau 米国統計局による統計資料提供のサイト
http://www.census.gov/

Smithsonian Institution 米国スミソニアン博物館
http://www.si.edu/

open.go.uk 英国の政府機関に関する情報提供サイト
http://www.direct.gov.uk/

The Prince of Wales チャールズ皇太子の公式サイト
http://www.princeofwales.gov.uk/

The Uniersity of Dublin, Trinity College
アイルランドの名門トリニティ・カレッジ
http://www.tcd.ie/

Government of Canada Site カナダの政府機関に関する情報提供サイト
http://canada.gc.ca/

Statistics Canada カナダに関する統計資料提供のサイト
http://www.statcan.ca/

Australian Commonwealth Government
オーストラリアの政府機関に関する情報提供のサイト
http://www.fed.gov.au/

○芸術 (公共機関を含む)

Museum of Fine Arts, Boston 米国ボストン美術館
http://www.mfa.org/

MoMA/Museum of Modern Art, New York ニューヨーク近代美術館
http://www.moma.org/

The Metropolitan Museum of Art 米国メトロポリタン美術館
http://www.metmuseum.org/

The British Museum 大英博物館
http://www.thebritishmuseum.ac.uk/

Classical Composers Database クラシック音楽作曲家のデータベース
http://www.classical-composers.org/

The Louvre Museum フランスのルーブル美術館, 英語版あり
http://www.louvre.fr/

Virtual Uffizi フィレンツェのウフィツィ美術館, 英語版あり
http://www.arca.net/uffizi/

Museo Nacional del Prado マドリードのプラド美術館, 英語版あり
http://museoprado.mcu.es/

Famous Paintings Exhibition 膨大な量の有名な画家・作品に関する検索サイト
http://www.southern.net/wm/paint/

○芸能・エンターテイメント

Paramount Pictures 米国パラマウント映画会社
http://www.paramount.com/

Hollywood.com ハリウッド情報を提供するサイト
http://www.hollywood.com/

Universal Studios テーマパーク・ユニバーサルスタジオ
http://www.universalstudios.com/

Billboad Online 全米の音楽事情がわかるサイト
http://www.billboard.com/

The Internet Movie Database 膨大な映画情報データベース
http://www.imdb.com/

○スポーツ

ESPN 全米のスポーツ情報を網羅するESPNのWeb版
http://espn.go.com/

CNN Sports Illustrated
CNNと*Sports Illustrated*誌が提携しているスポーツ専門情報サイト
http://sportsillustrated.cnn.com/

Collecting Exchange/Stadiums and Arenas
全米各地のスタジアムとアリーナに関する情報サイト
http://www.collectingchannel.com/

NFL プロアメリカンフットボールリーグ・NFL
http://www.nfl.com/

NBA プロバスケットボールリーグ・NBA
http://www.nba.com/

NHL プロアイスホッケーリーグ・NHL
http://www.nhl.com/

MLB メジャーリーグベースボール・MLB
http://mlb.mlb.com/

NCAA Online 全米大学体育協会
http://www2.ncaa.org/

IOC 国際オリンピック協会
http://www.olympic.org/

FIFA Online 国際サッカー連盟
http://www.fifa.com/

○自然科学（雑誌, 公共機関を含む）

NASA 米国航空宇宙局
http://www.nasa.gov/

Museum of Science and Industry シカゴの科学産業博物館
http://www.msichicago.org/

■ アメリカおよび英語圏のサイト

Nature 伝統ある科学雑誌*Nature*のWeb版
http://www.nature.com/
Discovery Channel Online Discovery ChannelのWeb版
http://www.discovery.com/
National Geographic Magazine
長い歴史をもつ自然地理誌*National Geographic*のWeb版
http://www.nationalgeographic.com/
Canadian Geographic カナダの自然地理誌のサイト
http://www.cangeo.ca/

○医療・健康

Emergency Medicine 各分野の専門医が監修している医療情報サイト
http://www.emedicine.com/emerg/
Web MD Health 医療健康情報サイト
http://my.webmd.com/
Medical Encyclopedia Lycosが提供する医療関係の情報サイト
http://search.lycos.com/default.asp?loc=searchbox&query=health&tab=web

○コンピュータ

Microsoft Microsoft社
http://www.microsoft.com/
Apple Apple社
http://www.apple.com/
C-net Shareware.com シェアウェアに関する情報提供のサイト
http://www.shareware.com/
CNET インターネット関連の情報サイト
http://www.cnet.com/
ZD Net 米国Ziff-Davis社提供の総合情報サイト
http://www.zdnet.com/
Screen Saver A2Z スクリーンセーバーに関する情報提供のサイト
http://www.ratloaf.com/

○ショッピング

amazon.com 世界最大のオンライン書籍販売のサイト
http://www.amazon.com/
Barns & Noble.com 検索サービスが充実したオンライン書籍販売のサイト
http://www.books.com/
Barbie.com 世界的に有名なバービー人形の公式サイト
http://barbie.everythinggirl.com/
L.L. Bean アウトドア・衣料品専門店LLビーン
http://www.llbean.com/

ELIZABETH BOTHAM & SONS 英国のベーカリー, エリザベス・ボッサム
http://www.botham.co.uk/

World Wide Shopping Mall 英国のオンライン・ショッピングサイト
http://www.worldwideshoppingmall.co.uk/

○子　供

TIME For Kids 雑誌*TIME*の子供向け*TIME For Kids*誌のWeb版
http://www.timeforkids.com/

National Geographic Kids *National Geographic*誌の子供版サイト
http://www.nationalgeographic.com/kids/

Disney.com ウォルト・ディズニーの情報サイト
http://disney.go.com/

Sesame Workshop セサミストリートを含む子供向け教育サイト
http://www.sesameworkshop.org/

NASA for Kids 米国航空宇宙局の子供向け情報サイト
http://www.nasa.gov/audience/forkids/

White House for Kids ホワイトハウス提供の子供向け情報サイト
http://www.whitehouse.gov/kids/

BBC: Teletubbies BBCの人気キャラクター・テレタビーズのサイト
http://www.bbc.co.uk/cbeebies/teletubbies/

○英語学習 (Business English・留学)

Business English Exercises ビジネス英語の学習サイト
http://www.better-english.com/exerciselist.html

eduPASS 米国の大学・大学院への留学希望者向け情報サイト
http://www.edupass.org/

○英語学習 (Grammar & Writing・教育)

Global English 世界で200万の会員を擁する英語学習サイト
http://www.globalenglish.com/

Dave's ESL Café 英語教員のためのQ & A, 授業のアイデア公開など
http://www.eslcafe.com/

The Educator's Reference Desk
全米の先生からのユニークな授業プランや質問を集めたサイト
http://www.eduref.org/

Ohio ESL 英語教育情報を提供するオハイオ大学のサイト
http://www.ohiou.edu/esl/

Intercultural E-Mail Classroom Connections [IECC]
Eメールでの授業交流校の登録・検索サイト
http://www.iecc.org/

■ アメリカおよび英語圏のサイト

ePALS.com Eメールでの授業交流校の登録・検索サイト
http://www.epals.com/

Interactive English Language Exercises
英語教材グループによる練習問題提供サイト
http://www.englishforum.com/00/interactive/

International WWW Schools Registry Webページ公開の世界の学校検索サイト
http://mathforum.org/library/view/2113.html

Guide to Grammar and Writing イラスト入りの楽しい文法および作文のサイト
http://webster.commnet.edu/grammar/

Online English Grammar 文法事項の丁寧な解説を用意
http://www.edufind.com/english/grammar/

ESL Quiz Center クイズ形式による文法学習サイト
http://www.pacificnet.net/~sperling/quiz/

Self-Study Quizzes for ESL Students［Grammar Quizzes］
クイズ形式による文法学習サイト
http://a4esl.org/q/h/grammar.html

○英語学習 (Listening)

Comenius English Language Center
音声付きイディオム表現が対話形式の例文で学習できる
http://www.comenius.com/

Randall's ESL Cyber Listening Lab
能力別に多様な場面の会話表現学習, 聴解練習ができる
http://esl-lab.com/

English Listening Lounge 日常会話表現が一部無料で学習できる
http://www.englishlistening.com/

LinguaCenter/Interactive Listening Comprehension Practice
ラジオ放送NPRを題材とするクイズ形式の問題で聴解練習もできる
http://www.iei.uiuc.edu/

○英語学習 (Reading)

CNN NEWSROOM CNNニュースを題材とする時事英語学習向きサイト
http://cnnstudentnews.cnn.com/fyi/teachers.newsroom/

Impact Online 多分野の読み物による一般教養学習向きサイト
http://lrs.ed.uiuc.edu/Impact/

Story Hour 童話を中心とする平易な読み物が楽しめるサイト
http://www.ipl.org/youth/StoryHour/

Peter Rabbit 日本でも人気のあるピーター・ラビットのサイト
http://www.peterrabbit.co.uk/

アメリカおよび英語圏のサイト

○英語学習 (Vocabulary)

ESL Idiom Page 熟語を例文付きで紹介
http://www.eslcafe.com/idioms/

English-Zone.com クイズ形式で平易な単語・熟語を学習できる
http://english-zone.com/

Vocabulary University 語彙に関する簡単なクイズやパズルを用意
http://www.vocabulary.com/

English Forum/Flags & Countries Quiz
世界各国の国旗を見ながら、国名を英語で書く練習ができる
http://www.xtec.es/~dpermany/creditvirt/students/unit2/task2/flagquiz.html

Self-Study Quizzes for ESL Students [Vocabulary Quizzes]
日常生活に関するクイズ形式の語彙学習サイト
http://a4esl.org/q/h/vocabulary.html

○辞典・事典・電子図書館

Merriam-Webster Online 米国のメリアム・ウェブスター英英辞典のWeb版
http://www.m-w.com/

Longman Dictionary of Contemporary English Online
英国のロングマン現代英英辞典のWeb版
http://www.ldoceonline.com/

Oxford Advanced Learner's Dictionary 英国の学習英英辞典*OALD*のWeb版
http://www.oup.com/elt/oald/

Heinle's Newbury House Dictionary of American English
米国の学習英英辞典のWeb版
http://nhd.heinle.com/

The American Heritage Dictionary of the English Language (第4版)
米国のカレッジ版英英辞典*AHD*のWeb版
http://www.bartleby.com/61/

Roget's II: The New Thesaurus (第3版) 代表的なロジェの類語辞典のWeb版
http://www.bartleby.com/thesauri/

Roget's Thesaurus Search Form
シカゴ大学のARTFL Projectが提供するロジェの類語辞典のWeb版
http://humanities.uchicago.edu/orgs/ARTFL/forms_unrest/ROGET.html

Acronym Finder 略語・頭字語辞典
http://www.acronymfinder.com/

Britannica 英国のブリタニカ百科事典のWeb版
http://www.britannica.com/

Infoplease.com 多様な分野の年鑑・辞典データを提供
http://www.infoplease.com/

Onelook 複数の辞書が検索できる
http://www.onelook.com/

■ アメリカおよび英語圏のサイト

Encyclopedia.com コンサイス・コロンビア電子百科事典のWeb版 http://www.encyclopedia.com/	
Cambridge Dictionaries Online 英国のケンブリッジ英英辞典のWeb版 http://dictionary.cambridge.org/	
Wikipedia（ウィキペディア） 国際的な非営利団体Wikimedia Foundationが運営する百科事典 http://en.wikipedia.org/	
Language Dictionaries and Translators 各国語辞書へのリンク集 http://www.word2word.com/dictionary.html	
HighBeam リバプール大学が提供する電子図書館 http://www.highbeam.com/library/	
Bartleby.com コロンビア大学が提供する電子図書館 http://www.bartleby.com/	
Project Gutenberg 文学書・辞書などが充実した代表的な電子図書館 http://www.promo.net/pg/	
The WWW Virtual Library 世界の研究機関・研究資料などへのリンク・検索サイト http://vlib.org/	
The Complete Works of William Shakespeare MITが提供するシェイクスピア全作品のWeb版 http://www-tech.mit.edu/Shakespeare/works.html	

日本のサイト

○公共機関

外務省 海外渡航手続き, 海外情報など
http://www.mofa.go.jp/mofai/
文部科学省 学習指導要領, 教育関係の情報など
http://www.mext.go.jp/
アメリカ大使館 米国への留学手続き, 米国国内情報など
http://japan.usembassy.gov/tj-main.html
UK NOW 英国大使館, 英国政府観光庁などにリンク
http://www.uknow.or.jp/
国立国会図書館 館内利用案内のほか書誌検索が可能
http://www.ndl.go.jp/

○新　聞

週刊 ST ONLINE 学生向け英字週刊紙
http://www.japantimes.co.jp/shukan-st/
Japan Times 英字紙ジャパンタイムズ
http://www.japantimes.co.jp/
Asahi Com 朝日新聞社の英字版
http://www.asahi.com/english/
Daily Yomiuri 読売新聞社の英字新聞
http://www.yomiuri.co.jp/dy/
Mainichi Daily News 毎日新聞社の英語対応版
http://mdn.mainichi-msn.co.jp/
Nikkei Net 日本経済新聞社の英字版
http://www.nni.nikkei.co.jp/

○英語学習 (教育・講座)

えいごリアン NHKの小学校英語番組
http://www.nhk.or.jp/eigorian3/
ブリティッシュ・カウンシル 英語学習や英国留学の案内, 英国情報など
http://www.britishcouncil.org/jp/japan.htm
大学リンク集 (日本) 代々木ゼミナール提供の日本の大学へのリンクサイト
http://www.yozemi.ac.jp/daigaku/
JAPET (社団法人)日本教育工学振興会
http://www.japet.or.jp/
日米教育委員会 フルブライト奨学金事業, 日米高等教育機関の情報など
http://www.jusec.org/

■ 日本のサイト

日本国際交流センター （財団法人）日本国際交流センター	
http://www.jcie.or.jp/japan/	
JACET 大学英語教育学会	
http://www.jacet.org/	
JASELE 全国英語教育学会	
http://www.jasele.org/	
JALT 全国語学教育学会	
http://jalt.org/	
全英連 全国英語教育研究団体連合会	
http://www.zen-ei-ren.com/	
DHC総合教育研究所 DHC教育事業部提供の英語講座	
http://www2.edu.dhc.co.jp/	

○英語学習 (翻訳・通訳)

ハロー通訳アカデミー 通訳ガイドや英検受験の専門予備校
http://www.hello.ac/
フェローアカデミー 翻訳者養成学校
http://www.fellow-academy.com/
中山幸男のニッポン通訳案内 通訳ガイド中山幸男氏のサイト
http://www8.plala.or.jp/y-naka/
翻訳通信 翻訳家山岡洋一氏のサイト
http://homepage3.nifty.com/hon-yaku/tsushin/
英語屋ONLINE 有料の翻訳・添削サービスを提供する英語タウンのサイト
http://www.eigoyaonline.com/
Web Japan 海外向けに英語で日本を紹介するサイト
http://web-jpn.org/

○英語学習 (留学・就職)

MYCOM留学情報 毎日コミュニケーションズの海外留学情報サイト
http://ryugaku.mycom.co.jp/
成功する留学 On the Web
「地球の歩き方・成功する留学」編集部の総合留学情報サイト
http://www.studyabroad.co.jp/
Cosmopolitan Xpress 国際人エクスプレスの留学情報サイト
http://www.geocities.co.jp/CollegeLife/6161/
AIE 海外留学の専門予備校
http://www.aie.co.jp/
NBCA オーストラリアに関する就職求人・留学情報など
http://www.nbca.com.au/visa/visa_topics.html

Asia-Net
アジア太平洋地域を中心とする外資系企業や海外の転職・就職情報など
http://www.asia-net.com/jp/

アメリカンビジネスクリエーション
米国での事業・就学などのアドバイスを行う弁護士オフィスのサイト
http://www.abctny.com/

○英語学習 (試験)

TOEICへの道　TOEIC受験のための勉強法や参考教材の紹介
http://www.ne.jp/asahi/english/toeic/

国際教育交換協議会日本代表部
TOEFLを提供しているETSの日本代理事務所のサイト
http://www.cieej.or.jp/

TOEFL受験者の広場　TOEFL受験者の情報サイト
http://www.ymd.com/toefl/

TOEIC　TOEICの日本公式サイト
http://www.toeic.or.jp/

英検　日本英語検定協会
http://www.eiken.or.jp/

英語タウン　日本で受験可能な全67の「英語の資格と検定試験データベース」公開
http://www.eigotown.com/p/exam.shtml/

ナラボープレス　TOEIC受験に関する情報などを紹介
http://www.nullarbor.co.jp/

○英語学習 (Grammar & Writing)

PECS　ケリー伊藤氏提唱のプレイン・イングリッシュ学習のサイト
http://www.pecs.co.jp/

話す英文法で生きた英会話　Duke氏提供の無料メルマガ
http://www.english-net.co.jp/~duke/index01.html

○英語学習 (Listening)

Daily News（NHK WORLD）　NHKの英語ニュースのサイト
http://www.nhk.or.jp/daily/

○英語学習 (Reading)

時事英語レッスン　NIKKEI BizTV の提供する時事英語学習サイト
http://nikkei.hi-ho.ne.jp/biztv/ch3.html

Current English　*TIME*による時事英語学習サイト
http://www.ne.jp/asahi/yasunao/picard/current1.htm

2パラグラフで英字新聞を読もう　音声付きで英字新聞を学べる無料メルマガ
http://www.two-para.com/

■ 日本のサイト

○英語学習 (Speaking)

日常会話が英語の基本！
サイト「話す英文法で生きた英会話」のDuke氏提供の無料メルマガ
http://www.english-net.co.jp/~duke/index02.html
井上一馬　翻訳家井上一馬氏提供の英語学習サイト
http://www001.upp.so-net.ne.jp/kazusho/

○英語学習 (Vocabulary)

リック英語道場
イメージと発音重視の英単語学習法を提唱するリック西尾氏のサイト
http://rickmethod.com/
Vocabulary Advantage　漫画で覚える英単語, クロスワードなどを用意
http://www.luggnagg.com/va/

○辞典・事典

JapanKnowledge
ネットアドバンス社提供の『ランダムハウス英和大辞典』など各種辞書・事典の検索サービス
http://www.japanknowledge.com/
三省堂 Web Dictionary
『グランドコンサイス英和辞典』など各種辞書の検索サービス
http://www.sanseido.net/
IT用語辞典 e-words　IT用語の検索サービス
http://e-words.jp/
KOD　研究社の英語辞書の検索サービス
http://kod.kenkyusha.co.jp/service/
英辞郎 on the web　プロの翻訳者・通訳者制作のオンライン英語辞典
http://www.alc.co.jp/
Babylon　バビロン翻訳サービスのオンライン辞書
http://www.babylon.com/
「英↔日」対照・名言ことわざ辞典
英語1,700, 日本語1,600強のことわざ・名言収録
http://www.ok312.com/
RNN時事英語辞典　毎日更新, 時事英語ばかり11,600語収録.
http://rnnnews.jp/
事典ドットコム　各種辞書・事典へのリンク集
http://www.jiten.com/

和文索引

原則として，本文中の解説部分に出てくる語句や目次では検索できない見出し語を中心に選び，50音順に配列した．「助動詞＋have＋過去分詞」のような和英混合語句については，和文索引に収めた．

あ

- r 連結 ･････････････････････521
- アイヴィーリーグ ･･･････････187
- 「哀歌」･･････････････････････262
- あいさつするとき (の会話表現) ･･282
- 愛称 ･････････････････････････49
- あいづちを打つとき (の会話表現) 284
- アイルランド国歌 ･･･････････224
- アガサ・クリスティー･････････243
- アカデミー作品賞 ･･･････････130
- アクセント ･････････････････517
- アクセントとリズム･･･････････517
- アクセントの見分け方･････････514
- 圧縮ファイル ･･･････････････399
- 宛名 ･･････････････････350, 352, 354
- 宛名と敬辞・結辞の付け方････････350
- アブサロム ･････････････････258
- アポストロフィ ･････････････320
- アメージング・グレース ･････273
- アメリカ英語とイギリス英語･････523
- アメリカ英語の r ･････････････523
- アメリカおよび英語圏のサイト････543
- アメリカ合衆国憲法 (前文) ･･････207
- アメリカ合衆国国歌 ･････････214
- アメリカ合衆国の統治機構･･･････181
- アメリカ大統領一覧 ･････････182
- アメリカ独立宣言 ･･･････････207
- アメリカ・ミステリー作家協会･･･149
- アメリカン・フットボール・カンファレンス ･･････････････････111
- アメリカンリーグ ･･･････････109
- アルファベット略語･････････442

い

- イースターンカンファレンス･････112
- 怒り・非難・苦情 (の会話表現) ･･298
- イギリス英語 ･･･････････････523
- イギリス国歌 ･･･････････････216
- 意思表示 (の会話表現) ･･･････306
- イタリック体 ･･･････････････326
- イディオム・句動詞辞典･･･････533
- 移動動詞･･･････････････478, 482
- if 節を用いない仮定法･････････493
- いろいろな気持ち (の会話表現) ･･310
- インターネット用語 ･･･････376
- イントネーション ･･･････519, 523
- 引用符･････････････････････321

う

- ヴァン・ダイン ･････････････249
- ウェーザーローレ (天気の民間伝承) ･･････････････････････253
- ウエスタンカンファレンス･･･････112

え

- 英英辞典･･･････････････････528
- 映画のタイトル ･････････････113
- 英国憲法 ･･･････････････････207

■ 和文索引

英国国教会	188
英国の会社の役職	185
英国の法定休日	190
英語が話される国	458
英語関係史	460
英語関連辞書	526
英語圏の国歌	214
英語コーパス	402
英語資格試験	541
英語の句読法	311
英語の語源	462
英語の歴史	456
英字新聞	196
英和辞典	526
エドガー・アラン・ポー	149
エドガー賞受賞作品	149
n 連結	521
「エペソ人への手紙」	273
「エレミヤ哀歌」	262

お

黄金律	268
「おおカナダ！」	220
オーストラリア国歌	220
大晦日	367
大文字	324
お正月	362
オスカー賞	130
「お父さんに踊っておあげ」	228
音象徴（音と意味の結びつき）	425
驚き（の会話表現）	297
重さ	360
「オレンジとレモン」	238
オレンジとレモン特別礼拝	239
温度	357

か

会社役職名	184
買い物をするとき（の会話表現）	290
会話表現	282
顔文字	345, 400
科学技術コーパス	405
拡張子一覧	399
下降イントネーション	519
過去時制	481, 488
過去表現	481
数についての象徴表現	176
数の数え方	280
数の表現	356
画像ファイル	399
カタカナ語	450
仮定法	491
仮定法過去	492
仮定法過去完了	492
仮定法現在	491
仮定法を含む慣用表現	493
角かっこ	323
門松	362
悲しみ・同情（の会話表現）	296
カナダ国歌	220
可能性の表現	489
「神よ，女王を救いたまえ」	216
「神よ，ニュージーランドを守りたまえ」	222
「ガラテヤの信徒への手紙」	273
関係詞の種類	491
関係代名詞	491
関係副詞	491
感謝（の会話表現）	302
感嘆符	319
完了形	481
完了進行形	481

き

祈願文	492
記号	345, 406
記号の読み方	406
聞こえなくなる音	518
規則変化（名詞の複数形）	498

和文索引

規則変化をする形容詞・副詞	497
give＋a＋名詞	490
基本形	481
疑問符	318
キャラクタースマイリー	401
休日	189, 190
『旧約聖書』	254
教育制度	186
共起検索	403
共和党	182-184
「きらきら輝け　小さな星よ」	245
「きらきら星」	245
キリスト教聖職者階位	188
『欽定訳聖書』	254, 457
近傍検索	403

く

空港略号	373
句動詞辞典	533
句読点	311
句読法	311
国コード	392, 393
国番号	369, 370
区別しにくい音	520
グラミー賞	133
クリスマス	190, 368
クリスマスカード	335
グレード・ポイント・アベレージ	186
軍隊階級表	192

け

敬辞	327, 329, 350-355
携帯電話用語	376
形容詞・副詞の比較変化	497
結婚記念日	191
結辞	328, 329, 350-355
get+(a)＋名詞	490
「月曜の生まれは　うつくしい顔」	237
ケルト語からの流入	462

原級・比較級・最上級の言い換え	495
原級を用いた比較表現	493
現在時制	481
現在進行形	481
検索エンジン	543
検察ソフト	405

こ

後悔（の会話表現）	298
航空会社略称	371
（黄道）十二宮	178
コーパス	402
「荒野の誘惑」	263
「コールの王さま」	237
五感の動詞	479, 483
語句検索	403
国際電話	370
国際電話識別番号	369, 370
語・句・文の否定	496
国民の祝日	191
語源辞典	533
語根	408
国歌	214
こどもの日	191, 365
『子供部屋のための詩』	245
ことわざ・格言	152
「この子ぶたは　市場にいった」	243
「コヘレトの言葉」	261, 262
語法辞典	530
コロケーション辞典	534
コロン	314
コンマ	315

さ

最上級を用いた比較表現	494
サイト	543, 555
最優秀アルバム賞	133
最優秀楽曲賞	133
最優秀新人賞	133

■ 和文索引

最優秀レコード賞 ・・・・・・・・・・・・・133
サウンドファイル ・・・・・・・・・・・・・399
雑誌（英国）・・・・・・・・・・・・・・・・・・199
雑誌（米国）・・・・・・・・・・・・・・・・・・197
サブコーパスの指定 ・・・・・・・・・・・403
差別を避ける表現 ・・・・・・・・・・・・・339
「サムエル記」・・・・・・・・・・・・257, 258
「山上の説教」・・・・・・・・・・・・264-269
『讃美歌』・・・・・・・・・・・・・・・・・・・・273

し

「シーソー　マージャリー・ドー」・・240
CD-ROM版英語辞典 ・・・・・・・・・・・539
子音の記号 ・・・・・・・・・・・・・・・・・・510
自衛隊, アメリカ・イギリス軍隊階級表
　・・・・・・・・・・・・・・・・・・・・・・・・・・・192
使役動詞・・・・・・・・・・・・・・・480, 485
資格試験・・・・・・・・・・・・・・・・・・・・541
色彩ことば ・・・・・・・・・・・・・・・・・・175
試験に関する用語 ・・・・・・・・・・・・187
時刻・・・・・・・・・・・・・・・・・・・・・・・・356
時差・・・・・・・・・・・・・・・・・・・・・・・・374
時事英語辞典 ・・・・・・・・・・・・・・・・534
辞書・・・・・・・・・・・・・・・・・・・・・・・・526
時制・・・・・・・・・・・・・・・・・・・・・・・・481
シソーラス ・・・・・・・・・・・・・・・・・・532
七五三・・・・・・・・・・・・・・・・・・・・・・367
実行ファイル ・・・・・・・・・・・・・・・・399
実務関連英語辞典 ・・・・・・・・・・・・537
質問するとき（の会話表現）・・・・・・286
「詩編」・・・・・・・・・・・・・・・・・259, 260
借用（英語）・・・・・・・・・・・・・・・・・・454
謝罪（の会話表現）・・・・・・・・・・・・・304
斜線・・・・・・・・・・・・・・・・・・・・・・・・323
「ジャックとジルは」・・・・・・・・・・・・230
終止符・・・・・・・・・・・・・・・・・・・・・・312
住所表示・・・・・・・・・・・・・・・・・・・・357
十二宮・・・・・・・・・・・・・・・・・・・・・・178
「１０人のインディアンの子　食事にいって」・・・・・・・・・・・・・・・・・・・・・・242

州名・・・・・・・・・・・・・・・・・・・・・・・・106
「出エジプト記」・・・・・・・・・・・・・・・256
十戒・・・・・・・・・・・・・・・・・・・・・・・・255
shouldを用いる仮定法 ・・・・・・・・・493
「主の祈り」・・・・・・・・・・・・・・・・・・266
主部（主語）・・・・・・・・・・・・・・・・・・478
授与動詞・・・・・・・・・・・・・・・479, 484
準否定（弱い否定）・・・・・・・・・・・・・496
紹介するとき（の会話表現）・・・・・・284
小学館コーパスネットワーク　402, 405
上昇イントネーション・・・・・・・・・・・519
上昇・下降イントネーション・・・・・・519
小数の読み方 ・・・・・・・・・・・・・・・・358
ジョーゼフ・ピューリッツア ・・・・・・140
承諾・断り（の会話表現）・・・・・・・・308
象徴表現・・・・・・・・・・・・・・・176, 177
食事をするとき（の会話表現）・・・・291
序数の読み方 ・・・・・・・・・・・・・・・・357
助動詞・・・・・・・・・・・・・486, 522, 523
助動詞＋have＋過去分詞・・・・・・・・488
助動詞を含む慣用表現 ・・・・・・・・・489
除夜の鐘・・・・・・・・・・・・・・・・・・・・367
ジョン・ニュートン ・・・・・・・・・・・・273
『新共同訳』・・・・・・・・・・・・・・・・・・254
シングル引用符 ・・・・・・・・・・・・・・321
進行形・・・・・・・・・・・・・・・・・・・・・・481
新聞（英国）・・・・・・・・・・・・・・・・・・195
新聞（米国）・・・・・・・・・・・・・・・・・・194
人名・・・・・・・・・・・・・・・・・・・・・・・・・16
『新約聖書』・・・・・・・・・・254, 263, 273

す

推薦文・・・・・・・・・・・・・・・・・・・・・・332
数式・・・・・・・・・・・・・・・・・・・・・・・・358
数字を示す接頭語 ・・・・・・・・・・・・361
図解辞典・・・・・・・・・・・・・・・・・・・・537
スタイルブック ・・・・・・・・・・・・・・・536
スマイリー・・・・・・・・・・・・・・400, 401

せ

生活情報関連英語辞典	538
星座宮	178
聖書	254
「星条旗よ永遠なれ」	214
聖書・神話の神々	45
聖職者階位表	188
整数の読み方	357
成績評価点平均	186
世界時差地図	374
世界の国	51
世界の人名	16
世界の地名	60
セクシズム（性差別）	339
接触動詞	483
接頭辞	420
接尾辞	422
節分	363
セミコロン	313
「前進せよ，美しのオーストラリア」	220
占星術	178
全米プロバスケットボール協会	112
全米プロフットボールリーグ	110
全米ホッケー連盟	109
専門分野英語辞典	536

そ

『僧正殺人事件』	249
「創世記」	254, 255
雑煮	362
添え状	342
俗語辞典	534
側面破裂	518
組織コード	392
『そして誰もいなくなった』	243
その他の文型	480
ソロモン	267

た

第Ⅰ文型	478
第Ⅴ文型	480
第Ⅲ文型	479
体積	360
第Ⅱ文型	478
第Ⅳ文型	479
大リーグ	109
ダッシュ	319
七夕	365
「ダニエル書」	263
ダビデ	257-259, 271
ダブル引用符	321
「だれが殺した　こまどりを？」	248
単語イラスト図解	432
短縮形の音	522
誕生花	174
誕生石	174
単数と複数で意味の異なる名詞	473

ち

知覚動詞	485
千歳飴	367
地名	60

つ

通称	49
月見	367
つながる音	521

て

t 連結	521
take＋(a)＋名詞	490
丁寧表現	495
手紙の書き方	327
手相	435

■ 和文索引

テレビ（英国）・・・・・・・・・・・・・・・・・・202
テレビ（米国）・・・・・・・・・・・・・・・・・・201
天気の動詞・・・・・・・・・・・・・・・・478, 482
電子辞書・・・・・・・・・・・・・・・・・・・・・・540
電子メールの書き方・・・・・・・・・・・・・344
電子メール略語・・・・・・・・・・・・・・・・386
「伝道の書」・・・・・・・・・・・・・・・・・・・・261
「てんとう虫　てんとう虫」・・・・・・・232
添付ファイル・・・・・・・・・・・・・344, 399
電話のかけ方・・・・・・・・・・・・・・・・・・369
電話番号・・・・・・・・・・・・・・・・・・・・・・357
電話をするとき（の会話表現）・・・・295

と

同害報復・・・・・・・・・・・・・・・・・・・・・・256
動画ファイル・・・・・・・・・・・・・・・・・・399
動詞の種類・・・・・・・・・・・・・・・・・・・・482
「動詞＋動作名詞」の表現・・・・・・・・489
統治機構・・・・・・・・・・・・・・・・180, 181
動物スマイリー・・・・・・・・・・・・・・・・401
動物とその肉・・・・・・・・・・・・・・・・・・437
動物についての象徴表現・・・・・・・・177
動物の鳴き声・・・・・・・・・・・・・・・・・・474
do＋名詞・・・・・・・・・・・・・・・・・・・・・491
年越しそば・・・・・・・・・・・・・・・・・・・・368
トマス・ジェファーソン・・・・182, 207
ドメイン・・・・・・・・・・・・・・・・・・・・・・392
度量衡換算表・・・・・・・・・・・・・・・・・・359

な

ナーサリー・ライム・・・・・・・・・・・・227
長さ・・・・・・・・・・・・・・・・・・・・・・・・・・359
ナショナル・フットボール・カンファ
　レンス・・・・・・・・・・・・・・・・・・・・・110
ナショナルリーグ・・・・・・・・・・・・・・110
名付け・任命動詞・・・・・・・・480, 485
「何でできてる　男の子　いったい
　何で」・・・・・・・・・・・・・・・・・・・・・246

に

二重否定・・・・・・・・・・・・・・・・・・・・・・496
日本語から借用された英語・・・・・・454
日本国憲法（前文）・・・・・・・・・・・・・205
日本の会社の役職・・・・・・・・・・・・・・184
日本の国民の祝日・・・・・・・・・・・・・・191
日本のサイト・・・・・・・・・・・・・・・・・・555
日本の統治機構・・・・・・・・・・・・・・・・180
日本の年中行事・・・・・・・・・・・・・・・・362
ニュージーランド国歌・・・・・・・・・・222
ニュースグループのドメイン名・・・・398

ね

「ねこちゃん　ねこちゃん」・・・・・・239
年月日・・・・・・・・・・・・・・・・・・・・・・・・356
年号・・・・・・・・・・・・・・・・・・・・・・・・・・356
年中行事・・・・・・・・・・・・・・・・・・・・・・362

の

ノルマン人のイギリス征服・・457, 462

は

倍数・・・・・・・・・・・・・・・・・・・・・・・・・・361
ハイフン・・・・・・・・・・・・・・・・・・・・・・320
パウロ・・・・・・・・・・・・・・・・・・272, 273
派生語・・・・・・・・・・・・・・・・・・・・・・・・517
発音・引用・特殊辞典・・・・・・・・・・538
初詣・・・・・・・・・・・・・・・・・・・・・・・・・・363
花ことば・・・・・・・・・・・・・・・・・・・・・・167
花見・・・・・・・・・・・・・・・・・・・・・・・・・・364
バビロン捕囚・・・・・・・・260, 262, 263
have＋a＋名詞・・・・・・・・・・・・・・・489
場面別・感情別会話表現・・・・・・・・282
早口ことば・・・・・・・・・・・・・・・・・・・・250
「ばらの輪　つくろう」・・・・・・・・・240
「ハンプティ・ダンプティ　へいにす
　わった」・・・・・・・・・・・・・・・・・・・229

ひ

鼻音破裂	518
比較級・最上級を含む慣用表現	494
比較級を含む比較表現	494
比較表現	493
比較変化	497
彼岸	364
ビジネス英語辞典	532
ビジネスレター	329, 331, 336
ビジネスレターの表現	336
否定表現	496
否定の強調	496
否定を表す慣用表現	496
雛祭り	364
ピューリッツア賞受賞作品	140
病気・けがのとき（の会話表現）	288
品詞検索	403

ふ

ファーストネームの愛称・通称	49
ファイル拡張子	399
ファンレター	333
封筒の上書き	330
フェデラリスト（連邦派）	182
不完全破裂	518
不規則動詞変化表	499
不規則変化（名詞の複数形）	498
不規則変化をする形容詞・副詞	497
複合語	517
「復讐するは我にあり」	272
ブッカー賞受賞作品	151
部分否定	496
フランス語からの流入	462
文型	478
文書・ビジネスファイル	399
分数の読み方	358
文法	478
文法辞典	531

へ

米英語の比較：単語の違い	464
米英語の比較：綴りの違い	470
米英の数の数え方	280
米英の教育	186
米英の新聞・雑誌・放送	194
米国の会社の役職	185
米国の州名一覧	106
米国の大学入学のための試験	187
米国のプロスポーツ・チーム	109
米国の法定休日	189
「兵士の歌（戦士フィオナの歌）」	225

ほ

ホイッグ党	182, 183
母音・子音	508
母音の記号	508
「ボー・ピープちゃん　ひつじたちに逃げられた」	231
北欧語からの流入	462
ホスト名	392
ボディ・ランゲージ	276
ほめる（会話表現）	301
「ほら　ちょろちょろ走る　目のみえない３匹のねずみ」	244
ホロスコープ	178
盆	366

ま

マイライン	369
マザー・グース	227, 250
「マタイによる福音書」	263-270
豆まき	363
丸かっこ	322
「マルコによる福音書」	271
マン・ブッカー賞	151

■ 和文索引

み
道を聞くとき，教えるとき（の会話表現）
・・・・・・・・・・・・・・・・・・・・・・・・・・・・293
身元照会先・・・・・・・・・・・・・・・・・・・342
未来時制・・・・・・・・・・・・・・・481, 487
未来表現・・・・・・・・・・・・・・・・・・・・・481
民主共和党・・・・・・・・・・・・・・・・・・182
民主党・・・・・・・・・・・・・・・・・・182-184

め
「メアリーさん　つむじ曲がりのメアリーさん」・・・・・・・・・・・・・・・・・236
make＋(a)＋名詞・・・・・・・・・・・490
名詞の複数形の作り方・・・・・・・・・498
メートル法・・・・・・・・・・・・・359-361
「めー　めー　黒いひつじさん」・・・・227
メーリングリスト　344, 345, 348, 349
「メリーちゃん　子ひつじ　飼っていた」・・・・・・・・・・・・・・・・・・・・・・236
面積・・・・・・・・・・・・・・・・・・・・・・・・・359

も
モーゼ・・・・・・・・・・・・・・・・・256, 272
餅つき・・・・・・・・・・・・・・・・・・・・・・368

や
「やあ　キーキー　ギーギー」・・・・229
ヤード・ポンド法・・・・・・・・・359-361

よ
容積・・・・・・・・・・・・・・・・・・・・・・・・・361
予言のshall・・・・・・・・・・・・・・・・・256
ヨハネ・・・・・・・・・・・・・・・・・263, 273
「ヨハネによる福音書」・・・・・・271, 272
「ヨハネの手紙」・・・・・・・・・・・・・・273
「ヨブ記」・・・・・・・・・・・・・・・・・・・・258

喜び（の会話表現）・・・・・・・・・・・・295

ら
ラジオ（英国）・・・・・・・・・・・・・・・204
ラジオ（米国）・・・・・・・・・・・・・・・202
ラテン語からの流入・・・・・・・・・・・462

り
リスニングの要点・・・・・・・・・・・・・517
リズム・・・・・・・・・・・・・・・・・・・・・・517
リパブリカン党・・・・・・・・・・・・・・182
略語・・・・・・・・・・・・・・・・・・345, 386
略語辞典・・・・・・・・・・・・・・・・・・・535
履歴書の書き方・・・・・・・・・・・・・・341

る
類義語辞典（シソーラス）・・・・・・・532
「ルカによる福音書」・・・・・・・・・・271

れ
連語（コロケーション）辞典・・・・・・534

ろ
ローマカトリック教会・・・・・・・・・188
「ローマの信徒への手紙」・・・・・・・272
「6ペンスの唄　うたおうよ」・・・・・241
「ロンドン橋が　こわれた」・・・・・・234

わ
were toを用いる仮定法・・・・・・・・・493
和英辞典・・・・・・・・・・・・・・・・・・・527
和製英語・・・・・・・・・・・・・・・・・・・450
「われをもすくいし」・・・・・・・・・・・273

英文索引

原則として，本文中の解説部分に出てくる語句を中心に選び，ABC順に配列した．特別な場合を除き，冠詞および敬称は省略するか，あとに置いた．また見出し語や文頭で大文字扱いであっても，普通名詞の場合は小文字扱いとした．

A

Ab'salom ····················257
ACT [American College Test] ····187
Adolphe-Basile Routhier, Sir ····220
Advance Australia Fair ····220, 221
air force ···················193
air mail ····················330
Album of the Year ············133
Alex Catalogue of Electronic Texts
 ························402
Alfred the Great ········318, 457
All is vanity. ················261
all the best ·················328
Amazing Grace ···············273
American Football ············441
American Football Conference [AFC]
 ························111
American League [AL] ·········109
American National Corpus [ANC]
 ····················402, 405
Angles, the ·················457
Anglicam Church ············188
Anglo-Saxon Chronicle, The ····457
AntConc····················405
anything but ················496
apostrophe ·················320
approval ···················276
Aquarius···················179
archbishop·················188
Archbishop of Canterbury ·····188
Archbishop of York ···········188
Archer, the·················179
Aries ······················178
arm ·······················434
army ··················192, 193
as...as ····················493
as...as possible [you can] ····494
as if ······················493
as many as ················494
as many...as ···············494
Asahi Evening News, The ·····196
astrologer ·················178
AT [Achievement Test] ·······187
at his best ·················495
Authorized Version, the ····254, 457
Autosport ··················199
avoirdupois weight or mass ····360

B

Baa, baa, black sheep ········227
Babylonian captivity ··········260
bag ·······················437
Balance, the ················179
Bank of English [BOE] ········402
baseball ···················439
bathroom ··················432
be able to ·················486
be at one with ~ ············176
be dressed to the nines ······176
beckoning ·················276

bedroom	433
beef	437
Best New Artist	133
best regards	328
best wishes	328
bicycle	438
birth flowers	174
birth stones	174
bishop	188
BNC Online	402-405
board of directors	185
Boat Race, The	190
body	434
body language	276
BOGO(F)	177
Bonfire Night	190
British Broadcasting Corporation [BBC]	202
British Natinal Corpus [BNC]	402, 405
Brown Corpus	402
Bull, the	178
BusinessWeek	197
but for	493
by far	494

C

Calixa Lavallee	220
Cambridge International Corpus	402
can	486
Cancer	178
cannot...too	496
Canterbury Tale, The	457
capacity measure	361
capital letter	324
Capricon	179
car	438
cardinal	188
castle	440
CEO [Chief Executive Officer]	185
chairman	184, 185
chairperson	185
chairwoman	184, 185
chaplain	188
chess	440
Chicago Tribune, The	194
Christian Science Monitor, The	194
close call	276
clutch one's throat	276
coalescent assimilation	521
cock a snook (at...)	277, 279
colon	314
comma	315
commercial director	185
compound	517
concordancer	402
confidential	330
Consider the lilies of the field.	267
Constitution of Japan, The	206
Constitution of the Unites States of America, The	207
content word	517
COO [Chief Operating Officer]	185
Cosmopolitan	197
could	486
Country Life	199
cover letter	342
Crab, the	178
cross one's fingers	276
cross oneself	277
CTO [Chief Technology Officer]	185
cubic measure	360
curate	188
curriculum vitae [CV]	341

D

Daily Express, The	195
Daily Mail, The	195
Daily Mirror, The	195
Daily Telegraph, The	195
Daily Yomiuri, The	196

Dance to your daddy ·········228	Empire ················200
Daniel ······················262	Esquire ···············197
dare ························488	exclamation mark ············319
dash ·······················319	executive director···········185
David ······················257	executive vice president ·······185
David and Jonathan ···········257	Exodus ············255, 256
deacon ····················188	eye ··················434
dear ···327, 328, 344, 351, 353, 355	eye for an eye (and a tooth for a tooth), an ················256
Declaration of Independence, The ·····················208	
Democratic Party ·············182	
Democratic Republican ········182	**F**
Derby ······················190	
derision ····················277	face and neck ············436
derivative ··················517	fail to ················496
dinner·····················436	family tree ··············441
diocese ···················188	far ··················494
directors···················185	far from ···············496
disapproval ·················276	Federalist ··············182
disgust ····················277	few ··················496
division manager ·············185	FHM [For Him Magazine] ····200
Don't cast [throw] stones. ······272	financial director ···········185
dust to dust ················255	Financial Times, The ········195
	finger ················435
	Fish, the ···············179
E	five-by-five ·············176
	flaming ···············345
Early Modern English ·········456	Flower of Scotland ··········216
Easter bunny ···············189	foot ·················434
Easter egg ·················189	For everything there is a season. 262
Easter hare ················190	Forbes ···············197
Eastern Conference ··········112	forbidden fruit ············255
Ebony ·····················197	Fortune ···············197
Ecclesiastes ············260, 261	forty winks··············177
echo question ···············519	Four Four Two ···········200
Economist, The··············199	four-letter word···········176
Edgar Allan Poe ·············149	Francis Scott Key ··········214
education system ············186	full stop ···············312
Egbert······················457	function word ···········518
eighty-six ··················176	
eleventh hour ···············177	
emoticon ··················345	

■ 英文索引

G

Galatians ·····273
Garden of Eden·····255
GCE [General Certificate of Education]·····186
GCSE [General Certificate of Secondary Education]·····186
Gemini·····178
Genesis·····254
Geoffrey Chaucer·····457
George Wade·····219
Glamour·····197
Go to hell!·····277
Goat, the·····179
God Defend New Zealand·····222
God Save the Queen··216, 221, 222
golden rule·····268
Good Housekeeping·····198
GPA [Grade Point Average]·····186
great vowel shift, the·····457
Guardian, The·····195
gun·····439
Guy Fawks·····190

H

had better·····488
had to·····487
hand·····435
hardly·····496
Harold E. Palmer·····461
Harper's·····198
have to·····487
Hello!·····200
Herald, The·····195
Hey diddle, diddle·····228
hi·····344
hierarchy·····188
high five·····277
Holy Bible, the·····254

hooked schwa·····523
horoscope·····178
house·····432
House & Garden·····200
Humpty Dumpty sat on a wall··229
hyphen·····320

I

I wish·····493
if only·····493
impatience·····277
incomplete plosion·····518
Independent, The·····195
Independent Television [ITV]····202
inferior to·····494
International Herald Tribune 196, 197
International Herald Tribune/ The Asahi Shimbun·····196
inverted commas·····321
ISO·····392
It is by grace you have been saved.·····273
it's (high [about]) time·····493
italics·····326
Ivy League·····187

J

Jack and Jill·····229
James Curtis Hepburn·····460
Japan Times, The·····196
Job·····258
John·····271-273
John Joseph Woods·····222
John Newton·····273
John Stafford Smith·····214
Joseph Pulitzer·····140
junior to·····494
Jutes, the·····457

K

keep one's fingers crossed ······276
King ································188
King James Version, the ········254
kiss...goodbye ·················277
kiss goodbye to... ···············277
Kiss my ass! ····················277
kitchen ·························433

L

Ladybird, ladybird ···············232
Lamentations ···················262
language of flowers, the ········167
lap ······························437
Late Modern English ···········456
lateral plosion ··················518
leg ······························434
Leo ····························178
less...than ·····················494
Let there be light. ···············254
Libra ····························179
linear measure ·················359
lines of the palm, the ··········435
Lion, the ························178
little ····························496
Little Bo-peep has lost her sheep 230
Live by the sword, die by the sword.
································270
LOB Corpus ····················402
London Bridge is broken down ··232
London Review of Books, The ··200
London Times ··················196
Lord's Prayer, the ···············266
Los Angels Times, The ········194
lots of love ·····················328
love ·······················328, 344
Luke ····························271

M

Ma'am ···························495
Madam ················328, 351-355
Major League Baseball [MLB] ··109
make a circle with the thumb
 and forefinger ···············278
managers ······················185
managing director ·············185
marine corps ···················192
Mark ····························270
Mary had a little lamb ··········235
Mary, Mary, quite contrary ······236
Matthew ··················263-270
may ····························487
may [might] well·················489
Me? ····························278
measure for measure ··········265
Middle English [ME] ······456, 523
might ··························487
Miss····················· 328, 351
Moderan English [ModE, New
 English] ·····················456
Monday's child is fair of face ····237
more...than ····················494
more...than any other
································495
Mortor Trend ···················198
Moses ·························256
Mother Goose ··················227
motorcycle······················438
Mr.·············328, 351-353, 495
Mrs.····················· 328, 351
Ms.·················328, 351-353
much ··························494
much...than ····················494
much less ·····················494
must ···························487
Mystery Writers of America [MWA]
································149

571

N

narrow gate, the ··············269
nasal plosion ················518
National Basketball Association [NBA] ··············112
National Football Conference [NFC] ··············110
National Football League [NFL] ··110
National Geographic Magazine ··198
National League [NL]············110
navy ····················192, 193
need ·······················488
never...without -ing ···········496
New Musical Express [NME] ····200
New Scientist ················200
New Statesman ···············200
New Testament, The ··········263
new wine into new bottles ······269
New York Daily News, The ······194
New York Times, The ··········194
New Yorker, The ··············198
New York's Hometown Newspaper ··············194
News of the World, The ········196
Newsweek ···················198
NHL [National Hockey League] ··109
nine day(s') wonder ···········177
nine-to-five···················177
no ·························496
no less...than··················494
no less than ·················494
no longer ···················494
no more...than ···············494
no more than··················494
no (other) ...as[so] ~ as ········495
no other...than ···············495
Norman Conquest, the ········457
not a ·······················496
not always ··················496
not as [so] ...as ··············493
not at all ····················496
not...any ···················496
not...both ··················496
not...but ···················496
not...either ··················496
not...in the least ·············496
not less than ················494
not more than ···············494
not so much...as ·············494
Nothing new under the sun. ····261
nursery rhymes···············227

O

O Canada! ··················220
Observer, The ···············196
officers ····················185
Old English [OE] ··············456
Old King Cole ················237
Old Testament, The ··········254
on all fours··················176
one of... ···················494
one-two-three ···············176
oral method ·················461
Oranges and lemons ·········238
ought to ···················488
Out! ·······················279
out of money·················278

P

parentheses ·················322
parish ·····················188
parochial school ·············186
Patrick Heeney ···············225
Patrick Lafcadio Hearn·········461
Paul·······················272
PC (personel computer) ········439
PC World ···················198
Peadar Kearney···············225
People ·····················198

PERC ···································405	references ····························342
perfect ································278	Renaissance ···························457
period ·································312	representative director ············184
Peter D. McCormick ················221	Republican ····························182
Phaeton Incident ····················460	Republican Party ····················183
Pisces··································179	résumé ·································341
pitch accent ··························517	Revised Standard Version ·······254
Playboy ································198	Ring-a-ring o'roses ·················240
politically correct expressions ··339	Robert Stanley Weir ···············220
Pope, the ·····························188	Rolling Stone ·························199
Popular Science ·····················198	Roman Catholic Church ··········188
pork····································437	Romans ································272
prefer...to ·····························494	round brackets ······················322
prep school ··························186	
Present-day English ···············456	## S
president ······························185	
president (and director) ·········184	Sagittarius ····························179
priest ··································188	SAKURA·································405
Private Eye····························200	salt of the earth, the ············264
Prospect·······························200	salutation ······················315, 318
province ·······························188	Samuel ··························257, 258
Psalm····························259, 260	SAT [Scholastic Aptitude Test] ··187
PSAT [Preliminary Scholastic Aptitude Test] ·····················187	Saxons, the ···························457
public school ························186	Scales, the·····························179
punctuation marks ·················311	schwa··································517
Pussy cat, pussy cat ···············239	SCN ····································405
	Scorpio ································179
## Q	Scorpion, the·························179
	Scotsman, The ······················196
Queen ·································188	scratch one's head ·················278
question mark ······················318	screaming ····························344
quotation marks ····················321	secretary ·······························185
	section manager ····················185
## R	see[read] the (hand)writing on the wall ······················263
r-coloring ·····························523	See-saw, Margery Daw ·········240
Ram, the ·····························178	semicolon ·····························313
Reader's Digest ·····················199	senior managing director ········185
Record of the Year ················133	senior to·······························494
rector ··································188	Sermon on the Mount, the ·····264
	serve God and mammon ········266

英文索引

Sesame Street ················201
seven ·······················176
Seventeen ···················199
shake one's fingers at... ········278
shall ····················481, 487
ship························440
shoe························437
should·······················488
Showa Day ··················191
shrug one's shoulder(s) ········279
signs of the zodiac ············178
sincerely (yours) ······328, 351, 353
Sing a song of sixpence ········240
Sir ··············328, 351-355, 495
six of one and half a dozen of the other ·····················176
slash·······················323
smiley ·················345, 400
Soldier's Song, The ············225
Song of the Year ·············133
soul handshake···············278
sound symbolism ·············425
special delivery ···············330
Special English ···············203
Spectator, The ···············200
Sports Illustrated ·············199
(square) brackets ·············323
square measure ··············359
St. Clement Danes ············239
Star-Spangled Banner, The ······214
stick one's tongue out ··········278
stick out one's tongue ··········278
stress accent··················517
strong form ··················517
subsection chief ··············185
subsection supervisor ··········185
Sun, The·····················196
Sunday Times, The ···········196
superior to ··················494
suppose [supposing] ··········493
surfboard ···················440
symbolism of colors············175

T

take care ················328, 344
talion ······················256
tap a hand against one's throat ··277
Tatler ······················200
Taurus ·····················178
Temptation, the ··············263
Ten Commandments, The ······255
Ten little Injuns went out to dine 242
the last...to ··················496
the more..., the less ~ ·········494
the slightest ·················495
The truth will set you free. ······272
This little pig went to market ····243
Thomas Bracken ·············222
Thomas Jefferson ········182, 207
Three blind mice, see how they run! ·······················244
three-dog night ···············176
throw [cast] pearls before swine 268
thumb one's nose at...··········279
thumb the nose ··············277
thumbing ···················279
thumbing out·················279
thumbs-down ················276
thumbs-up ··················276
Time ·······················198
Times, The···················196
Times Literary Supplement, The [TLS] ····················200
Times of London, The ·········196
tired ·······················279
TOEFL [Test of English as a Foreign Language]············541
TOEIC [Test of English for International Communication]··541
tongue twisters ···············250
too...to ·····················496

treasurer	185
turn down one's thumb	276
turn out one's empty pockets	278
turn the other cheek	265
turn up one's thumb	276
TV Guide	199
24-7	177
twenty-twenty vision	177
Twinkle, twinkle, little star	244
Twins, the	178
two-by-four	176
Txtana	405

U

URL	392
U.S. News & World Report	199
USA Today	194
used to	481, 488

V

valley of the shadow of death, the	259
vanity of vanities	261
very truly yours	328, 351, 353
vicar	188
vice president	185
Virgin, the	178
Virgo	178
virgule	323
vocal cords	522
voice crying (aloud) in the wilderness, a	263

W

waist	436
Wall Street Journal, The	194
Washington Post, The	195
Washington Times, The	195
Water Bearer [Carrier], the	179
wave...away [off]	279
wave away [off]...	279
wave...goodbye	277
wave goodbye to...	277
weak form	517
weatherlore	253
Web Concordancer	402
wedding anniversary	191
Wessex	457
West Saxon	457
Western Conference	112
What are little boys made of?	245
Whig	182
Who killed Cock Robin?	246
will	481, 487
William Adams	460
William Caxton	457
William Shakespeare	457
William Smith Clark	461
with love	328
with one's hands on one's hips	279
without	493
Woman's Own	200
WordbanksOnline	402, 405
Wordsmith	405
World's Richest People, The	197
would	481, 488
would like	489
Would you mind -ing?	489

Y

You reap what you sow.	273
yours faithfully	328, 353, 355
yours sincerely	328, 353, 355

Z

zero	176
zodiac	178

英語便利辞典

2006年 2 月 1 日　初版第1刷発行
2016年 2 月29日　　　　第3刷発行

編　集　　小学館外国語辞典編集部
発行者　　神永　曉
発行所　　株式会社　小学館
　　　　　〒101-8001 東京都千代田区一ツ橋2-3-1
　　　　　電話　編集03-3230-5169
　　　　　　　　販売03-5281-3555
印刷所　　大日本印刷株式会社
製本所　　株式会社　若林製本工場

DTP制作／鈴木義果, 橋本秀則◎simple
ブックデザイン／堀渕伸治◎tee graphics
本文イラスト／櫻田千恵美, 野村亜佐子, (株)日本工房, メルダス研究所

・造本には十分注意しておりますが、印刷、製本など製造上の不備がございましたら
　「制作局コールセンター」（フリーダイヤル0120-336-340）にご連絡ください。
　（電話受付は、土・日・祝休日を除く9:30～17:30）
・本書の無断での複写（コピー）、上演、放送等の二次利用、翻案等は、
　著作権法上の例外を除き禁じられています。
・本書の電子データ化などの無断複製は著作権法上の例外を除き禁じられています。
　代行業者等の第三者による本書の電子的複製も認められておりません。

★ 小学館外国語辞典のホームページ
http://www.l-world.shogakukan.co.jp/
© Shogakukan 2006
Printed in Japan　　ISBN4-09-505101-9